Nueva York

"Todo lo que tiene que hacer el viajero es decidirse a partir y habrá hecho lo más difícil. Así que...

¡adelante!"

TONY WHEELER, COFUNDADOR – LONELY PLANET

EDICIÓN ESCRITA Y DOCUMENTADA POR

**Regis St Louis, Robert Balkovich, Ray Bartlett, Ali Lemer,
Michael Grosberg, Brian Kluepfel**

Sumario

(izquierda) **'Pretzels'
p. 39** Disfrutar de co-
mida deliciosa de todas
partes del mundo.

(arriba) **Lower Manhat-
tan p. 62** La zona de
negocios está llena
de puntos de interés.

(derecha) **Taxis p. 371**
Los taxis amarillos son
un icono de la ciudad.

Bienvenidos a Nueva York

Epicentro de las artes. Capital gastronómica y comercial. Ciudad que marca tendencias. La superlativa Nueva York contagia su fiesta a todos.

Capital culinaria

Es un gran momento para disfrutar de la gastronomía en Nueva York, hervidero de cocinas de temporada y de proximidad, de restaurantes que cultivan verduras en la azotea o en el norte del estado, que obtienen los alimentos de empresas próximas y sostenibles, y que adoptan todo lo que sea artesanal. Los bares también han subido el listón de la creatividad con sus cócteles previos a la Ley Seca y sus tapas deliciosas: los gastrobares son uno de los lugares de cocina más creativa. Pero también se puede optar por una gastroneta *gourmet* o por alguno de los más de 20 000 restaurantes formales.

Nexo de las artes

El Met, el MoMA y el Guggenheim son solo algunos de los numerosos museos de la ciudad. La oferta es muy variada, desde museos dedicados a la Viena *fin de siècle* hasta la vida de los inmigrantes del Lower East Side, o extensos salones dedicados a la escultura japonesa, a la pintura americana posmodernista, a los tejidos del Himalaya o a la sabiduría popular. Para descubrir a los grandes del arte, del presente y del futuro, son ideales las galerías de Chelsea y el Lower East Side, con un sinfín de espacios expositivos y fiestas de inauguración (generalmente las noches de los jueves).

La noche es joven

Cuando el sol se va poniendo sobre el río Hudson y los rascacielos iluminan la metrópoli, NY se transforma en un gran escenario. Los actores más famosos llenan los teatros de Broadway, y artistas, bailarines y músicos del mundo entero actúan en escenarios de toda la ciudad. NY ofrece tanto alta cultura como cultura popular: desde conciertos de *rock* en los bares de Williamsburg hasta óperas en el Lincoln Center. Esta es una ciudad de teatro experimental, improvisación cómica, cine independiente, *ballet*, poesía, revista, *jazz* y mucho más.

Vagabundear

Con su tamaño compacto y sus calles repletas de atractivos de todo tipo (tesoros arquitectónicos, cafeterías a la antigua usanza y librerías encantadoras), Nueva York hace las delicias de los paseantes. Pasar de un continente a otro es tan fácil como cruzar un par de avenidas en esta ciudad que reúne más de 200 nacionalidades. Se recomienda perderse entre la muchedumbre de Chinatown, un barrio lleno de templos budistas y humeantes tiendas de fideos, y luego pasear hasta Nolita para disfrutar de sus atractivas *boutiques* y saborear su café. Cada barrio ofrece una versión radicalmente distinta de la ciudad, y la mejor forma de vivirlos es patearse sus calles.

Por qué me encanta Nueva York

Por Regis St Louis, autor

Si bien hay un sinfín de motivos para enamorarse de Nueva York, a mí lo que siempre me ha apasionado es su energía. Hay mucha creatividad, algo que puede percibirse en las galerías y las salas de conciertos de la ciudad; por no hablar de los restaurantes, con imaginativos popurrís de las cocinas del mundo. A pesar de llevar muchos años viviendo en NY, nunca me canso de explorar la metrópoli. Con solo una tarjeta de metro se pueden visitar barrios interesantes que albergan una sorprendente variedad de culturas y grupos étnicos. La gente, la comida, el arte: NY tiene muchas virtudes, por eso muchos no podemos imaginarnos vivir en otro lugar. **Más información sobre los autores en p. 456.**

Arriba: Times Square (p. 173).

Las 16 mejores experiencias

1

Estatua de la Libertad y Ellis Island *(p. 64)*

1 Desde su inauguración en 1886, la Estatua de la Libertad ha dado la bienvenida a los inmigrantes que desembarcaban en el puerto de NY buscando una vida mejor. Ahora recibe la visita de millones de turistas, que desde la corona contemplan una magnífica vista del mar y el perfil urbano. Cerca está Ellis Island, que fue el punto de entrada de más de 12 millones de inmigrantes entre 1892 y 1954; hoy en día alberga uno de los museos más emotivos de la ciudad, que rinde tributo al coraje de todos ellos.

◉ *Lower Manhattan y Financial District*

Broadway y Times Square *(p. 173)*

2 Un sinfín de luces, movimiento incesante y vibrante energía: esta es la Norteamérica que tantos imaginan. De 40th St a 54th St, y de Sixth Ave a Eighth Ave, Broadway es la factoría de los sueños de Nueva York, un lugar donde el amor, la traición, el asesinato y el triunfo se visten con disfraces deslumbrantes y melodías emotivas. Su estrella indiscutible es Times Square que, más que el punto de encuentro de Broadway y Seventh Avenue, es América concentrada: una avalancha embriagadora de vallas publicitarias de Hollywood, anuncios luminosos y *cowboys* musculosos sin camiseta.

☆ *Midtown*

Central Park *(p. 221)*

3 Si Londres tiene Hyde Park y París el Bois de Boulogne, NY cuenta con Central Park. Es uno de los espacios verdes más famosos del mundo, con 341 Ha de prados, zonas de rocas, paseos con olmos, cuidadísimos jardines de estilo europeo y un lago. Por no hablar de un teatro al aire libre, un rincón dedicado a John Lennon, un idílico restaurante junto al agua (Loeb Boathouse) y una famosa estatua de Alicia en el País de las Maravillas. El gran reto es saber por dónde empezar.

⊙ *Upper West Side y Central Park*

Metropolitan Museum of Art *(p. 209)*

4 El Met es un museo deslumbrante con una colección de más de dos millones de objetos. Tiene grandes obras de todo el mundo, desde esculturas de la Antigua Grecia hasta evocadoras tallas tribales de Papúa Nueva Guinea. En las galerías renacentistas se reúnen los maestros europeos, mientras que las reliquias del Antiguo Egipto hacen volar la imaginación, en especial el templo de Dendur, con muros de 2000 años de antigüedad cubiertos de jeroglíficos y tallas, y con un estanque donde parecen crecer plantas de papiro. Además, se puede subir a la azotea para contemplar las vistas de Central Park.

⊙ *Upper East Side*

High Line *(p. 132)*

5 La High Line no solo es un triunfo de renovación urbanística, también es el testimonio más evidente de la voluntad de NY de transformar los vestigios de su pasado industrial en espacios de lo más atractivo. Lo que en su día fue una vía de tren elevada bastante antiestética entre mataderos y viviendas humildes, actualmente es un amplio espacio verde que invita a dar agradables paseos. Además, se ha convertido en un imán inmobiliario que atrae a arquitectos de primera línea que están creando en el barrio verdaderas joyas residenciales.

⊙ *West Village, Chelsea y Meatpacking District*

Música y vida nocturna *(p. 43)*

6 Locales nocturnos de moda abiertos toda la noche tras los muros de un restaurante chino, tiendas de tacos con cabarés *trans* clandestinos que abren hasta las tantas, discotecas enormes como estadios que retumban al ritmo de los DJ, y fiestas en las azoteas para ver salir el sol. Un universo alternativo se oculta en las rendijas de lo cotidiano y acoge a visitantes y residentes avezados. Si NY no se transforma en calabaza a la media noche, el viajero tampoco. BAR EN LA AZOTEA DE INK48 (P. 329)

☆ *Dónde beber y vida nocturna*

Brooklyn *(p. 250)*

7 Coctelerías retro de la Gran Depresión. Restaurantes bohemios que sirven desde cocina vegana hasta gastronomía de estrella Michelin y numerosos *music halls* y cervecerías. Brooklyn además cuenta con parques espléndidos (Prospect Park, Brooklyn Bridge Park...), colecciones de arte de primera (Brooklyn Museum) y diversión *kitsch* junto al mar en un rancio paseo marítimo (Coney Island). Que no lo sepa Manhattan, pero el visitante puede vivir una gran experiencia en Nueva York sin salir de Brooklyn. LA MONA LISA DE WILLIAMSBURG, OBRA DE ARTE DE COLOSSAL MEDIA Y STEVEN PAUL

◉ *Brooklyn*

6

Panorama gastronómico *(p. 39)*

8 Uno de los puntos fuertes de NY es su enorme variedad de restaurantes. En un solo barrio se encuentran *gastropubs* de época, barras de *sushi*, bares de tapas, bistrós, barbacoas, pizzerías, cafeterías veganas y charcuterías clásicas que sirven *bagels* tostados con salmón ahumado y queso fresco. Y eso solo es el principio. Hay muchas formas de comer, ya sea frente a una gastroneta, mordisqueando delicias en un mercado o sentándose en un cubículo de piel a las cuatro de la madrugada tras una noche de fiesta. PIZZA EN ROBERTA'S (P. 275)

🍴 *Dónde comer*

Empire State Building (p. 176)

9 Este impactante rascacielos *art déco* ya no es el edificio más alto de NY, pero sigue siendo uno de sus iconos más representativos. Ha aparecido en decenas de películas y sigue ofreciendo una de las mejores vistas de la ciudad, sobre todo al ponerse el sol, cuando se encienden las luces titilantes de la metrópoli. Este edificio tan emblemático sigue atrayendo muchas miradas, especialmente desde la instalación de luces LED que generan más de 16 millones de colores. Durante las grandes celebraciones, no hay que perderse el gran espectáculo de luces que ilumina el cielo nocturno.

⊙ Midtown

Puente de Brooklyn (p. 252)

10 Esta obra maestra neogótica de granito se terminó de construir en 1883. El puente ha inspirado a poetas (Jack Kerouac escribió *Brooklyn Bridge Blues*), músicos (Frank Sinatra cantaba *Brooklyn Bridge*) y otros artistas (véanse las fotografías de Walker Evans). Es la forma más bonita de cruzar de Manhattan a Brooklyn. Si el viajero va a primera hora, al salir el sol, tendrá el puente para él solo. Al atardecer hay unas vistas muy románticas de Manhattan con un cielo anaranjado. También se puede cruzar en bicicleta.

⊙ Brooklyn

MoMA (p. 178)

11 Este museo alberga una de las mayores colecciones de obras maestras modernas del mundo entero. El Museum of Modern Art (MoMA) es la tierra prometida de la cultura. Aquí se puede ver *La noche estrellada* de Van Gogh, *El bañista* de Cézanne, *Las señoritas de Avignon* de Picasso, *One: Number 31* de Pollock y las *Latas de sopa Campbell* de Warhol. Tampoco hay que perderse las obras de Chagall, Dix, Rothko, De Kooning y Haring. Si queda tiempo, se puede ver una proyección gratuita, tomar una copa de vino en el jardín de esculturas, comprar obras de diseñadores o comer con clase en el Modern, su aplaudido restaurante.

⊙ Midtown

9

10

The Museum of Modern Art

11

One World Observatory *(p. 71)*

12 El rascacielos más alto y esperado de Nueva York ya es una realidad: un icono de 104 plantas que se alza sobre Lower Manhattan. Se puede subir hasta arriba a toda velocidad en un ascensor de cristal y disfrutar de las vistas de la ciudad y de los estados que la rodean. Además, una visita a este edificio permite descubrir a los obreros que lo construyeron y ver el lecho de roca sobre el cual se alza la torre. También hay un documental en *time-lapse* que muestra la evolución del perfil urbano de la ciudad desde el s. XVII hasta hoy.

⦿ *Lower Manhattan y Financial District*

Perderse por los barrios *(p. 140)*

13 Una de las mejores formas de ver NY es elegir un barrio, ponerse calzado cómodo y pasar un día entero explorándolo. Greenwich Village es un buen punto de partida, con sus pintorescas calles adoquinadas llenas de tiendas, pequeñas cafeterías con terraza y preciosos y sugestivos restaurantes. Para ver una cara distinta de NY, se recomienda pasear entre bohemios por el East Village, dejar que se saturen los sentidos en Chinatown o descubrir las galerías de arte de Chelsea. Esta ciudad invita a pasear sin rumbo.

⊙ *West Village, Chelsea y Meatpacking District*

Desde el agua *(p. 76)*

14 Es conveniente alejarse de la isla de Manhattan en un ferri para ver desde otra perspectiva esas calles llenas de peatones y contemplar la esplendorosa silueta de la ciudad. Governors Island es un destino interesante que ofrece un nuevo parque, exposiciones de arte y pacíficos caminos sin coches para pasear a pie o en bicicleta. También se puede ir a Brooklyn a bordo del East River Ferry. El muelle junto a Brooklyn Bridge Park es una excelente vía de entrada al barrio. Y el ferri de Staten Island, gratuito, regala magníficas vistas de la Estatua de la Libertad.

⊙ *Lower Manhattan y Financial District*

De compras *(p. 50)*

15 Lo saben Holly Golightly y Carrie Bradshaw: NY es un templo dedicado al mundo material. Cientos de creadores locales e internacionales acuden a esta ciudad para mostrar sus creaciones. Hay miles de opciones en las que invertir los ahorros pero, al final, ir de compras por Nueva York no es solo un trámite para llenar el armario, sino una forma de acceder a las innumerables subculturas de la metrópoli a través de su arte y su artesanía. MACY'S (P. 209)

🔒 *De compras*

Monumento Nacional y Museo 11 de Septiembre *(p. 68)*

16 Este monumento al 11 de Septiembre se alzó sobre las cenizas de la Zona Cero, como recordatorio del momento más oscuro de la historia de la ciudad. Donde en su día se alzaban las Torres Gemelas hay ahora dos estanques de agua cristalina que lloran como cataratas solemnes. Alrededor se pueden leer los nombres de todos los que perdieron la vida en los atentados terroristas en el World Trade Center del 2001 y de 1993. Por debajo se encuentra un emotivo monumento conmemorativo que explora estos trágicos sucesos. El que le da nombre fue el ataque más sanguinario acaecido en suelo estadounidense.

◉ *Lower Manhattan y Financial District*

Lo nuevo

Stonewall National Monument

En el 2016, el presidente Barack Obama declaró monumento nacional algo más de 3 Ha del West Village. Fue el primer homenaje de este tipo al movimiento por los derechos del colectivo LGBT en toda la historia del país (p. 135).

Ferris

Nueva York está recuperando nuevas rutas de ferris entre Manhattan, Brooklyn y Queens, como la que une Lower Manhattan y Rockaway, un trayecto pintoresco hasta la playa y por el mismo precio que el metro (p. 372).

Comer verde

El gusto por la cocina vegetariana y vegana no deja de aumentar. En toda la ciudad hay restaurantes que no sirven carne, incluidos locales de moda como el Seasoned Vegan (p. 243) de Harlem o el Nix (p. 141) de Greenwich Village, con estrella Michelin.

Un nuevo museo en el Met

En el 2016, el Met Breuer se anexionó el Whitney Museum del Upper East Side. El nuevo espacio, dedicado al arte moderno y contemporáneo, ha obtenido el aplauso de la crítica (p. 211).

Músicas de Harlem

Harlem se ha convertido en uno de los mejores sitios para escuchar música étnica ecléctica gracias a los locales de conciertos recién inaugurados. El Silvana, de propiedad israelita y africana (p. 246), y el Shrine (p. 246) ofrecen todas las noches una extraordinaria programación de grupos y cantantes.

Uncommons

Nueva York ya posee su propia cafetería de juegos de mesa. Está en el West Village y los clientes pueden quedarse hasta avanzada la noche jugando mientras toman cervezas artesanas y *mozzarepas* (p. 147).

Chefs club

Este pequeño local de Nolita recibe a chefs prestigiosos de todo el mundo, que se instalan en su cocina durante un período que puede abarcar desde semanas a varios meses (p. 95).

El metro de la Segunda Avenida

Después de 10 años de obras y un gasto de casi 4500 millones de dólares, se ha abierto la línea de metro Second Ave. Esta prolongación del tren Q, con paradas en las calles 72nd, 86th y 96th, permite acceder fácilmente al Upper East Side.

Comida celestial

El panorama gastronómico informal sigue mejorando gracias a la adición de nuevos centros de restaurantes en toda la ciudad. DeKalb Market Hall (p. 266), con sus puestos tentadores, sigue el exitoso ejemplo de establecimientos legendarios como el Chelsea Market (p. 143).

Actualización

El MoMA se está sometiendo a una importante reestructuración que añadirá 4600 m² al espacio expositivo. El museo estará abierto durante las obras, cuya conclusión está prevista para el 2019 (p. 178).

Más recomendaciones y reseñas en **www.lonelyplanet.es**

Lo esencial

Para más información, véase 'Guía práctica' (p. 367)

Moneda

Dólar estadounidense (US$)

Idioma

Inglés

Visados

El programa US Visa Waiver permite a los ciudadanos de 38 países entrar en EE UU sin visado, pero deben rellenar un formulario ESTA antes de salir.

Dinero

Abundan los cajeros automáticos. Se aceptan tarjetas de crédito en casi todos los hoteles, tiendas y restaurantes. Los mercados agrícolas, gastronetas y algunos restaurantes y bares solo aceptan efectivo.

Teléfonos móviles

Los viajeros internacionales pueden utilizar las tarjetas SIM de EE UU en un *smartphone* sin bloquear. También pueden comprar un terminal barato y cargarlo con minutos en prepago.

Hora local

Tiempo del este en EE UU (5 h menos que el GMT/UTC)

Información turística

Hay numerosos NYC Visitor Information Center por toda la ciudad. La oficina principal está en Midtown (p.377).

Presupuesto diario

Hasta 100 US$

➡ Dormitorio colectivo: 40-70 US$

➡ Porción de *pizza:* 4 US$ aprox.

➡ Taco en una gastroneta: desde 3 US$

➡ Trayecto en metro o autobús: 3 US$

Entre 100 y 300 US$

➡ Habitación doble en hotel de precio medio: desde 200 US$

➡ *Brunch* para dos en restaurante de precio medio: 70 US$

➡ Cena para dos en restaurante de precio medio: 130 US$

➡ Cóctel en bar *lounge*: 14-19 US$

➡ Entrada con descuento TKTS para espectáculo de Broadway: 80 US$

Más de 300 US$

➡ Estancia de lujo en el NoMad Hotel: 325-850 US$

➡ Menú degustación en un restaurante de gama alta: 90-325 US$

➡ Masaje de 1½ h en el Great Jones Spa: 200 US$

➡ Butaca de platea en el Metropolitan Opera: 100-390 US$

Antes de partir

Dos meses antes Tramitar la reserva de hotel con la máxima antelación posible. Comprar entradas para espectáculos de Broadway.

Tres semanas antes Reservar mesa en el restaurante selecto deseado.

Una semana antes Navegar por la red y leer blogs para descubrir nuevos bares, restaurantes y exposiciones de arte.

Webs

Turismo Nueva York (www.turismonuevayork.com) Portal oficial de turismo de Nueva York en español.

Explore Brooklyn (www.explorebk.com) Eventos y cartelera de Brooklyn.

Free Williamsburg (www.freewilliamsburg.com), **Brokelyn** (www.brokelyn.com) y **Brooklyn Based** (www.brooklynbased.com) Para mantenerse al día de noticias y actividades.

New York Magazine (www.nymag.com) Listados completos de bares, restaurantes, locales de ocio y tiendas.

New York Times (www.nytimes.com) Excelente cobertura de noticias locales y programación teatral.

Lonely Planet (www.lonelyplanet.es) Información sobre el destino, hoteles y restaurantes, consejos y mucho más.

CUÁNDO IR

Los veranos pueden ser abrasadores, pero la oferta de actividades es abundante. En invierno puede haber alguna ventisca. Primavera y otoño pueden ser las mejores épocas.

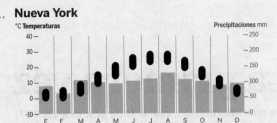

Nueva York

°C Temperaturas — Precipitaciones mm

E F M A M J J A S O N D

Cómo llegar

Desde el **aeropuerto internacional John F. Kennedy** el AirTrain (5 US$) conecta con el metro (2,75 US$), que cubre el trayecto de 1 h hasta Manhattan. Un autobús directo a Grand Central o Port Authority cuesta 18 US$. Los taxis cobran una tarifa plana de 52 US$, más peajes, propinas y recargo en hora punta.

Aeropuerto de LaGuardia Es el más cercano a Manhattan pero el menos accesible en transporte público: se recomienda tomar el autobús rápido Q70 del aeropuerto hasta la parada de metro de 74th St-Broadway. El autobús rápido a Midtown cuesta 15 US$. Los taxis cobran 34-53 US$ (peajes y propinas aparte).

Aeropuerto internacional Newark Liberty Se toma el AirTrain hasta la estación Newark Airport y, desde allí, cualquier tren en dirección a la Penn Station (13 US$). Los taxis cobran 60-80 US$ (más 15 US$ de peaje y propina). El recorrido dura entre 45 min y 1 h.

Más información sobre **cómo llegar** en p. 368

Cómo desplazarse

La web de la Metropolitan Transportation Authority (www.mta.info) ofrece información sobre transporte público (autobús y metro). Han aumentado los retrasos debido al mayor número de pasajeros.

Metro Asequible, bastante eficiente y funciona todo el día, aunque puede resultar confuso. El billete sencillo cuesta 2,75 US$ con la MetroCard.

Autobuses Prácticos fuera del horario de oficinas, sobre todo al viajar entre los extremos oriental y occidental de la ciudad. Utilizan la MetroCard; mismo precio que el metro.

Taxi El taxímetro parte de 2,50 US$ y avanza unos 5 US$ cada 20 manzanas (véase www.nyc.gov/taxi).

Bicicleta El servicio urbano de bicicletas públicas Citi Bike permite desplazarse bien por casi todo Manhattan.

Ferris entre distritos El práctico New York City Ferry (www.ferry.nyc) tiene paradas en Manhattan, Brooklyn y Queens.

Más información sobre **cómo desplazarse** en p. 370

Dónde dormir

Los precios suele ser altos y el espacio escasea. Las tarifas fluctúan según la disponibilidad y no por temporadas. Durante las vacaciones los precios se disparan. Los alojamientos se llenan rápido, sobre todo en verano, y abarcan desde cadenas impersonales a hoteles exclusivos y elegantes. Ningún barrio de Manhattan tiene el monopolio de un estilo; en Brooklyn y Queens la relación calidad-precio es mejor. Hay algunos B&B y albergues por toda la ciudad.

Webs

➡ **newyorkhotels.com** (www. newyorkhotels.com) Web por excelencia de los hoteles de Nueva York.

NYC (www.nycgo.com/hotels) Múltiples listados de la NYC Official Guide.

Lonely Planet (www. lonelyplanet.es/usa/ new-york-city/hotels) Reseñas de alojamientos y servicio de reserva en línea.

Más información sobre **alojamiento** en p. 318

La primera vez

Para más información, véase 'Guía práctica' (p. 367)

¡Importante!

➡ Asegurarse de que el pasaporte tiene una validez de al menos seis meses a partir de la fecha de llegada al país.

➡ Comprobar que se cumplen todos los requisitos del visado ESTA para viajar a EE UU.

➡ Consultar las restricciones de equipaje de la aerolínea elegida.

➡ Contratar un seguro de viaje adecuado.

➡ Informar a la compañía de la tarjeta de crédito/débito del viaje.

➡ En restaurantes, espectáculos y alojamientos populares, reservar con la máxima antelación.

Equipaje

➡ Calzado cómodo para caminar: Nueva York se visita mejor a pie.

➡ Zapatos y ropa elegantes para ir a bares y restaurantes selectos.

➡ Si se viaja con medicamentos, llevar la dosis necesaria para todo el viaje.

➡ Un adaptador de corriente.

Consejos para el viaje

➡ Las MetroCards valen en el metro, los autobuses, los ferris y el tranvía a Roosevelt Island. En estancias más largas, lo mejor es el 7-Day Unlimited Pass.

➡ Las líneas de metro tienen trenes locales y exprés.

➡ Si el número del taxi está iluminado, el vehículo está libre.

➡ Al indicar una dirección siempre hay que incluir la calle o calles perpendiculares más próximas (p. ej., 700 Sixth Ave *en* 22nd St).

➡ La taquilla TKTS de Times Square (p. 175) vende entradas de espectáculos y musicales seleccionados, a mitad de precio, para las funciones del día. Las de South Street Seaport (p. 63) y Downtown Brooklyn (p. 47) también venden entradas para las sesiones matinales del mismo día.

Qué ropa llevar

Si se viaja a NY en verano, hay que llevar ropa ligera. Bermudas, camisetas, vestidos y faldas son prendas adecuadas de día, si bien los restaurantes y bares selectos prefieren ropa más elegante. En primavera y otoño, la temperatura fluctúa y lo mejor es vestirse por capas e incluir alguna prenda elegante, como una chaqueta. El invierno puede ser muy frío, hay que abrigarse y llevar chaqueta y calzado impermeables. Por la noche, vestir con elegancia suele ser la norma en casi todos los restaurantes, bares y locales de ocio.

Advertencias

Nueva York es una de las ciudades más seguras de EE UU: en el 2017 los homicidios cayeron por debajo de 300, un mínimo histórico, y las estadísticas de crímenes violentos bajaron por 27º año consecutivo. Hay que tomar las precauciones que dicte el sentido común.

➡ No caminar solo por la noche en las zonas más despobladas.

➡ Llevar el dinero para el día escondido bajo la ropa o en un bolsillo delantero y no en un bolso o un bolsillo trasero.

➡ Tener cuidado con los carteristas en las zonas más concurridas

➡ Aunque suele ser seguro viajar en metro pasada la medianoche, uno se sentirá más tranquilo si toma un taxi, en especial si va solo.

Dinero

Hay cajeros automáticos por todas partes. Casi todos los establecimientos aceptan tarjetas de crédito, no así los mercados agrícolas, las gastronetas y algunos restaurantes y bares.

Más información en p. 375.

Impuestos y reembolsos

Los restaurantes y los comercios no incluyen en sus precios el IVA (8,875%; ojo con pedir el menú de 4,99 US$ si solo se llevan 5 US$). Varias categorías de los denominados 'productos de lujo', incluidos vehículos de alquiler y limpieza en seco, tienen un recargo del 5%, y al final uno acaba pagando un 13,875% más por estos servicios. La compra de ropa y calzado por debajo de 110 US$ está libre de tasas. Las habitaciones de hotel en NY están sujetas a un impuesto del 14,75%, más una tasa de pernoctación de 3,50 US$ por noche. Como EE UU no tiene un IVA nacional, los visitantes extranjeros no pueden realizar compras libres de impuestos.

Propinas

No son opcionales: solo se omiten en caso de un servicio pésimo.

Camareros de restaurantes 18-20%, a menos que esté incluido en la cuenta.

Camareros de bar 15-20% por ronda, 1 US$/bebidas normales y 2 US$ (cócteles especiales).

Taxistas 10-15%, redondeado al dólar siguiente.

Maleteros 2 US$/bulto, mínimo por carrito 5 US$.

Camareras de hotel 2-4 US$/ noche.

GARY LATHAM / LONELY PLANET ©

Edificio Flatiron (p. 162).

Protocolo

Educación Es habitual y cortés saludar al personal al entrar o salir de una tienda, cafetería o restaurante.

Saludos Estrechar la mano a hombres y mujeres al saludarlos por primera vez y al despedirse. Las amigas se saludan entre sí con un único beso (al aire).

Temas tabú Aunque Donald Trump es criticado por casi todos en Nueva York, la política y la religión son temas que conviene evitar.

Transporte En el metro hay que dejar que los pasajeros salgan del vagón antes de entrar y no bloquear las puertas.

Propinas Son obligatorias en restaurantes y bares.

Cómo desplazarse

Para más información, véase 'Transporte' (p. 368).

La web (www.mta.info) de la Metropolitan Transportation Authority ofrece información sobre el transporte público (autobuses y metro). Han aumentado los retrasos debido al mayor número de pasajeros.

Metro Económico y bastante eficiente, funciona las 24 h pero es un poco confuso. Un trayecto sencillo cuesta 2,75 US$ con una MetroCard.

Autobús Práctico fuera de las horas punta; sobre todo para desplazarse entre los lados este y oeste de la ciudad. Se usa la MetroCard y tiene el mismo precio que el metro.

Taxi El taxímetro arranca en 2,50 US$ y sube unos 5 US$ por cada 20 manzanas. Más información en www.nyc.gov/taxi.

Bicicleta El servicio de bicicletas públicas Citi Bike permite llegar muy bien a casi todos los puntos de Manhattan.

Ferris entre distritos El práctico New York City Ferry (www.ferry.nyc) tiene paradas en Manhattan, Brooklyn y Queens.

Palabras clave

Boro Taxi Si el viajero se halla al norte de 116th St en Manhattan o en los distritos periféricos, puede parar estos taxis verdes, cuyos taxímetros tienen las mismas tarifas que los amarillos.

Car Service El viajero puede llamar para que lo venga a recoger un coche (normalmente un sedán negro). Es muy útil para los trayectos del aeropuerto o si se necesita transporte a los vecindarios de la periferia (donde circulan pocos taxis).

Citi Bike Las bicis azules de la red neoyorquina de bicicletas compartidas son omnipresentes. Por toda la ciudad hay cientos de puestos de alquiler rápido.

Metro exprés/local Los metros exprés hacen paradas limitadas y se saltan muchas estaciones. Los locales efectúan todas las paradas. Para cambiar entre uno y otro, a veces es tan fácil como cruzar el andén.

LIRR El ferrocarril de Long Island es útil para llegar rápidamente al aeropuerto JFK y a la playa.

MetroCard A la delgada tarjeta amarilla y azul se le carga crédito y se pasa en cada viaje de metro o autobús.

Uptown/Downtown "Uptown" significa en dirección norte (Upper East Side, Harlem, etc.), "Downtown" significa en dirección sur (SoHo, Lower Manhattan, etc.).

Rutas clave

Vistas panorámicas Tanto las líneas J, M o Z que cruzan el puente de Williamsburg, como las líneas B, D, N o Q que pasan por el puente de Manhattan ofrecen grandes vistas de Manhattan. También destaca el tranvía de Roosevelt Island (p. 185).

Dirección norte Las líneas 4, 5 y 6 van a Upper East Side, al igual que la nueva línea Q de Second Ave. Para ir a Upper West Side hay que tomar las líneas B, C, 1, 2 o 3.

Parar un taxi

➡ Para parar un taxi amarillo, hay que buscar uno que tenga encendida la luz del techo (señal de que no está ocupado).

➡ Hay que pararse en un lugar visible a un lado de la acera y levantar el brazo hacia fuera.

➡ Una vez dentro del taxi, hay que indicar el destino; el taxista no puede negarse a ir (es ilegal).

➡ Se paga la carrera al final, ya sea en efectivo o con tarjeta de crédito (a través de la pantalla táctil de atrás). No hay que olvidar la propina (10-15%).

CONSEJOS

➡ Antes de tomar el metro, hay que fijarse en el indicativo "Downtown" o "Uptown" que hay en la entrada. Puede haber entradas separadas (normalmente a un lado y otro de la misma calle), dependiendo de la dirección del metro.

➡ Hay que planificar la ruta. A veces es mejor caminar unas manzanas y tomar una línea de metro más directa o más rápida. Al final, se ahorra tiempo.

➡ Para trayectos cortos, vale la pena tomar una Citi Bike.

Comportamiento

➡ Conviene tener lista la MetroCard antes de pasar por la máquina. Los neoyorquinos están acostumbrados a atravesar las barreras sin reducir el paso.

➡ En los andenes del metro, hay que apartarse de las puertas del vagón y esperar a que salgan los pasajeros para subir.

➡ En las escaleras mecánicas, es preciso pararse en la parte derecha o utilizar la izquierda para subir o bajar.

➡ Al pasear, interesa pensar que los peatones son como coches en la acera: no hay que parar en seco, se debe prestar atención al límite de velocidad y apartarse a un lado si es necesario mirar un plano o buscar un paraguas en el bolso.

Tarjetas y bonos

➡ Las tarjetas amarillas y azules MetroCard (www.mta. info/metrocard) sirven para todo el transporte público de NY. Se compran y recargan en las máquinas automáticas de las estaciones, muy fáciles de usar. Cada trayecto en metro o autobús (salvo en los autobuses rápidos) resta 2,75 US$ de la tarjeta.

➡ La MetroCard se compra por 1 US$ en los quioscos de las estaciones de metro y se le añade crédito (20 US$, que permite ocho trayectos y un transbordo, está bien de entrada). Si se va a usar mucho el transporte público, es mejor comprar un 7 Day Unlimited Pass (32 US$). Estas tarjetas son útiles para los viajeros que van a visitar diferentes puntos de la ciudad en un mismo día.

➡ Las máquinas del metro aceptan tarjeta de crédito y de débito (las más grandes también aceptan dinero en efectivo). Para añadir más crédito, solo hay que insertar la tarjeta y seguir las indicaciones (un consejo: cuando se pida el código postal, se debe introducir "99999" si el viajero no es de EE UU).

➡ En un trayecto se puede alternar metro y autobús. Se pasa/inserta la tarjeta pero no se paga.

Cuándo desplazarse

➡ La hora punta no es tan solo una hora. Los días laborables de 8.00 a 9.30 y de 16.30 a 18.30, los metros y autobuses van muy llenos.

➡ Si no se puede evitar viajar en estas franjas horarias, hay que prever un poco más de tiempo para el desplazamiento (especialmente a/desde el aeropuerto).

➡ Parar un taxi puede resultar difícil los días laborables de 16.00 a 17.00, hora en la que muchos taxistas cambian de turno. Cuando llueve es muy difícil encontrar uno libre.

CITI BIKES

Para usar una bicicleta de Citi Bike hay que comprar un bono de 24 h o 3 días (12 o 24 US$ más impuestos) en cualquier quiosco Citi Bike. El usuario recibe un código de cinco dígitos que se utiliza para desbloquear una máquina. Si se devuelve en cualquier estación en un período de 30 min, no se paga recargo. Hay que volver a insertar la tarjeta de crédito (no se aplica ningún cobro) y seguir las indicaciones para sacar otra bici. Se puede hacer un número ilimitado de trayectos de 30 min durante esas 24 h o los 7 días.

Más información sobre **cómo desplazarse** en p. 370

Itinerarios

Primer día

Upper West Side y Central Park (p. 219)

 Se pasa la mañana descubriendo las maravillas de **Central Park** y admirando la muralla de rascacielos que lo rodea. El punto de partida es Columbus Circle, desde allí se va hacia el noreste, pasando por el **Zoo de Central Park,** la **fuente de Bethesda,** el **Conservatory Water** y **Strawberry Fields** al lado oeste. Si se viaja con niños, es buena idea ver los esqueletos de dinosaurios del **American Museum of Natural History,** y luego alquilar un bote en **Loeb Boathouse.**

 Comida Comprar provisiones en Zabar's (p. 231) y hacer un pícnic en Central Park.

Midtown (p. 171)

Es momento de descubrir algunas maravillas arquitectónicas de NY: la **estación Grand Central,** el **edificio Chrysler,** la **New York Public Library** y el **Rockefeller Center.** Y visitar el estimado museo de la ciudad, el **MoMA.**

Cena Si se acude a Broadway, se puede cenar temprano en el ViceVersa (p. 194).

Midtown (p. 171)

Se puede pasar la noche entre las luces de **Broadway,** asistir a un espectáculo de éxito o apostar por algo innovador en el **Playwrights Horizon** o el **Signature Theatre.** Tras sumergirse en la luminosidad de **Times Square** desde el **TKTS Booth,** tomar unos cócteles en **Rum House** y subir al **Top of the Rock** para dar las buenas noches a la ciudad.

Segundo día

Upper East Side (p. 206)

 Se empieza en el alucinante **Metropolitan Museum of Art** para conocer las colecciones egipcia y romana y descubrir a los maestros europeos, y en verano, terminar en la azotea con sus magníficas vistas de Central Park. Después se puede ir a la vecina **Neue Galerie,** una mansión de 1914 repleta de arte alemán y austríaco.

Comida Especialidades austríacas en el elegante Cafe Sabarsky (p. 213).

SoHo y Chinatown (p. 85)

Es interesante pasar una tarde de compras por **Prince St** y **Spring St,** en el SoHo, entre hordas de turistas que buscan las mejores marcas del mundo. Deambular por **Mulberry Street,** en Chinatown, es como adentrarse en otro mundo, ajeno al consumismo imperante, aunque solo está a un par de manzanas de distancia. Se recomienda pasear por sus **templos budistas** y tomar unas tartaletas de crema o un helado de almendras.

 Cena Darse un banquete de sabores del sur de Europa en Boulud Sud (p. 227).

Upper West Side y Central Park (p. 219)

Cenar pronto en Boulud Sud, un célebre restaurante mediterráneo, y cruzar luego la calle hasta el **Lincoln Center** para asistir a la ópera en el **Metropolitan Opera House** o a un concierto en el **Avery Fisher Hall.** Finalmente, tomar unas copas en el fantástico y original **Manhattan Cricket Club** (conviene reservar).

Tercer día

Brooklyn (p. 250)

 Se empieza tomando el East River Ferry hasta Dumbo para admirar las vistas de Manhattan desde el flamante **Brooklyn Bridge Park.** Luego se podrá pasear por las calles adoquinadas de Dumbo y entrar en librerías, *boutiques* y cafés, sin perderse el antiguo **Jane's Carousel** y la panorámica desde el **Empire Fulton Ferry.**

Comida En el AlMar se pueden degustar platos del día a muy buen precio (p. 267).

Brooklyn (p. 250)

El **Brooklyn Museum** exhibe fascinantes obras de África, América y el Antiguo Egipto, además de fantásticas exposiciones temporales. Al terminar, nada mejor que pasear por **Prospect Park,** parando para tomar un tentempié en el nuevo complejo **Lakeside.**

Cena Descubrir el renacimiento culinario de Brooklyn en Marlow & Sons (p. 275).

Brooklyn (p. 250)

 Con un Boro Taxi se llega a **Williamsburg,** al norte del distrito, para tomar ostras y cócteles en **Maison Premiere.** También es recomendable **The Ides,** un bar en un ático con vistas magníficas sobre la ciudad. Enfrente está **Brooklyn Bowl,** con pistas de bolos y buenas actuaciones musicales para cerrar la noche.

Cuarto día

Lower Manhattan y Financial District (p. 62)

 Se toma el **ferri de Staten Island** a primera hora de la mañana para ver salir el sol sobre Lower Manhattan. Después se puede subir al **One World Observatory** a disfrutar de vistas maravillosas, para luego visitar el conmovedor **Monumento Nacional** y **Museo 11 de Septiembre.**

Comida Saborear exquisiteces *gourmet* en el apasionante mercado de Chelsea (p. 130).

West Village, Chelsea y Meatpacking District (p. 128)

Se empieza en Meatpacking District, en el nuevo y hermoso **Whitney Museum of American Art.** Después, por unas escaleras cercanas se sube a **High Line** para pasear por una vía de tren abandonada. De camino, se impone tomar un tentempié o un café y disfrutar de las vistas del paisaje urbano.

Cena La fusión creativa de RedFarm (p. 143).

West Village, Chelsea y Meatpacking District (p. 128)

 Es buena idea pasear por las bonitas calles de Greenwich Village y profundizar en sus raíces asistiendo a un íntimo concierto de *jazz* en **Mezzrow, Smalls** o **Village Vanguard.** Después se puede picar algo y tomar una copa de vino en el bullicioso **Buvette,** y dirigirse luego al **Cielo** para bailar en una de las mejores discotecas pequeñas de la ciudad.

En busca de...

Museos

Metropolitan Museum of Art
El museo más enciclopédico de
América posee un templo egípcio.
(p. 209)

MoMA El favorito de NY exhibe lo
mejor del arte moderno mundial
en espacios muy bien
organizados. (p. 178)

Guggenheim Museum La calidad
de las exposiciones puede ser
irregular, pero lo que destaca es
el edificio de Frank Lloyd Wright.
(p. 208)

**Whitney Museum of American
Art** Famoso por sus vanguardistas obras contemporáneas y
del s. xx. En la Whitney Bienal se
expone a los grandes artistas
americanos del futuro. (p. 135)

Frick Collection Una mansión de
la Gilded Age con obras de Vermeer,
El Greco y Goya, y una sensacional
fuente en el atrio. (p. 211)

Cloisters Museum y jardines
Tesoros medievales, como un
tapiz del s. xvi de la caza del
unicornio. (p. 241)

Brooklyn Museum Tesoros del
Antiguo Egipto, una destacada

colección de pintura americana y
un vanguardista centro de arte
feminista. (p. 255)

**Lower East Side Tenement
Museum** Una fabulosa
introducción a la vida de un
inmigrante entre el s. xix y
principios del xx. (p. 107)

Perfiles urbanos

Empire State El emblemático
edificio ofrece amplias vistas
desde su elevado mirador.
(p. 176)

Coney Island (p. 271).

Brooklyn Bridge Park Brinda amplias vistas del centro de Manhattan y los puentes de Brooklyn y Manhattan. (p. 253)

Governors Island Una zona exuberante y sin coches junto al puerto, con bonitas vistas de Manhattan y la Estatua de la Libertad. (p. 76)

Top of the Strand Tomar una copa integrado en el paisaje es mejor que contemplar los rascacielos de Midtown. (p. 196)

The Standard Hotel Para admirar las vistas del centro desde la azotea del elegantísimo Le Bain. (p. 148)

Brooklyn Heights Promenade Vistas impactantes de Manhattan, 24 h al día. (p. 257)

Isla Roosevelt Vistas del río y los rascacielos desde el Franklin D. Roosevelt Four Freedoms Park, obra de Louis Kahn. (p. 185)

Cantor Roof Garden Bar De finales de abril a octubre, el jardín de la azotea del Met ofrece vistas increíbles. (p. 210)

East River State Park Desde la ribera de Williamsburg hay una vista ininterrumpida de Midtown. (p. 264)

Lugares de interés histórico

Ellis Island Puerta hacia la libertad y las oportunidades para muchos inmigrantes. (p. 66)

Frick Collection Una curiosa mansión de la Gilded Age sobrevive como museo en el Upper East Side. (p. 211)

Lower East Side Tenement Museum Un revelador circuito por un edificio de apartamentos bien conservado muestra cómo vivían los primeros inmigrantes. (p. 107)

Museum of Chinese in America Un grupo humano al que suele ignorarse pero que ha hecho importantes contribuciones al país. (p. 88)

Morgan Library & Museum Antiguo hogar del industrial J. P. Morgan, con interiores exquisitos. (p. 186)

Morris-Jumel Mansion Museum Este edificio de estilo federal georgiano es el más antiguo de Manhattan. (p. 241)

Historic Richmond Town Pueblo atrapado en el tiempo que alberga la escuela más antigua del país en Staten Island. (p. 75)

Gracie Mansion Elegante edificio de estilo federal que hoy es la residencia oficial del alcalde. (p. 212)

Gratis

Central Park El espacio verde por excelencia de Nueva York. (p. 221)

High Line Un lugar 9 m por encima de la ciudad donde pasear, hacer pícnic y disfrutar de las fabulosas vistas de Manhattan. (p. 132)

Staten Island Ferry El viaje entre Lower Manhattan y el barrio de St George en Staten Island es una de las mejores aventuras gratuitas de Nueva York. (p. 372)

National Museum of the American Indian Las colecciones de este museo afiliado al Smithsonian Institution comprenden artes decorativas, tejidos y objetos ceremoniales. (p. 72)

David Zwirner Una de las principales galerías de Chelsea. (p. 145)

Brooklyn Bridge Park Magnífico parque junto al río East con asombrosas vistas de Lower Manhattan. (p. 253)

SummerStage Ofrece conciertos al aire libre en Central Park desde junio hasta principios de septiembre. (p. 224)

American Folk Art Museum Un mundo artístico alternativo con

Para más lugares imprescindibles de Nueva York, véase:
➡ Dónde comer (p. 39)
➡ Dónde beber y vida nocturna (p. 43)
➡ Ocio (p. 46)
➡ De compras (p. 50)
➡ Deportes y actividades (p. 53)
➡ Nueva York LGBTIQ (p. 56)

PUESTA A PUNTO EN BUSCA DE...

música gratis los viernes por la noche. (p. 225)

Big Apple Greeter Un nativo deseoso de enseñar su ciudad realiza visitas guiadas por barrios. Hay que reservar anticipadamente. (p. 373)

Monumento Nacional 11 de Septiembre Un recuerdo triste y conmovedor. (p. 68)

La antigua Nueva York

Coney Island Parque de atracciones de principios del s. XX; imprescindibles los perritos calientes de Nathan's Famous. (p. 265)

Barney Greengrass Tras un siglo al pie del cañón, BG aún sirve el mejor pescado ahumado. (p. 227)

Russian & Turkish Baths El estrés se evapora en este establecimiento de East Village, que ha cumplido 120 años. (p. 127)

Katz's Delicatessen Carne ahumada que complacerá incluso a los más exigentes. (p. 117)

Marie's Crisis En el legendario bar de ambiente de West Village se oyen canciones de musicales y clientes cantarines. (p. 148)

Zabar's Desde la década de 1930 es un emporio para

sibaritas de Upper West Side. (p. 231)

McSorley's Old Ale House Abraham Lincoln, Boss Tweed o Woody Guthrie han tomado copas pisando el serrín de este *pub*. (p. 121)

Espacios verdes

Central Park El parque más famoso de la ciudad posee más de 320 Ha de prados y cerros rematados por rocas. (p. 221)

High Line Estrecha franja de zona verde con plantas y sorprendentes atalayas sobre una antigua línea de tren. (p. 132)

Prospect Park El lugar al aire libre más concurrido de Brooklyn para hacer pícnics, volar cometas, correr o pescar. (p. 254)

Hudson River Park Manhattan se ve más verde que nunca gracias al nuevo parque del oeste. (p. 136)

Brooklyn Bridge Park Este parque nuevo recorre la ribera de Dumbo hasta Atlantic Ave. (p. 253)

Cementerio de Green-Wood Frondoso oasis con magníficas vistas y serpenteantes senderos de la década de 1830. (p. 259)

Jardín botánico de Brooklyn Una belleza en tres estaciones, con cerezos en flor en primavera, brillantes flores en verano y preciosos colores otoñales. (p. 262)

Hasta las tantas

Smalls Espectáculos golfos a la 1.00 en el local de *jazz* con más ambiente de West Village. (p. 152)

Silvana En Harlem todas las noches hay música étnica y una fiesta amenizada por DJ. (p. 246)

IFC Center Proyecciones de clásicos de culto a medianoche en West Village. (p. 154)

Chinatown Hay varios locales nocturnos escondidos detrás de las sencillas fachadas de pequeñas cantinas. (p. 96)

Rue B Pequeño local de *jazz* de East Village que abre hasta muy tarde. (p. 118)

Slipper Room Divertidos espectáculos de cabaret en este local sin complejos de Lower East Side. (p. 122)

Employees Only No solo de comida rápida viven los noctámbulos. Este gastrobar del West Village sirve una buena carta después de las 3.00. (p. 146)

Veselka Imprescindible para comer *varenyky* (empanadillas caseras) a las 4.00. (p. 114)

Caprichos

Barneys Los caprichos de los aficionados a la moda tienen precios astronómicos. (p. 202)

Dough Unos de los mejores dónuts del mundo. (p. 269)

Pegu Club Elegante salón con un gran ambiente, nada pretencioso (a pesar de los cócteles a 15 US$). (p. 100)

Brandy Library Una copa de Armagnac ambarino en un selecto refugio. (p. 81)

Bowery Hotel Precioso hotel del centro para darse un lujo. (p. 323)

Bares ocultos

Beauty & Essex Fascinante bar escondido tras la fachada de una casa de empeños. (p. 122)

Bathtub Gin Pasado el falso muro detrás de una sencilla cafetería aguarda un diseño chic de la época de la Ley Seca y cócteles retro. (p. 151)

Mulberry Project Una modesta escalera conduce a este elegante laboratorio de cócteles, con unos dueños internaciona-

les y su camarilla de amigos-camareros. (p. 100)

Smith & Mills Tras la puerta sin distintivo se abre un estrambótico interior donde se sirven buenas copas. (p. 82)

Freemans Enfilando un callejón se llega a este pintoresco local con aire de cabaña y legiones de fans del *brunch*. (p. 117)

Little Branch En este edificio de West Village, que parece abandonado, se preparan unos cócteles buenísimos. (p. 147)

Apothéke Farmacia convertida en coctelería, en lo más profundo de Chinatown. (p. 100)

PDT Bar secreto, escondido detrás de un local de perritos calientes; se entra por la cabina telefónica. (p. 121)

Propuestas originales

Flushing Para ir de safari gastronómico al corazón de Queens y ver el mejor y mayor Chinatown de Nueva York. (p. 294)

New York Botanical Garden Extensos jardines del Bronx con más de 20 Ha de bosques y un invernadero victoriano. (p. 247)

Inwood Hill Park Este parque tan bello y agreste forma parte de Manhattan. (p. 241)

Queens Museum Excelentes exposiciones sin las aglomeraciones de otros museos de Manhattan. (p. 296)

Dyckman Farmhouse Museum Última granja holandesa de Manhattan que se conserva. (p. 241)

Red Hook Pasear por las calles adoquinadas cerca del paseo marítimo de Brooklyn y hacer un alto para refrescarse en tabernas y marisquerías. (p. 258)

Ditmas Park Una tarde para admirar magníficas casas antiguas y tomar una copa en un bar del barrio. (p. 258)

Mes a mes

Enero

La melancolía invernal llega después de Navidad y Año Nuevo. A pesar de las largas noches, los neoyorquinos saben aprovechar el frío patinando al aire libre y esquiando en los Catskills.

🏊 New Year's Day Swim

La mejor manera de dar la bienvenida al año nuevo es con un gélido chapuzón en el Atlántico con el Coney Island Polar Bear Club (www.polarbearclub.org).

🏃 No Pants Subway Ride

El segundo domingo de enero, unos 4000 neoyorquinos animan el ambiente enseñando las piernas en el transporte público. Todo el mundo puede participar y después suele haber una fiesta. En la web se indican los detalles y la hora de encuentro.

☆ Winter Jazzfest

A mediados de enero, este festival (www.winterjazz fest.com) de cuatro días concentra más de 100 actuaciones en varios escenarios de toda la ciudad. La mayor parte de la acción se desarrolla en West Village.

Febrero

Con las temperaturas bajo cero, lo mejor es tomar algo o comer un plato calentito en un acogedor bar o bistró.

🎆 Año Nuevo Lunar (chino)

Una de las celebraciones del Año Nuevo chino más importantes de EE UU, con fuegos artificiales y bailes de dragones que convocan a la multitud en las calles de Chinatown. La fecha suele caer a principios de febrero.

🍴 Winter Restaurant Week

De finales de enero a principios de febrero, el frío se combate con la buena comida que ofrecen algunos de los mejores establecimientos durante la semana de los restaurantes de Nueva York (www.nycgo.com/restaurant-week), que en realidad dura tres semanas. (Almuerzo 26 US$, cena 40 US$.)

Marzo

Tras meses de gélidas temperaturas, llega algún día cálido de primavera y todo el mundo se vuelve loco... aunque van seguidos de una semana de temperaturas bajo cero y parece que el invierno no se quiere ir.

👁 Armory Show

La mayor feria de arte contemporáneo de Nueva York (www.thearmoryshow.com) llega a la ciudad para mostrar la obra de miles de artistas de todo el mundo en dos muelles que se adentran en el río Hudson.

🎆 Desfile de St Patrick's Day

Montones de personas, ruidosas e inestables por las copas de cerveza verde, se reúnen en Fifth Ave el 17 de marzo en un popular desfile de gaiteros, carrozas y políticos amantes de Irlanda. El desfile, que se celebró por primera vez en 1762, es el mayor y más antiguo de la ciudad.

Abril

Finalmente llega la primavera: los optimistas locales al aire libre sacan las sillas a la calle y las plazas se llenan de tulipanes y árboles cuajados de flores.

☆ Tribeca Film Festival

Creado tras los trágicos sucesos del 11 de septiembre, el festival de cine (p. 48) de Robert de Niro se ha convertido en una de las estrellas del circuito alternativo. Hay que escoger bien, ya que en 10 días se proyectan más de 150 películas.

Mayo

A abril con sus chaparrones, sigue mayo con sus flores y su explosión de colores que adornan los árboles de toda la ciudad. El tiempo es cálido y apacible sin la desagradable humedad del verano.

☆ Cherry Blossom Festival

Llamado Sakura Matsuri (p. 263) en japonés, esta tradición anual, celebrada un fin de semana de finales de abril o principios de mayo, festeja la floración de los cerezos en el jardín botánico de Brooklyn. El festival se complementa con ocio y actividades.

☆ Fleet Week

Durante una semana de finales de mayo, Manhattan parece un decorado de cine de la década de 1940, cuando grupos de marineros uniformados acuden para vivir sus aventuras de "un día en Nueva York". La gente puede visitar gratis los barcos llegados de varios rincones del planeta.

☆ TD Bank Five Boro Bike Tour

Durante el "mes de la bici" hay paseos, fiestas y otras actividades para los neoyorquinos amantes del pedal. El principal acontecimiento es el TD Bank Five Boro Bike Tour, con miles de ciclistas que participan en un paseo de 68 km por carreteras cerradas al tráfico o sendas ribereñas.

Junio

El verano ha llegado y la gente sale de los cubículos de sus oficinas para relajarse en las zonas verdes. Los desfiles llenan las calles y en varios parques se instalan pantallas de cine.

☆ Bryant Park Summer Film Festival

De junio a agosto, Bryant Park ofrece sesiones gratuitas (p. 37) de clásicos de Hollywood gratis los lunes por la noche, al ponerse el sol. Se recomienda llegar pronto (la zona verde abre a las 17.00, pero suele haber cola desde las 16.00).

☆ Mermaid Parade

Encantador y curioso desfile de tarde (p. 36) dedicado a la arena, el mar y el verano. La gente se disfraza con trajes muy elaborados, con el mar como tema principal, y luce sus mejores galas en la pasarela de Coney Island. Lo más divertido es participar (se acepta a todo aquel que vaya disfrazado). Último sábado del mes.

☆ NYC Pride

El mes del orgullo gay culmina con un gran desfile por la Quinta Avenida el último domingo de junio. El NYC Pride (www.nycpride.org) es un espectáculo de 5 h con bailarines, *drag queens,* policías gais, amantes del cuero, madres lesbianas y representantes de todos los grupos homosexuales bajo el arco iris.

☆ Desfile del Día de Puerto Rico

El segundo fin de semana de junio miles de personas celebran este desfile anual que ya va por su quinta década y recorre la Quinta Avenida desde 44th St hasta 86th St.

☆ River to River Festival

Los artistas llevan el teatro, la música y la danza a los parques del centro urbano durante 12 días de junio. En Lower Manhattan y Governors Island tienen lugar más de 100 actos gratuitos al aire libre (p. 37).

SUMMERSTAGE

El que se celebra de junio a agosto en Central Park (p. 224) ofrece un magnífico cartel de música y danza durante todo el verano. Algunos invitados destacados han sido Django Django, Femi Kuti, Shuggie Otis y la Martha Graham Dance Company. Casi todo es gratis. Incluye una programación infantil.

Arriba) NY Pride (Marcha del Orgullo) en Nueva York.
Abajo) Dragón chino en el desfile del Año Nuevo chino (p. 29).

ANDREÏ ORLOV / SHUTTERSTOCK ©

MANDRITOIU / SHUTTERSTOCK ©

Julio

Mientras el centro se achicharra, los neoyorquinos se escapan a la playa de Long Island. Pero es un mes de gran movimiento turístico, ya que la ciudad se llena de norteamericanos y europeos de vacaciones.

☆ Shakespeare in the Park

Este festival (p. 224) tan apreciado rinde homenaje al famoso dramaturgo inglés con funciones gratuitas en Central Park. La trampa está en que hoy se tarda horas en conseguir entrada, o hay que ganarla en el sorteo. Las entradas salen a mediodía; no se puede llegar más tarde de las 10.00.

⁂ Fuegos artificiales del 4 de Julio

El Día de la Independencia se celebra el 4 de julio con fuegos artificiales espectaculares sobre el río East a partir de las 21.00. Los sitios con las mejores vistas son las zonas ribereñas de Lower East Side y Williamsburg, Brooklyn, o cualquier azotea o apartamento de Manhattan orientado al este.

Septiembre

El Labor Day (Día del Trabajo) marca oficialmente el final de la temporada de casas compartidas en los Hamptons, pues las temperaturas se vuelven más tolerables. Los neoyorquinos regresan al trabajo y el calendario cultural despega.

☆ BAM's Next Wave Festival

Este festival (p. 282) lo organiza la Brooklyn Academy of Music desde hace más de 30 años. Se celebra durante el mes de diciembre y ofrece teatro, danza y música de vanguardia de primera clase.

☆ Electric Zoo

El festival de música electrónica (www.electriczoo festival.com) de Nueva York se celebra el fin de semana del Labor Day y tiene como escenario el extenso Randall's Island Park. Entre los últimos cabezas de cartel destacan Moby, Afrojack, David Guetta, Martin Solveig y The Chemical Brothers.

Fiesta de San Gennaro

Una muchedumbre fiel y ruidosa invade las estrechas calles de Little Italy, abarrotadas de casetas de feria y puestos de comida italiana. Es una tradición del Viejo Mundo que se celebra durante 11 días a mediados de septiembre. En el 2017 conmemoró su 90° año (p. 91).

Octubre

Los árboles se tiñen de color a medida que bajan las temperaturas. Junto con mayo, es uno de los mejores meses para visitar NY.

☆ Bendición de los animales

Para honrar la festividad de San Francisco, a principios de mes mascotas con sus cuidadores acuden a la majestuosa iglesia catedral de St John the Divine para la bendición anual de los animales, ya sean caniches, lagartos, loros, llamas o cualquier otro.

☆ Comic Con

Entusiastas llegados de todas partes se reúnen en este reclamo anual para los frikis (www.newyorkcomic con.com), que se disfrazan de sus personajes favoritos y se divierten con otros fans del *anime*.

◉ Open House New York

(www.ohny.org) Es el mayor evento del país dedicado a la arquitectura y al diseño. Ofrece circuitos guiados con arquitectos, conferencias, talleres de diseño, visitas a estudios y actuaciones en edificios de toda la ciudad.

☆ Village Halloween Parade

En Halloween, los neoyorquinos se ponen los disfraces más estrambóticos para salir a divertirse. Los atuendos más llamativos desfilan en la Village Halloween Parade (p. 36) que recorre Sixth Ave en West Village. Mirar es divertido; participar, genial.

Noviembre

A medida que caen las hojas, las chaquetas se cambian por la lana. En estos días se celebra una maratón de primera categoría y luego las familias se reúnen para dar gracias.

🏃 Maratón de Nueva York

Esta carrera anual de 42 km (www.nycmarathon.org) se celebra la primera semana de noviembre y atrae a miles de atletas de todo el mundo y a espectadores entusiastas.

☆ New York Comedy Festival

Los humoristas conquistan la ciudad durante este festival de humor (p. 47) con sesiones de monólogos cómicos, improvisaciones y espectáculos caros a cargo de figuras como Rosie O'Donnell o Ricky Gervais.

☆ Encendido del árbol de Navidad del Rockefeller Center

Accionando un interruptor se enciende este enorme árbol, lo cual supone el inicio oficial de las Navidades. Decorado con más de 25 000 luces, es la base de operaciones extraoficial de NY, a la que debe acudir todo visitante de la ciudad en diciembre.

☆ Desfile del Día de Acción de Gracias

Enormes globos de helio sobrevuelan las calles, bandas musicales de escuelas de secundaria marchan tocando sus tambores y millones de espectadores se abrigan para celebrar Acción de Gracias (4° jueves de noviembre) con el famoso desfile de Macy's, de 4 km.

Diciembre

El invierno ya está aquí, pero la rebosante alegría navideña calienta el espíritu. Luces de colores adornan los edificios, y las tiendas de la Quinta Avenida (al igual que Macy's) recrean elaborados mundos en sus escaparates.

☆ Nochevieja

Times Square es uno de los mejores lugares para celebrar la Nochevieja. La plaza se llena con millones de personas que se amontonan como sardinas y soportan temperaturas gélidas para ver el descenso anual de la bola y entonar al unísono la cuenta atrás.

Viajar con niños

Nueva York ofrece muchas actividades para los más pequeños: zonas de juegos imaginativas, parques frondosos donde los niños pueden correr a sus anchas y numerosos museos y monumentos aptos para ellos. También hay carruseles, espectáculos de marionetas y muchos mercados donde curiosear.

acción en Central Park (p. 221).

Atracciones

Muchos niños se lo pasan bomba en los principales destinos turísticos de NY.

Animales

La ciudad tiene varios zoológicos. El mejor, sin duda, es el Bronx Zoo (p. 247), famoso por el buen diseño de sus hábitats. Si no se dispone de mucho tiempo, los zoos de Central Park y Prospect Park son ideales para una visita rápida.

Estatua de la Libertad

El paseo en barco hasta Lady Liberty (p. 65) permite navegar por el puerto de Nueva York y conocer este emblemático símbolo.

Desde lo alto del mundo

Un ascensor con el techo de cristal lleva hasta Top of the Rock (p. 187), un mirador que ofrece vistas magníficas de NY.

Coney Island

Perritos calientes, helados y atracciones son sencillos deseos de infancia que se pueden satisfacer en Coney Island (p. 265).

Los mejores museos

No hay que perderse el American Museum of Natural History (p. 225), con sus dinosaurios, su acuario, su planetario y sus películas de IMAX. Casi todos los grandes museos, como el Met (p. 209), el MoMA (p. 178), el Guggenheim (p. 208), el Museum of the City of New York (p. 212) y el Cooper-Hewitt National Design Museum (p. 211), tienen programas infantiles, pero otros más pequeños pueden ser incluso más atractivos para los peques. El Lower East Side Tenement Museum (p. 107) ofrece una visita interactiva.

Los más pequeños

Los niños de hasta 5 años disfrutarán en el Children's Museum of the Arts (p. 89), en West SoHo, y en el Brooklyn Children's Museum (p. 263), en Crown Heights, ambos con cuentacuentos, clases de arte, talleres de manualidades y pintura.

Más de 5 años

Los niños pueden subirse a metros de época en el New York Transit Museum (p. 256) o tirarse por una barra de bomberos en el

New York Fire Museum (p. 89). El Museum of the Moving Image de Astoria (p. 294) tiene exposiciones experimentales para niños.

Los mejores parques

Central Park

Más de 320 Ha de áreas verdes, un lago con botes de remos, un tiovivo, un zoo y una gran escultura de Alicia en el País de las Maravillas. El parque infantil de Heckscher, cerca de Seventh Ave y Central Park South, es el mayor y mejor de los 21 que hay en Central Park (p. 221).

Prospect Park

En este empinado parque de Brooklyn, de casi 240 Ha (p. 254), hay abundantes distracciones para los niños: un zoo, zonas lúdicas, juegos interactivos en la Lefferts Historic House y una pista de hielo que en verano se convierte en pista de patinaje y zona de juegos con agua. Posee el único lago de Brooklyn, con patines y kayaks, y bicicletas aptas para niños en LeFrak Center at Lakeside.

Brooklyn Bridge Park

El parque tiene nuevas zonas lúdicas y una zona infantil llena de agua en el muelle 6. Luego se puede comer una *pizza* en el Fornino (p. 267) del paseo. El muelle 2 posee pistas de *shuffleboard* y petanca y una pista de patinaje que es de hielo en invierno.

Hudson River Park

Este parque (p. 136) que recorre el lado occidental de Manhattan ofrece muchas emociones para los pequeños, incluido un minigolf cerca de Moore St (Tribeca), un parque infantil cerca de West St (West Village), un tiovivo junto a W 22nd St, juegos de agua en la esquina de W 23rd con Eleventh Ave, y un espacio temático de ciencia cerca de W 44th St.

High Line

Este famoso espacio verde elevado (p. 132) cuenta con puestos de comida, fuentes de agua donde jugar y magníficas vistas, así como actividades familiares para el buen tiempo, como la hora del cuento, proyectos de ciencia y artesanía, comida divertida, etc. Más detalles en la web (www.thehigh line.org/activities/family_programs).

Riverside Park

En este parque (p. 224) de Upper West Side hay un carril bici con vistas al río Hudson. Se puede hacer un alto en el River Run Playground (W 83rd St) o el fantástico Hippo Playground (W 91st St).

Diversión para niños y padres

Los mercados que hay en toda la ciudad son perfectos para tomar un bocado, especialmente el Smorgasburg (p. 273). El Chelsea Market (p. 130) es una tentación: se puede comprar un pícnic para tomarlo junto al agua en el Hudson River Park.

Teatro infantil

El pequeño Puppetworks (p. 284), en Park Slope, Brooklyn, ofrece divertidos espectáculos de marionetas los fines de semana de todo el año.

Lo esencial

Asientos infantiles En los taxis, los menores de 7 años pueden viajar en el regazo de un adulto, pero el viajero también puede poner su sillita infantil. Los servicios de trayectos compartidos pueden disponer de asientos infantiles.

Canguro Se puede contactar con el Baby Sitters' Guild (www.babysittersguild.com).

Información Time Out New York Kids (www. timeout.com/new-york-kids) y Mommy Poppins (www.mommypoppins.com).

Metro Los niños hasta 110 cm viajan gratis.

Vida local

En todo lo relacionado con el ocio nocturno, cenar fuera y disfrutar del calendario cultural de la ciudad, los neoyorquinos han desarrollado estrategias invencibles. Desde largos brunchs de fin de semana a días primaverales en los parques, hay muchas maneras de disfrutar de la ciudad como ellos, sin tener que pagar sus astronómicos alquileres.

Wollman Skating Rink (p. 233).

Protocolo: en la calle

➡ Hay que parar un taxi solo si la luz del techo está encendida. Si está apagada, es que está ocupado.

➡ No siempre hay que esperar la indicación "walk" de los semáforos; basta con cruzar la calle cuando no viene ningún coche.

➡ Al caminar por la acera, los peatones siguen la lógica del tráfico. No hay que detenerse de golpe, debe seguirse la velocidad del resto y apartarse a un lado para sacar un plano o un paraguas del bolso. Los neoyorquinos suelen respetar el espacio personal, pero si alguien se les pone por delante, chocan contra él y no piden perdón.

➡ Al subir al metro, hay que dejar bajar a todo el mundo… y entonces luchar por entrar para no quedarse fuera.

➡ En Nueva York, "hacer cola" se dice wait on line en vez de wait in line; y "menos cuarto", suele ser quarter of en lugar de quarter to. Houston St se pronuncia "Hau-ston", no "Hiu-ston".

Dónde comer y beber

La cultura del 'brunch'

Está tan profundamente arraigado en el tejido social de Nueva York como la hora del té para los británicos. Normalmente se hace entre las 11.00 y las 15.00 los fines de semana (aunque algunos lugares han empezado a servirlo a diario, especialmente en Brooklyn). Es una comida ideal para quedar con amigos mientras se disfruta de platos confeccionados con ingredientes de desayuno, regados con café o con un cóctel.

Saber salir

Los fines de semana, los neoyorquinos tienden a evitar las discotecas más grandes, los bares repletos y ciertos barrios (East Village, Lower East Side), que se llenan de gente menos sofisticada. Los días laborables son ideales para salir. Hay menos aglomeraciones, se encuentra menos gente y proliferan los perfiles creativos de jóvenes que no trabajan de 9.00 a 17.00 (actores, escritores, artistas, etc.). Además, hay ofertas especiales de principios de semana y happy hours.

Comida de bar

Muchos bares buenos de Nueva York se centran tanto en la bebida como en la comida. Es buena idea tomar una carta y dejarse sorprender con ostras, platillos para compartir, tablas de quesos o embutidos, ensaladas y sándwiches *gourmet*, alcachofas estofadas o costillas de cordero. Al planificar una comida, no hay que pensar exclusivamente en restaurantes tradicionales, también se pueden descubrir los *pubs* gastronómicos.

Participar

Ver pasar un desfile es bastante más aburrido que formar parte de él. Se puede participar de muchas formas distintas, solo hay que conseguir un disfraz llamativo para el **Village Halloween Parade** (www.halloween-nyc.com; Sixth Ave, desde Spring St a 16th St; ☺19.00-23.00 32 oct) o para el veraniego **Mermaid Parade** (www.coneyisland.com; ☺final jun) de Coney Island. Otra idea es apuntarse a una carrera en la ciudad (New York Road Runners programa decenas de carreras cada año) o aprender a escalar en roca en Brooklyn Boulders (p. 288) o Cliffs (p. 306), en Queens; e incluso recuperar algún viejo poema y subir al escenario las noches de micro abierto del Nuyorican Poets Café (p. 123). Y si al viajero le va la música, que suba a cantar al escenario del Sidewalk Café (p. 123). Por su parte, Brooklyn Brainery (p. 288) ofrece cursos muy diversos de tarde y fin de semana. Sea cual sea su pasión (ajedrez, *hip-hop*, dibujo, arquitectura, hacer cerveza, etc.), todo el mundo encuentra su lugar y su gente en NY.

Los tuiteros de NY

Algunos de los más célebres tuiteros que comentan las últimas novedades de la ciudad son:

Everything NYC (@EverythingNYC) Siempre a la caza de lo mejor para ver, hacer y comer en la Gran Manzana.

Pete Wells (@pete_wells) Crítico de restaurantes en el *New York Times*.

New Yorker (@NewYorker) Crónicas perspicaces sobre política y cultura.

Guest of a Guest (@guestofaguest) Información en profundidad sobre fiestas, sociedad y moda neoyorquinas.

Gothamist (@gothamist) Noticias y curiosidades de la ciudad.

Hyperallergic (@Hyperallergic) Tuits de un popular blog de arte de NY.

Colson Whitehead (@colsonwhitehead) Novelista que colabora con el *New Yorker*, natural de Manhattan.

Paul Goldberger (@paulgoldberger) Crítico de arquitectura ganador del Premio Pulitzer.

Tom Colicchio (@tomcolicchio) Famoso chef, propietario de la popular franquicia Craft.

Sam Sifton (@samsifton) Editor gastronómico del *New York Times*.

Actividades estacionales

Invierno

Incluso el invierno más tristón tiene sus placeres, como el patinaje sobre hielo. A partir de noviembre o diciembre, las pistas de patinaje de la ciudad ofrecen mucha diversión. Se puede seguir tomando algo junto a la chimenea en un bar calentito. Los neoyorquinos se saltan el Rockefeller Center y el Bryant Park, llenos de turistas, y prefieren ir a patinar a Central Park, al Prospect Park o al Riverbank State Park.

Primavera

Los parques de la ciudad son ideales para ir de pícnic, pasear bajo el sol o relajarse en el césped. Los mejores lugares para ver flores son los jardines botánicos de Nueva York y de Brooklyn. Este último alberga el Cherry Blossom Festival, que a la gente de Brooklyn le encanta.

Verano

Todos los acontecimientos gratuitos al aire libre llegan en verano: proyecciones de películas en el Bryant Park, festivales en la calle y conciertos en Central Park, el Hudson River Park, el Prospect Park y otros espacios verdes de toda la ciudad.

Otoño

El calendario cultural vuelve a remontar en otoño con el inicio de la temporada de artes escénicas (sep-may) y de artes plásticas (muchas galerías inauguran exposiciones los jueves por la noche).

Nueva York gratis

La Gran Manzana no es exactamente el destino más barato del mundo, pero hay muchas formas de descubrir los tesoros de la ciudad sin gastar ni un céntimo: obras de teatro, películas y conciertos gratis, visitas a museos pagando la voluntad, festivales urbanos, y muchos espacios verdes.

KAMIRA / SHUTTERSTOCK ©

»O Bryant Park Summer Film Festival.

Música en directo, teatro y danza

En verano hay muchísimos eventos gratis por toda la ciudad. Desde junio hasta principios de septiembre, SummerStage (p. 224) organiza más de 100 actuaciones gratis en 17 parques de la ciudad. Conseguir entradas para Shakespeare in the Park (p. 224), en Central Park, requiere tenacidad pero el esfuerzo merece la pena. Prospect Park es la sede del Celebrate Brooklyn (p.258), una serie de actos y conciertos al aire libre.

El verano trae cine al aire libre y eventos ribereños durante el **River to River Festival** (www.rivertorivernyc.com; ⊘jun), en Hudson River Park, Manhattan, y en **Brooklyn Bridge Park** (www.brooklynbridgepark.org; ⊘may-oct). Otra gran opción es el gratuito **HBO Bryant Park Summer Film Festival** (www.bryantpark.org; ⊘med jun-ago), las noches de los lunes.

En algunos locales hay conciertos gratuitos todo el año. El BAMcafe (p. 282) de Brooklyn ofrece conciertos gratis algunos viernes y sábados por la noche. En Harlem, Marjorie Eliot (p. 246) abre su casa para *jams sessions* gratuitas de *jazz* los domingos.

Museos

Gratuitos

➡ The High Line (p. 132)
➡ Monumento 11 de Septiembre (p. 68)
➡ National Museum of the American Indian (p. 72)
➡ Museum at FIT (p. 190)
➡ Hamilton Grange (p. 240)
➡ American Folk Art Museum (p. 225)
➡ Nicholas Roerich Museum (p. 225)

Con donativo

➡ American Museum of Natural History (p. 225)
➡ Brooklyn Museum (p. 255)
➡ Museum of the City of New York (p. 212)
➡ Brooklyn Historical Society (p. 256)

Entrada gratis o con donativo en fechas concretas

➡ MoMA (p. 178), 16.00-21.00 vi

➡ Guggenheim Museum (p. 208), 17.45-19.45 sa

➡ Whitney Museum of American Art (p. 135), 19.00-22.00 vi

➡ Neue Galerie (p. 211), 18.00-20.00 primer viernes del mes

➡ Frick Collection (p. 211), 14.00-18.00 mi y 18.00-21.00 primer viernes del mes

➡ New Museum of Contemporary Art (p. 106), 19.00-21.00 ju

➡ New-York Historical Society (p. 224), 18.00-20.00 vi

➡ Jewish Museum (p. 211), 17.00-20.00 ju y sa

➡ Rubin Museum of Art (p. 137), 18.00-22.00 vi

➡ Asia Society & Museum (p. 212), 18.00-21.00 vi, sep-jun

➡ Japan Society (p. 186), 18.00-21.00 vi

➡ MoMA PS1 (p. 291), gratis con la entrada del MoMA

➡ Museo del Monumento 11 de Septiembre (p. 68), 17.00-20.00 ma

Lo esencial

Hay webs muy útiles para buscar eventos gratis y con descuentos por la ciudad, como Club Free Time (www.clubfreetime.com) y Skint (www.theskint.com). Incluyen listados diarios de circuitos gratis, conciertos, talleres, charlas, inauguraciones de arte, lecturas y mucho más.

Navegar

El ferri de Staten Island (p. 372) es gratis y ofrece magníficas vistas de la Estatua de la Libertad. Además, se puede disfrutar del trayecto con una cerveza fría (las sirven a bordo). Aunque no es del todo gratis, por solo 2,75 US$ se puede navegar desde Lower Manhattan hasta Brooklyn, Queens o Rockaway a bordo del NYC Ferry (www.ferry.nyc), una magnífica alternativa al metro. Desde mayo a octubre, también se puede subir a un ferri (gratis las mañanas del fin de semana en verano; en otros horarios 2 US$) para ir hasta Governors Island (p. 76), un oasis libre de tráfico y con unas vistas preciosas.

Y si apetece un poco de aventura, se ofrecen paseos gratis en kayak en Hudson River Park, Brooklyn Bridge Park y Red Hook (p. 288).

Programas de televisión

Algunos de los mejores programas televisivos (p. 201) del país se graban en NY. *The Late Show with Stephen Colbert*, *The Daily Show with Trevor Noah* y *The Tonight Show Starring Jimmy Fallon* facilitan entradas gratis para asistir al programa. Se reservan en línea.

Circuitos a pie

Una de las mejores formas de vivir NY es hacer una ruta a pie con algún residente. El muy recomendable Big Apple Greeter (p. 373) ofrece circuitos gratis guiados por vecinos que disfrutan mostrando sus ciudades.

Wifi

Si el viajero va a pasar el día fuera y necesita conectarse a la red, tiene wifi gratis en zonas públicas como la High Line, Bryant Park, Battery Park, Tompkins Square Park y Union Square Park. Casi todos los cafés y restaurantes también ofrecen wifi gratis.

Gansevoort Market (p. 138).

Dónde comer

El panorama gastronómico de Nueva York es infinito, pues su cocina es un testimonio viviente del caleidoscopio de ciudadanos que la habitan. Aunque el viajero no sea un sibarita maniático en busca de enclaves étnicos o de los últimos fogones de los chefs de culto, siempre tendrá una comida excelente esperándole a la vuelta de la esquina.

De mercado en mercado

No hay que dejarse engañar por todos esos edificios y calles de cemento; en NY se pueden comprar cada vez más verduras frescas. Uno de los mejores lugares es el mercado de Chelsea (p. 130), repleto de delicias de todo tipo, tanto en las tiendas como en los puestos de comida (se puede comer allí mismo). En los últimos años han abierto más mercados, como Gansevoort Market (p. 138), en Meatpacking District, y tres más en Brookfield Place (p. 78), Lower Manhattan. Al otro lado del río están el flamante DeKalb Market Hall (p. 266), en el centro de Brooklyn, y la pequeña sección gastronómica de Berg'n (p. 272) de Crown Heights.

Muchos barrios de NY tienen su propio mercado de hortalizas; uno de los más grandes es el Union Square Greenmarket (p. 169), abierto cuatro días a la semana todo el año. La web Grow NYC (www.grownyc.org/greenmar ket) incluye una lista de los más de 50 mercados de la ciudad.

En Brooklyn los mejores mercados de fin de semana para comer (en lugar de cocinar en casa) son el Smorgasburg (p. 273), con más de 100 puestos de comida, y el Brooklyn Flea Market (p. 286), con varios puestos.

Es interesante explorar tiendas de alimentación de categoría como Eataly (p. 164) o Dean & DeLuca (p. 99), donde se da un

LO ESENCIAL

Horario comercial

En general, los horarios de las comidas suelen solaparse porque los neoyorquinos van a su aire: el desayuno se sirve de 7.00 a 12.00, el almuerzo de 11.30 a 15.00, y la cena, entre 17.00 y 23.00. El famoso *brunch* del fin de semana va de las 11.00 a las 16.00.

Precios

Los símbolos indican el precio de un plato principal, sin impuestos ni propinas:

**$** menos de 15 US$

**$$** de 15 a 25 US$

**$$$** más de 25 US$

Propinas

Los neoyorquinos dan propinas del 18 o el 20% sobre el precio final de la comida.

Reservas

Los restaurantes más populares o bien hacen reservas y hay que planificar con antelación, o no aceptan reservas y hay que ir directamente (en cuyo caso conviene llegar cuando abren). De lo contrario, es posible tener que esperar hasta 2 h. Open Table y Resy son aplicaciones para conseguir mesa a última hora.

Webs y blogs

Yelp (www.yelp.com) Contenidos muy completos y reseñas de los usuarios.

Open Table (www.opentable.com) Servicio de reserva en línea para muchos restaurantes.

Tasting Table (www.tastingtable.com) Para recibir noticias prácticas sobre las últimas recomendaciones.

Eater (https://ny.eater.com) Noticias sobre comida y listados de restaurantes.

Serious Eats (http://newyork.serious eats.com) Cotilleos de restaurantes y artículos sobre el panorama culinario.

Grub Street (www.grubstreet.com) Artículos bien informados sobre la restauración en NY.

Restaurant Girl (www.restaurantgirl.com) Bloguera y crítica de restaurantes de NY.

Eating My NYC (https://eatingmynyc.com) Gurú gastronómico nativo de Nueva York.

tratamiento de primera a los productos frescos o la comida recién preparada. Whole Foods es otro lugar interesante, especialmente la sucursal de Brooklyn (p. 270), centrada en comida ecológica para gastrónomos.

Circuitos y cursos

La mejor forma de descubrir el amplio panorama gastronómico local es contactar con un neoyorquino que sepa del tema y participar en un circuito o una clase de cocina. Algunas recomendaciones:

Institute of Culinary Education (p. 84) La mayor escuela de gastronomía de EE UU ofrece cursos de alta cocina y circuitos para gastrónomos.

Urban Oyster (www.urbanoyster.com) Circuitos gastronómicos temáticos de alta calidad, principalmente en Lower Manhattan y Brooklyn.

Scott's Pizza Tours (p. 268) Original y divertido, Scott promete descubrir todos los secretos de la *pizza* neoyorquina.

Nosh Walks (p. 373) Myra Alperson guía estas rutas gastronómicas sobre la rica cocina étnica de Nueva York.

Pizza A Casa (www.pizzaacasa.com) Una escuela muy popular de Lower East Side especializada en la preparación y decoración de *pizzas*.

Chopsticks & Marrow (www.chopsticksandma rrow.com) Fantástico blog gastronómico de Queens a cargo de Joe DiStefano, un vecino que también organiza circuitos gastronómicos.

League of Kitchens (www.leagueofkitchens. com) Clases de cocina impartidas por mujeres inmigrantes en sus hogares de Brooklyn y Queens.

Vegetarianos y veganos

Aunque la Costa Oeste hace tiempo que tomó el primer puesto en el panorama herbívoro, las cosas empiezan a cambiar. Y todo gracias al movimiento por la comida local, que está detrás de muchos de los nuevos restaurantes que seducen a los más escépticos con estilo, buen ambiente, vinos, licores y postres de excelente calidad. Destaca Nix (p. 141), un restaurante vegetariano muy creativo que ha recibido buenas críticas y una estrella Michelin. Incluso los restaurantes especializados en carne más prestigiosos se rinden al encanto de las legumbres. La carta del Café Boulud (p. 215) tiene un apartado, *le potager*, dedicado a selectos

Panorama gastronómico por barrios

Harlem y Upper Manhattan
Cocina reconfortante junto
con sabores globales (p. 242)

Upper West Side y Central Park
Algunos lugares de primera encajados
entre bloques de apartamentos (p. 225)

Central
Park

Río Hudson

Upper East Side
Las damas se dan cita
en los cafés culturales (p. 212)

Midtown
Buena comida, coctelería-bistros
y delis de la vieja escuela (p. 190)

Queens
Un cosmos multicultural que
satisface todos los antojos
(p. 296)

**West Village, Chelsea
y Meatpacking District**
Lugares para almorzar, bares de vinos
y nueva cocina americana (p. 138)

**Union Square, Flatiron
District y Gramercy**
Todo: desde mecas de las estrellas Michelin
hasta hamburguesas junto al parque (p. 164)

SoHo y Chinatown
Fideos tirados de precio, y cafés
y restaurantes de moda (p. 92)

East Village y Lower East Side
Todo un abanico de comidas
sin pretensiones, desde Asia
hasta Oriente Medio (p. 113)

**Lower Manhattan
y Financial District**
Lugares emblemáticos de chefs
famosos y un mercado de comida
francesa *gourmet* (p. 77)

Brooklyn
Pizzerías de barrio, estrellas Michelin
y nueva cocina americana (p. 266)

platos vegetarianos, y los lunes por la noche, Dovetail (p. 228) ofrece un refinado festín vegetariano a precio fijo.

Los veganos están encantados con sus nuevos y excelentes restaurantes, que sirven ricos platos por toda la ciudad. Las mejores opciones son Modern Love (p. 273), que sirve comida reconfortante en Williamsburg, y el elegante Blossom (p. 145), con locales en Chelsea y otros puntos. Otros lugares idolatrados son Candle Cafe (p. 213), presente en varios puntos de la ciudad, y la estrella de la *soul food*, Seasoned Vegan (p. 243) de Harlem.

Gastronetas y carritos de comida

Los carritos de *bagels* y perritos calientes son cosa del pasado. Hoy en día una nueva oferta móvil sirve comida de calidad y singulares platos de fusión. Las gastronetas recorren varias rutas distintas y se detienen en unas zonas determinadas

de la ciudad, especialmente por Union Square, Midtown y el Financial District. Una buena idea es seguir a los carros de comida por Twitter. Algunas recomendaciones:

Mad Sq Eats (p. 164) Opíparo festival gastronómico emergente al lado de Madison Square Park.

Kimchi Taco (www.twitter.com/kimchitruck) Apetitosos tacos de ternera coreana.

Calexico Cart (www.calexico.net/locations) Burritos, tacos y quesadillas, copiosos y sabrosos.

MysttikMasaala (www.facebook.com/ MysttikMasaala) Deliciosa comida india en tres gastronetas ambulantes.

King Souvlaki (p. 299) Vale la pena desplazarse a Astoria para disfrutar de esta comida griega.

Cool Haus (https://cool.haus/foodtrucks) Magníficos bocadillos de helado y otras delicias.

Lo mejor de Lonely Planet

Chefs Club (p. 95) Chefs invitados de todo el mundo presentan sus excelente recetas.

Battersby (p. 269) Restaurante Km 0 con estilo, en Brooklyn.

Gramercy Tavern (p. 165) Productos excelentes, exquisitez culinaria y la opción de elegir entre dos espacios distintos.

RedFarm (p. 143) Platos chinos de fusión en un restaurante bastante humilde.

Dovetail (p. 228) La simplicidad es la clave y el lunes se dedica a los vegetarianos.

Foragers Table (p. 146) Un triunfo gastronómico Km 0, en Chelsea.

Excelentes y económicos

$

Chelsea Market (p. 130) Cocinas de todo el mundo.

Taïm (p. 139) Excelentes *falafels*.

Mamoun's (p. 113) Famosos y bocadillos de *shawarma*.

Golden Shopping Mall (p. 302) Todo lo asiático comestible en Queens.

$$

Upstate (p. 114) Festín de marinero en East Village.

Babu Ji (p. 141) Deliciosa comida callejera india en un local cerca de Union Square.

$$$

Eleven Madison Park (p. 165) Cocina moderna realzada con alguna rareza inesperada.

Blue Hill (p. 143) Clásico de West Village que usa ingredientes de su granja.

Degustation (p. 116) Pequeño restaurante donde se ve a los chefs crear sus obras de arte.

Jeffrey's Grocery (p. 143) Popular restaurante de barrio en West Village.

La mejor cocina

Asiática

Uncle Boons (p. 93) Restaurante tailandés con chispa y estrella Michelin, en Nolita.

Zenkichi (p. 273) Templo culinario a la luz de las velas que sirve exquisito *sushi*.

Lan Larb (p. 93) Auténtica cocina del noreste de Tailandia en los límites de Chinatown.

Italiana

Il Buco Alimentari & Vineria (p. 95) Un buen restaurante que transporta al país de la bota.

Rosemary's (p. 141) Local de West Village con un diseño atractivo y una comida memorable.

Roman's (p. 270) Carta de inspiración italiana.

Barbuto (p. 141) Comida italiana creativa en un local animado.

Vegetariano

Nix (p. 141) Algunos de los mejores platos de la ciudad.

Butcher's Daughter (p. 95) Menú vegetariano creativo.

Modern Love (p. 273) Platos clásicos tradicionales con destacadas propuestas veganas.

Las mejores panaderías

Dough (p. 269) Posiblemente los mejores dónuts de NY; en Brooklyn.

Four & Twenty Blackbirds (p. 270) Deliciosas tartas caseras en Gowanus.

Dominique Ansel Kitchen (p. 139) La dulce grandeza del chef pastelero más famoso de NY en West Village.

Arcade Bakery (p. 78) Uno de los mejores cruasanes de almendra de la ciudad en un entorno inesperado de Tribeca.

El mejor 'brunch'

Estela (p. 96) Brillantes platos en un bullicioso bar de vinos.

Rabbithole (p. 274) Joya de Williamsburg que sirve un sabroso *brunch* diario hasta las 17.00.

Cookshop (p. 145) Buen espacio interior-exterior.

Cafe Mogador (p. 115) Un icono del circuito de *brunch* de East Village.

ViceVersa (p. 194) Elegante restaurante italiano con un *brunch* de primera cerca del Theater District.

La mejor NY de antes

Barney Greengrass (p. 227) Un siglo sirviendo platos de esturión y salmón ahumado.

Russ & Daughters (p. 117) Célebre tienda de delicatesen judía.

Zabar's (p. 231) Tienda de Upper West Side con alimentos *gourmet* y *kosher* desde 1930.

Margon (p. 194) Sencillo restaurante cubano que ha cambiado poco.

Las mejores tiendas selectas

Eataly (p. 164) La meca de los amantes de la comida italiana.

Whole Foods, Brooklyn (p. 194) Productos ecológicos en el renovado barrio de Gowanus.

Union Square Greenmarket (p. 169) Deliciosas verduras y bollería del norte del estado.

Le District (p. 79) Gran almacén gastronómico con aire francés.

Radegast Hall & Biergarten (p. 278).

Dónde beber y vida nocturna

La ciudad posee todo tipo de locales donde tomar una copa, desde coctelerías modernísimas y bares de barrio históricos hasta cervecerías especializadas y cafeterías de última generación. Y después está el legendario y variado panorama de discotecas, desde locales de famosos a antros independientes. Hay que ir al centro o a Brooklyn, las zonas de la ciudad que nunca duermen.

Cócteles históricos y cerveza artesana

En la tierra donde nació la palabra *cocktail*, los combinados siguen preparándose con sumo cuidado. De Jillian Vose en Dead Rabbit (p. 79) a Eben Freeman en Genuine Liquorette (p. 99), los mejores bármanes de la ciudad son auténticas celebridades, capaces de crear con su maestría algunos de los brebajes más sofisticados e innovadores del planeta. A menudo hacen historia en un vaso: la obsesión neoyorquina por recuperar recetas y el estilo de la Ley Seca están presentes en más de una carta.

La cerveza artesana vive también una buena época en la ciudad y cada vez hay más cervecerías, bares y tiendas especializadas en cervezas locales. Brooklyn ya no es el gran exportador de cerveza de antaño, pero algunas cervecerías artesanales como Brooklyn Brewery (p. 265) y Sixpoint (www.sixpoint. com) lo han vuelto a situar en el mapa. Otros barrios también elaboran sus propias cervezas, con debutantes como SingleCut Beersmiths (www.singlecutbeer.com) y Big Alice Brewery (www.bigalicebrewing.com), en Queens; o Bronx Brewery (p. 247) y Gun Hill

LO ESENCIAL

Webs

New York Magazine (www.nymag.com/nightlife) Opiniones expertas sobre vida nocturna.

Thrillist (www.thrillist.com) Una guía de lo que se avecina en cuanto a bares de NY, con entrevistas y artículos.

Urbandaddy (www.urbandaddy.com) Información actualizada y una práctica lista de lo más candente.

Time Out (www.timeout.com/new york/nightlife) Reseñas y listados actualizados de locales de copas y baile.

partyearth (www.partyearth.com/new york) Detalladas reseñas de discotecas firmadas por fiesteros expertos de la ciudad.

Horario comercial

Varía. Si bien algunos bares abren a las 8.00, la mayoría de ellos empieza a funcionar hacia las 17.00; muchos abren hasta las 4.00, mientras que otros cierran a la 1.00 entre semana y a las 2.00 de jueves a sábado. Las discotecas suelen abrir de 22.00 a 4.00 o 5.00.

Cuánto

Las cervezas de la *happy hour* cuestan a partir de 4 US$; una caña normal, 7-8 US$, un poco más si la cerveza es de importación. Las copas de vino cuestan a partir de 9 US$, y los cócteles especiales, entre 14 y 20 US$. La entrada a la discoteca cuesta entre 5 y 30 US$.

Brewing Co (www.gunhillbrewing.com) en el Bronx.

De discotecas

Los neoyorquinos siempre van en busca de lo nuevo, así que el panorama nocturno cambia sin parar. Los promotores arrastran a los juerguistas de la ciudad a eventos semanales en las mejores ubicaciones; si no hay nada programado, toca acudir a la sempiterna pista de baile.

Nunca está de más planificar un poco; estar en la lista de invitados puede evitar frustraciones y decepciones. Los no iniciados en fiestas tienen que vestirse para la ocasión. Si el portero dice que es una "fiesta privada", el viajero puede porfiar, aunque lo más probable es que no le dejen entrar. Otro consejo: hay que llevar dinero en efectivo. En muchos locales nocturnos (incluso los más lujosos) no aceptan tarjeta, y los que tienen su propio cajero cobran unas comisiones exageradas.

La ciudad cafeinada

La explosión de tostaderos de café especializados ha revolucionado la antaño triste cultura cafetera de la ciudad. Cada vez más gente se interesa por el grano de regiones específicas y por ciertas técnicas de producción. Muchos tostadores ofrecen sesiones de degustación para cafeteros curiosos. Algunos de ellos son 'trasplantes' de grandes ciudades cafeteras, como Stumptown de Portland (p. 195) y Bluebottle de la había de San Francisco (p. 281). La influencia australiana es especialmente notable, con disidentes de las antípodas como Little Collins (p. 195) y Bluestone Lane (p. 79).

Dónde beber y vida nocturna por barrios

Lower Manhattan y Financial District (p.79) Los oficinistas del FiDi se relajan en todo tipo de locales, desde cervecerías especializadas y bares de brandi hasta coctelerías famosas.

SoHo y Chinatown (p. 99) Coctelerías elegantes, tabernas de barrio y algún bar clandestino.

East Village y Lower East Side (p. 118) Aquí se encuentran muchos antros y bares míticos, y opciones no faltan.

West Village, Chelsea y Meatpacking District (p. 146) Es donde se refugian miembros de la *jet set*, en bares de vinos, *lounges* furtivos y refugios gais.

Union Square, Flatiron District y Gramercy (p. 166) Bares de copas *vintage*, coctelerías excelentes y bares estudiantiles: un trío para todos los gustos.

Midtown (p. 195) Barras en azoteas con vistas a la ciudad, coctelerías históricas y bares de barrio de toda la vida.

Harlem y Upper Manhattan (p. 256) Floreciente mezcla de fabulosas salas de conciertos, bares de estilo clandestino y tabernas tradicionales.

Brooklyn (p. 276) Amplísima variedad de ocio nocturno con Williamsburg como epicentro.

Lo mejor de Lonely Planet

Silvana (p. 246) Bar de sótano en Harlem con excelente música en directo todas las noches.

House of Yes (p. 278) Incomparable para pasar una noche loca en un espacio industrial de Bushwick.

Apothéke (p. 100) Ambientada sala en un antiguo fumadero de opio; cócteles magníficos en Chinatown.

Rue B (p. 118) Pequeño y atractivo antro del East Village con *jazz* en directo.

Maison Premiere (p. 278) Absenta, julepes, ostras y sofisticación en Williamsburg.

Los mejores cócteles

Bar Goto (p. 121) Icono del Lower East Side dirigido por el coctelero más famoso de Nueva York.

Dead Rabbit (p. 79) Cócteles, ponches y *pop-inns* (cerveza con licor) en un acogedor local de FiDi.

Employees Only (p. 146) Camareros premiados y combinados arrebatadores en el eterno West Village.

Lantern's Keep (p. 196) Copas clásicas y elegantes en un histórico hotel de Midtown.

Genuine Liquorette (p. 99) Bodega de estilo californiano en Little Italy que combina copas innovadoras y simpática irreverencia.

La mejor cerveza

Spuyten Duyvil (p. 279) Popular lugar de Williamsburg que sirve cervezas únicas de alta calidad.

Bier International (p. 246) Cervecería de Harlem con algunas de las mejores cervezas de barril de Europa.

Astoria Bier & Cheese (p. 299) Cerveza artesana y quesos *gourmet* en Astoria, en Queens.

Bohemian Hall & Beer Garden (p. 304) Cervezas checas servidas con acento extranjero en la terraza preferida de NY.

Birreria (p. 166) *Ales* de Manhattan sin filtrar ni pasteurizar, en una azotea del Flatiron.

La mejor selección de vinos

Terroir Tribeca (p. 81) Una carta de vinos cultivada y enciclopédica en un Tribeca a la última.

La Compagnie des Vins Surnaturels (p. 100) Verdadera carta de amor a los vinos galos, muy cerca de Little Italy.

Buvette (p. 146) Animado bar de vinos a la luz de las velas, en una calle arbolada de West Village.

Immigrant (p. 118) Vinos y servicio maravillosos en una apacible calle de East Village.

Los mejores bares románticos

Manhattan Cricket Club (p. 228) Coctelería íntima y diseñada con gusto.

Pegu Club (p. 100) Brebajes preparados al momento en un escondite de inspiración birmana del SoHo.

Ten Bells (p. 121) Velas, belleza y excelentes copas y tapas en Lower East Side.

Little Branch (p. 147) Bar con el encanto de aspecto clandestino, en West Village.

El mejor café

Stumptown Coffee Roasters (p. 195) Camareros *hipsters* que sirven el café favorito de Portland.

Bluestone Lane (p. 79) Buen café australiano a la sombra de Wall St.

La Colombe (p. 81) Tuestes inesperados para los sibaritas del centro.

Little Collins (p. 195) Tributo a la cultura cafetera de Melbourne en Midtown East.

Kaffe 1668 South (p. 81) Gloriosa cafeína (y sitio para sentarse) en Tribeca.

Mejores clubes con DJ

Cielo (p. 148) Clásico moderno con ritmo, Meatpacking District.

Le Bain (p. 149) La gente bien vestida sigue llenando este popular local cerca de High Line.

Berlin (p. 118) Las locas noches bailongas del pasado siguen en boga en este reducto de East Village.

Bossa Nova Civic Club (p. 279) Pequeño local en Bushwick que pocos conocen.

Los mejores bares de barrio

Spring Lounge (p. 100) Bebedores, oficinistas y chicos modernos por igual en este veterano rebelde de Nolita.

Sunny's (p. 276) El mejor de los garitos de Red Hook, cerca del río, en Brooklyn.

Cowgirl SeaHorse (p. 81) Agradable cantina de temática náutica en Lower Manhattan.

Los mejores cócteles sin alcohol

North End Grill (p. 79) Bar y asador de Danny Meyer en el centro: zumos y sabores artesanales.

NoMad (p. 195) Sofisticados cócteles "sin" en un oasis de lujo victoriano.

Flatiron Lounge (p. 166) Cócteles sin alcohol frescos y de temporada en un local *déco*.

New York City Ballet, *Glass Pieces* en el David H Koch Theater (p. 223).

Ocio

Actores, músicos, bailarines y artistas se dirigen en masa a los neones de la Gran Manzana con la esperanza de dar el gran salto. El público está mal acostumbrado a la afluencia continua de intérpretes de gran talento, entregados e innovadores. Como reza el dicho: si puedes triunfar aquí, puedes hacerlo en todas partes.

Teatro

Desde las legendarias fábricas de éxitos de Broadway hasta los destartalados teatros experimentales en edificios del centro, en NY se ofrecen todas las experiencias teatrales posibles. En este sentido, el enclave más famoso es Broadway, que en 1902 se ganó el sobrenombre de "El gran camino blanco" por sus brillantes rótulos luminosos. Hay algo realmente mágico en el hecho de estar sentado en alguno de esos recargados teatros dejando que el espectáculo le traslade a uno a otro mundo cuando las luces se apagan.

El término "off-Broadway" no se refiere a una ubicación geográfica, sino a teatros menores (200 a 500 butacas), con producciones menos ostentosas que los grandes de Broadway, mientras que "off-off-Broadway" se aplica a espectáculos en salas aún más pequeñas, de bajo presupuesto y naturaleza experimental.

Algunas de las salas más conocidas fuera de Broadway son el Public Theater (p. 101), el Performing Garage (sede del experimental Wooster Group), el St Ann's Warehouse (p. 282) y la Brooklyn Academy of Music (p. 282); estos dos últimos con sede

HIROYUKI ITO / CONTRIBUTOR / GETTY IMAGES ©

en Brooklyn. También hay varios teatros en el East y el West Village.

Además de las salas de teatro tradicionales, otro lugar excelente para asistir a un espectáculo es el festival Shakespeare in the Park (p. 224). Aunque hay que esperar mucho para conseguir las entradas, la recompensa son localidades gratuitas para ver representaciones con grandes actores en Central Park.

Música en directo

Nueva York es la capital nacional de la música en directo y posee una gran variedad de salas en los diferentes distritos para satisfacer casi todos los gustos. No obstante, algunas de las funciones de ópera y música clásica más mediáticas se ofrecen en el Lincoln Center. Las grandes figuras del *jazz* y los talentos que prometen tocan en locales nocturnos de toda la ciudad, pero sobre todo en Harlem, Midtown y el Village. Los roqueros *indie* más famosos actúan en el centro y en North Brooklyn. Los conciertos más multitudinarios tienen lugar en estadios como el Madison Square Garden o el Barclays Center, y en verano hay festivales de música al aire libre, incluidos algunos eventos destacados de *hip*-hop. Las programaciones se pueden consultar en el *New York Magazine* y en *Time Out*.

Danza

Los amantes de la danza encuentran mucha oferta en esta ciudad, que alberga el New York City Ballet (p. 229) y el **American Ballet Theatre** (plano p. 440; ☎212-477-3030; www.abt.org; David H Koch Theater, Lincoln Center, 64th St con Columbus Ave; Ⓢ1 a 66th St-Lincoln Center). El Joyce Theater (p. 153) programa magníficas producciones contemporáneas de compañías de todo el mundo. También existen numerosas compañías de danza moderna, como las de los maestros Alvin Ailey, Paul Taylor, Merce Cunningham, Martha Graham, Bill T. Jones, Mark Morris y muchas compañías emergentes, que a menudo se estrenan en el centro y en la Brooklyn Academy of Music (p. 282).

Hay dos temporadas de danza principales: en primavera (mar-may) y a finales de otoño (oct-dic). Pero siempre suele haber algún que otro espectáculo durante todo el año.

Comedia

Es fácil encontrar sonrisas en NY, donde los humoristas afilan sus armas para el monó-

LO ESENCIAL

Carteleras y reseñas

➡ Playbill (www.playbill.com), que publica el programa amarillo y blanco de las obras de Broadway, también tiene una versión en línea.

➡ Talkin' Broadway (www.talkingbroadway.com) ofrece reseñas chismosas y un apartado de compraventa de entradas.

➡ Publicaciones tradicionales como el *New York Times*, *New York Magazine* y *Time Out*.

Entradas

Para comprar entradas se puede ir directamente a las taquillas del teatro o recurrir a una de las agencias de venta (que suelen añadir una comisión) por teléfono o internet.

Broadway Line (www.broadway.org) Con sinopsis de las obras y entradas a buen precio en 'Great White Way'.

SmartTix (www.smarttix.com) Excelente recurso para casi todo salvo Broadway, con información sobre comedia, cabaré, actuaciones, música, danza y teatro del centro.

Telecharge (www.telecharge.com) Entradas de espectáculos de Broadway y off-Broadway.

Theatermania (www.theatermania.com) Cartelera, reseñas y entradas de todo tipo de teatro.

Ticketmaster (www.ticketmaster.com) Vende entradas para cualquier actividad de ocio existente.

TKTS Booths Entradas de espectáculos de Broadway para el mismo día con descuento. Hay puntos de venta en Midtown (p. 175), South Street Seaport (p. 63) y **Downtown Brooklyn** (www.tdf.org; 1 Metrotech Center, Jay St esq. Myrtle Ave, Promenade, Downtown Brooklyn; ⏰11.00-18.00 ma-sa, a veces cerrado de 15.00 a 15.30; Ⓢ A/C, F, R a Jay St-Metrotech).

logo y la improvisación ensayando nuevos contenidos o esperando a que les escuche algún agente o productor. Los mejores locales cómicos están en el centro, sobre todo en Chelsea y Greenwich Village. Varios festivales, incluido el **New York Comedy**

Festival (www.nycomedyfestival.com; ⏲nov), atraen a grandes estrellas todo el año.

Cine y televisión

Ir al cine en NY es algo serio, como lo demuestra el predominio de las salas dedicadas al cine independiente, clásico, de vanguardia, internacional o no convencional. Los frecuentes festivales, como el **Tribeca Film Festival** (☎212-941-2400; www.tribecafilm.com; ⏲abr), aportan calidad adicional a la oferta cinematográfica.

El Museum of Modern Art (p. 178) posee una nutrida colección de películas de todos los géneros y rincones del mundo. La Film Society of Lincoln Center (p. 230) programa documentales y cine de autor. Los BAM Rose Cinemas (p. 282) ofrecen una programación similar, así como reposiciones.

Un puñado de programas de TV (p. 38) se graban en Midtown, Manhattan, como *Saturday Night Live* y *The Late Show with Stephen Colbert*. El viajero puede asistir como público si lo solicita en línea o si consigue entradas de pie.

Ópera y música clásica

Cuando se habla de ópera, la Metropolitan Opera (p. 229) se lleva la palma con sus producciones excepcionales. Sin embargo, en la ciudad conviven otras formas de *bel canto*. La admirable compañía **Amore Opera** (plano p. 442; ☎347-948-4588; www.amoreopera.org; Riverside Theatre, 91 Claremont St, entre 120th y 122nd Sts; entradas desde 40 US$; [S]1 hasta 116th St, 1 hasta 125th St) ofrece actuaciones impresionantes en su nueva sede, el Riverside Theatre, en la zona alta. Otras compañías itinerantes son **Opera on Tap** (www.operaontap.org/newyork), que monta representaciones no en grandes teatros, sino en bares de Brooklyn. Otra compañía alternativa de Brooklyn es **LoftOpera** (☎347-915-5638; www.loftopera.com; Brooklyn; entradas 30 US$), que, como indica su nombre, ofrece óperas resumidas en un *loft* de Gowanus.

La oferta de orquestas, música de cámara y solistas es muy abundante, con producciones vanguardistas que a veces roban el protagonismo a lo clásico. Para espectáculos tradicionales a lo grande, se recomienda el Lincoln Center (p. 223) y el Carnegie Hall (p. 199). Si se busca algo más innovador, véase el ecléctico cartel de la Brooklyn Academy of Music.

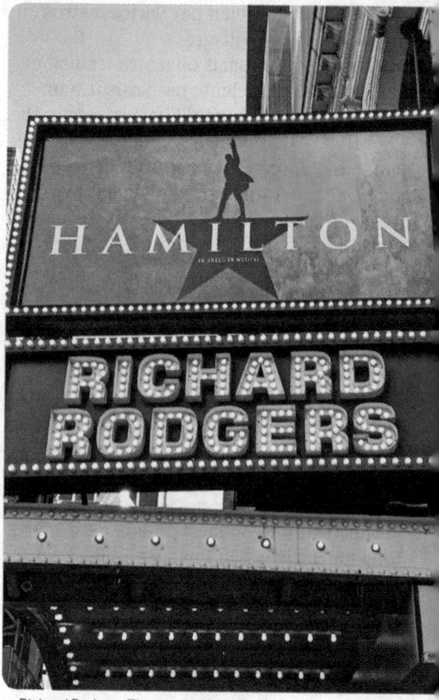

Richard Rodgers Theatre (p. 198), donde se representa *Hamilton*.

Ocio por barrios

Lower Manhattan y Financial District (p. 82) Tribeca es la sede del Flea Theater y SoHo Rep, dos reputadas compañías teatrales.

East Village y Lower East Side (p. 122) Salas de espectáculos experimentales, recitales y concursos de poesía, y monólogos que llenan los sótanos de carcajadas.

West Village, Chelsea y Meatpacking District (p. 151) Sede extraoficial del panorama jazzístico mundial y de las abundantes compañías de danza de Chelsea.

Midtown (p. 197) Ofrece grandes espectáculos, teatro americano de última hornada, excelentes sesiones de *jazz* y reyes del monólogo humorístico.

Upper West Side y Central Park (p. 229) El Lincoln Center proporciona una gran cantidad de alta cultura, mientras que otras salas son más íntimas.

Brooklyn (p. 282) Un poco de todo, desde la oferta clásica hasta las bandas de *rock* independiente de Williamsburg.

Lo mejor de Lonely Planet

Richard Rodgers Theatre (p. 198) Uno de los grandes éxitos de Broadway: *Hamilton*, una lección de historia estadounidense con ritmos urbanos.

Brooklyn Academy of Music (p. 282) Santuario del teatro en el que se representan obras vanguardistas.

Eugene O'Neill Theatre (p. 198) Algunas de las mejores producciones de Broadway, como el escandaloso *Book of Mormon*.

Jazz at Lincoln Center (p. 199) Vistas nocturnas de Central Park y actuaciones de primera.

Carnegie Hall (p. 199) Sala de conciertos legendaria; ofrece desde ópera hasta *jazz*.

Brooklyn Bowl (p. 282) Gran selección de ritmos además de cerveza y bolos.

Los mejores espectáculos de Broadway

The Book of Mormon (p. 199) Obra ocurrente y divertida de los creadores de *South Park*.

Chicago (p. 200) Uno de los espectáculos más chispeantes de Broadway.

Kinky Boots (p. 199) Hay que reservar con antelación para este excelente musical.

Hamilton (p. 198) Si no se consigue entrada, habrá que ponerse en la cola de las cancelaciones, delante del teatro.

El mejor teatro de off-Broadway

Playwrights Horizons (p. 200) Plataforma de lanzamiento de grandes obras.

Signature Theatre (p. 200) Programa obras de algunos de los mejores dramaturgos del mundo.

Soho Rep (p. 82) Las funciones más potentes e imaginativas de la ciudad.

St Ann's Warehouse (p. 282) Dinamismo creativo en un nuevo espacio de Brooklyn.

La mejor ópera y música clásica

Metropolitan Opera House (p. 229) Un lugar cautivador para presenciar grandes óperas.

National Sawdust (p. 282) Compositores de vanguardia.

Brooklyn Academy of Music (p. 282) Obras innovadoras de la famosa "máquina de éxitos" de Brooklyn.

Bargemusic (p. 284) Cuartetos de cuerda en una barcaza amarrada en el río East.

La mejor danza

Joyce Theater (p. 153) El mejor escenario de NY dedicado únicamente a la danza.

New York Live Arts (p. 153) Espectáculos de corte experimental.

New York City Center (p. 200) Excelente cartel de compañías de danza y minifestivales.

Brooklyn Academy of Music (p. 282) Para ver el Mark Morris Dance Group y otras compañías.

El mejor cine

Nitehawk Cinema (p. 283) Excelente comida y buenos cócteles para ver estrenos y películas extranjeras en Williamsburg.

Film Forum (p. 101) Otro cine innovador del centro con un excelente repertorio alternativo.

Museum of Modern Art (p. 178) Imprescindible para cinéfilos, con una gran programación.

Film Society of Lincoln Center (p. 230) Dos excelentes teatros en el epicentro creativo de NY.

Lo mejor en 'jazz'

Jazz at Lincoln Center (p. 199) Programa innovador bajo la dirección de Wynton Marsalis.

Village Vanguard (p. 152) Club de *jazz* de West Village.

Smalls (p. 152) Local en un sótano de West Village que evoca el ambiente de décadas pasadas.

Barbès (p. 282) Ritmos curiosos y festivos en Park Slope.

Birdland (p. 200) Elegante espacio de Midtown con *big bands*, *jazz* afrocubano, etc.

El mejor 'rock'

Bowery Ballroom (p. 125) Famosa sala de conciertos del centro.

Music Hall of Williamsburg (p. 284) *Rock* alternativo en Brooklyn.

Rockwood Music Hall (p. 122) Local de Lower East Side en el que suena música a todas horas.

Bell House (p. 282) Seductor local del sur de Brooklyn con música alternativa y folk.

El mejor humor

Upright Citizens Brigade Theatre (p. 197) Divertidas escenas e improvisación.

Caroline's on Broadway (p. 201) Actuaciones de cómicos famosos.

Creek and the Cave (p. 305) Club de comedia poco convencional en Long Island.

Brooklyn Flea (p. 286).

De compras

No es extraño que una capital del comercio, la creatividad y la moda sea también uno de los mejores destinos de compras del mundo. La variedad es amplia: desde boutiques independientes hasta grandes almacenes, tiendas de segunda mano y alta costura, tiendas de discos y la Apple store, antigüedades y alimentación gourmet... ¡El presupuesto vuela!

Epicentro de la moda

NY es una de las capitales mundiales de la moda y siempre está creando tendencias para el resto del país. Para descubrir los últimos diseños que llegan a la calle, hay que explorar las mejores tiendas, como Opening Ceremony, Issey Miyake, Marc Jacobs, Steven Alan, Rag & Bone, John Varvatos, By Robert James o Piperlime.

Si el viajero tiene poco tiempo o prefiere ver muchas marcas de una sola vez, puede dirigirse a esos conglomerados embriagadores que son los grandes almacenes. No hay

que perderse Barneys (p. 202), Bergdorf Goodman (p. 202), Macy's (p. 203) y Bloomingdale's (p. 202).

Símbolos neoyorquinos

Algunas tiendas se han convertido en verdaderas leyendas. NY no sería lo mismo sin ellas. Los cazadores de marcas van a Century 21 (p. 231), toda una institución que vende D&G, Prada, Marc Jacobs y demás a precios bajos. Los amantes de los libros acuden a Strand (p. 154), la mejor y mayor librería de la ciudad. B&H Photo Video (p. 204), regentada por judíos jasídicos, es una meca del sonido y el mundo digital donde se encuentran muchas rarezas mecánicas. En las diversas sucursales de la encantadora Housing Works (p. 103) se compra libros, menaje y ropa de segunda mano.

Mercadillos y aventuras 'vintage'

Por mucho que a los neoyorquinos les guste todo lo que es nuevo y flamante, resulta de lo más divertido rebuscar entre armarios llenos de trastos antiguos. El mercadillo más popular es el Brooklyn Flea (p. 286), que se celebra a lo largo del año en espacios de todo tipo. Otra joya es el Artists & Fleas (p. 286), con decenas de tiendas. El barrio con más tiendas de segunda mano y *vintage* es East Village, donde encuentran sus uniformes ejércitos de *hipsters*.

'Sample Sales'

Si bien hay rebajas todo el año –con el cambio de estación se retiran las prendas que quedan fuera de temporada–, las *sample sales* o ventas de muestrario son mucho más frecuentes, sobre todo en los grandes almacenes del Fashion District en Midtown o SoHo. Antaño las *sample sales* eran la manera que los diseñadores tenían de librarse de prototipos descartados; hoy se han convertido en el recurso de las grandes marcas para librarse de *stocks* sobrantes con descuentos increíbles. Para estar al día de las *samples sales*, visítese **NY Racked** (http://ny.racked.com/sales). Las *consigment stores* o tiendas de segunda mano son también buenos sitios donde buscar prendas de marca poco usadas a precios reducidos; para los cazadores de marcas, el Upper East Side posee tiendas destacadas como Michael's (p. 218).

De compras por barrios

Lower Manhattan y Financial District (p. 82) Si bien no son una zona comercial *per se*, Lower Manhattan tiene algunas joyas.

SoHo y Chinatown (p. 101) West Broadway es un centro comercial al aire libre de proporciones enciclopédicas. Es como las Naciones Unidas de las compras.

East Village y Lower East Side (p. 124) Aquí los *hipsters* tienen su cueva del tesoro, con cosas de época y de diseño.

West Village, Chelsea y Meatpacking District (p. 154) Bleecker St, que sale de Abingdon Sq, está llena de *boutiques*. Hay más en la cercana W 4th St.

LO ESENCIAL

Webs

Racked (www.ny.racked.com) Blog sobre compras, con información de lo más actual.

New York Magazine (www.nymag.com) Opiniones fiables sobre los mejores lugares de la Gran Manzana donde invertir los ahorros.

The Glamourai (www.theglamourai.com) Lustroso blog sobre la moda del centro y muchas y modernas ideas.

A quién seguir

Women's Wear Daily (twitter.com/wwd) Una de las mejores publicaciones para conocer la última moda en Nueva York y otros lugares.

Andre Leon Talley (www.twitter.com/OfficialALT) El mejor editor de moda de Anna Wintour en *Vogue*.

New York Times (www.twitter.com/NYTFashion) Para saber qué se cuece en la industria de la moda.

Horario comercial

En general, las tiendas abren de 10.00 a 19.00 entre semana y de 11.00 a 20.00 los sábados. Los domingos son variables: algunas tiendas cierran y otras tienen el mismo horario que entre semana. Las tiendas suelen abrir hasta más tarde en los barrios del centro. Algunas *boutiques* tienen horarios variables; muchas abren al mediodía.

IVA

La ropa y el calzado con un precio inferior a 110 US$ están exentos de IVA. Para el resto de artículos, se paga un impuesto del 8,75% en cada compra.

Midtown (p. 202) Grandes almacenes épicos, cadenas internacionales y tesoros curiosos; el paraíso de los fans de los escaparates.

Upper East Side (p. 217) Las *boutiques* más caras del país están en Madison Ave.

Upper West Side y Central Park (p. 231) Poseen estupendas librerías (también de viejo) y algunas tiendas de moda pequeñas.

Brooklyn (p. 285) Una buena mezcla de *boutiques* independientes y tiendas de segunda mano.

Lo mejor de Lonely Planet

Barneys (p. 202) Famoso por sus acertadas colecciones de las marcas más de moda.

Brooklyn Flea (p. 286) Antiguallas y ropa de época.

ABC Carpet & Home (p. 169) Tiene seis plantas, parece un museo y está repleto de tesoros.

MoMA Design & Bookstore (p. 209) Tienen de todo: grandes libros ilustrados, reproducciones de arte y bellos artículos del hogar.

Idlewild Books (p. 155) Un lugar muy inspirador para viajeros y soñadores, con libros que abarcan todo el mundo.

Fishs Eddy (p. 169) Artículos divinos para el hogar en una llamativa tienda cerca de Union Square.

Las mejores 'boutiques' de moda

Rag & Bone (p. 102) Moda muy cuidada para damas y caballeros.

John Varvatos (p. 124) Ropa resistente y cosmopolita en un antiguo club de *rock* del centro.

Opening Ceremony (p. 102) Prendas llamativas en la vanguardia de la moda del SoHo.

Lo mejor para mujer

Shishi (p. 231) Joya del Upper West Side para renovar el armario sin arruinarse.

Verameat (p. 124) Joyas entre lo bello y lo extravagante.

MIN New York (p. 101) Perfumes únicos en un ambiente de botica.

Lo mejor para hombre

By Robert James (p. 125) Ropa clásica de hombre de un nuevo pero célebre diseñador local.

Nepenthes New York (p. 203) Colectivo japonés que vende etiquetas selectas muy buscadas.

Odin (p. 102) Pequeña tienda de moda con prendas únicas. En el centro.

Lo mejor para niños

Dinosaur Hill (p. 125) Juguetes creativos y divertidos, libros y música para inspirar a las mentes jóvenes en el East Village.

Mary Arnold Toys (p. 217) Un arsenal de juegos, juguetes y regalos.

Books of Wonder (p. 169) Muchas cosas para regalar a los niños. También organizan lecturas.

Las mejores tiendas 'vintage'

Beacon's Closet (p. 286) Cambiar de vestuario sin arruinarse es posible en esta gran tienda de ropa de época.

Screaming Mimi's (p. 157) Mucha ropa atractiva de hace décadas.

Resurrection (p. 103) Piezas de marcas de alta costura.

Las mejores librerías

Strand Book Store (p. 154) La mejor librería de viejo de NY.

McNally Jackson (p. 102) Un lugar genial del SoHo para mirar libros y escuchar lecturas de escritores.

Housing Works Bookstore (p. 103) Libros usados y café en un lugar carismático de Nolita.

192 Books (p. 157) La librería de barrio perfecta, en Chelsea.

Las mejores tiendas de música

Rough Trade (p. 281) El vinilo sigue muy vivo en esta enorme tienda y espacio de conciertos.

A-1 Records (p. 125) Infinitas cajas llenas de discos, en East Village.

Black Gold Records (p. 285) Vinilos raros, además de café y taxidermia.

Las mejores tiendas de decoración

Shinola (p. 83) Accesorios atípicos de una empresa de diseño vanguardista de Detroit; en Tribeca.

A&G Merch (p. 287) Artística tienda con ingeniosas ideas.

Magpie (p. 231) Curiosidades ecológicas para adornar el hogar.

Los mejores recuerdos de Nueva York

Lower East Side Tenement Museum (p. 107) Libros, joyas, bolsos, bufandas, etc.

New York Public Library (p. 187) Papelería, bolsos de mano, sujetalibros y camisetas con estampados literarios.

Museum of the City of New York (p. 212) La atractiva tienda del museo vende toda clase de regalos de calidad sobre Nueva York.

Los mejores regalos exclusivos

De Vera (p. 102) Cristalerías y objetos de arte preciosos.

Brooklyn Superhero Supply Co (p. 286) Original colección de artilugios para aprendices de superhéroe. Los beneficios se destinan a una buena causa.

Obscura Antiques (p. 124) Rincón de curiosidades con objetos extraños e inquietantes.

Bowne Stationers & Co (p. 83) Imprenta histórica que vende desde pósteres antiguos de la ciudad hasta artículos de papelería de temática neoyorquina.

Deportes y actividades

Aunque parar un taxi en Nueva York sea un deporte de riesgo y esperar el metro en verano, más sofocante que una sauna, a los neoyorquinos les encanta hacer ejercicio en su tiempo libre. En una ciudad con los espacios verdes tan limitados, sorprende lo activos que son sus habitantes.

Deportes espectáculo
BÉISBOL

NY es uno de los últimos reductos de EE UU donde el béisbol mantiene su supremacía sobre el fútbol americano y el baloncesto. Las entradas más baratas cuestan 15 US$, una ganga por ver a los equipos locales en sus estadios. Los dos de la Major League juegan 162 partidos durante la temporada (abr-oct).

New York Yankees (p. 247) Los Bronx Bombers son el principal equipo de EE UU, con más de 25 campeonatos de las World Series en su haber desde 1900.

New York Mets (p. 305) Los Mets juegan en la Liga Nacional desde 1962 y siguen siendo el 'nuevo' equipo de béisbol de NY.

BALONCESTO

Nueva York tiene dos equipos en la NBA (National Basketball Association). Los naranjiazules New York Knicks (www.nyknicks.com) son venerados por los neoyorquinos, dejando a un lado los escándalos, y juegan en casa en el Madison Square Garden (p. 202). Al otro lado del río East, los Brooklyn Nets, antes New Jersey Nets, juegan en el futurista Barclays Center (p. 285). La temporada va de octubre a mayo o junio. El New York Liberty, el equipo profesional de baloncesto femenino, ha jugado la final cuatro veces pero todavía no ha ganado un campeonato. La temporada de la WBNA va de mayo a octubre y los partidos en casa iluminan el Madison Square Garden.

FÚTBOL AMERICANO

La ciudad cuenta con dos equipos de la NFL (National Football League): los New York Giants (www.giants.com), uno de los equipos más veteranos de la NFL, con cuatro victorias de la Super Bowl en su haber, la última en el 2011; y los New York Jets (www.newyorkjets.com), cuyos partidos siempre son un éxito de público.

Ambos equipos juegan en el **Metlife Stadium** (☎201-559-1500, taquilla 201-559-1300; www.metlifestadium.com; Meadowlands Sports Complex, East Rutherford, NJ; ⬛351 desde Port Authority, ◼NJ Transit desde Penn Station a Meadowlands), en Nueva Jersey (desde Manhattan, se toma NJ Transit vía Seacaucus Junction, 11 US$ i/v).

La temporada de la NFL va de agosto a enero o febrero y consta de 16 encuentros regulares (casi todos el domingo por la tarde), y después tres *play*-offs antes de la Super Bowl.

'HOCKEY'

La NHL (National Hockey League) posee tres representantes en la zona de NY; cada equipo disputa tres o cuatro partidos semanales durante la temporada (sep-abr).

New York Rangers (www.nyrangers.com) El equipo de *hockey* favorito de Manhattan juega en el Madison Square Garden.

New York Islanders (www.newyorkislanders.com) El amor de Nueva York por los Islanders se enfrió tras la racha ganadora de cuatro Copas Stanley seguidas en los ochenta, pero su valor va al alza desde que se trasladaron al Brooklyn's Barclays Center (p. 285) en el 2015.

'ROLLER DERBY'

La liga neoyorquina de *roller derby* **Gotham Girls Roller Derby** (www.gothamgirlsrollerderby.com; entradas 20-50 US$; ⊙mar-ago; ⬛), exclusivamente femenina y dirigida por patinadoras, posee cuatro equipos dedicados a los distritos: Bronx Gridlock, Brooklyn Bombshells, Manhattan Mayhem y Queens of Pain. Su equipo internacional más destacado, el All-Stars, ha ganado cinco campeonatos mundiales, los cuatro últimos de un tirón.

LO ESENCIAL

Webs

NYC Parks (www.nycgovparks.org) Información sobre los servicios de los parques, como piscinas y canchas de baloncesto gratis, o planos de los barrios para ir en bici.

New York Road Runners Club (www.nyrr.org) Organiza salidas y carreras por toda la ciudad los fines de semana.

Central Park (www.centralparknyc.org) La zona verde más querida de NY ofrece un sinfín de actividades y eventos.

NYC (www.nycgo.com/sports) Informa de los principales eventos deportivos y actividades de la ciudad.

Compra de entradas

Con tantos equipos y temporadas que se solapan, casi todos los días hay algún partido. Algunos equipos venden las entradas por teléfono o en sus taquillas (véase apartado 'tickets' en la web), pero casi todas se pueden adquirir a través de Ticketmaster (www.ticketmaster.com). La otra gran compañía de compra-venta es StubHub (www.stubhub.com).

Las competiciones se celebran cada mes de marzo a agosto en varias pistas de la ciudad. Los encuentros son ocasiones magníficas para que las niñas vean a las menudas patinadoras del Gotham Girls Junior Derby abriéndose camino a empujones en los partidos de exhibición durante el descanso. A menudo las entradas se agotan, de modo que conviene comprarlas con tiempo.

'Running'

El circuito de calles de Central Park se recorre mejor durante las horas en que está cerrado al tráfico, aunque hay que compartirlo con ciclistas y patinadores. El camino de 2,5 km que rodea el embalse Jacqueline Kennedy Onassis es solo para corredores y caminantes; se accede por 86th St y 96th St. A lo largo del río Hudson hay una pista cuyo mejor tramo va de 30th St a Battery Park, en Lower Manhattan. Upper East Side cuenta con una calzada que bordea FDR Dr y el río East (entre 63rd St y 115th St). El Prospect Park de Brooklyn tiene muchos senderos, y Brooklyn Bridge Park, de 2 km de largo, ofrece increíbles vistas de Manhat-

tan. El New York Road Runners Club organiza carreras por la ciudad los fines de semana, incluida la maratón de Nueva York.

Ciclismo

La ciudad se ha esforzado por integrar la bicicleta, creando cientos de kilómetros de carriles bici en los últimos años. Pero para los no iniciados, lo más recomendable es circular por los carriles más tranquilos, en parques y zonas ribereñas.

Citi Bike (www.citibikenyc.com) es útil para trayectos rápidos, para desplazamientos más largos es mejor alquilar una bicicleta. Biking tours vale la pena para recorrer grandes distancias. Bike the Big Apple (p. 373) es recomendable.

Deportes acuáticos

Al fin y al cabo, Nueva York es una isla, y como tal ofrece muchas oportunidades de surcar el agua. La Downtown Boathouse (p. 84) ofrece salidas gratis de 20 min en kayak (equipo incl.) en una cala protegida del río Hudson; también está en Governors Island. La Manhattan Community Boathouse (p. 204), en el muelle de 56th St, también tiene kayaks gratis y ofrece clases.

En Central Park, Loeb Boathouse (p. 233) alquila botes de remos, y en verano incluso tiene góndolas venecianas. Si se prefiere una aventura en velero, hay que montar en la goleta *Adirondack* (p. 158) de Chelsea Piers.

En la ciudad también se practica el surf en la Queens' Rockaway Beach (p. 295) de 90th St, a 75 de min en el tren A desde Midtown.

Deportes de calle

Con tanto cemento por todas partes, en NY se practican varios deportes directamente en la calle. Los aficionados al baloncesto tienen partidos abiertos por toda la ciudad, cuyas canchas más famosas son las West 4th Street Basketball Courts, conocidas como "The Cage" (la jaula). Tambien destaca el Holcombe Rucker Park, en Harlem, donde se foguearon grandes estrellas de la NBA. Además, hay partidos abiertos en Tompkins Square Park y en Riverside Park.

El frontón y el *stickball*, o béisbol callejero, son menos conocidos pero también gozan de popularidad; en los parques de toda la ciudad hay pistas con frontón. En cuanto al *stickball*, se puede contactar con la Emperors Stickball League (www.stickball.com), con sede en Bronx, para informarse sobre los partidos.

Lo mejor de Lonely Planet

Central Park (p. 221) Con colinas, senderos boscosos, grandes espacios abiertos y un precioso lago.

Chelsea Piers Complex (p. 157) Reúne todas las actividades imaginables, desde *kickboxing* a *hockey* sobre hielo, bajo una cubierta gigantesca.

New York Spa Castle (p. 306) Colosal balneario económico, inspirado en las ancestrales tradiciones coreanas.

Brooklyn Bridge Park (p. 253) Este espacio verde ribereño muy bien diseñado es el orgullo de Brooklyn.

Prospect Park (p. 254) Para escapar del gentío en Brooklyn, con senderos, colinas, un canal, un lago y prados.

Deportes espectáculo

New York Yankees (p. 247) Uno de los equipos de béisbol más exitosos del país.

New York Giants (p. 53) Uno de los puntales del fútbol americano que, pese a su nombre, juega en Nueva Jersey.

New York Knicks (p. 202) Para ver a los Knicks acertar triples en el Madison Square Garden.

Brooklyn Nets (p. 285) El nuevo equipo de la NBA y símbolo del resurgimiento de Brooklyn.

Brooklyn Cyclones (p. 284) Cerca de la pasarela de Coney Island se puede ver un partido de béisbol de las ligas menores.

New York Mets (p. 305) El otro equipo de béisbol de NY juega en el Citi Field de Queens.

Las mejores zonas verdes urbanas

Governors Island (p. 76) Isla peatonal, a un tiro de piedra de Lower Manhattan o Brooklyn.

Bryant Park (p. 189) Pequeño oasis entre los rascacielos de Midtown.

Madison Square Park (p. 162) Bonito y recoleto parque entre Midtown y el centro.

Fort Greene Park (p. 259) Pequeño y precioso oasis de vegetación en Brooklyn, perfecto para pícnics.

Gantry Plaza State Park (p. 293) Precioso y relajado enclave ribereño en Long Island, Queens.

Inwood Hill Park (p. 241) Sereno parque de bosques y marismas al norte de Manhattan.

Las mejores actividades a cubierto

Cliffs (p. 306) Gran centro de escalada en Long Island, Queens.

Brooklyn Boulders (p. 288) Otro gran sitio para la escalada en roca al sur de Brooklyn.

Jivamukti (p. 170) Bonito centro de yoga cerca de Union Square.

Area Yoga & Spa (p. 288) Gran opción en la saludable Cobble Hill.

24 Hour Fitness (p. 205) Gimnasio con todos los servicios para hacer ejercicio a todas horas, y en muchos lugares.

MNDFL (p. 157) Para sentirse rejuvenecer con una enriquecedora clase de meditación.

Los mejores 'spas'

New York Spa Castle (p. 306) Cautivador paraíso de cascadas y baños de vapor ubicado en Queens.

Russian & Turkish Baths (p. 127) Icono de East Village desde 1892.

Great Jones Spa (p. 104) Para reservar un masaje y después disfrutar de la sala de vapor, los baños calientes y la sauna de rocas.

Las mejores boleras

Brooklyn Bowl (p. 282) Un clásico de Williamsburg: reducto de *hipsters*, sala de conciertos y bolera a la vez.

Chelsea Piers Complex (p. 157) Para jugar a los bolos y pasear junto al río Hudson después.

Lucky Strike (p. 205) Divertidas noches de bolos en Midtown.

Las actividades más originales

Royal Palms (p. 277) La meca de los aficionados al *shuffleboard*, con gastronetas y microcervecerías.

New York Trapeze School (p. 158) Escuela de trapecistas para despertar la estrella de circo que todos llevamos dentro.

Gotham Girls Roller Derby (p. 53) Ver competir a uno de los equipos de la élite mundial de este contundente deporte en alguno de los estadios habituales.

Jump into the Light VR (p. 127) Una buena ocasión de protagonizar arriesgadas y divertidas aventuras en un vanguardista salón recreativo de realidad virtual.

Los mejores jardines

Jardín botánico de Brooklyn (p. 262) Jardines japoneses, flora autóctona y bellos cerezos en flor en primavera.

Jardín botánico de Nueva York (p. 247) En el Bronx, 20 Ha de bosque antiguo.

Cloisters Museum & Gardens (p. 241) Bonitos jardines junto a un edificio de corte medieval.

High Line (p. 132) La vegetación silvestre es la protagonista.

Nueva York LGBTIQ

Desde recién casadas saliendo de la mano de la oficina del secretario municipal con sus sombreros de novia, hasta el Empire State Building iluminado con el arco iris para el Orgullo: no hay duda de que Nueva York es una de las grandes ciudades gais del mundo. Su oferta queer, *desde cabarés y clubes hasta festivales y lecturas, no tiene parangón.*

De juerga entre semana

En la Gran Manzana, cualquier noche puede ser de fiesta, especialmente para la comunidad homosexual, que disfruta de la vida social cualquier día de la semana. Los miércoles y jueves por la noche se celebran muchas fiestas, y a los neoyorquinos les encanta salir los domingos (especialmente en verano). Hay mucha más diversión los viernes y sábados, pero las fiestas de fin de semana suelen ser más para gente de los alrededores. Los oriundos de Manhattan utilizan estos días para quedar con amigos, descubrir restaurantes o ir a fiestas privadas.

Promotores

Una de las mejores formas de entrar en la vida nocturna es buscar un promotor que sea interesante y seguir su actividad. Algunas recomendaciones:

BoiParty (www.boiparty.com)

The Saint at Large (www.saintatlarge.com)

Daniel Nardicio (www.danielnardicio.com)

Josh Wood (www.joshwoodproductions.com)

Spank (www.spankartmag.com)

LGBT por barrios

East Village y Lower East Side Locales parecidos a los del lado oeste, pero más crudos, sudorosos y sórdidos.

Union Square, Flatiron District y Gramercy Hay algunos locales de ambiente desde East Village, West Village y Chelsea.

West Village, Chelsea y Meatpacking District Bares y clubes clásicos en el Village, con un panorama que languidece en el selecto Chelsea.

Midtown Hell's Kitchen es el epicentro gay de la ciudad del s. XXI, con un sinfín de restaurantes, bares, clubes y tiendas de ambiente.

Brooklyn Enorme distrito multibarrio con ambiente gay muy variado y diversos bares.

INFORMACIÓN

El LGBT Community Center (p. 154) es uno de los mayores centros de su tipo del mundo. Dispone de muchas publicaciones regionales sobre eventos y vida nocturna homosexual, y organiza bailes, exposiciones de arte, funciones al estilo de Broadway, lecturas y debates políticos. Además, alberga el National Archive for Lesbian, Gay, Bisexual & Transgender History (consulta previa cita), la pequeña sala de exposiciones Campbell-Soady Gallery y un cibercentro.

Lo mejor de Lonely Planet

NYC Pride (p. 30) Pompa y circunstancia bajo los colores del arco iris.

Leslie-Lohman Museum of Gay & Lesbian Art (p. 89) El primer museo de arte LGTB del mundo.

Industry (p. 197) Uno de los bares-club más queridos del animado Hell's Kitchen.

Marie's Crisis (p. 145) Bar del West Village delirante y divertido para entusiasmarse cantando musicales.

Duplex (p. 153) Chistes, cantantes melódicos y un divertidísimo piano-bar en este veterano del Village.

Eagle NYC (p. 151) Desenfreno y cuero a raudales: para amarlo o aborrecerlo.

El mejor alojamiento

Ink48 (p. 329) Con vistas a la ciudad y a un paso de los bares y clubes de Hell's Kitchen.

Standard East Village (p. 323) Estilo *boutique*-chic original y nuevo en el animado East Village.

Chelsea Pines Inn (p. 324) Pósteres de Hollywood y habitaciones de estilo diva en Chelsea.

Hotel Gansevoort (p. 325) Modernidad selecta y piscina en la azotea, en Meatpacking District.

Los mejores locales clásicos

Marie's Crisis (p. 148) Antaño fue un garito de prostitutas, hoy es un popular piano-bar.

Stonewall Inn (p. 150) Cuna de los disturbios de Stonewall en 1969.

Julius Bar (p. 150) El local más veterano del Village.

Cock (p. 121) Sordidez irónica en un antiguo local gay-*punk*.

Lo mejor para ellas

Ginger's (p. 277) Su *happy hour*, el karaoke y el bingo dominical atraen a la clientela de este local de Brooklyn.

Cubbyhole (p. 149) Veterano local del Village sin actitud, con *jukebox* y parroquia habitual que se reúne a charlar.

Henrietta Hudson (p. 150) Un bar divertido y clásico lleno de chicas roqueras muy enrolladas.

Las mejores actividades diurnas

'Brunch' en 9th Ave (p. 138) Sentarse en una terraza y ver pasar el mundo al estilo de Hell's Kitchen.

De compras en Chelsea (p. 154) Ropa elegante en Nasty Pig y otras *boutiques* de estilo *queer* en Chelsea.

Muelle 45 (p. 135) Torsos, abrazos y parejas de amantes en un lugar clásico para tomar el sol.

Fire Island (p. 310) Zona de ocio con dunas junto a Long Island para codearse con los ricos y guapos.

Lo mejor para las reinas del baile

Industry (p. 197) A medida que avanza la noche, este exitoso local de Hell's Kitchen se transforma de bar animado en discoteca marchosa.

Monster (p. 150) Gogós descarados y *drag queens* sin complejos animan el ambiente en el sótano.

Therapy (p. 197) Discoteca divertida para descansar de los macroespacios.

Lo mejor entre semana

Therapy (p. 197) Música al anochecer e invitados *drag* y de la industria del espectáculo dan vida a las noches entre semana.

Flaming Saddles (p. 197) Camareros con botas que sirven bebidas directamente en la boca.

Boxers NYC (p. 167) Bar de deportes que se llena de tipos fornidos desde la tarde hasta la noche.

Los mejores eventos

NYC Pride (p. 30) Dura un mes entero, en junio, y ofrece fiestas, actos culturales y el famoso desfile por la Quinta Avenida.

NewFest (www.newfest.org) El gran festival de cine *queer* de NY programa filmes durante una semana de octubre.

MIX New York Queer Experimental Film Festival (www.facebook.com/mixnyc) Cuatro días de cine *queer* de corte político y vanguardista, en marzo.

PUESTA A PUNTO NUEVA YORK LGBTIQ

Explorar Nueva York

WTC Transportation Hub (p. 69)

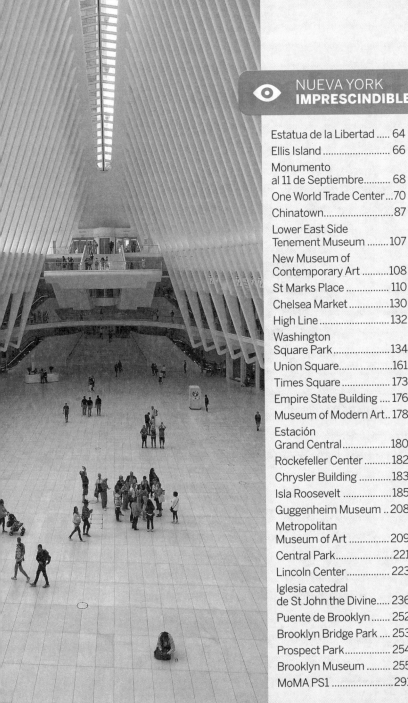

👁 NUEVA YORK IMPRESCINDIBLE

De un vistazo

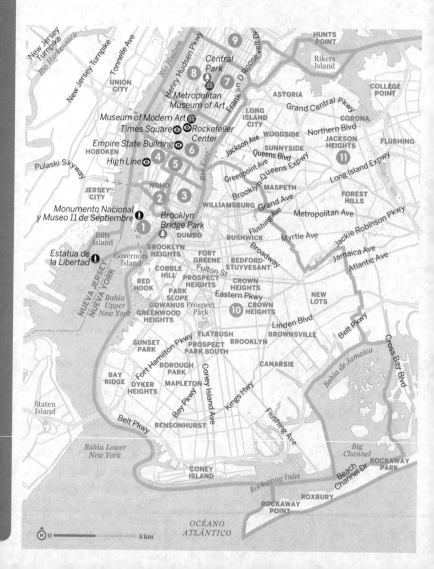

❶ Lower Manhattan y Financial District p. 62

En el extremo sur de Manhattan hay lugares célebres como Wall St, el Monumento al 11 de Septiembre y la Estatua de la Libertad. Durante el día la recorre una gran energía, pero las noches son tranquilas. No así Tribeca, que sigue vibrando al atardecer con su amplia oferta de restaurantes y bares.

❷ SoHo y Chinatown p. 85

Templos sagrados, vendedores ambulantes y salones donde se sirven sopas con *dumplings*. Así son las calles frenéticas de Chinatown. Al lado está el SoHo, un contrapunto de avenidas elegantes y escaparates de marcas emblemáticas. Entre ambos barrios se encuentra la pequeña Little Italy.

❸ East Village y Lower East Side p. 105

Ambos combinan historia con modernidad. Con su prolífica vida nocturna y sus restaurantes baratos, atraen por igual a estudiantes, banqueros y gente más desaliñada.

❹ West Village, Chelsea y Meatpacking District p. 128

Calles pintorescas con casas antiguas bien conservadas que ofrecen innumerables opciones para copas y cenas íntimas en West Village. En el vecino Meatpacking District abundan los locales nocturnos de moda; y un poco más arriba está Chelsea, con cientos de galerías de arte y un vibrante ambiente gay.

❺ Union Square, Flatiron District y Gramercy p. 159

No es una zona conocida por sus monumentos, pero hay mucha vida en Union Square y alrededores, desde manifestantes hasta hombres de negocios o músicos callejeros. Al norte está el Madison Square Park, un elegante oasis de césped de camino a Midtown. En las calles apacibles que rodean Gramercy hay algunos restaurantes y bares de categoría.

❻ Midtown p. 171

Es el Nueva York de las postales: Times Square, el Empire State Building, los teatros de Broadway, rascacielos y multitudes. También es el lugar del MoMA, Bryant Park, las tiendas de lujo de la Quinta Avenida y los bares gais de Hell's Kitchen.

❼ Upper East Side p. 206

Boutiques de lujo en Madison Ave y mansiones en la Quinta Avenida, que culmina en una joya arquitectónica, la Museum Mile, una de las avenidas con más cultura de la ciudad (o del mundo).

❽ Upper West Side y Central Park p. 219

Nueva York tiene el antídoto contra las extensiones infinitas de cemento: una gran zona verde, Central Park, ideal para huir del ruido del tráfico y las aceras sin sol. Junto al parque se encuentran las evocadoras torres residenciales de Upper West Side, donde está el Lincoln Center.

❾ Harlem y Upper Manhattan p. 234

Harlem y Hamilton Heights, bastiones de la cultura afroamericana, ofrecen cocina mundial y un panorama musical palpitante. En Inwood hay un parque frondoso, y en Morningside Heights, vida estudiantil.

❿ Brooklyn p. 250

Hoy Brooklyn equivale a "bohemio guay" en todo el mundo, pero posee mucho más que estereotipos *hipsters*. En el se encuentran algunos de los barrios de Nueva York más interesantes y diversos histórica y culturalmente, y llenos de espléndidas opciones para comer y divertirse.

⓫ Queens p. 289

Es un gran mosaico de comunidades, poblado tanto por residentes como por visitantes que vuelven una y otra vez. El viajero podrá comer en las tiendas étnicas de Astoria, ver arte contemporáneo en Long Island, o practicar surf en Rockaway Beach.

Lower Manhattan y Financial District

WALL STREET Y FINANCIAL DISTRICT | PUERTO DE NUEVA YORK | BATTERY PARK CITY | RIBERA DEL RÍO EAST | AYUNTAMIENTO Y CIVIC CENTER

Lo mejor

❶ Estatua de la Libertad (p. 64) Subir por el interior de la estatua y asomarse desde su corona para contemplar la mayor ciudad del mundo extendida a los pies.

❷ Monumento al 11 de Septiembre (p. 68) Reflexionar sobre la pérdida, la esperanza y la capacidad de recuperación ante la hermosa transformación de la Zona Cero.

❸ One World Trade Center (p. 70) Subir volando a la cima del edificio más alto del hemisferio occidental para contemplar un apabullante panorama de Manhattan con el One World Observatory al fondo.

❹ Ferri de Staten Island (p. 83) Admirar los rascacielos al atardecer mientras se cruza el puerto en uno de los fantásticos (y gratis) símbolos flotantes de Nueva York.

❺ Ellis Island (p. 66) Descubrir la creación de la América moderna en el punto de entrada al país más importante desde el punto de vista histórico.

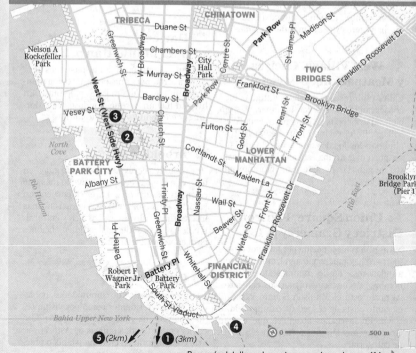

Para más detalles sobre esta zona, véase plano p. 414

Explorar Lower Manhattan y Financial District

Planificar un poco la visita permitirá ahorrar tiempo en Lower Manhattan. Se aconseja reservar por internet las entradas para Ellis Island (p. 66) y la Estatua de la Libertad (p. 64; mejor visitarla temprano y evitar el fin de semana). Se necesitarán unas 4 o 5 h para ver bien ambos lugares, y no estaría mal llevar un almuerzo de pícnic. También se recomienda comprar por internet las entradas del Monumento al 11 de Septiembre y Museo y del contiguo One World Observatory.

Varios museos de la zona del Battery, como el Skyscraper Museum (p. 76), el Museum of Jewish Heritage (p. 74) y el National Museum of the American Indian (p. 72), pueden ocupar fácilmente medio día. El Financial District es frenético durante la jornada laboral. Para contemplar tranquilamente las casas de estilo federal, los templos neogriegos y los primeros rascacielos modernos de la zona conviene ir más tarde.

Con buen tiempo se recomienda disfrutar del sol y las vistas del río en el muelle 15 de South Street Seaport o cruzar el puente de Brooklyn y admirar la panorámica de Lower Manhattan. La noche es para Tribeca.

Vida local

➡ **Café** Olvidarse de las grandes cadenas y optar por Bluestone Lane (p. 79) y La Colombe (p. 81).

➡ **Vino** Tomar vino gratis las tardes de domingo en el Pasanella & Son (p. 83).

➡ **De compras** Recorrer los pasillos del Pearl River Mart (p. 82), lleno de regalos divertidos con un toque asiático.

➡ **Cultura** Ver una obra en el Flea Theater (p. 82).

➡ **Escapada** Llegar en bicicleta, relajarse y contemplar arte en el oasis estival de Governors Island (p. 76).

Cómo llegar y salir

➡ **Metro** El Financial District está bien conectado en metro, con líneas que unen la zona con el resto de Manhattan, Brooklyn, Queens y Bronx. Fulton St es la principal estación de intercambio (líneas A/C, J/ Z, 2/3 y 4/5). La línea 1 termina en South Ferry, desde donde sale el ferri a Staten Island.

➡ **Autobús** Desde la terminal del ferri a Staten Island salen varias líneas útiles, como la n° 15 (a East Village, Midtown East, Upper East Side y East Harlem) y las M50 y M20 (a Tribeca, West Village, Chelsea y Midtown West).

➡ **Barco** La terminal del ferri de Staten Island (p. 83) está en el extremo sur de Whitehall St. Los ferris a Governors Island (p. 76) salen del Battery Maritime Building, al lado. Los servicios a Liberty Island y Ellis Island (p. 65) zarpan del cercano Battery Park.

Consejo de Lonely Planet

¿Encontrar entradas rebajadas para espectáculos de Broadway? Para evitar las largas colas del TKTS Booth de Times Square, se puede acudir al más tranquilo **TKTS Booth** (www.tdf.org; Front St esq. John St; ☉11.00-18.00 lu-sa, hasta 16.00 do; Ⓢ A/C, 2/3, 4/5, J/Z hasta Fulton St; R/W hasta Cortlandt St) de South Street Seaport. Las colas son más rápidas y venden también entradas para las matinés del día siguiente (en Times Square no). La aplicación de TKTS ofrece listados de entradas a la venta en tiempo real.

Los mejores restaurantes

➡ Locanda Verde (p. 79)

➡ Bâtard (p. 79)

➡ North End Grill (p. 79)

➡ Brookfield Place (p. 78)

➡ Two Hands (p. 78)

Para reseñas, véase p. 77 ➡

Los mejores bares

➡ Dead Rabbit (p. 79)

➡ Brandy Library (p. 81)

➡ Smith & Mills (p. 82)

➡ Bluestone Lane (p. 78)

Para reseñas, véase p. 79 ➡

Los sitios más evocadores

➡ Ellis Island (p. 66)

➡ Fraunces Tavern Museum (p. 75)

➡ South Street Seaport Museum (p.77)

➡ Monumneto Nacional Cementerio Africano (p. 77)

➡ Federal Hall (p. 73)

Para reseñas, véase p. 66 ➡

LOWER MANHATTAN Y FINANCIAL DISTRICT

PRINCIPALES PUNTOS DE INTERÉS
ESTATUA DE LA LIBERTAD

La Dama de la Libertad lleva mirando con severidad hacia la "Europa menos favorecida" desde 1886. Apodada la "Madre de los Exiliados", la estatua advierte simbólicamente sobre las rígidas estructuras sociales del Viejo Mundo. "Dadme a vuestras fatigadas, a vuestras pobres, a vuestras hacinadas masas que anhelan respirar en libertad, desdichado despojo de vuestras abarrotadas costas", reza el famoso poema de 1883 de Emma Lazarus *El nuevo coloso*.

De Suez a Nueva York

Para sorpresa de muchos, el gigantesco regalo francés a EE UU no fue creado para este país. Cuando el escultor Frédéric-Auguste Bartholdi empezó a diseñar la obra, su idea era la de una escultura colosal que guardara la entrada al canal de Suez en Egipto, uno de los mayores logros de la ingeniería francesa del s. XIX. El homenaje de Bartholdi al ingenio galo combinaría dos de las Siete Maravillas del Mundo Antiguo: el Coloso de Rodas y el Faro de Alejandría. Pero el ambicioso monumento no consiguió atraer inversores ni de Francia ni de Egipto, por lo que su sueño parecía destinado al desguace. La salvación vino de un viejo amigo suyo, Edouard René Lefèbvre de Laboulaye, jurista, escritor y abolicionista francés, que propuso regalarlo a EE UU como símbolo del triunfo del republicanismo y de los valores democráticos compartidos por Francia y EE UU. Viendo la oportunidad, Bartholdi se puso a trabajar, modificando su idea y convirtiendo el fiasco de Suez en *La Libertad iluminando al mundo,* un envidiable regalo para conmemorar el centenario de la Declaración de Independencia de EE UU.

PARA SABER MÁS

➡ La estatua pesa 225 t y mide 93 m desde el suelo hasta la punta de la antorcha.

DATOS PRÁCTICOS

➡ plano p. 414, C8
➡ ☎212-363-3200, entradas 877-523-9849
➡ www.nps.gov/stli
➡ Liberty Island
➡ adultos/niños Ellis Island incl.18,50/9 US$, corona incl. 21,50/12 US$
➡ ☻8.30-17.30, variable según temporada
➡ ☻a Liberty Island y Ⓢ1 hasta South Ferry o 4/5 hasta Bowling Green

La creación de la estatua

El artista tardó más de 20 años en plasmar su sueño: crear el monumento hueco y montarlo en el puerto de Nueva York. En su camino se enfrentó a graves problemas económicos, aunque contó en parte con la ayuda recaudatoria del editor periodístico Joseph Pulitzer. La poetisa Emma Lazarus también echó una mano: la oda a la Dama de la Libertad formó parte de una campaña de recaudación de fondos para el pedestal de la estatua, diseñado por el arquitecto estadounidense Richard Morris Hunt. El trabajo de Bartholdi se vio retrasado además por desafíos estructurales, resueltos gracias a la maestría del ingeniero ferroviario Gustave Eiffel. Finalmente, la obra se concluyó en Francia en 1884, algo fuera de plazo para el centenario. Se trasladó en barco a Nueva York, en 350 piezas metidas en 214 cajones. Se invirtieron cuatro meses en montarla sobre el pedestal de granito fabricado en EE UU. Su espectacular inauguración tuvo lugar en octubre de 1886. En 1933 se transfirió su gestión al National Park Service y en 1984, cuando fue declarada Patrimonio Mundial por la Unesco, se inició la restauración de sus piezas oxidadas de cobre.

La Libertad hoy

Quienes reservan sus entradas con antelación pueden subir los 393 empinados escalones hasta la corona de la estatua, con asombrosas vistas de la ciudad y el puerto. El acceso a la corona está muy restringido. La única manera de entrar es reservar con antelación, cuanta más mejor (se permite hasta seis meses). Se pueden reservar solo cuatro entradas para la corona por persona, y los niños deben medir, al menos, 1,22 m.

Si no se consiguieron entradas para la corona, tal vez se tenga más suerte con las del pedestal, que también tiene unas vistas espectaculares. La entrada también está limitada y debe reservarse con antelación, tanto en línea como por teléfono. Solo con la entrada de la corona o del pedestal se accede al museo de la Estatua de la Libertad, situado en la misma base.

Si no se tienen entradas, no pasa nada. Todos los billetes de ferri a Liberty Island ofrecen una entrada básica a la zona, que incluye circuitos guiados por los guardas o circuitos con audioguía independientes. En el recinto hay una tienda de regalos y una cafetería (resulta más interesante llevarse algo y comerlo junto al río, con todo Manhattan enfrente).

CONSEJO

Para ver la Estatua de la Libertad y Ellis Island, hay que tomar el **ferri** antes de las 14.00 (plano p. 414; ☎877-523-9849; www.statuecruises.com; adultos/niños desde 18,50/9 US$; 🕒salidas 8.30-16.00; [S]4/5 hasta Bowling Green; R/W hasta Whitehall St; 1 hasta South Ferry). El control de seguridad de la terminal del ferri es similar al de un aeropuerto y en temporada alta puede durar hasta 90 min.

Es muy recomendable comprar las entradas por adelantado: de este modo se asegura una hora concreta de visita y se evitan las larguísimas colas de la gente que no planifica.

SÍMBOLOS

En la mano izquierda, la estatua porta el Libro de la Ley, con la fecha de la independencia de EE UU inscrita: "July IV MDCCLXXVI" (4 de julio de 1776). Los rayos de la corona representan los siete mares y continentes; las 25 ventanas que la decoran simbolizan piedras preciosas. A los pies, las cadenas y un grillete roto representan su condición de estar libre de opresión y servidumbre. La antorcha es una réplica de 1986 de la original, custodiada en el museo.

PRINCIPALES PUNTOS DE INTERÉS
ELLIS ISLAND

Esta isla es la puerta de entrada más famosa e históricamente importante de EE UU, donde la desesperanza del Viejo Mundo se mezclaba con las promesas del Nuevo. Entre 1892 y 1924, más de 12 millones de personas cargadas de sueños pasaron por este centro de inmigración. Se calcula que el 40% de los estadounidenses tienen al menos un antepasado que fue atendido aquí, lo que confirma el papel crucial de este pequeño puerto insular en la configuración de los EE UU de hoy.

Restauración

Tras una restauración de 160 millones de US$, el edificio principal se reabrió al público en 1990 como el Immigration Museum. Actualmente cualquiera que tome el ferri hasta la isla puede experimentar una versión moderna y dulcificada de la experiencia que vivieron los recién llegados, con exposiciones interactivas que rinden homenaje a la esperanza, el júbilo y, a veces, la amarga decepción de los millones de inmigrantes que llegaron en busca de un nuevo comienzo, como el húngaro Erik Weisz (Harry Houdini), el italiano Rodolfo Guglielmi (Rodolfo Valentino) y el británico Archibald Alexander Leach (Cary Grant).

Exposiciones del Immigration Museum

Las exposiciones ocupan tres plantas. Se aconseja el circuito de 50 min con audioguía (gratis con el billete del ferri, disponible en el vestíbulo). La visita incluye relatos de diversas fuentes –historiadores, arquitectos y los propios inmigrantes– y da vida a la enorme colección de objetos personales, documentos oficiales, fotografías y metraje. Es una experiencia evocadora que permite presenciar recuerdos en los mismos salones y pasillos donde tuvieron lugar.

La colección se divide en varias exposiciones permanentes y temporales. Si se tiene poco tiempo, hay que saltarse la exposición *Journeys: The Peopling of America 1550-1890* de la 1ª planta y centrarse en las dos fascinantes de la 2ª. *Through America's Gate,* donde se examina paso a paso el proceso que debían pasar los recién llegados (que incluía el marcaje con tiza de los que se sospechaba que estaban enfermos), un minucioso examen ocular y 29 preguntas a las que debían responder en la bonita y abovedada Registry Room, mientras que *Peak Immigration Years* explora los motivos de los viajes de los inmigrantes y los retos a los que se enfrentaban, una vez que eran libres para empezar su nueva vida en EE UU. Especialmente interesante es la colección de viejas fotografías, que ofrece una íntima visión de la vida cotidiana de esos nuevos estadounidenses.

La historia del ascenso, la caída y la resurrección del edificio en sí se relata en la muestra *Restoring a Landmark* de la 3ª planta, una recreación extrañamente cautivadora de escritorios destrozados, sillas y otras posesiones abandonadas. Quienes deseen más detalles pueden pagar por una audioguía o simplemente descolgar uno de los teléfonos que hay en cada sala, que permiten escuchar recuerdos de auténticos inmigrantes de Ellis Island, grabados en la década de 1980. Otra opción es el circuito gratuito de 45 min guiado por un guarda. Si se reserva por teléfono con tres semanas de antelación, el circuito también está disponible en la lengua de signos estadounidense.

INDISPENSABLE

- Exposiciones del Immigration Museum
- Arquitectura del edificio principal
- American Immigrant Wall of Honor y ruinas de Fort Gibson

DATOS PRÁCTICOS

- plano p. 414, B8
- ☎212-363-3200, entradas 877-523-9849
- www.nps.gov/elis
- Ellis Island
- ferri incl. Estatua de la Libertad adultos/niños 18,50/9 US$
- 🕗8.30-18.00, variable según temporada
- ⛴a Ellis Island y [S]1 hasta South Ferry o 4/5 hasta Bowling Green

Arquitectura del edificio principal

Los arquitectos Edward Lippincott Tilton y William A. Boring crearon el edificio principal como un 'prólogo' a lo que sería EE UU, impresionante e imponente. Ganaron el concurso después de que un incendio destruyese el edificio de madera original en 1897. Dado que habían estudiado en la École des Beaux Arts de París, no sorprendió que optasen por este tipo de estética para el diseño. El edificio evoca una gran estación de trenes, con accesos majestuosos de triple arcada, decoración de ladrillos vistos de estilo flamenco y esquinas (piedras angulares) y belvederes de granito. En el interior, la sala de registros, una estancia de 103 m en la 2ª planta conocida como Great Hall, impacta a los visitantes. Bajo su techo abovedado, los recién llegados hacían cola para la revisión de documentación (se rechazaba a individuos tales como polígamos, mendigos, criminales y anarquistas). El techo original de yeso quedó dañado por la explosión de unas barcazas de munición en el cercano Black Tom Wharf, lo que terminó siendo una suerte: para la reconstrucción se usaron unos preciosos azulejos en espiga de Rafael Guastavino, ingeniero nacido en Valencia que también está detrás del bonito techo de azulejos del Grand Central Oyster Bar & Restaurant (p. 193) de la estación Grand Central.

American Immigrant Wall of Honor y ruinas de Fort Gibson

Desde la muestra de la 1ª planta *Journeys: The Peopling of America 1550-1890,* se accede al American Immigrant Wall of Honor, en el exterior, donde están grabados los nombres de más de 700 000 inmigrantes en lo que quizá sea el muro de nombres más grande del mundo. Es un proyecto con fines recaudatorios: todo estadounidense que tenga un familiar inmigrante puede grabar su nombre a cambio de una donación. La construcción del muro en la década de 1990 descubrió los restos de la construcción original de la isla, Fort Gibson, cuyas ruinas pueden verse. La fortificación se levantó en 1808 como parte de un sistema defensivo del puerto frente a los británicos, que incluía además Castle Clinton, en Battery Park, y Castle Williams, en Governors Island. Ellis Island era entonces una modesta extensión de 1,3 Ha de arena y fango. Entre 1892 y 1934, la isla se expandió considerablemente gracias a los vertidos de tierra procedentes del lastre de barcos y la construcción del metro.

UN DEBUT IRLANDÉS

El primer inmigrante de Ellis Island fue Anna Moore, *Annie,* de 15 años. Después de viajar 12 días en tercera clase desde County Cork (Irlanda), Annie llegó el 1 de enero de 1892, acompañada por sus hermanos Phillip y Anthony; los tres se dirigían a América para reunirse con sus padres, emigrados a Nueva York cuatro años antes. Annie se casó más adelante con el inmigrante alemán Joseph Augustus Schayer y tuvo al menos 11 hijos, de los cuales solo cinco sobrevivieron. Annie murió el 6 de diciembre de 1924, y fue enterrada en el cementerio de Calvary, en Queens.

HOSPITAL OF ALL NATIONS

A finales del s. xx, el ahora desaparecido hospital de Ellis Island era uno de los más grandes del mundo. Tenía 22 edificios y se lo conocía como "hospital de todas las naciones". Estaba a la vanguardia de EE UU en la lucha contra las enfermedades importadas. La historia de la institución la plasma la escritora y productora Lorie Conway en su documental y su libro *Forgotten Ellis Island.* Al comprar la entrada por internet se puede reservar la visita guiada al hospital sin restaurar (Hard Hat Tour, 53,50 US$).

TASSILHEM / SHUTTERSTOCK ©

PRINCIPALES PUNTOS DE INTERÉS
MONUMENTO AL 11 DE SEPTIEMBRE

Este monumento nacional y museo es un tributo a las víctimas del peor ataque terrorista en suelo estadounidense. Titulado *Reflecting Absence*, posee dos grandes estanques con los nombres de los miles de personas que perdieron la vida. Junto a ellos se alza el Memorial Museum, un impresionante y solemne espacio que documenta ese funesto día del 2001.

INDISPENSABLE

- Estanques
- Memorial Museum
- *Oculus* de Santiago Calatrava

DATOS PRÁCTICOS

- www.911memorial.org
- 180 Greenwich St
- gratis
- 7.30-21.00
- [S] E hasta World Trade Center; R/W hasta Cortlandt St; 2/3 hasta Park Pl

Estanques reflectantes

Los estanques del 9/11 Memorial, rodeados por una explanada con más de 400 robles de los pantanos, ocupan el espacio original de las malogradas Torres Gemelas. Desde su borde caen 9 m de cascada constante a un vacío central. El flujo de agua es simbólico: comienza como miles de pequeños arroyos que confluyen en un enorme torrente de confusión colectiva y termina con un lento viaje hacia un abismo. Los estanques están enmarcados en paneles de bronce con los nombres de los fallecidos en los ataques terroristas del 11 de septiembre del 2001 y en el atentado con coche bomba del World Trade Center, el 26 de febrero de 1993. Diseñados por Michael Arad y Peter Walker, son impactantes y muy conmovedores.

Memorial Museum

La fuerza del monumento queda subrayada por el **National September 11 Memorial Museum** (plano p. 414; www.911memorial.org/museum; museo adultos/niños 24/15 US$, 17.00-20.00 ma gratis; 9.00-20.00 do-ju, hasta 21.00 vi y sa, último acceso 2 h antes). Alzándose entre los estanques reflectantes, el pabellón de entrada de cristal evoca una torre derrumbada. Dentro de la entrada, una escalera mecánica lleva hasta el vestíbulo subterráneo. Durante el descenso el viajero permanecerá a la sombra de dos tridentes de acero originalmente ubicados en los cimientos de la Torre Norte. Con más de 24 m de altura y 50 t de peso, ofrecían el soporte estructural que permitía que las torres se elevaran más de 415 m. Permanecieron en pie entre el mar de escombros como símbolos de la resistencia.

Los tridentes son dos de los más de 10 300 objetos de la colección. Entre ellos se encuentra la escalera de Vesey St: apodada la "escalera de los supervivientes", permitió huir del WTC a cientos de trabajadores la mañana del 11 de septiembre. A sus pies está la conmovedora galería In Memoriam, con las paredes cubiertas con las fotografías y los nombres de todas las víctimas. Pantallas táctiles interactivas y una sala central de reflexión arrojan luz sobre sus vidas. Los numerosos efectos personales expuestos profundizan en su lado humano. Entre ellos hay una cartera cubierta de polvo que pertenecía a Robert Joseph Gschaar, un corredor de seguros que trabajaba en la planta 92 de la Torre Sur; contiene una fotografía de Myrta, su esposa, y un billete de 2 US$ que ella le dio como símbolo de su segunda oportunidad para ser felices.

A la vuelta de la esquina desde la galería, para atestiguar el infierno que se vivió, está el camión quemado de la 21ª Compañía del Departamento de Bomberos de Nueva York, uno de los mayores objetos expuestos. Se encuentra a la entrada de la exposición histórica principal. Dividida en tres secciones –*Events of the Day, Before 11/9 y After 11/9*–, su colección de vídeos, grabaciones de audio, fotografías, objetos y testimonios ofrece una exhaustiva visión de la tragedia, los hechos que la precedieron (incluido el atentado de 1993 en el WTC) y las historias posteriores de dolor, superación y esperanza.

La exposición histórica se extiende hasta la monumental Foundation Hall, bordeado por una enorme sección del muro pantalla original, construido para contener las aguas del río Hudson durante la construcción de las torres. También alberga la última columna de acero retirada durante el proceso de limpieza, con mensajes y recordatorios del personal de los servicios de emergencias y rescate y de los seres queridos de las víctimas.

ÁNGEL DEL 11/9

Uno de los elementos más curiosos (y famosos) del Memorial Museum es el llamado "Ángel del 11/9", el escalofriante esbozo de la cara angustiada de una mujer en una viga retorcidaa, que se cree se creó en el punto en el que el vuelo nº 11 de American Airlines chocó con la Torre Norte. Los expertos dan una explicación más prosaica: corrosión natural y pura coincidencia.

LA ARQUITECTURA DE CALATRAVA

Se dice que la imagen de una paloma volando inspiró a Santiago Calatrava el espectacular *Oculus* blanco sobre el nuevo WTC Transportation Hub. Hecha con 36 500 toneladas de acero, la llamativa estructura canaliza la luz natural hacia una terminal de enlace que costó 3900 millones de dólares y recibe diariamente 250 000 usuarios del tren de cercanías. Es 2,5 veces más grande que la Grand Central Terminal y también cuenta con varios pisos de tiendas y restaurantes. El 11 de septiembre de cada año, el tragaluz central se abre durante 102 min, el tiempo transcurrido desde el primer ataque hasta el hundimiento de la segunda torre.

PRINCIPALES PUNTOS DE INTERÉS
ONE WORLD TRADE CENTER

En lo que era un doloroso vacío en la silueta de Lower Manhattan, el One World Trade Center simboliza el renacimiento, la determinación y la resistencia. Mucho más que otro rascacielos, esta torre es un gigante cargado de simbolismo, muy consciente del pasado pero que también mira al futuro. Es la nueva parada obligada para disfrutar de inolvidables vistas de la ciudad.

INDISPENSABLE

➡ Una fotografía hacia arriba desde la base

➡ Ascensores Sky Pod

➡ Vistas desde el observatorio

DATOS PRÁCTICOS

➡ One WTC

➡ plano p. 414, B4

➡ West St esq. Vesey St

➡ Ⓢ E hasta World Trade Center; 2/3 hasta Park Pl; A/C, J/Z, 4/5 hasta Fulton St; R/W hasta Cortlandt St

El edificio

En la esquina noroeste del emplazamiento del WTC, esta torre de 104 plantas es la adaptación del arquitecto David M. Childs de la idea original de Daniel Libeskind en el 2002. No solo es el edificio más alto de América, sino de todo el hemisferio occidental y, contando su antena, el cuarto más alto del mundo. La torre se eleva hacia el cielo con esquinas biseladas, que resultan en una serie de triángulos isósceles que, vistos desde la base, se alzan hasta el infinito. Corona la estructura una antena de 124 m asegurada por cables. Codiseñada por el escultor Kenneth Snelson, hace que el edificio llegue a los 1776 pies (541 m), en referencia al año de la independencia de EE UU. El edificio presenta otros aspectos simbólicos: la planta es igual a la que tenían las Torres Gemelas originales y las plataformas de observación están a la misma altura que las del WTC. Sin embargo, a diferencia de las torres originales, el One WTC se ha construido con unos estándares de seguridad totalmente nuevos, incluidos una base de 61 m de altura resistente a explosiones y paredes de hormigón de 1 m de espesor en torno a los ascensores, escaleras y sistemas de comunicación y seguridad. Aunque algo que no tuvieron presente los arquitectos e ingenieros fue lo ruidosa que resulta la antena: los fuertes vientos que soplan a través de ella producen un escalofriante sonido que mantiene despiertos a algunos vecinos por la noche.

One World Observatory

(plano p. 414; ☎844-696-1776; www.oneworldobservatory.com; West St esq. Vesey St; adultos/niños 34/28 US$; ◷9.00-20.00, venta últimos tiquets 19.15; ⒮E hasta World Trade Center; 2/3 hasta Park Pl; A/C, J/Z, 4/5 hasta Fulton St; R/W hasta Cortlandt St) El rascacielos alberga la plataforma de observación más alta de la ciudad. Aunque el mirador abarca los pisos del 100 al 102, la experiencia empieza en el Global Welcome Center de la planta baja, donde un mapa electrónico del mundo indica los numerosos países de origen de los visitantes del edificio (según los datos transmitidos al escanear la entrada). La polémica que rodeó al proyecto se supera en la exposición contigua, *Voices*, donde arquitectos y obreros del rascacielos se deshacen en elogios hacia él en 144 pantallas de vídeo. Tras un rápido resumen sobre la geología del lugar, la emoción empieza al entrar en uno de los cinco ascensores Sky Pod, de los más rápidos del mundo. Mientras inician su trayecto ascendente de 381 m, los paneles LED que los recubren se ponen en marcha. De repente, el viajero se ve inmerso en una auténtica máquina del tiempo, contemplando la evolución de Manhattan desde la boscosa isla que fue, a la actual jungla de asfalto. Al cabo de 47 segundos (y 500 años de evolución) se llega a la planta 102, donde otra corta presentación termina con una espectacular revelación. Hay que ignorar los caros restaurantes de la planta 101 y seguir hasta la planta 100. Al viajero le esperan vistas panorámicas de 360° que le mantendrán ocupado buscando puntos de interés como los puentes de Brooklyn y Manhattan, la Estatua de la Libertad, el Empire State y los edificios Woolworth y Chrysler. Se pueden alquilar tabletas interactivas programadas en ocho idiomas (15 US$). Como era de esperar, las vistas, que abarcan los cinco distritos y los tres estados limítrofes, son extraordinarias; es mejor ir en un día despejado. Sin embargo, los rascacielos de Midtown se ven mejor desde el Empire State Building o el Top of the Rock del Rockefeller Center.

INQUILINOS FAMOSOS

Los edificios vip atraen a clientes vip y el One WTC no es una excepción. Su inquilino más famoso es la Condé Nast Publications, que se mudó desde el 4 Times Square en el 2014. Su editorial incluye revistas de calidad como *Vogue, Vanity Fair, GQ, Architectural Digest* y, cómo no, *The New Yorker*. La sede de la editorial es fabulosa, con una espectacular escalera de caracol y una glamurosa cafetería con bocados *gourmet* e impagables vistas.

ENTRADAS Y CONSEJOS

Para evitar largas colas, conviene comprar las entradas con antelación por internet (www.oneworldobservatory.com/tickets). No es necesario imprimirlas si se usa un *smartphone*; solo hay que hacer una captura de pantalla, incluido el código de barras, y pasarla por el escáner al llegar. Al comprar la entrada se selecciona una hora de visita; sobre las 9.15 es cuando hay menos gente y las esperas son más cortas. Al atardecer hay más gente. Independientemente de la hora escogida, es necesario llegar con 15 min de antelación para pasar los controles de seguridad.

◉ PUNTOS DE INTERÉS

◉ Wall Street y Financial District

Gran parte de los puntos turísticos de visita obligada del Lower Manhattan están en el distrito financiero, como las iglesias coloniales de la ciudad y el lugar de la primera investidura del presidente George Washington. La historia moderna también se documenta en una serie de museos admirables, como el imprescindible Monumento Nacional y Museo 11 de Septiembre.

NATIONAL SEPTEMBER
11 MEMORIAL   MONUMENTO
Véase p. 68.

NATIONAL SEPTEMBER 11
MEMORIAL MUSEUM   MUSEO
Véase p. 68.

ONE WORLD
TRADE CENTER   EDIFICIO DESTACADO
Véase p. 70.

ONE WORLD OBSERVATORY   MIRADOR
Véase p. 70.

NATIONAL MUSEUM
OF THE AMERICAN INDIAN   MUSEO
plano p. 414 (☎212-514-3700; www.nmai.si.edu; 1 Bowling Green; ⊙10.00-17.00 vi-mi, hasta 20.00 ju; Ⓢ4/5 hasta Bowling Green; R/W hasta Whitehall St) GRATIS Es un elegante tributo –filial de la Smithsonian Institution– a la cultura de los indios de EE UU, ubicado en la espectacular **Aduana** de Cass Gilbert, de 1907, uno de los edificios *beaux arts* más bonitos de Nueva York. Pueden verse exposiciones temporales sobre el arte, la cultura, la vida y las creencias de los indígenas. La colección permanente incluye artes decorativas, telas y objetos ceremoniales impresionantes que documentan las varias culturas nativas de América.

Las cuatro esculturas gigantes de mujeres del exterior son obra de **Daniel Chester French,** autor también de la estatua sedente de Abraham Lincoln en el Lincoln Memorial de Washington D. C. De izquierda a derecha, las figuras representan a Asia, América del Norte, Europa y África, y revelan la visión que EE UU tenía del mundo a principios del s. xx.

El museo organiza, además, una programación cultural con representaciones de danza y música, lecturas para niños, muestras de artesanía, proyecciones y talleres. La tienda vende joyas, libros, CD y artesanía indígenas.

FRAUNCES TAVERN MUSEUM   MUSEO
plano p. 414 (☎212-425-1778; www.frauncesta vernmuseum.org; 54 Pearl St, entre Broad St y Coenties Slip; adultos/6-18 años/menores 6 años 7/4 US$/gratis; ⊙12.00-17.00 lu-vi, 11.00-17.00 sa y do; Ⓢ J/Z hasta Broad St; 4/5 hasta Bowling Green; R/W hasta Whitehall St; 1 hasta South Ferry) Este museo, restaurante y bar combina cinco edificios de principios del s. xviii para rendir homenaje a los acontecimientos que modelaron la nación en 1783, el año decisivo en que los británicos renunciaron oficialmente al dominio de Nueva York al término de la Guerra de la Independencia, y el general George Washington pronunció un discurso de despedida a los oficiales del Ejército Continental en el comedor de la 2ª planta antes de regresar a su casa de Mount Vernon.

El recinto se construyó inicialmente a principios de la década de 1720 como una elegante residencia para la familia del comerciante Stephen De Lancey; el tabernero Samuel Fraunces lo adquirió en 1762 y lo convirtió en una taberna llamada Queen's Head. Al acabar la guerra, cuando Nueva York era la primera capital del país, albergó los departamentos de Guerra, del Tesoro y de Asuntos Exteriores. La taberna cerró en el s. xix; después, el edificio quedó dañado por un grave incendio que destruyó la mayoría de las estructuras coloniales y holandesas de la zona. En 1904, una sociedad histórica llamada Sons of the Revolution lo adquirió y le dio un aspecto similar al de la época colonial, en lo que se considera el primer intento serio de conservación histórica en EE UU.

TRINITY CHURCH   IGLESIA
plano p. 414 (☎212-602-0800; www.trinitywallstreet. org; 75 Broadway, en Wall St; ⊙7.00-18.00; Ⓢ1, R/W hasta Rector St; 2/3, 4/5 hasta Wall St) Esta iglesia, el edificio más alto de Nueva York cuando se completó en 1846, tiene un campanario de 85 m y una colorida vidriera sobre el altar. Famosos residentes de su sereno cementerio son el Padre Fundador y primer secretario del Tesoro (y estrella de Broadway) Alexander Hamilton, y entre sus excelentes ciclos musicales destacan los

Concerts at One (13.00 ju) y magníficos conciertos corales.

La iglesia parroquial anglicana original fue fundada por el rey Guillermo III en 1697 y antaño estuvo compuesta por varias capillas, como St Paul's Chapel (p. 73). Las extensas propiedades que poseía en Lower Manhattan hicieron de ella la iglesia más rica e influyente del país en el s. XVIII. En 1776 quedó destruida por un incendio y su segunda edificación fue demolida en 1839. La tercera iglesia, la actual, la diseñó el arquitecto inglés Richard Upjohn y contribuyó a extender en EE UU el movimiento historicista neogótico.

ST PAUL'S CHAPEL   IGLESIA

plano p. 414 (☏212-602-0800; www.trinitywallstreet. org; 209 Broadway, en Fulton St; ⏱10.00-18.00 lu-sa, 7.00-18.00 do, recinto cierra a las 16.00; 🄢A/C, J/Z, 2/3, 4/5 hasta Fulton St; R/W hasta Cortlandt St; E hasta Chambers St) Tras su inauguración en 1789, George Washington acudía a rezar a esta capilla neoclásica de arenisca ferruginosa, que se volvió a hacer famosa tras el 11 de septiembre de 2011. A pesar de que el World Trade Center se derrumbó a solo una manzana de distancia, en St Paul's solo se rompió un panel de vidrio, por lo que fue apodada "La pequeña capilla que resistió". En los días siguientes dio refugio, apoyo espiritual y emocional y comidas a los socorristas y al personal de rescate, de día y de noche.

El austero interior blanco contrasta con el retablo dorado *Gloria*, de Pierre L'Enfant, quien más adelante diseñaría el trazado de las calles de Washington. En unos paneles laterales se cuenta la historia de san Pablo en Nueva York, y la pequeña capilla del Recuerdo, al fondo, exhibe conmovedores objetos del 11 de septiembre, como una cruz hecha de restos de acero hallados entre las ruinas.

En el 2016, coincidiendo con el 250 aniversario de la iglesia, se terminaron unas importantes obras de restauración. En el cementerio detrás del templo (que cierra a las 16.00) descansan los restos de varios personajes importantes del período revolucionario.

MUSEUM OF AMERICAN FINANCE   MUSEO

plano p. 414 (☏212-908-4110; www.moaf.org; 48 Wall St, entre Pearl St y William St; adultos/niños 8 US$/gratis; ⏱10.00-16.00 ma-sa; 🄢2/3, 4/5 hasta Wall St) Este museo interactivo gira en torno al dinero. Centrado en momentos destacados de la historia financiera de EE UU, sus colecciones permanentes incluyen raras piezas numismáticas, certificados de acciones y bonos de la Edad de Oro, la fotografía más antigua que se conoce de Wall St y un receptor telegráfico de cotizaciones bursátiles de alrededor de 1875.

Antaño sede del Bank of New York, el edificio es todo un espectáculo, con techos de 9 m de altura, ventanas palladianas, una majestuosa escalinata hasta la entreplanta, lámparas de araña y murales que ilustran escenas históricas de la banca y el comercio.

BANCO DE LA RESERVA
FEDERAL DE NUEVA YORK EDIFICIO RELEVANTE

plano p. 414 (☏212-720-6130; www.newyorkfed. org; 33 Liberty St, en Nassau St, entrada en 44 Maiden Lane; con reserva; ⏱circuitos guiados 13.00 y 14.00 lu-vi; 🄢A/C, J/Z, 2/3, 4/5 hasta Fulton St) GRATIS El mejor motivo para visitar este edificio es contemplar (brevemente) la cámara acorazada de alta seguridad, que guarda más de 10 000 t de reservas de oro, a 25 m bajo el suelo. Solo se puede ver una pequeña parte, pero merece la pena hacer una de las visitas gratuitas (la única forma de bajar, que hay que reservar con meses de antelación). Aunque no es necesario unirse a una visita guiada para ver el museo interactivo, que explica con detalle la historia del banco, sí que hay que reservar hora en línea. Hay que mostrar el permiso de conducir o el pasaporte.

FEDERAL HALL   MUSEO

plano p. 414 (☏212-825-6990; www.nps.gov/feha; 26 Wall St; ⏱9.00-17.00 lu-vi todo el año, y 9.00-17.00 sa jul-oct; 🄢J/Z hasta Broad St; 2/3, 4/5 hasta Wall St) GRATIS Esta obra maestra de reminiscencia griega es un museo dedicado a la Nueva York poscolonial, con temas como la investidura de George Washington, la relación de Alexander Hamilton con la ciudad y las dificultades de John Peter Zenger, un impresor que en 1734 fue encarcelado allí, juzgado y finalmente absuelto de difamación por haber denunciado en su periódico la corrupción del Gobierno. También hay una sala de información con folletos y planos de la ciudad para los visitantes.

El edificio, que se construyó en 1703 sobre el solar antes ocupado por el segundo ayuntamiento de la ciudad, está presidido por una enorme estatua de George Washington. En 1788 fue remodelado por el ingeniero francés Pierre L'Enfant y rebautizado como Federal Hall; George Washington juró el cargo como el primer presidente de EE UU en su balcón el 30 de abril de 1789. Entre los objetos expuestos en el museo se encuentra la losa de piedra sobre la que estaba de pie el propio Washington. Tras la demolición de la estructura original en 1812, el edificio actual se construyó en el mismo lugar entre 1834 y 1842, y funcionó como aduana de EE UU hasta 1862.

Cada día a las 10.00, 13.00, 14.00 y 15.00 hay una visita guiada gratuita de 30 min. Conviene llamar para preguntar la hora de esta y los horarios del sábado, pues a veces se reducen por limitaciones de personal.

ARTISTS SPACE GALERÍA

plano p. 414 (☎212-226-3970; www.artistsspace.org; 55 Walker St, entre Broadway y Church St, SoHo; 🕒variable; [S]A/C/E, N/Q/R, 1 hasta Canal St) [GRATIS] Inaugurada en 1972, esta galería fue una de las primeras salas alternativas de Nueva York. Su misión era apoyar a los artistas contemporáneos que se dedicaban a las artes visuales, desde el vídeo, los medios electrónicos o la *performance*, a la arquitectura y el diseño. Actualmente, más de 40 años después, ocupa una nueva sede y sigue siendo una apuesta segura para los que buscan una creatividad vigorosa, provocativa y experimental. Las próximas exposiciones se anuncian en la web.

USCGC LILAC BARCO

plano p. 414 (www.lilacpreservationproject.org; Pier 25 con N Moore St; 🕒16.00-19.00 ju, 14.00-19.00 sa y do hasta tarde may-oct; 👪; [S]1 hasta Franklin St; A/C/E hasta Canal St) [GRATIS] Los aficionados a todo lo relacionado con el mar pueden subir en este guardacostas, el último barco de vapor que queda en EE UU de los que se encargaban de abastecer a los faros antes de que estos fueran automatizados. El *Lilac,* botado en 1933, fue retirado del servicio en 1972 y desde el 2011 está amarrado en el muelle 25, donde se ha restaurado y se usa con fines educativos y sociales.

BOWLING GREEN PARQUE

plano p. 414 (Broadway esq. State St; [S]4/5 hasta Bowling Green; R/W hasta Whitehall St) Es el parque público más antiguo –y quizá el más pequeño– de Nueva York. Se cree que el colono holandés Peter Minuit pagó en este lugar a los indios el equivalente a 24 US$ por la isla de Manhattan. En la esquina norte se levanta la escultura de bronce *Charging Bull,* de 3175 kg, una obra de Arturo Di Modica ubicada allí tras aparecer misteriosamente delante de la Bolsa de Nueva York en 1989, dos años después de una quiebra financiera.

El parque volvió a ser motivo de atención y controversia en marzo del 2017, cuando una empresa financiera instaló *Fearless Girl,* una escultura de una niña en actitud desafiante frente al toro. Algunos la aplaudieron como un potente símbolo del feminismo o del anticapitalismo. Pero Di Modica la criticó por distorsionar y alterar el sentido de su obra y exigió que la audaz muchacha fuera retirada inmediatamente. Tras varios debates públicos y negociaciones, se decidió dejarla allí hasta el 2018.

Puerto de Nueva York

ESTATUA DE LA LIBERTAD MONUMENTO

Véase p. 64.

ELLIS ISLAND LUGAR EMBLEMÁTICO

Véase p. 66.

Battery Park City

★MUSEUM OF JEWISH HERITAGE MUSEO

plano p. 414 (☎646-437-4202; www.mjhnyc.org; 36 Battery Pl; adultos/niños 12 US$/gratis, 16.00-20.00 mi gratis; 🕒10.00-18.00 do-ma, hasta 20.00 mi y ju, hasta 17.00 vi med mar-med nov, hasta 15.00 vi resto del año, cerrado sa; 👪; [S]4/5 hasta Bowling Green; R/W hasta Whitehall St) Evocador museo a orillas del río, que explora todos los aspectos de la identidad y la cultura judía moderna. La exposición principal incluye una detallada visión del Holocausto, con objetos personales, fotografías y documentales que suponen una experiencia conmovedora. En el exterior, la instalación **'Garden of Stones',** del artista Andy Goldsworthy, está dedicada a los que perdieron a seres queridos en el Holocausto; sus 18 grandes piedras forman un estrecho sendero para reflexionar sobre la fragilidad de la vida.

La forma hexagonal del edificio y el tejado escalonado en seis niveles simbolizan la estrella de David y los seis millones de judíos que murieron en la II Guerra Mundial. El museo también acoge proyecciones de películas, conciertos, conferencias y eventos especiales durante las vacaciones. También se ofrecen talleres gratuitos para las familias con niños, y la cafetería *kosher* aneja sirve comidas ligeras.

STATEN ISLAND

La tierra de Shaolin, según los Wu Tang Clan, parece estar a años luz de Manhattan, con sus sudaderas de terciopelo, casas de madera con revestimiento de aluminio y tres miembros del reparto de *Jersey Shore* de MTV. Si no fuera por el ferri homónimo que atraca en el centro de St George, tal vez nadie la conocería. A pesar de su aire suburbano poco elegante, no está exenta de atractivos, sobre todo culturales y gustativos. En verano también hay amenos partidos de béisbol de la Minor League en el **County Bank Ballpark** (☎718-720-9265; www.siyanks.com; Richmond County Bank Ballpark, 75 Richmond Tce; entradas 12 US$; ☺taquilla 9.00-17.00 lu-vi; ⊠Staten Island) frente al río.

El **Snug Harbor Cultural Center & Botanical Garden** (☎718-425-3504; www.snug-harbor.org; 1000 Richmond Tce; galerías y Chinese Scholar's Garden adultos/niños 8 US$/gratis, patios gratis; ☺patios amanecer-anochecer lu-do, Chinese Scholar's Garden 10.00-17.00 mi-do, 11.00-16.00 vi-do nov-mar, Newhouse Center for Contemporary Art 10.00-17.00 mi-do, Noble Maritime Collection 13.00-17.00 ju-do, Staten Island Museum 11.00-17.00 ma-vi, 10.00-17.00 sa y do; ⊠S40 hasta Snug Harbor), el principal atractivo turístico de Staten Island, comprende varios jardines apacibles, edificios históricos y galerías de arte. Destacan la abundancia artística del Staten Island Museum, el tradicional Chinese Scholar's Garden, un jardín toscano inspirado en la Villa Gamberaia de Florencia y un fascinante museo marítimo. Está 3 km al oeste de la terminal del ferri; se puede llegar con el autobús S40, que para junto a la entrada principal.

En el centro de Staten Island, las 40,5 Ha de la **Historic Richmond Town** (☎718-351-1611; www.historicrichmondtown.org; 441 Clarke Ave; adultos/niños 8/5 US$; vi gratis; ☺13.00-17.00 mi-do, desde 12.00 jun-ago; ⊠S74 hasta Arthur Kill Rd y Clarke Ave) contienen edificios famosos como la Voorlezer's House de madera de secuoya, la escuela más antigua de EE UU, con dos pisos y 300 años de antigüedad. Los guías realizan visitas a las 13.30 los laborables y a las 13.30 y 15.30 los fines de semana (incluidas con la entrada). Está a unos 40 min del ferri en autobús.

Alice Austen fue la primera mujer que destacó en la fotografía americana, y su **casa** (☎718-816-4506; www.aliceausten.org; 2 Hylan Blvd con Edgewater St; donativo 3 US$; ☺11.00-17.00 ma-do mar-dic, solo con reserva ene y feb; ⊠S51 hasta Hylan Blvd y Bay St) del puerto repasa su vida y su legado artístico. Está al norte del puente de Verrazano-Narrows, a 15 min en autobús desde el ferri (casi 4 km).

A unos pasos de la terminal del ferri, la **Enoteca Maria** (☎718-447-2777; www.enotecamaria.com; 27 Hyatt St; ppales. 16-25 US$; ☺12.00-23.00 mi-vi, desde 15.00 sa y do; ⏴; ⊠Staten Island) es un encantador restaurante italiano que sirve exquisitas recetas tradicionales hechas por unas amables y expertas *nonne* (abuelas italianas). Imprescindible reservar.

Café de comercio justo, bocadillos de *hummus*, libros usados y un poco de activismo social es lo que ofrece el **Everything Goes Book Café & Neighborhood Stage** (☎718-447-8256; www.etgstores.com/bookcafe; 208 Bay St; sándwiches 4-7 US$; ☺12.00-21.00 ma-ju, hasta 22.00 vi y sa, 12.00-17.00 do; ⏴⏴; ⊠Staten Island). Desde la terminal del ferri hay que andar 800 m al sur por Bay St.

Visitar **Lakruwana** (☎347-857-6619; http://lakruwana.com; 668 Bay St esq. Broad St; ppales. 12-14 US$; ☺12.00-15.00 y 17.00-22.00 ma-vi, 12.00-22.00 sa y do; ⊠Staten Island) es como entrar en un templo hindú. Este restaurante sirve unos suculentos curris y otras delicias de Sri Lanka. Lo mejor es el bufé de los fines de semana. Después no hay que perderse el pequeño museo de abajo, con sus exquisitos objetos ceremoniales de Sri Lanka. Está casi 2 km al sur de la terminal del ferri.

Un buen motivo para quedarse en la zona tras desembarcar del ferri es la **Flagship Brewing Company** (☎718-448-5284; www.flagshipbrewery.nyc; 40 Minthorne St; ☺14.00-22.00 ma y mi, 12.00-24.00 ju-sa, 12.00-20.00 do; ⊠Staten Island), que sirve unas geniales cervezas artesanas en una amplia sala que a lo largo del mes también acoge actuaciones de grupos musicales.

Para llegar a la isla hay que montar en el Staten Island Ferry (gratis, p. 83), que une Lower Manhattan con St George, en el extremo norte de Staten Island. Hay servicios de ferri a todas horas.

LOWER MANHATTAN Y FINANCIAL DISTRICT PUNTOS DE INTERÉS

FUERA DE RUTA

GOVERNORS ISLAND

Cerrada al público durante 200 años, **Governors Island** (☎212-825-3045; www.govisland.com; 🕙10.00-18.00 lu-vi, hasta 19.00 sa y do may-oct; [S]4/5 hasta Bowling Green; 1 hasta South Ferry) [GRATIS] que antaño albergaba una base militar, es ahora una de las zonas de recreo de temporada más populares de Nueva York. Todos los veranos, ferris gratuitos van de Lower Manhattan hasta este oasis de 70 Ha en 7 min. Las 12 Ha de parque isleño incluyen las 2,5 Ha de la artística **Liggett Terrace,** las 4 Ha del **Hammock Grove** (con 50 hamacas) y las 5,5 Ha del **Play Lawn,** con campos de césped para que los adultos jueguen al *softball* y para el béisbol de la Little League.

Las cosas mejoraron en julio del 2016 con la finalización de **The Hills,** un ambicioso cuarteto de colinas artificiales que ofrecen espectaculares vistas del puerto y la ciudad; una de ellas posee cuatro toboganes, incluido el más largo de Nueva York (17 m). La **Great Promenade** ofrece vistas de lo más inspiradoras. El sendero recorre los 3,5 km de perímetro de la isla y permite ver desde Lower Manhattan y Brooklyn hasta Staten Island y Nueva Jersey. En la isla **alquilan bicicletas.**

Aparte de servir como fuerte militar en la Guerra de Independencia, como principal centro de reclutamiento del ejército de la Unión durante la Guerra de Secesión y como lugar de despegue del vuelo de 1909 de Wilbur Wright alrededor de la Estatua de la Libertad, en esta isla se celebró la cumbre de 1988 entre Reagan y Gorbachov que dio inicio al final de la Guerra Fría. En la **Admiral's House,** una residencia militar construida en 1843 con enormes columnas, que forma parte del elegante pueblo fantasma de la zona de **Nolan Park,** se puede visitar el lugar donde se celebró la famosa cumbre. Otros puntos históricos son **Fort Jay,** fortificado en 1776 en un fallido intento de impedir que los británicos invadieran Manhattan; las encantadoras residencias de oficiales de ladrillo del s. XIX de **Colonel's Row** y el escalofriante **Castle Williams,** un fuerte del s. XIX que se convirtió más tarde en prisión militar. La mejor forma de explorarlo todo es con los guardas del **National Park Service** (www.nps.gov/gois), que ofrecen circuitos guiados por el barrio histórico (detalles en la web).

Durante un fin de semana de junio, el arte invade la isla con el **Figment** (www.figmentproject.org), un festival de arte interactivo.

Se puede llegar a la isla con el **ferri** (plano p. 414; www.govisland.com; Battery Maritime Bldg, 10 South St; ida y vuelta adultos/niños 2 US$/gratis, 10.00-11.30 sa y do gratis; 🕙salidas 10.00-16.15 lu-vi, hasta 17.30 sa y do may-oct; [S]1 hasta South Ferry; R/W hasta Whitehall St; 4/5 hasta Bowling Green) desde el Battery Maritime Building.

BATTERY PARK — PARQUE

plano p. 414 (www.nycgovparks.org; Broadway, en Battery Pl; 🕙amanecer-1.00; [S]4/5 hasta Bowling Green; R/W hasta Whitehall St; 1 hasta South Ferry) Bordeando el extremo sur de Manhattan, este oasis de 5 Ha está lleno de obras de arte público, senderos y jardines. Entre sus monumentos conmemorativos destacan el del *Holocausto* y el de la *Gran Hambruna irlandesa.* En este lugar es donde se asentaron los holandeses en 1623 y donde se instaló la primera batería de artillería para defender el asentamiento en ciernes de Nueva Ámsterdam. También alberga el histórico **Castle Clinton** (plano p. 414; ☎212-344-7220; www.nps.gov/cacl/index.htm; 🕙7.45-17.00) y desde el lugar parten los ferris a Ellis Island y la Estatua de la Libertad.

¡Atención! Los estafadores están librando una guerra territorial por engañar a los turistas que quieren visitar la Estatua de la Libertad. Solo una empresa vende las entradas, y es Statue Cruises. Si no se compran por internet, se puede acudir a la taquilla de Castle Clinton. No hay que hacer ningún caso a los vendedores con aspecto oficial pero que venden entradas falsas o billetes para otras empresas navieras.

SKYSCRAPER MUSEUM — MUSEO

plano p. 414 (☎212-968-1961; www.skyscraper.org; 39 Battery Pl; 5 US$; 🕙12.00-18.00 mi-do; [S]4/5 hasta Bowling Green; R/W hasta Whitehall) Galería de arte ideal para los amantes de la arquitectura fálica, que analiza los rascacielos como objetos de diseño, ingeniería y renovación urbana. Gran parte del espacio está ocupado por exposiciones temporales, que han abarcado desde la nueva generación de torres residenciales de Nueva York hasta la nueva hornada de rascacielos mundiales. Entre las exposiciones permanentes está la del diseño y construcción del Empire State y el World Trade Center.

◉ Ribera del río East

SOUTH STREET SEAPORT
MUSEUM   MUSEO

plano p. 414 (www.southstreetseaportmuseum. org; 12 Fulton St; imprenta y tienda gratis; ⓢ2/3, 4/5, A/C, J/Z hasta Fulton St) Tras celebrar su 50 aniversario en el 2017, este museo entre las calles adoquinadas del South Seaport ofrece unas fascinantes exposiciones sobre la historia marítima de la ciudad, una imprenta y tienda del s. XVIII (p. 84), y varios veleros imponentes amarrados en el muelle 16, como el *Pioneer* (p. 84), una goleta del s. XIX que realiza dos cruceros por el puerto en los meses cálidos.

◉ Ayuntamiento y Civic Center

EDIFICIO WOOLWORTH   EDIFICIO RELEVANTE

plano p. 414 (☎203-966-9663; www.woolworth-tours.com; 233 Broadway, en Park Pl; circuitos 30/60/90 min 20/30/45 US$; ⓢR/W hasta City Hall; 2/3 hasta Park Pl; 4/5/6 hasta Brooklyn Bridge-City Hall) El edificio de Cass Gilbert, una maravilla neogótica de 60 pisos y 240 m de altura, revestida de mampostería y terracota, fue el más alto del mundo cuando se terminó de construir, en 1913. Aunque en 1930 fue sobrepasado en altura por el edificio Chrysler, su vestíbulo aún es un espectáculo de brillantes mosaicos de estilo bizantino. Solo puede verse en **visitas guiadas** previamente concertadas, que también permi-

ten descubrir algunas de sus curiosidades, como la entrada de metro privada o la piscina secreta.

En la ceremonia de inauguración, el edificio fue descrito como una "catedral del comercio". Aunque pretendía ser un insulto, F. W. Woolworth, presidente del imperio de tiendas económicas que tuvo en él su sede, se lo tomó como un cumplido y se apropió del término. En la actualidad, las 30 plantas superiores se han convertido en residencias de superlujo, como el "Pinnacle Penthouse" que abarca los siete últimos pisos.

MONUMENTO NACIONAL
CEMENTERIO AFRICANO   MONUMENTO

plano p. 414 (☎212-637-2019; www.nps.gov/afbg; 290 Broadway, entre Duane St y Reade St; ☺monumento 10.00-16.00 ma-sa abr-oct, centro de visitantes 10.00-16.00 ma-sa todo el año; ⓢJ/Z hasta Chambers St; R/W hasta City Hall; 4/5/6 hasta Brooklyn Bridge-City Hall) GRATIS En el año 1991, unos albañiles descubrieron más de 400 ataúdes de madera, que se hallaban apilados entre 5 y 8 m bajo el nivel de la calle. Las cajas contenían los restos de afroamericanos esclavos y libres de los ss. XVII y XVIII (la cercana Trinity Church no permitía sepultarlos en su cementerio). Hoy, el emotivo **monumento conmemorativo** y el **centro de visitantes** con sus exposiciones educativas, constituyen un homenaje a los 15 000 hombres, mujeres y niños enterrados en el lugar.

DÓNDE COMER

El panorama gastronómico del Financial District disfruta de un nuevo empuje gracias a las numerosas propuestas selectas de comida rápida e informal de

---

SOUTH STREET SEAPORT

Antes de que en el 2012 el huracán *Sandy* inundara este enclave de calles adoquinadas, naves industriales y comercios turísticos, los vecinos solían dejar la zona para los turistas mientras su importancia naval e histórica se diluía en la sensación de "calle Mayor" artificial con sus artistas callejeros y sus restaurantes de mala calidad y a menudo abarrotados. La revitalización y reurbanización han sido lentas, pero últimamente han tomado impulso. Un flamante centro comercial de cuatro plantas en el muelle 17, con una gran zona gastronómica y oferta de ocio en la azotea, se inauguró en abril del 2018 e irá ampliando la oferta de servicios a lo largo del año; en el horizonte también se añadirán edificios altísimos. Como en otras partes de la ciudad, lo nuevo y lo diferente amenazan la conservación de lo histórico, pero hay unos cuantos bares y restaurantes que han mantenido su genuina autenticidad y merecen un vistazo.

Brookfield Place, compañeros perfectos de restaurantes con más solera como North End Grill (p. 79) y Shake Shack. Más al norte, Tribeca también se apunta a lo moderno con una serie de locales de chefs famosos y una de las mejores tiendas de Nueva York de comida para llevar, la Arcade Bakery.

ARCADE BAKERY PANADERÍA $

plano p. 414 (☎212-227-7895; www.arcadebakery.com; 220 Church St, entre Worth St y Thomas St; pastas desde 3 US$, sándwiches 9 US$, *pizzas* 9-13 US$; 🕒8.00-16.00 lu-vi; [S]1 hasta Franklin St) Este pequeño tesoro está en el vestíbulo abovedado de un edificio de oficinas de la década de 1920, con un mostrador con excelentes productos recién horneados, incluidos artísticos sándwiches y, entre 12.00 y 16.00, una pequeña selección de deliciosas *pizzas* de masa hojaldrada. También hace los mejores cruasanes de almendras de la ciudad.

SHAKE SHACK COMIDA RÁPIDA $

plano p. 414 (☎646-545-4600; www.shakeshack.com; 215 Murray St, entre West St y North End Ave; hamburguesas 5,55-9,95 US$; 🕒11.00-23.00; 📶; [S]A/C, 1/2/3 hasta Chambers St) La adorada cadena de hamburgueserías de Danny Meyer es comida rápida en estado puro: hamburguesas muy tiernas hechas con carne de primera, perritos calientes sin hormonas ni antibióticos y unas excelentes patatas fritas con queso. Para beber se puede pedir una cerveza local de la Brooklyn Brewery o un calorífico batido de crema helada que casi no sube por la pajita.

EL LUCHADOR MEXICANA $

plano p. 414 (☎646-398-7499; www.elluchador.nyc; 87 South St con John St; ppales. 7,25-9,50 US$; 🕒11.00-22.00; 🖉; 🚌M15 hasta Pearl St/Fulton St, [S]2/3 hasta Wall St) Local esquinero con un remolque Airstream plateado de la década de 1960 en el patio. Sirve comida mexicana recién preparada (burritos, tacos y quesadillas, carnitas, adobo de pollo), y es una alternativa más auténtica que otras opciones de South Street Seaport.

DA MIKELE PIZZERÍA $$

plano p. 414 (☎212-925-8800; www.luzzosgroup.com/about-us-damikele; 275 Church St, entre White St y Franklin St; *pizzas* 17-21 US$; 🕒12.00-22.30 do-mi, hasta 23.30 ju-sa; [S]1 hasta Franklin St; A/C/E, N/Q/R, J/Z, 6 hasta Canal St) Este híbrido de estilo entre italiano y de Tribeca permite disfrutar de la *dolce vita* con su *aperitivo* (17.00-19.00) entre semana, que ofrece deliciosos bocados de bar gratis con cada bebida. Sin embargo, las *pizzas* son su especialidad, capaces de hacer llorar a un napolitano.

BROOKFIELD PLACE RECINTO GASTRONÓMICO, MERCADO $$

plano p. 414 (☎212-978-1698; www.brookfieldplaceny.com; 230 Vesey St, en West St; 📶; [S]E hasta World Trade Center; 2/3 hasta Park Pl; R/W hasta Cortlandt St; 4/5 hasta Fulton St; A/C hasta Chambers St) Este lujoso complejo de oficinas y comercios posee dos fabulosos recintos gastronómicos. Los aficionados a la cocina francesa deberían visitar Le District (p. 79), un elegante y encantador mercado con varios restaurantes independientes y mostradores que venden de todo, desde quesos a filetes con patatas fritas. Una planta más arriba está **Hudson Eats** (plano p. 414; ☎212-417-2445; 🕒10.00-21.00 lu-sa, 12.00-19.00 do; 📶), un enclave muy de moda con comida rápida de primera calidad, desde *sushi* y tacos hasta ensaladas y hamburguesas.

TWO HANDS AUSTRALIANA $$

plano p. 414 (www.twohandsnyc.com; 251 Church St, entre Franklin y Leonard Sts; ppales. almuerzo y *brunch* 14-19 US$, cena 18-29 US$; 🕒8.00-22.00; 🖉; [S]1 hasta Franklin St; N/Q/R/W, 6 hasta Canal St) La paleta de azules pálidos y las paredes de ladrillo encaladas dan a esta moderna cafetería-restaurante un aire atractivo y diáfano. Los menús diurnos incluyen platos ligeros, desde puré de aguacate o tostada de champiñones hasta hamburguesa australiana (con queso, huevo frito y salsa de remolacha), mientras que la cena es algo más seria, con salmón al *tahini* de hierbas y *broccolini* o pollo asado. El café también es de primera.

GRAND BANKS PESCADO $$

plano p. 414 (☎212-660-6312; www.grandbanks.org; embarcadero 25, cerca de N Moore St; ostras 3-4 US$, ppales. 23-27 US$; 🕒15.00-24.00 lu y ma, desde 12.00 mi-vi, desde 11.00 sa y do may-med oct; [S]1 hasta Franklin St; A/C/E hasta Canal St) 🌿 En su restaurante del *Sherman Zwicker*, una goleta de 1942 amarrada en el Hudson, el chef Kerry Heffernan propone una carta con mariscos cosechados sosteniblemente, entre los que destacan las ostras del Atlántico. También hay ceviche, bocadillo de langosta y cangrejo blando. Si se acude a cenar se podrá tomar una copa disfrutando de las magníficas vistas del atardecer.

★**LOCANDA VERDE**   ITALIANA **$$$**

plano p. 414 (☎212-925-3797; www.locandaver
denyc.com; 377 Greenwich St, en N Moore St; ppa
les. almuerzo 23-34 US$, cena 25-38 US$; ⏱7.00-
23.00 lu-ju, hasta 23.30 vi, 8.00-23.30 sa, has
ta 23.00 do; ⓢA/C/E hasta Canal St; 1 hasta
Franklin St) Tras sus cortinas de terciopelo
hay clientes con camisas desabrochadas y
vestidos negros, y hábiles bármanes tras
una larga y abarrotada barra. Esta famosa
brasserie ofrece platos modernos de inspi
ración italiana, como los *rigatoni* caseros
con conejo a la genovesa o el pez espada a la
parrilla con berenjena estofada. El *brunch*
del fin de semana no es menos creativo: se
aconsejan las tortitas de requesón al limón
con arándanos o la polenta con gambas.

BÂTARD   AMERICANA MODERNA **$$$**

plano p. 414 (☎212-219-2777; www.batardtribeca.
com; 239 W Broadway, entre Walker St y White St;
2/3/4 cursos 58/75/85 US$; ⏱17.30-22.30 lu
sa, y 12.00-14.30 vi; ⓢ1 hasta Franklin St; A/C/E
hasta Canal St) El chef austríaco Markus
Glocker dirige este acogedor y popular lo
cal con una estrella Michelin, cuyo sencillo
interior hace que toda la atención se centre
en la comida. Sus platos están muy bien
equilibrados y texturados, ya se trate de un
crujiente *branzino* (lubina) con tomates
cherry, albahaca y espárragos; un *risotto*
con salchicha de conejo, *broccoli spigarello*
y limón en conserva; o unas vieiras crudas
con *mousse* de aguacate, lima, rábano y sé
samo negro.

NORTH END GRILL   AMERICANA **$$$**

plano p. 414 (☎646-747-1600; www.northendgrill
nyc.com; 104 North End Ave, en Murray St; ppa
les. almuerzo 27-36 US$, cena 36-48 US$; ⏱11.30-
22.00 lu-ju, hasta 22.30 vi, 11.00-22.30 sa, 11.00-
20.00 do; ☎; ⓢ1/2/3, A/C hasta Chambers St;
E hasta World Trade Center) Bonita, bien hecha
y fácil es la versión del chef Danny Meyer de
la barbacoa estadounidense. Productos de
primera, incluidas hierbas y verduras del
huerto de la azotea, son la base de sus ver
siones modernas de la comida casera, devo
radas alegremente por atractivos maduros
con traje y algunos transeúntes con ropa
informal.

LE
DISTRICT   FRANCESA, RECINTO GASTRONÓMICO **$$$**

plano p. 414 (☎212-981-8588; www.ledistrict.com;
Brookfield Place, 225 Liberty St, en West St; ppa
les. mercado 12-30 US$, Beaubourg ppales. cena
25-37 US$; ⏱Beaubourg 7.30-23.00 lu-vi, desde

8.00 sa y do, horario variable; ☎; ⓢE hasta World
Trade Center; 2/3 hasta Park Place; R/W hasta
Cortlandt St; 4/5 hasta Fulton St; A/C hasta Cham
bers St) Extenso centro comercial francés
que vende de todo, desde pastas y *tartines*
hasta quesos olorosos y filetes con patatas
fritas. **Beaubourg**, el restaurante principal,
posee una gran carta de bistró, pero para
tomar algo rápido hay que acudir al mostra
dor de **Market District** y pedir una ham
burguesa, o comer unos creps salados del
Cafe District.

El **Garden District** ofrece productos fres
cos, alimentación y un bufé de ensaladas
que es ideal para improvisar un almuerzo al
aire libre junto al río.

Cada restaurante tiene su horario, como
las zonas de Market, Cafe y Garden District
(consúltese la web).

DÓNDE BEBER
Y VIDA NOCTURNA

**Los oficinistas no siempre vuelven a
casa cuando dan las cinco. Muchos acu
den a relajarse a los bares de vinos y
pubs de Stone St, Wall St y South Street
Seaport. Tribeca sigue conservando su
ambiente genial, gracias a sus cafés ar
tesanales y sus veneradas coctelerías.**

★**DEAD RABBIT**   COCTELERÍA

plano p. 414 (☎646-422-7906; www.deadrabbit
nyc.com; 30 Water St, entre Broad St y Coenties Slip;
⏱cervecería 11.00-4.00, salón 17.00-2.00 lu-sa,
hasta 24.00 do; ⓢR/W hasta Whitehall St; 1 hasta
South Ferry) Con el nombre de una temida
banda irlandesa-estadounidense, este local
regularmente es votado como uno de los
mejores bares del mundo. En la cervecería
hay cervezas especiales, ponches históricos
y *pop-inns* (cerveza ligeramente amarga con
diferentes sabores). Por la noche, se sube al
acogedor salón, donde se sirven cócteles me
ticulosamente preparados. La gente de Wall St
llena el local al final de la jornada.

★**BLUESTONE LANE**   CAFÉ

plano p. 414 (☎646-684-3771; www.bluestonela
neny.com; 30 Broad St, entrada en New St; ⏱7.00-
17.30 lu-vi, 8.00-16.30 sa y do; ⓢJ/Z hasta Broad
St; 2/3, 4/5 hasta Wall St) El pequeño vecino
australiano de la Bolsa de Nueva York hace
un gran negocio vendiendo excelente café.
En una esquina de un bloque de oficinas *art
déco* y decorado con recuerdos retro de Mel-

Circuito a pie
Lugares emblemáticos de Lower Manhattan

INICIO LA COLOMBE
FINAL FEDERAL HALL
DISTANCIA 4 KM; 3 H

Con calles íntimas y sinuosas, iglesias góticas y rascacielos de principios del s. xx, Lower Manhattan es una zona llena de historia.

Se empieza con un café en **1 La Colombe.** En el s. xix, este edificio era una parada del "tren subterráneo" abolicionista, una red secreta de rutas y casas seguras para que los esclavos afroamericanos pudieran llegar a los estados libres y a Canadá. En la pared de Lispenard St hay una placa conmemorativa del hecho.

Más al oeste, en el cruce de Varick St con N Moore St, está el parque de bomberos **2 8 Hook & Ladder,** más conocido como el cuartel general de *Los cazafantasmas.*

Se sigue hacia el sur por Varick St y se gira a la izquierda por Leonard St. En la esquina sureste del cruce con Church St está el **3 edificio Textile,** construido en 1901.

Más al sur, en Church St, se gira a la izquierda por Park Pl y a la derecha por Broadway hasta el neogótico **4 Woolworth Building** (p. 77).

Siguiendo hacia el sur por Broadway, se cruza Vesey St y a la derecha está la **5 St Paul's Chapel** (p. 73), la única iglesia anterior a la Guerra de Independencia que queda en la ciudad.

Detrás de ella se sitúa el emplazamiento del World Trade Center, que actualmente alberga el **6 Monumento al 11 de Septiembre** (p. 68) y el **7 Museo** (p. 68), el cual expone objetos relacionados con los ataques terroristas del 2001; el monumento en sí está formado por dos grandes estanques. Por encima de ellos se eleva el One World Trade Center, de 541 m, cuyo **8 observatorio** (p. 70) ofrece increíbles vistas de la ciudad. Más al sur, en Broadway, la **9 Trinity Church** (p. 72) fue el edificio más alto de NY a su término, en 1846. En su cementerio descansa el fundador de EE UU Alexander Hamilton.

Luego, cabe ir hacia el este por Wall St hasta la **10 Bolsa de Nueva York** y el **11 Federal Hall** (p. 73).

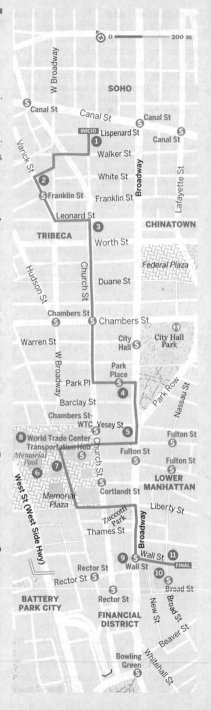

bourne, siempre está lleno de clientes con elegantes trajes y australianos añorados.

BRANDY LIBRARY   COCTELERÍA

plano p. 414 (☎212-226-5545; www.brandylibrary. com; 25 N Moore St, cerca de Varick St; ☺17.00-1.00 do-mi, 16.00-2.00 ju, 16.00-4.00 vi y sa; Ⓢ1 hasta Franklin St) En esta lujosa "biblioteca", con bonitos sillones de cuero frente a estantes llenos de botellas, se toman muy en serio el alcohol. Se pueden tomar excelentes coñacs, *whisky* escocés de malta o brandis añejos, muy bien maridados con bocados como buñuelos de queso y un fabuloso tartar preparado al momento. Los sábados por la noche suele estar más tranquilo que entre semana, lo que lo hace ideal para una cita íntima.

COWGIRL SEAHORSE   BAR

plano p. 414 (☎212-608-7873; www.cowgirlseahor-se.com; 259 Front St con Dover St; ☺11.00-23.00 lu-ju, 11.00-hasta tarde vi, 10.00-hasta tarde sa, 10.00-23.00 do; ⒮A/C, J/Z, 2/3, 4/5 hasta Fulton St) Es un barco festivo en un mar de bares y restaurantes muy serios. La temática náutica y la comida perfecta de bar (platos gigantes de nachos repletos de carne y margaritas con hielo deliciosas) hacen que este bar sea imprescindible para los que desean desmelenarse.

TERROIR TRIBECA   BAR DE VINOS

plano p. 414 (☎212-625-9463; www.wineisterroir. com; 24 Harrison St, en Greenwich St; ☺16.00-24.00 lu y ma, hasta 1.00 mi-sa, hasta 23.00 do; Ⓢ1 hasta Franklin St) Este galardonado bar satisface a los enófilos con su carta de excelentes vinos a buenos precios (la divertida e inusual carta es digna de leerse), que supone un recorrido enológico por el mundo. Incluye referencias del Nuevo y el Viejo Mundo, vinos naturales y de pequeños productores. Hay *happy hour* a primera y última hora.

PIER A HARBOR HOUSE   BAR

plano p. 414 (☎212-785-0153; www.piera.com; 22 Battery Pl, Battery Park; ☺11.00-2.00 lu-mi, hasta 4.00 ju-sa, hasta 24.00 do; ☎; Ⓢ4/5 hasta Bowling Green; R/W hasta Whitehall St; 1 hasta South Ferry) Con un elegante aspecto tras una profunda renovación, el Pier A es un local informal y muy espacioso de comida y bebida en pleno puerto neoyorquino. Si hace buen tiempo, se aconseja la terraza entarimada junto al agua: bancos de pícnic, parasoles y una vista de la silueta de la ciudad componen un magnífico marco para beber cerveza artesana o un cóctel de barril de la casa.

LA COLOMBE   CAFÉ

plano p. 414 (☎212-343-1515; www.lacolombe.com; 319 Church St, en Lispenard St; ☺7.30-18.30 lu-vi, desde 8.30 sa y do; ⒮A/C/E hasta Canal St) En este tostadero de café solo hay café y unos cuantos productos horneados, todo delicioso. Los chicos guais y los continentales enterados acuden a tomar un expreso negro e intenso y creaciones especiales como el *draft latte*, un café con leche con hielo y naturalmente dulce. También sirve el café de barril infusionado en frío Pure Black Coffee, que se deja reposar 16 h en cubas de vino de acero inoxidable al vacío.

WEATHER UP   COCTELERÍA

plano p. 414 (☎212-766-3202; www.weatherupnyc. com; 159 Duane St, entre Hudson St y W Broadway; ☺17.00-1.00 lu-mi, hasta 2.00 ju-sa, hasta 22.00 do; Ⓢ1/2/3 hasta Chambers St) Este local moderno pero con clase tiene un trío que fascina: azulejos de metro tenuemente iluminados, camareros simpáticos y guapos y cócteles atractivos. Se puede persuadir al personal para que prepare un Fancy Free (*bourbon*, marrasquino, naranja y amargo de angostura). Si no puede ser, habrá que consolarse con unos gratos bocados, como ostras o filete tártaro. También está presente en Prospect Heights, en Brooklyn (p. 278).

MACAO TRADING CO   COCTELERÍA

plano p. 414 (☎212-431-8642; www.macaonyc.com; 311 Church St, entre Lispenard St y Walker St; ☺bar 17.00-2.00 do-mi, hasta 4.00 ju-sa; ⒮A/C/E hasta Canal St) Aunque su restaurante-bar, tipo casa de juegos de los años cuarenta, es encantador, lo mejor es su espacio tipo fumadero de opio (ju-sa) de la planta baja. Con comida y licores de fusión chino-portuguesa, ambas plantas son un buen lugar para tomar copas y tentempiés hasta bien entrada la noche.

KAFFE 1668 SOUTH   CAFÉ

plano p. 414 (☎212-693-3750; www.kaffe1668.com; 275 Greenwich St, entre Warren St y Murray St; ☺6.30-21.00 lu-ju, hasta 20.30 vi, 7.00-20.00 sa y do; ☎; ⒮A/C, 1/2/3 hasta Chambers St) Esta meca de los muy cafeteros tiene máquinas Synesso para hacer magia con cafés de un solo origen. En la gran mesa se sientan tipos trajeados y creativos con sus portátiles, pero abajo hay más sitio.

SMITH & MILLS
COCTELERÍA

plano p. 414 (☎212-226-2515; www.smithanmills.com; 71 N Moore St, entre Hudson St y Greenwich St; ⏰11.00-2.00 do-mi, hasta 3.00 ju-sa; Ⓢ1 hasta Franklin St) Pequeño local con todo lo necesario para estar de moda: exterior sin nombre, interior industrial de diseño y cócteles muy bien preparados y con tendencia a lo clásico. El espacio es reducido, así que conviene llegar temprano para poder relajarse en una banqueta afelpada. Su carta de temporada abarca desde tentempiés ligeros hasta una hamburguesa con cebolla caramelizada muy buena.

OCIO

★FLEA THEATER
TEATRO

plano p. 414 (☎entradas 212-226-0051; www.theflea.org; 20 Thomas St, entre Church St y Broadway; ♿; ⒮A/C, 1/2/3 hasta Chambers St; R/W hasta City Hall) Es una de las principales compañías de off-Broadway, famosa por presentar montajes innovadores y oportunos. Su flamante teatro posee tres espacios escénicos, incluido uno bautizado con el nombre de una alumna entusiasta, Sigourney Weaver. Funciona todo el año y la programación también incluye música y danza, así como espectáculos infantiles (a partir de 5 años) y una divertida competición nocturna de obras de teatro de 10 min de duración.

SOHO REP
TEATRO

plano p. 414 (Soho Repertory Theatre; ☎212-941-8632; www.sohorep.org; 46 Walker St, entre Church St y Broadway; Ⓢ A/C/E, 1 hasta Canal St) Una de las mejores compañías off-Broadway de Nueva York que cautiva a críticos y amantes del teatro con las tres mordaces e ingeniosas obras nuevas que estrena cada año. Allison Janney, Ed O'Neill y John C. Reilly debutaron profesionalmente aquí, y las producciones de la compañía han obtenido más de una decena de premios Obie (Off-Broadway Theater). Para producciones actuales o venideras, véase su web.

CITY VINEYARD
MÚSICA EN DIRECTO

plano p. 414 (www.citywinery.com; Pier 26, cerca de N Moore St; Ⓢ1 hasta Franklin St; A/C/E hasta Canal St) Bar-restaurante junto al agua con un teatro íntimo tipo cabaret de 233 plazas, que ofrece música en directo cada noche. En la programación predominan los cantautores emergentes, estrellas del folk y al-

gún que otro grupo de *indie rock*. Han actuado figuras como Suzanne Vega, Squirrel Nut Zippers, Shawn Colvin, Robyn Hitchcock, Los Lobos, Aimee Mann, Billy Bragg y Yo La Tengo.

🛍 DE COMPRAS

Aunque el distrito financiero no es un destino de compras en sí, los cazadores de gangas acuden en masa a la meca de la moda económica Century 21. Más al norte, en el extremo inferior de Hudson St y las calles circundantes, en Tribeca, se puede encontrar diseño interior de primera calidad, antigüedades y un puñado de tiendas especializadas que venden desde moda local hasta hachas artesanales.

★PHILIP WILLIAMS POSTERS
VINTAGE

plano p. 414 (☎212-513-0313; www.postermuseum.com; 122 Chambers St, entre Church St y W Broadway; ⏰10.00-19.00 lu-sa; Ⓢ A/C, 1/2/3 hasta Chambers St) Posee casi medio millón de pósteres, desde enormes carteles publicitarios franceses de perfume y coñac hasta pósteres de Europa del Este y fabulosos anuncios promocionales retro de la TWA. Los precios van desde los 15 US$ por pequeñas reproducciones hasta miles de dólares por los originales raros y joyas como un Cassandre. También se entra por 52 Warren St.

★CENTURY 21
MODA Y ACCESORIOS

plano p. 414 (☎212-227-9092; www.c21stores.com; 22 Cortlandt St, entre Church St y Broadway; ⏰7.45-21.00 lu-mi, hasta 21.30 ju y vi, 10.00-21.00 sa, 11.00-20.00 do; Ⓢ A/C, J/Z, 2/3, 4/5 hasta Fulton St; R/W hasta Cortlandt St) Para amantes de la moda con ganas de ahorrar, esta gigantesca tienda de rebajas es adictiva. Pero también peligrosa por los codazos que hay que dar para repeler la competencia que corre hacia el mismo perchero. No todo son maravillas y gangas, pero la insistencia dará frutos. También se venden accesorios, zapatos, cosmética, menaje y juguetes.

★PEARL RIVER MART
GRANDES ALMACENES

plano p. 414 (☎212-431-4770; www.pearlriver.com; 395 Broadway, en Walker St; ⏰10.00-7:20pm; Ⓢ N/Q/R/W, J/M/Z, 6 hasta Canal St) Ha sido una referencia en el comercio del centro durante 40 años, repleto de una vertiginosa mezcla de regalos asiáticos, artículos para el hogar, ropa y accesorios, *qipaos*, cerámica japonesa, artilugios de cocina, farolillos de papel, kits de origami y caligrafía, plantas de bambú y cientos de gatos de la suerte. Un buen sitio para comprar regalos.

BEST MADE COMPANY
MODA Y ACCESORIOS

plano p. 414 (646-478-7092; www.bestmadeco. com; 36 White St, en Church St; 12.00-19.00 lu-sa, 11.00-19.00 sa, 11.00-18.00 do; A/C/E hasta Canal St; 1 hasta Franklin St) Tienda y estudio de diseño ideal para encontrar artículos de *camping* con un aire de Manhattan. Venden fabulosas hachas de artesanía, bolsos de cuero, gafas de sol, tazas esmaltadas de *camping* e incluso dianas y botiquines de diseño, muchos de ellos con su distintivo logotipo 'X'. También tienen una pequeña e interesante colección de ropa para hombre y resistentes prendas de punto de Dehen Knitting Mills de Portland.

SHINOLA
MODA Y ACCESORIOS

plano p. 414 (917-728-3000; www.shinola.com; 177 Franklin St, entre Greenwich St y Hudson St; 11.00-19.00 lu-sa, 12.00-18.00 do; 1 hasta Franklin St) Famosa por sus relojes de pulsera, esta marca de Detroit diversifica su oferta con una genial selección de artículos hechos en EE UU: desde objetos de piel, como fundas para iPad y cubiertas de libros, hasta productos de aseo, joyas y bicicletas de edición limitada. Facilita el grabado gratuito de iniciales en artículos de piel y papelería. Cuenta con el bar de expresos **Smile Newstand** (plano p. 414; 917-728-3023; www. thesmilenyc.com; 7.00-19.00 lu-vi, 8.00-19.00 sa, 8.00-18.00 do;).

PASANELLA & SON
VINO

plano p. 414 (212-233-8383; www.pasanellaand son.com; 115 South St, entre Peck Slip y Beekman St; 10.00-21.00 lu-sa, 12.00-19.00 do; A/C, J/Z, 2/3, 4/5 hasta Fulton St; R/W hasta Cortlandt St) Los enófilos adoran a este experto vendedor de vinos, con más de 400 referencias excelentes y asequibles. Está especializado en pequeños productores, con varias bodegas biodinámicas y orgánicas. Hay una selección impresionante de *whisky* de EE UU, catas gratis de las nuevas entradas cada domingo y maridajes temáticos de vino y queso todo el año.

BOWNE STATIONERS & CO
REGALOS Y RECUERDOS

plano p. 414 (646-628-2707; 211 Water St, entre Beekman St y Fulton St; 11.00-19.00; 2/3,

4/5, A/C, J/Z hasta Fulton St) Muy bien situada en la adoquinada South Street Seaport y aneja al South Street Seaport Museum (p. 77), esta veterana tienda del s. XVIII vende reproducciones de carteles antiguos de Nueva York y artículos inspirados en la ciudad, como blocs de notas, portalápices, tarjetas, sellos e incluso papel de regalo. En el **taller de impresión** se pueden encargar tarjetas de visita personalizadas o aprender el oficio mediante sus clases mensuales (véase "Events" en la web del museo).

STEVEN ALAN
MODA Y ACCESORIOS

plano p. 414 (212-343-0692; www.stevenalan.com; 103 Franklin St, entre Church St y W Broadway; 11.00-19.00 lu-sa, 12.00-18.00 do; A/C/E hasta Canal St; 1 hasta Franklin St) Este diseñador neoyorquino combina sus modernas prendas para hombre y mujer con una bonita colección de ropa de elegantes marcas independientes, como la francesa Arpenteur y las escandinavas Acne y Norse Projects. Entre los accesorios se incluyen perfumes difíciles de encontrar, bolsos, joyas y una selección de zapatos de marcas como Common Projects e Isabel Marant Étoile.

CITYSTORE
REGALOS Y RECUERDOS

plano p. 414 (212-386-0007; www.nyc.gov/city store; North Plaza, Municipal Bldg, 1 Centre St, en Chambers St; 10.00-17.00 lu-vi; 4/5/6 hasta Brooklyn Bridge-City Hall; R/W hasta City Hall; J/Z hasta Chambers St) Vende todo tipo de recuerdos oficiales de Nueva York, desde licencias de taxi que parecen auténticas, posavasos de tapa de alcantarilla y camisetas de distritos, hasta gorras de béisbol de la policía, letreros de estaciones de metro y libros sobre la ciudad.

DEPORTES Y ACTIVIDADES

★ FERRI DE STATEN ISLAND
CRUCEROS

plano p. 414 (www.siferry.com; Whitehall Terminal, 4 South St, en Whitehall St; 24 h; 1 hasta South Ferry; R/W hasta Whitehall St; 4/5 hasta Bowling Green) GRATIS Para los habitantes de Staten Island, estos ferris grandes y pesados, de color naranja, son vehículos para ir y venir del trabajo, mientras que los de Manhattan prefieren pensar en ellos como en embarcaciones románticas para escapadas primaverales. No obstante, muchos turistas (últimamente dos millones al año) conocen los encantos del Staten Island Ferry, cuyo viaje de 25 min y 8 km por el puerto entre Lower Manhattan y el barrio de St George en Staten Island es una de las mejores aventuras gratuitas de Nueva York.

INSTITUTE OF CULINARY EDUCATION COCINA, VINO

plano p. 414 (ICE; ☎212-847-0700; http://recreational.ice.edu; Brookfield Place, 225 Liberty St; cursos 90-250 US$; [S]E hasta World Trade Center; 4/5 hasta Fulton St; R/W hasta Cortlandt St) Este centro ofrece el mayor programa de cursos de cocina, repostería y cata de vinos del país, que van desde clases de 90 min hasta cursos de varios días. Los cursos van desde cocina toscana y comida casera americana hasta cócteles clásicos o el manejo de los cuchillos. También ofrece numerosos circuitos culinarios por la ciudad (desde 50 US$).

'PIONEER' NAVEGACIÓN A VELA

plano p. 414 (☎212-748-8600; www.southstreetseaportmuseum.org; taquilla 12 Fulton St; adultos/niños 32/28 US$; 🕘variable; [S]2/3, 4/5, A/C hasta Fulton St) En los meses más cálidos, el *Pioneer*, una de las históricas goletas del South Street Seaport, realiza viajes a vela. Los billetes pueden comprarse en la web del South Street Seaport Museum o en la taquilla del museo.

DOWNTOWN BOATHOUSE KAYAK

plano p. 414 (www.downtownboathouse.org; Pier 26, cerca de N Moore St; 🕘9.00-17.00 sa y do med may-med oct, y 17.00-19.30 ma-ju med jun-3 med sep; [S]1 hasta Houston St) [GRATIS] El varadero público más activo de Nueva York ofrece salidas gratis de 20 min en kayak (sin reserva, equipo incl.) en una cala protegida del río Hudson los fines de semana y algunos laborables por la tarde. La web www.hudsonriverpark.org informa de otras actividades, como expediciones en kayak, surf de remo de pie y clases de piragüismo en otros cuatro embarcaderos del Hudson. En verano también hay un centro de kayaks en Governors Island (p. 76).

SoHo y Chinatown

SOHO, NOHO Y NOLITA | CHINATOWN Y LITTLE ITALY

Lo mejor

❶ De compras (p. 101)
Exprimir las tarjetas de
crédito en las tiendas de los
grandes de la moda del
SoHo y luego buscar marcas
menores en Nolita y NoHo.

❷ Chinatown (p. 87)
Comer buñuelos chinos y
regatear por artículos de
diseño de dudosa autenticidad entre las brillantes
luces de **Chinatown.**

❸ Little Italy (p. 91) Un
barrio ideal donde saborear
una rica salsa o un delicado
tiramisú mientras se oye a
los abuelos italianos sorber
su grapa y charlar en su
lengua materna.

**❹ Merchant's House
Museum** (p. 90) Visitar
este museo anclado en
el pasado, y posiblemente
embrujado, imaginando la

vida neoyorquina en el indómito y polvoriento s. XIX.

❺ Peking Duck House
(p. 99) Compartir un
tierno y suculento pato
Pequín en este emblemático
local, ya que no se puede
hacer en Beijing.

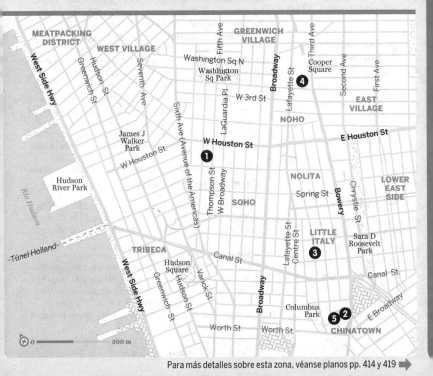

Para más detalles sobre esta zona, véanse planos pp. 414 y 419

Consejo de Lonely Planet

Los adictos a las compras deberían consultar los blogs de los entendidos en moda de la ciudad (p. 51) antes de visitar el SoHo y alrededores, ya que siempre hay algún tipo de oferta o rebaja de artículos de temporadas anteriores, sin mencionar la constante apertura de nuevas *boutiques* con prendas de diseñadores emergentes.

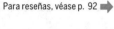 **Los mejores restaurantes**

➡ Uncle Boons (p. 93)

➡ Dutch (p. 95)

➡ Il Buco Alimentari & Vineria (p. 95)

➡ Prince Street Pizza (p. 92)

➡ Chefs Club (p. 95)

Para reseñas, véase p. 92 ➡

 Los mejores bares

➡ Pegu Club (p. 100)

➡ Spring Lounge (p. 100)

➡ Genuine Liquorette (p. 99)

➡ Joe's Pub (p. 101)

➡ Apothéke (p. 100)

Para reseñas, véase p. 99 ➡

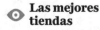 **Las mejores tiendas**

➡ MoMA Design Store (p. 203)

➡ Rag & Bone (p. 102)

➡ MiN New York (p. 101)

➡ Evolution Nature Store (p. 104)

➡ Saturdays (p. 156)

Para reseñas, véase p. 101 ➡

Descubrir el SoHo y Chinatown

La variedad de las inmediaciones del SoHo (acrónimo de SOuth of HOuston) crea un mosaico de pequeñas repúblicas. Los expertos en moda van de tiendas por la floreciente Nolita (acrónimo de NOrth of LIttle ITAly), los italoamericanos se comportan como si estuvieran en Nápoles en la cada vez más pequeña Little Italy, y las familias chinas cotillean en la hiperactiva Chinatown.

Los edificios bajos dan a estas calles un acogedor ambiente rural, exceptuando las principales de Broadway y Canal St. Famosos, torres de *lofts* de hierro y *boutiques* de primeras marcas salpican las calles adoquinadas del SoHo, mientras que en Nolita hay bloques de apartamentos más humildes del s. XIX y tiendas de moda más extravagantes.

En Chinatown predomina un espíritu del "todo vale", con frenéticas multitudes y vendedores ambulantes que se mezclan y regatean bajo ajados letreros. La mejor forma de explorar la zona es a pie. No hace falta planificar la ruta, solo hay que guiarse por los sentidos, el viajero encontrará sorpresas inesperadas.

Vida local

➡ **Estilo familiar** Comer con amigos en los ajetreados restaurantes de Chinatown al "estilo familiar" (pedir muchos platos y probar de todos). Es fácil creer que a la cuenta le falta un cero.

➡ **Calles secundarias** El tramo de Broadway que atraviesa el SoHo está reservado a las legiones de turistas, pero los neoyorquinos recorren las singulares *boutiques* de las calles secundarias en busca de compras características y precios rebajados.

➡ **Pausas culturales** En el SoHo no todo son compras. Se puede explorar su legado artístico en espacios como el Drawing Center (p. 89) y el Leslie-Lohman Museum of Gay & Lesbian Art (p. 89), o simplemente admirar las 127 toneladas de tierra del New York Earth Room (p. 90).

Cómo llegar y salir

➡ **Metro** Para en varios puntos de Canal St (J/Z, N/Q/R/W y 6). Una vez allí, lo mejor es recorrer la zona a pie. Su céntrica ubicación facilita el acceso desde Midtown y Brooklyn.

➡ **Autobús y taxi** Hay que evitar tomar taxis o autobuses, sobre todo en Chinatown, ya que el tráfico es horrible. Para ir al SoHo, se puede tomar un taxi y bajar en Broadway, si no se va a un destino específico. No hay que tomar taxis al sur de Canal St si solo se planea pasear por Chinatown. La zona es tan pequeña que es mucho mejor moverse a pie.

CHINATOWN

Se puede oler el pescado fresco y los caquis maduros, escuchar el repiqueteo de las fichas de Mahjong sobre mesas improvisadas, apreciar los deliciosos patos asados colgados en los escaparates y comprar desde farolillos de papel de arroz hasta falsificaciones de Rolex o nuez moscada molida. ¡El mayor Chinatown de Norteamérica a los pies del viajero!

Canal Street

Es la columna vertebral de Chinatown, donde el viajero tendrá que ir esquivando a los transeúntes mientras se escabulle por los callejones en busca de tesoros del Lejano Oriente. En su itinerario verá malolientes puestos de pescado, misteriosos herbolarios que venden pociones y raíces dignos de un caldero de bruja, panaderías con los escaparates empañados y los bollos de cerdo a 0,80 US$ más sabrosos que jamás haya probado, restaurantes donde patos y cerdos enteros asados cuelgan del cuello en los escaparates, mercados llenos de lichis, coles chinas y peras asiáticas, y vendedores callejeros que ofrecen todo tipo de falsificaciones.

Templos budistas

En Chinatown hay templos budistas grandes y pequeños, famosos y desconocidos. Es fácil dar con ellos paseando por el barrio y, al menos dos, son considerados puntos de interés. El **Eastern States Buddhist Temple** (plano p. 419; ☑212-966-6229; 64 Mott St, entre Bayard St y Canal St, Chinatown; ⊗8.30-18.00; Ⓢ N/Q/R/W, J/Z, 6 hasta Canal St), posee cientos de budas, mientras que el **Mahayana** (plano p. 419; ☑212-925-8787; http://en.mahayana.us; 133 Canal St con Manhattan Bridge Plaza, Chinatown; ⊗8.30-18.00;

INDISPENSABLE

➡ Una comida de estilo familiar en un restaurante de un callejón

➡ Museum of Chinese in America

➡ Vendedores y vida callejera de Canal St

➡ Templo Mahayana

➡ Peking Duck House

➡ Apothéke

DATOS PRÁCTICOS

➡ plano p. 419, B3

➡ www.explorechina town.com

➡ sur de Broome St y este de Broadway

➡ Ⓢ N/Q/R/W, J/Z, 6 hasta Canal St; B/D hasta Grand St; F hasta East Broadway

HISTORIA DE LA INMIGRACIÓN CHINA

La historia de los inmigrantes chinos en Nueva York es larga y turbulenta. Los primeros que llegaron a Norteamérica trabajaron en condiciones precarias para la empresa ferroviaria Central Pacific Railroad, mientras que otros se fueron a la Costa Oeste en busca de oro. Cuando las perspectivas empeoraron, muchos se trasladaron al este hasta Nueva York para trabajar en cadenas de montaje de fábricas y en las lavanderías de Nueva Jersey.

LEY DE EXCLUSIÓN DE CHINOS

Un creciente sentimiento racista hizo que en 1882 se aprobara la ley de exclusión de los chinos, que prohibió su nacionalización y redujo drásticamente la posibilidad de que encontraran trabajo en EE UU durante algo más de 60 años. Cuando finalmente se levantó la prohibición en 1943, el número de chinos que podía entrar en el país todavía estaba muy restringido por la cuota que estipulaba la Ley Magnuson, que se aplicó hasta 1965. Hoy se calcula que hay más de 150 000 ciudadanos viviendo en los abarrotados pisos que rodean Mott St.

[S]B/D hasta Grand St; J/Z hasta Bowery; 6 hasta Canal St) alberga un Buda dorado de 5 m de altura, sentado sobre una flor de loto y rodeado de ofrendas de naranjas, manzanas y flores. Este es el templo budista más grande de Chinatown, y su fachada, que da a la frenética entrada de vehículos del puente de Manhattan, está custodiada por dos magníficos leones dorados. Su sencillo interior, de suelos de madera y farolillos de papel rojo, queda eclipsado por el magnífico Buda, considerado el mayor de la ciudad.

Comida, la deliciosa comida

La experiencia más gratificante para los neófitos es acceder al maravilloso mundo de Chinatown a través del paladar. Más que en cualquier otra parte de Manhattan, las cartas de los restaurantes presentan unos precios muy bajos. Pero, más que por las comidas baratas, el barrio destaca por las recetas familiares transmitidas a través de generaciones y continentes. La comida se exhibe y se prepara como se ha hecho siempre: no es raro pasar por delante de escaparates llenos de animales laqueados –sobre todo pollos, conejos y patos– listos para ser cortados y servidos en un banquete familiar, y los humeantes puestos callejeros que abarrotan las aceras sirven bollos de cerdo y otros productos para comer con los dedos. No hay que dejar de pasearse por los callejones de la zona y comprar un colorido surtido de especias y hierbas para perfeccionar las recetas orientales propias.

Museum of Chinese in America

Diseñado por la arquitecta Maya Lin, responsable del Vietnam Memorial de Washington, D. C., este **museo** (MOCA; plano p. 419; ☎212-619-4785; www.mocanyc.org; 215 Centre St, entre Grand St y Howard St, Chinatown; adultos/niños 10/5 US$, primer ju de mes gratis; 🕒11.00-18.00 ma, mi y vi-do, hasta 21.00 ju; [S]N/Q/R/W, J/Z, 6 hasta Canal St) es un espacio polifacético cuyas interesantes exposiciones permanentes y temporales arrojan luz sobre la vida pasada y presente de los estadounidenses chinos, con exposiciones multimedia interactivas, mapas, cronologías, fotografías, cartas, películas y objetos. La exposición principal, *With a Single Step: Stories in the Making of America,* ofrece una visión íntima sobre temas como la inmigración, la identidad cultural y los estereotipos raciales.

👁 PUNTOS DE INTERÉS

👁 SoHo, NoHo y Nolita

INTERNATIONAL CENTER OF PHOTOGRAPHY
GALERÍA

plano p. 416 (ICP; 📞212-857-0003; www.icp.org; 250 Bowery, entre Houston y Prince, Nolita; adultos/niños 14 US$/gratis, con donativo ju 18.00-21.00; ⏱10.00-18.00 ma-do, hasta 21.00 ju; 🚇F hasta 2nd Ave; J/Z hasta Bowery) El ICP es la plataforma principal para la fotografía en la ciudad, con especial énfasis en el fotoperiodismo y cambiantes exposiciones sobre una amplia gama de temas. Se han expuesto obras de Sebastião Salgado, Henri Cartier-Bresson, Man Ray y Robert Capa. Su sede de 1022 m² en el Bowery, inaugurada en el 2016 (antes estaba en Midtown), se halla cerca del epicentro artístico del centro de la ciudad.

También es una escuela que ofrece cursos (para obtener créditos) y conferencias públicas. Su excelente tienda vende cámaras instantáneas, libros de fotografía, regalos y recuerdos de Nueva York.

DRAWING CENTER
GALERÍA

plano p. 416 (📞212-219-2166; www.drawingcenter.org; 35 Wooster St, entre Grand St y Broome St, SoHo; adultos/niños 5 US$/gratis; ⏱12.00-18.00 mi y vi-do, hasta 20.00 ju; 🚇A/C/E, 1, N/Q/R hasta Canal St) El único instituto sin ánimo de lucro de EE UU centrado exclusivamente en el dibujo se nutre tanto de grandes maestros como de desconocidos, para yuxtaponer los diferentes estilos de esta técnica. Las exposiciones históricas han exhibido obras de Miguel Ángel, James Ensor y Marcel Duchamp, mientras que en las contemporáneas se han podido ver pesos pesados como Richard Serra, Ellsworth Kelly y Richard Tuttle. En cuanto a la temática, abarca desde obras extravagantes hasta políticamente controvertidas.

También acoge conferencias de artistas y *performances;* para programas de eventos, véase su web.

NEW YORK CITY FIRE MUSEUM
MUSEO

plano p. 416 (📞212-691-1303; www.nycfiremuseum.org; 278 Spring St, entre Varick St y Hudson St, SoHo; adultos/niños 8/5 US$; ⏱10.00-17.00; 🚇C/E hasta Spring St) En un antiguo parque de bomberos de 1904, este museo abarca una fantástica colección de objetos y equipos históricos. En él puede verse de todo, desde coches de bomberos tirados por caballos y primitivos cascos hasta *Chief,* un héroe canino de la lucha contra incendios de Brooklyn. Las exposiciones repasan la evolución del sistema contra incendios neoyorquino. Con tantos camiones y su amable personal, es un museo que encanta a los niños.

El Departamento de Bomberos de Nueva York (FDNY) perdió a la mitad de sus miembros en el colapso del WTC el 11 de septiembre del 2001, y varias exposiciones conmemorativas se han convertido en parte permanente de la colección. En la tienda de regalos se pueden comprar insignias y prendas oficiales del FDNY, y libros sobre la historia de la lucha contra incendios.

CHILDREN'S MUSEUM OF THE ARTS
MUSEO

plano p. 416 (📞212-274-0986; www.cmany.org; 103 Charlton St, entre Greenwich St y Hudson St, SoHo; entrada 12 US$, 16.00-18.00 ju con donativo; ⏱12.00-17.00 lu, 12.00-18.00 ju y vi, 10.00-17.00 sa y do; 👶; 🚇1 hasta Houston St; C/E hasta Spring St) Pequeño museo que anima a los niños de entre 10 meses y 15 años a ver, hacer y compartir arte. Aparte de exposiciones rotativas, ofrece un amplio programa de actividades diarias para artistas noveles, desde escultura y pintura mural colaborativa hasta composición de canciones y diseño de libros infantiles. También acoge proyecciones de películas y otros eventos. Más información en la web.

LESLIE-LOHMAN MUSEUM OF GAY & LESBIAN ART
MUSEO

plano p. 416 (📞212-431-2609; www.leslielohman.org; 26 Wooster St, entre Grand St y Canal St, Little Italy; donativo recomendado 8 US$; ⏱12.00-18.00 mi y vi-do, hasta 20.00 ju; 🚇A/C/E, N/Q/R, 1 hasta Canal St) GRATIS Recién ampliado en el 2017, el primer museo del mundo dedicado a temas del colectivo LGBT presenta de seis a ocho exposiciones anuales de arte nacional e internacional. En el pasado se han podido ver retrospectivas de artistas y exposiciones dedicadas al arte y el sexo en la costa neoyorquina. Gran parte de las obras expuestas pertenecen a la colección del museo, que incluye más de 24 000. También acoge conferencias, lecturas, proyecciones de películas y espectáculos centrados en la comunidad LGBT. Más información en la web.

DONALD JUDD HOME STUDIO GALERÍA

plano p. 416 (📞212-219-2747; http://juddfoundation.org; 101 Spring St con Mercer St, SoHo; circuito guiado adultos 25 US$, gratis circuito guiado 13.00-17.00 ju-sa; ⊙ circuito guiado con reserva ma-sa; Ⓢ N/R hasta Prince St; 6 hasta Spring St) La antigua casa y taller del artista estadounidense Donald Judd ofrece una fascinante visión de la vida y la práctica artística de este minimalista provocador. Las visitas guiadas duran 90 min y deben reservarse por internet (a menudo se agotan con un mes de antelación). También se ofrecen clases de dibujo y charlas sobre arte. Más información en la web.

NEW YORK EARTH ROOM GALERÍA

plano p. 416 (📞212-989-5566; www.earthroom.org; 141 Wooster St, entre Prince St y W Houston St, SoHo; ⊙12.00-15.00 y 15.30-18.00 mi-do, cerrado med jun-med sep; Ⓢ N/R hasta Prince St) GRATIS Desde 1980, esta rareza del artista Walter De Maria atrae a los curiosos con sus 191 m³ de tierra. Entrar en este pequeño espacio es una experiencia embriagadora, ya que el olor hará que el visitante se sienta como si hubiera entrado en un bosque húmedo; la visión de una tierra tan bonita y pura en medio de tan frenética ciudad resulta muy emotiva.

BROKEN KILOMETER GALERÍA

plano p. 416 (📞212-989-5566; www.diaart.org; 393 W Broadway, entre Spring St y Broome St, SoHo; ⊙12.00-15.00 y 15.30-18.00 mi-do, cerrado med jun-med sep; Ⓢ N/R hasta Prince St, C/E hasta Spring St) GRATIS En un espacio grande y oscuro a pie de calle en el SoHo, puede verse esta instalación de 1979 del artista estadounidense Walter De Maria. La instalación está formada por 500 barras macizas de latón, dispuestas en cinco hileras paralelas. Los espacios entre las barras aumentan 5 mm en cada línea, de delante al fondo, de modo que se provoca una curiosa subversión del sentido espacial: las barras parecen estar situadas a intervalos idénticos, aunque las del fondo están separadas por más de 60 cm. No se permite hacer fotos.

BASÍLICA DE ST PATRICK'S (ANTIGUA CATEDRAL) IGLESIA

plano p. 416 (📞212-226-8075; www.oldcathedral.org; 263 Mulberry St, entrada en Mott St, Nolita; ⊙6.00-21.00; Ⓢ N/R hasta Prince St; B/D/F/M hasta Broadway-Lafayette St; 6 hasta Bleecker St)

PRINCIPALES PUNTOS DE INTERÉS
MERCHANT'S HOUSE MUSEUM

Construida en 1832 y adquirida tres años más tarde por el magnate Seabury Tredwell, esta mansión de ladrillo rojo sigue siendo la casa de estilo federal (de las que hay unas 300) más genuina de la ciudad. Es el sueño de cualquier anticuario, tanto por ser un reflejo del pasado mercantil de NY como por su colección de lujoso mobiliario del s. XIX, desde las puertas correderas de caoba, las arañas de gas hechas de bronce y las repisas de mármol de las chimeneas hasta las elegantes sillas de salón, atribuidas al famoso diseñador de muebles Duncan Phyfe. Incluso el elaborado sistema de campanillas en varias plantas para llamar al servicio sigue funcionando.

Muchos creen que por la mansión ronda el fantasma de Gertrude Tredwell, la hija pequeña de Seabury y última residente del edificio, que hace breves apariciones por las noches y, a veces, en actos públicos. En el concierto de San Valentín de hace unos años, varios asistentes vieron la sombra de una mujer acercarse a los músicos y sentarse en las sillas del salón. El museo ofrece circuitos de fantasmas después de anochecer (normalmente a finales de octubre), así como conferencias, eventos especiales y circuitos históricos a pie por NoHo. Véase su web.

INDISPENSABLE

➡ Sillas de D. Phyfe
➡ Cuartos de las criadas

DATOS PRÁCTICOS

➡ plano p. 416, G2
➡ 📞212-777-1089
➡ www.merchantshouse.org
➡ 29 E 4th St, entre Lafayette St y Bowery
➡ adultos/niños 15 US$/gratis
➡ ⊙12.00-17.00 vi-lu, hasta 20.00 ju, circuitos guiados 14.00 ju-lu y 18.30 ju
➡ Ⓢ6 hasta Bleecker St; B/D/F/M hasta Broadway-Lafayette St

Aunque la catedral de San Patricio ahora está en la Quinta Avenida, en Midtown, originalmente ocupaba esta iglesia neogótica restaurada. Diseñada por Joseph-François Mangin y construida entre 1809 y 1815, fue la sede de la vida religiosa de la archidiócesis de Nueva York y un importante centro de acogida de inmigrantes recién llegados, sobre todo de Irlanda.

Cuando se construyó, la ciudad todavía no se había extendido tan al norte y su calculado aislamiento le permitía alejarse de la hostilidad de la mayoría protestante de Nueva York. Alrededor de los terrenos de la iglesia también se construyó un muro de ladrillo para impedir que los anticatólicos tiraran piedras.

La iglesia y su bonito cementerio aparecen en el clásico de Martin Scorsese *Malas calles* (1973). El cineasta italoamericano conoce muy bien el lugar, ya que creció en la cercana Elizabeth St.

Chinatown y Little Italy

CHINATOWN ZONA

Véase p. 87.

MULBERRY STREET CALLE

plano (p. 419 Little Italy; [S]N/Q/R, J/Z, 6 hasta Canal St; B/D hasta Grand St) Llamada así por las plantaciones de moreras *(mulberries)* que poseía, hoy es famosa por ser el epicentro de Little Italy. Es una calle animada, llena de captadores de clientes (sobre todo entre Hester St y Grand St), ocurrentes camareros y una buena dosis de recuerdos *kitsch*.

A pesar de los muchos cambios en el barrio, su historia ha dejado una gran huella. Fue en el restaurante **Da Gennaro** (plano p. 419; ☎212-431-3934; www.dagennarorestaurant.com; 129 Mulberry St, en Hester St, Little Italy; *pizzas* 19-23 US$, ppales. 17-42 US$; ⏲10.00-24.00 do-ju, hasta 1.00 vi y sa; [S]N/Q/R, J/Z, 6 hasta Canal St; B/D hasta Grand St), antaño llamado Umberto's Clam House, donde fue tiroteado *Crazy Joe* Gallo el 2 de abril de 1972, una inesperada sorpresa de cumpleaños para el mafioso nacido en Brooklyn. Una manzana más al norte está **Alleva** (plano p. 419; ☎212-226-7990; www.allevadairy.com; 188 Grand St con Mulberry St, Little Italy; ⏲9.30-19.00 lu-do; [S]J/Z, N/Q/R, 6 hasta Canal St; B/D hasta Grand St), una de las tiendas de quesos originales de la ciudad, famosa por su moz-

PRINCIPALES PUNTOS DE INTERÉS LITTLE ITALY

En los últimos 50 años, el tamaño de Little Italy ha disminuido drásticamente. Un éxodo de medio siglo a los barrios residenciales de Brooklyn y más allá ha hecho que este barrio italiano, antaño muy importante, se haya convertido en una diminuta versión de lo que era. Actualmente es poco más que Mulberry Street, una calle encantadoramente *kitsch* cargada de nostalgia por Italia, con manteles de guinga y música ambiental de mandolina.

A finales de septiembre, esta calle se convierte en una estridente celebración vecinal de 11 días durante la alegre **Fiesta de San Gennaro** (www.sangennaro.org), el santo patrón de Nápoles, con puestos de comida y de feria, y ocio gratis.

En Mulberry St también está el pequeño **Italian American Museum** (plano p. 419; ☎212-965-9000; www.italianamericanmuseum.org; 155 Mulberry St, en Grand St, Little Italy; donativo 7 US$; ⏲12.00-18.00 vi-do; [S]J/Z, N/Q/R/W, 6 hasta Canal St; B/D hasta Grand St), un batiburrillo de objetos históricos que documenta la vida de los primeros italianos en Nueva York, desde marionetas sicilianas hasta viejos cómics italianos protagonizados por Giuseppe *Joe* Petrosino, un famoso policía neoyorquino que lideró la lucha contra la mafia.

INDISPENSABLE

- Mulberry St
- Fiesta de San Gennaro en septiembre
- *Pizza* en porciones
- El excelente tiramisú

DATOS PRÁCTICOS

- plano p. 419, B2
- [S]N/Q/R/W, J/Z, 6 hasta Canal St; B/D hasta Grand St

zarella y dirigida por la cuarta generación de la misma familia. Al otro lado de la calle en Grand St se sitúa el veterano **Ferrara Cafe & Bakery** (p. 97), famoso por sus clásicos pasteles y helados italianos. De vuelta a Mulberry, el viejo **Mulberry Street Bar** (p. 100) era uno de los garitos favoritos de Frank Sinatra y ha aparecido en series como *Ley y orden* y *Los Soprano*.

Durante la Ley Seca se comerciaba abiertamente con alcohol en la esquina de Mulberry St con Kenmare St, de ahí su apodo de Curb Exchange. Que en esa época la comisaría de policía estuviera a solo una manzana, en el 240 Centre St, atestigua el poder que tenían los sobornos. Al norte de este punto, delicatesen y restaurantes clásicos de Little Italy dejan paso a la nueva hornada de *boutiques*, galerías y restaurantes de Nolita. Se puede visitar lo que antes era el **Ravenite Social Club** (plano p. 416; 247 Mulberry St, Nolita; [S]6 hasta Spring St; N/R hasta Prince St) para ver cómo han cambiado las cosas. Lo que fue un garito de mafiosos conocido como Alto Knights Social Club, ahora es una zapatería de diseño. Allí pasaban mucho tiempo dos grandes capos como Lucky Luciano y John Gotti, además del FBI, que los vigilaba desde el edificio de enfrente. La tienda solo conserva el suelo original de baldosas, ya que los escaparates antaño eran un muro de ladrillo.

COLUMBUS PARK PARQUE

plano p. 419 (Mulberry St y Bayard St, Chinatown; [S]J/Z, N/Q/R, 6 hasta Canal St) Maestros del Mahjong, gente que practica taichí y viejas mujeres que cotillean mientras comen buñuelos chinos caseros: puede que parezca Shanghái, pero este frondoso oasis es parte importante de la historia de Nueva York. En el s. XIX formaba parte del infame Five Points (Cinco Puntos), el primer barrio marginal de la ciudad en el que se inspiró Martin Scorsese para rodar *Gangs of New York*.

Los "cinco puntos" eran las cinco calles que convergían allí; ahora solo son tres: Mosco St, Worth St y Baxter St. Además de ofrecer una fascinante visión de la vida multicultural de la ciudad, el parque cuenta con unos aseos públicos, que lo hacen ideal para una parada técnica.

CHURCH OF THE TRANSFIGURATION IGLESIA

plano p. 419 (☎212-962-5157; www.transfiguratiοnnyc.org; 29 Mott St, entre Bayard St y Mosco St, Chinatown; se agradecen donativos; 🕘misa en inglés 12.00 lu-do, 18.00 sa, 11.30 do; [S]J/Z, N/Q/R, 6 hasta Canal St) Esta iglesia que lleva atendiendo a los inmigrantes desde 1801 no para de adaptarse. Primero fueron los irlandeses, luego los italianos y ahora los chinos. De hecho, los sermones actualmente se dan en cantonés, mandarín e inglés. No está lejos de Pell St y Doyers St, dos serpenteantes calles que vale la pena explorar.

🍴 DÓNDE COMER

🍴 SoHo, NoHo y Nolita

En esta zona de acrónimos solo hace falta conocer tres letras: ¡ñam! Los ahorradores no sabrán qué escoger en la camaleónica Chinatown, donde se sirven porciones abundantes por unos pocos dólares. Pescado y marisco de todas clases, incluidas algunas especies insólitas, aparecen expuestas sobre el hielo en unos mercados que se desparraman por la calle. En el SoHo todavía imperan las indefinidas *brasseries* europeas, pero los restaurantes modernos y minúsculos que sirven todo tipo de cocinas, las charcuterías de culto y los restaurantes de la nueva cocina americana con estrellas Michelin, ya no son privativos del East Village y el West Village, que están algo más allá.

★PRINCE STREET PIZZA PIZZERÍA $

plano p. 416 (☎212-966-4100; 27 Prince St, entre Mott St y Elizabeth St, Nolita; porciones de *pizza* desde 2,95 US$; 🕘11.45-23.00 do-ju, hasta 2.00 vi y sa; [S]N/R hasta Prince St; 6 hasta Spring St) Clásico local de *pizza* en porciones, con las paredes de ladrillo llenas de fotografías de famosillos. Se aconsejan las variedades cuadradas (la de *pepperoni* es impresionante). Las salsas, la *mozzarella* y la ricota son caseras. Aunque puede haber largas colas, suelen avanzar rápido.

TWO HANDS CAFÉ $

plano p. 419 (www.twohandsnyc.com; 164 Mott St, entre Broome St y Grand St, Nolita; platos 9-15 US$; 🕘8.00-17.00; 🌿; [S]B/D hasta Grand St; J/Z hasta Bowery) Con el nombre de una comedia policiaca de Heath Ledger, este local resume la relajada y sofisticada cultura cafetera de Australia. Se puede soñar con Byron Bay tomando un café de producción limitada y comida original, como buñuelos de maíz dulce con espinacas (14 US$), aguacate, crema agria, remolacha en vinagre y chile, o un saludable cuenco de azaí (12 US$).

RUBY'S
CAFÉ $

plano p. 416 (☏212-925-5755; www.rubyscafe.com; 219 Mulberry St, entre Spring St y Prince St, Nolita; ppales. 10-15 US$; ⏱9.00-23.00 lu-ju, hasta 24.00 vi y sa; Ⓢ6 hasta Spring St; N/R hasta Prince St) Siempre abarrotado, este diminuto café ofrece tostadas de rico pan con guacamole, tortitas hechas con suero de leche, aceptables pastas y ensaladas, y, sobre todo, deliciosas hamburguesas con nombres de playas surferas de Australia. Capuchinos y cervezas australianas completan la oferta. Solo efectivo.

GREY DOG
AMERICANA $

plano p. 416 (☏212-966-1060; www.thegreydog. com; 244 Mulberry St, Nolita; ppales. 9-14 US$; ⏱7.30-22.00 lu-vi, 8.15-22.00 sa y do; ⓈF/M/D/B tren hasta Broadway-Lafayette) Este restaurante no decepciona, ya sea para compartir un plato de quesos con los amigos o regalarse un auténtico *brunch* neoyorquino. Se preparan unas deliciosas versiones de los platos clásicos americanos, llenas de sabor pero sin estridencias. El sistema de pedir en la barra hace que el establecimiento esté animado durante todo el día. Cuando la cocina cierra, permanece abierto para servir postres y cócteles.

LAN LARB
TAILADENSA $

plano p. 419 (☏646-895-9264; www.lanlarb.com; 227 Centre St, en Grand St, SoHo; platos 9-21 US$; ⏱11.30-22.15; ⓈN/Q/R/W, J/Z, 6 hasta Canal St) Suele estar abarrotado por su sabrosa y barata comida tailandesa. La especialidad es su *larb,* una picante ensalada con carne picada de Isan, la región noreste de Tailandia (se aconseja la de carne de pato; 12 US$). También destacan la *som tam* (ensalada de papaya verde; 11 US$) y la exquisita *kui teiw nam tok nuer* (sopa de fideos negra con ternera, campanillas, chalota, cilantro y germinados; 11 US$).

TACOMBI FONDA NOLITA
MEXICANA $

plano p. 416 (☏917-727-0179; www.tacombi.com; 267 Elizabeth St, entre E Houston St y Prince St, Nolita; tacos 4-7 US$; ⏱11.00-24.00 lu-mi, hasta 1.00 ju-sa; ⓈF hasta 2nd Ave; 6 hasta Bleecker St) Con luces colgadas, sillas plegables y cocineros mexicanos volteando tacos en una vieja VW Kombi, es un buen plan B si no se puede ir a la costa de Yucatán. Informal, alegre y muy popular, sirve buenos tacos

frescos, y se puede regar todo con una jarra de sangría mientras se planea esa escapada al sur de la frontera.

LOVELY DAY
TAILANDESA $

plano p. 416 (☏212-925-3310; www.lovelydaynyc. com; 196 Elizabeth St, entre Spring St y Prince St, Nolita; ppales. 9-18 US$; ⏱11.00-22.45 do-ju, hasta 24.00 vi y sa; ⓈJ/Z hasta Bowery; 6 hasta Spring St) Con un aspecto entre casa de muñecas y local bohemio, este atractivo restaurante no parece que tenga que servir delicias baratas de influencia indonesia. Pero la vida da muchas sorpresas, y un río constante de admiradores acude a él para disfrutar con sus correctos platos de *pad thai* (10,50 US$) y de fusión, como el pollo frito al jengibre con alioli picante (8,50 US$). Solo acepta efectivo o tarjetas Amex.

CAFÉ GITANE
MEDITERRÁNEA $

plano p. 416 (☏212-334-9552; www.cafegitanenyc.com; 242 Mott St, en Prince St, Nolita; ensaladas 9,50-16 US$, ppales. 14-17 US$; ⏱8.30-24.00 do-ju, hasta 0.30 vi y sa; ☏; ⓈN/R hasta Prince St; 6 hasta Spring St) El ambiente libertino de este café tipo bistró hará que el viajero crea que está en París. Es un clásico local para ver y dejarse ver, muy popular entre modelos que quieren comer ensaladas y algún que otro actor de Hollywood. Es posible unirse a ellos para tomar un bocado como pastelitos franceses de almendra y arándanos, ensalada de palmitos o cuscús marroquí con pollo ecológico. Solo efectivo.

MARCHÉ MAMAN
BISTRÓ $

plano p. 419 (☏212-226-0700; www.mamannyc. com; 239 Centre St, Nolita; ppales. 12-16 US$, helado 4 US$; ⏱8.00-16.00 lu-vi, desde 9.00 sa y do, helado 12.00-18.00 lu-vi) Esta cafetería con un "jardín secreto", parece recién trasladada de la Provenza. Aporta un nuevo enfoque francés a la generosa oferta de Little Italy, como en sus fantásticas *tartinettes* de aguacate con salmón ahumado (10 US$) y otros platos de una carta que va variando. Su helado de leche es excepcional y el cucurucho de maíz azul es el que más se vende.

El dueño es el creador del blog Yellow Table (www.theyellowtable.com) y también ofrece talleres de cocina.

★UNCLE BOONS
TAILANDESA $$

plano p. 416 (☏646-370-6650; www.uncleboons. com; 7 Spring St, entre Elizabeth St y Bowery, Nolita; platos pequeños 12-16 US$, platos grandes 21-

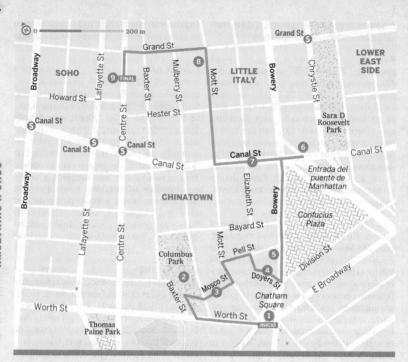

Circuito a pie
Paseo por Chinatown

INICIO CHATHAM SQ
FINAL MUSEUM OF CHINESE IN AMERICA
DISTANCIA 1,5 KM; 1½ H

Se empiza en ❶ **Chatham Square,** que alberga el arco de Kim Lau, erigido en 1962 en honor a los chino-estadounidenses caídos en combate. También hay una estatua de Lin Ze Xu, un erudito de la dinastía Qing cuya postura contra el tráfico de drogas condujo a la Primera Guerra del Opio en 1839.

Desde Chatham Sq, se va hacia el noroeste por Worth St hasta ❷ **Columbus Park (p. 92),** el principal lugar de reunión de Chinatown. En el s. XIX, esta zona era el barrio marginal Five Points, famoso por su libertinaje. Se sigue al este por ❸ **Mosco Street,** conocida en el s. XIX como Bandits Roost, un peligroso lugar donde se reunían las bandas irlandesas. Luego se gira a la izquierda por Mott St, a la derecha por Pell St y otra vez a la derecha por ❹ **Doyers Street,** una calle apodada Barbers Row por su gran cantidad de barberías. Su populari-

dad entre *tongs* (sociedades secretas) rivales a principios del siglo pasado hizo que se ganara el apodo de Bloody Angle (Esquina Sangrienta).

Hay que girar a la izquierda por Bowery e ir al norte. En la esquina suroeste de Pell St con Bowery está la ❺ **Edward Mooney House,** la casa unifamiliar más antigua de Nueva York, de estilo georgiano-federal. Ha albergado una tienda, un hotel, un salón de billares y un club social chino; ahora es un banco. Se sigue hacia el norte por Bowery hasta Canal St, desde donde se ve la entrada al puente de Manhattan y, más allá, el ❻ **templo Mahayana** (p. 87), con un enorme Buda dorado en su interior. Luego cabe explorar ❼ **Canal Street,** la hiperactiva columna vertebral de Chinatown y, antaño, el barrio judío de los diamantes. Girando a la derecha por Mott St se disfrutará de ricos *bao* (bollito chino al vapor) en ❽ **Golden Steamer** (p. 97). Al girar a la izquierda por Grand St y otra vez a la izquierda en Centre St se llega al ❾ **Museum of Chinese in America** (p. 88).

29 US$; 17.30-23.00 lu-ju, hasta 24.00 vi y sa, hasta 22.00 do; ; J/Z hasta Bowery; 6 hasta Spring St) Cocina tailandesa con estrella Michelin servida en un divertido comedor retro con paneles de madera, carteles de películas tailandesas y viejas fotos de familia. Mezclando lo nuevo y lo viejo, entre sus platos se cuentan crujientes *mieng kum* (hojas de betel que envuelven jengibre, lima, coco tostado, camarón seco, cacahuetes y chile; 12 US$), *kao pat puu* (arroz frito con cangrejo; 26 US$) y ensalada de flor de plátano (15 US$).

BUTCHER'S DAUGHTER VEGETARIANA **$$**

plano p. 416 (212-219-3434; www.thebutchers daughter.com; 19 Kenmare St, en Elizabeth St, Nolita; ensaladas y sándwiches 12-14 US$, ppales. cena 16-19 US$; 8.00-23.00; ; J hasta Bowery; 6 hasta Spring St) La "hija del carnicero" se ha rebelado y solo sirve comida vegetariana en su café. A pesar de ser saludable no resulta nada aburrida: desde el muesli ecológico con leche de almendra y la picante ensalada César de col rizada con parmesano de almendras, hasta la Butcher's Burger de la cena (hamburguesa de verduras y alubias negras con queso cheddar de anacardos), todo está delicioso.

SIGGI'S CAFÉ **$$**

plano p. 416 (212-226-5775; www.siggysgood food.com; 292 Elizabeth St, entre E Houston St y Bleecker St, NoHo; platos 13-25 US$; 11.00-22.30 lu-sa; ; 6 hasta Bleecker St; B/D/F/M hasta Broadway-Lafayette St) Café informal, con obras de arte colgadas, deliciosa comida ecológica y una chimenea para el invierno. Ofrece desde sopas y ensaladas hasta hamburguesas caseras, sándwiches y lasaña vegetariana. Entre sus virtuosas bebidas se encuentran batidos de frutas y zumos naturales, con suplementos opcionales. Los veganos y los alérgicos al gluten no se quedarán con hambre.

LA ESQUINA MEXICANA **$$**

plano p. 416 (646-613-7100; www.esquinanyc. com; 114 Kenmare St, en Petrosino Sq, Nolita; tacos desde 3,25 US$, ppales. cafetería 15-25 US$, *brasserie* 18-34 US$; taquería 11.00-1.45 lu-do, cafetería 12.00-24.00 lu-vi, desde 11.00 sa y do, *brasserie* 18.00-2.00 lu-do; 6 hasta Spring St) Pequeño, peculiar y megapopular local que combina tres espacios: una ventanilla de tacos para comer de pie, un café informal mexicano (entrada por Lafayette St) y una oscura y cavernosa *brasserie* en la planta baja (previa reserva). Entre lo mejor figuran los elotes callejeros (mazorcas de maíz a la parrilla con queso cotija, mayonesa y chile en polvo), los tacos de cerdo mechado y la ensalada de mango y jícama.

⭐**CHEFS CLUB** FUSIÓN **$$$**

plano p. 416 (212-941-1100; www.chefsclub.com; 275 Mulberry St, Nolita; ppales. 19-68 US$; 18.00-22.30 lu-ju, hasta 23.30 vi y sa) En un edificio donde se grabaron escenas de la serie *Will & Grace*, este local parece más un almacén de oportunidades que el espectacular restaurante que es en realidad, donde los chefs invitados preparan una carta que puede durar desde tres semanas hasta tres meses y en la que ofrecen sus mejores selecciones con sabores de todo el planeta.

⭐**DUTCH** AMERICANA MODERNA **$$$**

plano p. 416 (212-677-6200; www.thedutchnyc. com; 131 Sullivan St con Prince St, SoHo; ppales. almuerzo 18-37 US$, cena 28-66 US$; 11.30-23.00 lu-ju, desde 10.00 do, hasta 23.30 vi y sa; C/E hasta Spring St; R/W hasta Prince St; 1 hasta Houston St) Ya sea en la barra o en su sala trasera, en este local para ver y ser visto sirven elegante comida casera con ingredientes de proximidad. Los sabores atraviesan todo el mundo, desde los crujientes tacos de pescado con *wasabi* y *yuzu* (18 US$) hasta el *schnitzel* de ternera (35 US$). Se recomienda reservar, sobre todo para cenar y los fines de semana. Los cócteles, como el Macadamia Maitai (16 US$), son una delicia.

⭐**IL BUCO ALIMENTARI & VINERIA** ITALIANA **$$$**

plano p. 416 (212-837-2622; www.ilbucovineria. com; 53 Great Jones St, entre Bowery y Lafayette St, NoHo; ppales. almuerzo 16-34 US$, cena 34-65 US$; 8.00-23.00 lu-ju, 9.00-24.00 vi-do; ; 6 hasta Bleecker St; B/D/F/M hasta Broadway-Lafayette St) Ya sea un expreso en el bar delantero, algo escogido de la charcutería o un prolongado festín italiano en el comedor del fondo, la moderna filial de Il Buco cumple todas las expectativas. Su decoración crea un ambiente moderno y rústico, que se ve reflejado en su carta. Resulta ideal también para tomar solo postre y café. Su tarta de aceite de oliva con ruibarbo y fresas es divina (11 US$).

BISTRO LES AMIS FRANCESA **$$$**

plano p. 416 (212-226-8645; www.bistrolesa mis.com; 180 Spring St, SoHo; menú almuerzo/

cena 14/36 US$, ppales. cena 27-40 US$; ⊘11.30-23.30 do-ju, hasta 24.30 vi y sa; SC/E hasta Spring St) Este precioso y pequeño local con comedor al aire libre sirve menús a buen precio tanto en el almuerzo como en la cena. El interior es romántico, con madera y manteles blancos, y afuera las mesas bordean la esquina de Spring St con Thompson St. La sopa francesa de cebolla es ideal para una tarde fresca.

CHERCHE MIDI
AMERICANA, FRANCESA $$$

plano p. 416 (☏212-226-3055; www.cherchemidiny.com; 282 Bowery con E Houston St, Nolita; almuerzo 2 platos precio fijo 25 US$, ppales. cena 19-39 US$; ⊘12.00-15.30 lu-vi, desde 11.00 sa y do, 18.00-22.00 do-lu, hasta 23.00 ma-ju, hasta 24.00 vi y sa; 🕾; SF hasta 2º Ave) Azulejos de metro, banquetas rojas y una nostálgica iluminación ámbar en este lugar, con un estudiado ambiente *vintage* donde Montparnasse se fusiona con Manhattan. Se puede optar por un plato francés, como la ensalada nizarda o una *tartine* para almorzar, u optar por la fraternidad franco-estadounidense de la hamburguesa con mermelada de beicon al coñac, gruyer añejo y perfectas patatas fritas, que se sirve todo el día. Si está en la carta, hay que pedir el ravioli de langosta con *beurre blanc* al jengibre.

ESTELA
AMERICANA MODERNA $$$

plano p. 416 (☏212-219-7693; www.estelanyc.com; 47 E Houston St, entre Mulberry St y Mott St, Nolita; ppales. almuerzo 13-30 US$, ppales. cena 17-39 US$; ⊘17.30-23.00 do-ju, hasta 23.30 vi y sa; SB/D/F/M hasta Broadway-Lafayette St; 6 hasta Bleecker St) Estela figura en muchas listas de los mejores restaurantes de la ciudad, pero tal vez se haya dormido un poco en sus laureles. La comida está rica, sin duda, con unas originales combinaciones de sabores difíciles de adivinar, pero las mesas están tan apretadas que es difícil mantener una conversación sin entablar relación con los vecinos, y las raciones son pequeñas.

No obstante, si el viajero está dispuesto a esperar, le gusta comer cerca de otras personas y no quiere tener que llevarse lo que sobre en una bolsa, lo encontrará delicioso, y los platos como el paté de lenguado y erizo de mar (23 US$) o el helado de chirivía (12 US$) tentarán a los epicúreos. El *brunch* del viernes al domingo tiene mucho éxito.

✖ Chinatown y Little Italy

BAZ BAGELS
JUDÍA $

plano p. 419 (☏212-335-0609; www.bazbagel.com; 181 Grand St, entre Baxter St y Mulberry St, Little Italy; *bagels* 12-16 US$; ⊘7.00-15.00 lu-vi, 8.00-16.00 sa y do; SJ/Z, N/Q/R, 6 hasta Canal St; B/D hasta Grand St) Con una extravagante decoración rosa con motivos de palmeras y retratos de Dolly y Barbra, la cafetería más amanerada de Nueva York sirve fabulosos *bagels* amasados a mano y hervidos antes de hornear. La estrella es el Mooch (16 US$), con un delicioso relleno de salmón escocés y bacalao negro ahumado en frío. También destacan los *blintzes* (blinis) y las *latkes* (tortitas fritas de patata) preparadas según la receta de la abuela del propietario.

DI PALO
DELICATESEN $

plano p. 419 (☏212-226-1033; www.dipaloselects.com; 200 Grand St con Mott St, Little Italy; sándwiches 7-10 US$; ⊘9.00-19.00 lu-sa, hasta 17.00 do; SB/D hasta Grand St; N/Q/R, J/Z, 6 hasta Canal St) El bocadillo de *porchetta* de este negocio familiar que va por la quinta generación es el único bocadillo de la carta: una crujiente baguete rellena de tierno cerdo asado, aderezado con ajo, hinojo y hierbas. Está muy bueno y es enorme, por lo que se aconseja pedir una sola rodaja de *porchetta*. Lo empiezan a servir a las 13.30 (aunque esta hora puede variar) y se agota en 20 min.

DELUXE GREEN BO
CHINA $

plano p. 419 (Nice Green Bow; ☏212-625-2359; www.deluxegreenbo.com; 66 Bayard St, entre Elizabeth St y Mott St, Chinatown; ppales. 5,95-19,95 US$; ⊘11.00-24.00; SN/Q/R, J/Z, 6 hasta Canal St; B/D hasta Grand St) Sencillo local chino centrado en la comida: fabulosos *xiao long bao* en humeantes vaporeras de bambú, abundantes raciones de fideos y saludables platos de espinacas salteadas. Solo efectivo.

NOM WAH TEA PARLOR
CHINA $

plano p. 419 (☏212-962-6047; www.nomwah.com; 13 Doyers St, Chinatown; *dim sum* desde 3,75 US$; ⊘10.30-21.00 do-ju, hasta 22.00 vi y sa; SJ/Z hasta Chambers St; 4/5/6 hasta Brooklyn Bridge-City Hall) Este local oculto en un estrecho callejón podría parecer una cafetería tradicional americana, pero en realidad es el restaurante de *dim-sum* más antiguo de la ciudad. Hay mesas con sillas, bancos rojos y taburetes en la barra, en las que uno se sienta y señala las exquisiteces (a menudo grasientas) que pasan en unos carritos.

XI'AN FAMOUS FOODS CHINA $

plano p. 419 (www.xianfoods.com; 45 Bayard St, entre Elizabeth St y Bowery, Chinatown; platos 3-12 US$; ⏱11.30-21.00 do-ju, hasta 21.30 vi y sa; ⓈN/Q/R/W, J/Z, 6 hasta Canal St, B/D hasta Grand St) Los blogueros gastronómicos hiperventilan con la simple mención de los fideos estirados a mano de esta pequeña cadena de establecimientos. Otra estrella de la carta es la hamburguesa de cordero al comino: una carne muy tierna salteada con comino molido, semillas de guindilla tostadas, pimiento, cebollas rojas y cebolletas.

BÁNH MÌ SAIGON BAKERY VIETNAMITA $

plano p. 419 (☎212-941-1541; www.banhmisaigon nyc.com; 198 Grand St, entre Mulberry St y Mott St, Little Italy; sándwiches 3,50-6 US$; ⏱8.00-18.00; ⓈN/Q/R, J/Z, 6 hasta Canal St) Esta sencilla panadería ofrece magníficas *banh mi* (crujientes baguetes rellenas de chile picante, zanahoria encurtida, rábano japonés, pepino, cilantro y la carne que se elija). Se recomienda la clásica versión de cerdo a la barbacoa. Se aconseja ir hacia las 15.00, pues cierra en cuanto las *banh mi* se agotan. Solo acepta efectivo.

AUGUST GATHERINGS CHINA $

plano p. 419 (☎212-274-1535; www.augustgathe ringsny.com; 266 Canal St, entre Lafayette St y Cortland Alley, Chinatown; ppales. 14-35 US$; ⏱10.00-23.00; Ⓢ6, N/R/Q, J/Z hasta Canal St) Es una buena señal que los empleados de otros restaurantes acudan a este local arreglado y bien dirigido para comer sus excelentes carnes asadas, sobre todo el pato y otros platos cantoneses mejores que la media. Simbolizando tal vez la evolución del barrio, el local está ubicado al lado de un McDonald's en la siempre concurrida Canal St, y también tiene muchos platos chinos americanizados.

BUDDHA BODAI CHINA $

plano p. 419 (☎212-566-8388; www.chinatownve getarian.com; 5 Mott St, Chinatown; ppales. 9-22 US$; ⏱10.00-22.00; ✒; ⓈJ/Z hasta Chambers St; 4/5/6 hasta Brooklyn Bridge-City Hall) Sirve una cocina vegetariana exquisita con sabores cantoneses como la cazuela de pato vegana, rollitos de arroz con espinacas y bollitos vegetarianos de "cerdo asado". Desde que otro restaurante con el mismo nombre y una carta similar abrió a unas manzanas

de aquí en el 2015, la gente se refiere a este (que es del 2004) como el "original Buddha Bodai".

GOLDEN STEAMER CHINA $

plano p. 419 (☎212-226-1886; 143a Mott St, entre Grand St y Hester St, Chinatown; bollos 0,80-1,50 US$; ⏱7.00-19.30; ⓈB/D hasta Grand St; N/Q/R, 6 hasta Canal St; J/Z hasta Bowery) En este diminuto local hay que apretujarse para disfrutar de unos *bao* (bollos al vapor) sabrosos y esponjosos. Hechos *in situ* por cocineros chinos, puede escogerse el relleno entre cerdo asado, salchichas chinas, huevos en salazón y calabaza (el de más éxito). Si se desea algo dulce, se aconseja la tarta de crema.

FERRARA CAFE & BAKERY PANADERÍA, CAFÉ $$

plano p. 419 (☎212-226-6150; www.ferraranyc.com; 195 Grand St, entre Mulberry St y Mott St, Little Italy; pastas 7-9 US$; ⏱8.00-24.00, hasta 1.00 vi y sa; ⓈJ/Z, N/Q/R, 6 hasta Canal St; B/D hasta Grand St) A solo media manzana de Mulberry, esta legendaria tienda (desde 1882) ofrece pastas clásicas italianas y ambiente tradicional. El tiramisú es realmente divino.

NYONYA MALASIA $$

plano p. 419 (☎212-334-3669; www.ilovenyonya. com; 199 Grand St, entre Mott St y Mulberry St, Little Italy; ppales. 8-26 US$; ⏱11.00-23.00 do-ju, hasta 24.00 vi y sa; ⓈN/Q/R/W, J/Z, 6 hasta Canal St; B/D hasta Grand St) Este concurrido templo de la cocina chino-malaya transporta a los comensales hasta Malaca. Se puede disfrutar del dulce, el agrio y el picante en clásicos como la sopa de cabeza de pescado de Assam (20 US$), el delicioso *rendang* (curri seco picante; 14,50 US$) de ternera y la refrescante *rojak* (ensalada de frutas con un aderezo picante de tamarindo; 6,25 US$). No hay muchas opciones para los vegetarianos. Solo se acepta efectivo.

AMAZING 66 CHINA $$

plano p. 419 (☎212-334-0099; www.amazing66. com; 66 Mott St, entre Canal St y Bayard St, Chinatown; ppales. 11-29 US$; ⏱11.00-23.00; ⓈN/Q/R/W, J/Z, 6 hasta Canal St) Este local alegre y bullicioso es de los mejores lugares de cocina cantonesa. Atrae torrentes de inmigrantes chinos deseosos de soñar con los sabores de su tierra. Se podrá disfrutar de platos como las costillas con miel a la parrilla, las gambas con salsa de judías negras o las ali-

SOHO Y CHINATOWN DÓNDE COMER

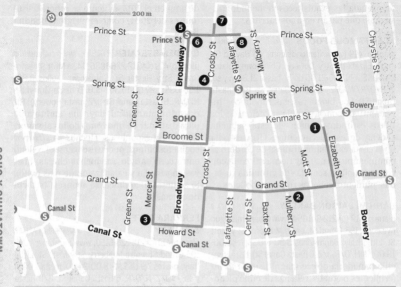

Vida local
Una tarde artesanal en el SoHo

A los adictos a las compras les encanta el SoHo y su elegante variedad de tiendas de moda, marcas y amantes de las tendencias que se pavonean por sus calles. Pero si se busca más allá, se descubrirá una escena de pequeñas tiendas de talentosos artesanos y singulares marcas independientes que ofrecen artículos locales, únicos y muy sugerentes. Es el SoHo en su mejor versión local.

❶ Un establecimiento único

Café Integral (plano p. 416; ☏646-801-5747; www.cafeintegral.com; 149 Elizabeth St, entre Broome St y Kenmare St, Nolita; ⏰7.00-18.00 lu-vi, desde 8.00 sa y do; ⓢN/Q/R, J/Z, 6 hasta Canal St) es un local alegre donde tomar una taza de café de origen único, además de ricas pastas o cruasanes.

❷ Un tiramisú de primera

Ferrara Cafe & Bakery (p. 97) posee una gran selección de productos, pero no hay que desperdiciar la ocasión de probar su extraordinario tiramisú. Mejor *in situ*, pero también para llevar.

❸ Los vaqueros perfectos

3x1 (plano p. 416; ☏212-391-6969; www.3x1.us; 15 Mercer St, entre Howard St y Grand St, SoHo; ⏰11.00-19.00 lu-sa, 12.00-18.00 do; ⓢN/Q/R/W, J/Z, 6 hasta Canal St) permite que el cliente diseñe sus propios vaqueros perfectos. Puede escoger el dobladillo de los que están

listos para llevar (desde 250-265265 US$), elegir la tela y los detalles de modelos ya existentes (625-850 US$), o crear el modelo más favorecedor a partir de cero (1500 US$).

❹ Arte moderno

Local de la conocida **MoMA Design Store** (plano p. 416; ☏646-613-1367; http://store. moma.org; 81 Spring St, en Crosby St, SoHo; ⏰10.00-20.00 lu-sa, 11.00-19.00 do; ⓢN/R hasta Prince St; 6 hasta Spring St) que vende regalos elegantes y únicos, recuerdos, ropa, papeleras, monopatines e incluso cuberterías de inspiración artística.

❺ Cultura callejera

El grabado de la acera de la esquina noroeste de Prince St con Broadway es obra del escultor japonés Ken Hiratsuka, que ha grabado casi 40 aceras desde que se mudó a Nueva York en 1982. Aunque le llevó 5 h de trabajo efectivo, tardó dos años en terminar la obra (1983-1984), pues el cincelado nocturno

Dean & DeLuca.

ilegal a menudo se veía interrumpido por las molestas patrullas policiales.

❻ Un bocado 'gourmet'

A Nueva York le encantan las tiendas *gourmet* y **Dean & DeLuca** (plano p. 416; ☎212-226-6800; www.deananddeluca.com; 560 Broadway, en Prince St, SoHo; pastas desde 3 US$, sándwiches 11 US$; ☻7.00-21.00 lu-vi, 8.00-21.00 sa y do; ⓢN/R hasta Prince St; 6 hasta Spring St) es una de las más famosas.

❼ Catas de fragancias

MiN New York (p. 101) es como una botica-biblioteca donde se puede pedir un "fragrance flight" gratis, un recorrido olfativo por su extraordinaria colección de tentadoras "historias" narradas con aromas. El personal es amable y uno puede volver a casa oliendo a rosas, a olas o a mar.

❽ Libros y conversación

McNally Jackson (p. 102) es una de las librerías independientes más apreciadas de la ciudad. Tiene revistas y libros especializados, así como un café para disfrutar de un momento de relax y conversación de calidad. Agradable epílogo para una visita al centro.

tas de pollo con sal y pimienta. En el almuerzo hay platos del día desde 7 US$.

⭐**PEKING DUCK HOUSE**   CHINA $$$

plano p. 419 (☎212-227-1810; www.pekingduckhousenyc.com; 28a Mott St, Chinatown; pato Pequín 45 US$/persona; ☻11.30-22.30 do-ju, 11.45-23.00 vi y sa; ⓢJ/Z hasta Chambers St, 6 hasta Canal St) Seguramente prepara el mejor pato Pequín de la región, y lo incluye como especialidad de la casa en una gran variedad de menús. El espacio es más elegante que en otros restaurantes de Chinatown y resulta agradable para ir con alguien especial. Hay que probar el pato, con su piel perfectamente crujiente y una carne jugosa cortada en lonchas, perfecta para acompañar con tiras de cebolleta y salsa en una tortita.

🍷 DÓNDE BEBER Y VIDA NOCTURNA

Desde bares clandestinos reformados hasta recónditas coctelerías: un aire histórico y místico rodea muchos de los locales del barrio.

⭐**GHOST DONKEY**   BAR

plano p. 416 (☎212-254-0350; www.ghostdonkey.com; 4 Bleecker St, NoHo; ☻17.00-2.00; ⓢ6 hasta Bleecker St; B/D/F/M hasta Broadway-Lafayette St) Este elegante bar de mezcales es una combinación de campechano, alucinógeno y artesano, con aires de México, Oriente Medio y el Oeste. Si en la luna hubiera un bar, sería este. Oscuro pero rosa vivo, con sofás bajos y mesitas, el bar también sirve excelentes cócteles artesanos, como la margarita helada de la casa.

⭐**GENUINE LIQUORETTE**   COCTELERÍA

plano p. 416 (☎212-726-4633; www.genuineliquorette.com; 191 Grand St, en Mulberry St, Little Italy; ☻18.00-24.00 do, ma y mi, hasta 2.00 ju-sa, desde 17.00 vi; ⓢJ/Z, N/Q/R/W, 6 hasta Canal St; B/D hasta Grand St) Tranquilo bar en un sótano, con cócteles en lata y un baño dedicado a Farrah Fawcett. Los clientes incluso pueden coger las botellas de licor y las bebidas para mezclar y hacerse sus propios cócteles. Al mando está Ashlee, la jefa de barra, que de vez en cuando invita a los mejores bármanes de la ciudad a crear cócteles con licores menos famosos.

★APOTHÉKE COCTELERÍA

plano p. 419 (☎212-406-0400; www.apotheken yc.com; 9 Doyers St, Chinatown; ☺18.30-2.00 lu-sa, desde 20.00 do; ⓢJ/Z hasta Chambers St; 4/5/6 hasta Brooklyn Bridge-City Hall) Hay que esforzarse para encontrar este antiguo fumadero de opio convertido en bar, con un aspecto de botica. Dentro, unos hábiles camareros trabajan como químicos minuciosos con las frutas y verduras de temporada de los mercados locales para elaborar unas intensas y aromáticas "prescripciones". La proporción de ingredientes en los cócteles siempre es la acertada, como en la mezcla de piña y cilantro del Sitting Buddha, una de las mejores bebidas de la carta.

SPRING LOUNGE BAR

plano p. 416 (☎212-965-1774; www.thespringloun ge.com; 48 Spring St, en Mulberry St, Nolita; ☺8.00-4.00 lu-vi, desde 12.00 sa y do; ⓢ6 hasta Spring St; R/W hasta Prince St) Este rebelde con un letrero de neón rojo no deja pasar una para que la gente se lo pase bien: durante la Ley Seca vendía cubos de cerveza; en la década de 1960, su sótano era una casa de juego; y ahora es famoso por sus tiburones disecados, sus madrugadores parroquianos y sus fiestas hasta la madrugada. Es una última parada perfecta en la ruta de bares por el barrio.

PEGU CLUB COCTELERÍA

plano p. 416 (☎212-473-7348; www.peguclub.com; 77 W Houston St, entre W Broadway y Wooster St, SoHo; ☺17.00-2.00 do-mi, hasta 4.00 ju-sa; ⓢB/D/F/M hasta Broadway-Lafayette St; C/E hasta Spring St) Oscuro, elegante y con el nombre de un legendario club de caballeros del Rangún de la era colonial, es una parada obligada para los expertos en cócteles. Es posible acomodarse en su salón de terciopelo y saborear perfectas bebidas, como el suave y sedoso Earl Grey MarTEAni (ginebra infusionada con té, zumo de limón y clara de huevo). Las opciones para comer tienden, lógicamente, a lo asiático, como los *wontons* de pato o las gambas con coco Mandalay.

LA COMPAGNIE DES VINS SURNATURELS BAR DE VINOS

plano p. 419 (☎212-343-3660; www.compagnien yc.com; 249 Centre St, entre Broome y Grand Sts, Nolita; copa de vino 11-22 US$; ☺17.00-1.00 lu-mi, hasta 2.00 ju y vi, 15.00-2.00 sa, hasta 1.00 do; ⓢ6 hasta Spring St; R/W hasta Prince St) Esta sucursal de un bar de París ofrece una mezcla de papel pintado de estilo francés, esbeltos sillones y velas de té. Su sumiller, Theo Lieberman, ha elaborado una impresionante carta de vinos, muchos de ellos franceses, con unas 600 referencias y un buen número de vinos por copas. Su corta y sofisticada carta incluye charcutería artesanal y *rillete* (paté) de pollo.

MULBERRY PROJECT COCTELERÍA

plano p. 419 (☎646-448-4536; www.mulberrypro ject.com; 149 Mulberry St, entre Hester St y Grand St, Little Italy; ☺18.00-2.00 do-ju, hasta 4.00 vi y sa; ⓢN/Q/R, J/Z, 6 hasta Canal St) Íntima y cavernosa coctelería tras una puerta sin letrero. El patio de atrás es fantástico para relajarse al aire libre. Su especialidad son los cócteles adaptados al gusto del cliente, que solo tiene que decir sus preferencias para que el barman haga el resto. Ofrece una aceptable gama de comida, incluida una ensalada de melocotón con pecorino.

FANELLI'S CAFE BAR

plano p. 416 (☎212-226-9412; 94 Prince St, en Mercer St, SoHo; ☺10.00-1.00 lu-ju, hasta 2.00 vi y sa, hasta 24.00 do; ⓢN/R hasta Prince St) Este acogedor y agradable bar lleva sirviendo bebidas en esta esquina desde 1847. Y aunque el SoHo ha cambiado a lo largo de los años, se mantiene fiel a sus raíces, con espejos tintados, fotografías de boxeadores y el ambiente de siempre. No es la comida lo que interesa, sino compartir una copa y recordar viejos tiempos entre amigos antiguos y nuevos.

JIMMY COCTELERÍA

plano p. 416 (☎212-201-9118; www.jimmysoho.com; James New York, 15 Thompson St con Grand St, SoHo; ☺17.00-1.00 lu-mi, hasta 2.00 ju-vi, 15.00-2.00 sa, 15.00-1.00 do; ⓢA/C/E, 1 hasta Canal St) En lo alto del hotel James New York del SoHo, esta coctelería ofrece amplias vistas de la ciudad. Los meses de verano se llena de clientes achispados que también ocupan la terraza con piscina; cuando hace frío, las bebidas se toman dentro, en la barra central, junto a las cristaleras.

MULBERRY STREET BAR BAR

plano p. 419 (☎212-226-9345; www.mulberrystreet bar.com; 176 Mulberry St, en Broome St, Little Italy; ☺11.00-3.00 do-ju, hasta 4.00 vi y sa; ⓢB/D hasta Grand St; J/Z hasta Bowery) A Frank Sinatra le gustaba este local centenario de Little Italy que se ha utilizado para rodar escenas de *Los Soprano*, *El padrino III* y *Donnie*

Brasco. Al viajero también le gustará para pasar el rato, aunque Little Italy va desapareciendo lentamente. Los rudos camareros de la vieja escuela le añaden encanto, al igual que la extraña mezcla de turistas asombrados, clientes aburridos y un exceso de *hipsters*.

RANDOLPH   CAFÉ. COCTELERÍA
plano p. 419 (☎646-383-3623; www.randolphnyc. com; 349 Broome St, entre Bowery y Elizabeth St, Nolita; ☺17.00-2.00 lu-mi, 17.00-4.00 ju y vi, 13.00-4.00 sa, 13.00-24.00 do; 🚇; ⓢJ/Z hasta Bowery) Sirve cócteles creativos y variados en un local grande y decorado con madera oscura, que parece pensado para una muchedumbre. Las tardes son tranquilas, casi contemplativas, y se crea el ambiente idóneo para que de repente entre un escritor con su portátil o una Underwood y escriba el guion perfecto mientras toma una cerveza. Por cierto, tiene su propia cerveza Randolph de barril (actualmente una Session IPA). *Happy hour* cada día hasta las 20.00.

LA COLOMBE   CAFÉ
plano p. 416 (☎212-625-1717; www.lacolombe. com; 270 Lafayette St, entre Prince St y Jersey St, Nolita; ☺7.30-18.30 lu-vi, desde 8.30 sa y do; ⓢN/R hasta Prince St; 6 hasta Spring St) Los compradores habituales del SoHo se reinician en este minúsculo bar de expresos. Los cafés son fuertes, con cuerpo y dignos de cualquier bar de Italia (véase la magnífica pintura mural de Roma). También hay una pequeña selección de bocados, como galletas y cruasanes. Poseen otro local más grande en el cercano **NoHo** (plano p. 416; ☎212-677-5834; 400 Lafayette St con 4th St; ⓢ6 hasta Bleecker St; B/D/F/M hasta Broadway-Lafayette St), con más mesas pero colas más largas.

☆ OCIO

JOE'S PUB   MÚSICA EN DIRECTO
plano p. 416 (☎212-539-8778, entradas 212-967-7555; www.joespub.com; Public Theater, 425 Lafayette St, entre Astor Pl y 4th St, NoHo; ⓢ6 hasta Astor Pl; R/W hasta 8th St-NYU) Mitad bar y mitad cabaré y sala de conciertos, el íntimo Joe's ofrece actuaciones tanto de artistas emergentes como de grandes estrellas, como Patti LuPone, Amy Schumer, el fallecido Leonard Cohen y la cantante británica Adele (que dio aquí su primer concierto en EE UU en el 2008).

FILM FORUM   CINE
plano p. 416 (☎212-727-8110; www.filmforum. com; 209 W Houston St, entre Varick St y Sixth Ave, SoHo; ☺12.00-24.00; ⓢ1 hasta Houston St) Se planea una ampliación a cuatro pantallas, pero de momento todavía es un cine de tres salas sin ánimo de lucro que proyecta una impresionante variedad de películas independientes, reestrenos y retrospectivas de los grandes. Las salas son pequeñas, por lo que hay que llegar pronto para conseguir un buen sitio. Los pases a menudo incluyen una charla con el director y otros debates para cinéfilos acérrimos.

PUBLIC THEATER   ESPECTÁCULOS TEATRALES
plano p. 416 (☎212-539-8500; www.publicthea ter.org; 425 Lafayette St, entre Astor Pl y 4th St, NoHo; ⓢ6 hasta Astor Pl; R/W hasta 8th St-NYU) Legendario teatro fundado con el nombre de Shakespeare Workshop allá en 1954 y que ha estrenado algunos de los grandes éxitos de Nueva York, como *Hamilton* en el 2015. Hoy presenta una programación innovadora y clásicos reinventados, con grandes dosis de Shakespeare. El Public también representa obras en Shakespeare in the Park durante el verano.

🔒 DE COMPRAS

En el SoHo hay numerosas tiendas de moda, grandes y pequeñas. Broadway concentra las tiendas de marcas populares, zapaterías y *outlets* de tejanos, y en las calles hacia el oeste se encuentra moda y accesorios de lujo. En Lafayette hay marcas independientes que atraen a los amantes de los DJ y el *skate*, así como ropa *vintage*. Para un estilo elegante y alternativo, conviene seguir hacia el este hasta Nolita, con pequeñas tiendas que venden ropa, zapatillas y accesorios singulares. Mott St es mejor para mirar escaparates, seguida de Mulberry y Elizabeth. Para hierbas medicinales, frutas orientales, *woks* y teteras chinas, hay que recorrer las frenéticas calles de Chinatown.

⭐MIN NEW YORK   COSMÉTICOS
plano p. 416 (☎212-206-6366; www.min.com; 117 Crosby St, entre Jersey St y Prince St, SoHo; ☺11.00-19.00 ma-sa, 12.00-18.00 lu y do; ⓢB/D/F/M hasta Broadway-Lafayette St; N/R hasta Prince St) Esta botica agradable, elegante y presentada en forma de biblioteca, vende perfumes exclusivos, productos para el baño y

SOHO Y CHINATOWN DE COMPRAS

aseo personal, y velas perfumadas. También comercializa unas "historias" de perfumes artesanos de su propia marca. Los precios van desde asequibles hasta astronómicos, y los aromas son divinos. El personal no atosiga, a diferencia de otras tiendas.

★SATURDAYS — MODA Y ACCESORIOS

plano p. 416 (☎212-966-7875; www.saturdaysnyc.com; 31 Crosby St, entre Broome St y Grand St, SoHo; 🕐tienda 10.00-19.00, café bar 8.00-19.00 lu-vi, 10.00-19.00 sa y do; 📶; [S]N/Q/R/W, J/Z hasta Canal St; 6 hasta Spring St) La versión del SoHo de una tienda de surf combina tablas y ceras con artículos de aseo de diseño, artes gráficas, libros de surf y su propia línea de ropa masculina de alta calidad. Después, el cliente puede pedir un café en la cafetería, relajarse en el jardín trasero y compartir extravagantes historias de tiburones. Tiene otra tienda en West Village (p. 156).

RAG & BONE — MODA Y ACCESORIOS

plano p. 416 (☎212-219-2204; www.rag-bone.com; 117-119 Mercer St, entre Prince St y Spring St, SoHo; 🕐11.00-21.00 lu-sa, 11.00-19.00 do; [S]N/R hasta Prince St) Esta marca neoyorquina tiene gran éxito entre los amantes de la moda (hombres y mujeres) más elegantes y a la última. Las detallistas prendas abarcan desde camisas y *blazers* de buen corte y camisetas estampadas hasta jerséis monocromos, vestidos ligeros de tirantes, prendas de cuero y los apreciados vaqueros de Rag & Bone. El corte de las prendas suele ser impecable, con accesorios como zapatos, sombreros, bolsos y carteras.

OPENING CEREMONY — MODA Y ACCESORIOS, CALZADO

plano p. 416 (☎212-219-2688; www.openingceremony.com; 35 Howard St, entre Broadway y Lafayette St, SoHo; 🕐11.00-20.00 lu-sa, 12.00-19.00 do; [S]N/Q/R/W, J/Z, 6 hasta Canal St) Esta tienda unisex es famosa por su alegre colección de marcas independientes de primera, con una cambiante selección internacional, tanto consolidadas como emergentes, complementada con sus propias creaciones vanguardistas. Su ropa informal de calle es atrevida y sorpresiva.

DE VERA — ANTIGÜEDADES

plano p. 416 (☎212-625-0838; www.deveraobjects.com; 1 Crosby St con Howard St, SoHo; 🕐11.00-19.00 ma-sa; [S]N/Q/R/W, J/Z, 6 hasta Canal St) Federico de Vera viaja por todo el mundo en busca de raros y exquisitos objetos de arte, lacados, joyas, tallas y demás. Sus vitrinas de cristal iluminadas exhiben budas de hace 200 años, cristalería veneciana y cajas con incrustaciones doradas de la era Meiji, mientras que las pinturas al óleo y las tallas completan la sensación de museo.

ODIN — MODA Y ACCESORIOS

plano p. 419 (☎212-966-0026; www.odinnewyork.com; 161 Grand St, entre Lafayette St y Centre St, Nolita; 🕐11.00-20.00 lu-sa, 12.00-19.00 do; [S]6 hasta Spring St; N/R hasta Prince St) El buque insignia de ropa para hombre tiene marcas neoyorquinas de moda, y una selecta colección de importaciones, incluidas las marcas nórdicas Acne. También tiene velas de Odin, fragancias, joyas de diseñadores de Brooklyn como Naval Yard y Uhuru y calzado informal de marcas de culto como Common Projects. Hay otra tienda en el West Village (p. 155).

MCNALLY JACKSON — LIBROS

plano p. 416 (☎212-274-1160; www.mcnallyjackson.com; 52 Prince St, entre Lafayette St y Mulberry St, Nolita; 🕐tienda 10.00-22.00 lu-vi, hasta 21.00 do, café 9.00-21.00 lu-vi, desde 10.00 sa, 10.00-20.00 do; [S]N/R hasta Prince St; 6 hasta Spring St) Esta concurrida librería independiente tiene una excelente selección de revistas y libros de ficción contemporánea, cocina, arquitectura, diseño, arte e historia. Si hay sitio, la cafetería aneja es ideal para sentarse a leer o asistir a una de las frecuentes lecturas o firmas de libros.

Si el viajero aspira a publicarse su propio libro, puede imprimirlo en la máquina Espresso de la librería.

INA WOMEN — VINTAGE

plano p. 416 (☎212-334-9048; www.inanyc.com; 21 Prince St, entre Mott St y Elizabeth St, Nolita; 🕐12.00-20.00 lu-sa, hasta 19.00 do; [S]6 hasta Spring St; N/R hasta Prince St) Moda usada, zapatos y accesorios de lujo para la mujer que sigue las últimas tendencias.

JOE'S JEANS — MODA Y ACCESORIOS

plano p. 416 (☎212-925-5727; www.joesjeans.com; 77 Mercer St, entre Spring St y Broome St, SoHo; 🕐11.00-19.00 lu-sa, 12.00-18.00 do; [S]N/R hasta Prince St; 6 hasta Spring St) Tienda para actualizar el armario con unos vaqueros de esta marca de culto de Los Ángeles. Tienen un tejido *denim* elástico "Flawless" (impecable) que realza las formas, y vaqueros *skinny* que sientan bien a todas las figuras. Se pueden combinar con camisas, sudaderas, suéteres y la popular cazadora tejana.

INA MEN — VINTAGE

plano p. 416 (☎212-334-2210; www.inanyc.com; 19 Prince St, en Elizabeth St, Nolita; 🕐12.00-20.00 lu-sa, hasta 19.00 do; [S]6 hasta Spring St; N/R hasta Prince St) A los maestros de la moda masculina les encanta INA por sus prendas, zapatos y accesorios de lujo de segunda mano. Su surtido es de primera calidad, con artículos muy buscados, como vaqueros de Rag & Bone, pantalones de Alexander McQueen, camisas de Burberry y elegantes zapatos de cuero de Church's.

RUDY'S MUSIC — MÚSICA

plano p. 416 (☎212-625-2557; http://rudysmusic.com; 461 Broome St, entre Greene St y Mercer St, SoHo; 🕐10.30-19.00 lu-sa; [S]6 hasta Spring St; N/R hasta Prince St) Algunos de los grandes músicos internacionales son clientes, y no es de extrañar, pues posee una de las mejores colecciones del mundo de guitarras D'Angelico y también servicio de reparaciones.

UNIQLO — MODA Y ACCESORIOS

plano p. 416 (☎877-486-4756; www.uniqlo.com; 546 Broadway, entre Prince St y Spring St, SoHo; 🕐10.00-21.00 lu-sa, 11.00-20.00 do; [S]R/W hasta Prince St; 6 hasta Spring St) Estos enormes almacenes japoneses de tres plantas (la primera tienda de esta marca en EE UU) deben su popularidad a la ropa atractiva y de calidad a buenos precios. Hay tejanos japoneses, cachemiras mongolas, camisetas estampadas, faldas de tubo, prendas térmicas tecnológicas y un sinfín de ropa vistosa.

ADIDAS FLAGSHIP STORE — ZAPATOS

plano p. 416 (☎212-966-0954; www.adidas.com; 115 Spring St, entre Greene St y Mercer St, SoHo; 🕐10.00-20.00 lu-sa, 11.00-19.00 do; [S]N/R hasta Prince St) En la tienda principal de Adidas se venden las conocidas zapatillas de la triple raya, pero también sudaderas con capucha, ropa deportiva, camisetas y accesorios, como gafas, relojes y originales bolsos retro.

Si se prefiere comprar a lo grande, hay que visitar los 2740 m² del **Adidas sneaker emporium** (plano p. 416; ☎212-529-0081; 610 Broadway, en Houston St, SoHo; 🕐10.00-21.00 lu-sa, 11.00-20.00 do; [S]B/D/F/M hasta Broadway-Lafayette St; N/R hasta Prince St), que está unas manzanas al norte.

RESURRECTION — VINTAGE

plano p. 416 (☎212-625-1374; www.resurrectionvintage.com; 45 Great Jones Rd, entre Lafayette St y Bowery St, NoHo; 🕐11.00-19.00 lu-sa; [S]6 hasta Spring St; N/R hasta Prince St) Brinda nueva vida a diseños vanguardistas de décadas pasadas. Sus impresionantes prendas en perfecto estado abarcan las épocas *mod*, *glam-rock* y *new wave*, y dioses de la moda como Marc Jacobs han pasado por allí en busca de inspiración. Entre lo mejor se incluyen vestidos de Halston y abrigos y chaquetas de Courrèges.

FJÄLLRÄVEN — DEPORTES Y AIRE LIBRE

plano p. 416 (☎646-682-9253; www.fjallraven.us; 38 Greene St, SoHo; 🕐10.00-20.00 lu-sa, hasta 19.00 do; [S]N/Q/R/W hasta Canal St, B/D/F/M hasta Broadway-Lafayette St) Antaño conocidas solo por suecos y daneses y algún que otro turista afortunado, estas codiciadas mochilas con el inconfundible logo del zorro y de nombre impronunciable ya se encuentran en las grandes ciudades de todo el mundo. Las hay de varios colores y tamaños. También venden otros artículos deportivos.

PURL SOHO — ARTE Y ARTESANÍA

plano p. 416 (☎212-420-8796; www.purlsoho.com; 459 Broome St, entre Greene St y Mercer St, SoHo; 🕐12.00-19.00 lu-vi, hasta 18.00 sa y do; [S]6 hasta Spring St; N/R hasta Prince St) Esta tienda, creada por un antiguo editor de la revista *Martha Stewart Living*, es como una biblioteca de lanas y tejidos multicolores, con abundantes ideas de artesanía para hacer uno mismo y algunos artículos terminados que están muy bien para regalar.

NEW KAM MAN — MENAJE

plano p. 419 (☎212-571-0330; www.newkamman.com; 200 Canal St, entre Mulberry St y Mott St, Chinatown; 🕐9.30-19.30; [S]N/Q/R, J/Z, 6 hasta Canal St) Pasando junto a unos patos colgando se accede al sótano de esta clásica tienda de alimentación donde venden a buen precio juegos de té chinos y japoneses y accesorios de cocina. Arriba hay una gran selección de comida asiática.

HOUSING WORKS BOOKSTORE — LIBROS

plano p. 416 (☎212-334-3324; www.housingworks.org/locations/bookstore-cafe; 126 Crosby St, entre E Houston St y Prince St, SoHo; 🕐9.00-21.00 lu-vi, 10.00-17.00 sa y do; [S]B/D/F/M hasta Broadway-Lafayette St; N/R hasta Prince St) Una tienda informal y sencilla con una gran selección de artículos de segunda mano, libros, vinilos, CD y DVD, cuyos beneficios se destinan a los sin techo de la ciudad afectados por el sida y el VIH. Con sus suelos de madera originales, es muy agradable para pasar una tarde tranquila curioseando o sentarse en la cafetería a tomar un café.

Para eventos regulares, como los entretenidos concursos de narración Moth StorySLAM (www.themoth.org), véase su web.

EVOLUTION NATURE STORE REGALOS Y RECUERDOS

plano p. 424 (☎212-343-1114; www.theevolutionstore.com; 687 Broadway, entre W 3rd St y W 4th St; 🕒11.00-20.00; [S]R/W hasta 8th Ave-NYU; 6 hasta Astor Pl) Si el viajero busca una cabeza reducida o un escarabajo disecado, esta conocida tienda del SoHo tiene las vitrinas llenas de hallazgos raros de todo el mundo. Este espacio grande y oscuro suele llenarse los fines de semana, cuando la gente que pasea por el SoHo entra a ver curiosidades.

AJI ICHIBAN COMIDA

plano p. 419 (☎212-233-7650; 37 Mott St, entre Bayard St y Mosco St, Chinatown; 🕒10.00-19.00 lu-vi, hasta 20.00 sa y do; [S]N/Q/R, J/Z, 6 hasta Canal St) Esta cadena hongkonesa es un sueño para los golosos, sean asiáticos o no. Vende malvaviscos con aroma a sésamo, gelatinas de leche, caramelos de miel y ciruelas y rosas en conserva, pero también exquisiteces asiáticas saladas, como calamar o anchoa seca picante, chips de cangrejo y los omnipresentes guisantes con *wasabi*.

DEPORTES Y ACTIVIDADES

GREAT JONES SPA SPA

plano p. 416 (☎212-505-3185; www.gjspa.com; 29 Great Jones St, entre Lafayette St y Bowery, NoHo; 🕒9.00-22.00; [S]6 hasta Bleecker St; B/D/F/M hasta Broadway-Lafayette St) En este local del centro diseñado según el *feng shui* no hay que escatimar: entre sus servicios destacan los exfoliantes de sal con sanguina y los tratamientos faciales con células madre. Si se gastan más de 100 US$ por persona (no es difícil, pues los masajes de 1 h/tratamientos faciales cuestan desde 145/135 US$), se puede acceder a la sala de aguas con su bañera termal de hidromasaje, sauna, sala de vapor y piscina fría de inmersión (imprescindible llevar traje de baño).

East Village y Lower East Side

EAST VILLAGE | LOWER EAST SIDE

Lo mejor

❶ New Museum of Contemporary Art (p. 108) Admirar la fachada de cubos blancos de este museo, y después valorar sus impresionantes obras de arte moderno.

❷ Lower East Side Tenement Museum (p. 107) Ser testigo de las precarias condiciones en las que vivían los primeros inmigrantes.

❸ St Marks Place (p. 110) Deambular por tiendas de curiosidades y bares de *sake,* y luego comer en las tranquilas calles vecinas e ir de compras.

❹ Alphabet City (p. 106) Ver sus *pubs* y coctelerías y parar a comer algo por el camino.

❺ Vanessa's Dumpling House (p. 117) Algunas de las mejores (y más asequibles) empanadillas chinas de la ciudad.

Para más detalles sobre esta zona, véanse planos pp. 420 y 422

Consejo de Lonely Planet

Son muchos los restaurantes de esta zona que no admiten reservas, así que lo mejor es pasar al mediodía por el local donde apetezca cenar y apuntarse en la lista de espera; así hay muchas probabilidades de conseguir mesa nada más llegar por la noche.

Los mejores restaurantes

→ Upstate (p. 114)

→ Degustation (p. 116)

→ Momofuku Noodle Bar (p. 114)

→ Mamoun's (p. 138)

→ Veselka (p. 114)

Para reseñas, véase p. 113 →

Los mejores bares

→ Rue B (p. 118)

→ Jimmy's No 43 (p. 118)

→ Angel's Share (p. 118)

→ Immigrant (p. 118)

→ Ten Bells (p. 121)

Para reseñas, véase p. 118 →

Las mejores tiendas

→ Obscura Antiques (p. 124)

→ A-1 Records (p. 125)

→ By Robert James (p. 125)

→ Verameat (p. 124)

→ Tokio 7 (p. 125)

Para reseñas, véase p. 124 →

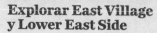

Explorar East Village y Lower East Side

Si el viajero ha soñado con la Nueva York de grafitis, rascacielos, *punks,* abuelitas y tipos de la industria financiera andando unos al lado de otros, además de bonitas cafeterías con mesas destartaladas que invaden la acera... entonces el East Village es su santo grial. La zona que rodea Tompkins Square Park (p. 111) y las avenidas con nombre de letra (Alphabet City), al este del parque, están llenas de pequeños locales para comer y beber; y además cuentan con una serie de jardincillos comunitarios que brindan un frondoso respiro y algún que otro concierto. Las calles por debajo de Houston St y al este del Bowery están repletas de *boutiques* y restaurantes creativos, y algún que otro bar *punk* entre bares clandestinos de moda. El ambiente es tranquilo de día, pero de noche, cuando la bebida circula, las hormonas palpitan y llega el gentío, es un lugar muy distinto. Es un enclave muy variopinto y uno de los más representativos de la ciudad actual.

Vida local

→ **A una manzana** La famosa St Marks Place (p. 110) atrae a multitudes que van de compras o de juerga, aunque resulta un poco caótica. A una manzana en cada dirección hay excelentes restaurantes y tiendas con la mitad de gente.

→ **El mundo en el paladar** East Village y Lower East Side no tienen rival en lo referente a cocina étnica. La mayor parte de los restaurantes de la zona no aceptan reservas, así que lo mejor es pasear y elegir una mesa para que el paladar viaje por Italia, India, Indonesia o casi cualquier país del mundo.

Cómo llegar y salir

→ **Metro** En el East Village el tren L discurre por 14th St con paradas en First Ave y Third Ave, mientras que el F para en Second Ave esq. Houston St y permite acceder a la zona sur. También se puede tomar el 6 hasta Astor Pl, en el lado occidental del barrio. En el Lower East Side, el B/D hasta Grand St y el F, M/J/Z hasta Delancey St-Essex St llevan a cualquier parte.

→ **Autobús** Para acceder a las zonas orientales de ambos barrios, lo mejor son los autobuses M14, M21 y B39 que circulan por 14th St, Houston St y Delancey St, respectivamente (aunque hay que asegurarse de bajar del B39 antes de que enfile hacia Brooklyn).

No hay otro museo en Nueva York que humanice tanto el variopinto pasado de la ciudad como el Lower East Side Tenement Museum, que muestra el desgarrador pero estimulante patrimonio del barrio con réplicas de antiguos edificios de viviendas. En constante evolución, ofrece una amplia variedad de circuitos y charlas más allá de sus muros, y es una visita indispensable para conocer la antigua Nueva York.

Dentro del edificio de viviendas

Una amplia oferta de circuitos permite recorrer el edificio donde vivieron y trabajaron cientos de inmigrantes a lo largo de los años. El Hard Times, uno de los circuitos más populares, visita viviendas de dos épocas distintas: la década de 1870 y la de 1930; y permite comprobar las miserables condiciones en las que vivían los inquilinos, con un precario retrete comunitario en el exterior y sin electricidad ni agua corriente. Otros circuitos se centran en los inmigrantes irlandeses y la severa discriminación que sufrían, en los trabajadores de talleres clandestinos y en la "vida de tienda" (con la visita a la réplica de una cervecería alemana de 1870).

Circuitos por el barrio

Una buena forma de comprender la experiencia inmigrante es con un circuito a pie por el barrio (entre 75 min y 2 h). Se centran en varios temas: Foods of the Lower East Side analiza el modo en que los platos tradicionales han conformado la cocina estadounidense; Then & Now descubre cómo el barrio ha ido cambiando a lo largo de las décadas; Outside the Home está dedicado a la vida fuera del edificio, donde los inmigrantes guardaban (y perdían) los ahorros de toda una vida; a las iglesias y sinagogas, tan fundamentales en la vida de la comunidad; y a las salas donde los trabajadores malpagados se reunían para luchar por la mejora de sus condiciones laborales.

Victoria

Un 'viaje' a 1916 permite conocer a Victoria Confino, una niña de 14 años perteneciente a una familia griega sefardí. Interpretada por una actriz con ropa de la época, interactúa con los visitantes y responde preguntas sobre cómo era su vida. Es un circuito muy recomendable para niños, ya que se pueden tocar objetos de la casa. Dura 1 h y se realiza todos los fines de semana del año y a diario en verano.

103 Orchard Street

El centro de visitantes de 103 Orchard St incluye la tienda del museo y una pequeña sala donde se proyecta una película original sobre la historia de los inmigrantes en el Lower East Side. Varias noches se organizan conferencias, a menudo relacionadas con la inmigración actual en EE UU. La estructura también fue un edificio de viviendas, se puede preguntar al personal sobre las interesantes familias de origen italiano y de Europa del Este que lo habitaron.

INDISPENSABLE

➡ Rutas temáticas por el barrio

➡ El circuito Hard Times, para recorrer las décadas de 1870 y 1930

➡ Menú "Tasting at the Tenement" (ju 18.30)

➡ El documental gratuito del centro de visitantes (30 min)

DATOS PRÁCTICOS

➡ plano p. 422, B3

➡ ☎877-975-3786

➡ www.tenement.org

➡ 103 Orchard St, entre Broome y Delancey Sts, Lower East Side

➡ circuitos adultos/estudiantes y jubilados 25/20 US$

➡ ⏱10.00-18.30 vi-mi, hasta 20.30 ju

➡ Ⓢ B/D hasta Grand St; J/M/Z hasta Essex St; F hasta Delancey St

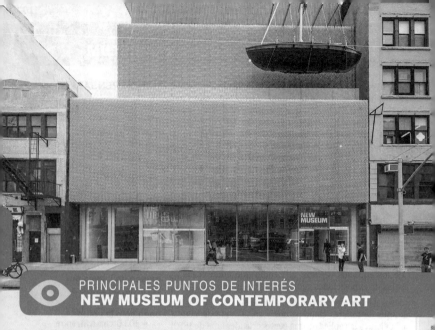

El nuevo museo de arte contemporáneo del LES, diseñado por el reconocido estudio de arquitectura japonés SANAA, demuestra que un museo no solo destaca por lo que contiene. Su singular vista a pie de calle da carácter al barrio, pero su arsenal de arte deslumbra tanto como su fachada.

La filosofía del museo

Fundado en 1977 por Marcia Tucker y asentado en cinco emplazamientos distintos a lo largo de los años, la filosofía del museo es sencilla: "Arte nuevo, ideas nuevas". La institución acogió exposiciones de artistas como Keith Haring, Jeff Koons, Joan Jonas, Mary Kelly y Andrés Serrano cuando estos empezaban sus carreras, y hoy continúa apostando por los pesos pesados del arte contemporáneo. Es el único museo de la ciudad dedicado en exclusiva al arte contemporáneo y su nómina consistente en obras de avanzada vanguardia, como materiales de desecho aparentemente aleatorios, fusionados entre sí y expuestos en el centro de una enorme sala.

Cuenta con el New Museum Cafe, un sitio estupendo para poder saborear las delicias *gourmet* de las grandes tiendas de NY, incluida la bollería del Cafe Grumpy, los tés de McNulty, el café de Intelligentsia y los sándwiches de Duck's Eatery.

Cuestión de órbita

Ya hace unos cuantos años que el New Museum ha inspirado a los edificios que lo rodean, que adoptan diseños etéreos similares. Quizá lo más interesante es que el museo se ha convertido en una especie de fuerza magnética que atrae a un puñado de pequeños talleres y espacios creativos (p. 112) a su órbita.

INDISPENSABLE

➡ Ver la fachada desde el otro lado de la calle
➡ El New Museum Cafe
➡ La New Museum Store

DATOS PRÁCTICOS

➡ plano p. 422, A3
➡ 212-219-1222
➡ www.newmuseum.org
➡ 235 Bowery, entre Stanton St y Rivington St, Lower East Side
➡ adultos/niños 18 US$/ gratis, 19.00-21.00 ju con donativo
➡ 11.00-18.00 ma, mi y vi-do, hasta 21.00 ju
➡ R/W hasta Prince St; F hasta 2nd Ave; J/Z hasta Bowery; 6 hasta Spring St

La perspectiva de SANAA

Las exposiciones son todas itinerantes y modifican el espacio interior, pero el exterior –una inspirada expresión arquitectónica– se mantiene constante en su rol de elemento estructural singular, dentro del variado perfil urbano de la ciudad pero, a la vez, fusionándose con el fondo y realzando las exposiciones que alberga.

El edificio es una creación de la moderna firma japonesa SANAA, una sociedad de dos mentes brillantes, Kazuyo Sejima y Ryue Nishizawa. En el 2010 SANAA ganó el preciado Premio Pritzker (considerado el Oscar de la arquitectura) por su contribución al mundo del diseño. Su marca característica, sus fachadas evanescentes, son famosas en todo el mundo por su estricto respeto a la estética funcional, que a veces incluye el entorno en la forma general de la estructura. El esquema de cubos superpuestos contrasta con el ladrillo rojo y las escaleras de incendios de los edificios vecinos, al tiempo que alude a las salas de exposiciones geométricas del interior.

LA TIENDA DEL MUSEO

Si no hay ninguna exposición que interese, siempre merece la pena visitar la tienda y hojear algunos libros de gran formato; a veces, algunos de ellos incluyen interesantes colaboraciones de los artistas expuestos. La tienda tiene el mismo horario que el museo.

Para ahorrar dinero se puede visitar el museo un jueves por la tarde, de 19.00 a 21.00, cuando se paga solo la voluntad. Dependiendo de la exposición, puede haber más o menos público; lo mejor es ir a hacer cola a las 18.45.

SÁBADOS FAMILIARES

El primer sábado de cada mes, el museo ofrece eventos especiales para pequeños artistas, con actividades y talleres para niños de hasta 15 años. Ese día, los adultos tienen entrada gratuita (los niños siempre entran gratis).

EAST VILLAGE Y LOWER EAST SIDE NEW MUSEUM OF CONTEMPORARY ART

PRINCIPALES PUNTOS DE INTERÉS
ST MARKS PLACE

En Nueva York cada calle tiene una historia, desde la acción que el viajero ve ante sus ojos hasta las densas anécdotas ocultas tras pintorescas fachadas. St Marks Place es una de las mejores aceras para descubrir historias, ya que casi todos los edificios de sus manzanas mantienen vivo el pasado de un East Village más indómito.

Astor Place

Al oeste de St Marks Place está **Astor Place** (plano p. 420; 8th St, entre Third Ave y Fourth Ave; [S]N/R hasta 8th St-NYU, 6 hasta Astor Pl), un concurrido cruce de calles señalizado por una curiosa escultura cuadrada que los vecinos apodan con cariño (y acierto) *The Cube*. Punto de encuentro favorito de los habitantes del barrio, esta obra de arte –titulada *Álamo*– pesa más de 800 kg y está hecha de acero corten.

En su origen, Astor Place era la sede de la hoy desaparecida Astor Opera House, cuyas funciones convocaban a la gente adinerada de la ciudad a mediados del s. XIX. La plaza también fue escenario de los infames disturbios de Astor Place, cuando las protestas de la población irlandesa por la gran hambruna de su patria levantaron tanto revuelo que la policía reaccionó disparando contra los manifestantes, hiriendo a cientos y matando al menos a 18 personas.

Hoy la plaza es conocida como la antigua sede de Village Voice y del instituto de diseño **Cooper Union** (Foundation Building, Great Hall; plano p. 420; www.cooper.edu; 7 E 7th St, entre Third Ave y Fourth Ave, East Village; [S]6 hasta Astor Pl, N/R hasta 8th St-NYU).

INDISPENSABLE

- Los edificios que popularizó Led Zeppelin en *Physical Graffiti* (nº 96 y nº 98)
- Tomar un *brunch* en uno de sus sugestivos cafés
- El Tompkins Square Park, al final de la calle
- Las bombas de *sake* de uno de los bares japoneses subterráneos
- Comprar chismes y recuerdos curiosos

DATOS PRÁCTICOS

- plano p. 420, C2
- St Marks Pl, Ave A hasta Third Ave, East Village
- [S]N/R/W hasta 8th St-NYU; 6 hasta Astor Pl

De la Tercera Avenida a la avenida A

Siendo una de las calles más famosas de NY, St Marks Place es también una de las más pequeñas; solo ocupa tres manzanas entre Astor Pl y Tompkins Square Park. Sin embargo, está repleta de delicias históricas. Hasta hace poco, el nº 2 de St Marks Place era conocido como la St Mark's Ale House (aún existe el St Mark's Hotel), pero durante un tiempo fue el famoso Five-Spot, que en la década de 1950 vio el debut del monstruo del *jazz* Thelonious Monk. Un reparto de personajes variopintos ha desfilado por el nº 4 de St Marks Place: el hijo de Alexander Hamilton construyó la estructura, James Fenimore Cooper vivió en él durante la década de 1830, y los artistas Fluxus de Yoko Ono pasaron por el edificio en los años sesenta. Los edificios de los nº 96 y 98 quedaron inmortalizados en la cubierta del álbum *Physical Graffiti,* de Led Zeppelin. Aunque cerró en la década de 1990, el nº 122 albergaba el popular café Sin-é, donde tocaban Jeff Buckley y David Gray.

Tompkins Square Park

St Marks Place termina en un claro verde en pleno corazón de East Village, **Tompkins Square Park** (plano p. 420; www.nycgovparks.org; E 7th St y 10th St, entre avenidas A y B; 🕒6.00-24.00; [S] 6 hasta Astor Pl), de 4 Ha, que conmemora a Daniel Tompkins, gobernador de Nueva York de 1807 a 1817 (y después, vicepresidente de la nación con James Monroe). Para los vecinos, es como una acogedora plaza de pueblo donde jugar al ajedrez, ir de pícnic o improvisar conciertos de guitarras o tambores. También cuenta con canchas de baloncesto, un recinto donde los perros pueden correr sueltos, frecuentes conciertos de verano y una zona infantil. El parque, reformado hace poco, no siempre fue un sitio tan acogedor: en los años ochenta, era una zona sucia y sórdida, con jeringas en el suelo y campamentos de los sin techo. El punto de inflexión llegó con una batida policial que expulsó a más de 100 okupas que vivían en un campamento de tiendas de campaña en 1988 (y de nuevo en 1991). La primera batida derivó en episodios violentos, los disturbios de Tompkins Square, y dio lugar a la primera ola de *yuppies* paseando a sus perros, fans de la moda tumbados en el césped y agentes antidroga infiltrados como jóvenes *punks* drogadictos. Hoy día no da mucho espectáculo, quitando algún que otro festival de música y artes que evoca brevemente sus días de gloria bohemia.

TIENDAS 'PUNK'

East Village fue la cuna del *punk* emergente y muchos *punks* frecuentaban las tiendas de ropa de St Marks para vestir como debían. Aunque la mayoría de esas tiendas ha desaparecido, dejando paso a negocios más turísticos, todavía se conservan algunas.

EL MEJOR 'BRUNCH'

Además de todos sus enclaves históricos y curiosos, St Marks cuenta con sitios maravillosos para ir a comer. Los *brunchs* de fin de semana en East Village son una gran apuesta, ya que sus restaurantes suelen ser menos caros (y menos modernos) que los locales de moda de los barrios vecinos. Se puede ir al Cafe Mogador (p. 115), que fusiona clásicos estadounidenses con un surtido de platos de Oriente Medio.

👁 PUNTOS DE INTERÉS

👁 East Village

ST MARKS PLACE CALLE
Véase p. 110.

TOMPKINS SQUARE PARK MUSEO
Véase p. 111.

ST MARK'S IN THE BOWERY IGLESIA
plano p. 420 (☎212-674-6377; www.stmarks bowery.org; 131 E 10th St con Second Ave, East Village; ◷10.00-18.00 lu-vi; ⓢL hasta 3rd Ave; 6 hasta Astor Pl) Aunque entre los vecinos es más popular por su oferta cultural –recitales de poesía a cargo de Poetry Project y danza vanguardista de Danspace y el Ontological Hysteric Theater–, es también un lugar histórico. Esta iglesia episcopal se alza sobre una antigua granja (*bouwerij*), que fue propiedad del gobernador holandés Peter Stuyvesant, cuya cripta descansa debajo. Además de su oferta cultural, la iglesia acoge eventos y charlas sobre actualidad política (véase su web).

EAST RIVER PARK PARQUE
plano p. 420 (www.nycgovparks.org/parks/east-river-park; FDR Dr y E Houston St; ◷amanecer-1.00; ⓢF hasta Delancey-Essex Sts) Además de canchas de béisbol y senderos de *running* y ciclismo, un anfiteatro de 5000 plazas para conciertos y zonas verdes, este parque cuenta con brisas frescas y bonitas vistas de los puentes de Williamsburg, Manhattan y Brooklyn. A pesar de estar flanqueado por un altísimo edificio de viviendas sociales, la congestionada autovía FDR Dr y el parduzco río East, es un buen sitio para salir a pasear o a correr por la mañana.

GALERÍAS DE LOWER EAST SIDE

Si bien Chelsea es el peso pesado de NY en lo que a galerías de arte se refiere, en Lower East Side hay varias galerías de alto nivel. Una de las pioneras, la **Sperone Westwater** (plano p. 422; ☎212-999-7337; www.speronewestwater.com; 257 Bowery, entre E Houston St y Stanton St, Lower East Side; ◷10.00-18.00 ma-sa; ⓢF hasta 2nd Ave) de 1975, representa a figuras del arte mundial, como William Wegman y Richard Long, y su nueva sede es obra del famoso Norman Foster, que ya causó sensación en NY con sus diseños para el edificio Hearst y el Avery Fisher Hall. Cerca de ella, el vanguardista **Salon 94** cuenta con dos galerías en Lower East Side: una medio escondida en **Freeman Alley** (plano p. 422; www.salon94.com; 1 Freeman Alley, por Rivington, Lower East Side; ⓢF hasta 2nd Ave; J/Z/M hasta Bowery) y otra en **Bowery** (plano p. 422; ☎212-979-0001; www.salon94.com; 243 Bowery esq. Stanton St, Lower East Side; ◷11.00-18.00 ma-sa; ⓢF hasta 2nd Ave; J/Z/M hasta Bowery), cerca del New Museum of Contemporary Art. Esta última tiene una videopantalla LCD de 6 m que proyecta videoarte en la calle. Unas manzanas al norte se halla **Hole** (plano p. 420; ☎212-466-1100; www.theholenyc.com; 312 Bowery, en Bleecker, East Village; ◷12.00-19.00 mi-do; ⓢ6 hasta Bleeker St; B/D/F/M hasta Broadway-Lafayette St), de 1858 m², famosa por su arte y por sus escandalosas inauguraciones, que reúnen a las estrellas del circuito artístico del centro y a famosos como Courtney Love y Salman Rushdie.

Broome St, entre Chrystie y Bowery, se está convirtiendo en el nexo del panorama artístico de Lower East Side, con galerías como **White Box, Canada** y **Jack Hanley,** unas junto a otras. Otro grupo de galerías en boga es el de Orchard St, entre Rivington y Canal St.

Otros espacios populares y contemporáneos son **Lehmann Maupin** (plano p. 422; ☎212-254-0054; www.lehmannmaupin.com; 201 Chrystie St, entre Stanton St y Rivington St, Lower East Side; ◷10.00-18.00 ma-sa; ⓢF hasta Delancey-Essex Sts), **Mesler/Feuer** (plano p. 422; www.meslerfeuer.com; 319 Grand St, 2º piso, entre Allen y Orchard Sts, Lower East Side; ◷11.00-18.00 mi-do; ⓢJ/M/Z/F hasta Delancey/Essex St; B/D hasta Grand St) y **Lesley Heller** (plano p. 422; ☎212-410-6120; www.lesleyheller.com; 54 Orchard St, entre Grand y Hester, Lower East Side; ◷11.00-18.00 mi-sa, desde 12.00 do; ⓢB/D hasta Grand St; F hasta East Broadway).

Lower East Side

LOWER EAST SIDE TENEMENT MUSEUM MUSEO

Véase p. 107.

NEW MUSEUM OF CONTEMPORARY ART MUSEO

Véase p. 108.

ANASTASIA PHOTO GALERÍA

plano p. 422 (www.anastasia-photo.com; 143 Ludlow St, entre Stanton St y Rivington St, Lower East Side; 🕒11.00-19.00 ma-do; [S]F hasta Delancey St; J/M/Z hasta Essex St) Esta pequeña galería está especializada en fotografía documental y fotoperiodismo. Sus obras evocadoras invitan a la reflexión y tratan temas como la pobreza de la América rural, los estragos de la guerra y las culturas africanas en peligro de extinción. El personal facilita el contexto significativo necesario.

MUSEO DE LA SINAGOGA DE ELDRIDGE STREET MUSEO

plano p. 422 (☎212-219-0302; www.eldridgestreet.org; 12 Eldridge St, entre Canal St y Division St, Lower East Side; adultos/niños 14/8 US$, lu se sugiere donativo; 🕒10.00-17.00 do-ju, hasta 15.00 vi; [S]F hasta East Broadway) Este simbólico lugar de culto, construido en 1887, era el centro de la vida judía, antes de caer en la miseria en los años veinte. Abandonada a su suerte, la sinagoga se restauró en el 2007 y hoy luce en todo su esplendor original. La entrada del museo incluye una **visita guiada** a la sinagoga (cada hora; última 16.00).

SINAGOGA Y MUSEO KEHILA KEDOSHA JANINA SINAGOGA

plano p. 422 (☎212-431-1619; www.kkjsm.org; 280 Broome St, en Allen St, Lower East Side; 🕒11.00-16.00 do, misa 9.00 sa; [S]F, J/M/Z hasta Delancey-Essex Sts) Esta pequeña sinagoga es la sede de una rama del judaísmo poco conocida, los romaniotes, cuyos ancestros fueron esclavos enviados a Roma en barco pero desviados hacia Grecia a causa de una tormenta. Esta es su única sinagoga en el hemisferio occidental, con un pequeño museo que incluye certificados de nacimiento pintados a mano, una galería de arte, un monumento a los judíos griegos del Holocausto y prendas de Janina, la capital romaniota de Grecia.

SARA D ROOSEVELT PARK PARQUE

plano p. 422 (Houston St, en Chrystie St, Lower East Side; [S]F hasta Delancey-Essex Sts) Muy cuidado en los últimos años, este dinámico parque de tres manzanas bulle de actividad los fines de semana gracias a sus canchas de baloncesto, un pequeño campo de fútbol (con césped sintético) y paseantes de todas las edades y colores.

🍴 DÓNDE COMER

Aquí se halla el paradigma del panorama culinario de Nueva York: su apabullante variedad –que abarca todos los continentes y presupuestos– en una sola manzana. Hay tentaciones para todos: desde *trattorias* italianas hasta *fondues* de Sichuan, innovadoras bocadillerías, palacios *de pierogi* (empanadillas ucranianas), locales de *sushi* y *ramen*, pizzerías y casetas de *falafel*. En la calle E 6th St entre la Primera y Segunda avenidas, llamada a veces "Curry Row", todavía quedan algunos restaurantes baratos bangladeshíes.

🍴 East Village

ESPERANTO BRASILEÑA $

plano p. 420 (www.esperantony.com; 145 Ave C, en E 9th St, East Village; ppales. 18-24 US$; 🕒10.00-23.00 do-ju, hasta 24.00 vi y sa; [S]L hasta 1st Ave) La llamativa fachada verde y la gran terraza evocan los días de gloria de Alphabet City antes de que empezara a llenarse de bloques de pisos acristalados y coctelerías elegantes. Aquí uno puede quedarse toda la noche bebiendo caipiriñas y comiendo unas tiras de carne con chimichurri o *feijoada* (guiso tradicional brasileño).

MAMOUN'S ORIENTE MEDIO $

plano p. 420 (☎646-870-5785; http://mamouns.com; 30 St Marks Pl, entre Second Ave y Third Ave, East Village; sándwiches 4-7 US$, platas 7-12 US$; 🕒11.00-2.00 lu-mi, hasta 3.00 ju, hasta 5.00 vi y sa, hasta 1.00 do; [S]6 hasta Astor Pl; L hasta 3rd Ave) Este antiguo local de comida para llevar de la cadena neoyorquina de *falafel* ha ampliado su tienda de St Marks con más mesas dentro y fuera. Los fines de semana a última hora los noctámbulos ebrios hacen cola para rematar la noche con un jugoso *shawarma* con la famosa salsa picante de Mamoun.

BAIT & HOOK
PESCADO $

plano p. 420 (☎212-260-8015; www.baitandhook nyc.com; 231 Second Ave, en E 14th St, East Village; especiales desde 5 US$, ppales. 12-18 US$; ⏱12.00-23.00 do-mi, 12.00-24.00 ju-sa; **S**L tren hasta 1st Ave) Bar de Manhattan con unas *happy hours* dignas de aplauso y días temáticos muy interesantes. Cualquier día de la semana hay buen ambiente, ya sea el lunes del mejillón o el martes del taco. El interior es alegre y espacioso, con una decoración náutica *kitsch* pero de buen gusto.

ARTICHOKE BASILLE'S PIZZA
PIZZERÍA $

plano p. 420 (☎212-228-2004; www.artichokepiz za.com; 328 E 14th St, entre First Ave y Second Ave, East Village; porción 5 US$; ⏱10.00-5.00; **S**L hasta 1st Ave) Regentada por dos italianos de Staten Island, esta minicadena tiene fama entre los neoyorquinos por su *pizza* llena de ingredientes. La de la casa lleva mucho queso, alcachofas y espinacas. La siciliana, sencilla y más fina, destaca por la masa crujiente y la salsa. Enseguida se forman colas.

MIKEY LIKES IT
HELADERÍA $

plano p. 420 (www.mikeylikesiticecream.com; 199 Ave A, entre E 12th St y E 13th St, East Village; bola 4 US$; ⏱12.00-24.00 do-ju, hasta 2.00 vi y sa; **S**L hasta 1st Ave) Este pequeño local es más de lo que aparenta. Sus sabores caseros son deliciosos y ofrecen combinaciones de lo más originales: fresas maceradas en vinagre balsámico con pimienta negra o helado de plátano con chocolate y cacahuetes. La motivadora historia del dueño y fundador, Mike Cole, hace que el helado inspirado en el *hip*-hop sepa todavía más dulce.

MIGHTY QUINN'S
BARBACOA $

plano p. 420 (☎212-677-3733; www.mightyquinns bbq.com; 103 Second Ave, en 6th St, East Village; carne 8-10 US$; ⏱11.30-23.00 do-ju, hasta 24.00 vi y sa; **S**6 hasta Astor Pl; F hasta 2nd Ave) Solo hay que hacerse con una bandeja y unirse a las hordas de fans de la barbacoa de este popularísimo y animado restaurante. El festín se compone de carne tierna, costillas ahumadas, sabrosas tiras de carne de cerdo y acompañamientos generosos (ensalada de col, boniatos guisados, judías con tomate).

MUD
CAFÉ $

plano p. 420 (☎212-529-8766; www.onmud.com; 307 E 9th St, entre Second Ave y First Ave, East Village; ppales. 6-13 US$, *brunch* 18,50 US$; ⏱7.30-24.00 lu-vi, desde 8.00 sa y do; **S**L hasta 3rd Ave; L hasta 1st Ave; 4/6 hasta Astor Pl) Este rincón de 9th St es uno de los favoritos entre los vecinos para tomar un café rápido o un desayuno sustancioso después de una larga noche de marcha y charlar con los amigos (no hay wifi). El *brunch* diario (café, cerveza artesana o un mimosa y un principal) es una ganga (18,50 US$). Al fondo tiene un jardín bastante grande.

RAI RAI KEN
RAMEN $

plano p. 420 (☎212-477-7030; 218 E 10th St, entre First Ave y Second Ave, East Village; *ramen* 10-13 US$; ⏱11.30-23.45; **S**L hasta 1st Ave; 6 hasta Astor Pl) Es una tienda diminuta, pero nunca pasa desapercibida gracias al grupito de vecinos que aguardan su turno ante la puerta. En el interior hay una barra de fideos con taburetes donde los cocineros se afanan en servir raciones de caldo de cerdo hirviendo.

VESELKA
DE EUROPA DEL ESTE $

plano p. 420 (☎212-228-9682; www.veselka.com; 144 Second Ave con 9th St, East Village; ppales. 10-19 US$; ⏱24 h; **S**L hasta 3rd Ave; 6 hasta Astor Pl) Este animado homenaje al pasado ucraniano de la zona sirve *pierogi* (empanadillas) y *gulash* de ternera entre otros contundentes platos caseros. En el abarrotado comedor se sirve comida toda la noche, aunque suele estar lleno a cualquier hora, y es un punto de encuentro de escritores, actores y personajes del barrio.

★MOMOFUKU NOODLE BAR
FIDEOS $

plano p. 420 (☎212-777-7773; www.noodlebar-ny. momofuku.com; 171 First Ave, entre E 10th St y 11th St, East Village; ppales. 16 US$; ⏱12.00-23.00 do-ju, hasta 1.00 vi y sa; **S**L hasta 1st Ave; 6 hasta Astor Pl) Con solo 30 taburetes y sin aceptar reservas, este bullicioso fenómeno siempre está a rebosar de clientes. Merece la pena hacer cola por el plato especial de la casa: el caldo con fideos *ramen*, servido con huevo pochado y tripa de cerdo; o con interesantes combinaciones. La carta cambia a diario e incluye bocadillos (como el de carne de cerdo y rábano picante), tentempiés (alitas de pollo ahumadas) y postres.

UPSTATE
PESCADO Y MARISCO $

plano p. 420 (☎212-460-5293; www.upstatenyc. com; 95 First Ave, entre E 5th St y 6th St, East Village; ppales. 15-30 US$; ⏱17.00-23.00; **S**F hasta 2nd Ave) Sirve espectaculares platos de marisco y cervezas artesanales. La carta es breve y cambia a menudo, pero incluye platos como mejillones al vapor con cerveza, guisos

JARDINES COMUNITARIOS

Tras un tramo sin árboles, los jardines de Alphabet City causan sensación. Se crearon como una red de zonas verdes en solares abandonados para dotar a los barrios más desfavorecidos de jardines comunitarios, y se plantaron árboles y plantas, se construyeron areneros, se colocaron esculturas y empezaron las partidas de dominó, siempre en zonas verdes encajadas entre edificios o en manzanas enteras. Y aunque algunos han desaparecido –a pesar de encendidas protestas– en beneficio de promotores inmobiliarios, la mayoría se ha conservado y se pueden visitar los fines de semana, cuando están abiertos al público. Muchos jardineros son activistas de la comunidad y una buena fuente de información sobre política local.

Le Petit Versailles (plano p. 420; www.alliedproductions.org; 346 E Houston St, en Ave C, East Village; ⌚14.00-19.00 ju-do; [S]F hasta Delancey St; J/M/Z hasta Essex St) es la singular simbiosis de un oasis verde y un colectivo artístico muy dinámico, y ofrece una selección de actuaciones y proyecciones curiosas. El **6th & B Garden** (plano p. 420; www.6bgarden.org; E 6th St y Ave B, East Village; ⌚13.00-18.00 sa y do abr-oct; [S]6 hasta Astor Pl; L hasta 1st Ave) es un espacio bien organizado que ofrece actuaciones musicales, talleres y sesiones de yoga gratis; véase la web para saber más. Tres magníficos sauces llorones, una curiosa imagen de la ciudad, alegran los solares gemelos de **La Plaza Cultural** (plano p. 420; www.laplazacultural.com; E 9th St, at Ave C, East Village; ⌚10.00-19.00 sa y do abr-oct; [S]F hasta 2nd Ave; L hasta 1st Ave). También merece la pena visitar el **All People's Garden** (plano p. 420; 293 E 3rd St, entre Aves C y D, East Village; ⌚13.00-17.00 sa y do abr-oct; [S]F hasta 2nd Ave) y **Brisas del Caribe** (plano p. 420; 237 E 3rd St, East Village; ⌚13.00-17.00 sa y do abr-oct; [S]F hasta 2nd Ave).

de marisco, vieiras con *risotto* de setas, nécoras y ostras. No hay congelador, el marisco llega fresco del mercado a diario y así uno sabe que todo lo que come es fresquísimo. Suele haber colas; se recomienda ir pronto.

LUZZO'S — PIZZERÍA $

plano p. 420 (☎212-473-7447; www.luzzosgroup.com; 211 First Ave, entre E 12th y 13th Sts, East Village; *pizzas* 18-25 US$; ⌚12.00-23.00 do-ju, hasta 24.00 vi y sa; [S]L hasta 1st Ave) Esta pizzería con solera en una finca estrecha y rústica, cada noche se llena hasta los topes de sibaritas que disfrutan con sus *pizzas* al horno de carbón, con masa fina y tomates maduros. Solo acepta efectivo.

LAVAGNA — ITALIANA $

plano p. 420 (☎212-979-1005; www.lavagnanyc.com; 545 E 5th St, entre av. A y B, East Village; ppales. 19-34 US$; ⌚18.00-23.00 lu-ju, hasta 24.00 vi, 12.00-15.30 y 17.00-24.00 sa, hasta 23.00 do; 🍷👪; [S]F hasta 2nd Ave) Madera oscura, velas y el brillo de una cocina abierta convierten este local en refugio nocturno de parejas, aunque es tan tranquilo que también resulta apto para niños, sobre todo a primera hora, antes de que el recinto, muy pequeño, se llene del todo. Sirve deliciosos platos de pasta, *pizzas* de masa fina y contundentes platos principales.

CAFE MOGADOR — MARROQUÍ $

plano p. 420 (☎212-677-2226; www.cafemogador.com; 101 St Marks Pl, entre 1st St y Ave A, East Village; ppales. almuerzo 9-18 US$, cena 16-22 US$; ⌚9.00-24.00 do-ju, hasta 1.00 vi y sa; [S]6 hasta Astor Pl) Regentado por una familia, es uno de los locales clásicos de NY que sirve montañas de cuscús, cordero a la parrilla y salchicha *merguez* (especiada, de cordero o vaca) con arroz basmati, además de platos combinados de *hummus* y *baba ganoush*. Por encima de todo, destacan los tajines, de pollo o cordero, cocinados al estilo picante tradicional y servidos de cinco maneras distintas. Una clientela joven llena el local y se expande por las pequeñas mesas exteriores en los días soleados. El *brunch* (fines de semana, de 9.00 a 16.00) es excelente.

WESTVILLE EAST — AMERICANA MODERNA $

plano p. 420 (☎212-677-2033; www.westvillenyc.com; 173 Ave A, entre E 10th St y E 11th St, East Village; ppales. 13-23 US$; ⌚10.00-23.00; [S]L hasta 1st Ave; 6 hasta Astor Pl) En un elegante y encantador entorno con casitas, el Westville sirve verduras recién llegadas del mercado y platos principales deliciosos. Es muy apreciado entre los neoyorquinos en el almuerzo, cuando hacen una pausa del trabajo para devorar una ensaladas de col rizada o un perrito caliente.

IPPUDO NY
FIDEOS $

plano p. 420 (☎212-388-0088; www.ippudo.com/
ny; 65 Fourth Ave, entre 9th St y 10th St, East Village; *ramen* 15 US$; ☉11.00-15.30 y 17.00-23.30 lu-
ju, hasta 24.30 vi, 11.00-23.30 sa, hasta 22.30 do;
ⓈR/W hasta 8th St-NYU; 4/5/6, N/Q/R/W, L hasta 14th St-Union Sq; 6 hasta Astor Pl) La buena
gente de este local ha apostado por la elegancia, acompañando su deliciosa receta de
ramen con una decoración muy cuidada y
buen *rock'n'roll* en los altavoces.

DEGUSTATION
EUROPEA MODERNA $

plano p. 420 (☎212-979-1012; www.degustation-
nyc.com; 239 E 5th St, entre Second Ave y Third
Ave, East Village; platos pequeños 12-22 US$,
menú degustación 85 US$; ☉18.00-23.30 ma-sa;
Ⓢ6 hasta Astor Pl) Combinando recetas ibéri-
cas, francesas y del Nuevo Mundo, este local
ofrece una interesante selección de tapas.
Solo tiene 19 plazas. Es un local íntimo donde los clientes se sientan en una larga barra
de madera mientras el chef Oscar Islas Díaz
y su equipo preparan pulpo con mole y tacos de ostras, entre otros platos innovadores.

PRUNE
ESTADOUNIDENSE $

plano p. 420 (☎212-677-6221; www.pruneresta
urant.com; 54 E 1st St, entre First Ave y Second Ave,
East Village; cena 24-33 US$, principales *brunch*
14-24 US$; ☉17.30-23.00, y 10.00-15.30 sa y do;
ⓈF hasta 2nd Ave) Durante el fin de semana,
cuando los más juerguistas buscan mitigar
la resaca con el *brunch* y los excelentes
bloody mary (hay 11 variedades) de este local, se forman colas que dan la vuelta a la
manzana. El pequeño comedor siempre
está lleno de comensales que atacan la tru-
cha a la parrilla con salsa de almendras y
menta, la pechuga de pato o sabrosas molle-
jas. Solo reservan para cenar.

HEARTH
ITALIANA $

plano p. 420 (☎646-602-1300; www.restauran
thearth.com; 403 E 12th St con First Ave, East Village; platos 14-29 US$, menú degustación por perso-
na 78 US$; ☉18.00-22.00 lu-ju, hasta 23.00 vi,
11.00-14.00 y 18.00-23.00 sa, 11.00-15.30 y 18.00-
22.00 do; ⓈL hasta 1st Ave; L, N/Q/R/W, 4/5/6
hasta 14th St-Union Sq) Con su acogedor interior con paredes de ladrillo, el Hearth es un
local de referencia para comensales ricos y
quisquillosos. La carta es de temporada,
pero suele incluir carnes asadas y verduras
salteadas y bien condimentadas y algunos
platos socorridos, como el paté de hígado o
los ñoquis con mantequilla de salvia.

✖ Lower East Side

AN CHOI
VIETNAMITA $

plano p. 422 (☎212-226-3700; http://anchoinyc.
com; 85 Orchard St, entre Broome St y Grand St,
Lower East Side; *banh mi* desde 10 US$, ppales
desde 13 US$; ☉18.00-24.00 lu, desde 12.00 ma-
ju, 12.00-2.00 vi y sa, 12.00-24.00 do; ⓈB/D hasta Grand St; F hasta Delancey St; J/M/Z hasta Essex St) Con unos carteles descoloridos del
Partido Comunista en la pared y un bar que
parece de los años setenta, An Choi ha creado un estilo retro que encanta a los habitantes del East Village. La comida, a base de
platos vietnamitas sencillos como *pho* (sopa
de fideos) y *banh mi* (bocadillos), es sabrosa
y no muy cara a pesar de su fama entre los
hipsters.

KUMA INN
ASIÁTICA $

plano p. 422 (☎212-353-8866; www.kumainn.
com; 113 Ludlow St, entre Delancey St y Rivington
St, Lower East Side; platos pequeños 9-15 US$;
☉18.00-23.00 do-ju, hasta 24.00 vi y sa; ⓈF,
J/M/Z hasta Delancey-Essex Sts) En este concurrido restaurante escondido en un 2º piso
(se entra por una estrecha puerta roja con el
nombre rotulado en el lateral de la pared)
es imprescindible reservar. Las tapas de
inspiración filipina y tailandesa comprenden desde rollitos vegetarianos (con salsa
de cacahuetes y ciruelas) hasta gambas bo-
rrachas picantes y vieiras asadas con beicon y *sake*. Hay que llevar el vino, la cerveza o
el *sake* (cobran por descorche).

SPAGHETTI INCIDENT
ITALIANA $

plano p. 422 (☎646-896-1446; www.spaghettiin
cidentnyc.com; 231 Eldridge St, entre Stanton St y
E Houston St, Lower East Side; ppales. 11-14 US$;
☉12.00-22.30 do y lu, hasta 23.30 ma-sa; ⓈF
hasta 2nd Ave) Para sentarse junto a la barra
de mármol o en una de las mesas laterales y
contemplar a los cocineros elaborando sabrosos platos de espaguetis, bellamente
aderezados, con ingredientes frescos como
pesto de kale, salmón picado y espárragos
con salsa de crema, o salchicha italiana y
grelos. Los sabores (y los precios) son bastante buenos. Ensaladas, *arancini* y vinos
asequibles redondean la carta.

MEATBALL SHOP
ITALIANA $

plano p. 422 (☎212-982-8895; www.themeatball
shop.com; 84 Stanton St, entre Allen St y Orchard
St, Lower East Side; sándwiches 13 US$; ☉11.30-
2.00 do-ju, hasta 4.00 vi y sa; Ⓢ2nd Ave; F hasta

Delancey St; J/M/Z hasta Essex St) Esta tienda, que ha hecho de las humildes albóndigas un arte, sirve cinco jugosas variedades (incluida una opción vegetariana y unos macarrones con queso). Pedidas en bocadillo, con mozzarella y salsa de tomate picante, resultan un sabroso almuerzo económico. Esta tienda tiene un ambiente muy 'rocanrolero', con personal tatuado y música contundente, pero hay otras seis; véase la web para más información.

VANESSA'S DUMPLING HOUSE

CHINA $

plano p. 422 (212-625-8008; www.vanessas. com; 118a Eldridge St, entre Grand St y Broome St, Lower East Side; *dumplings* 1,50-6 US$; 10.30-22.30 lu-sa, hasta 22.00 do; B/D hasta Grand St; J hasta Bowery; F hasta Delancey St) Sus sabrosos buñuelos –al vapor, fritos o en sopa– se saltean a toda velocidad y se sirven a precios imbatibles.

⭐CLINTON STREET BAKING COMPANY

AMERICANA $

plano p. 422 (646-602-6263; www.clintonstreet baking.com; 4 Clinton St, entre Stanton St y Houston St, Lower East Side; ppales. 12-20 US$; 8.00-16.00 y 17.30-23.00 lu-sa, 9.00-17.00 do; J/M/Z hasta Essex St; F hasta Delancey St; F hasta 2nd Ave) Extraordinario negocio familiar con tantos platos excelentes –excelentes tortitas, magdalenas, *po'boys* (bocadillos al estilo sureño), galletas– que una comida estelar está asegurada a cualquier hora. Por la noche se puede pedir el *breakfast for dinner* o desayuno para cenar (a base de tortitas y huevos Benedict), tacos de pescado o el excelente pollo frito con crema de mantequilla.

RUSS & DAUGHTERS CAFE

DE EUROPA DEL ESTE $

plano p. 422 (212-475-4881; www.russanddaugh terscafe.com; 127 Orchard St, entre Delancey St y Rivington St, Lower East Side; ppales. 13-20 US$; 9.00-22.00 lu-vi, desde 8.00 sa y do; F hasta Delancey St; J/M/Z hasta Essex St) Para darse un festín de *bagels* y salmón ahumado con el confort de un *diner* de la vieja escuela. Además, sirve *latkes* (tortitas de patata), *borscht* (sopa rusa de verduras y remolacha) y huevos Benny.

KATZ'S DELICATESSEN

DELI $

plano p. 422 (212-254-2246; www.katzsdelica tessen.com; 205 E Houston St, en Ludlow St, Lower East Side; sándwiches 15-22 US$; 8.00-22.45 lu-mi y do, hasta 2.45 ju, desde 8.00 vi, 24 h sa; F hasta 2nd Ave) Aunque ya no queda gran cosa del panorama gastronómico judío del barrio, todavía hay varios locales destacados como el Katz's, donde Meg Ryan simuló su famoso orgasmo en la película *Cuando Harry encontró a Sally*. Si al viajero le gusta la charcutería clásica, este es el lugar.

Hoy las colas son larguísimas y los precios altos (la especialidad, el sándwich caliente de *pastrami*, cuesta 21,45 US$), pero muchos bocadillos se pueden compartir. Hay que acudir muy temprano o a última hora para evitar las aglomeraciones.

DIMES

CAFÉ $

plano p. 422 (212-925-1300; www.dimesnyc. com; 49 Canal St, entre Orchard St y Ludlow St, Lower East Side; ppales. desayuno 8-13 US$, cena 15-24 US$; 8.00-22.00 lu-vi, 9.00-20.00 sa y do; ; F hasta East Broadway, B/D hasta Grand St) Pequeño restaurante bañado por el sol, con una fiel clientela local que sabe apreciar su amable servicio y sus platos saludables a buen precio. Lo frecuenta un grupo de fans del diseño que quieren desayunar tacos (servidos hasta las 16.00), boles de granola con bayas azaí, ensaladas creativas (con tupinambo, anchoas y queso de cabra) y platos más completos (lubina rayada con curri verde o tiras de cerdo con arroz al jazmín).

FAT RADISH

BRITÁNICA MODERNA $

plano p. 422 (212-300-4053; www.thefatradish nyc.com; 17 Orchard St, entre Hester St y Canal St, Lower East Side; ppales. 23-28 US$; 17.30-24.00 lu-sa, hasta 22.00 do, y 11.00-15.30 sa y do; F hasta East Broadway; B/D hasta Grand St) Los jóvenes modernos se citan en este local con decoración de estilo industrial. Entre el rumor de la cháchara y la gente que se observa, destacan los platos principales, a base de comida estacional de *pub*. Se puede empezar con unas grandes ostras y seguir con una chuleta de cerdo tradicional con calabaza glaseada o trucha de arroyo con alioli de algas.

FREEMANS

AMERICANA $

plano p. 422 (212-420-0012; www.freemansres taurant.com; final de Freeman Alley, Lower East Side; ppales. almuerzo 14-18 US$, cena 26-33 US$; 11.00-23.30 ma-vi, desde 10.00 sa, 10.00-23.00 do, desde 11.00 lu; F hasta 2nd Ave) Oculto en un callejón y muy bien situado, atrae a una clientela *hipster* a la que le tintinean las joyas cuando sorben cócteles. Macetas con plantas y cuernos de cérvidos dan al local un aspecto de refugio de caza, y es un buen sitio para huir del gentío (cuando no está muy lleno).

DÓNDE BEBER Y VIDA NOCTURNA

El Lower East Side todavía se aferra a su condición de barrio más guay de Manhattan. Aunque algunos bares son frecuentados por los "bridge and tunnel", o sea, los de fuera del barrio (y por los turistas), los vecinos adoran los locales nocturnos recién descubiertos donde tocan los próximos reyes del *indie-rock* de Manhattan. Aquí hay para todos los gustos: basta andar arriba y abajo por las pequeñas manzanas y asomarse dentro. Más al este del East Village, el ambiente es cada vez más relajado. Hay tabernas sucias, repletas de estudiantes de Nueva York, y sofisticados bares de copas ocultos detrás del restaurante japonés de al lado. El fin de semana todo está abarrotado.

East Village

RUE B — BAR

plano p. 420 (☎212-358-1700; www.ruebnyc188.com; 188 Ave B, entre E 11th St y 12th St, East Village; 🕑17.00-4.00; [S]L hasta 1st Ave) Este minúsculo local con iluminación ámbar está en un tramo de Ave B con algunos bares. Todas las noches de 21.00 a 24.00 hay *jazz* en directo (y *rockabilly*). La clientela es joven y festiva y el espacio, pequeño, así que hay que vigilar para que uno no acabe con el trombonista sentado en el regazo. Las fotos de *jazz* en blanco y negro y otros símbolos neoyorquinos añaden ambiente.

BERLIN — CLUB

plano p. 420 (☎646-827-3689; 25 Ave A, entre First Ave y Second Ave, East Village; 🕑20.00-4.00; [S]F hasta 2nd Ave) Es como un búnker secreto oculto bajo las calles aburguesadas del East Village y recuerda la época más desenfrenada del barrio. Tras descubrir la entrada, sin señalizar, se baja por unas escaleras y se accede a un espacio cavernoso con techos abovedados de ladrillo, una larga barra y una pequeña pista de baile en la que suenan ritmos *funk*. Atrae a una clientela divertida y bohemia, una mezcla de clase y cutrez con pocas pretensiones. Es pequeño y puede estar abarrotado.

WAYLAND — BAR

plano p. 420 (☎212-777-7022; www.thewaylandnyc.com; 700 E 9th St esq. Ave C, East Village; 🕑17.00-4.00; [S]L hasta 1st Ave) Paredes encaladas, suelos de madera gastada y lámparas recicladas dan a este local tan urbano un ambiente del Misisipi, que combina estupendamente con la música en directo (*bluegrass, jazz,* folk), las noches de lunes a miércoles. Pero la gran atracción son las copas: se puede probar el "I Hear Banjos-Encore", elaborado con licor de tarta de manzana, *whisky* de centeno y corteza de manzano ahumada, que sabe a fuego de campamento. Entre semana, de 16.00 a 19.00, hay oferta de bebidas especiales y ostras por 1 US$.

JIMMY'S NO 43 — BAR

plano p. 420 (☎212-982-3006; www.jimmysno43.com; 43 E 7th St, entre Second Ave y Third Ave, East Village; 🕑16.00-1.00 lu y ma, hasta 14.00 mi y ju, hasta 4.00 vi, 13.00-4.00 sa, hasta 1.00 do; [S]R/W hasta 8th St-NYU; F hasta 2nd Ave; 6 hasta Astor Pl) Barriles y astas de ciervos tapizan las paredes de esta acogedora cervecería en un sótano lleno de vecinos que copean. Hay más de 50 cervezas de importación que maridan muy bien con los deliciosos tentempiés de productos locales.

ANGEL'S SHARE — BAR

plano p. 420 (☎212-777-5415; 8 Stuyvesant St, 2º piso, cerca de Third Ave y E 9th St; 🕑18.00-1.30 do-mi, hasta 2.00 ju, hasta 2.30 vi y sa; [S]6 hasta Astor Pl) Una joya oculta tras un restaurante japonés en la misma planta; hay que llegar pronto para conseguir asiento. Es tranquilo y elegante, con unos bármanes talentosos que sirven cócteles creativos y una extraordinaria colección de *whiskies*. Solo se puede entrar si hay mesas libres o sitio en la barra, y suele ir muy rápido. Las vistas de Stuyvesant Pl y la Tercera Avenida son un plus: uno tiene la sensación de hallarse en el piso de un amigo.

LUCY'S — BAR

plano p. 420 (☎212-673-3824; 135 Ave A, entre St Marks Pl y E 9th St, East Village; 🕑19.00-4.00; [S]L hasta 1st Ave) Situado a la vuelta de la esquina de St Marks Pl, este bar tiene todas las cualidades de un local carismático del East Village. Lleva el nombre de la dueña, a la que a veces se ve en la barra luciendo un pañuelo en la cabeza, y está repleto de bebidas baratas, billares y juegos recreativos. Lo más auténtico de todo es que solo acepta efectivo.

IMMIGRANT — BAR

plano p. 420 (☎646-308-1724; www.theimmigrantnyc.com; 341 E 9th St, entre First Ave y Second Ave,

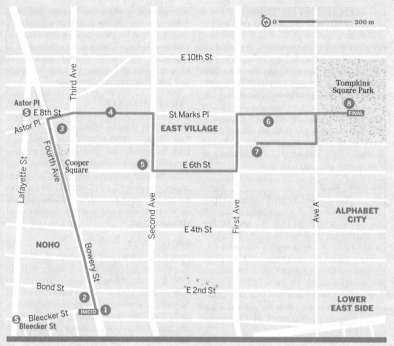

0 — 200 m

E 10th St

Third Ave

Tompkins Square Park

8 FINAL

Astor Pl
5 E 8th St
4
St Marks Pl
6
Astor Pl
3
EAST VILLAGE
Lafayette St
Fourth Ave
Cooper Square
5
E 6th St
7

Second Ave
First Ave
Ave A

E 4th St

ALPHABET CITY

NOHO
Bowery St

Bond St
E 2nd St

2 INICIO **1**

LOWER EAST SIDE

Bleecker St
5 Bleecker St

EAST VILLAGE Y LOWER EAST SIDE

🏃 Circuito a pie
East Village nostálgico

INICIO JOHN VARVATOS
FINAL TOMPKINS SQUARE PARK
DISTANCIA 2,5 KM; 1½ H

Desde la estación de metro de Bleecker St se enfila por la calle arbolada del mismo nombre hasta la **1** **'boutique' John Varvatos** (p. 124), donde antes se hallaba la legendaria sala musical CBGB. En la esquina del norte está la **2** **Joey Ramone Place,** en honor al desaparecido cantante de los Ramones.

Yendo hacia el norte por Bowery a Astor Pl., se tuerce a la derecha y se sigue hacia el este cruzando la plaza para ir a parar a **3** **Cooper Union** (p. 110), donde, en 1860, el candidato a presidente Abraham Lincoln pronunció un emocionante discurso antiesclavista.

Siguiendo hacia el este, en **4** **St Marks Place,** se llega a una manzana llena de estudios de tatuaje y restaurantes baratos. El aumento de los alquileres ha obligado a marcharse a muchos de los establecimientos que dieron fama a esta calle.

La ruta sigue al sur por Second Ave hasta E 6th St. Donde hoy hay un banco estuvo el **5** **Fillmore East,** una antigua sala de conciertos que en la década de 1980 se convirtió en la legendaria discoteca Saint, que forjó una jovial cultura discotequera gay que flirteaba con las drogas.

Cruzando Second Ave en E en 6th St y bajando por la manzana de restaurantes indios, se llega a First Ave, se tuerce a la izquierda, se llega a St Marks Pl y, tras girar a la derecha, se ve la hilera de viviendas de la famosa **6** **cubierta de 'Physical Graffiti'** (96-98 St Marks Pl) de Led Zeppelin, y el portal donde Mick y Keith estaban sentados en 1981 en el vídeo del tema *Waiting for a Friend,* de los Stones. Luego hay que bajar hasta E 7th entre First Ave y Ave A para ver **7** **Trash & Vaudeville** (p. 125), una tienda incombustible de St Marks.

El paseo termina en el famoso **8** **Tompkins Square Park** (p. 111), donde las *drag queens* iniciaron el festival de verano de Wigstock en el escenario donde Jimi Hendrix tocó en los años sesenta.

East Village; ⏰17.00-2.00; SL hasta 1st Ave; 6 hasta Astor Pl) Nada pretencioso, este bar podría convertirse en el favorito del viajero si permanece una temporada en la ciudad. El amable personal está bien informado y se mezcla con los parroquianos mientras sirve olivas de sabor intenso y copas de licores importados. Por la puerta de la derecha se entra al bar de vinos, cuya carta ofrece una excelente selección de botellas y copas, y la de la izquierda da a la cantina, donde reinan las cervezas artesanas. Ambas barras tienen similar diseño: lámparas de araña, muros de obra vista y encanto *vintage*.

POURING RIBBONS COCTELERÍA

plano p. 420 (☎917-656-6788; www.pouringribbons.com; 225 Ave B, 2º piso, entre E 13th St y 14th St, East Village; ⏰18.00-2.00; SL hasta 1st Ave) Encontrar un local tan elegante y cuidado en lo alto de una escalera en Alphabet City es tan refrescante como sus bebidas. No es muy efectista ni pretencioso, y los sabores son excepcionales. La enciclopédica carta de cócteles incluye una práctica guía orientativa. Vale la pena echar un vistazo a una de las mayores colecciones de Chartreuse de toda Nueva York.

DEATH & CO LOUNGE

plano p. 420 (☎212-388-0882; www.deathandcompany.com; 433 E 6th St, entre First Ave y Ave A, East Village; ⏰18.00-2.00 do-ju, hasta 3.00 vi y sa; SF hasta 2nd Ave; L hasta 1st Ave) Para relajar-

se con luces tenues y muebles de madera, y dejar que los hábiles camareros hagan su magia agitando, mezclando y combinando algunos de los cócteles más perfectos de la ciudad (desde 16 US$). Siempre está lleno y la gente deja el nombre y el teléfono para que los avisen cuando haya sitio.

TEN DEGREES BAR BAR DE VINOS

plano p. 420 (☎212-358-8600; www.10degreesbar.com; 121 St Marks Pl, entre Ave A y First Ave, East Village; ⏰12.00-4.00; SF hasta 2nd Ave; L hasta 1st Ave o 3rd Ave) Pequeño y encantador local iluminado por velas, en St Marks, ideal para empezar la noche. De 12.00 a 20.00 hay copas especiales 2 x 1 (fuera de este horario, un cóctel cuesta entre 12 y 15 US$). Además de los sofás de la entrada hay mesitas en el rincón trasero.

PROLETARIAT BAR

plano p. 420 (www.proletariatny.com; 102 St Marks Pl, entre Ave A y First Ave, East Village; ⏰17.00-2.00; SL hasta 1st Ave) Este pequeño local, con solo 10 taburetes, lo llenan los expertos del panorama cervecero neoyorquino. Está al oeste de Tompkins Square Park. Anuncia cervezas "raras, nuevas e inusuales" y cuenta con una selección de marcas que va cambiando y que no se encuentran en ningún otro local. Entre sus éxitos recientes destacan las cervezas artesanas de Brooklyn y Nueva Jersey.

CROCODILE LOUNGE LOUNGE

plano p. 420 (☎212-477-7747; www.crocodileloungenyc.com; 325 E 14th St, entre First Ave y Second Ave, East Village; ⏰15.00-4.00; SL hasta 1st Ave) Si uno quiere ir a Williamsburg pero le da pereza cruzar el río, debe acudir a este local en Brooklyn del exitoso Alligator Lounge. El atractivo de las bebidas baratas y la *pizza* gratis de la casa con cada copa (así es) hacen que tenga mucho éxito entre los veinteañeros del East Village que buscan diversiones baratas. Hay una liga de Skee-Ball (ma), trivial (mi y do) y bingo (ju).

WEBSTER HALL SALA DE BAILE

plano p. 420 (☎212-353-1600; www.websterhall.com; 125 E 11th St, cerca de Third Ave. East Village; ⏰22.00-4.00 ju-sa; SL, N/Q/R/W, 4/5/6 hasta 14th St-Union Sq) El decano de los salones de baile hace tanto tiempo que funciona (desde 1886) que en el 2008 le concedieron el título de local emblemático. Aunque sigue la vieja norma de "si no se rompe no lo arregles", aquí se pueden tomar bebidas baratas, jugar al billar y bailar en la gran pista.

OTRA CARA DE LA NY GAY

Si Chelsea fuese un atleta musculoso e infatigable, entonces el Lower East Side sería su hermano menor díscolo y *punk*. Entre tabernas de hermandad y coctelerías hay muchos bares gais que atraen a una clientela más afecta a la franela y la barba rala que a las camisetas sin mangas y las tabletas de chocolate. **Nowhere** (plano p. 420; ☎212-477-4744; www.nowherebarnyc.com; 322 E 14th St, entre First Ave y Second Ave, East Village; ⏰15.00-4.00; SL hasta 1st Ave) y **Phoenix** (plano p. 420; ☎212-477-9979; www.phoenixbarnyc.com; 447 East 13th St, entre Ave A y Ave B, East Village; ⏰15.00-4.00; SL hasta 1st Ave) son magníficos para conocer caras nuevas y amigables. Las bebidas también suelen ser mucho más baratas.

THREE SEAT ESPRESSO & BARBER CAFÉ

plano p. 420 (www.threeseatespresso.com; 137 Ave A, entre St Marks Pl y E 9th St; ⏲7.00-20.00 lu-vi, desde 8.00 sa, 8.00-19.00 do; [S]L hasta 1st Ave) Los neoyorquinos valoran mucho la eficiencia, y esta cafetería posee esta cualidad en grado sumo. En la parte delantera sirven espumosos cafés con leche y capuchinos, y al fondo hay una barbería (corte hombre desde 30 US$) para los que desean combinar su café de la mañana con un repaso capilar.

ABC BEER CO BAR

plano p. 420 (☎646-422-7103; www.abcbeer.co; 96 Ave C, entre 6th St y 7th St, East Village; ⏲12.00-24.00 do-ju, hasta 2.00 vi y sa; [S]F hasta 2nd Ave; L hasta 1st Ave) A primera vista parece una tienda de cervezas mal iluminada (de hecho, las botellas están a la venta), pero si uno se adentra un poco más descubre un pequeño *gastropub* con música *indie,* una larga mesa común, algunos sofás de piel y sillas junto a las paredes de obra vista.

MCSORLEY'S OLD ALE HOUSE BAR

plano p. 420 (☎212-473-9148; www.facebook.com/McSorleysOldAleHouse; 15 E 7th St, entre Second Ave y Third Ave, East Village; ⏲12.00-0.30; [S]6 hasta Astor Pl) En activo desde 1854, parece estar a años luz de la modernidad de East Village: en este local uno se codea con chavales de fraternidades, turistas y algún que otro bombero. Es difícil superar las telarañas, los suelos con serrín y los simpáticos camareros.

PDT BAR

plano p. 420 (☎212-614-0386; www.pdtnyc.com; 113 St Marks Pl, entre Ave A y First Ave, East Village; ⏲18.00-2.00 do-ju, hasta 4.00 vi y sa; [S]L hasta 1st Ave) Las siglas se corresponden con *Please Don't Tell* ("Por favor, no lo cuentes") y es un sitio muy novedoso. Se entra por la cabina de teléfono de la tienda de *hotdogs* (Crif Dogs), al lado. Una vez que el cliente es aceptado (se recomienda reservar), entra en un bar íntimo y poco iluminado con alguna que otra testa animal en la pared.

COCK GAY

plano p. 420 (www.thecockbar.com; 93 Second Ave, entre E 5th St y 6th St, East Village; ⏲23.00-4.00; [S]F/M hasta 2nd Ave) Local oscuro y húmedo, orgulloso de su reputación de antro chic, ideal para codearse con *hipsters* desgarbados y pasarlo bomba hasta la hora de cerrar (4.00). Hay noches de fiestas temáticas muy populares, con actuaciones en directo, DJ, *drag queens,* chicos go-gos casi desnudos y proyecciones contínuas de vídeos pornográficos. Salvaje y divertido.

🍷 Lower East Side

TEN BELLS BAR

plano p. 422 (☎212-228-4450; www.tenbellsnyc.com; 247 Broome St, entre Ludlow St y Orchard St, Lower East Side; ⏲17.00-2.00 lu-vi, desde 15.00 sa y do; [S]F hasta Delancey St; J/M/Z hasta Essex St) Encantador bar de tapas, medio escondido, que parece una cueva, con velas, techos de metal oscuro, paredes de ladrillo donde cuelgan pizarras con la carta y una barra en U, ideal para conversar con nuevos amigos. Excelentes vinos por copas que combinan muy bien con los boquerones, los chipirones en su tinta y los quesos regionales. Durante la *happy hour,* las ostras cuestan 1 US$ la unidad, y una garrafa de vino, 15 US$. La entrada, sin rótulo, pasa desapercibida; está junto a la tienda Top Hat.

BAR GOTO BAR

plano p. 422 (☎212-475-4411; www.bargoto.com; 245 Eldridge St, entre E Houston St y Stanton St, Lower East Side; ⏲17.00-24.00 ma-ju y do, hasta 2.00 vi y sa; [S]F hasta 2nd Ave) El indómito maestro de los cócteles Kenta Goto ha seducido a los entendidos con su local. Sirve copas meticulosas y elegantes, inspiradas en sus raíces japonesas, maridadas con auténticas tapas japonesas como las *okonomiyaki* (creps saladas).

JADIS BAR DE VINOS

plano p. 422 (☎212-254-1675; www.jadisnyc.com; 42 Rivington St, entre Eldridge St y Forsyth St, Lower East Side; ⏲17.00-2.00; [S]F hasta 2nd Ave; J/Z hasta Bowery) Con este nombre francés, que significa "antaño", brinda un poco de nostalgia europea entre sus gastadas paredes de obra vista, su mobiliario antiguo y un interior de iluminación tenue. Ofrece varios vinos por copas, muchos de ellos franceses. Entre los tentempiés destacan ensaladas, sándwiches a la plancha, quiches caseras y ricos quesos.

ATTABOY COCTELERÍA

plano p. 422 (134 Eldridge St, entre Delancey St y Broome St, Lower East Side; ⏲18.00-4.00; [S]B/D hasta Grand St) Parece uno de esos locales clandestinos, sin rótulo, tan comunes hoy, pero en realidad está por encima de la media. Sirve excelentes cócteles artesanos (17 US$). No hay carta, es mejor dejarse aconsejar por los expertos camareros.

BARRIO CHINO COCTELERÍA

plano p. 422 (☎212-228-6710; 253 Broome St, entre Ludlow St y Orchard St, Lower East Side; 🕘11.30-16.30 y 17.30-1.00; [S]F, J/M/Z hasta Delancey-Essex Sts) Un restaurante que se convierte en una fiesta, con un ambiente a medio camino entre La Habana y Beijing, y una decidida apuesta por los buenos tequilas. También se puede disfrutar de las margaritas de naranja sanguina o ciruela negra, del guacamole y de los tacos de pollo.

BEAUTY & ESSEX BAR

plano p. 422 (☎212-614-0146; www.beautyandessex.com; 146 Essex St, entre Stanton St y Rivington St, Lower East Side; 🕘17.00-24.00 lu-mi, hasta 1.00 ju y vi, 11.30-15.00 y 17.00-1.00 sa, 11.30-24.00 do; [S]F hasta Delancey St; J/M/Z hasta Essex St) Aventurarse detrás de una chabacana casa de empeños y descubrir un mundo de glamur: este local tiene 929 m² de elegante espacio *lounge*, con sofás y banquetas de piel, una iluminación de color ámbar espectacular y una escalera curva que lleva a otra zona de bar. La exuberancia, los precios elevados y una clientela pretenciosa le dan un aire a lo *Gran Gatsby*. A las damas les servirán champán por gentileza de la casa en el baño.

ROUND K CAFÉ

plano p. 422 (www.roundk.com; 99 Allen St, entre Delancey St y Broome St, Lower East Side; 🕘8.00-22.00 lu-mi, hasta 24.00 ju y vi, 9.00-24.00 sa, hasta 22.00 do; [S]B/D hasta Grand St; F hasta Delancey St; J/M/Z hasta Essex St) Regentado por coreanos y pudorosamente escondido, tiene algo especial. En su interior flota el aroma del café tostado, hay máquinas de aspecto antiguo y se puede pedir el café con leche perfecto –y quizá una *mom's toast*, un gofre con plátano al *bourbon*–, servido en una delicada taza de porcelana. Tras apartar la cortina, se descubre una zona tranquila donde sentarse a la luz de lámparas Tiffany.

☆ OCIO

METROGRAPH CINE

plano p. 422 (☎212-660-0312; www.metrograph.com; 7 Ludlow St, entre Canal St y Hester St, Lower East Side; entradas 15 US$; [S]F hasta East Broadwy, B/D hasta Grand St) La última meca del cine para los cinéfilos del centro es esta excelente sala de arte y ensayo con dos pantallas y butacas de terciopelo rojo. Suele proyectar filmes que no se ven en los multicines, aunque de vez en cuando ofrece algún éxito comercial como *Magic Mike*. Además de fanáticos del cine curioseando en la librería, también se ven clientes elegantes y glamurosos en el bar o en el restaurante de arriba.

PERFORMANCE SPACE NEW YORK TEATRO

plano p. 420 (☎212-477-5829; https://performancespacenewyork.org; 150 First Ave con E 9th St, East Village; [S]L hasta 1st Ave; 6 hasta Astor Pl) Este teatro vanguardista (antes PS 122) se reinauguró en enero del 2018 con una fachada nueva, espacios escénicos con tecnología punta, salas de talleres y vestíbulo y cubierta nuevos. Conserva la estructura de la antigua escuela de teatro, así como su solvencia en el teatro experimental: en él han actuado Eric Bogosian, Meredith Monk, Spalding Gray y Elevator Repair Service.

SLIPPER ROOM ACTUACIONES EN DIRECTO

plano p. 422 (☎212-253-7246; www.slipperroom.com; 167 Orchard St, entrada por Stanton St, Lower East Side; entrada 10-20 US$; [S]F hasta 2nd Ave) Tiene dos plantas y cuenta con una amplia oferta de actuaciones, incluido *Sweet*, el popular espectáculo de variedades de Seth Herzog (sethherzog.tumblr.com), los martes a las 21.00 (entrada 10 US$), y varios más de *burlesque* semanales, con acrobacias, sensualidad, comedia y humor absurdo, que suelen merecer el precio de la entrada. En la web se puede consultar el calendario completo y comprar entradas.

ROCKWOOD MUSIC HALL MÚSICA EN DIRECTO

plano p. 422 (☎212-477-4155; www.rockwoodmusichall.com; 196 Allen St, entre Houston St y Stanton St, Lower East Side; 🕘17.30-2.00 lu-vi, desde 15.00 sa y do; [S]F hasta 2nd Ave) Abierto por el rockero *indie* Ken Rockwood, este pequeño espacio de conciertos tiene tres escenarios por los que desfilan bandas y cantautores. Si el presupuesto es escaso, se puede acudir a la sala 1, que ofrece espectáculos gratis de 1 h como máximo por grupo. Empiezan a las 15.00 el fin de semana y a las 18.00 entre semana. Hay que tomar al menos una bebida por espectáculo, y dos si uno quiere sentarse.

PIANOS MÚSICA EN DIRECTO

plano p. 422 (☎212-505-3733; www.pianosnyc.com; 158 Ludlow St, en Stanton St, Lower East

Side; entrada con copa 8-12 US$; ⌚14.00-4.00; [S]F hasta 2nd Ave) Nadie se ha preocupado de cambiar el rótulo de la puerta, legado del pasado del local como tienda de pianos. Hoy alberga una mezcla de géneros y estilos musicales que rozan el pop, el *punk* y la *new wave,* si bien de vez en cuando también hay *hip-hop* y música *indie.* A veces hay dos conciertos a la vez, uno en el primer piso y otro en la planta baja.

NEW YORK THEATRE WORKSHOP TEATRO
plano p. 420 (☎212-460-5475; www.nytw.org; 79 E 4th St, entre Second Ave y Third Ave, East Village; [S]F hasta 2nd Ave) Durante más de 30 años esta innovadora sala ha sido un tesoro para los que buscan obras de teatro actuales y vanguardistas con intención. Fue el creador de dos grandes éxitos de Broadway: *Rent* y *Urinetown,* y estrenó el musical *Once* en off-Broadway. Ofrece un suministro constante de teatro de calidad.

STONE MÚSICA EN DIRECTO
plano p. 420 (www.thestonenyc.com; Ave C, at E 2nd St, Lower East Side; entrada 20 US$; ⌚desde 20.30 ma-do; [S]F hasta 2nd Ave) Creado por el famoso músico de *jazz* John Zorn, este local vive por y para la música en todas sus formas experimentales y vanguardistas. No hay bar ni florituras, solo sillas plegables en un espacio oscuro con suelo de hormigón.

ANTHOLOGY FILM ARCHIVES CINE
plano p. 420 (☎212-505-5181; www.anthologyfilmarchives.org; 32 Second Ave con 2nd St, East Village; [S]F hasta 2nd Ave) Inaugurado en 1970, está dedicado al cine en su formato más artístico. Proyecta cine independiente de nuevos cineastas y recupera clásicos y rarezas antiguas, desde el surrealismo del director español Luis Buñuel hasta la sicodelia de Ken Brown.

ABRONS ARTS CENTER CENTRO DE ARTE
plano p. 422 (☎212-598-0400; www.abronsartscenter.org; 466 Grand St esq. Pitt St, Lower East Side; 👪; [S]F, J, M, Z hasta Delancey St-Essex St) Este venerable centro cultural, habitual del Fringe Festival, tiene tres teatros, el más grande de los cuales es el Playhouse Theater (un icono nacional), con su propio vestíbulo, anfiteatro, un escenario enorme y buena visibilidad. Es uno de los pilares del Fringe Festival que se celebra en el centro, y también el mejor sitio para ver producciones experimentales y colectivas y exposiciones de arte. No se arredra ante temas difíciles, sino que apuesta por obras de teatro, de danza y exposiciones fotográficas que no tienen cabida en otros locales.

LA MAMA ETC TEATRO
plano p. 420 (☎212-352-3101; www.lamama.org; 74a E 4th St, entre Bowery y Second Ave, East Village; entradas desde 20 US$; [S]F hasta 2nd Ave) Veterano de la experimentación teatral (ETC son las siglas de *Experimental Theater Club*), hoy es un recinto con tres teatros, un café, una galería de arte y un estudio en un edificio anexo, que ofrece obras vanguardistas, comedia y lecturas de todo tipo. Para cada espectáculo hay entradas a 10 US$. Hay que reservar con antelación y aprovechar la oferta.

NUYORICAN POETS CAFÉ ACTUACIONES EN DIRECTO
plano p. 420 (☎212-780-9386; www.nuyorican.org; 236 E 3rd St, entre av. B y C, East Village; entradas 8-25 US$; [S]F hasta 2nd Ave) En activo tras 40 años, el legendario Nuyorican alberga *poetry slams,* actuaciones de *hip-hop,* obras de teatro, y eventos de cine y vídeo. Forma parte de la historia de East Village, pero también es una dinámica y notoria organización artística sin ánimo de lucro. En la web se puede consultar la programación y comprar entradas para los espectáculos más solicitados del fin de semana.

MERCURY LOUNGE MÚSICA EN DIRECTO
plano p. 422 (☎212-260-4700; www.mercuryloungenyc.com; 217 E Houston St, entre Essex St y Ludlow St, Lower East Side; entrada con consumición 10-15 US$; ⌚18.00-3.00; [S]F/V hasta Lower East Side-2nd Ave) Suele programar nuevas bandas de moda o las míticas que todo el mundo desea ver, como Dengue Fever o The Slits. La acústica es buena y hay una zona recogida para sentarse y otra de baile.

BOWERY BALLROOM MÚSICA EN DIRECTO
plano p. 422 (☎212-533-2111, 800-745-3000; www.boweryballroom.com; 6 Delancey St con Bowery St, Lower East Side; [S]J/Z hasta Bowery; B/D hasta Grand St) Espectacular local de tamaño medio con una acústica perfecta y buen tino para organizar actuaciones de estrellas del *rock* independiente, como The Shins, Stephen Malkmus y Patti Smith.

SIDEWALK CAFÉ MÚSICA EN DIRECTO
plano p. 420 (☎212-473-7373; www.sidewalkny.com; 94 Ave A, en 6th St, East Village; ⌚11.00-4.00; [S]F hasta 2nd Ave) Que su aspecto exte-

rior de hamburguesería no engañe a nadie, su interior es la cuna del panorama antifolk de Nueva York, el lugar donde los Moldy Peaches se foguearon antes de saltar a la fama con la película *Juno*. Los lunes hay sesión de micro abierto anti-*hootenanny;* el resto de las noches, la oferta varía: *garage rock,* pop independiente, *blues* al piano y todo tipo de música no folk.

DE COMPRAS

Ya se trate de ropa, muebles o comida, estos barrios tienen lo más raro, oscuro y vanguardista. Las tiendas de segunda mano, como Tokio 7, ofrecen ropa exclusiva de marcas internacionales y diseñadores japoneses, mientras Obscura Antiques (p. 124) vende calaveras, instrumentales médicos victorianos y cualquier objeto truculento que uno pueda necesitar. Las invasoras cadenas comerciales le han restado algo de garra, pero muchas de las tiendas emblemáticas todavía están allí (Trash & Vaudeville) y las nuevas encantarán a los que busquen el ambiente del LES (Lower East Side) y el East Village (John Varvatos).

East Village

OBSCURA ANTIQUES
ANTIGÜEDADES

plano p. 420 (☎212-505-9251; www.obscuraanti ques.com; 207 Ave A, entre E 12th St y 13th St, East Village; ☺12.00-20.00 lu-sa, hasta 19.00 do; 🖸L hasta 1st Ave) Esta minúscula tienda de curiosidades atrae a amantes de lo macabro y cazadores de antigüedades por igual. Hay cabezas de animales disecados, cráneos y esqueletos de roedor, mariposas en cajas de cristal, fotografías victorianas de cadáveres, pequeños instrumentos inquietantes (tal vez dentales), banderines alemanes para campos de minas (apilables para que los tanques los vieran), viejas botellas de veneno y ojos de vidrio. Si se rebusca un poco, se encuentran monederos de sapo, mecheros Zippo de soldados de la Guerra de Vietnam, dibujos anatómicos, una ternera bicéfala y otros artículos que no se encuentran en los grandes almacenes.

STILL HOUSE
MENAJE

plano p. 420 (☎212-539-0200; www.stillhouse nyc.com; 117 E 7th St, entre First Ave y Ave A, East Village; ☺12.00-20.00; 🖸6 hasta Astor Pl) Pequeña y apacible tienda con cristalerías y vajillas esculturales: vasos de vidrio soplado, centros de mesa geométricos, cuencos de cerámica y otros artículos exquisitos para el hogar. También vende joyas minimalistas, blocs de notas de delicada encuadernación y pequeñas obras de arte enmarcadas. Tiene una gran selección de artículos de regalo, aptos para llevárselos a casa; aunque son delicados, pueden envolverlos para viaje.

VERAMEAT
JOYAS

plano p. 420 (☎212-388-9045; www.verameat. com; 315 E 9th St, entre First Ave y Second Ave, East Village; ☺10.00-20.00; 🖸6 hasta Astor Pl; F/M hasta 2nd Ave) La diseñadora Vera Balyura crea exquisitas joyas diminutas, con un punto de humor negro, en esta deliciosa tiendecita de 9th St. Sus colgantes, anillos, pendientes y pulseras parecen preciosos hasta que uno los contempla de cerca y descubre que contienen zombis, robots de Godzilla, cabezas de animales, dinosaurios y garras; una nueva visión de la complejidad miniaturista en el ámbito de la joyería. También vende una colección especial de pines y llaveros sobre clásicos del cine y la televisión. También tiene un local en Williamsburg.

JOHN VARVATOS
MODA Y ACCESORIOS

plano p. 420 (☎212-358-0315; www.johnvarvatos. com; 315 Bowery, entre E 1st St y 2nd St, East Village; ☺12.00-20.00 lu-vi, desde 20.00 sa, 12.00-18.00 do; 🖸F/M hasta 2nd Ave; 6 hasta Bleecker St) Situado en las sacrosantas salas del antiguo club *punk* CBGBs, esta tienda combina moda y *rock and roll* con discos, equipos de audio de los años setenta e incluso guitarras eléctricas que se venden junto a prendas JV, botas y cinturones de piel, y camisetas estampadas. Los vendedores vestidos con la moda urbana de Varvatos están a años luz del pasado conflictivo del Bowery.

JOHN DERIAN COMPANY
MENAJE

plano p. 420 (☎212-677-3917; www.johnderian. com; 6 E 2nd St, entre Bowery y Second Ave. East Village; ☺11.00-19.00 ma-do; 🖸F/M hasta 2nd Ave) Es famoso por su *découpage* –originales motivos botánicos y animales estampados en cristal– y el resultado es una bella colección única de platos, pisapapeles, posavasos, boles y jarrones.
Al lado están las tiendas **John Derian Dry Goods** y **John Derian Furniture.**

TOKIO 7 MODA Y ACCESORIOS

plano p. 420 (☎212-353-8443; www.tokio7.net; 83 E 7th St, cerca de First Ave, East Village; ⏰12.00-20.00; [S]6 hasta Astor Pl) Venerada tienda de segunda mano que vende prendas de marca en buen estado para hombre y mujer, a precios considerables. De propietarios japoneses, a menudo cuenta con preciosas prendas de Issey Miyake y Yohji Yamamoto, y de una cuidada selección de Dolce & Gabbana, Prada, Chanel y otras grandes marcas.

En la entrada hay un gigantesco engendro con pinta de depredador alienígena hecho con piezas de máquinas recicladas.

A-1 RECORDS MÚSICA

plano p. 420 (☎212-473-2870; www.a1recordshop.com; 439 E 6th St, entre First Ave y Ave A, East Village; ⏰13.00-21.00; [S]F/M hasta 2nd Ave) Con más de dos décadas de antigüedad, es una de las últimas tiendas de discos de las muchas que antes había en el East Village. Los pasillos estrechos, con su gran selección de *jazz*, *funk* y *soul*, atraen a los amantes del vinilo y a DJ de todas partes.

DINOSAUR HILL JUGUETES

plano p. 420 (☎212-473-5850; www.dinosaurhill.com; 306 E 9th St, entre First Ave y Second Ave, East Village; ⏰11.00-19.00; [S]6 hasta Astor Pl) Pequeña juguetería, más inspirada en la imaginación que en las películas de Disney, con muchas ideas para regalar: marionetas checas, siluetas de sombras, piezas de construcción, sets de caligrafía, juegos de arte y ciencia, CD de música infantil de todo el mundo, y bloques de madera en distintos idiomas, además de prendas de fibras naturales para los más pequeños.

LODGE MODA Y ACCESORIOS

plano p. 420 (☎212-777-0350; https://lodgegoods.com; 220 E 10th St, entre First Ave y Second Ave, East Village; ⏰12.00-20.00 lu, vi y sa, hasta 21.00 ma-ju, hasta 19.00 do; [S]L hasta 1st Ave) Carteras de cuero de Coronado y kits de afeitar de Baxter se alinean en los estantes de madera de esta tienda de ropa y accesorios para hombre. Nada es barato, pero si se desea comprar una mochila indestructible o un aceite para la barba, vale la pena echar un vistazo. El cliente no debe extrañarse si le ofrecen un *bourbon* mientras curiosea.

NO RELATION VINTAGE VINTAGE

plano p. 420 (L Train Vintage; ☎212-228-5201; www.norelationvintage.com; 204 First Ave, entre E 12th St y 13th St, East Village; ⏰12.00-20.00 lu-ju y do, hasta 21.00 vi y sa; [S]L hasta 1st Ave) Entre las muchas tiendas *vintage* del East Village, esta triunfa por sus variadas colecciones, desde los tejanos de diseño y las cazadoras de cuero hasta pantalones de franela, zapatillas, camisas a cuadros, camisetas irreverentes de marca, americanas universitarias, bolsos de mano, etc. Hordas de *hipsters* lo visitan en masa los fines de semana.

TRASH & VAUDEVILLE ROPA

plano p. 420 (☎212-982-3590; www.trashandvaudeville.com; 96 East 7th St, entre First Ave y Ave A, East Village; ⏰12.00-20.00 lu-ju, 11.30-20.30 sa, 13.00-19.30 do; [S]6 hasta Astor Pl) Esta capital del *punk-rock* en dos plantas es el ropero de cantantes famosas como Debbie Harry, que encontró su estilo en el East Village cuando el barrio era mucho más rudo. Cualquier día de la semana se pueden ver desde *drag queens* hasta fiesteros temáticos en busca de los zapatos, camisetas y tintes de pelo más disparatados.

Lower East Side

TICTAIL MARKET MODA Y ACCESORIOS

plano p. 422 (☎917-388-1556; https://tictail.com; 90 Orchard St con Broome St, Lower East Side; ⏰12.00-21.00 lu-sa, hasta 18.00 do; [S]B/D hasta Grand St; F hasta Delancey St; J/M/Z hasta Essex St) Está en una esquina del Lower East Side, pero se especializa en ropa, accesorios, baratijas y arte del mundo entero. Todos los productos proceden directamente de los diseñadores y artistas, de modo que con cada compra se apoya a una pequeña empresa. La colección es ecléctica, pero con una estética moderna y minimalista.

BY ROBERT JAMES MODA Y ACCESORIOS

plano p. 422 (☎212-253-2121; www.byrobertjames.com; 74 Orchard St, entre Broome St y Grand St, Lower East Side; ⏰12.00-20.00 lu-sa, hasta 18.00 do; [S]F hasta Delancey St; J/M/Z hasta Essex St) La moda de hombre a medida y resistente es el mantra de Robert James, que fabrica sus prendas en NY (el estudio de diseño está en el piso superior): vaqueros ajustados, bonitas camisas y chaquetas clásicas de estilo informal. Hay otra tienda en Williamsburg.

YUMI KIM ROPA

plano p. 422 (☎212-420-5919; www.yumikim.com; 105 Stanton St, entre Ludlow St y Essex St, Lower East Side; ⏰12.00-19.30; [S]F hasta Delancey St;

J/M/Z hasta Essex St; F/M hasta 2nd Ave) Peque-ña y deliciosa *boutique* para dar un toque de color al armario. Vende divertidos vestidos, blusas, faldas, monos y accesorios decorados con vívidos estampados florales y tropicales. Todas las prendas tienen un corte favorece-dor, y casi todas son de seda, lo que las con-vierte en la ropa ligera ideal para viajar.

EDITH MACHINIST
VINTAGE

plano p. 422 (☎212-979-9992; www.edithmachi nist.com; 104 Rivington St, entre Ludlow St y Essex St, Lower East Side; ⏱12.00-19.00 ma-ju, hasta 18.00 do, lu y vi; Ⓢ F hasta Delancey St; J/M/Z hasta Essex St) Para pasear con estilo por Lower East Side hay que vestirse bien. Esta tienda es el sitio ideal para conseguir el es-tilo arrugado-apresurado-elegante del ba-rrio, con un toque *glam* antiguo gracias a botas altas de ante, vestidos de seda de los años treinta y bailarinas.

ASSEMBLY
MODA Y ACCESORIOS

plano p. 422 (☎212-253-5393; www.assembly newyork.com; 170 Ludlow St, entre Stanton St y Houston St, Lower East Side; ⏱11.00-19.00; Ⓢ F/M hasta 2nd Ave) Suelos de madera y un ambiente moderno y chic definen esta tien-da de moda elegante para hombre y mujer en Lower East Side. Hay muchos artículos atractivos, firmados por diseñadores poco conocidos de la ciudad. Destacan las depor-tivas altas de Shoes Like Pottery, los bolsos de Le Bas, las joyas robustas de Open House y las prendas Assembly, la marca de la casa.

REFORMATION
ROPA

plano p. 422 (☎646-448-4925; www.thereforma tion.com; 156 Ludlow St, entre Rivington St y Stan-ton St, Lower East Side; ⏱12.00-20.00 lu-sa, has-ta 19.00 do; Ⓢ F hasta Delancey St o 2nd Ave; J/M/Z hasta Essex St) 🌿 Elegante *boutique* que vende bonitas prendas diseñadas con un impacto medioambiental mínimo. Ade-más de sus credenciales ecológicas, tiene tops exclusivos, blusas, jerséis y vestidos a precios más ajustados que otras tiendas del LES. Las prendas se confeccionan en Cali-fornia con energías renovables y se envían en embalajes de material 100% reciclado. Pero también es progresista en otros aspec-tos: favorece el trabajo equitativo, apoya a organizaciones de voluntariado y adopta otras políticas inusuales en el ramo.

TOP HAT
REGALOS Y RECUERDOS

plano p. 422 (☎212-677-4240; www.tophatnyc. com; 245 Broome St, entre Ludlow St y Orchard St,

Lower East Side; ⏱12.00-20.00; Ⓢ B/D hasta Grand St) Con curiosidades de todo el mundo, esta extravagante tiendecita está llena de sorpresas: desde lápices italianos antiguos y diarios de piel en miniatura hasta preciosos reclamos de aves hechos de madera. Si el viajero busca un álbum de lluvia infinita, un clarinete de juguete, telas japonesas, un pla-no arrugado del cielo nocturno o un juego de café geométrico español, este es el lugar.

MOO SHOES
ZAPATOS

plano p. 422 (☎212-254-6512; www.mooshoes. com; 78 Orchard St, entre Broome St y Grand St, Lower East Side; ⏱11.30-19.30 lu-sa, 12.00-18.00 do; Ⓢ F hasta Delancey St; J/M/Z hasta Essex St) Tienda sin crueldad y respetuosa con el me-dio ambiente, que vende zapatos, bolsos y carteras de microfibra (piel de imitación) muy elegantes. Hay modernos zapatos de sa-lón de Olsenhaus, zapatos Oxford reforzados de Novacas para hombre y elegantes carte-ras de Matt & Nat. Recientemente han incor-porado una pequeña cafetería y bocadillería.

ECONOMY CANDY
COMIDA

plano p. 422 (☎212-254-1531; www.economycandy. com; 108 Rivington St, en Essex St, Lower East Side; ⏱9.00-18.00 do y ma-vi, 10.00-18.00 sa y lu; Ⓢ F, J/M/Z hasta Delancey St-Essex St) Endulzando el barrio desde 1937, esta tienda de golosinas está repleta de dulces envasados y a granel, y tiene preciosas máquinas de chicles anti-guas. Hay de todo, desde golosinas como go-minolas, piruletas, chicles de bola, Cadbury de importación, gusanos de goma y carame-los, hasta delicias más de adulto, como *hal-vah*, bombones de té verde, bombones baña-dos a mano, jengibre y papaya. También cuenta con un vistoso surtido de dispensa-dores de caramelos Pez coleccionables.

BLUESTOCKINGS
LIBROS

plano p. 422 (☎212-777-6028; www.bluestoc kings.com; 172 Allen St, entre Stanton St y Riving-ton St, Lower East Side; ⏱11.00-23.00; Ⓢ F/M hasta Lower East Side-2nd Ave) Librería inde-pendiente para ampliar horizontes sobre feminismo, temas homosexuales y transe-xuales, globalismo y estudios afroamerica-nos, entre otros. También cuenta con una cafetería ecológica y de comercio justo que ofrece comida vegana y numerosas lecturas y conferencias.

RUSS & DAUGHTERS
COMIDA

plano p. 422 (☎212-475-4800; www.russanddaugh ters.com; 179 E Houston St, entre Orchard St y Allen

St, Lower East Side; ⏲8.00-19.00 lu-mi, hasta 19.00 ju, hasta 18.00 vi-do; [S]F hasta 2nd Ave) En activo desde 1914, este establecimiento emblemático sirve delicias judías de Europa del Este, como caviar, arenque, salmón ahumado y queso para untar al peso. Es perfecto para proveerse para un pícnic o llenar la nevera de golosinas para el desayuno.

A unas manzanas está el Russ & Daughters Cafe (p. 117), con servicio a las mesas.

DEPORTES Y ACTIVIDADES

JUMP INTO THE LIGHT VR CENTRO RECREATIVO

plano p. 422 (☎646-590-1172; https://jumpintothelight.com; 180 Orchard St, East Village; 29 US$; ⏲13.00-24.00 lu-mi, 11.00-2.00 ju-sa, hasta 24.00 do; [S]F hasta Delancy) Increíble centro de realidad virtual, primero de su clase, donde uno puede saltar desde un rascacielos, escalar una montaña, saltar en paracaídas desde un avión o matar a un hatajo de zombis. Se puede hacer un recorrido por las diferentes actividades y, lo mejor de todo, entender lo genial que será esta tecnología en el futuro. También se pueden ver obras de arte interactivas y otras tecnologías futuristas.

RUSSIAN & TURKISH BATHS BAÑOS

plano p. 420 (☎212-674-9250; www.russianturkishbaths.com; 268 E 10th St, entre First Ave y Ave A, East Village; 45 US$/visita; ⏲12.00-22.00 lu-ma y ju-vi, desde 10.00 mi, desde 9.00 sa, desde 8.00 do; [S]L hasta 1st Ave; 6 hasta Astor Pl) Este apretado y sucio balneario de 1892 en el centro atrae a una ecléctica y políglota mezcla de clientes: actores, estudiantes, parejas fogosas, solteros en busca de rollo, clientes rusos asiduos y lugareños tradicionales que se quedan en paños menores (o se ponen los pantalones cortos y anchos de algodón que la casa facilita) y van pasando por los baños de vapor, la piscina de inmersión fría, la sauna y el solario.

Casi todo el día los baños son mixtos (hay que ir vestido), pero varias franjas horarias son solo para hombres o mujeres (la ropa es opcional). También ofrecen masajes, exfoliantes y tratamientos rusos con hojas de roble. La cafetería sirve platos del día como salchichas polacas y blinis. Para comer uno puede ponerse la bata facilitada.

Una contienda larga y bastante operística entre los dos dueños del local hace que se repartan los días entre ambos. Los abonos y tarjetas regalo que se compran a uno solo pueden usarse cuando él lleva el centro. En la web se hallará más información sobre horario y calendario de los dueños.

West Village, Chelsea y Meatpacking District

WEST VILLAGE Y MEATPACKING DISTRICT | CHELSEA

Lo mejor

1 High Line (p. 132) Comprar algo de comer en el Chelsea Market y disfrutar de un bucólico pícnic en el césped de la High Line.

2 Galerías de Chelsea (p. 144) Ver la obra de los artistas más brillantes de la ciudad en sus fantásticas galerías, como Pace Gallery.

3 Washington Square Park (p. 134) Pasear por el parque, admirar su arco y mezclarse en la fuente con los estudiantes de la Universidad de Nueva York.

4 Rubin Museum of Art (p. 137) Explorar exposiciones fascinantes del Himalaya y más allá.

5 Stonewall National Monument (p. 135) Tomarse unos instantes para reflexionar sobre la noche que inflamó el movimiento por los derechos del colectivo LGBTQ en uno de los parques nacionales más nuevos del país.

Para más detalles sobre esta zona, véanse planos pp. 424 y 428

Explorar West Village, Chelsea y Meatpacking District

En conjunto, esta zona es conocida como Village porque parece un pueblo. Sus calles son tranquilas, las viviendas son unifamiliares de ladrillo visto, y se puede pasear durante horas. El Village es pintoresco, y no hay nada como deambular por él para descubrir sus tesoros. Cuando los pies duelan de patearse las calles adoquinadas, siempre habrá cerca una cafetería donde tomar un espumoso capuchino o una copa de vino.

Paseando por el Meatpacking District, antaño lleno de mataderos, se descubren *boutiques* elegantes y clubes nocturnos. Chelsea, que está justo al norte, se halla en medio del West Village y Midtown, y recoge un poco de talante de cada uno. Es el barrio por excelencia de la comunidad gay de NY. Jalonan sus anchas avenidas acogedoras cafeterías, bares temáticos y caldeados clubes. Las galerías de arte se concentran al oeste de 20th St.

Vida local

⇒ **'Brunch' en Eighth Avenue** El *brunch* del fin de semana es una buena ocasión para los gais que desean conocer a otros chicos en lugares que no sean bares de ambiente. Por Eighth Ave se congrega la juventud masculina de Chelsea para pasar la resaca.

⇒ **Cafés de West Village** Es la zona residencial más deseada de Manhattan. Hay que sacarle el máximo partido a este bonito barrio, repleto de cafeterías. No hay mejor forma de pasar la tarde que sentarse a leer un buen libro, tomar un café con leche y ver pasar el mundo.

⇒ **Ruta de galerías** Unirse a los amantes del arte en las exposiciones de las galerías de Chelsea. La noche de los jueves suelen ser de inauguración, y algunas galerías ofrecen una copa de vino gratis.

Cómo llegar y salir

⇒ **Metro** Las avenidas 6th, 7th y 8th tienen estaciones de metro muy a mano, pero el transporte público se reduce hacia el oeste. Las líneas A, C, E y 1, 2, 3 llegan hasta este colorido grupo de barrios. Todas paran en 14th St, un buen punto de partida, o en W 4th St-Washington Sq para llegar directo al corazón del Village.

⇒ **Autobús** Desde el centro, las líneas M14 y M8 llegan hasta las zonas más occidentales de Chelsea y West Village.

Consejo de Lonely Planet

Es posible moverse con un mapa (o el *smartphone*) por las encantadoras pero enrevesadas calles del West Village. Incluso algunos neoyorquinos a veces tienen problemas para orientarse. Para convertirse en un experto del Village, solo hay que recordar que 4th St gira en diagonal hacia el norte rompiendo la habitual disposición este-oeste de las calles.

Los mejores restaurantes

⇒ Jeffrey's Grocery (p. 143)
⇒ RedFarm (p. 143)
⇒ Chelsea Market (p. 143)
⇒ Blue Hill (p. 143)
⇒ Barbuto (p. 141)

Para reseñas, véase p. 138 ⇒

Los mejores bares

⇒ Employees Only (p. 146)
⇒ Buvette (p. 146)
⇒ Pier 66 Maritime (p. 150)
⇒ Smalls (p. 152)
⇒ Duplex (p. 153)

Para reseñas, véase p. 146 ⇒

Las mejores librerías

⇒ Printed Matter (p. 157)
⇒ Strand Book Store (p. 154)
⇒ Three Lives & Company (p. 155)
⇒ 192 Books (p. 157)

Para reseñas, véase p. 154 ⇒

PRINCIPALES PUNTOS DE INTERÉS
CHELSEA MARKET

En un brillante ejemplo de renovación y conservación, el Chelsea Market ha convertido una antigua fábrica en un centro comercial para los sibaritas y los amantes de la moda.

Tiendas y espacios comerciales

Entre las diversas ofertas no culinarias se encuentra Imports from Marrakesh, especializada en arte y diseño marroquí; Posman Books, con los últimos éxitos literarios; Anthropologie, con ropa y decoración para el hogar, y Chelsea Wine Vault, cuyo entendido personal puede ayudar a escoger la botella de vino ideal. El mercado solo ocupa la parte inferior de un espacio de 93 000 m², que abarca una manzana entera y que alberga los canales de TV Food Net/work, Oxygen y NY1 (el canal de noticias local). Violonchelistas y músicos de *bluegrass* inundan de música el pasillo principal, y la nueva High Line pasa por detrás.

Para sibaritas

Varios locales de comida ofrecen sus tentadores productos, como Mokbar (*ramen* con un toque coreano), Takumi Taco (tacos con ingredientes mexicanos y japoneses), **Tuck Shop** (plano p. 428; www.tuckshopnyc.com; Chelsea Market, 75 Ninth Ave, entre W 15th St y W 16th St, Chelsea; pasteles 6 US$; ⊙11.00-21.00 lu-sa, hasta 19.00 do; Ⓢ A/C/E, L hasta 8th Ave-14th St) (tartas saladas de estilo australiano), Bar Suzette (crepes), Num Pang (sándwiches camboyanos), Ninth St Espresso (cafés con leche), Doughnuttery (rosquillas recién fritas) y L'Arte de Gelato (deliciosos helados). Para algo más sustancioso, se puede comer en el Green Table, que ofrece ingredientes ecológicos de Km 0; probar el excelente marisco y las ostras del Cull & Pistol; u optar por la excelente comida casera americana del Friedman's Lunch.

INDISPENSABLE

➡ Takumi
➡ Lobster Place
➡ Chelsea Thai Wholesale
➡ Artists and Fleas

DATOS PRÁCTICOS

➡ plano p. 428, D5
➡ ☎212-652-2121
➡ www.chelseamarket.com
➡ 75 Ninth Ave, en W 15th St, Chelsea
➡ ⊙7.00-21.00 lu-sa, 8.00-20.00 do
➡ Ⓢ A/C/E, L hasta 8th Ave-14th St

También vale la pena visitar dos de los inquilinos más veteranos del mercado: el Chelsea Thai Wholesale (comida tailandesa) y el Lobster Place (bocadillos de langosta y un gran *sushi*).

Una mina de ofertas de moda

Quienes busquen una ganga en moda selecta deberían dirigirse al recinto que hay cerca de la entrada de Ninth Ave. Suele haber tiendas efímeras y ventas de muestrarios con mucha ropa para mujer y hombre a precios de ganga.

En el otro extremo del mercado, cerca de la entrada de Tenth Ave, se encuentra el Artists and Fleas, un mercado permanente de diseñadores y artesanos locales. Es ideal para encontrar una billetera nueva y original, unas gafas de sol a la última o una joya llamativa.

En la entrada de Ninth Ave hay una gran tienda de Anthropologie. La ropa está en la planta sótano, donde también hay una gran sección de oportunidades.

NATIONAL BISCUIT COMPANY

El largo edificio de ladrillo que ocupa el Chelsea Market se construyó en la década de 1890 como una enorme fábrica de galletas que se convirtió en la sede de la National Biscuit Company (más conocido como Nabisco, el fabricante de Saltines, Fig Newtons y Oreo). Inaugurado en la década de 1990, ahora alberga locales *gourmet* y tiendas de ropa.

Los restaurantes suelen tener pocas mesas, de modo que es preferible comprar comida para llevar y sentarse en cualquier sitio del mercado.

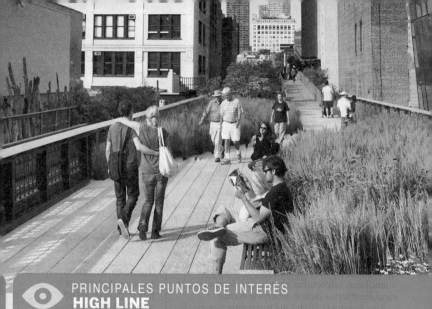

MATT MUNRO / LONELY PLANET ©

PRINCIPALES PUNTOS DE INTERÉS
HIGH LINE

Resulta difícil creer que la High Line, un ejemplo de renovación urbana, fuera una sórdida línea ferroviaria que atravesaba un feo barrio de mataderos. Ahora es una de las zonas verdes más apreciadas de Nueva York, donde acuden visitantes para pasear, sentarse y merendar a 9 m sobre el suelo, con fabulosas vistas del paisaje urbano de Manhattan.

Pasado industrial

Mucho antes de que la High Line fuera un imán para neoyorquinos necesitados de un respiro de la rutina urbana, turistas entusiastas y familias con ganas de divertirse, era una precaria línea de trenes elevados que atravesaba barrios de mataderos y maleantes. Lo que un día se convertiría en la High Line fue construido en la década de 1930, cuando el ayuntamiento decidió elevar las vías que pasaban a ras de suelo, después de años de accidentes –tantos que le valieron a Tenth Ave el apodo de "avenida de la muerte"–. Se invirtieron más de 150 millones de US$ (unos 2000 millones actuales) y, cinco años después, el proyecto estaba listo. Tras dos décadas de uso, el aumento del transporte de camiones hizo que el tendido férreo cada vez se empleara menos y, finalmente, en la década de 1980, las vías fueron abandonadas. Los residentes reunieron firmas para eliminar aquel adefesio, pero, en 1999, se creó un comité conocido como Amigos de la High Line, fundado por Joshua David y Robert Hammond, para salvar esta reliquia arqueológica industrial y transformar las vías en un espacio verde recreativo.

Un futuro verde

Un caluroso día de primavera del 2009 se abrió al público, llena de flores y árboles de hoja ancha, la primera de las

INDISPENSABLE

➡ Plataformas de observación de 17th St y 26th St

➡ Instalaciones de arte y puestos de comida del Chelsea Market Passage (entre 15th St y 16th St) durante los meses cálidos

DATOS PRÁCTICOS

➡ plano p. 424, A2

➡ ☎212-500-6035

➡ www.thehighline.org

➡ Gansevoort St, Meatpacking District

➡ ⏰7.00-23.00 jun-sep, hasta 22.00 abr, may, oct y nov, hasta 19.00 dic-mar

➡ 🚌M11 hasta Washington St; M11, M14 hasta 9th Ave; M23, M34 hasta 10th Ave, 🚇A/C/E, L hasta 8th Ave-14th St; 1, C/E hasta 23rd St

tres secciones de la High Line, que actualmente conecta Meatpacking District y Midtown. La sección 1 arranca en Gansevoort St y corre paralela a la 10th Ave hasta el oeste de 20th St. Con un amplio y variado espacio para sentarse (desde tumbonas gigantes hasta gradas), esta primera fase pronto albergó distintas actividades y obras públicas, destinadas en gran parte al creciente número de familias del vecindario. Dos años más tarde se abrió la sección 2, con otras 10 manzanas de vías convertidas en zona verde. La última sección se abrió en el 2014. Allí, la High Line sube serpenteando desde 30th St hasta 34th St, mientras rodea West Side Rail Yards formando una U. Cuando gira al oeste hacia 12th Ave, se ensancha y ofrece vistas despejadas del Hudson, con las oxidadas vías llenas de malas hierbas extendiéndose junto al sendero (los diseñadores querían evocar la misma sensación que experimentaban los visitantes que recorrían las vías antes de la creación del parque). Esta sección también alberga una zona infantil con estructuras para trepar, formadas por vigas recubiertas de una superficie blanda.

Para llegar a la High Line hay numerosas escaleras a lo largo de su recorrido, como en Gansevoort, 14th, 16th, 18th, 20th, 23rd, 26th, 28th, 30th y 34th St. También hay ascensores estratégicamente ubicados en Gansevoort, 14th, 16th, 23rd, 30th y 34th St.

Más que un simple espacio público

A principios de la década de 1900, la zona occidental que rodea el Meatpacking District y Chelsea constituía el sector industrial más grande de Manhattan, y se creó un conjunto de vías elevadas para alejar el transporte de mercancías de las transitadas calles. Mientras Nueva York crecía las vías fueron quedando obsoletas y en 1999 se presentó un proyecto para convertir la zona en un espacio verde público. El 9 de junio del 2009 se inauguró a bombo y platillo la primera fase del proyecto de remodelación urbana más estimado de la ciudad, y desde entonces ha sido una de las grandes atracciones de Nueva York.

El alcance cívico de la High Line es tal que se ha convertido en el máximo referente ecológico de la isla. Mientras West Village y Chelsea siguen aceptando su nuevo carácter residencial, la High Line se esfuerza por ser algo más que un espacio público y un excelente punto de encuentro familiar. A lo largo del paseo, personal en camiseta con el característico logo de la H doble orienta al visitante y le informa sobre la historia de las vías. También hay un sinfín de empleados entre bambalinas que organizan exposiciones de arte y actividades. Las rutas guiadas y los actos especiales se centran en una gran variedad de temas, como historia, horticultura, diseño, arte y comida. En www.thehighline.org se puede consultar la programación actualizada.

FRIENDS OF THE HIGH LINE

Si el visitante está interesado en patrocinar la High Line mediante un donativo, puede apuntarse a esta asociación de amigos de la High Line a través de su página web. Los socios de categoría "Spike" obtienen descuento en las tiendas de la zona, desde la *boutique* de Diane von Furstenberg hasta **Amy's Bread** (plano p. 428; ☎212-462-4338; www.amysbread.com; Chelsea Market, 75 Ninth Ave, entre W 15th St y W 16th St, Chelsea; ⏱7.00-20.00 lu-vi, 8.00-20.00 sa, hasta 19.00 do; ⓈA/C/E, L hasta 8th Ave-14th St).

La High Line invita a varios locales gastronómicos de la ciudad a instalar carritos y puestos de comida para que los visitantes puedan disfrutar de sus productos mientras pasean. Durante los meses calurosos hay una muestra de puestos con los mejores cafés y helados.

ARTE PÚBLICO

Aparte de ser un refugio de verdor, la High Line es un espacio artístico informal que alberga gran variedad de instalaciones, tanto independientes como concebidas ex profeso. Para más información sobre estas exposiciones temporales, véase art.thehighline.org.

Lo que antiguamente fue una fosa común y un espacio para ejecuciones públicas, se halla rodeado por casas unifamiliares perfectamente conservadas y enormes edificios modernos. Es un parque impresionante de la ciudad, sobre todo por el simbólico Arco de triunfo de Stanford White, que recibe al visitante en el extremo septentrional.

Historia

Aunque actualmente es encantador, el parque tenía una larga y sórdida historia antes de convertirse en el paradigma de espacio público que es ahora, gracias en parte a la renovación de 30 millones de US$ completada en el 2014.

Cuando los holandeses se asentaron en Manhattan para fundar el primer enclave de la Compañía Neerlandesa de las Indias Occidentales, cedieron la zona que hoy ocupa el parque a los esclavos negros libertos. Como el terreno se hallaba entre la colonia holandesa y los poblados autóctonos americanos, la zona servía para amortiguar los enfrentamientos entre ambos grupos. Pese a ser una tierra pantanosa, se podía cultivar, y así se hizo durante los siguientes 60 años.

En los albores del s. xix, el municipio de Nueva York compró la tierra, por entonces situada en el límite de la ciudad, para utilizarla como camposanto. Al principio, el cementerio fue sobre todo para obreros indigentes, pero pronto se amplió a raíz de un brote de fiebre amarilla. En la actualidad hay más de 20000 cuerpos enterrados bajo el parque.

En 1830 el terreno se usaba para desfiles militares, pero se transformó en un parque para la élite pudiente que construía sus viviendas en las calles aledañas.

Arco de triunfo de Stanford White

El simbólico arco, coloquialmente conocido como Washington Square Arch, domina el parque con sus 22 m de mármol de Dover. En su origen, se construyó en madera para celebrar el centenario de la investidura como presidente de George Washington, en 1889, pero se hizo tan popular que, seis años más tarde, fue sustituido por el de mármol actual, y se añadieron estatuas ornamentales del general en tiempos de guerra y paz. En 1916, el artista Marcel Duchamp subió a lo alto del arco por la escalera interna y proclamó el parque "República Libre e Independiente de Washington Square".

Escenario político

Ha servido durante mucho tiempo como escenario para actividades políticas, desde protestas locales contra propuestas de cambio en el diseño y el uso del parque hasta las manifestaciones de 1912 en pos de mejores condiciones laborales.

En el 2007, el candidato demócrata Barack Obama ofreció un mitin durante su campaña presidencial; la asistencia fue abrumadora.

INDISPENSABLE

➡ Arco de triunfo de Stanford White

➡ Fuente central

➡ Casas neogriegas alrededor del parque

➡ El hombre de los pájaros, que suele estar sentado en un banco cerca de la entrada suroeste, con decenas de palomas posadas sobre él

DATOS PRÁCTICOS

➡ plano p. 424, F4

➡ Fifth Ave en Washington Sq N, West Village

➡ 🚻

➡ Ⓢ A/C/E, B/D/F/M hasta W 4th St-Washington Sq; R/W hasta 8th St-NYU

◉ PUNTOS DE INTERÉS

Si el viajero es un amante del arte, no debe perderse estos tres barrios. El Whitney Museum of American Art (Meatpacking District) debería figurar en un lugar destacado de cualquier itinerario, seguido por una visita a las galerías de arte de Chelsea (en la calle West 20 y ss.), epicentro del mundo artístico de Nueva York. Otros puntos destacados son la High Line, una antigua vía férrea convertida en zona verde; el cercano Hudson River Park, un entorno tranquilo para relajarse frente al río; y el recién bautizado Stonewall National Monument, en el mismo centro del West Village y enfrente del bar del mismo nombre.

◉ West Village y Meatpacking District

HIGH LINE PARQUE
Véase p. 132.

WASHINGTON SQUARE PARK PARQUE
Véase p. 134.

★ WHITNEY MUSEUM OF AMERICAN ART MUSEO
plano p. 424 (☎212-570-3600; www.whitney.org; 99 Gansevoort St con Washington St, West Village; adultos/niños 25 US$ $/gratis, pago según la voluntad 19.00-22.00 vi; ☉10.30-18.00 lu, mi, ju y do, hasta 22.00 vi y sa; Ⓢ A/C/E, L hasta 8th Ave-14th St) Tras años de construcción, la nueva sede del Whitney fue inaugurada a bombo y platillo en el 2015. Cerca de la parte inferior de la High Line, este impresionante edificio, diseñado por Renzo Piano, está a la altura de su fabulosa colección. En sus espaciosas y luminosas galerías se pueden ver obras de grandes artistas estadounidenses, incluidos Edward Hopper, Jasper Johns, Georgia O'Keeffe y Mark Rothko.

Además de las exposiciones temporales, en años pares se celebra la **Whitney Biennial,** una ambiciosa muestra de arte contemporáneo que pocas veces está exenta de controversia.

STONEWALL NATIONAL MONUMENT PARQUE NACIONAL
plano p. 424 (www.nps.gov/ston/index.htm; W 4th St, entre Christopher St y Grove St, West Village; ☉9.00-atardecer; Ⓢ1 hasta Christopher St-Sheridan Sq; A/C/E, B/D/F/M hasta W 4th St-Washing-ton Sq) En el 2016 el presidente Barack Obama declaró parque nacional el Christopher Park, una pequeña plaza cerrada con bancos y plantas donde se inauguró el primer monumento nacional dedicado a la historia de la comunidad LGBTQ. El parque es pequeño, pero vale la pena parar un momento para reflexionar sobre los disturbios de Stonewall de 1969, en que un grupo de ciudadanos LGBTQ lucharon contra las políticas discriminatorias de sus comunidades. Muchos consideran estos hechos como el crisol del movimiento por los derechos del colectivo LGBTQ en EE UU.

SALMAGUNDI CLUB GALERÍA
plano p. 424 (☎212-255-7740; www.salmagundi.org; 47 Fifth Ave, entre W 11th St y 12th St, West Village; ☉13.00-18.00 lu-vi, hasta 17.00 sa y do; Ⓢ4/5/6, L, N/Q/R/W hasta 14th St-Union Sq) Lejos del llamativo panorama galerístico de Chelsea y en un impresionante edificio histórico de piedra en la Quinta Avenida por debajo de Union Sq, este club posee varias salas de exposición centradas en el arte americano figurativo. Es una de las asociaciones de artistas más antiguas de EE UU (de 1871) y todavía ofrece clases y exposiciones para sus miembros.

GRACE CHURCH IGLESIA
plano p. 424 (☎212-254-2000; www.gracechurchnyc.org; 802 Broadway, en 10th St, West Village; ☉12.00-17.00, misa diaria; Ⓢ R/W hasta 8th St-NYU; 6 hasta Astor Pl) Esta iglesia episcopal neogótica, proyectada en 1843 por James Renwick Jr., se construyó en mármol extraído por presos de Sing Sing, la penitenciaría estatal de la ciudad de Ossining, 48 km al norte del río Hudson (que, según la leyenda, da origen a la expresión *being sent upriver*, "ser enviado río arriba", es decir, a prisión). Tras años de abandono, ha sido maravillosamente restaurada.

Hoy es un Monumento Histórico Nacional, y sus elaboradas tallas, su imponente torre y su cuidado jardín harán que el viajero se pare mientras recorre este tramo del Village, por lo demás bastante anodino. Los vitrales son impresionantes y la altísima nave es un marco ideal para los frecuentes conciertos de música. Hay visitas guiadas gratis los domingos a las 13.00.

MUELLE 45 PARQUE
Pier 45; plano p. 424 (W 10th St, en Hudson River, West Village; Ⓢ1 hasta Christopher St-Sheridan Sq) Todavía conocido como el "muelle de

Christopher Street" es un dedo de hormigón de 259 m de largo, renovado con césped, arriates, flores, una cómoda estación, una terraza-cafetería, toldos y una parada de taxis acuáticos, hoy todo ello parte del Hudson River Park. Es un imán para urbanitas de toda índole, desde familias locales con bebés durante el día hasta pandillas de jóvenes gais que acuden de noche desde todos los rincones de la ciudad atraídos por su fama como sitio de ligue. Brinda vistas panorámicas del Hudson y brisas frescas en plena canícula.

ABINGDON SQUARE
PLAZA

plano p. 424 (Hudson St, en 12th St, West Village; S A/C/E, L hasta 8th Ave-14th St) Este histórico punto del paisaje urbano, de solo 1000 m², es un agradable espacio verde con montículos cubiertos de hierba, bancales de flores, senderos empedrados y un mercado agrícola los sábados. También es ideal para disfrutar de un pícnic a mediodía o descansar después de haber paseado por el sinuoso West Village. Tras el descanso, en el extremo sur del parque se puede ver la estatua de bronce *Abingdon Doughboy*, en homenaje a los militares del barrio que dieron su vida en la I Guerra Mundial (cuando los soldados eran conocidos como *doughboys*).

UNIVERSIDAD DE NUEVA YORK
UNIVERSIDAD

plano p. 424 (NYU; ☎212-998-4550; www.nyu.edu; Welcome Center, 50 W 4th St, West Village; S A/C/E, B/D/F/M hasta W 4th St-Washington Sq; N/R hasta 8th St-NYU En 1831, Albert Gallatin, secretario del Tesoro durante la presidencia de Thomas Jefferson, fundó un modesto centro de educación superior abierto a todos los estudiantes, sin distinción de raza o clase social. Actualmente sería incapaz de reconocerlo, ya que cuenta con unos 50 000 estudiantes, más de 16 000 empleados y facultades en seis ubicaciones de Manhattan.

Este gigante académico no deja de crecer, ante la consternación de defensores del patrimonio y propietarios, que observan cómo adquiere edificios (o cómo se destruyen por culpa de un urbanismo descontrolado, como la histórica Provincetown Playhouse) para convertirlos en feas residencias u oficinas administrativas. Algunas instalaciones con-

PRINCIPALES PUNTOS DE INTERÉS
HUDSON RIVER PARK

Se habla mucho de la High Line, pero a una manzana está Hudson River Park, de 8 km de longitud, que ha transformado la ciudad en los últimos 10 años. El parque tiene una superficie de 2,2 km² entre Battery Park (en el extremo sur de Manhattan) y 59th St (en Midtown), y es como el patio trasero de Manhattan. El largo sendero junto al río es genial para correr e ir en bicicleta. La **Waterfront Bicycle Shop** (plano p. 424; ☎212-414-2453; www.bikeshopny.com; 391 West St, entre W 10th St y Christopher St; alquiler 1 h/todo el día 12,50/35 US$; ⏱10.00-19.00) resulta muy práctica para alquilar bicicletas. En varios **embarcaderos** (p. 84) se alquilan kayaks y se organizan excursiones más largas para los más experimentados. También hay redes de vóley-playa, canchas de baloncesto, un *skate park* y pistas de tenis. Las opciones para las familias con niños son múltiples.

Quienes simplemente necesitan descansar de la ciudad se tumban en la hierba y se dedican a contemplar el río y a la gente, pero los que prefieren algo más movido se unen a la clientela amante de la sangría y el sol del Frying Pan (p. 150), amarrado en el muelle. El parque también ofrece magníficas vistas del atardecer y es ideal para observar los fuegos artificiales del 4 de julio (hay que llegar temprano para tener sitio).

INDISPENSABLE

➡ Hacer kayak por el río

➡ Pasear al atardecer

➡ Tomar algo en verano en Frying Pan

DATOS PRÁCTICOS

➡ plano p. 424, C7

➡ www.hudsonriverpark.org

➡ West Village

➡ ⬤ ♿

➡ ⬤ M11 hasta Washington St; M11, M14 hasta 9th Ave; M23, M34 hasta 10th Ave, S 1 hasta Hudson Ave; A/C/E, L hasta 8th Ave-14th St; 1, C/E hasta 23rd St

servan cierto encanto, como el arbolado patio de la Facultad de Derecho, o impresionan por su modernidad, como el Skirball Center for the Performing Arts, donde la danza, el teatro, la música, los recitales y demás representaciones cautivan al público en un teatro con aforo para 850 espectadores. La oferta académica de la NYU es muy variada y reputada; en especial sus estudios de cine, teatro, literatura, medicina y derecho. Apuntarse a un curso de un día o de fin de semana en la School of Professional Studies and Continuing Education puede ser una experiencia única.

SHERIDAN SQUARE PLAZA

plano p. 424 (entre Washington Pl y W 4th St, West Village; [S]1 hasta Christopher St-Sheridan Sq) Esta plaza de forma triangular no es mucho más que unos cuantos bancos de parque y varios árboles rodeados por un anticuado cercado de forja. Pero por su situación (en el meollo del Greenwich Village gay) ha sido testigo de todos los mítines, manifestaciones y revueltas que han contribuido al movimiento por los derechos gais de Nueva York.

Chelsea

CHELSEA MARKET MERCADO

Véase p. 130.

★RUBIN MUSEUM OF ART GALERÍA

plano p. 424 (☎212-620-5000; www.rmanyc.org; 150 W 17th St, entre Sixth Ave y Seventh Ave, Chelsea; adultos/niños 15 US$/gratis, 18.00-22.00 vi gratis; 🕘11.00-17.00 lu y ju, hasta 21.00 mi, hasta 22.00 vi, hasta 18.00 sa y do; [S]1 hasta 18th St) Es el primer museo del mundo occidental consagrado por completo al arte del Himalaya y las regiones circundantes. Su colección incluye tejidos bordados de China, esculturas metálicas del Tíbet, estatuas de piedra paquistaníes e intrincadas pinturas de Bután, así como objetos para rituales y máscaras de danza de varias regiones tibetanas de los ss. II al XIX.

Entre las exposiciones temporales se ha destacado la evocadora *Red Book of CJ Jung* y *Victorious Ones*, con esculturas y cuadros de los jainas, maestros fundadores del jainismo. El Cafe Serai sirve comida tradicional del Himalaya. Los miércoles por la noche hay música en directo. Otros días, la cafetería se transforma en el K2 Lounge, donde se puede tomar una copa después de visitar las galerías el viernes por la tarde (gratis).

GENERAL THEOLOGICAL SEMINARY JARDINES

plano p. 428 (☎212-243-5150; www.gts.edu; 440 W 21st St, entre Ninth Ave y Tenth Ave, Chelsea; 🕘10.00-17.30 lu-vi; [S]1, C/E hasta 23rd St) [GRATIS] Fundado en 1817, es el seminario más antiguo de la Iglesia episcopal de EE UU. El colegio, situado en el centro de Chelsea, ha peleado por conservar su mayor activo en medio de la feroz especulación inmobiliaria de la zona: el jardín del campus, que ocupa el centro de una manzana de edificios. Es un refugio de calma, ideal para tomarse un respiro antes o después de recorrer las galerías de arte. Para visitarlo, hay que llamar al timbre de la verja del jardín, a mitad de 21st St, entre 9th Ave y 10th Ave.

CHELSEA HOTEL EDIFICIO HISTÓRICO

plano p. 428 (222 W 23rd St, entre Seventh Ave y Eighth Ave, Chelsea; [S]1, C/E hasta 23rd St) Este hotel de ladrillo rojo, construido en la década de 1880, con ornamentados balcones de hierro y no menos de siete placas que atestiguan su importancia como punto de interés literario, ha tenido un destacado papel en la cultura pop. Personalidades como Mark Twain, Thomas Wolfe, Dylan Thomas y Arthur Miller se alojaron en él; por lo visto, también aquí Jack Kerouac tuvo relaciones sexuales con Gore Vidal, y Arthur C. Clarke escribió *2001: una odisea del espacio*; asimismo fue donde Dylan Thomas falleció por intoxicación en 1953 y Nancy Spungen murió apuñalada por su novio, Sid Vicious, de los Sex Pistols, en 1978. Otras de las muchas celebridades que residieron en el hotel fueron Joni Mitchell, Patti Smith, Robert Mapplethorpe, Stanley Kubrick, Dennis Hopper, Edith Piaf, Bob Dylan y Leonard Cohen, cuya canción *Chelsea Hotel* rememora una aventura amorosa con Janis Joplin (que también se alojó un tiempo).

En la actualidad, el destino final del edificio es una incógnita después de que fracasara una operación urbanística para convertirlo en pisos.

GAGOSIAN GALERÍA

plano p. 428 (☎212-741-1111; www.gagosian.com; 555 W 24th St, entre Tenth Ave y Eleventh Ave, Chelsea; 🕘10.00-18.00 lu-sa; [S]1, C/E hasta 23rd St) En sus paredes destacan las obras de arte internacionales. Las exposiciones, siempre cambiantes, están dedicadas a grandes artistas como Julian Schnabel, Willem de Kooning, Andy Warhol y Basquiat. El ambiente de la Gagosian no tiene nada que ver con las galerías individuales, pues forma parte de una pléyade de salas de exposición repartidas por todo el mundo.

También vale la pena visitar su local de 522 W 21st St, que con sus instalaciones a gran escala no tiene nada que envidiar a algunos museos de la ciudad.

CHEIM & READ GALERÍA

plano p. 428 (☎212-242-7727; www.cheimread.com; 547 W 25th St, entre Tenth Ave y Eleventh Ave, Chelsea; 🕒10.00-18.00 ma-sa; [S]1, C/E hasta 23rd St) Con su elenco de artistas como Bill Jensen, Jannis Kounellis, Jenny Holzer y Tal R, esta galería muestra todo tipo de arte, desde telas gigantescas hasta esculturas grandilocuentes. Si se acude en el momento adecuado se podrá ver una exposición de las evocadoras fotografías de William Eggleston.

🍴 DÓNDE COMER

Mientras que West Village es célebre por sus restaurantes con clase, acogedores e íntimos, el vecino Meatpacking District es más ostentoso, con las típicas colas aguardando tras un cordón terciopelo, una llamativa decoración y una clientela loca por la moda. Chelsea, por su lado, es un término medio entre ambos, con varios restaurantes de clientela gay en la multitudinaria Eighth Ave (parada obligatoria para ver y dejarse ver durante el *brunch*) y cafés a lo largo de Ninth Ave. Durante los meses más tórridos, estos locales abren de par en par puertas y ventanas y sacan mesas a las calles.

🍴 West Village y Meatpacking District

P.S. BURGERS HAMBURGUESERÍA $

plano p. 424 (☎646-998-4685; www.psburgers.com; 35 Carmine St; hamburguesas desde 10 US$; 🕒11.00-22.00 lu-vi, 12.00-22.00 sa y do; [S]A/C/E, B/D/F/M hasta W 4th St-Washington Sq) Este sencillo local de comida para llevar del West Village sirve unas hamburguesas especiales a buen precio, inspiradas en lugares de todo el mundo. Todas se preparan al momento y hay muchos acompañamientos clásicos.

RED BAMBOO VEGANA $

plano p. 424 (☎212-260-7049; www.redbamboo-nyc.com; 140 W 4th St, entre Sixth Ave y MacDougal St; ppales. 8-13 US$; 🕒12.30-23.00 lu-ju, hasta 23.30 vi, 12.00-23.30 sa, hasta 23.00 do; [S]A/C/E, B/D/F/M hasta W 4th St-Washington Sq) Gambas fritas y crujientes, pollo a la parmesana, tarta de chocolate... Red Bamboo ofrece todo ello y más, como platos asiáticos y *soul food*. La gracia es que todo en la carta es vegano (también se puede pedir queso de verdad). No deberían perdérselo los veganos, vegetarianos o cualquiera que desee probar algo nuevo.

MAMOUN'S ORIENTE MEDIO $

plano p. 424 (www.mamouns.com; 119 MacDougal St, entre W 3rd St y Minetta Ln, West Village; sándwiches desde 3 US$, platos desde 6 US$; 🕒11.00-5.00; [S]A/C/E, B/D/F/M hasta W 4th St-Washington Sq) La especialidad de este restaurante de *falafel* y *shawarma* en Lower Manhattan son los platos y enrollados enormes, servidos con rapidez y a buen precio. Es uno de los locales predilectos de la ciudad e incluso tiene su propia marca de salsa picante (no apta para lenguas sensibles). El local del West Village es minúsculo pero dispone de algunas mesas.

GANSEVOORT MARKET MERCADO $

plano p. 424 (www.gansmarket.com; 353 W 14th St con Ninth Ave, Meatpacking District; ppales. 5-20 US$; 🕒8.00-20.00; [S]A/C/E, L hasta 8th Ave-14th St) En un edificio de ladrillo en el corazón del Meatpacking District, este extenso mercado es un espacio industrial sencillo, iluminado por claraboyas y con varios puestos *gourmet* que venden tapas, arepas, tacos, *pizzas*, pasteles de carne, helados, pastas, etc.

TWO BOOTS PIZZA PIZZERÍA $

plano p. 424 (☎212-633-9096; http://twoboots.com; 201 W 11th St, en Greenwich Ave, West Village; 🕒11.00-24.00 do-mi, hasta 1.00 ju, hasta 2.00 vi y sa; [S]A/C/E, L hasta 8th Ave-14th St) Pequeña y conocida cadena que sirve una gran variedad de *pizzas* auténticas de estilo neoyorquino con una selección ecléctica de ingredientes. Su especialidad son las sabrosas alternativas veganas que ofrece para cada *pizza*, así como la posibilidad de pedir la masa sin gluten.

MAH ZE DAHR PANADERÍA $

plano p. 424 (☎212-498-9810; https://mahzedahrbakery.com; 28 Greenwich Ave, entre W 10th

St y Charles St, West Village; pastas desde 3 US$; ⏰7.00-18.00 lu-vi, 8.00-17.00 sa y do; 🚇A/C/E, L hasta 8th Ave-14th St) Panadería de una ex asesora financiera, Umber Ahmad, cuyo talento se reveló al hornear para uno de sus clientes, el famoso chef Tom Colicchio. Elabora unas intensas y cremosas tartas de queso y unos esponjosos dónuts de *brioche*. Al probar uno de sus *scones* o *brownies*, uno entiende por qué Colicchio le sugirió cambiar de profesión.

DOMINIQUE ANSEL KITCHEN PANADERÍA $
plano p. 424 (☎212-242-5111; www.dominiquean selkitchen.com; 137 Seventh Ave, entre Charles St y W 10th St, West Village; pastas 4-8 US$; ⏰8.00-19.00 lu-sa, 9.00-19.00 do; 🚇1 hasta Christopher St-Sheridan Sq) El creador del *cronut* posee esta pequeña y luminosa panadería en West Village, donde se pueden saborear hojaldrados cruasanes, *pavlovas* de frambuesas y maracuyá, pequeños pasteles de arándanos y muchas otras exquisiteces dulces (pero no *cronuts*). También tiene comidas ligeras.

UMAMI HAMBURGUESERÍA $
plano p. 424 (☎212-677-8626; www.umamibur ger.com; 432 Sixth Ave, entre 9th St y 10th St, West Village; hamburguesas 10-15 US$; ⏰11.30-23.00 do-ju, hasta 24.00 vi y sa; 🚇1 hasta Christopher St-Sheridan Sq; F/M, L hasta 6th Ave-14th St) Esa misteriosa sensación del quinto sabor se satisface con creces en esta elegante hamburguesería. La Truffle (con alioli trufado y queso casero trufado) o la Manly (con beicon) son excelentes, al igual que la Black Bean, apta para vegetarianos. La carta se completa con cócteles creativos, cervezas artesanas de barril y acompañamientos sabrosos.

COTENNA ITALIANA $
plano p. 424 (www.cotenna.nyc; 21 Bedford St, entre Downing St y W Houston St, West Village; ppales. 12-14 US$; ⏰12.00-24.00 do-ju, hasta 1.00 vi y sa; 🚇1 hasta Houston St) Escondido en un pintoresco rincón del Village, este íntimo restaurante de atractivo diseño es muy popular para una cita nocturna. Tiene una reducida carta de platos de pasta (desde 12 US$), *bruschettas* y parrillas, aunque también se puede simplemente tomar un vino o cócteles y platos para compartir, como tablas de embutido y de queso.

MOUSTACHE ORIENTE MEDIO $
plano p. 424 (☎212-229-2220; www.moustache pitzawest.com; 90 Bedford St, entre Grove St y Barrow St, West Village; *pizzas* 11-15 US$; ⏰12.00-23.00 do-ju, hasta 24.00 vi y sa; 🚇1 hasta Christopher St-Sheridan Sq) En un espacio cálido y sencillo, este encantador restaurante sirve bocadillos abundantes y sabrosos (pierna de cordero, salchicha de *merguez*, *falafel*), *pizzas* de masa fina, ensaladas y especialidades sustanciosas, como *ouzi* (pasta filo rellena de pollo, arroz y especias) y *moussaka*. Para ir haciendo boca, nada mejor que un plato de *hummus* o *baba ghanoush* acompañado por una *pita* caliente y esponjosa.

SAIGON SHACK VIETNAMITA $
plano p. 424 (☎212-228-0588; www.saigonshack nyc.com; 114 MacDougal St, entre Bleecker St y 3rd St, West Village; ppales. 7-10 US$; ⏰11.00-23.00 do-ju, hasta 1.00 vi y sa; 🚇A/CE, B/D/F/M hasta W 4th St-Washington Sq) Bullicioso restaurante de madera, a un tiro de piedra del Washington Square Park, que sirve boles humeantes de *pho* (sopa de fideos), potentes bocadillos *bahn mi* y rollos de primavera. Los precios son razonables y la comida sale enseguida. El único problema es que hay que esperar para conseguir mesa, ya que atrae a muchos estudiantes de la NYU.

CORNER BISTRO BISTRÓ $
plano p. 424 (☎212-242-9502; www.cornerbis trony.com; 331 W 4th St, entre Jane St y 12th St, West Village; hamburguesas 10-12 US$; ⏰11.30-2.00 lu-ju, hasta 3.00 vi y sa, 12.00-2.00 do; 🚇A/C/E, L hasta 8th Ave-14th St) Un bar de barrio tradicional con cervezas de barril baratas: parece bastante normal hasta que uno da un mordisco a la deliciosa hamburguesa cubierta de queso y beicon. No hay nada como este bocadillo de carne jugosa con unas patatas fritas.

TAÏM ISRAELÍ $
plano p. 424 (☎212-691-1287; www.taimfalafel. com; 222 Waverly Pl, entre Perry St y W 11th St, West Village; sándwiches 7-8 US$; ⏰11.00-22.00; 🚇1/2/3, A/C/E hasta 14th St; L hasta 6th Ave-14th St) Pequeño local que prepara algunos de los mejores *falafel* de la ciudad. Se puede pedir el Green (al estilo tradicional), el Harissa (con especias tunecinas) o el Red (con pimientos asados), pero todos se presentan dentro de pan de *pita* con una cremosa salsa de tahina y una generosa ensalada israelita.

También hay platos variados, ensaladas de gusto ácido y batidos (a destacar el de dátiles, lima y plátano).

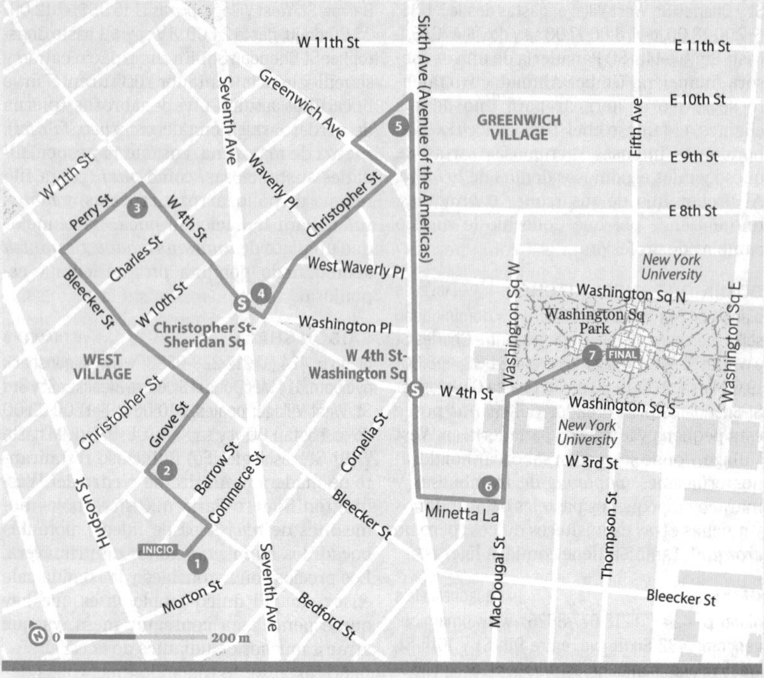

Circuito a pie
Paseo por Greenwich Village

INICIO COMMERCE ST
FINAL WASHINGTON SQUARE PARK
DISTANCIA 2 KM; 1 H

Greenwich Village es el barrio más agradable de NY para los peatones. Conviene empezar en el pequeño 1 **Cherry Lane Theater** (p. 153). Creado en 1924, es el teatro off-Broadway de la ciudad que lleva más tiempo en funcionamiento. Al girar a la izquierda por Bedford, a mano derecha, en la esquina con Grove St, está 2 **90 Bedford.** Se podrá reconocer el edificio como la vivienda ficticia de la serie *Friends* (las vistas a Central Perk eran solo fruto de la imaginación de los guionistas).

Para ver otro referente televisivo hay que pasear por Bleecker St y doblar a la derecha en Perry St, donde, en el 3 **nº 66** se podrán reconocer la fachada y el portal donde vivía la "mujer del s. XXI" Carrie Bradshaw de *Sexo en Nueva York*.

Luego se gira a la derecha por W 4th St hasta Christopher Park, donde se encuentra el recién inaugurado 4 **Stonewall National Monument** (p. 135). En el lado norte del parque puede verse el legendario Stonewall Inn, donde un grupo de hombres y mujeres LGBTQ se rebeló para defender sus derechos civiles en 1969, hecho que marcó el inicio de una revolución civil.

Se sigue Christopher St hasta 6th Ave para ver la 5 **Jefferson Market Library,** ubicada en una parcela triangular. Su torre "gótica ruskiniana" antaño fue una torre de vigilancia contra incendios. En la década de 1870, el edificio se usó como palacio de justicia y ahora alberga una sucursal de la biblioteca pública. Se puede bajar paseando por 6th Ave entre un frenesí de transeúntes y luego girar a la izquierda por Minetta Lane para pasar por el famoso 6 **Cafe Wha?,** toda una institución en la que iniciaron su andadura muchos músicos y cómicos jóvenes, como Bob Dylan y Richard Pryor.

El paseo termina siguiendo por MacDougal St hasta 7 **Washington Square Park** (p. 134), la plaza mayor extraoficial del Village, que acoge a universitarios, músicos callejeros y frecuentes protestas políticas.

VILLAGE NATURAL
VEGETARIANA $

plano p. 424 (☎212-727-0968; http://villagenatu
ral.net; 46 Greenwich Ave, entre Charles St y Perry
St, West Village; ppales. 12-18 US$; ⏰11.30-22.30
lu-ju, hasta 11.00 vi, 11.00-23.00 sa, hasta 22.00
do; Ⓢ A/C/E, L hasta 8th Ave-14th St) Vegetarianos, veganos y todos los que comen con
ellos hace siglos que acuden en masa a este
restaurante sin pretensiones del West Village. La carta destaca por sus grandes raciones de salteados y pasta, así como por las
abundantes ensaladas y hamburguesas vegetales.

PEACEFOOD
VEGANA $

plano p. 424 (☎212-979-2288; www.peacefoodca
fe.com; 41 E 11th St, entre University Pl y Broadway,
West Village; ppales. 12-18 US$; ⏰10.00-22.00;
🅿; Ⓢ 4/5/6, L, N/Q/R hasta 14th St-Union Sq)
Restaurante vegano y vegetariano muy agradable que sirve sabrosas *pizzas*, verduras
asadas, empanadillas y otras delicias. Está
muy lleno en las horas punta del almuerzo y
la cena, así que hay que ir dispuesto a comer
en un espacio reducido.

★ BARBUTO
ITALIANA MODERNA $

plano p. 424 (☎212-924-9700; www.barbutonyc.
com; 775 Washington St con W 12th St, West Village; ppales. 22-28 US$; ⏰12.00-15.30 y 17.30-
23.00 lu-ju, hasta 24.00 vi y sa, hasta 22.00 do;
Ⓢ A/C/E, L hasta 8th Ave-14th St; 1 hasta Christopher St-Sheridan Sq) Se halla en un garaje cavernoso con unas amplias puertas transpa-
rentes que se enrollan en los meses cálidos.
Barbuto combina un delicioso surtido de
platos italianos nuevos, como la pechuga de
pato con ciruelas y nata fresca, y los calamares rociados con tinta de calamar y alioli
de guindilla.

NIX
VEGETARIANA $

plano p. 424 (☎212-498-9393; www.nixny.com;
72 University Pl, entre 10th St y 11th St, West Village; ppales. 20-28 US$; ⏰11.30-14.30 y 17.30-
23.00 lu-vi, desde 10.30 sa y do; Ⓢ 4/5/6, N/
Q/R/W, L hasta 14th St-Union Sq) En este sobrio restaurante con estrella Michelin, los
chefs Nicolas Farias y John Fraser transforman las verduras en arte en unos platos
muy bien ejecutados que deleitan los sentidos. Se puede empezar con un pan de *tandoori* y salsas creativas como la de bereñe-
na especiada con piñones, antes de pasar a
platos más complejos y ricos, como la coli-
flor en tempura con bollitos al vapor o el
tofu picante con rebozuelos, col rizada y
pimienta de Sichuan.

ROSEMARY'S
ITALIANA $

plano p. 424 (☎212-647-1818; www.rosemarys
nyc.com; 18 Greenwich Ave con W 10th St, West
Village; ppales. 14-40 US$; ⏰8.00-16.00 y 17.00-
23.00 lu-ju, Hasta 24.00 vi, desde 10.00 sa y do,
Hasta 23.00 do; Ⓢ 1 hasta Christopher St-Sheridan Sq) Uno de los restaurantes más populares de West Village. En un entorno vagamente parecido a una granja, ofrece comida
italiana de primera, con porciones generosas de pasta casera, buenas ensaladas y tablas de queso y embutidos. Todo, desde el
sencillo pesto de nueces hasta la suculenta
espalda de cordero ahumada, es increíble.

MERMAID OYSTER BAR
PESCADO $

plano p. 424 (☎212-260-0100; www.themermaid
nyc.com; 79 MacDougal St, entre Bleecker St y
W Houston St, West Village; platos pequeños 12-
15 US$, ppales. 25-29 US$; ⏰17.00-22.00 lu, hasta 22.30 ma-vi, 16.00-22.30 sa, hasta 22.00 do;
Ⓢ A/C/E, B/D/F/M hasta W 4th St-Washington
Sq) Si el viajero tiene deseo de un plato de
ostras y no le importan las multitudes, debe
acudir a este restaurante del West Village.
La *happy hour* dura hasta las 19.00 (lu-do,
lu toda la noche), cuando uno se encuentra
a jóvenes profesionales apretados en el pequeño restaurante tomando unas copas de
champán a 7 US$ y ostras del chef a 1 US$.
Basta encontrar un hueco en la barra y disfrutar.

BABU JI
INDIA $

plano p. 424 (☎212-951-1082; www.babujinyc.
com; 22 E 13th St, entre University Pl y Fifth Ave,
West Village; ppales. 16-26 US$; ⏰17.00-22.30
do-ju, hasta 23.30 vi y sa, y 10.30-15.00 sa y do;
Ⓢ 4/5/6, N/Q/R/W, L hasta 14th St-Union Sq) Un
espíritu juguetón caracteriza este excelente
restaurante indio, recientemente trasladado a Union Sq. Se puede montar una comida con platos de estilo callejero como *papadi
chaat* (garbanzos, granada y *chutney* de yo-
gur) y croquetas de patata rellenas de langosta o disfrutar con preparaciones más
sustanciosas, como costillas de cordero al
tandoori o curri de vieiras con coco. También hay un menú degustación (62 US$).

DOMINIQUE BISTRO
FRANCESA $

plano p. 424 (☎646-756-4145; www.dominique
bistro.nyc; 14 Christopher St con Gay St, West Village; ppales. 21-41 US$; ⏰9.00-24.00 do-ju, has-
ta 1.00 vi y sa; Ⓢ 1 hasta Christopher St-Sheridan
Sq) Espacioso local con techos altos, grandes pinturas al óleo y enormes ventanas
para ver pasar a la gente, en una de las es-

quinas más bonitas de West Village. El chef Dominick Pepe sirve clásica comida francesa de bistró: paté o caracoles con mantequilla y perejil, bullabesa, *cassoulet* de pato, pisto, etc. Se puede cenar con música en directo en la acogedora Piano Room del sótano; para actuaciones, véase su web.

MALAPARTE
ITALIANA **$**

plano p. 424 (☎212-255-2122; www.malapartenyc. com; 753 Washington St, en Bethune St, West Village; ppales. 18-27 US$; ◷10.30-23.00 lu-vi, desde 11.00 sa y do; ⓢA/C/E, L hasta 8th Ave-14th St) Encantadora *trattoria* de barrio escondida en una zona tranquila de West Village. Sirven sencillos platos italianos con muy buen aspecto, espaguetis con setas, *pizzas*, ensaladas de hinojo y rúcula, *branzino* (lubina) asado y tiramisú de postre. Se paga solo en efectivo.

DOMA NA ROHU
EUROPEA **$**

plano p. 424 (☎347-916-9382; www.doma.nyc; 27½ Morton St con Seventh Ave, West Village; ppales. 15-24 US$; ◷8.00-23.00 lu-ju, hasta 24.00 vi, 9.00-24.00 sa, 9.00-22.30 do; ⓢ1 hasta Houston St) En una encantadora taberna junto a la transitada Séptima Avenida, Doma sirve comida reconfortante alemana y checa con una sonrisa. Se puede pedir *bratwurst*, *gulasch* de buey y *spaetzle* (pasta) caseros con verduras de temporada, o ir durante la *happy hour* (vaso de cerveza y aperitivo especial, 3 US$). El *brunch* del fin de semana atrae a la clientela con sus *palačinky* (crepes al estilo checo).

MORANDI
ITALIANA **$**

plano p. 424 (☎212-627-7575; www.morandiny. com; 211 Waverly Pl, entre Seventh Ave y Charles St, West Village; ppales. 18-38 US$; ◷8.00-16.00 y 17.30-23.00 lu-mi, hasta 24.00 ju y vi, 10.00-16.30 y 17.30-24.00 sa, hasta 23.00 do; ⓢ1 hasta Christopher St-Sheridan Sq) Regentado por el famoso restaurador Keith McNally, el Morandi es un espacio con una iluminación cálida que en verano saca mesas a la acera. Los comensales conversan entre paredes de ladrillo visto, suelos de madera y candelabros rústicos. Hay que apretujarse en una de sus mesas para disfrutar de la experiencia de una comida completa: espaguetis artesanos con limón y parmesano, albóndigas con piñones y pasas, y besugo a la parrilla.

CAFÉ CLUNY
BISTRÓ **$**

plano p. 424 (☎212-255-6900; www.cafecluny. com; 284 W 12th St esq W 12th St y W 4th St, West Village; ppales. almuerzo 12-28 US$, cena 22-34 US$; ◷8.00-22.00 lu, 8.00-23.00 ma-vi, 9.00-23.00 sa, 9.00-22.00 do; ⓢA/C/E, L 8th Ave-14th St) Lleva el encanto de París a West Village con altos taburetes tipo bistró, madera clara con tapizados y una selección de platos que provocan la *joie de vivre*. El servicio funciona en tres partes: *brunch* desde la mañana a la tarde, *brasserie* a primera hora de la noche y cena por la noche. Pero sea cual sea la hora, los platos siempre son sabrosos.

SNACK TAVERNA
GRIEGA **$**

plano p. 424 (☎212-929-3499; www.snacktaverna.com; 63 Bedford St, entre Morton St y Commerce St, West Village; platos pequeños 14-19 US$, platos grandes 27-29 US$; ◷11.00-16.30 y 17.30-23.00 lu-sa, hasta 22.00 do; ⓢA/C/E, B/D/F/M hasta W 4 St-Washington Sq; 1 hasta Christopher St-Sheridan Sq) Mucho más que un restaurante griego tradicional, cambia el típico *gyros* por una selección de raciones que acompañan el surtido de sabrosos productos de temporada. Los vinos de la tierra son prescindibles, pero las cervezas mediterráneas resultan muy refrescantes.

ALTA
TAPAS **$**

plano p. 424 (☎212-505-7777; www.altarestaurant.com; 64 W 10th St, entre Fifth Ave y Sixth Ave, West Village; platos pequeños 11-23 US$; ◷17.30-23.00 lu-ju, 17.00-23.30 vi y sa, 17.30-22.30 do; ⓢA/C/E, B/D/F/M hasta W 4th St-Washington Sq) Esta bonita casa destaca la singularidad del barrio, con ladrillo visto, vigas de madera, velas, muchos espejos y una romántica chimenea. Ofrece una extensa carta de tapas, como suculentas albóndigas de cordero, vieiras asadas con puré de tupinambo, berenjena japonesa con queso feta, queso de cabra frito y costillas guisadas. Su carta de vinos también es excelente.

URBAN VEGAN KITCHEN
VEGANA **$**

plano p. 424 (☎646-438-9939; www.urbanvegankitchen.com; 41 Carmine St, entre Bleecker St y Bedford St, West Village; ppales. *brunch* 15-22 US$, cena 17-22 US$; ◷11.00-23.00 lu-mi, hasta 23.30 ju y vi, 10.00-23.30 sa, hasta 22.30 do; ☑; ⓢA/C/E, B/D/F/M hasta W 4th St-Washington Sq) Este restaurante (antes Blossom Cafe) tiene un nombre nuevo pero todavía ofrece una cocina vegana extraordinaria en un ambiente oscuro y divertido. Se puede tomar un *brunch* y disfrutar con los gofres de pollo sin pollo, con col rizada y ajo y alioli de mostaza y arce, y para cenar, unos tacos de dos pisos con seitán.

⭐**JEFFREY'S GROCERY** AMERICANA MODERNA $
plano p. 424 (📳646-398-7630; www.jeffreysgro
cery.com; 172 Waverly Pl, en Christopher St, West
Village; ppales. 23-30 US$; ⊘8.00-23.00 lu-mi,
hasta 1.00 ju-vi, 9.30-1.00 sa, hasta 23.00 do; Ⓢ1
hasta Christopher St-Sheridan Sq) Este clásico
de West Village es un animado local para
comer y beber al que no le falta de nada. La
estrella es el pescado: hay una barra de ostras y platos muy bien ejecutados, como los
mejillones con nata fresca, la *tartine* de
atún y otras opciones para compartir. Entre
los platos de carne destacan el *hanger steak*
(filete de ternera) con verduras asadas y salsa romesco (con frutos secos y pimentón).

⭐**REDFARM** FUSIÓN $
plano p. 424 (📳212-792-9700; www.redfarmnyc.
com; 529 Hudson St, entre W 10th St y Charles St,
West Village; ppales. 19-57 US$, *dumplings* 14-
20 US$; ⊘17.00-23.45, más 11.00-14.30 sa y do,
cierre 23.00 do; Ⓢ A/C/E, B/D/F/M hasta W 4th
St-Washington Sq; 1 hasta Christopher St-Sheridan
Sq) Este pequeño y ajetreado espacio transforma la cocina china en auténticas y deliciosas obras de arte. Brocheta de cangrejo
fresco y berenjena, un jugoso filete de costilla (marinado en papaya, jengibre y soja) y
rollos de huevo con pastrami están entre
sus muchos platos ingeniosos.

⭐**BLUE HILL** AMERICANA $
plano p. 424 (📳212-539-1776; www.bluehillfarm.
com; 75 Washington Pl, entre Sixth Ave y Washington Sq W, West Village; menú 95-108 US$; ⊘17.00-
23.00 lu-sa, hasta 22.00 do; Ⓢ A/C/E, B/D/F/M
hasta W 4th St-Washington Sq) Ideal para los
amantes del Slow Food con la cartera llena,
Blue Hill fue uno de los pioneros del movimiento de cocina de proximidad "Local is
Better". El talentoso chef Dan Barber procedente de una familia de granjeros de Massa-
chusetts, utiliza los productos de su tierra y
de las granjas del norte del estado de NY
para crear su elogiadísima cocina.

FIFTY AMERICANA $
plano p. 424 (📳212-524-4104; www.fiftyrestau
rantnyc.com; 50 Commerce St; ppales. 29-33 US$,
cócteles 15 US$; ⊘17.30-22.00 lu-mi, 17.30-23.00
ju y vi, 11.00-16.00 y 17.00-23.00 sa, 11.00-16.00,
17.00-22.00 do; Ⓢ A/C/E, B/D/F/M tren hasta W
4th St-Washington Sq) Está situado en una pin-
toresca calle secundaria del West Village de
Manhattan. Los cócteles especiales y la deliciosa nueva cocina americana casan a la
perfección con el legendario local. Todo, desde la iluminación suave a las sillas tapizadas

y la exquisita cristalería, hace que la experiencia en conjunto sea especial.

CHUMLEY'S AMERICANA MODERNA $
plano p. 424 (📳212-675-2081; http://chumleys
newyork.com; 86 Bedford St, entre Grove St y Barrow St, West Village; ppales. 18-34 US$; ⊘17.30-
22.15 lu-ju, hasta 22.30 vi y sa; Ⓢ1 hasta Christopher St-Sheridan Sq) Esta nueva encarnación
del legendario bar clandestino del West Village ha conservado su aire histórico actua-
lizando todo lo demás. La ambiciosa carta
de temporada incluye entrecot añejo y tru-
cha alpina, pero seguramente la estrella es
la hamburguesa. En las paredes hay retratos y sobrecubiertas de libros de la época de
la Ley Seca, muchos de cuyos escritores fueron clientes del bar.

MINETTA TAVERN BISTRÓ $
plano p. 424 (📳212-475-3850; www.minettatavern
ny.com; 113 MacDougal St con Minetta Ln, West
Village; ppales. 25-39 US$; ⊘12.00-15.00 y 17.30-
24.00 mi, hasta 1.00 ju y vi, 11.00-15.00 y 17.30-
1.00 sa, hasta 24.00 do, 17.30-24.00 lu y ma; Ⓢ A/
C/E, B/D/F/M hasta W 4th St-Washington Sq)
Hay que reservar con antelación o llegar
pronto para conseguir mesa cualquier noche entre semana, ya que suele estar abarrotado. Sus cómodas banquetas de cuero
rojo, la madera, las fotografías en blanco y
negro y las luces amarillas de bistró atraen
al comensal, y por su puesto sus sabrosos
platos de bistró.

🍴 Chelsea

⭐**CHELSEA MARKET** MERCADO $
plano p. 428 (www.chelseamarket.com; 75 Ninth
Ave, entre 15th St y 16th St, Chelsea; ⊘7.00-21.00
lu-sa, 8.00-20.00 do; Ⓢ A/C/E, L hasta 8th Ave-
14th St) En un brillante ejemplo de remodelación y conservación, el Chelsea Market ha
convertido una fábrica antes propiedad del
gigante de las galletas Nabisco (creador de
las Oreo) en un centro comercial de casi
250 m de largo para sibaritas. En los pasillos reformados de este paraíso gastronómico ya no hay hornos que cuecen galletas a
millones, sino un montón de restaurantes
eclécticos.

CHELSEA SQUARE DINER RESTAURANTE $
plano p. 428 (📳212-691-5400; www.chelseasqua
reny.com; 368 W 23rd St, en Ninth Ave, Chelsea;
ppales. desayuno 8-16 US$, almuerzo y cena
9-33 US$; ⊘24 h; Ⓢ1, C/E hasta 23rd St) Es uno

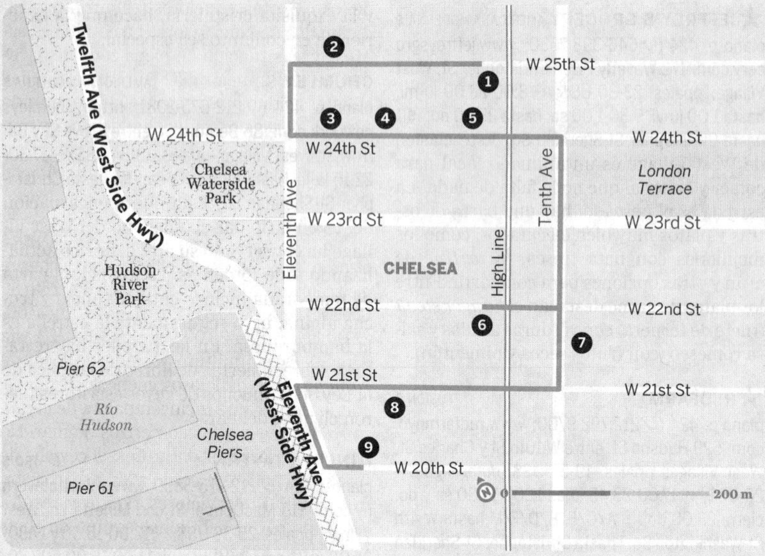

Vida local
Galerías de Chelsea

Chelsea concentra el mayor número de galerías de arte de NY. Casi todas se hallan en torno a 20th St, entre Tenth Ave y Eleventh Ave, y las inauguraciones suelen tener lugar los jueves por la noche. En general abren de martes a domingo, pero conviene confirmar el horario. La guía de galerías de Art Info (con plano) se puede conseguir gratis en muchas de ellas, o visitando www.westchelseaarts.com.

1 Pace Gallery

En un garaje reformado, la **Pace Gallery** (plano p. 428; ☎212-255-4044; www.pacegallery.com; 510 W 25th St, entre Tenth Ave y Eleventh Ave; 🕘10.00-18.00 ma-sa; [S]1, C/E hasta 23rd St) ha trabajado con algunos de los artistas más importantes de los últimos años. Tiene tres emplazamientos en W 25th St y uno en Midtown.

2 Cheim & Read

Esculturas de todas las formas, tamaños y materiales abundan en Cheim & Read (p. 138), donde las rotaciones mensuales mantienen la novedad de las exposiciones. Suele haber instalaciones con luces deslumbrantes y muestras fotográficas.

3 Gagosian

Gagosian (p. 137) ofrece un ambiente diferente al de las galerías independientes, ya que forma parte de una constelación de salas que se extiende por todo el mundo.

4 Mary Boone Gallery

Hay que pedir hora para visitar **Mary Boone Gallery** (plano p. 428; ☎212-752-2929; www.maryboonegallery.com; 541 W 24th St, entre Tenth Ave y Eleventh Ave; 🕘10.00-18.00 ma-sa), cuya dueña se hizo famosa en los años ochenta al captar a Jean-Michel Basquiat y Julian Schnabel. Está considerada una de las galerías más consolidadas de la zona.

5 Barbara Gladstone Gallery

La consevadora de la **Barbara Gladstone Gallery** (plano p. 428; ☎212-206-9300; www.gladstonegallery.com; 515 W 24th St, entre Tenth Ave y Eleventh Ave; 🕘10.00-18.00 lu-vi) organiza regularmente las exposiciones con mejores críticas.

6 Matthew Marks Gallery

Famoso por exhibir obras de grandes artistas como Jasper Johns y Ellsworth Kelly, **Matthew Marks** (plano p. 428; ☎212-243-0200; www.matthewmarks.com; 522 W 22nd St,

Chelsea.

entre Tenth Ave y Eleventh Ave; ⊙10.00-18.00 ma-sa) es uno de los auténticos pioneros de Chelsea.

❼ 192 Books

Pequeña librería (p. 157) que supone un respiro en medio de la ruta de galerías. Tiene una edificante selección de obras literarias sobre diversos géneros.

❽ Paula Cooper Gallery

La galería **Paula** (plano p. 428; ☎212-255-1105; www.paulacoopergallery.com; 534 W 21st St, entre Tenth Ave y Eleventh Ave; ⊙10.00-18.00 lu-vi), un auténtico icono en el mundo del arte, fue una de las primeras en mudarse del SoHo a Chelsea. Sigue rompiendo moldes. En el 2011, para la exposición The Clock, la galería permaneció abierta 24 h al día los fines de semana.

❾ David Zwirner

David Zwirner (plano p. 428; ☎212-517-8677; www.davidzwirner.com; 537 W 20th St, entre Tenth Ave y Eleventh Ave; ⊙10.00-18.00 ma-sa), una de las principales figuras del mundo del arte, abrió una galería de 2800 m² de espacio de exposición en el 2013.

de los mayores y mejores restaurantes tradicionales de Nueva York. La comida es sabrosa y su situación en plena zona de bares de Chelsea, inmejorable. Durante el día hay clientes asiduos del vecindario recuperando fuerzas a base de sándwiches de pavo, y muchachos de Chelsea dando buena cuenta de unas tortillas después de una larga noche de marcha.

JUN-MEN RAMEN $

plano p. 428 (☎646-852-6787; www.junmenramen.com; 249 Ninth Ave, entre 25th St y 26th St, Chelsea; *ramen* 16-19 US$; ⊙11.30-15.00 y 17.00-22.00 lu-ju, hasta 23.00 vi y sa; S1, C/E hasta 23rd St) Este diminuto y moderno local de *ramen* ofrece deliciosos cuencos de fideos, con variantes que incluyen paleta de cerdo, *miso* picante o setas con erizos de mar. No hay que saltarse los entrantes: el ceviche de jurel y los bollos de cerdo a la barbacoa son excelentes. El servicio es rápido y resulta divertido ver al habilidoso equipo de chefs trabajar en la pequeña cocina.

BLOSSOM VEGANA $

plano p. 428 (☎212-627-1144; www.blossomnyc.com; 187 Ninth Ave, entre 21st St y 22nd St, Chelsea; ppales. almuerzo 15-20 US$, cena 22-24 US$; ⊙12.00-14.45 lu-do y 17.00-21.30 lu-ju, hasta 22.00 sa y do, hasta 21.00 do; ☒; S1, C/E hasta 23rd St) Oasis vegetariano en Chelsea, tranquilo y romántico, que sirve imaginativos platos de tofu, seitán y otras verduras, algunas crudas y todas *kosher*. Además de sus menús principales, en la cena se ofrece una sección "In Bloom" con verduras frescas de temporada.

HEATH BRITÁNICA $

plano p. 428 (☎212-564-1622; www.mckittrickhotel.com/the-heath; 542 W 27th St, entre Tenth Ave y Eleventh Ave, Chelsea; ppales. 23-39 US$; ⊙variable; S1, C/E hasta 23rd St) Los creadores de la exitosa obra de teatro interactiva *Sleep No More* dirigen este evocador restaurante, al lado de su teatro, formado por varios almacenes. Al igual que el McKittrick Hotel que aparece en la obra, el Heath está ubicado en otro contexto espacio-temporal (una especie de Gran Bretaña de la década de 1920), por lo que se verán camareros con tirantes, muebles de época, humo falso en el comedor y una banda de *jazz* en el escenario.

COOKSHOP AMERICANA MODERNA $

plano p. 428 (☎212-924-4440; www.cookshopny.com; 156 Tenth Ave, entre W 19th St y 20th St, Chelsea; ppales. *brunch* 15-22 US\$, almuerzo 17-21 US\$, cena 22-48 US\$; ⏱8.00-23.00 lu-vi, desde 10.00 sa, 10.00-22.00 do; Ⓢ1, C/E hasta 23rd St) Este animado local es el sitio perfecto para tomar un *brunch* antes o después de recorrer el verde High Line, al otro lado de la calle. Un excelente servicio, cócteles impactantes (BLT Mary con infusión de beicon), un cestillo de pan bien horneado y una selección de platos originales con huevo hacen que sea uno de los favoritos de Chelsea un domingo por la tarde.

LE GRAINNE
FRANCESA \$

plano p. 428 (☎646-486-3000; www.legrainne cafe.com; 183 Ninth Ave, entre 21st St y 22nd St, Chelsea; ppales. 11-30 US\$; ⏱8.00-23.30; Ⓢ1, C/E hasta 23rd St) Le Grainne transporta a los comensales desde Chelsea hasta los callejones de París. Este restaurante con techos de metal labrado es ideal a la hora del almuerzo, cuando sirve sándwiches hechos con baguete y crepes saladas.

El servicio está un poco desorganizado, pero el personal es amable y la comida merece la espera.

★FORAGERS TABLE
AMERICANA MODERNA \$

plano p. 428 (☎212-243-8888; www.foragersmar ket.com/restaurant; 300 W 22nd St con Eighth Ave, Chelsea; ppales. 17-32 US\$; ⏱8.00-16.00 y 17.30-22.00 lu-vi, 10.00-14.00 y 17.30-22.00 sa, hasta 21.30 do; ⏶; Ⓢ1, C/E hasta 23rd St) Los dueños de este excelente restaurante tienen una finca de 11 Ha en el valle del Hudson, de la que procede gran parte de los ingredientes de la carta de temporada. Esta cambia con frecuencia, pero entre las tentaciones recientes destacaba la pechuga de pato de Long Island con calabaza asada, manzanas, rebozuelos e higos, la raya a la parrilla con quinua roja, col rizada a la crema y cebolla *cippolini*, y los huevos de granja rellenos con mostaza de Dijon.

🍷 DÓNDE BEBER Y VIDA NOCTURNA

🍸 West Village y Meatpacking District

En West Village, la consigna es ir hacia el oeste. Cuanto más cerca del río Hudson se vaya, mejor para esquivar las juergas de las fraternidades universitarias; por lo general, lo más concurrido son los recovecos del oeste de Sixth Ave. Al norte, Meatpacking District quiere ser el no va más y bulle de locales modernos, extensas cartas de cócteles, entradas con cortinas de terciopelo y equipos de sonido que retumban en el cerebro. Chelsea sigue siendo territorio gay, pero tiene opciones para todos los gustos, desde bares clandestinos con clase hasta garitos más trillados.

HAPPIEST HOUR
COCTELERÍA

plano p. 424 (☎212-243-2827; www.happiesthour nyc.com; 121 W 10th St, entre Greenwich St y Sixth Ave, West Village; ⏱17.00-hasta tarde lu-vi, desde 14.00 sa y do; ⒮A/C/E, B/D/F/M hasta W 4th St-Washington Sq; 1 hasta Christopher St-Sheridan Sq) Coctelería a la última con un delicioso toque polinesio, estampados de palmera, pop de los años sesenta y unos divertidos combinados más elegantes que el típico cóctel frutal de playa. La clientela suele estar formada por gente conservadora y trajeada que sale del trabajo y parejas que se citan por internet. Abajo está su hermano formal, el **Slowly Shirley,** un templo subterráneo *art déco* dedicado a las libaciones bien preparadas y documentadas.

BUVETTE
BAR DE VINOS

plano p. 424 (☎212-255-3590; www.ilovebuvette. com; 42 Grove St, entre Bedford St y Bleecker St, West Village; ⏱7.00-2.00 lu-vi, desde 8.00 sa y do; Ⓢ1 hasta Christopher St-Sheridan Sq; A/C/E, B/D/F/M hasta W 4th St-Washington Sq) Un bar de decoración rústica elegante, con placas de latón y una barra de mármol, ideal para tomar una copa de vino en cualquier momento del día. Para tener una experiencia completa en esta autoproclamada *gastroteca,* hay que sentarse en una de las mesas a comer pequeños platos y beber vinos europeos, sobre todo de Francia e Italia.

EMPLOYEES ONLY
BAR

plano p. 424 (☎212-242-3021; www.employeeson lynyc.com; 510 Hudson St, entre W 10th St y Christopher St, West Village; ⏱18.00-4.00; Ⓢ1 hasta Christopher St-Sheridan Sq) Está escondido tras una puerta con un letrero de neón donde pone "Psychic". Los camareros, excelentes bármanes, preparan unas increíbles y adictivas bebidas como el Ginger Smash o un Bellini de lujo. Es ideal tanto para beber como para comer hasta tarde, cortesía de su propio restaurante, que sirve comida hasta las 3.30: los rezagados pueden disfrutar de una sopa de pollo casera. Se va abarrotando a medida que avanza la noche.

BELL BOOK & CANDLE BAR

plano p. 424 (☎212-414-2355; www.bbandcnyc.com; 141 W 10th St, entre Waverly Pl y Greenwich Ave, West Village; ⏲17.30-2.00 do-mi, hasta 4.00 ju-sa, y 11.30-15.30 sa; [S]A/C/E, B/D/F/M hasta W 4th St-Washington Sq; 1 hasta Christopher St-Sheridan Sq) Hay que bajar a este gastrobar iluminado con velas para saborear sus fuertes y originales libaciones a base de licores infusionados y mezcales ahumados, y una abundante comida de bar en la madrugada. A primera hora de la noche, una clientela veinteañera abarrota la pequeña barra para disfrutar de las ostras a 1 US$ y las bebidas especiales de la *happy hour*. Al fondo hay mucho más sitio y compartimentos ideales para grupos.

UNCOMMONS CAFÉ

plano p. 424 (☎646-543-9215; http://uncommonsnyc.com; 230 Thompson St, entre W 3rd St y Bleecker St, West Village; entrada con juego de mesa 10 US$; ⏲8.30-24.00 lu-ju, hasta 1.00 vi y sa, hasta 23.00 do; 📶; [S]A/C/E, B/D/F/M hasta W 4th St-Washington-Sq) Esta cafetería cuenta con una enorme colección de juegos de mesa a los que se puede jugar todo el tiempo que se quiera por el módico precio de 10 US$. El ambiente es jovial y hay mucho espacio, aunque durante las horas punta puede estar muy lleno.

ARIA BAR DE VINOS

plano p. 424 (☎212-242-4233; www.ariawinebar.com; 117 Perry St, entre Greenwich St y Hudson St, West Village; ⏲11.30-22.00 do-ju, 11.00-23.00 vi y sa; [S]1 hasta Christopher St-Sheridan Sq) Bar musical en el confín oeste de West Village, con mesas rústicas de madera y paredes que combinan ladrillo y azulejo. Tiene una buena selección de vinos (muchos ecológicos) a partir de 8 US$ la copa (pequeña). Hay *cicchetti* (tapas para compartir), como dátiles rellenos de gorgonzola, tartitas de cangrejo o calamares estofados.

VIN SUR VINGT BAR DE VINOS

plano p. 424 (☎212-924-4442; www.vinsur20nyc.com; 201 W 11th St, entre Seventh Ave y Waverly Pl, West Village; ⏲16.00-1.00 lu-vi, hasta 2.00 sa y do; [S]A/C/E, L hasta 8th Ave-14th St A pocos metros del bullicio de Seventh Ave, esta pequeña vinoteca, con taburetes y unas cuantas mesas para dos, es el sitio perfecto para una primera cita. Pero si la idea es solo picar algo, hay que tener cuidado, pues si se prueba el surtido de bocados de la barra, se caerá en la tentación de cenar.

124 OLD RABBIT CLUB BAR

plano p. 424 (☎212-254-0575; 124 MacDougal St, en Minetta Ln, West Village; ⏲18.00-2.00 lu-mi, hasta 4.00 ju-sa, hasta 24.00 do; [S]A/C/E, B/D/F/M hasta W 4th St-Washington Sq; 1 hasta Houston St) El viajero querrá darse una palmadita en la espalda cuando encuentre este bar bien escondido: hay que buscar la diminuta palabra "Rabbit" encima de la puerta. Una vez dentro, se encuentra un espacio estrecho y cavernoso, de iluminación suave y ambiente discreto. Es hora de sentarse en la barra y elegir una cerveza de importación.

LITTLE BRANCH COCTELERÍA

plano p. 424 (☎212-929-4360; 20 Seventh Ave S, en Leroy St, West Village; ⏲19.00-3.00 lu-sa, hasta 2.00 do; [S]1 hasta Houston St; A/C/E, B/D/F/M hasta W 4th St-Washington Sq) Si no fuera por las colas que se forman avanzada la noche, nunca se adivinaría que tras la sencilla puerta metálica de este cruce triangular se oculta una interesante coctelería. El bar del sótano parece sacado de la época de la Ley Seca. Los clientes del lugar brindan con sus cócteles imaginativos y muy bien preparados, y las noches del domingo al jueves hay *jazz* en directo.

KETTLE OF FISH BAR

plano p. 424 (☎212-414-2278; www.kettleoffishnyc.com; 59 Christopher St, cerca de Seventh Ave, West Village; ⏲15.00-4.00 lu-vi, desde 14.00 sa y do; [S]1 hasta Christopher St-Sheridan Sq; A/C/E, B/D/F/M hasta W 4th St-Washington Sq) En este bar lleno de sofás y sillas tapizadas solía beber Jack Kerouac. Es agradable para quedarse un buen rato porque la gente es sencillamente encantadora. A un tiempo club, bar con juegos y local gay, aquí todo el mundo se mezcla sin complejos.

ART BAR BAR

plano p. 424 (☎212-727-0244; www.artbar.com; 52 Eighth Ave, cerca de Horatio St, Meatpacking District; ⏲16.00-4.00; [S]A/C/E, L hasta 8th Ave-14th St) En este local de ambiente bohemio, la parte delantera no es muy atractiva (reservados ovales a rebosar muy cerca de una barra de madera), pero la trasera, con sillones al pie de un enorme mural de la *Última Cena* cuyos personajes son James Dean y Marilyn Monroe, entre otros, es ideal para tomarse una cerveza o probar las especialidades de la casa (por lo general, martinis).

TROY LIQUOR BAR

LOUNGE

plano p. 424 (☎212-699-2410; www.troyliquorbar. com; 675 Hudson St con W 13th St (entrada en W 13th St), Meatpacking District; ⏰18.00-24.00 mi, hasta 2.00 ma, hasta 4.00 vi y sa; ⓈA/C/E, L hasta 8th Ave-14th St) Garito lleno de grafitis con música *indie rock*, escondido debajo del Bill's Bar & Burger, en Meatpacking District. Se puede ir a jugar una partida de futbolín o a relajarse con un cóctel retro en uno de sus recovecos tipo cueva.

FAT CAT

BAR

plano p. 424 (☎212-675-6056; www.fatcatmusic. org; 75 Christopher St, entre 7th Ave y Bleecker St, West Village; entrada con copa 3 US$; ⏰14.00-5.00 lu-ju, desde 12.00 vi-do; Ⓢ1 hasta Christopher St-Sheridan Sq; A/C/E, B/D/F/M hasta W 4th St-Washington Sq) Si se está cansado de la elegante sofisticación del Village y los cócteles a 16 US$, quizás sea hora de visitar este pequeño y ajado salón de pimpón. Se trata de un garito en un sótano que atrae a una joven y sencilla clientela que quiere pasar el rato, jugar al billar o al tejo de mesa y quizá echar una partida de pimpón.

VOL DE NUIT

PUB

plano p. 424 (☎212-982-3388; www.voldenuitbar. com; 148 W 4th St, entre Sixth Ave y MacDougal St; ⏰16.00-1.00 do-ju, hasta 3.00 vi y sa; ⓈA/C/E, B/D/F/M hasta W 4th St-Washington Sq) Ni siquiera todos los estudiantes de la NYU pueden arruinar este acogedor bar belga con Delirium Tremens de barril y varias decenas de cervezas de botella, incluidas Duvel y Lindemans Framboise. Se pueden pedir mejillones con patatas fritas para comer en las mesas del patio delantero, el *lounge*, las mesas de madera compartidas o en la barra.

STANDARD

BAR

plano p. 424 (☎877-550-4646, 212-645-4646; www.standardhotels.com; 848 Washington St, entre 13th St y Little W 12th St, Meatpacking District; ⓈA/C/E, L hasta 8th Ave-14th St) Elevándose sobre pilares de hormigón por encima de la High Line, atrae a una exclusiva clientela con un *lounge* y un club nocturno en las plantas superiores: el **Top of the Standard** (plano p. 424; ☎212-645-7600; www.standard hotels.com/high-line; ⏰16.00-24.00 lu-vi, desde 14.00 sa y do) y el Le Bain. También tiene una parrilla, una plaza para comer y beber (que en invierno se convierte en una pista de patinaje sobre hielo), y una terraza de cerveza con una carta de comida clásica alemana y espumosas cervezas de barril.

STANDARD BIERGARTEN

CERVECERÍA

plano p. 424 (☎212-645-4100; www.standardho tels.com; 848 Washington St, entre 13th St y Little W 12th St, Meatpacking District; ⏰12.00-1.00 do-ju, hasta 2.00 vi y sa; ⓈA/C/E, L hasta 8th Ave-14th St) Aquí se puede ver el aspecto que la nueva generación de abogados, corredores de bolsa y profesionales de las relaciones públicas tienen cuando se sueltan el pelo. Hay mucho ambiente y bullicio, y la noche de los viernes y sábados está a rebosar de la élite joven de Manhattan, que toma pintas de *Hefeweizen* y juega al pimpón.

BRASS MONKEY

BAR

plano p. 424 (☎212-675-6686; www.brassmonkey nyc.com; 55 Little W 12th St, en Washington St, Meatpacking District; ⏰11.30-4.00; ⓈA/C/E, L hasta 8th Ave-14th St) En contraste con el ambiente chic imperante en Meatpacking District, es más para cerveceros que para gente *fashion*. Este espacio de varias plantas es sencillo y relajado, con suelos de madera que crujen y una larga lista de buenas cervezas y *whisky* escocés. La terraza entarimada de su azotea es excelente cuando hace buen tiempo.

MARIE'S CRISIS

BAR

plano p. 424 (☎212-243-9323; 59 Grove St, entre Seventh Ave y Bleecker St, West Village; ⏰16.00-3.00 lu-ju, hasta 4.00 vi y sa, hasta 24.00 do; Ⓢ1 hasta Christopher St-Sheridan Sq; A/C/E, B/D/F/M hasta W 4th St-Washington Sq) Viejas reinas de Broadway, gais de fuera de la ciudad maravillados, risueños turistas y otros fans del teatro musical se congregan alrededor del piano de este local y se turnan para cantar canciones de musicales, a menudo acompañados por toda la clientela, incluido algún que otro famoso. Ofrece diversión a la vieja usanza, independientemente de lo aburrido que uno esté al entrar.

CIELO

CLUB

plano p. 424 (☎212-645-5700; www.cieloclub. com; 18 Little W 12th St, entre Ninth Ave y Washington St, Meatpacking District; entrada con copa 15-25 US$; ⓈA/C/E, L hasta 8th Ave-14th St) Un club veterano con un sonido excelente que atrae a un público relajado. Los amantes del baile tienen una cita los martes con el TOCA, cuando el DJ Tony Touch pincha clásicos de *hip*-hop, *soul* y *funk*. Las otras noches se baila sin parar con una selección de DJ europeos.

CULTURA CAFETERA

Nueva York ya no es una ciudad de segunda en lo que a buen café se refiere. Famosos maestros cafeteros, con la ayuda de maravillas técnicas y excelente materia prima, han reinventado lo que era una simple taza. Para disfrutar de cafés tanto clásicos como innovadores, West Village es un lugar excelente.

Blue Bottle (plano p. 428; https://bluebottlecoffee.com; 450 W 15th St, entre 9th Ave y 10th Ave, Chelsea; 🕒7.00-18.00 lu-vi, desde 8.00 sa y do; [S]A/C/E, L hasta 8th Ave-14th St) Puede que tenga sus raíces en Oakland, pero los neoyorquinos han acogido con alegría este excelente tostadero de café de tercera generación. El pequeño local de Blue Bottle, enfrente del Chelsea Market, emplea balanzas y termómetros para asegurarse de que el café de filtro o el expreso salgan perfectos. Hay que hacerse con una de las pocas mesas junto a la ventana o dirigirse a las mesas situadas en la entreplanta, por encima de los baristas.

Stumptown Coffee Roasters (plano p. 424; ☎855-711-3385; www.stumptowncoffee.com; 30 W 8th St con MacDougal St, West Village; 🕒7.00-20.00; [S]A/C/E, B/D/F/M hasta W 4th St-Washington Sq) Este famoso tostadero de Portland está ayudando a reinventar la escena cafetera de Nueva York con sus cafés exquisitamente elaborados. Tiene un elegante interior con techos artesonados y una barra de madera de nogal, aunque sus pocas mesas a menudo están ocupadas por clientes con sus portátiles.

Joe the Art of Coffee (plano p. 424; ☎212-924-6750; www.joetheartofcoffee.com; 141 Waverly Pl con Gay St, West Village; 🕒7.00-20.00 lu-vi, desde 8.00 sa y do; [S]A/C/E, B/D/F/M hasta W 4th St-Washington Sq) En este concurrido local de la bucólica Waverly Place, en el corazón del Village, sirven un café fabuloso, el mejor de la ciudad, según algunos.

11th St Cafe (plano p. 424; ☎646-692-4455; www.11thstreetcafe.com; 327 W 11th St, entre Washington St y Columbia St, West Village; 🕒7.00-18.30 lu-vi, desde 7.30 sa y do; 📶; [S]1 hasta Christopher St-Sheridan Sq) Aunque esta cafetería parezca pequeña, su situación apartada y su ambiente agradable la convierten en el lugar perfecto para acudir con el portátil o un libro. Sirve un café muy bien preparado y una impresionante selección de platos asequibles para el desayuno y el almuerzo, además de wifi gratis.

LE BAIN — CLUB

plano p. 424 (☎212-645-7600; www.standardhotels.com; 444 W 13th St, entre Washington St y Tenth Ave, Meatpacking District; 🕒16.00-3.00 lu, hasta 4.00 ma-ju, 14.00-4.00 vi y sa, hasta 3.00 do; [S]A/C/E, L hasta 8th Ave-14th St) Estridentes promotores de fiestas llevan a cabo su trabajo cualquier día de la semana en este espacioso local, en la azotea del muy de moda Standard Hotel. Ofrece geniales vistas de la ciudad, una pista de baile con un enorme *jacuzzi* en el centro y una ecléctica clientela que no para de consumir copas caras. También hay crepes toda la noche.

MATCHA BAR — CAFÉ

plano p. 424 (www.matchabarnyc.com; 256 W 15th St, entre Seventh y Eighth Aves, Chelsea; bebidas desde 6 US$; 🕒8.00-19.00 lu-vi, desde 10.00 sa y do; [S]A/C/E, L hasta 8th Ave-14th St) Cuando se necesite un vigorizante pero no otro expreso, este proveedor de té verde en polvo prepara unos deliciosos *matcha* con leche y con hielo de deliciosos sabores. También tiene otras delicias hechas con *matcha*, como macarrones y dónuts.

CUBBYHOLE — LOCAL DE AMBIENTE

plano p. 424 (☎212-243-9041; www.cubbyholebar.com; 281 W 12th St, en W 4th St, West Village; 🕒16.00-4.00 lu-vi, desde 14.00 sa y do; [S]A/C/E, L hasta 8th Ave-14th St) Este bar de barrio se anuncia como "amigo de lesbianas, gais y heteros desde 1994". Aunque el público es mayoritariamente femenino, resulta agradable para cualquiera que busque bebidas baratas. Cuenta con una estupenda gramola, unos camareros simpáticos y muchos clientes fijos que prefieren quedarse charlando en vez de ligar y marcharse.

BOOTS AND SADDLE — LOCAL DE AMBIENTE

plano p. 424 (www.bootsandsaddlenyc.com; 100a 7th Ave S, entre Barrow St y Grove St, West Village; 🕒14.00-2.00 do-ju, hasta 4.00 vi y sa; [S]1 hasta Christopher St-Sheridan Sq; A/C/E, B/D/F/M hasta W 4th St-Washington Sq) Es conocido cariñosamente como uno de los bares gais más rudimentarios del West Village. Antes ocupaba un pequeño local a pie de calle, pero recientemente se ha trasladado a un gran sótano con mucho espacio para los espec/táculos de *drags* y las noches de karaoke que lo han convertido en un favorito del barrio. Las bebidas son baratas y el público, participativo.

JULIUS BAR
GAY

plano p. 424 (📞212-243-1928; www.juliusbarny.com; 159 W 10th St con Waverly Pl, West Village; ⏰11.00-4.00 lu-sa, hasta 3.00 do; 🚇A/C/E, B/D/F/M hasta W 4th St-Washington Sq; 1 hasta Christopher St-Sheridan Sq) El más antiguo de los famosos bares gais originales que todavía funcionan en Nueva York es un local de barrio natural y sin pretensiones. La clientela es una mezcla de antiguos gais pioneros y jóvenes advenedizos y desaliñados.

En la barra se sirven comidas sencillas aceptables. Recientemente se ha incorporado a la oferta una carta de desayunos (11.00-13.00 sa y 12.00-14.00 do).

HENRIETTA HUDSON
LÉSBICO

plano p. 424 (📞212-924-3347; www.henriettahudson.com; 438 Hudson St; ⏰16.00-4.00; 🚇1 hasta Houston St) Gran parte de la clientela de este elegante *lounge* suele proceder de Nueva Jersey y Long Island. Ofrecen noches temáticas variadas en las que enérgicas DJ ponen un determinado estilo de música (*hip*-hop, *house*, *rock*). La propietaria, Lisa Canistraci, oriunda de Brooklyn, es una de las promotoras predilectas de la noche lésbica y a menudo se deja ver por el local con sus fans.

STONEWALL INN
GAY

plano p. 424 (📞212-488-2705; www.thestonewallinnnyc.com; 53 Christopher St; ⏰14.00-4.00; 🚇1 hasta Christopher St-Sheridan Sq) Este bar, escenario de los disturbios de Stonewall en 1969, es considerado casi un lugar de peregrinación por su importancia histórica. Atrae a un público diverso a sus fiestas nocturnas, dirigidas a todo el espectro del arco iris LGBT. Lejos de ser moderno, es más un bar acogedor normal y corriente que, si no fuera por su historia, pasaría desapercibido.

MONSTER
GAY

plano p. 424 (📞212-924-3558; www.monsternyc.com; 80 Grove St con Sheridan Sq, West Village; ⏰16.00-4.00 lu-vi, desde 14.00 sa y do; 🚇1 hasta Christopher St-Sheridan Sq; A/C/E, B/D/F/M W 4th St-Washington Sq) Un paraíso para

gais de los de antes, con una pequeña pista de baile en la planta baja, un piano-bar y un espacio de cabaré. Sus animadas noches temáticas abarcan desde fiestas latinas hasta veladas presentadas por *drag queens*.

TY'S
LOCAL DE AMBIENTE

plano p. 424 (📞212-741-9641; www.tys.nyc; 114 Christopher St, entre Bedford St y Bleecker St, West Village; ⏰2.00-14.00 lu-mi, hasta 3.00 ju, hasta 4.00 vi y sa, 13.00-4.00 do; 🚇1 hasta Christopher St-Sheridan Sq; A/C/E, B/D/F/M hasta W 4th St-Washington Sq) Los bares gais de Nueva York tienen fama de dirigirse a un público de jóvenes y modelos, pero en el West Village hay muchos que ofrecen un ambiente más acogedor. Ty's está presente en el barrio desde los años setenta y tiene una clientela más madura, un agradable ambiente de taberna y bebidas tiradas de precio.

🍷 Chelsea

GALLOW GREEN
BAR

plano p. 428 (📞212-564-1662; www.mckittrickhotel.com/gallow-green; 542 W 27th St, entre Tenth Ave y Eleventh Ave, Chelsea; ⏰17.00-24.00 lu-vi, desde 12.00 sa y do; 🚇1, C/E hasta 23rd St; 1 hasta 28th St) Dirigido por el equipo creativo del teatro Sleep No More (p. 151), este bar de azotea está decorado con parras, macetas con plantas y lucecitas de colores. Es un lugar genial para ir antes o después de ver la obra de teatro, con camareros vestidos con trajes de época, un grupo que toca en directo casi todas las noches y sabrosos cócteles con mucho ron. Se recomienda reservar.

Cuando llega el frío, monta "The Lodge", un acogedor chalé con varias salas llenas de muebles, libros, literas, alfombras de piel, una mecedora y una chimenea; el sitio ideal para una escapada rural sin salir de Midtown.

PIER 66 MARITIME
BAR

plano p. 428 (📞212-989-6363; www.pier66maritime.com; Pier 66, en W 26th St, Chelsea; ⏰12.00-24.00 may-oct; 🚇1, C/E hasta 23rd St) Rescatado del fondo marino de la bahía de Chesapeake, el buque faro *Frying Pan* y los dos bares de dos plantas a pie del muelle donde está amarrado son estupendos para tomar un trago al atardecer. Cuando hace buen tiempo, este rústico espacio al aire libre atrae a la multitud, que acude a holgazanear en tumbonas y a beber cerveza helada (7/25 US$ cerveza artesana/jarra).

BATHTUB GIN COCTELERÍA

plano p. 428 (☎646-559-1671; www.bathtubgin nyc.com; 132 Ninth Ave, entre W 18th St y 19th St, Chelsea; ⏰17.00-2.00 lu-mi, hasta 4.00 ju y vi, 11.30-15.30 y 17.00-4.00 sa, hasta 2.00 do; [S]A/C/E, L hasta 8th Ave-14th St; 1, C/E hasta 23rd St; 1 hasta 18th St) Entre los muchos locales tipo bar clandestino de Nueva York, este se las apaña para destacar con luz propia entre los demás gracias a una puerta delantera muy bien oculta en la pared del Stone Street Coffee Shop (con una mujer dentro de una bañera). Una vez dentro, cómodas mesas, música suave de fondo y un amable personal lo convierten en un lugar perfecto para quedar con los amigos y dedicarse a probar unos cuantos cócteles elaborados al gusto del cliente.

PETER MCMANUS TAVERN BAR

plano p. 428 (☎212-929-9691; www.petermcma nuscafe.com; 152 Seventh Ave con 19th St, Chelsea; ⏰10.00-4.00 lu-sa, desde 12.00 do; [S]1 hasta 18th St; 1, C/E hasta 23rd St) Negocio familiar donde sirven cañas desde la década de 1930, similar a un museo de la familia McManuses: fotos antiguas, una vieja cabina de teléfono y vidrieras de Tiffany. En los reservados de color verde sirven comida grasienta.

GYM SPORTSBAR GAY

plano p. 428 (☎212-337-2439; www.gymsports bar.com/nyhome.html; 167 8th Ave # A; bebidas desde 7 US$; ⏰16.00-2.00 lu-vi, 14.00-2.00 sa y do; [S]A/C/E, L hasta 8th Ave-14th St) En medio de la famosa zona nocturna gay de Chelsea, este bar ofrece un ambiente discreto para clientes LGBTQ. Cuenta con un plantel de simpáticos camareros, bebidas a buen precio, un billar al fondo, una terraza donde se puede salir a fumar y varios televisores que retransmiten cualquier encuentro deportivo que se esté celebrando. La *happy hour* de los días laborables ofrece dos bebidas al precio de una.

EAGLE NYC GAY

plano p. 428 (☎646-473-1866; www.eaglenyc.com; 554 W 28th St, entre Tenth Ave y Eleventh Ave, Chelsea; ⏰22.00-4.00 lu-sa, desde 17.00 do; [S]1, C/E hasta 23rd St) Este club, poblado de chicos vestidos de cuero, satisface a los más fetichistas. Sus dos plantas y la azotea ofrecen espacio de sobra para bailar y beber hasta la saciedad. Organiza frecuentes noches temáticas: hay que consultar la web antes de ir para poder llegar adecuadamente vestido (o desvestido).

☆ OCIO

SLEEP NO MORE TEATRO

plano p. 428 (☎866-811-4111; www.sleepnomo renyc.com; 530 W 27th St, entre Tenth Ave y Eleventh Ave, Chelsea; entradas desde 105 US$; ⏰19.00-24.00 lu-sa; [S]1, C/E hasta 23rd St) Es una de las experiencias teatrales más fascinantes de la historia: una versión libre de *Macbeth* dentro de una serie de almacenes de Chelsea rediseñados para que parezcan el McKittrick Hotel de la década de 1930 y su animado bar de *jazz*.

Es una vivencia del tipo "elige tu propia aventura", donde el público es libre de deambular por las habitaciones (sala de baile, cementerio, taxidermista, manicomio, etc.) y seguir a los actores o interactuar con ellos mientras representan una gran variedad de escenas desde extrañas a atrevidas. Un aviso: al entrar se deja todo lo que se lleva encima (chaqueta, bolso, móvil, etc.) y se va con una máscara, en plan *Eyes Wide Shut*.

LE POISSON ROUGE MÚSICA EN DIRECTO

plano p. 424 (☎212-505-3474; www.lepoissonrou ge.com; 158 Bleecker St, entre Sullivan St y Thompson St, West Village; [S]A/C/E, B/D/F/M hasta W 4th St-Washington Sq) Este espacio de arte acoge una ecléctica variedad de música en directo; en los últimos años han actuado Deerhunter, Marc Ribot y Yo La Tengo. Se hace especial hincapié en la experimentación y la fusión de géneros (música clásica, folk, ópera y mucho más).

55 BAR MÚSICA EN DIRECTO

plano p. 424 (☎212-929-9883; www.55bar.com; 55 Christopher St, en Seventh Ave, West Village; entrada con 10 US$; ⏰13.00-4.00; [S]1 hasta Christopher St-Sheridan Sq) Este ameno antro situado en un sótano, que se remonta a la época de la Ley Seca, destaca por sus discretos espectáculos sin elevadas consumiciones ni exceso de boato. Ofrece todas las noches programa doble, con actuaciones de artistas locales de calidad, bandas de *blues* e incluso del famoso guitarrista Mike Stern, que tocó con Mile Davis en los años ochenta. Consumición mínima de dos bebidas.

CORNELIA STREET CAFÉ MÚSICA EN DIRECTO

plano p. 424 (☎212-989-9319; www.cornelias treetcafe.com; 29 Cornelia St, entre Bleecker St y W 4th St, West Village; ⏰apertura de puertas 17.45; [S]A/C/E, B/D/F/M hasta W 4th St-Washington Sq) Se trata de una pequeña cafetería conocida por sus conciertos íntimos de innovadores tríos de *jazz*, vocalistas vanguardistas y virtuosos de la música y las artes visuales. También hay un componente literario, con encuentros mensuales de cuentacuentos, lecturas y micrófonos abiertos de poesía.

BAR NEXT DOOR MÚSICA EN DIRECTO

plano p. 424 (☎212-529-5945; www.lalanternacaffe.com; 129 MacDougal St, entre W 3rd St y 4th St, West Village; entrada con copa 12-15 US$; ⏲18.00-2.00 do-ju, hasta 3.00 vi y sa; [S]A/C/E, B/D/F/M hasta W 4th St-Washington Sq) Es uno de los bares predilectos del barrio, situado en el sótano de una casa restaurada, con techos bajos, ladrillo visto e iluminación romántica. Tocan *jazz* suave todas las noches y se puede probar el sabroso menú italiano del restaurante de al lado, La Lanterna di Vittorio.

La entrada es gratis para las actuaciones de artistas emergentes (18.30-19.45 lu-ju).

IRISH REPERTORY THEATRE TEATRO

plano p. 428 (☎212-727-2737; www.irishrep.org; 132 W 22nd St, entre Sixth Ave y Seventh Ave, Chelsea; [S]1, F/M hasta 23 St; 1 hasta 18th St) Esta compañía de repertorio, con sede en un almacén de Chelsea, representa las mejores aportaciones al mundo del teatro de la comunidad irlandesa e irlandesa-estadounidense.

BARROW STREET THEATER TEATRO

plano p. 420 (☎212-243-6262; www.barrowstreettheatre.com; 27 Barrow St, entre Seventh Ave y W 4th St, West Village; [S]1 hasta Christopher St-Sheridan Sq o Houston St; A/C/E, B/D/F/M hasta W 4th St-Washington Sq) Un fantástico espacio off-Broadway en el corazón del West Villa-

ALL THAT JAZZ

El West Village sigue siendo el epicentro de la escena jazzística neoyorquina, con sus memorables interpretaciones en clubes subterráneos y refinadas salas de música.

Village Vanguard (plano p. 424; ☎212-255-4037; www.villagevanguard.com; 178 Seventh Ave S, en W 11th St, West Village; entrada con copa 33 US$; ⏲19.30-24.30; [S]A/C/E, L hasta 8th Ave-14th St; 1/2/3 hasta 14th St) Posiblemente sea el club de *jazz* más prestigioso de la ciudad, donde han actuado los mejores músicos de los últimos 50 años. Empezó organizando recitales y a veces vuelve a sus raíces, pero normalmente se escucha un gran *jazz* toda la noche. Hay que tener cuidado con las empinadas escaleras y cerrar los ojos ante las muestras de deterioro, ya que acústicamente es uno de los mejores locales del mundo. Consumición mínima de una bebida.

Smalls (plano p. 424; ☎646-476-4346; www.smallslive.com; 183 W 10th St, entre W 4th St y Seventh Ave S, West Village; entrada con copa 20 US$; ⏲19.05-3.30 lu-vi, desde 16.00 sa y do; [S]1 hasta Christopher St-Sheridan Sq; A/C/E, B/D/F/M W 4th St-Washington Sq) Este pequeño y atractivo local de *jazz* en un sótano ofrece cada noche varias actuaciones. La entrada permite salir a comer algo y volver. No hay que perderse la *jam session* de los sábados y domingos por la tarde.

Blue Note (plano p. 424; ☎212-475-8592; www.bluenote.net; 131 W 3rd St, entre Sixth Ave y MacDougal St, West Village; [S]A/C/E, B/D/F/M hasta W 4th St-Washington Sq) Es el club de *jazz* más célebre (y caro) de la ciudad, con diferencia. Los precios oscilan entre 15-30 US$ en la barra y 25-45 US$ en una mesa, aunque pueden subir cuando se trata de actuaciones estelares. También hay *brunch* a ritmo de *jazz* los domingos a las 11.30. Hay que ir una noche poco solicitada, y permanecer en silencio, pues toda la atención se centra en el escenario.

Mezzrow (plano p. 424; ☎646-476-4346; www.mezzrow.com; 163 W 10th St con Seventh Ave, West Village; ⏲19.30-1.30 do-ju, hasta 2.00 vi y sa; [S]1 hasta Christopher St-Sheridan Sq) Neoyorquinos y turistas por igual todavía celebran la llegada de este íntimo local de *jazz* que abrió en el 2014 en un sótano. Está dirigido por la misma gente del cercano Smalls, y la entrada (normalmente 20 US$) también permite acceder a él la misma noche. Todo gira en torno a la música (no se permite hablar en voz muy alta), con actuaciones de calidad durante toda la semana. Se puede reservar entrada por internet para actuaciones futuras.

ge, con gran variedad de obras locales e internacionales.

ATLANTIC THEATER COMPANY TEATRO
plano p. 428 (☎212-691-5919; www.atlantictheater.org; 336 W 20th St, entre Eighth Ave y Ninth Ave, Chelsea; Ⓢ1, C/E hasta 23rd St; 1 hasta 18th St) Fundada por David Mamet y William H. Macy en 1985, esta compañía es uno de los pilares fundamentales de la comunidad teatral off-Broadway, y durante las tres últimas décadas ha representado muchas obras galardonadas con premios Tony y Drama Desk.

NEW YORK LIVE ARTS DANZA
plano p. 428 (☎212-924-0077; www.newyorklivearts.org; 219 W 19th St, entre Seventh Ave y Eighth Ave, Chelsea; Ⓢ1 hasta 18th St) Con el director Bill T. Jones al frente, este elegante centro de danza ofrece cada año una programación de más de 100 obras contemporáneas y experimentales. Artistas de todo el mundo (p. ej., Serbia, Sudáfrica o Corea) traen piezas de actualidad. A veces hay una charla con los coreógrafos y/o los bailarines antes o después de la actuación.

CHERRY LANE THEATER TEATRO
plano p. 424 (☎212-989-2020; www.cherrylanetheater.org; 38 Commerce St, por Bedford St, West Village; Ⓢ1 hasta Christopher St-Sheridan Sq) Un teatro del West Village con un encanto único y una trayectoria muy larga. Fundado por la poetisa Edna St Vincent Millay, dio voz a numerosos dramaturgos y actores durante años. Sigue fiel a su misión de crear teatro vivo, accesible a todos. Hay recitales, obras y lecturas dramatizadas.

DUPLEX CABARÉ
plano p. 424 (☎212-255-5438; www.theduplex.com; 61 Christopher St con Seventh Ave S, West Village; entrada con copa 10-25 US$; ◉16.00-4.00; Ⓢ1 hasta Christopher St-Sheridan Sq; A/C/E, B/D/F/M hasta W 4th St-Washington Sq) El cabaré y el karaoke son lo habitual en este legendario local. Fotos de Joan Rivers cuelgan en las paredes y los artistas se ponen muy mordaces cuando gastan bromas sobre el público. Divertido y sencillo, no es apto para tímidos. En el piano-bar de la planta baja (desde 21.00) se puede cantar una canción o ver cómo el personal y otros clientes habituales con mucho talento, incluidos actores de Broadway, cantan a pleno pulmón grandes éxitos. Consumición mínima de dos bebidas.

JOYCE THEATER DANZA
plano p. 428 (☎212-691-9740; www.joyce.org; 175 Eighth Ave, en W 19th St, Chelsea; Ⓢ1 hasta 18th St; 1, C/E hasta 23rd St; A/C/E, L hasta 8th Ave-14th St) Este íntimo local de 472 plazas en un cine reformado es uno de los favoritos de los amantes de la danza, gracias a su excelente línea de visión y su original oferta. Acoge, sobre todo, a compañías modernas tradicionales como Martha Graham, Stephen Petronio Company y Parsons Dance, así como a compañías internacionalmente famosas, del tipo de Dance Brazil, Ballet Hispánico y MalPaso Dance Company.

KITCHEN TEATRO, DANZA
plano p. 428 (☎212-255-5793; www.thekitchen.org; 512 W 19th St, entre Tenth Ave y Eleventh Ave, Chelsea; ⓈA/C/E, L hasta 8th Ave-14th St) Espacio experimental tipo *loft*, al oeste de Chelsea, que acoge teatro, lecturas y actuaciones musicales de vanguardia, además de modernas piezas progresistas y obras en proceso de artistas locales.

GOTHAM COMEDY CLUB COMEDIA
plano p. 428 (☎212-367-9000; www.gothamcomedyclub.com; 208 W 23rd St, entre Seventh Ave y Eighth Ave, Chelsea; Ⓢ1, C/E hasta 23rd St) Este espacioso club, que presume de ser el salón de la fama de la comedia de Nueva York y lo respalda con actuaciones regulares de grandes estrellas y con los espectáculos Gotham All-Stars, presenta a cómicos que se han curtido en la HBO, *The Tonight Show with Jimmy Fallon* y *The Late Show with Stephen Colbert*.

COMEDY CELLAR COMEDIA
plano p. 424 (☎212-254-3480; www.comedycellar.com; 117 MacDougal St, entre W 3rd St y Minetta Ln, West Village; entrada con copa 8-24 US$; ⓈA/C/E, B/D/F/M hasta W 4th St-Washington Sq) Es un veterano de Greenwich Village, ubicado en un sótano, con un público heterogéneo y un buen plantel de humoristas fijos (Colin Quinn, Judah Friedlander, Wanda Sykes), aparte de las visitas puntuales de alguno de los grandes, como Dave Chappelle, Jerry Seinfeld y Amy Schumer. El éxito continúa y hoy Comedy Cellar posee otro local en el Village Underground, a la vuelta de la esquina de W 3rd St.

Además de la entrada, hay que hacer dos consumiciones (comida o bebidas) por espectáculo.

IFC CENTER CINE

plano p. 424 (☎212-924-7771; www.ifccenter.com; 323 Sixth Ave, en W 3rd St, West Village; entradas 15 US$; 🎟; 🚇A/C/E, B/D/F/M hasta W 4th St-Washington Sq) Este cine de arte y ensayo, en los terrenos de la NYU, ofrece una cuidada selección de nuevas películas independientes, clásicos de culto y películas extranjeras. Se pueden ver cortos, documentales, reposiciones de los años ochenta, ciclos centrados en directores, clásicos durante el fin de semana y frecuentes ciclos especiales, así como populares películas de culto (*El resplandor, Taxi Driver, Aliens*) a medianoche.

CINÉPOLIS CHELSEA CINE

plano p. 428 (☎212-691-5519; www.cinepolisusa. com; 260 W 23rd St, entre Seventh Ave y Eighth Ave, Chelsea; 🚇1, C/E hasta 23rd St) Tras haber estado cerrado un tiempo, este entrañable cine de barrio ha reabierto sus puertas con un nuevo nombre. Además de películas de estreno ofrece pases de *The Rocky Horror Picture Show* los fines de semana a las 24.00 y galas organizadas por la estrella *drag* local Hedda Lettuce.

ANGELIKA FILM CENTER CINE

plano p. 424 (☎212-995-2570; www.angelikafilm center.com; entradas 15 US$; 🎟; 🚇B/D/F/M hasta Broadway-Lafayette St) Especializado en cine extranjero e independiente, tiene un encanto peculiar: a veces se oye el ruido del metro, hay largas colas y el sonido es deficiente. Su espaciosa cafetería es un buen sitio para quedar antes o después de la película, y la belleza del edificio, de estilo *beaux arts*, obra de Stanford White, es incontestable.

LGBT COMMUNITY CENTER CENTRO CÍVICO

plano p. 424 (☎212-620-7310; www.gaycenter. org; 208 W 13th St, entre Seventh Ave y Greenwich Ave, West Village; donativo 5 US$; ⏱9.00-22.00 lu-sa, hasta 21.00 do; 🚇A/C/E, L hasta 8th Ave-14th St; 1/2/3 hasta 14th St) Durante más de 25 años ha sido el nexo de la cultura LGBT en el Village y una especie de hogar alternativo para los homosexuales que no se sentían a gusto en el suyo propio. Es lugar de reunión de un gran número de grupos y se puede ir a tomar tranquilamente un café y una pasta en la cafetería de ambiente, regentada por Think Coffee.

También ofrece una gran cantidad de publicaciones regionales sobre eventos y vida nocturna de la comunidad gay, y organiza frecuentes actividades, como fiestas de baile, exposiciones de arte, espectáculos del calibre de Broadway, recitales y debates políticos. También alberga el National Archive for Lesbian, Gay, Bisexual & Transgender History (a disposición de los investigadores con cita previa), la pequeña Campbell-Soady Gallery (que ofrece bastantes exposiciones) y un centro de informática.

DE COMPRAS

En West Village hay *boutiques* preciosas y tiendas llenas de encanto. Los compradores más modernos son asiduos a los comercios de Bleecker St, entre Bank y W 10th St. En Chelsea hay antigüedades, moda de oferta, franquicias y artículos *kitsch*, así como una librería oculta y una cuidada tienda de segunda mano. Lo más destacado del barrio es el Chelsea Market, un enorme recinto comercial lleno de comida, vino, moda y decoración, todo de primera. Meatpacking District transmite una sensación nueva, elegante e industrial, a base de techos elevados, con diseños ultramodernos expuestos en *boutiques* caras, que figuran entre las más vanguardistas de la ciudad.

West Village y Meatpacking District

⭐**STRAND BOOK STORE** LIBROS

plano p. 424 (☎212-473-1452; www.strandbooks. com; 828 Broadway con E 12th St, West Village; ⏱9.30-22.30 lu-sa, desde 11.00 do; 🚇L, N/Q/R/W, 4/5/6 hasta 14th St-Union Sq) Esta emblemática librería, muy apreciada y legendaria, personifica la *bona fides* intelectual del centro: un mundo de Oz bibliófilo, donde generaciones de amantes de los libros se han perdido alegremente durante horas, cargados con las famosas bolsas de la casa. Fundada en 1927, vende ejemplares nuevos, usados y raros, que en línea ocuparían unos increíbles 29 km, lo que significa unos 2,5 millones de libros en sus tres plantas laberínticas.

TRINA TURK ROPA

plano p. 424 (☎212-206-7383; www.trinaturk. com; 67 Gansevoort St, entre Greenwich St y Washington St, West Village; ⏱11.00-19.00 lu-sa, 12.00-18.00 do; 🚇A/C/E, L hasta 8th Ave-14th St)

Los aficionados a los estampados de inspiración setentera deberían pasar por esta tienda. El matrimonio que está detrás de esta marca unisex ha cultivado una variada gama que recuerda los palpitantes días del auge de la moda californiana, con vestidos rectos, *blazers* de flores, pantalones llamativos y trajes de baño que van desde los pantalones cortos de surf hasta las braguitas minúsculas.

BEACON'S CLOSET VINTAGE

plano p. 424 (☎917-261-4863; www.beaconsclo set.com; 10 W 13th St, entre Fifth Ave y Sixth Ave, West Village; ⏰11.00-20.00; Ⓢ L, N/Q/R/W, 4/5/6 hasta 14th St-Union Sq) Tiene una buena selección de ropa ligeramente usada (una estética muy de moda en el centro/Brooklyn) a precios tan solo un poco más caros que en su tienda hermana de Williamsburg. Apenas hay tiendas de segunda mano en esta zona, lo que la hace todavía más atractiva. Hay que venir entre semana o prepararse para hacer frente a la multitud.

ODIN ROPA

plano p. 420 (☎212-243-4724; www.odinnewyork. com; 106 Greenwich Ave, cerca de Jane St, West Village; ⏰12.00-20.00 lu-sa, hasta 19.00 do; Ⓢ A/ C/E, L hasta 8th Ave-14th St; 1/2/3 hasta 14th St) Con el nombre del dios supremo nórdico, ofrece un poco de magia para los hombres que buscan un nuevo *look*. Esta gran tienda minimalista tiene elegantes marcas neoyorquinas como Phillip Lim, Band of Outsiders y Edward. También es un lugar genial para echar un vistazo a ropa de diseñadores emergentes. Además, tiene carteras de Comme des Garçons, elegantes gafas de sol, artículos de aseo de Sharps y libros de gran formato de Taschen.

IDLEWILD BOOKS LIBROS

plano p. 420 (☎212-414-8888; www.idlewildbooks. com; 170 Seventh Ave S con Perry St, West Village; ⏰12.00-20.00 lu-ju, hasta 18.00 vi-do; Ⓢ1 hasta Christopher St-Sheridan Sq; 1/2/3 hasta 14th St; A/C/E, L hasta 8th Ave-14th St) Esta librería de viajes independiente cuyo nombre alude al antiguo nombre del aeropuerto JFK es una invitación al viaje. Los libros están clasificados por regiones y abarcan desde guías hasta ficción, diarios, historia, cocina y otras materias estimulantes para descubrir los diferentes rincones del mundo. La tienda también ofrece clases de francés, italiano, español y alemán (más información en la web).

PERSONNEL OF NEW YORK MODA Y ACCESORIOS

plano p. 424 (☎212-924-0604; www.personnelof newyork.com; 9 Greenwich Ave, entre Christopher St y W 10th St, West Village; ⏰12.00-19.30 lu-sa, hasta 18.00 do; Ⓢ A/C/E, B/D/F/M hasta W 4th St-Washington Sq; 1 hasta Christopher St-Sheridan Sq) Esta pequeña y encantadora tienda independiente vende ropa femenina de diseño de exclusivas marcas de la Costa Este, la Costa Oeste y más allá, como vestidos muy ponibles de Sunja Link, suaves jerséis de Ali Golden, joyas de Marisa Mason, cómodas zapatillas de lona de Shoes Like Pottery y prendas de alta costura de Rodebjer.

THREE LIVES & COMPANY LIBROS

plano p. 424 (☎212-741-2069; www.threelives. com; 154 W 10th St, entre Seventh Ave y Waverly Pl, West Village; ⏰10.00-20.30 lu-sa, 12.00-19.00 do; Ⓢ1 hasta Christopher St-Sheridan Sq; A/C/E, B/D/F/M hasta W 4th St-Washington Sq) Extraordinaria librería de barrio atendida por dependientes muy cultivados. Visitarla, además de un placer, supone un recorrido por el mágico mundo de las palabras.

GREENWICH LETTERPRESS REGALOS Y RECUERDOS

plano p. 424 (☎212-989-7464; www.greenwichlet terpress.com; 15 Christopher St por Gay St, West Village; ⏰12.00-18.00 sa-lu, 11.00-19.00 ma-vi; Ⓢ1 hasta Christopher St-Sheridan Sq; A/C/E, B/ D/F/M hasta W 4th St; 1/2/3 hasta 14th St) Fundada por dos hermanas, esta bonita tienda de tarjetas está especializada en invitaciones de boda y otras muestras impresas para eventos especiales, por lo que se aconseja pasar de las postales del Empire State y enviar a los seres queridos una de las tarjetas de felicitación especialmente diseñadas de esta papelería.

FORBIDDEN PLANET LIBROS

plano p. 424 (☎212-473-1576; www.fpnyc.com; 832 Broadway, entre E 12th St y 13th St, West Village; ⏰9.00-22.00 lu-ma, 8.00-24.00 mi, desde 9.00 ju-sa, 10.00-22.00 lu; Ⓢ L, N/Q/R/W, 4/5/6 hasta 14th St-Union Sq) Lugar de peregrinaje para frikis del cómic y la ciencia ficción, cuenta con montañas de cómics, manga, novelas gráficas, pósteres y figuritas. Los productos representan desde *Star Wars* y *Doctor Who* hasta los últimos éxitos independientes. Pasando por la tienda o visitando la web se puede estar al día de firmas de libros y eventos.

FLIGHT 001 MODA Y ACCESORIOS

plano p. 424 (☎212-989-0001; www.flight001.com; 96 Greenwich Ave, entre Jane St y W 12th St; 🕐11.00-19.00 lu-sa, 12.00-18.00 do; [S]A/C/E, L hasta 8th Ave-14th St) Venden una amplia gama de maletas y bolsas, de marcas como Bree o Rimowa, botiquines femeninos de emergencia muy *kitsch* (enjuague bucal, crema labial, quitamanchas, etc.), frascos con chicas *pin-up,* fundas de colores brillantes para el pasaporte y etiquetas de piel para las maletas, guías de viaje, neceseres, y una gama de minipastas de dientes, antifaces, pastilleros, etc.

SATURDAYS MODA Y ACCESORIOS

plano p. 424 (☎347-246-5830; www.saturdaysnyc.com; 17 Perry St por Waverly St, West Village; 🕐10.00-19.00; [S]A/C/E, L hasta 8th Ave-14th St; 1/2/3 hasta 14th St) Esta llamativa tienda de surf, con caras tablas de Tudor, Fowler y Haydenshapes, resulta una visión extraña en West Village. Evidentemente las compras tienen más que ver con el estilo de vida surfero, con elegantes gafas de sol, bañadores, coloridas camisetas y artículos tanto de aseo personal como para el cuidado de las tablas. Cuenta con un café que abre a las 8.00 entre semana.

MCNULTY'S TEA & COFFEE CO, INC COMIDA Y BEBIDAS

plano p. 424 (☎212-242-5351; www.mcnultys.com; 109 Christopher St, entre Bleecker St y Hudson St, West Village; 🕐10.00-21.00 lu-sa, 13.00-19.00 do; [S]1 hasta Christopher St-Sheridan Sq) Es un dulce añadido a la indecente Christopher St, con sus tarimas de madera gastadas, aromáticos sacos de café y grandes tazas de té que recuerdan a otra época del Greenwich Village. Lleva vendiendo café y té *gourmet* desde 1895.

YOYA ROPA INFANTIL

plano p. 424 (☎646-336-6844; www.yoyanyc.com; 605 Hudson St, entre Bethune St y W 12th St, West Village; 🕐11.00-19.00 lu-sa, 12.00-17.00 do; [S]A/C/E, L hasta 8th Ave-14th St) Ropa y accesorios infantiles de alta calidad, con marcas de primera, como Bobo Choses y 1+ in the family.

MURRAY'S CHEESE COMIDA Y BEBIDAS

plano p. 424 (☎212-243-3289; www.murrayscheese.com; 254 Bleecker St, entre Morton St y Leroy St, West Village; 🕐8.00-21.00 lu-sa, 9.00-20.00 do; [S]1 hasta Christopher St-Sheridan Sq; A/C/E, B/D/F/M hasta W 4th St-Washington Sq) Fundada en 1914, esta tienda de quesos está considerada una de las mejores de la ciudad. Su dueño, Rob Kaufelt, es famoso por su talento para olfatear las variedades más deliciosas del mundo. Se encontrarán (y se probarán) todas las formas de queso, ya sea oloroso, dulce o con nueces, de países europeos y de pequeñas granjas de Vermont o el norte del estado.

CO BIGELOW CHEMISTS COSMÉTICOS

plano p. 424 (☎212-533-2700; 414 Sixth Ave, entre 8th St y 9th St, West Village; 🕐7.30-21.00 lu-vi, 8.30-19.00 sa, 8.30-17.30 do; [S]1 hasta Christopher St-Sheridan Sq; A/C/E, B/D/F/M hasta W 4th St-Washington Sq) El "boticario más antiguo de América" es uno de los predilectos entre los neoyorquinos y un buen sitio para comprar lociones caras y mascarillas faciales, jabones ecológicos y artículos básicos de tocador.

AEDES DE VENUSTAS COSMÉTICOS

plano p. 424 (☎212-206-8674; www.aedes.com; 7 Greenwich Ave con Christopher St, West Village; 🕐12.00-20.00 lu-sa, 13.00-19.00 do; [S]A/C/E, B/D/F/M hasta W 4th St-Washington Sq; 1 hasta Christopher St-Sheridan Sq) Atractiva y lujosa, Aedes de Venustas ("templo de la belleza" en latín) ofrece más de 40 marcas de perfumes europeos de lujo, incluidos Hierbas de Ibiza, Mark Birley for Men, Costes, Odin y Shalini. También tiene productos para el cuidado de la piel creados por Susanne Kaufmann y Acqua di Rose, y las populares velas aromatizadas de Diptyque.

MASK BAR COSMÉTICOS

plano p. 424 (www.themaskbar.com; 259 Bleecker St, entre Cornelia St y Jones St, West Village; 🕐12.00-20.00; [S]A/C/E, B/D/F/M hasta W 4th St-Washington Sq) Mask Bar ha sacado partido a la actual moda de las mascarillas en lámina llenando la tienda de tratamientos para todos los tipos de piel. La mayor parte de los embalajes carecen de traducción al inglés, pero en la tienda hay plafones con información y las empleadas son muy atentas.

🛍 Chelsea

HOUSING WORKS THRIFT SHOP VINTAGE

plano p. 428 (☎718-838-5050; www.housingworks.org; 143 W 17th St, entre Sixth Ave y Seventh Ave, Chelsea; 🕐10.00-19.00 lu-sa, 11.00-17.00 do; [S]1 hasta 18th St) Más parecida a una *boutique* que a una tienda de segunda mano con fines benéficos por el ostentoso despliegue de su escaparate, dispone de un magnífico surtido de ropa, accesorios, muebles, libros y discos a buen precio. Es ideal para encontrar ropa de diseño descartada a precio de ganga. Los ingresos se destinan a personas sin techo seropositivas o enfermas de sida. Tiene otras 13 filiales en la ciudad.

SCREAMING MIMI'S VINTAGE

plano p. 424 (☎212-677-6464; www.screamingmimis.com; 240 W 14th St, entre Seventh Ave y Eighth Ave, Chelsea; ⌚12.00-20.00 lu-sa, 13.00-19.00 do; [S]A/C/E, L hasta 8th Ave-14th St) Tienda estupenda y divertida que vende una excelente selección de ropa de ayer, ingeniosamente organizada por décadas desde los años 50 a los 90. El cliente también puede pedir que le enseñen una pequeña colección de ropa que abarca desde los años 20 hasta los 40.

STORY REGALOS Y RECUERDOS

plano p. 428 (www.thisisstory.com; 144 Tenth Ave, entre W 18th St y 19th St, Chelsea; ⌚11.00-20.00 lu-mi, vi y sa, hasta 21.00 ju, hasta 19.00 do; [S]1, C/E hasta 23rd St; 1 hasta 18th St) Esta tienda cerca de la High Line funciona como una galería, ya que exhibe nuevos productos y temas cada uno o dos meses. El espacio de 185 m^2 alberga desde ingeniosas joyas y llamativos accesorios hasta encantadores ar/tículos de papelería, juguetes que estimulan la imaginación, libros de gran formato, jabones ecológicos y extravagantes recuerdos.

PRINTED MATTER LIBROS

plano p. 428 (☎212-925-0325; www.printedmatter.org; 231 Eleventh Ave, entre 25th St y 26th St, Chelsea; ⌚11.00-19.00 sa y lu-mi, hasta 20.00 ju y vi, hasta 18.00 do; [S]7 hasta 34th St-Hudson Yards; 1 hasta 28th St) Pequeña y maravillosa tienda dedicada a monografías de artistas de edición limitada y extraños fanzines. No tiene nada comercial que lo asemeje a las grandes cadenas de librerías; por el contrario, los estantes esconden manifiestos subversivos, ensayos críticos o manuales escritos por presos.

192 BOOKS LIBROS

plano p. 428 (☎212-255-4022; www.192books.com; 192 Tenth Ave, entre W 21st St y 22nd St, Chelsea; ⌚11.00-19.00; [S]1, C/E hasta 23rd St) Esta pequeña librería independiente en el barrio de galerías tiene secciones sobre ficción, historia, viajes, arte y crítica. También acoge exposiciones temporales de arte, durante las cuales los propietarios exponen, de forma especial, libros relacionados temáticamente con la exposición o el artista. Asimismo, organizan lecturas semanales con renombrados escritores, por lo común, residentes en la ciudad.

NASTY PIG ROPA

plano p. 428 (☎212-691-6067; www.store.nastypig.com; 265 W 19th St, entre Seventh Ave y Eighth Ave, Chelsea; ⌚12.00-20.00 lu-sa, desde 13.00 do; [S]A/C/E, L hasta 8th Ave-14th St; 1 hasta 18th St) Camisetas, calcetines y ropa interior con el logo de la tienda, así como una pequeña sección de fetichismo en látex y cuero: una parada ideal para los muchachos de Chelsea y sus admiradores.

DEPORTES Y ACTIVIDADES

MNDFL MEDITACIÓN

plano p. 424 (☎212-477-0487; www.mndflmeditation.com; 10 E 8th St, entre Fifth Ave y University Pl, West Village; A/C/E, B/D/F/V hasta W 4th St-Washington Sq; ⌚clase 30/45/60 min 18/25/30 US$; [S]A/C/E, B/D, F/M hasta W 4th St-Washington Sq) Los beneficios de la meditación están bien documentados, y muchos de los agobiados residentes de Nueva York la necesitan. Basta ir a este apacible centro del West Village y dedicar un tiempo a aclarar la mente con unas clases rejuvenecedoras. La primera solo cuesta 10 US$.

CHELSEA PIERS COMPLEX SALUD Y FITNESS

plano p. 428 (☎212-336-6666; www.chelseapiers.com; Pier 62, en W 23rd St, Chelsea; ⌚5.30-23.00 lu-vi, 5.30-21.00 sa y do; 👪; 🚌M23 hasta Chelsea Piers, [S]1, C/E hasta 23rd St) En este enorme centro deportivo frente al río es posible lanzar bolas de golf en el campo de prácticas de cuatro plantas, patinar en la pista cubierta de hielo o conseguir unos *strikes* en su llamativa bolera. También cuenta con la Hoop City para jugar al baloncesto, una escuela de navegación a vela para niños, jaulas de bateo, un enorme gimnasio, piscina cubierta y un rocódromo interior.

Por 60 US$ se puede comprar un pasaporte, que permite entrar durante un día al gimnasio y la piscina, y ofrece descuentos en otras actividades. Hay unos bares que sirven bocadillos y *pizzas* para reponer fuerzas después del ejercicio. Aunque el complejo se ve un poco interrumpido por la transitada West Side Hwy (11th Ave), la gente acude por la gran variedad de atractivos que reúne. El autobús urbano M23, que para delante de la entrada principal, evita tener que andar las cuatro avenidas desde el metro. También hay una parada de taxis delante, aunque cuando no es hora punta suele haber pocos.

NEW YORK

TRAPEZE SCHOOL DEPORTES DE AVENTURA

plano p. 424 (☎212-242-8769; www.newyork.tra pezeschool.com; Pier 40 con West Side Hwy, West Village; clase 50-70 US$; ☺abr-oct, ver horario en la web; Ⓢ1 hasta Houston St) El viajero puede cumplir sus sueños circenses volando en trapecio en esta carpa al aire libre junto al río. Está abierta de abril a octubre y situada en el muelle 40. La escuela también tiene unas instalaciones cubiertas en South Williamsburg (Brooklyn), abiertas todo el año. Se puede llamar para preguntar el horario de las clases o consultar la web. Hay que pagar una cuota única de inscripción de 22 US$.

GOLETA 'ADIRONDACK' CRUCEROS

plano p. 428 (☎212-627-1825; www.sail-nyc.com; Chelsea Piers Complex, Pier 62 en W 22nd St, Chelsea; circuitos 52-86 US$; Ⓢ1, C/E hasta 23rd St) De mayo a octubre, la goleta de dos mástiles *Adirondack* ofrece cuatro viajes diarios de navegación a vela de 2 h. Durante toda la semana se ofrecen paseos en dos veleros de estilo años veinte: el *Manhattan* (24 m) y el *Manhattan II* (30,5 m). Se puede llamar o consultar la web.

PISTA DE BALONCESTO
DE WEST 4TH STREET BALONCESTO

plano p. 420 (Sixth Ave, entre 3rd St y 4th St, West Village; Ⓢ A/C/E, B/D/F/M hasta W 4th St-Washington Sq) También conocida como "la caja", en esta pequeña cancha de baloncesto, rodeada por una valla de tela metálica, juegan los mejores equipos de básquet callejero del país.

Union Square, Flatiron District y Gramercy

Lo mejor

❶ **ABC Carpet & Home** (p. 169) Imaginarse el *loft* soñado mientras se recorren sus plantas llenas de carísimos pero maravillosos artículos para el hogar.

❷ **Union Square Greenmarket** (p. 169) Probar productos frescos y delicias artesanas en este Greenmarket que se convierte en un precioso mercado navideño.

❸ **Flatiron Lounge** (p. 166) Saborear unos cócteles fantásticos durante la *happy hour* de este bar modernista.

❹ **Gramercy Park** (p. 163) Dar la vuelta a este elegante parque disfrutando de uno de los momentos urbanos más íntimos de la ciudad.

❺ **Shake Shack** (p. 162) Probar una de sus hamburguesas mientras se admiran las instalaciones artísticas y el emblemático Flatiron de Madison Square Park.

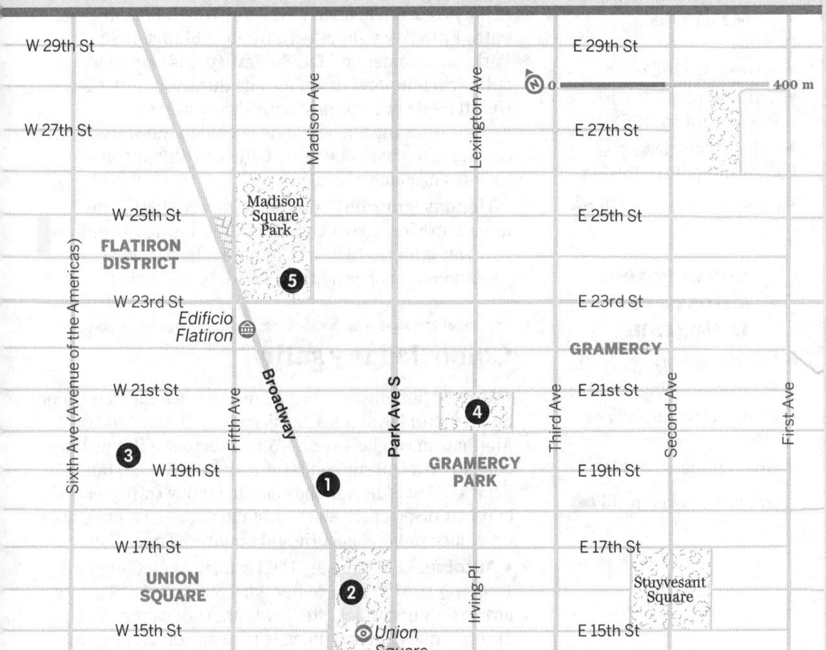

Para más detalles sobre esta zona, véase plano p. 430

Consejo de Lonely Planet

En Union Square, sobre todo 14th St, el tráfico humano puede ser agobiante. Si el viajero tiene prisa o quiere desplazarse a pie, avanzará mucho más rápido por 13th St.

Los mejores restaurantes

➡ Eleven Madison Park (p. 165)

➡ Gramercy Tavern (p. 165)

➡ Maialino (p. 164)

➡ Clocktower (p. 165)

➡ Cosme (p. 166)

Para reseñas, véase p. 164 ➡

Los mejores bares

➡ Flatiron Lounge (p. 166)

➡ Raines Law Room (p. 166)

➡ Birreria (p. 166)

➡ Old Town Bar & Restaurant (p. 166)

➡ Lillie's Victorian Establishment (p. 166)

Para reseñas, véase p. 166 ➡

◉ Los mejores sitios para Instagram

➡ Gramercy Park (p. 163)

➡ Flatiron Building (p. 162)

➡ Madison Square Park (p. 162)

➡ Union Square (p. 161)

Para reseñas, véase p. 161 ➡

Explorar Union Square, Flatiron District y Gramercy

La zona no es muy extensa y sus dos espacios públicos principales, Union Square (p. 161) y Madison Square Park (p. 162), pueden servir como puntos de referencia. Desde Union Square ya se nota el ambiente del Village y la universidad, con sus buenas cafeterías, manifestantes con pancartas y músicos callejeros en la plaza. Si se va hacia el este o el oeste por 14th St se llegará al East o al West Village, respectivamente.

En dirección a 23rd St se encuentra el edificio Flatiron (p. 162) que se alza imponente sobre el barrio comercial homónimo, repleto de locales para almorzar y bares donde tomar una copa después del trabajo. Al este de ambas plazas está Gramercy, con su aire claramente residencial suavizado por sus concurridos restaurantes.

En Madison Square Park uno encuentra a jóvenes expertos en relaciones públicas charlando y tomando café, abogados agobiados saliendo de la oficina para disfrutar de un solaz y, en los meses de calor, sibaritas que acuden al mercado de Mad Sq Eats situado en la zona noroeste del parque.

Vida local

➡ **Mad Sq Eats** En primavera y otoño, los amantes de la buena cocina acuden a General Worth Sq, encajada entre Fifth Ave y Broadway, frente a Madison Square Park, para comer en Mad Sq Eats (p. 164), un mercado culinario temporal de un mes de duración. Entre su treintena de puestos destacan algunos de los restaurantes más de moda de la ciudad, que sirven desde *pizzas* hasta tacos de falda de ternera con los mejores productos locales.

➡ **Tiendas 'gourmet'** Aunque Eataly (p. 164) tiene fama entre los sibaritas italianófilos, los neoyorquinos realizan gran parte de sus compras diarias en el supermercado de productos saludables Whole Foods.

Cómo llegar y salir

➡ **Metro** Numerosas líneas de metro convergen en Union Square para llevar a los pasajeros por el East Side de Manhattan con las líneas 4/5/6, directo a Williamsburg con la L, o a Queens con las líneas N/Q/R. La L también llega al West Side, aunque cuando no hay tráfico el taxi (a partir de dos personas) cuesta lo mismo. La línea Q es un enlace rápido hacia Herald Square y Times Square.

➡ **Autobús** El M14A y el M14D cruzan la ciudad por 14th St, y el M23 lo hace por 23rd St. Para desplazarse entre dos puntos del este de Manhattan es mejor el autobús que el metro: no vale la pena ir hasta Union Square para luego retroceder andando hasta First Ave.

Union Square es como el Arca de Noé de Nueva York: rescata del mar de hormigón al menos a dos de cada especie. Entre las escaleras de piedra y la vegetación vallada se ven ciudadanos de toda índole: empresarios trajeados respirando aire fresco durante la pausa del almuerzo, tipos con rastas que se entretienen tocando la tabla y monopatinadores realizando sus piruetas en las escaleras del sureste.

Opulencia y miseria

Tras su inauguración en 1831, Union Square se convirtió rápidamente en el punto de reunión de los residentes de las mansiones cercanas. Las salas de conciertos y las sociedades artísticas contribuyeron a realzar aún más el ambiente cultivado, y las tiendas de lujo proliferaron en Broadway, que se apodó la "milla de las damas".

Al estallar la Guerra de Secesión, aquel amplio espacio público (amplio según el patrón neoyorquino, por supuesto) fue escenario de protestas de todo tipo, desde sindicales a políticas. En el apogeo de la I Guerra Mundial, la zona, prácticamente en desuso, fue ocupada por organizaciones políticas y sociales como la Unión Estadounidense por las Libertades Civiles, los partidos comunista y socialista, y el Ladies' Garment Workers Union (Sindicato Internacional de Trabajadoras de la Confección Femenina). Muchas décadas después, la plaza sigue siendo escenario de protestas políticas y sociales.

Para disfrutar de unas inolvidables vistas de Union Square con el Empire State al fondo, hay que visitar DSW (p. 169), una zapatería de ofertas situada en una tercera planta en el extremo sur de la plaza.

The Factory

Tras más de un siglo de continuo tira y afloja entre la sofisticación y las protestas políticas, un tercer ingrediente (artístico, por no decir *hippy*) se sumó al panorama cuando Andy Warhol trasladó su Factory a la 6ª planta del edificio Decker del 33 de Union Sq West. Allí fue donde, el 3 de junio de 1968, la insatisfecha escritora Valerie Solanas hirió de gravedad al artista disparándole tres tiros. La planta baja del edificio alberga hoy una tienda de dulces, todo muy warholiano.

'Metronome'

Al pasear por Union Square se descubren una serie de caprichosas esculturas temporales. Entre las permanentes destaca una ecuestre de George Washington (una de las primeras obras de arte público de la ciudad) y una del pacifista Mahatma Gandhi. Superando a ambas, en el lado sureste de la plaza, hay una enorme instalación artística que tanto provoca las miradas atónitas de los transeúntes como pasa inadvertida. El *Metronome,* representación simbólica del paso del tiempo, se compone de dos partes: un reloj digital con una desconcertante pantalla con números, y un artilugio con aspecto de varita y unos anillos concéntricos de cuyo centro sale humo. El lector puede reflexionar sobre este último mientras descubre el significado exacto de los números naranja parpadeantes. Las 14 cifras deben leerse en dos grupos de siete: el de la izquierda indica la hora actual (hora, minuto, segundo y décima de segundo) y el de la derecha, al revés, representa el tiempo restante del día.

INDISPENSABLE

➡ Union Square Greenmarket (p. 169)

➡ Instalación artística *Metronome*

➡ Vistas desde la zapatería DSW

➡ Eclecticismo, sentadas y músicos callejeros

DATOS PRÁCTICOS

➡ plano p. 430, D4

➡ www.unionsquarenyc.org

➡ 17th St, entre Broadway y Park Ave S, Union Square

➡ Ⓢ 4/5/6, N/Q/R, L hasta 14th St-Union Sq

PUNTOS DE INTERÉS

Aunque no posea lugares de interés propios, Union Square y sus alrededores es un hervidero de actividad, con músicos callejeros, trajes y puestos de mercado que abren el apetito. Al noroeste se encuentran las señoriales calles de Gramercy, y al norte se extiende Madison Square Garden, donde los perros y las ardillas coinciden con instalaciones artísticas, lecturas y una famosa caseta de hamburguesas.

UNION SQUARE — PLAZA

Véase p. 161.

MADISON SQUARE PARK — PARQUE

plano p. 430 (☎212-520-7600; www.madisonsquarepark.org; E 23rd St hasta 26th St, entre Fifth Av y Madison Av, Flatiron District; ⏰6.00-23.00; 👪; [S]R/W, F/M, 6 hasta 23rd St) Este parque marcó el extremo norte de Manhattan hasta que la población de la isla se disparó tras la Guerra de Secesión. Hoy día es un agradable oasis en medio del imparable ritmo de Manhattan, con un concurrido parque infantil, un recinto para perros y la caseta de hamburguesas **Shake Shack** (plano p. 430; ☎646-889-6600; www.shakeshack.com; hamburguesas 4,20-9,50 US$; ⏰7.30-23.00 lu-vi, desde 8.30 sa y do). También es uno de los parques más culturales de la ciudad, donde se exhiben instalaciones artísticas especialmente comisionadas; en los meses cálidos se ofrecen desde debates literarios hasta conciertos de música. Más información en la web.

CASA NATAL DE THEODORE ROOSEVELT — EMPLAZAMIENTO HISTÓRICO

plano p. 430 (☎212-260-1616; www.nps.gov/thrb; 28 E 20th St, entre Broadway y Park Ave S, Flatiron District; ⏰circuitos guiados 40 min 10.00, 11.00, 13.00, 14.00, 15.00 y 16.00 ma-sa; [S]R/W, 6 hasta 23rd St) [GRATIS] Este monumento histórico nacional reviste un cierto engaño, pues la casa donde nació el 26° presidente fue derribada en vida del propio Roosevelt. Sin embargo, el edificio es una reconstrucción digna realizada por la fa-

PRINCIPALES PUNTOS DE INTERÉS
EDIFICIO FLATIRON

Diseñado por Daniel Burnham y construido en 1902, este edificio de 20 pisos posee una curiosa y puntiaguda planta triangular que recuerda la proa de un barco gigantesco. La fachada tradicional de piedra caliza y terracota en estilo *beaux arts* se revela más compleja y hermosa cuanto más se la contempla. Fue el edificio más alto del mundo hasta 1909.

El editor Frank Munsey fue uno de los primeros inquilinos del edificio. Desde sus oficinas de la planta 18 publicaba el *Munsey's Magazine*, donde aparecían los relatos de O. Henry. Las reflexiones del escritor (en cuentos tan populares como *Regalo de Reyes*), las pinturas de John Sloan y las fotografías de Alfred Stieglitz inmortalizaron de forma sublime el Flatiron en su época. La actriz Katharine Hepburn manifestó en una ocasión su deseo de ser tan admirada como el majestuoso edificio.

Existe el plan de convertirlo en un lujoso hotel de cinco estrellas, pero este no podrá llevarse a cabo hasta que los últimos inquilinos quieran abandonar voluntariamente sus oficinas. Mientras tanto, la planta baja de la "proa" acristalada del Flatiron se ha convertido en un espacio de arte. Entre las últimas instalaciones que ha exhibido destaca una reproducción en 3D a tamaño natural del cuadro de 1942 de Edward Hopper *Noctámbulos*, cuya cafetería tiene una forma notablemente similar a la del Flatiron.

INDISPENSABLE

- Vista de la fachada desde Madison Square Park
- Observar los detalles exteriores de cerca
- Espacio de arte Flatiron Prow

DATOS PRÁCTICOS

- plano p. 430, C2
- Broadway, Fifth Ave esq. 23rd St, Flatiron District
- [S]N/R, F/M, 6 hasta 23rd St

PRINCIPALES PUNTOS DE INTERÉS
GRAMERCY PARK

Los primeros colonos holandeses de Manhattan bautizaron la zona llamada hoy Gramercy como "Krom Moerasje" ("pequeño pantano sinuoso"). El pantano dejó de existir en 1831, cuando el abogado y funcionario público Samuel Ruggles compró los terrenos, los drenó y dividió la tierra en 108 parcelas. De ellas, 42 se destinaron a un parque privado de estilo inglés, que los residentes de las 66 parcelas limítrofes conservarían a perpetuidad.

Casi dos siglos más tarde, Gramercy Park sigue siendo un oasis privado. Solo una vez se abrió a personas no residentes, cuando se permitió que los soldados unionistas entraran durante los Disturbios de Reclutamiento de 1863.

Muchas de las casas originales que dan al parque fueron sustituidas por altos bloques de pisos a lo largo de los años veinte. Junto al parque tiene su sede el National Arts Club (p. 163), cuya elegancia atestigua el deseable pedigrí del distrito. De hecho, Gramercy Park ha gozado de una buena cantidad de residentes ilustres. En el 4 de Gramercy Park W vivió entre 1847 y 1869 el editor y alcalde de Nueva York (1844-1845) James Harper; las "farolas del alcalde" todavía adornan la fachada del edificio. Otro famoso residente fue Stanford White, diseñador del arco de triunfo de Washington Square.

INDISPENSABLE

➡ Un tranquilo paseo por el parque para admirar la imponente arquitectura de los edificios circundantes

➡ Visitar una exposición del National Arts Club

DATOS PRÁCTICOS

➡ plano p. 430, D3

➡ E 20th St, entre Park Av y Third Av, Gramercy

➡ [S]N/R, 6 hasta 23rd St

milia, que no escatimó esfuerzos por reunir el mobiliario original y restaurarlo fielmente según la época.

NATIONAL ARTS CLUB CENTRO CULTURAL

plano p. 430 (☎212-475-3424; www.nationalartsclub.org; 15 Gramercy Park S, Gramercy; clases de dibujo 15-25 US$; [S]N/R, 6 hasta 23rd St) Este centro fundado en 1898 para promover el interés por el arte organiza exposiciones (horario habitual 10.00-17.00 lu-vi; véase la programación en la web). El edificio, diseñado por Calvert Vaux, uno de los arquitectos de Central Park, posee una sala delantera decorada con cuadros y un precioso techo abovedado con vitrales. En su día fue la residencia de Samuel J. Tilden, gobernador de Nueva York y candidato a la presidencia en 1876.

TIBET HOUSE CENTRO CULTURAL

plano p. 430 (☎212-807-0563; www.tibethouse.us; 22 W 15th St, entre Fifth Av y Sixth Av, Union Square; donativo sugerido 5 US$; ⏲11.00-18.00 lu-vi; [S]F/M hasta 14th St, L hasta 6th Ave) El Dalái Lama apadrina la junta directiva de este centro sin ánimo de lucro que se dedica a presentar las antiguas tradiciones tibetanas mediante exposiciones de arte, una biblioteca de investigación y diversas publicaciones. También ofrece talleres educativos, meditaciones abiertas, retiros de fin de semana y viajes guiados por expertos al Tíbet, Nepal y Bután.

METROPOLITAN LIFE TOWER EDIFICIO HISTÓRICO

plano p. 430 (1 Madison Ave, entre E 23rd y E 24th Sts, Flatiron District; [S]N/R, F/M, 6 hasta 23rd St) Esta torre con reloj de 1909 y 213 m de altura que se alza imponente en el extremo sureste de Madison Square Park es obra de Napoleon LeBrun, un arquitecto filadelfino de origen francés. Los italianófilos pueden notar un cierto *déjà vu* al contemplarla, pues LeBrun se inspiró en el famoso *campanile* de la plaza de San Marcos de Venecia. Curiosamente, la versión de LeBrun en el Nuevo Mundo es hoy más antigua que su fuente de inspiración, pues la torre veneciana se derrumbó en 1902 y la que la reemplazó no se terminó hasta 1912.

DÓNDE COMER

TACOMBI CAFÉ
EL PRESIDENTE
MEXICANA **$**

plano p. 430 (📞212-242-3491; www.tacombi.com; 30 W 24th St, entre Fifth Av y Sixth Av, Flatiron District; tacos 4-5,50 US$, quesadillas 6-9 US$; ⏰11.00-24.00 lu-sa, hasta 22.30 do; Ⓢ F/M, R/W hasta 23rd St) Local que evoca las cafeterías de Ciudad de México con una amplia oferta que abarca desde un bar de zumos y licores hasta un puesto de tacos. Tras conseguir mesa, se puede pedir una margarita y alguna de las delicias de la comida callejera mexicana.

MAD SQ EATS
MERCADO **$**

plano p. 430 (www.madisonsquarepark.orgmad-sq-food/mad-sq-eats; General Worth Sq, Flatiron District; ⏰primavera y otoño 11.00-21.00; Ⓢ R/W, F/M, 6 hasta 23rd St) Mercado culinario bianual donde están representados algunos de los restaurantes y chefs más en boga de la ciudad. La comida abarca todo el espectro callejero, desde *arancini* y empanadas hasta bocadillos de langosta o de helado. Véanse las fechas y los puestos en la web.

BIG DADDY'S
CAFETERÍA **$**

plano p. 430 (📞212-477-1500; www.bigdaddysnyc.com; 239 Park Ave S, entre E 19th St y E 20th St, Gramercy; ppales. 13-16 US$; ⏰8.00-24.00 lu-ju, hasta 5.00 vi y sa, hasta 23.00 do; Ⓢ 6 hasta 23rd St; 4/5/6, L, N/Q/R/W hasta 14th St-Union Sq) Tortillas gigantes y esponjosas, hamburguesas generosas y un montón de *tater tots* (normales o de boniato) han hecho de esta cafetería la mejor opción para desayunar y para tomar un bocado de madrugada. La decoración es *kitsch* americana típica, pero a diferencia de otros restaurantes temáticos, la comida no es cara. No hay que marcharse sin probar uno de los gigantescos batidos.

EISENBERG'S
SANDWICH SHOP
SÁNDWICHES **$**

plano p. 430 (📞212-675-5096; www.eisenbergsnyc.com; 174 Fifth Ave, entre W 22nd y 23rd St, Flatiron District; sándwiches 4-13 US$; ⏰6.30-20.00 lu-vi, 9.00-18.00 sa, hasta 17.00 do; Ⓢ R/W hasta 23rd St) Esta cafetería tradicional, una rareza en esta zona principalmente lujosa, está llena a todas horas de clientes asiduos dando buena cuenta de su comida tradicional judía, como hígado picado, *pastrami* y ensalada de pescado blanco. Se recomienda sentarse en un taburete de la barra, entre su ecléctica clientela.

REPUBLIC
ASIÁTICA **$**

plano p. 430 (📞212-627-7172; www.thinknoodles.com; 37 Union Sq W, entre E 16th St y E 17th St, Union Square; ppales. 13-16 US$; ⏰11.30-22.30; Ⓢ 4/5/6, N/Q/R, L hasta 14th St-Union Sq) Local de comida rápida que nutre a las masas con platos asiáticos frescos y sabrosos. Está en Union Square, muy a mano para comer rápido, sencillo y barato sobre la marcha. Siempre está lleno, pero el servicio es rápido.

BOQUERIA FLATIRON
TAPAS **$$**

plano p. 430 (📞212-255-4160; www.boqueryanyc.com; 53 W 19th St, entre Fifth Av y Sixth Av, Flatiron District; tapas 6-18 US$; ⏰23.00-22.30 do-ju, hasta 23.30 vi y sa; 📷; Ⓢ 1 hasta 18th St, F/M, R/W hasta 23rd St) Esta bendita unión entre las tapas al estilo español y los productos frescos del mercado seduce con su brillante selección de platillos y raciones. Algunas de sus especialidades son las gambas al ajillo con brandy y guindilla o los dátiles con beicon rellenos de almendra y queso azul de Valdeón. Una buena selección de vinos españoles remata la oferta.

EATALY
ÁREA DE COMIDA **$$**

plano p. 430 (📞212-229-2560; www.eataly.com; 200 Fifth Ave con W 23rd St, Flatiron District; ⏰7.00-23.00; 📷; Ⓢ R/W, F/M, 6 hasta 23rd St) El elegante y extenso templo de Mario Batali dedicado a la gastronomía italiana es una verdadera maravilla donde uno puede deleitarse con toda clase de manjares, desde un rotundo pescado crudo o un *fritto misto* (especie de tempura de verduras) hasta pasta y *pizza* en los distintos restaurantes. También se puede tomar un café exprés en la barra y rastrear los infinitos mostradores y estantes en busca de la perfecta cesta de pícnic italiana.

⭐MAIALINO
ITALIANA **$$$**

plano p. 430 (📞212-777-2410; www.maialinonyc.com; Gramercy Park Hotel, 2 Lexington Ave, at 21st St; ppales. almuerzo 24-34 US$; cena 27-44 US$; ⏰7.30-10.00, 12.00-14.00 y 17.30-22.00 lu-mi, hasta 22.30 ju, 10.00-14.00 y 17.30-22.30 vi, hasta 22.00 sa; Ⓢ 6, R/W hasta 23rd St) Los entusiastas de este clásico local de Danny Meyer reservan mesa hasta cuatro semanas antes, pero lo mejor de la casa es la barra (sin reserva), atendida por un personal amable y bien informado. Sea cual sea el asiento elegido, el paladar se sentirá de vacaciones en

Roma. La sabrosa comida rústica italiana se elabora con productos del cercano Union Square Greenmarket.

⭐**ELEVEN MADISON PARK**
AMERICANA MODERNA **$$$**

plano p. 430 (📞212-889-0905; www.elevenmadisonpark.com; 11 Madison Ave, entre 24th y 25th Sts, Flatiron District; menú degustación 295 US$; ⏱17.30-22.00 lu-mi, hasta 22.30 ju-do, también 12.00-13.00 vi-do; 🚇R/W, 6 hasta 23rd St) Selecto restaurante que en el 2017 llegó al número uno de la lista San Pellegrino de los 50 mejores del mundo. Y no es de extrañar, pues este remodelado paradigma de la cocina americana sostenible y moderna es también uno de los seis restaurantes de Nueva York con tres estrellas Michelin.

⭐**GRAMERCY TAVERN**
AMERICANA MODERNA **$$$**

plano p. 430 (📞212-477-0777; www.gramercytavern.com; 42 E 20th St, entre Broadway y Park Ave S, Flatiron District; ppales. Tavern 29-36 US$, menú de 3 platos en comedor 125 US$, menú degustación 149-179 US$; ⏱Tavern 12.00-23.00 do-ju, hasta 24.00 vi y sa, restaurante 12.00-14.00 y 17.30-22.00 lu-ju, hasta 23.00 vi, 12.00-13.30 y 17.30-23.00 sa, 17.30-22.00 do; 📶📠; 🚇R/W, 6 hasta 23rd St) 🍴 Los ingredientes locales y de temporada imperan en esta dinámica institución de estilo rural elegante y siempre predilecta. Tiene dos espacios para comer: la Tavern (sin reserva), donde se sirve a la carta, y el elegante comedor para saborear menús a precio fijo. Entre los platos de la Tavern destacan un delicioso pastel de pato con champiñones, castañas y coles de Bruselas.

⭐**CRAFT**
AMERICANA MODERNA **$$$**

plano p. 430 (📞212-780-0880; www.craftrestaurant.com; 43 E 19th St, entre Broadway y Park Ave S, Union Square; almuerzo 29-36 US$, ppales. cena 24-55 US$; ⏱12.00-14.30 y 17.30-22.00 lu-ju, hasta 23.00 vi, 17.30-23.00 sa, hasta 21.00 do; 📶; 🚇4/5/6, N/Q/R/W, L hasta 14th St-Union Sq) 🍴 Este animado restaurante de lujo apuesta por granjas y productores pequeños y familiares, y convierte sus ingredientes en platos simples y refinados. Cada elemento rebosa de sabor, ya sea en el pulpo braseado, las suaves vieiras o las *mezzalunas* de calabaza con salvia, mantequilla tostada y parmesano. De miércoles a sábado conviene reservar o acudir antes de las 18.00 o después de las 21.30.

ABC KITCHEN
NORTEAMERICANA MODERNA **$$$**

plano p. 430 (📞212-475-5829; www.abckitchennyc.com; 35 E 18th St con Broadway, Union Square; *pizzas* 18-22 US$, ppales. cena 24-40 US$; ⏱12.00-15.00 y 17.30-22.30 lu-mi, hasta 23.00 ju, hasta 23.30 vi, 11.00-15.00 y 17.30-23.30 sa, 11.00-15.00 y 17.30-22.00 do; 📠; 🚇4/5/6, N/Q/R, L hasta 14th St-Union Sq) 🍴 Con un aire a mitad de camino entre una galería de arte y un rancho rústico, este restaurante sostenible centrado en el producto es el avatar culinario de los grandes almacenes ABC Carpet & Home (p. 143). Lo ecológico se sublima en platos como el salmón Skuna Bay con compota de cebolleta y ruibarbo y lima, o el confit de cerdo crujiente con mermelada de beicon ahumado y nabos braseados. Si se prefiere algo más informal, se pueden probar las deliciosas *pizzas* integrales.

CLOCKTOWER
BRITÁNICA MODERNA **$$$**

plano p. 430 (📞212-413-4300; http://theclocktowernyc.com; 5 Madison Ave, entre 23rd St y 24th St, Gramercy; ppales. cena 25-65 US$; ⏱6.30-10.00, 11.30-15.00 y 17.30-22.00 lu y ma, hasta 23.00 mi-vi, cena 17.00-23.00 sa, hasta 22.00 do; 📶; 🚇F/M, R/W, 6 hasta 23rd St) Los británicos se superan en el selecto y arrollador restaurante de Jason Atherton situado en la emblemática Metropolitan Life Tower. La última aventura de este chef británico distinguido con estrella Michelin se enmarca en unos atractivos comedores donde se sirve una comida sustanciosa de alto nivel, como el costillar de cordero de Colorado con quinua crujiente o el pato con ensalada de melocotón.

TRATTORIA IL MULINO
ITALIANA **$$$**

plano p. 430 (📞212-777-8448; www.trattoriailmulino.com; 36 E 20th St, entre Broadway y Park Ave, Flatiron District; ppales. 35-52 US$; ⏱11.30-22.00 lu-mi, hasta 23.00 ju y vi, 16.30-23.00 sa, hasta 22.00 do; 🚇R/W, 6 hasta 23rd St) El chef Michele Mazza, que guarda un asombroso parecido con el actor italiano Marcello Mastroianni, elabora unos platos tan bien preparados que parecen personificar la *dolce vita*. La pasta y las *pizzas* al fuego de leña son memorables y las influencias multirregionales confluyen en el tiramisú de *limoncello*, clásico con un toque ácido. Un servicio atento y un ambiente elegante pero agradable lo hacen perfecto para una ocasión especial.

COSME

MEXICANA **$$$**

plano p. 430 (☎212-913-9659; http://cosmenyc. com; 35 E 21st St, entre Broadway y Park Ave S, Flatiron District; platos cena 19-29 US$; ⏰12.00-14.30 y 17.30-23.00 lu-ju, hasta 24.00 vi, 11:30-2:30 y 17.30-23.00 sa, hasta 23.00 do; ☎; ⬛R/W, 6 hasta 23rd St) La cocina mexicana se sublima en este restaurante decorado en tonos carbón, donde el chef Enrique Olvera y sus innovadoras interpretaciones de los gustos de allende la frontera subvierten los estereotipos culinarios con platos como unas delicadas y estimulantes vieiras con aguacate y jícama, una ensalada de frijoles frescos con vinagreta de pepino asado, guacamole de hierbas o las idolatradas carnitas de pato de Cosme. Hay que reservar o probar suerte en la barra.

🍷 DÓNDE BEBER Y VIDA NOCTURNA

En los locales y bares de copas de Union Square, Flatiron District y Gramercy puede disfrutarse de cócteles clásicos perfectamente preparados y cartas de vinos con cuerpo. La zona es ideal para tomar unas copas antes de salir de marcha nocturna por la ciudad: el viajero encontrará a muchos vecinos de barra vestidos para impresionar con modernos trajes de cóctel. Si apetece acudir a un veterano _pub_ irlandés, hay que buscar en Third Ave, al norte de 14th St.

⭐FLATIRON LOUNGE

COCTELERÍA

plano p. 430 (☎212-727-7741; www.flatironlounge. com; 37 W 19th St, entre Fifth Av y Sixth Av, Flatiron District; ⏰16.00-2.00 lu-mi, hasta 3.00 ju, hasta 4.00 vi, 17.00-4.00 sa; ☎; ⬛F/M, R/W, 6 hasta 23rd St) Tras cruzar un espectacular arco se entra en esta oscura y moderna fantasía de inspiración _art déco_ con enérgicas melodías de _jazz_ y adultos atrevidos libando cócteles. Su precio es de 14 US$ (10 US$ laborables de 16.00 a 18.00).

RAINES LAW ROOM

COCTELERÍA

plano p. 430 (www.raineslawroom.com; 48 W 17th St, entre Fifth Av y Sixth Av, Flatiron District; ⏰17.00-2.00 lu-mi, hasta 3.00 ju-sa, 19.00-1.00 do; ⬛F/M hasta 14th St, L hasta 6th Ave, 1 hasta 18th St) Un mar de cortinas de terciopelo y mullidos sillones de cuero, la cantidad justa de ladrillo visto, cócteles elaborados por expertos con licores bien envejecidos... cuan-

do se trata de crear ambiente, los dueños de este local son tan serios como el recibo de la hipoteca. Solo aceptan reservas (recomendables) de domingo a martes. Cualquier noche es buena para ponerse elegante y saborear una época mucho más suntuosa.

BIRRERIA

CERVEZA

plano p. 430 (☎212-937-8910; www.eataly.com; 200 Fifth Ave, con W 23rd St, Flatiron District; ⏰11.30-23.00; ⬛F/M, R/W, 6 hasta 23rd St) La joya de la corona del imperio gastronómico Eataly (p. 164) es esta cervecería de azotea escondida entre las torres corporativas de Flatiron. La larga carta de cervezas incluye algunas de las mejores del mundo. Si el viajero tiene hambre, la paletilla de cerdo braseado a la cerveza combinará muy bien; también puede probar la carta de temporada del restaurante (ppales. 17-37 US$).

El disimulado ascensor está ubicado cerca de las cajas en el lado de la tienda que da a 23rd St.

OLD TOWN BAR & RESTAURANT

BAR

plano p. 430 (☎212-529-6732; www.oldtownbar. com; 45 E 18th St, entre Broadway y Park Ave S, Union Square; ⏰11.30-23.30 lu-vi, 12.00-23.30 sa, hasta 22.00 do; ⬛4/5/6, N/Q/R/W, L hasta 14th St-Union Sq) En este bar parece que transcurra el año 1892, con su barra de caoba, suelo de baldosas originales y techos de estaño. Es un bar clásico para hombres (y mujeres: en su vídeo de _Bad Girl_, Madonna encendió aquí un cigarrillo). Sirven cócteles, pero casi todo el mundo toma cerveza y hamburguesa (desde 11,50 US$).

LILLIE'S VICTORIAN ESTABLISHMENT

BAR

plano p. 430 (☎212-337-1970; www.lilliesnyc.com; 13 E 17th St, entre Broadway y Fifth Ave, Union Square; ⏰11.00-4.00; ⬛4/5/6, L, N/Q/R/W hasta 14th St-Union Sq) El nombre lo dice todo: al entrar uno se siente transportado a la época de las enaguas y los relojes de bolsillo, con sus techos altos de estaño grabado, sofás de terciopelo rojo y paredes cubiertas de fotos antiguas en marcos dorados. La comida y los cócteles son claramente modernos, pero el ambiente basta para satisfacer la fantasía.

FLATIRON ROOM

COCTELERÍA

plano p. 430 (☎212-725-3860; www.theflatiron room.com; 37 W 26th St, entre Sixth Ave y Broadway, Flatiron District; ⏰16.00-2.00 lu-vi, 17.00-

2.00 sa, hasta 24.00 do; **S** R/W hasta 28th St, F/M hasta 23rd St) Papel pintado antiguo, arañas de luces y techos artesonados pintados a mano componen un marco elegante en este bar de adultos con vitrinas de *whiskies* raros. Los excelentes cócteles combinan muy bien con los selectos platos para compartir, desde *tapenade* de aceitunas marinada con cítricos hasta pan con *guanciale* (papada de cerdo curada) e higos. Muchas noches también hay música en directo, como *bluegrass* y *jazz*. Se aconseja reservar.

71 IRVING PLACE CAFÉ

plano p. 430 (Irving Farm Coffee Company; ☑212-995-5252; www.irvingfarm.com; 71 Irving Pl, entre 18th y 19th Sts, Gramercy; ☻7.00-20.00 lu-vi, desde 8.00 sa y do; **S** 4/5/6, N/Q/R/W, L hasta 14th St-Union Sq) Desde tipos que escriben en teclados hasta amigos y estudiantes que charlan: en esta animada cafetería nunca falta gente. Los granos de café recolectados a mano se tuestan con amor en una granja del valle del Hudson (a unos 145 km de Nueva York) y se sirven junto con sabrosos alimentos como los cruasanes de Balthazar, granola, platos de huevos, *bagels* y sándwiches.

BEAUTY BAR BAR

plano p. 420 (☑212-539-1389; www.thebeautybar.com/home-new-york; 231 E 14th St, entre Second y Third Aves, Union Square; ☻17.00-4.00 lu-vi, desde 14.00 sa y do; **S** L hasta 3rd Ave) Este bar *kitsch* favorito desde mediados de los años noventa es un homenaje a los salones de belleza, con una clientela moderna, música retro y manicuras a 10 US$ con una margarita Blue Rinse de regalo (laborables 18.00-23.00, fines de semana 15.00-23.00). Cada noche hay espectáculo, desde monólogos de humor a *burlesque*.

PETE'S TAVERN BAR

plano p. 430 (☑212-473-7676; www.petestavern.com; 129 E 18th St con Irving Pl, Gramercy; ☻11.00-2.30 do-mi, hasta 3.00 ju, hasta 4.00 vi y sa; **S** 4/5/6, N/Q/R/W, L hasta 14th St-Union Sq) Con sus espejos originales del s. XIX, techos de estaño repujado y barra de palo de rosa, este oscuro bar posee todas las características de un clásico neoyorquino. Se puede tomar una hamburguesa de costilla de primera y escoger entre 17 cervezas de barril. La clientela es variada, desde parejas que salen del teatro e irlandeses expatriados hasta estudiantes universitarios y algún que otro famoso.

TOBY'S ESTATE CAFÉ

plano p. 430 (☑646-559-0161; www.tobysestate.com; 160 Fifth Ave, entre 20th St y 21st St, Flatiron District; ☻7.00-21.00 lu-vi, 8.00-20.00 sa y do; **S** R/W, F/M, 6 hasta 23rd St) Empresa de Sídney con tostadero en Williamsburg, que forma parte de la pujante cultura cafetera de Manhattan. Está en la tienda Club Monaco y cuenta con una máquina de expresos Strada hecha a medida. También tienen bollería y bocadillos de panaderías locales.

BOXERS NYC GAY

plano p. 430 (☑212-255-5082; www.boxersnyc.com; 37 W 20th St, entre Fifth Av y Sixth Av, Flatiron District; ☻16.00-2.00 lu-ju, hasta 4.00 vi, 13.00-4.00 sa, 13.00-2.00 do; **S** F/M, R/W, 6 hasta 23rd St) Bar gay deportivo en pleno Flatiron, con muchas cervezas y nuevos amigos potenciales. Hay fútbol en televisión, alitas de pollo en la barra y camareros en *topless* que mantienen bruñidos los tacos de billar. Pero no todo son músculos: el martes se puede entrenar el cerebro con la divertida noche de los concursos.

☆ OCIO

PEOPLES IMPROV THEATER COMEDIA

plano p. 430 (PIT; ☑212-563-7488; www.thepitnyc.com; 123 E 24th St, entre Lexington Av y Park Av, Gramercy; 🎭; **S** F/M, N/R, 6 hasta 23rd St) Este animado club de comedia iluminado con neones rojos ofrece risas de primera a precios de risa. Cada noche hay una serie de actuaciones en la sala principal o en el bar del sótano, desde monólogos de humor a escenas breves cómicas o comedia musical. El PIT también ofrece cursos, como los talleres de improvisación de 3 h sin inscripción previa en su centro de Midtown, **Simple Studios** (plano p. 432; ☑212-273-9696; http://simplestudiosnyc.com; 134 W 29th St, entre Sixth Av y Seventh Av, Midtown West; ☻9.00-23.00 lu-vi, hasta 22.00 sa y do; **S** 1, N/R hasta 28th St). Véase toda la oferta en la web.

IRVING PLAZA MÚSICA EN DIRECTO

plano p. 430 (☑212-777-6817; www.irvingplaza.com; 17 Irving Pl, at 15th St, Union Square; **S** 4/5/6, N/Q/R, L hasta 14th St-Union Sq) Una sala que funciona desde 1978 y por la que han pasado todos: Ramones, Bob Dylan, U2, Pearl Jam... Hoy es un magnífico escenario para conciertos inusuales de *rock* y pop, desde las *indie* Sleater-Kinney hasta

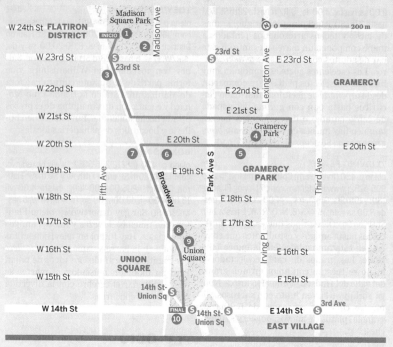

Circuito a pie
De plaza en plaza

INICIO MADISON SQUARE PARK
FINAL DSW
DISTANCIA 3,2 KM; 2 H

Se parte del frondoso ❶ **Madison Square Park** (p. 162), salpicado de estatuas históricas e instalaciones contemporáneas. Si se tiene apetito, una hamburguesa *gourmet* con patatas fritas en ❷ **Shake Shack** (p. 162) es buena idea. Antes de salir del parque, hay que contemplar el impactante ❸ **edificio Flatiron** (p. 162), la inteligente solución del arquitecto de Chicago Daniel Burnham al difícil solar creado por la confluencia de Fifth Ave y Broadway.

Luego se sigue al sur por Broadway y se dobla a la izquierda por 21st St. Después de Park Ave S se encuentra ❹ **Gramercy Park** (p. 163), un parque privado inspirado en los jardines ingleses. El legendario actor del s. XIX Edwin Booth pasó sus últimos años en el 16 de Gramercy Park S, y la actriz Margaret Hamilton residió largos años en el 34 de Gramercy Park E. En el 15 de Gramercy Park S se encuentra el ❺ **National Arts Club** (p. 163), que ha aparecido en películas como *La edad de la inocencia* de Martin Scorsese y *Misterioso asesinato en Manhattan* de Woody Allen.

Tras volver hacia el oeste por 20th St, hay que hacer una parada en la versión reconstruida de la ❻ **casa natal de Theodore Roosevelt** (p. 162), donde se ofrecen visitas guiadas cada hora. En el extremo suroeste de Broadway con E 20th St se alza el ❼ **edificio Lord & Taylor,** que antaño albergó los famosos grandes almacenes de Midtown.

Siguiendo al sur por Broadway se llega al extremo noroeste de ❽ **Union Square** (p. 161), donde toca dar una vuelta por el ❾ **Greenmarket,** buscar a Gandhi cerca del extremo suroeste o comprar víveres para un pícnic en el parque. Si todavía quedan fuerzas, se puede cruzar Union Sq South (14th St) y entrar en ❿ **DSW,** unos gigantescos almacenes de zapatos de diseño y accesorios a precios muy rebajados, donde además se pueden admirar unas fabulosas vistas del parque y la ciudad.

los roqueros duros Disturbed. Hay una agradable pista frente al escenario y buenas vistas desde el palco.

 # DE COMPRAS

UNION SQUARE GREENMARKET MERCADO
plano p. 430 (www.grownyc.org; Union Square, 17th St entre Broadway y Park Ave S, Union Square; 8.00-18.00 lu, mi, vi y sa; S 4/5/6, N/Q/R, L hasta 14th St-Union Sq) El viajero no debe sorprenderse si descubre a alguno de los mejores chefs de la ciudad examinando los productos, pues el de Union Square es seguramente el Greenmarket más famoso de la ciudad.

ABC CARPET & HOME MENAJE
plano p. 430 (212-473-3000; www.abchome.com; 888 Broadway con E 19th St; 10.00-19.00 lu-mi, vi y sa, hasta 20.00 ju, 11.00-18.30 do; S 4/5/6, N/Q/R/W, L hasta 14th St-Union Sq) Este templo del buen gusto es un derroche de ideas para diseñadores y decoradores, con siete plantas repletas de muebles y artículos de decoración de todas clases y tamaños. Además de objetos fáciles de llevar en el equipaje, como adornos, telas y joyas, también hay muebles impactantes, lámparas de diseño, cerámica y alfombras antiguas.

DSW ZAPATOS
plano p. 430 (212-674-2146; www.dsw.com; 40 E 14th St, entre University Pl y Broadway, Union Square; 9.00-21.30 lu-sa, desde 10.00 do; S 4/5/6, N/Q/R/W, L hasta 14th St-Union Sq) Si la idea que uno tiene del paraíso incluye una estupenda selección de zapatos a precios rebajados, debe ir derecho a esta enorme tienda unisex, donde hallará zapatos desde formales a deportivos, incluidas marcas conocidas y caras. Las amplias vistas de Union Square Park son un aliciente más. Las estanterías de ofertas tienen fama por sus precios tirados.

FISHS EDDY MENAJE
plano p. 430 (212-420-9020; www.fishseddy. com; 889 Broadway con E 19th St; 9.00-21.00 lu-ju, hasta 22.00 vi y sa, 10.00-20.00 do; S R/W, 6 hasta 23rd St) El diseño atrevido y de calidad hace años que ha convertido a Fishs Eddy en un referente para los neoyorquinos que están al día. Su tienda es un verdadero derroche de tazas, platos, mantequeras, jarras y cualquier cosa adecuada para una alacena. Los estilos incluyen desde atractivos contrastes de colores hasta diseños deliciosamente extravagantes.

BEDFORD CHEESE SHOP ALIMENTACIÓN
plano p. 430 (718-599-7588; www.bedford cheeseshop.com; 67 Irving Pl, entre E 18th St y 19th St, Gramercy; 8.00-21.00 lu-sa, hasta 20.00 do; S 4/5/6, N/Q/R/W, L hasta 14th St-Union Sq) Si uno busca queso de leche cruda de vaca marinado en absenta o queso de cabra de Australia al ajo, todo de la zona, lo más probable es que lo encuentre entre la selección de 200 variedades de esta quesería, la más famosa de Brooklyn. También hay charcutería artesana, productos *gourmet* y bocadillos para llevar (8-11 US$), así como una soberbia variedad de comestibles hechos en Brooklyn.

RENT THE RUNWAY ROPA
plano p. 430 (www.renttherunway.com; 30 W 15th St, entre Fifth Av y Sixth Av; 9.00-21.00 lu-vi, hasta 20.00 sa, hasta 19.00 do; S L, F/M hasta 14th St-6th Ave; 4/5/6, L, N/Q/R/W hasta 14th St-Union Sq) En la tienda principal de este conocido servicio de alquiler de ropa y complementos cualquiera puede entrar y pedir asesoramiento sobre moda (30 US$) tanto para actos planificados como de última hora. Está llena de prendas de diseñadores de alta gama (Narciso Rodriguez, Badgley Mischka, Nicole Miller, etc.) para alquilar. Es ideal para las que deseen causar impacto sin cargar mucho equipaje.

ABRACADABRA MODA Y ACCESORIOS
plano p. 430 (212-627-5194; www.abracadabra superstore.com; 19 W 21st St, entre Fifth Av y Sixth Av, Flatiron District; 11.00-19.00 lu-sa, 12.00-17.00 do; S R/W, F/M hasta 23rd St) No es solo el título de una canción de la Steve Miller Band, sino también unos almacenes del horror, los disfraces y la magia. Las estanterías están llenas de pelucas, maquillajes, accesorios, etc. Los aficionados al tema tendrán dificultades para salir sin utilizar la tarjeta de crédito.

BOOKS OF WONDER LIBROS
plano p. 430 (212-989-3270; www.booksofwon der.com; 18 W 18th St, entre Fifth Av y Sixth Av, Flatiron District; 10.00-19.00 lu-sa, 11.00-18.00 do; ; S F/M hasta 14th St, L hasta 6th Ave) Esta magnífica librería especializada en títulos infantiles y juveniles es ideal para los peques en un día de lluvia, sobre todo si hay alguna actividad con escritores o narradores. Posee

una impresionante variedad de libros ilustrados sobre Nueva York y una sección dedicada a títulos infantiles antiguos y raros e ilustraciones en ediciones limitadas.

DEPORTES Y ACTIVIDADES

JIVAMUKTI YOGA

plano p. 430 (☎212-353-0214; www.jivamuktiyoga.com; 841 Broadway, 2º piso, entre E 13th St y 14th St, Union Square; clases 15-22 US$; 🕐clases 7.00-20.30 lu-vi, 7.45-20.00 sa y do; [S]4/5/6, N/Q/R/W, L hasta 14th St-Union Sq) Este local de más de 1100 m² en Union Sq está considerado el centro de yoga por excelencia en Manhattan y es un sitio pijo para asistir a clases de Vinyasa, Hatha y Ashtanga. Las clases "abiertas" están orientadas tanto a novatos como a practicantes. También hay una **cafetería vegana** ecológica. Un caramelo para los fans de famosos: el hermano pequeño de Uma, Dechen Thurman, da clases allí.

SOUL CYCLE CICLISMO

plano p. 430 (☎212-208-1300; www.soul-cycle.com; 12 E 18th St, entre Fifth Av y Broadway, Union Square; clases 34 US$; 🕐clases 7.00-19.30 lu, 6.00-19.30 ma-ju, hasta 18.00 vi, 8.30-16.00 sa, hasta 18.00 do; [S]4/5/6, N/Q/R, L hasta 14th St-Union Sq) La receta de Soul Cycle para el bienestar (una clase de *spinning*, una fiesta de baile y una sesión de terapia) convierte el ejercicio en una píldora fácil de tragar. No hay cuota de socio, de modo que cualquiera es bienvenido. Incluso se puede ver a algún famoso, como Jake Gyllenhaal, de quien se sabe que acude a tomar unas clases de vez en cuando.

Midtown

MIDTOWN EAST | QUINTA AVENIDA | MIDTOWN WEST Y TIMES SQUARE |

Lo mejor

❶ Rockefeller Center
(p. 182) Identificar iconos
urbanos desde el espectacular mirador Top of the
Rock, o disfrutar de un
cóctel en el bar SixtyFive,
de clientela adulta, cinco
plantas por debajo.

**❷ Museum of Modern
Art** (p. 178) Codearse con

Picasso, Warhol y Rothko
o disfrutar de una comida
espectacular o un cóctel
en este museo de bandera.

❸ Argosy (p. 203) Curiosear entre los estantes en
busca de láminas de arte y
libros usados, o simplemente
inhalar el olor cada vez más
raro de una librería real.

❹ Jazz at Lincoln Center
(p. 199) Saborear martinis
contemplando el espectacular perfil de la ciudad en
una velada de saxo al
anochecer.

❺ Broadway (p. 174)
Añadir algo de chispa a
la jornada asistiendo a un
espectáculo de Broadway.

Para más detalles sobre esta zona, véanse planos pp. 432 y 436

Consejo de Lonely Planet

Comer en los grandes restaurantes de Midtown sin arruinarse es posible optando por el menú de mediodía allí donde lo haya, como en **Le Bernardin** (p. 194), con estrellas Michelin, y que incluye platos de la carta de la cena. La antelación de la reserva dependerá del restaurante. En Le Bernardin a veces hay esperas de un mes. Ofrecen servicios de reserva en línea.

Los mejores restaurantes

➡ Le Bernardin (p. 194)

➡ O-ya (p. 192)

➡ Modern (p. 194)

➡ Totto Ramen (p. 193)

➡ Smith (p. 192)

Para reseñas, véase p. 190 ➡

Los mejores bares

➡ Bar SixtyFive (p. 196)

➡ Rum House (p. 196)

➡ Jimmy's Corner (p. 197)

➡ Flaming Saddles (p. 197)

➡ Middle Branch (p. 196)

➡ The Campbell (p. 195)

Para reseñas, véase p. 195 ➡

◉ Las mejores vistas

➡ Top of the Rock (p. 187)

➡ Bar SixtyFive (p. 196)

➡ Empire State Building (p. 176)

➡ Robert (p. 195)

➡ Franklin D. Roosevelt Four Freedoms Park (p. 186)

Para reseñas, véase p. 176 ➡

Explorar Midtown

La mejor forma de ver Midtown es a pie. La parte alta de la Quinta Avenida (hacia el nº 50) es una zona mítica, sede de Tiffany & Co (p. 203), el hotel Plaza (p. 329), el Museum of Modern Art (MoMA; p. 178) y el mirador Top of the Rock (p. 187) del Rockefeller Center. Un día en Midtown East permite contemplar los manuscritos de la Morgan Library & Museum (p. 186), la arquitectura *beaux arts* de la estación Grand Central (p. 180), el vestíbulo *art déco* del edificio Chrysler (p. 183) y la sede de las Naciones Unidas (p. 186). Si llueve, se recomienda visitar la New York Public Library (p. 187).

En Midtown West, los amantes de la moda y el diseño disfrutarán del Museum of Arts & Design (p. 190) y el Museum at FIT (p. 190), separados por Times Square (p. 173). Tiene una taquilla TKTS (p. 175), que vende entradas de espectáculos de Broadway a precios reducidos. Las colas son bastante más cortas pasadas las 15.30, si bien los más avezados compran sus entradas en la taquilla de South Street Seaport, donde siempre hay menos gente. Más al oeste está Hell's Kitchen, repleto de grandes restaurantes y locales gais.

Vida local

➡ **Antros** Copas cargadas, corbatas sueltas y aire de nostalgia dan la bienvenida en bares sencillos como Jimmy's Corner (p. 197) y Rudy's Bar & Grill (p. 197).

➡ **Teatro** Más allá del fasto y el boato de Broadway hay teatros muy innovadores, como Playwrights Horizons (p. 200) o Second Stage Theatre (p. 200).

➡ **Comida** Todos los estamentos sociales se reúnen en el restaurante cubano Margon (p. 194).

Cómo llegar y salir

➡ **Metro** Times Sq-42nd St, Grand Central-42nd St y 34th St-Herald Sq son las principales estaciones de Midtown. Las líneas A/C/E y 1/2/3 atraviesan Midtown West de norte a sur. Las 4/5/6 atraviesan Midtown East de norte a sur. Las centrales B/D/F/M van por Sixth Ave y las N/Q/R/W, por Broadway. Las 7, E y M atraviesan buena parte de la ciudad.

➡ **Autobús** Útil para ir a los extremos oeste y este de Midtown, como la M11 (Tenth Ave al norte y Ninth Ave al sur), M101, M102 y M103 (Third Ave al norte y Lexington Ave al sur) y M15 (First Ave al norte y Second Ave al sur). Los que cruzan la ciudad circulan por 34th y 42nd St.

➡ **Tren** Los de larga distancia Amtrak y Long Island Rail Road (LIRR) terminan en Penn Station (p. 370). Los PATH de Jersey paran en 33rd St, y los suburbanos Metro-North finalizan en la Grand Central (p. 180).

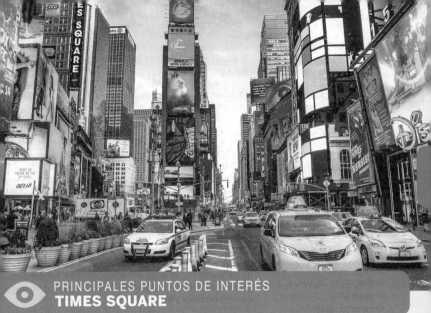

Tan amada como odiada, la intersección entre Broadway y Seventh Ave, más conocida como Times Square, es el corazón de NY, un torrente incesante e hipnótico de luces centelleantes, carteleras gigantescas y energía urbana en estado puro que no parece tener interruptor de apagado y casi tan bulliciosa de madrugada como por la tarde.

Corazón hiperactivo

Es el NY de las fantasías colectivas, donde Al Jolson 'triunfa' en la película de 1927 *El cantor de jazz* y donde Alicia Keys y Jay-Z cantaron entusiasmados sobre esta "selva de hormigón".

Pero durante décadas, el suyo fue un sueño sórdido. El *crash* económico de principios de la década de 1970 provocó la salida masiva de empresas de Times Square. Los carteles se apagaron, las tiendas cerraron y los grandes hoteles pasaron a ser antros de habitaciones individuales. Aunque el vecino Theater District sobrevivió, sus respetables teatros compartían calle con cines porno y clubes de *striptease*. Todo cambió en la década de 1990 gracias al antiguo alcalde Rudolph Giuliani, que aumentó la presencia policial y atrajo a 'respetables' cadenas comerciales, restaurantes y atracciones turísticas. En el nuevo milenio, Times Square cambió la calificación X por "para todos los públicos", con casi 40 millones de visitantes al año.

Cómo el 'New York Times' creó la Nochevieja

A principios del s. xx, Times Square era un anodino cruce de calles llamado Longacre Sq. La cosa cambiaría tras un pacto entre el pionero del metro, August Belmont, y el editor del *New York Times,* Adolph Ochs. Mientras dirigía la construcción de la primera línea de metro de la ciudad, de Lower Manhattan a Harlem, Belmont se dio cuenta de que un

INDISPENSABLE

➡ Observar Times Square desde los escalones de la taquilla de TKTS

➡ Asistir a un espectáculo de Broadway

➡ Tomar una copa en el R Lounge

➡ Embobarse con el deslumbramiento del conjunto

DATOS PRÁCTICOS

➡ plano p. 436, E5

➡ www.timessquarenyc.org

➡ Broadway, at Seventh Ave

➡ S N/Q/R/W, S, 1/2/3, 7 hasta Times Sq-42nd St

EDIFICIO BRILL

En la esquina noroeste de Broadway con 49th St, el **edificio Brill** (plano p. 436; 1619 Broadway, en W 49th St; [S]N/R/W hasta 49th St; 1, C/E hasta 50th St) está considerado el generador de canciones populares más importante del mundo occidental. En 1962, más de 160 negocios musicales tenían sede en él, desde compositores y agentes hasta discográficas y promotoras. Era como unos grandes almacenes para artistas: podían ir, crear una canción, contratar a los músicos, hacer una maqueta y convencer a un productor sin salir del edificio. Entre las leyendas que grabaron en el lugar destacan Carol King, Bob Dylan y Joni Mitchell. Al abandonar el edificio puede que muchos de ellos fueran a W 48th St, una calle con tantas tiendas de música que recibió el famoso apodo de Music Row.

'KISS-IN'

La famosa instantánea de Alfred Eisenstaedt de un marinero estadounidense besando a una enfermera inspira el *Kiss-In* de Times Square. Se celebra cada 5 años, con motivo del aniversario del fin de la II Guerra Mundial, y cientos de parejas llenan la plaza para recrear la famosa imagen que fue portada de la revista *LIFE*.

centro de negocios en Midtown fomentaría el uso de la línea y optimizaría los beneficios. Entonces habló con Ochs explicándole que si se trasladaba a Broadway y a 42nd St el periódico saldría ganando: una estación de metro incorporada permitiría distribuir más rápidamente el rotativo y aumentaría las ventas gracias a la afluencia de pasajeros, y convenció al alcalde George B. McClellan Jr para que rebautizara la plaza en honor del periódico. En el invierno de 1904-1905 se inauguraron la estación de metro y las nuevas oficinas del *New York Times,* en el One Times Square.

Para conmemorar la mudanza, el periódico organizó una fiesta de Nochevieja en 1904, que incluía fuegos artificiales desde la azotea del rascacielos. No obstante, en 1907 se había construido tanto en la plaza que los fuegos se consideraron un peligro, y el periódico tuvo que buscar otra atracción de masas. Esta llegó en forma de bola de hierro y madera de 315 kg, que bajó desde el tejado del One Times Square para proclamar la llegada de 1908.

Casi un millón de personas siguen reuniéndose en Times Square en Nochevieja para ver descender la bola de cristal Waterford a medianoche. Al mirar arriba, es fácil olvidar que el edificio One Times Square sigue ahí, tras todos esos carteles. Para saber qué aspecto tenía en la época de Adolph Ochs se puede visitar la hermosa DeWitt Wallace Periodical Room, en la New York Public Library (p. 187), cuyas pinturas, del muralista Richard Haas, incluyen Times Square en la época de los tranvías.

Cómo llegó el teatro a Times Square

Al llegar la década de 1920, el sueño de Belmont para Times Square iba a toda máquina. No solo era el corazón de un creciente distrito comercial, sino que había adelantado a Union Square como epicentro del teatro neoyorquino. El primer teatro del barrio fue el ya desaparecido Empire, inaugurado en 1893 en Broadway, entre 40th St y 41st St. Dos años después, el fabricante de puros y autor de comedia a tiempo parcial Oscar Hammerstein inauguró el Olympia, también en Broadway, antes de abrir el Republic –hoy el teatro infantil **New Victory** (plano p. 436; ☎646-223-3010; www.newvictory.org; 209 W 42nd St, entre Seventh Ave y Eighth Ave; 👪; [S]N/Q/R/W, S, 1/2/3, 7 hasta Times Sq-42nd St; A/C/E hasta 42nd St-Port Authority Bus Terminal), en 1900. Aquello dio paso a una serie de nuevos locales, entre los cuales destacan los todavía activos **New Amsterdam Theatre** (Aladdin; plano p. 436; ☎844-483-9008; www.new-amsterdam-theatre.com; 214 W 42nd St, entre Seventh Ave y Eighth Ave; 👪; [S]N/Q/R/W, S, 1/2/3, 7 hasta Times Sq-42nd St; A/C/E hasta 42nd St-Port Authority Bus Terminal) y **Lyceum Theatre** (plano p. 436; www.shubert.nyc/theatres/lyceum; 149 W 45th St, entre Sixth Ave y Seventh Ave; ⓢ N/R/W hasta 49th St).

El Broadway de los años veinte era famoso por sus musicales desenfadados, que solían mezclar las tradiciones del vodevil y el *music hall* y fueron la cuna de temas clásicos como *Let's Misbehave,* de Cole Porter. Al mismo tiempo, el distrito teatral de Midtown evolucionó como plataforma para nuevos dramaturgos. Uno de los más grandes fue Eugene O'Neill. Nacido en 1888 en Times Square, estrenó muchas de sus obras aquí, como *Más allá del horizonte* y *Anna Christie,* ambas ganadoras del Premio Pulitzer. Su éxito allanó el camino a otros genios estadounidenses, como Tennessee Williams, Arthur Miller y Edward Albee: una oleada de talento que desembocó en la creación en 1947 de los premios anuales Tony.

Luces de Broadway

Las decenas de teatros de Broadway y off-Broadway que rodean Times Square ofrecen de todo, desde musicales de éxito hasta obras dramáticas nuevas y clásicas. Si no se busca nada en concreto, la mejor y más barata forma de conseguir entradas en la zona es la **taquilla de TKTS** (plano p. 436; www.tdf.org/tkts; Broadway, en W 47th St; ☺15.00-20.00 lu y vi, 14.00-20.00 ma, 10.00-14.00 y 15.00-20.00 mi y sa, 10.00-14.00 ju, 11.00-19.00 do; ⓢN/Q/R/W, S, 1/2/3, 7 hasta Times Sq-42nd St), donde venden entradas con descuento el mismo día de las funciones. Es una atracción por derecho propio, con un techo escalonado de 27 peldaños, iluminados en color rubí, a 5 m sobre la acera de 47th St. Se puede descargar gratis la aplicación de TKTS para *smartphones*, que ofrece un resumen de los espectáculos y actualizaciones a tiempo real de las entradas disponibles.

Times Square hoy

La emblemática plaza en forma de reloj de arena es un homenaje al ajetreo y bullicio de la gran metrópoli. Siempre abarrotada de gente y brillando casi tanto a las 2.00 como a las 12.00, es la prueba irrefutable de que Nueva York es la ciudad que nunca duerme. Si al pasear por este breve tramo de Broadway el visitante no siente al menos una mínima pizca de asombro, más vale que se tome el pulso. Las gigantescas vallas publicitarias miden medio rascacielos de alto y los paneles de LED se iluminan para los espectáculos y las funciones. Los variopintos personajes de la plaza (desde los más entrañables como Elmo, hasta los más nobles como la Estatua de la Libertad, los más populares como los héroes de acción de Marvel o los más estrafalarios como el vaquero desnudo) se mezclan entre la confusión humana procedente de todos los rincones del planeta. A los minutos de pasear por ella, uno oye hablar más idiomas de los que pensaba que existían. Es el lugar más famoso del mundo para celebrar la Nochevieja. Si el viajero solo dispone de 5 min para pasar en Nueva York, debe emplearlos aquí.

EMPIRE STATE BUILDING

Puede que el edificio Chrysler sea más bonito, y que el One World Trade Center sea más alto, pero el Empire State sigue siendo el rey del cielo de Manhattan. La mayor estrella de NY tiene primeros planos en casi 100 películas, de *King Kong* a *Independence Day*. Subir a lo alto es tan esencial como el *pastrami*, el centeno y los encurtidos en una charcutería.

En cifras

Sus números son aplastantes: 10 millones de ladrillos, 60 000 t de acero, 6400 ventanas y 100 000 m² de mármol. Se construyó en el lugar que ocupaba el Waldorf-Astoria, en un tiempo récord de 410 días, con 7 millones de horas de trabajo y un coste de solo 41 millones de US$; aunque parezca mucho, el presupuesto inicial era de 50 millones (no está mal, dado que además se levantó durante la Gran Depresión). Con 102 plantas y 448,6 m del suelo al cielo, abrió el 1 de mayo de 1931. Varias generaciones después, las palabras de Deborah Kerr a Cary Grant en *Tú y yo* aún parecen ciertas: "Es lo más cercano al cielo que tenemos en Nueva York".

Miradores

A menos que el visitante sea Ann Darrow –la mujer desafortunada que cayó en manos de *King Kong*–, al subir a la cima del Empire State mostrará una sonrisa de oreja a oreja. Hay dos miradores: la terraza abierta de la 86ª planta, toda una experiencia al aire libre con telescopios de monedas para disfrutar de primeros planos de la metrópoli en acción, y más arriba la terraza cubierta de la 102ª planta, el segundo observatorio más alto

INDISPENSABLE

➡ Los miradores al ponerse el sol

➡ *Jazz* en directo las noches de jueves a sábado

DATOS PRÁCTICOS

➡ plano p. 432, B7

➡ www.esbnyc.com

➡ 350 Fifth Ave, en W 34th St

➡ plataforma de observación 86º piso adultos/niños 34/27 US$, incl. plataforma de observación 102º piso 54/47 US$

➡ ⊘8.00-2.00, último ascensor up 1.15

➡ ⓢ4, 6 hasta 33rd; Blue and Orange PATH hasta 33rd St; B/D/F/M, N/Q/R/W hasta 34th St-Herald Sq

de NY, superado solo por el del One World Trade Center. Huelga decir que las vistas de los cinco distritos de la ciudad (y de los cinco estados vecinos, si el tiempo lo permite) son exquisitas, y más espectaculares al atardecer, aunque las colas son tremendas.

Una antena ambiciosa

En el mirador del piso 102°, una puerta cerrada sin señalizar da a uno de los "castillos en el aire" más extravagantes de NY: una terraza estrecha para el aterrizaje de zepelines. El sueño lo encabezó Alfred E. Smith, que pasó de fracasar como candidato presidencial en 1928 a liderar el proyecto del Empire State. Cuando el arquitecto William Van Alen descubrió la aguja secreta de su rival, el edificio Chrysler, Smith fue un paso más allá y declaró que la cima del Empire State albergaría una torre de amarre aún más alta para aeronaves transatlánticas. Sobre el papel pintaba bien, pero el plan tenía dos lagunas: los dirigibles necesitan amarre en los dos extremos (no solo en la proa, como estaba previsto) y los pasajeros (que viajan en la góndola del zepelín) no pueden bajar a través del globo lleno de helio. Pero nada les detuvo. En septiembre de 1931, el *New York Evening Journal* tiró el sentido común por la ventana y consiguió amarrar un zepelín y repartir periódicos recién salidos de Lower Manhattan. Años más tarde, se produjo un accidente de trágicas consecuencias: un día de niebla de 1945, un bombardero B-25 se estrelló en la 79ª planta y murieron 14 personas.

EL LENGUAJE DE LA LUZ

Desde 1976, las 30 últimas plantas del edificio se bañan cada noche en luces de colores distintos, que simbolizan una época o festividad. Algunas combinaciones emblemáticas son naranja, blanco y verde para el Día de San Patricio; azul y blanco para el Hanukkah; blanco, rojo y verde para Navidad; y los colores del arco iris para el fin de semana del Orgullo Gay, en junio. En su web detallan el código de colores y sus significados.

PARA COMPARAR

El Empire State fue diseñado por la prolífica firma de arquitectos Shreve, Lamb and Harmon. Según la leyenda, la idea del rascacielos surgió en una reunión entre William Lamb y John Jakob Raskob –que cofinanció el edificio–, en la que Raskob tomó un lápiz del n° 2, lo puso de pie y dijo: "Bill, ¿qué harías para que no se cayese?". El rascacielos del n° 500 de la Quinta Avenida también fue diseñado por Shreve, Lamb and Harmon. Se pueden comparar desde la esquina noreste de la Quinta Avenida y 40th St.

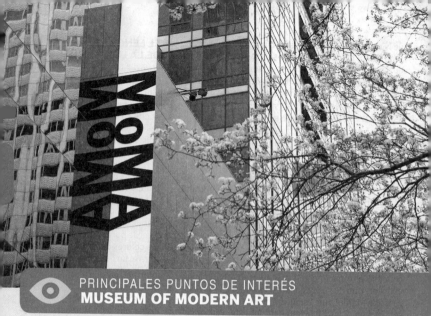

MUSEUM OF MODERN ART

El MoMA suma más celebridades que una fiesta de los Oscar: Van Gogh, Matisse, Picasso, Warhol, Rothko, Pollock y Bourgeois. Desde su fundación en 1929 acumula casi 200 000 obras de arte, documentando la creatividad de finales del s. XIX a la actualidad. Para los aficionados al arte es el paraíso; para los no iniciados, un curso intensivo sobre lo más adictivo del arte.

Lo imprescindible

La colección permanente ocupa cuatro plantas. Cada cierto tiempo, alguna gran exposición temporal altera ligeramente la distribución, pero las láminas, los libros de arte y las indispensables Contemporary Galleries suelen estar en la 2ª planta; todo lo relacionado con la arquitectura, el diseño, el dibujo y la fotografía está en la 3ª planta; y la pintura y la escultura ocupan las plantas 4ª y 5ª. Muchos de los grandes se exponen en esos dos últimos pisos, así que es mejor empezar por arriba, antes de que surja el cansancio. No hay que perderse la *Noche estrellada* de Van Gogh, *El bañista* de Cézanne, *Las señoritas de Aviñón* de Picasso y *La gitana dormida* de Henri Rousseau, por no mencionar iconos del arte estadounidense como *Latas de sopa Campbell* y *Marilyn Monroe dorada* de Warhol, la igualmente pop *Chica con pelota* de Lichtenstein y la evocadora *Casa junto a la vía del tren* de Hopper. Por lo general, lunes y martes son los mejores días para visitar el museo (cuando hay menos gente), salvo si son festivos. Las tardes de los viernes y el fin de semana está muy lleno.

INDISPENSABLE

➡ *Noche estrellada* de Van Gogh

➡ *Casa junto a la vía del tren* de Edward Hopper

➡ *Marilyn Monroe dorada* de Andy Warhol

➡ Cenar en el Modern

DATOS PRÁCTICOS

➡ MoMA

➡ plano p. 436, G2

➡ ☎212-708-9400

➡ www.moma.org

➡ 11 W 53rd St, entre Fifth Ave y Sixth Ave

➡ adultos/menores 16 años 25 US$/gratis, 16.00-21.00 vi gratis

➡ ⏱10.30-17.30 sa-ju, hasta 21.00 vi

➡ 🚻

➡ Ⓢ E/M hasta 5th Ave-53rd St; F hasta 57th; E/B/D hasta 7th Ave-57th St

Expresionismo abstracto

Uno de los puntos fuertes de las colecciones del MoMA es el expresionismo abstracto, un movimiento radical que surgió en NY en la década de 1940 y alcanzó su auge 10 años después. Conocido como "Escuela de Nueva York", se caracterizaba por su individualismo irreverente y sus obras monumentales, y ayudó a convertir a la metrópoli en el epicentro del arte contemporáneo occidental. Entre sus estrellas están *Magenta, negro, verde sobre naranja*, de Rothko; *Uno: número 31, 1950*, de Pollock; y *Painting*, de Willem de Kooning.

Abby Aldrich Rockefeller Sculpture Garden

La remodelación del museo en el 2004 por el arquitecto Yoshio Taniguchi conllevó la restauración del jardín de esculturas según la visión original y más amplia del diseño de Philip Johnson de 1953, que concibió el espacio como una suerte de habitación exterior. Uno de sus residentes perennes es *El río* de Aristide Maillol, una escultura eterna de mujer, presente ya en el jardín original de Johnson y acompañada por creaciones de otros grandes, como Matisse, Miró y Picasso. Medio escondida por encima del extremo oriental del jardín está *Water Tower*, una instalación de resina translúcida de la artista británica Rachel Whiteread. La entrada es gratuita todos los días de 9.00 a 10.15, salvo que haga mal tiempo o se realicen tareas de mantenimiento.

Proyecciones de películas

En el MoMA (plano p. 436) se proyecta una magnífica selección de joyas del celuloide, de su colección de más de 22 000 películas, que incluye las obras de los hermanos Maysles y todas las animaciones producidas por Pixar. En la programación hay cortos documentales nominados a los Oscar, clásicos de Hollywood, obras experimentales y retrospectivas internacionales. El acceso está incluido en la entrada al museo.

Conversaciones en el museo

Para profundizar un poco más en la colección, se puede participar en las charlas y conferencias que organiza el museo a la hora del almuerzo, que brindan una perspectiva más reflexiva de algunas de las obras. Hay charlas todos los días de 11.30 a 13.30. Consúltese la programación en la web del MoMA, apartado "Gallery Sessions".

CONSEJO

Para aprovechar al máximo el tiempo y organizar el plan de ataque, desde la web se puede descargar la aplicación gratuita del museo para teléfonos inteligentes, en numerosos idiomas.

UNA PAUSA

Para disfrutar con una comida de inspiración italiana en mesas compartidas y un ambiente informal hay que ir al **Cafe 2** (plano p. 436; ☎212-333-1299; www.momacafes.com; Museum of Modern Art, 11 W 53rd St, entre Fifth Ave y Sixth Ave, 2º piso; sándwiches y ensaladas 8-14 US$, ppales. 12-18 US$; ⏰11.00-17.00, hasta 19.30 vi; ☎; ⓈE, M hasta 5th Ave-53rd St). Si se prefiere servicio en la mesa, está el **Terrace Five** (plano p. 436; ☎212-333-1288; www.moma.org; Museum of Modern Art, 11 W 53rd St, entre Fifth Ave y Sixth Ave; ppales. 12-19 US$; ⏰11.00-17.00 sa-ju, hasta 19.30 vi; ☎; ⓈE, M hasta 5th Ave-53rd St) con terraza exterior y vistas al jardín de esculturas. Y si se desea algo más selecto, hay que reservar mesa en el Modern, con dos estrellas Michelin (p. 194).

Al considerar una amenaza la apertura de la Penn Station original, el magnate del transporte Cornelius Vanderbilt transformó su Grand Central Depot del s. XIX en una joya del s. XX. La estación Grand Central es el edificio *beaux arts* más impactante de NY. Sus lámparas de araña, mármoles, bares y restaurantes históricos son parte de una época en la que los viajes en tren y el romance se complementaban.

Fachada de 42nd Street

La Grand Central tiene una joya por fachada: la base está revestida en granito de Stony Creek (Connecticut), y la parte superior, en piedra caliza de Indiana, va coronada por la escultura monumental más grandiosa de EE UU, *La Gloria del Comercio*, proyectada por el escultor francés Jules Félix Coutan y esculpida en Long Island por Donnelly y Ricci. Una vez terminada, en 1914, la subieron pieza a pieza. Su protagonista es Mercurio, el dios romano del viaje y el comercio, con su casco alado. A la izquierda, un plácido Hércules, y mirando abajo, hacia el caos de 42nd St, está Minerva, la guardiana de las ciudades. El reloj que hay bajo los pies de Mercurio contiene la muestra más grande del mundo de cristal de Tiffany.

Vestíbulo principal

El vestíbulo de la estación (Main Concourse) más parece un magnífico salón de baile que un espacio público. El pavimento es de piedra rosa de Tennessee, y las taquillas antiguas, de piedra italiana de Botticino. Los techos abovedados son –literalmente– celestiales, con un mural de turquesa y pan de oro que representa las ocho constelaciones, pero al revés. ¿Un fallo? Parece que no. Su diseñador, el pintor francés Paul César Helleu, buscaba

INDISPENSABLE

➡ Fachada principal, de estilo *beaux arts*

➡ Mural celeste de Paul César Helleu

➡ Ostras bajo el techo abovedado de Rafael Guastavino

➡ Cócteles en The Campbell

➡ Un paseo gastronómico por Grand Central Market

DATOS PRÁCTICOS

➡ plano p. 432, C5

➡ www.grandcentralterminal.com

➡ 89 E 42nd St, en Park Ave

➡ ⊙5.30-2.00

➡ Ⓢ S, 4/5/6, 7 hasta Grand Central-42nd St.

reproducir las estrellas desde el punto de vista de Dios. El fresco original es obra de J. Monroe Hewlett y Charles Basing. En 1944, dañado por la humedad, Charles Gulbrandsen volvió a pintarlo (no al fresco), ciñéndose al original. Pero en la década de 1990 el mural estaba otra vez destrozado. De la renovación se ocuparon los arquitectos de Beyer Blinder Belle, que lo restauraron pero dejaron un parche diminuto de hollín en la esquina noroeste, como prueba del buen trabajo que habían hecho.

Galería de los susurros, Oyster Bar & Restaurant y The Campbell

Debajo del puente que une el vestíbulo principal con el Vanderbilt Hall, en un rellano abovedado, se oculta una de las mayores rarezas de la Grand Central: la galería de los susurros. Si se va en compañía, es obligado ponerse de cara a la pared, en puntos diagonalmente opuestos, y susurrar algo. Si lo que se susurra es una propuesta de matrimonio (algo muy habitual), se puede celebrar después con champán en el colindante Grand Central Oyster Bar & Restaurant (p. 193). Es un sitio muy carismático, con un techo abovedado de azulejos del valenciano Rafael Guastavino, especializado en ostras. Un ascensor junto al restaurante sube hasta otra joya histórica: The Campbell (p. 195), un bar exquisitamente esnob.

Mercado de Grand Central

Al viajero se le hará la boca agua en el **Grand Central Market** (plano p. 432; www.grandcentralterminal.com/market; Lexington Ave, en 42nd St, Midtown East; ⊙7.00-21.00 lu-vi, 10.00-19.00 sa, 11.00-18.00 do), un pasillo de 73 m flanqueado por puestos de productos frescos y delicias artesanas donde abastecerse de todo, desde pan crujiente y tartaletas de frutas hasta queso, hojaldres de pollo, membrillo, frutas, hortalizas y café tostado en grano.

CIRCUITOS GUIADOS

La **Municipal Art Society** (plano p. 432; ☎212-935-3960; www.mas.org; circuitos adultos/niños desde 25/20 US$) ofrece circuitos a pie de 75 min por Grand Central todos los días a las 12.30. Salen del quiosco de información del vestíbulo principal. Grand Central Partnership (p. 204) ofrece circuitos gratis de 90 min por la estación y el barrio, los viernes a las 12.30; salen de la esquina suroeste de E 42nd St y Park Ave.

MIDTOWN ESTACIÓN GRAND CENTRAL

EL SECRETO DEL PRESIDENTE

Bajo el hotel Waldorf-Astoria se oculta el poco conocido Andén 61 de Grand Central. Quien sí lo conoció bien fue el presidente Franklin D. Roosevelt. Decidido a esconder su enfermedad de polio al público, utilizaba el montacargas del andén. En cuanto llegaba a la estación era conducido directamente desde su vagón al montacargas sin que nadie lo viera.

PRINCIPALES PUNTOS DE INTERÉS
ROCKEFELLER CENTER

Esta "ciudad dentro de una ciudad" de 9 Ha se inauguró en plena Gran Depresión. Se invirtieron nueve años en construirla y fue el primer espacio multiusos para empresas, ocio y oficinas en EE UU, un área modernista de edificios –14 de ellos son las estructuras originales *art déco*–, plazas exteriores y residentes de renombre. Destacan el mirador Top of the Rock y la visita guiada de NBC Studio Tours.

INDISPENSABLE

- Elevadas vistas desde el mirador
- Cócteles del atardecer en SixtyFive
- Mural *American Progress*, de Josep Maria Sert
- Plató del *Saturday Night Live* (NBC Studio Tour)
- Patinar en el Rink

DATOS PRÁCTICOS

- plano p. 432, B3
- ☎212-332-6868
- www.rockefellercenter.com
- Fifth Ave hasta Sixth Ave, entre W 48th St y 51st St
- [S]B/D/F/M hasta 47th-50th Sts-Rockefeller Center

Top of the Rock

En cuanto a vistas, la mejor es la de Top of the Rock (p. 187). En lo alto del edificio GE, a 70 pisos del suelo, sus vistas incluyen un elemento que no se verá desde el Empire State... el propio Empire State. Lo mejor es subir antes de la puesta de sol y ver cómo la ciudad pasa del día a la brillante noche (se recomienda comprar las entradas con antelación y así evitar las prisas de última hora). Otra opción, para mayores de 21 años, es subir al Bar Sixty Five (p. 196), en la 65ª planta, que combina vistas espectaculares con excelentes cócteles a precios más asequibles que la entrada de Top of the Rock.

Obras de arte públicas

En el Rockefeller Center se exponen obras de 30 grandes artistas sobre el tema "Un hombre en una encrucijada mira hacia el futuro con incertidumbre y esperanza". Paul Manship contribuyó con *Prometheus*, que se levanta sobre la plaza en hondonada, y *Atlas*, delante del International Building (nº 630 de la Quinta Avenida). *News*, de Isamu Noguchi, está sobre la entrada al edificio de Associated Press (nº 50 de Rockefeller Plaza), mientras que el óleo de Josep Maria Sert *American Progress* espera en el vestíbulo del edificio GE. Esta obra sustituye a la original del mexicano Diego Rivera, rechazada por la familia Rockefeller por su "imaginería comunista".

Visita a los estudios de la NBC

La comedia de TV *30 Rock* toma su nombre del edificio GE y, en la vida real, la torre es la sede de la NBC. Los circuitos de 1 h por los estudios de la NBC (p. 204; entrada por 1250 Sixth Ave) incluyen una visita al Studio 8H, sede del emblemático plató de *Saturday Night Live*, y siguen a rajatabla la norma de "no se puede ir al baño" (hay que ir antes de empezar) y es prioritario reservar plaza en línea con antelación. Al otro lado de 49th St, frente a la plaza, se halla el acristalado estudio de NBC *Today Show*, que emite en directo de 7.00 a 23.00 los días laborables. Si se quiere salir en pantalla, habrá que estar allí a las 6.00 para asegurarse un sitio en primera fila.

Rockefeller Plaza

Cuando se aproximan las fiestas navideñas, hay que ir a Rockefeller Plaza a ver el árbol de Navidad más famoso de NY. La ceremonia de encendido es después del Día de Acción de Gracias, tradición que data de la década de 1930, cuando trabajadores de la construcción montaron un arbolito allí. A su sombra, el **Rink at Rockefeller Center** (plano p. 432; ☎212-332-7654; www.therinkatrockcenter.com; Rockefeller Center, Fifth Ave, entre W 49th St y 50th St; adultos 25-32 US$, niños 15 US$, alquiler *skate* 12 US$; ⏰8.30-24.00 med oct–abr; 👪; [S]B/D/F/M hasta 47th-50th Sts-Rockefeller Center) es la pista de patinaje sobre hielo más famosa, incomparable y mágica, pero también muy pequeña y abarrotada. La mejor opción para ahorrarse colas es el primer turno (8.30).

CHRYSLER BUILDING

Con 77 pisos, hace palidecer a otros rascacielos. Diseñado por William Van Alen en 1930, aúna de manera espectacular los estilos *art déco* y neogótico, adornado con adustas águilas de acero y rematado por una aguja que recuerda a La novia de Frankenstein. Edificado para Walter P. Chrysler y su imperio automovilístico, el ambicioso rascacielos de 15 millones de dólares sigue siendo uno de los símbolos más emotivos de Nueva York.

Vestíbulo

A pesar de que el edificio Chrysler no tiene restaurante ni mirador, su lujoso vestíbulo lo compensa con creces. Está bañado por un brillo ámbar, con un aire años veinte que se refleja en su arquitectura: exótica madera africana oscura y mármol, en contraste con el suntuoso acero forjado a mano de la era industrial de EE UU. Los ascensores son preciosos, con motivos de flores de loto egipcias taraceados en madera de fresno japonés, nogal oriental y ciruelo cubano. El mural del techo, *Transporte y esfuerzo humano*, es supuestamente el más grande del mundo (29,5 x 30,5 m), obra del pintor Edward Trumbull; los edificios, aviones y trabajadores de las cadenas de montaje de Chrysler representan la promesa dorada de la industria y la modernidad.

Aguja

La aguja de 56,4 m se compone de siete arcos de acero concéntricos y fue un vengativo logro de la ingeniería moderna. Se construyó en secreto en la caja de la escalera: una creación de 61 m que se alzó a través de un falso techo y se ancló en su sitio en solo 1½ h. La novedosa revelación impactó al arquitecto H. Craig Se-

INDISPENSABLE

➡ Mural del techo del vestíbulo, *Transporte y esfuerzo humano*

➡ Aguja de William Van Alen

➡ Ornamentación de la fachada

➡ Vistas a Third Ave-44th St y al Empire State Building

➡ Relieves de René Chambellan y Jacques Delamarre en el edificio Chanin

DATOS PRÁCTICOS

➡ plano p. 432, C5

➡ 405 Lexington Ave con E 42nd St

➡ ⏱ recepción 8.00-18.00 lu-vi

➡ Ⓢ S, 4/5/6, 7 hasta Grand Central-42nd St

'CREMASTER 3'

El vestíbulo y la parte superior del Chrysler aparecen en *Cremaster 3* (2002), una película vanguardista del cineasta y artista visual Matthew Barney. Es la tercera entrega de un proyecto fílmico épico de cinco partes y da un toque surrealista a la construcción del rascacielos, fundiendo la mitología irlandesa con elementos de otros géneros, como las películas de zombis o de gánsteres. Para saber más, visítese www.cremaster.net.

CLOUD CLUB

El afamado Cloud Club ocupó la cima del Chrysler entre 1930 y 1979. Algunos de sus parroquianos fueron el multimillonario John D. Rockefeller, el magnate de la edición Condé Montrose y la leyenda del boxeo Gene Tunney. El club, con un diseño que recuerda una cabaña de caza *art déco*, ocupaba de la 66ª a la 68ª plantas y tenía un salón y comedores (incluida una sala privada para Walter Chrysler), cocinas, una barbería y un vestuario con armarios en los que esconder alcohol durante la Ley Seca. Chrysler presumía de tener el baño más alto de la ciudad.

verance, que esperaba que su rascacielos Manhattan Company, en Wall St, fuese el edificio más alto del mundo. Aunque el castigo quizá llegase con la inauguración en 1931 del Empire State, aún más alto, la gloria de Van Alen perdura como un símbolo de la audacia del s. xx.

Gárgolas

Si la aguja es la diosa del edificio, las gárgolas son su séquito. Varias águilas estadounidenses de reluciente acero parecen listas para despegar desde las esquinas de la 61ª planta, dando al edificio un toque gótico y siniestro. Más abajo, en el piso 31º, unos tapacubos gigantes con alas recuerdan a las tapas del radiador de un Chrysler de finales de la década de 1920. Para ver bien las gárgolas desde la calle, hay que mirarlas desde la esquina de Lexington Ave y 43rd St.

Edificio Chanin: la joya de enfrente

Al otro lado de la calle, frente al edificio Chrysler, en la esquina suroeste de Lexington Ave y 42nd St, se alza otra joya del *art déco*: el **edificio Chanin** (plano p. 432; 122 E 42nd St, en Lexington Ave, Midtown East; [S]S, 4/5/6, 7 hasta Grand Central-42nd St). Terminada en 1929, la torre de 56 plantas de ladrillo y terracota es obra del arquitecto sin titulación Irwin S. Chanin, quien se unió a la reconocida firma Sloan & Robertson para cumplir su sueño. La atracción principal son las exquisitas bandas de relieves de la base, obra de René Chambellan y Jacques Delamarre. Los pájaros y los peces crean una sensación de fantasía en la banda inferior, mientras en la franja superior la terracota les roba protagonismo con ricos grabados vegetales.

PRINCIPALES PUNTOS DE INTERÉS
ISLA ROOSEVELT

Esta franja de 3 km de tierra en el río East, entre Manhattan y Queens, posee un centro residencial sin interés y ha sido ignorada durante mucho tiempo por visitantes y neoyorquinos, excepto para montar brevemente en su tranvía aéreo panorámico. Hoy el extraordinario Franklin D Roosevelt Four Freedoms Park (p. 186) de su extremo sur es un buen motivo para visitarla.

INDISPENSABLE

- Franklin D Roosevelt Four Freedoms Park
- Plataforma mirador
- Viaje en el tranvía aéreo
- Ruinas del Renwick Smallpox Hospital

DATOS PRÁCTICOS

- plano p. 432, G1
- [S]F hasta Roosevelt Island, 🚡desde Roosevelt Island Tramway Station, 2nd Ave esq. E 60th St

Primeros días

Los indígenas canarsee llamaban a esta pequeña lengua de tierra Minnahanonck (Nice Island) y en 1633 la vendieron a los holandeses como parte de una parcela mayor. Desde entonces se destinó a la ganadería y recibió el nombre de Varckens Eylandt (Hog Island). Cuando los británicos se hicieron con el control de la zona, la isla fue entregada al *sheriff* de Nueva York, John Manning. Tras su muerte, la propiedad pasó a su hijastra, la señora Blackwell, y a partir de la década de 1680 se llamó isla de Blackwell. En 1828 fue adquirida por el gobierno de la ciudad, que la utilizó para recluir a varios "indeseables" construyendo en ella una cárcel y unas instalaciones médicas, como un sanatorio mental. En el extremo norte todavía se conserva una **torre octogonal** del complejo residencial, y en la mitad sur de la isla, la fantasmagórica fachada del **Renwick Smallpox Hospital.** A mediados del s. xx, gran parte de las instituciones de la entonces llamada Welfare Island estaban cerradas o abandonadas. En la década de 1970, la ciudad empezó a rehabilitar la isla rebautizándola en honor del presidente Franklin D. Roosevelt y construyendo una serie de bloques de pisos de estilo brutalista en la única carretera de la isla. Durante años, lo único que la isla Roosevelt ofrecía a los visitantes eran las vistas de Manhattan y las pintorescas ruinas del viejo hospital de viruela.

Recordando a un presidente

La isla no se dio a conocer arquitectónicamente hasta el 2012, cuando en su extremo sur se inauguró el parque de 1,5 Ha dedicado al presidente Franklin D. Roosevelt. Diseñado en 1972 por el arquitecto Louis Kahn, su construcción se encalló a los pocos años al morir este y Nueva York hallarse al borde de la bancarrota. A pesar del retraso, el parque se terminó construyendo prácticamente tal como Kahn había previsto. Un césped bordeado de tilos y en forma de V baja hasta la punta de la isla, donde los visitantes llegan a una pequeña plataforma mirador flanqueada por enormes bloques de granito de Carolina del Norte. En la entrada hay un gigantesco busto de bronce del presidente Roosevelt, tras el cual se alza un bloque de granito con su famoso discurso de las "Cuatro libertades" grabado en él. Es un monumento sobrio y apacible con muchos detalles sutiles.

Un futuro tecnológico

En el 2017 la isla encaró el futuro con la inauguración de la primera fase de la nueva escuela de ingeniería avanzada Cornell Tech, una empresa conjunta entre la Universidad Cornell de la Ivy League y el Instituto Tecnológico Technion de Israel, en Haifa. El campus de alta tecnología, que costará 2000 millones de dólares y se está construyendo con unas de las tecnologías más eficientes energéticamente del mundo, se prevé que estará terminado en dos fases más en el 2037. Al final abarcará casi 5 Ha y aseguran que generará 28 000 nuevos puestos de trabajo y miles de millones de dólares en beneficios económicos para la ciudad.

PUNTOS DE INTERÉS

Midtown East

Midtown deslumbra con varios puntos de interés importantes, como las grandes pantallas y la teatralidad de Times Square, el templo del arte moderno MoMA, los miradores del Empire State Building y el Rockefeller Center, y las visitas guiadas a la sede de las Naciones Unidas. A su sombra se esconden una serie de opciones culturales menos conocidas, desde los maravillosos manuscritos e interiores de la Morgan Library y Museum, hasta el Museum at FIT (gratis y dedicado a la moda) y una joya neogótica recuperada: la catedral de St Patrick.

ESTACIÓN GRAND CENTRAL EDIFICIO HISTÓRICO
Véase p. 180.

EDIFICIO CHRYSLER EDIFICIO HISTÓRICO
Véase p. 183.

ISLA ROOSEVELT ZONA
Véase p. 185.

★MORGAN LIBRARY & MUSEUM MUSEO
plano p. 432 (☎212-685-0008; www.themorgan.org; 225 Madison con E 36th St, Midtown East; adultos/niños 20 US$/gratis; ⏲10.30-17.00 ma-ju, hasta 21.00 vi, 10.00-18.00 sa, 11.00-18.00 do; [S]6 hasta 33rd St) En la mansión que fue propiedad del magnate del acero J. P. Morgan, este lujoso centro cultural alberga una cantidad espectacular de manuscritos, tapices y libros (entre ellos, tres biblias de Gutenberg). Decorado con obras de arte renacentistas italianas y holandesas, el estudio de Morgan solo se ve superado por su biblioteca privada (East Room), una extraordinaria sala abovedada con estantes de madera de nogal, un tapiz holandés del s. XVI y motivos del zodíaco en el techo. Las exposiciones temporales suelen ser magníficas, como sus actos culturales.

NACIONES UNIDAS EDIFICIO HISTÓRICO
plano p. 432 (☎212-963-4475; http://visit.un.org; entrada visitantes First Ave con 46th St, Midtown East; circuito guiado adultos/niños 20/13 US$, no se admiten menores 5 años, acceso jardines sa y do gratis; ⏲circuitos 9.00-16.45 lu-vi, centro de visitantes también abierto 10.00-16.45 sa y do; [S]S, 4/5/6, 7 hasta Grand Central-42nd St) Es la sede de la ONU, la organización mundial que vela por las leyes y la seguridad internacionales y por los derechos humanos. El edificio del Secretariado, obra de Le Corbusier, no está abierto al público, pero los circuitos de 1 h visitan el restaurado Salón de la Asamblea General, el Salón del Consejo de Seguridad, el Salón del Consejo de Administración Fiduciaria y el Salón del Consejo Económico y Social (ECOSOC), además de exposiciones dedicadas a la labor de la ONU y obras de arte cedidas por los estados miembros. Entre semana, los circuitos se reservan en línea y es necesario presentar una identificación con foto para acceder al edificio. El fin de semana se puede acceder al centro de visitantes sin reserva (entrada por 43rd Street). Al norte del complejo –técnicamente en territorio internacional– hay un parque que acoge la estatua de Henry Moore *Reclining Figure* y otras esculturas con la paz como temática.

MUSEUM OF SEX MUSEO
plano p. 432 (☎212-689-6337; www.museumofsex.com; 233 Fifth Ave, en 27th St; adultos 17,50 US$, 20,50 US$ sa y do; ⏲10.00-21.00 do-ju, 11.00-23.00 vi y sa; [S]N/R hasta 23rd St) En este pequeño e impecable homenaje a lo picante y subido de tono se descubrirá de todo, desde el fetichismo en línea hasta la necrofilia homosexual del ánade real. El programa de exposiciones temporales ha incluido cibersexo y retrospectivas de artistas polémicos, mientras que la colección permanente expone litografías eróticas, extraños dispositivos antionanismo y objetos por el estilo.

JAPAN SOCIETY CENTRO CULTURAL
plano p. 432 (www.japansociety.org; 333 E 47th St, entre First Ave y Second Ave, Midtown East; adultos/niños 15 US$/gratis, 18.00-21.00 vi gratis; ⏲12.00-19.00 ma-ju, hasta 21.00 vi, 11.00-17.00 sa y do; [S]S, 4/5/6, 7 hasta Grand Central-42nd St) Las elegantes exposiciones de arte japonés tradicional y contemporáneo son la gran atracción de este centro cultural con jardines interiores y detalles acuáticos. Tiene un teatro que programa proyecciones de películas y obras de teatro, una biblioteca de investigación con más de 14 000 volúmenes y una amplia oferta de conferencias y talleres.

FRANKLIN D ROOSEVELT FOUR FREEDOMS PARK MONUMENTO
plano p. 432 (☎212-204-8831; www.fdrfourfreedomspark.org; Roosevelt Island; ⏲9.00-19.00 mi-lu abr-sep, hasta 17.00 mi-lu oct-mar; [S]F hasta Roosevelt Island, 🚡Roosevelt Island) [GRATIS]

Un diseño espectacular, inspiración presidencial y una refrescante perspectiva del perfil urbano de Nueva York son las tres grandes bazas del **Franklin D Roosevelt Four Freedoms.** En el extremo meridional de la sinuosa isla Roosevelt en el río East, este extraordinario monumento está dedicado al 32° presidente de EE UU y a su Discurso del Estado de la Unión de 1941. En él, Franklin D. Roosevelt habló de su deseo de un mundo basado en cuatro libertades humanas esenciales: la libertad de expresión, la libertad de culto, la libertad de vivir sin penurias y la libertad de vivir sin miedo. Diseñado por el famoso arquitecto Louis Kahn en 1973, el monumento no fue terminado hasta el 2012, 38 años después de su muerte.

Sin embargo, la espera ha merecido la pena. La luminosa creación de granito es asombrosamente cinematográfica, tanto por su escala como por el efecto que produce. Una gran superficie de escalones desnudos conduce a un césped triangular en pendiente, flanqueado por tilos, que acaba frente a un busto de bronce de Roosevelt, realizado por el escultor Jo Davidson. Enmarca la escultura un muro de granito, donde se ha grabado a mano el conmovedor discurso del presidente. El muro también separa el busto de "The Room", una terraza de que llega hasta el mismo borde de la isla. La combinación de las olas batientes con la vista de los edificios es hipnótica.

Aunque la línea de metro F lleva hasta la isla Roosevelt, resulta mucho más divertido montar en el **tranvía aéreo** (☎212-832-4583; http://rioc.ny.gov/tramtransportation.htm; 60th St, en Second Ave; ida 2,50 US$; 🕒cada 15 min 6.00-2.00 do-ju, hasta 3.00 vi y sa; [S]N/Q/R, 4/5/6 hasta Lexington Ave-59th St), que cruza por encima del río East. El monumento se halla a 15 min a pie de las estaciones del teleférico y del metro.

SOUTHPOINT PARK — PARQUE, RUINAS

plano p. 432 (☎212-832-4540; East Rd, Roosevelt Island; 🕒6.00-22.00; [S]F hasta Roosevelt Island, 🚋Roosevelt Island) En el extremo sur de la isla Roosevelt, situada en el río East junto a Manhattan, esta reserva verde ofrece unas vistas impresionantes y un pedazo único de la historia de Nueva York: las paredes y torrecillas en ruinas del **Renwick Smallpox Hospital Ruin,** que tiene fama de ser el lugar más embrujado de la ciudad. Es de visita imprescindible para los amantes de la historia.

Quinta Avenida

EMPIRE STATE BUILDING — EDIFICIO HISTÓRICO

Véase p. 176.

ROCKEFELLER CENTER — EDIFICIO HISTÓRICO

Véase p. 182.

TOP OF THE ROCK — MIRADOR

plano p. 432 (☎212-698-2000, peaje gratis 877-692-7625; www.topoftherocknyc.com; 30 Rockefeller Plaza, entrada en W 50th St, entre Fifth Ave y Sixth Ave; adultos/niños 37/31 US$, amanecer/anochecer combo 54/43 US$; 🕒8.00-24.00, último ascensor a las 23.00; [S]B/D/F/M hasta 47th-50th Sts-Rockefeller Center) Diseñado como homenaje a los transatlánticos e inaugurado en 1933, este mirador al aire libre de la 70ª planta se halla en la cima del edificio GE, el rascacielos más alto del Rockefeller Center. Supera al Empire State (p. 176) en varios frentes: está menos saturado de gente, sus miradores son más amplios (interiores y exteriores) y tiene vistas al Empire State.

NEW YORK PUBLIC LIBRARY — EDIFICIO HISTÓRICO

plano p. 432 (Stephen A Schwarzman Building; ☎212-340-0863; www.nypl.org; Fifth Ave, en W 42nd St; 🕒8.00-20.00 lu y ju, 8.00-21.00 ma y mi, 8.00-18.00 vi, 10.00-18.00 sa, 10.00-17.00 do, circuitos guiados 11.00 y 14.00 lu-sa, 14.00 do; [S]B/D/F/M hasta 42nd St-Bryant Park, 7 hasta 5th Ave) [GRATIS] Tiene como leales custodios a *Paciencia* y *Fortaleza*, los leones de mármol que miran a la Quinta Avenida. Es una fanfarronada *beaux arts* y una de las mejores atracciones gratuitas de NY. Cuando se inauguró, en 1911, la biblioteca de la ciudad era el mayor edificio de mármol construido en EE UU. Hoy, la **Rose Main Reading Room** sigue maravillando a los visitantes con su techo artesonado. Hay muchas otras maravillas que ver, entre ellas la **DeWitt Wallace Periodical Room.**

Este edificio extraordinario alberga valiosos manuscritos de casi todos los grandes autores relevantes en lengua inglesa, además de una copia original de la Declaración de Independencia y una Biblia de Gutenberg. La sección de mapas es igual de alucinante, con unos 431 000 mapas, 16 000 atlas y libros sobre cartografía desde el s. XVI hasta la actualidad. Para explorar este pequeño universo de libros, arte y florituras arquitectónicas, hay un **circuito guiado gratuito** (sale desde Astor Hall) y audio-

RASCACIELOS DE MIDTOWN

El perfil de Midtown va más allá del Empire State y el Chrysler. Hay suficientes belle-zas modernas y posmodernas como para satisfacer el más salvaje de los sueños de altura. Seis de las más destacadas son:

El **Edificio Seagram (1956-1958; 157 m)** (plano p. 432; 100 E 53rd St, en Park Ave, Midtown East; Ⓢ6 hasta 51st St; E, M hasta Fifth Ave-53rd St), de 38 plantas, es uno de los mejores ejemplos mundiales del estilo internacional. Su arquitecto principal, Ludwig Mies van der Rohe, fue recomendado para el proyecto por Arthur Drexler, entonces conservador de arquitectura del MoMA, y creó un edificio de inspiración clásica griega, con un podio bajo, pilares tipo columnata y revestimiento de bronce.

Lever House (1950-1952; 94 m) Cuando se inauguró en 1952, este **rascacielos** de 21 pisos (plano p. 432; 390 Park Ave, entre 53rd St y 54th St, Midtown East; Ⓢ E, M hasta 5th Ave-53rd St) era lo más vanguardista del momento. Entonces, solo el rascacielos de la Secretaría de la ONU lucía también una piel de cristal, una innovación que redefiniría la arquitectura urbana. La forma del edificio era igualmente audaz: dos estructuras rectangulares contrapuestas, formadas por una torre esbelta sobre una base de poca altura. El patio abierto cuenta con bancos de mármol concebidos por el escultor japo-nés-estadounidense Isamu Noguchi, y el vestíbulo expone obras de arte contemporá-neo encargadas ex profeso para el lugar.

Citigroup Center (1974-1977; 279 m) Con su sorprendente tejado triangular y su fachada, que recuerda a un bastón de caramelo, el **Citigroup Center** (plano p. 432; 139 E 53rd St, en Lexington Ave, Midtown East; Ⓢ6 hasta 51st St; E, M hasta Lexington Ave-53rd St), de 59 plantas, obra de Hugh Stubbins, marcó el cambio de la sobriedad de los tejados llanos al estilo internacional. Aún más innovadora es la base, cortada en las cuatro esquinas para dejar el edificio suspendido sobre unos cimientos en forma de cruz. Esta configuración tan inusual permitió la construcción de la iglesia luterana de St Peter en el lado noroeste del edificio, en sustitución del templo neogótico original.

Hearst Tower (2003-2006; 182 m) Esta **torre** de 46 pisos (plano p. 436; 949 Eighth Ave, entre 56th St y 57th St, Midtown West; Ⓢ A/C, B/D, 1 hasta 59th St-Columbus Circle) es una de las obras más creativas de la arquitectura contemporánea en la ciudad, por no decir una de las más ecológicas, pues cerca del 90% de su acero estructural proviene de fuentes recicladas. Diseñado por Foster & Partners, la torre se alza encima del núcleo hueco del Hearst Magazine Building (1928) de John Urban, de piedra artificial, y el vestíbulo contiene el mural *Riverlines* de Richard Long, de 21 m hecho con barro de los ríos Hudson de Nueva York y Avon de Inglaterra.

Bank of America Tower (2004-2009; 366 m) Diseñada por Cook & Fox Architects, esta **torre** de 58 plantas (One Bryant Park; plano p. 436; Sixth Ave, entre W 42nd St y 43rd St; Ⓢ B/D/F/M hasta 42nd St-Bryant Park) tiene fama por su asombrosa aguja puntiaguda de casi 78 m en forma de cristal y sus envidiables credenciales ecológicas. Las estadís-ticas impresionan: la planta de cogeneración de combustión incorporada proporciona casi el 65% de las necesidades eléctricas anuales de la torre; los filtros de aire detecto-res de CO_2 suministran aire oxigenado cuando hace falta; e incluso los ascensores optimizan la energía agrupando los destinos próximos y evitando viajar de vacío. Este rascacielos modelo, el sexto más alto de Norteamérica, recibió en el 2010 el premio del Council on Tall Buildings and Urban Habitat al Mejor edificio alto de EE UU.

432 Park Avenue (2011-2015; 425 m) Esta **torre residencial** de 425 m de altura (plano p. 432; 432 Park Ave, entre 56th St y 57th St, Midtown East; Ⓢ N/Q/R hasta Lexington Ave-59th St), obra del arquitecto uruguayo Rafael Viñoly, es un gran ejemplo de que "lo fino queda fino". La torre, cuyo diseño está inspirado en una papelera de 1905 del austríaco Josef Hoffman, posee una fachada limpia, blanca y cúbica que se eleva sobre el horizonte de Midtown como un tubo cuadrado increíblemente esbelto. Es el segundo edificio más alto de NY, por detrás del One World Trade Center, pero si se mide por la altura del techo real supera en 9 m a su rival, coronado por una aguja.

guías, gratis también, en el mostrador de información (en Astor Hall).

Por medio de sus sucursales, la NYPL mantiene cerebros en forma gracias a una serie de conferencias, seminarios y talleres con temas que van del arte contemporáneo a la obra de Jane Austen. Las mejores se realizan en la central de 42nd St. En la web está la programación.

BRYANT PARK PARQUE

plano p. 432 (☎212-768-4242; www.bryantpark.org; 42nd St, entre Fifth Ave y Sixth Ave; 🕒7.00-24.00 lu-vi, hasta 23.00 sa y do jun-sep, horario reducido resto del año; [S]B/D/F/M hasta 42nd St-Bryant Park; 7 hasta 5th Ave) Resulta difícil creer que en la década de 1980 apodasen "el parque de las jeringuillas" a este frondoso oasis, con sus quioscos de café europeos, sus mesas de ajedrez al aire libre, el cine de verano y la pista de hielo de invierno. Está detrás del edificio de la New York Public Library, muy a mano para descansar de la locura de Midtown. El parque ofrece un batiburrillo de actividades curiosas todos los días, como clases de italiano, yoga o malabarismo, juegos de preguntas y salidas ornitológicas.

Entre sus atracciones destaca **Le Carrusel** (plano p. 432; W 40th St, en Sixth Ave; acceso 3 US$; 🕒11.00-21.00 ene, hasta 20.00 jun-oct, reducido resto del año), de inspiración francesa y fabricado en Brooklyn. Además de dar vueltas en él, se puede participar en frecuentes actos especiales, como el Bryant Park Summer Film Festival. En Navidad se convierte en un paisaje invernal, con tenderetes navideños alrededor del parque y una popular pista de hielo en el centro. El cautivador **Bryant Park Grill** (plano p. 432; ☎212-840-6500; www.arkrestaurants.com/bryant_park; ppales. 19-47 US$; 🕒11.30-15.30 y 17.00-23.00) es el escenario de más de una boda en primavera. Si no está cerrado para un evento especial, el bar del patio es ideal para tomar un cóctel al atardecer. Al lado hay un local muy parecido, pero más informal, el **Bryant Park Café** (plano p. 432; ☎212-840-6500; www.arkrestaurants.com/bryant_park; ppales. 15-45 US$; 🕒7.00-22.00 med-abr–nov), un sitio típico donde quedar a tomar algo por la tarde.

CATEDRAL DE ST PATRICK CATEDRAL

plano p. 432 (☎212-753-2261; www.saintpatrickscathedral.org; Fifth Ave, entre E 50th St y 51st St; 🕒6.30-20.45; [S]B/D/F/M hasta 47th-50th Sts-Rockefeller Center, E/M hasta 5th Ave-53rd St) Todavía deslumbrante después de una restauración que costó 200 millones de dólares en el 2015, la mayor catedral católica de EE UU embellece la Quinta Avenida con su esplendor neogótico. Se construyó durante la Guerra de Secesión y costó 2 millones de US$; los dos chapiteles delanteros se añadieron en 1888. El **altar** fue diseñado por Louis Tiffany y el impresionante **rosetón** de Charles Connick brilla sobre el órgano de más de 7000 tubos. Varios días a la semana hay **visitas guiadas** sin reserva previa (más información en la web).

En el sótano, bajo el altar, una **cripta** guarda los ataúdes de todos los cardenales de la ciudad y los restos de Pierre Touissant, defensor de los pobres y el primer afroamericano en proceso de beatificación.

PALEY CENTER FOR MEDIA CENTRO CULTURAL

plano p. 432 (☎212-621-6800; www.paleycenter.org; 25 W 52nd St, entre Fifth Ave y Sixth Ave; donativo adultos/niños 10/5 US$; 🕒12.00-18.00 mi y vi-do, hasta 20.00 ju; [S]E, M hasta 5th Ave-53rd St) Almacén de cultura pop, con más de 160 000 programas de radio y televisión de todo el mundo en su catálogo informatizado. En los días de lluvia, poder ver alguno de los programas de televisión favoritos en una de las pantallas del centro es una auténtica delicia, al igual que la excelente programación de proyecciones, festivales, conferencias y representaciones.

👁 Midtown West y Times Square

TIMES SQUARE ZONA

Véase p. 173.

MUSEUM OF MODERN ART MUSEO

Véase p. 178.

RADIO CITY MUSIC HALL EDIFICIO HISTÓRICO

plano p. 436 (www.radiocity.com; 1260 Sixth Ave con W 51st St; circuitos adultos/niños 27/20 US$; 🕒circuitos 9.30-17.00; 👪; [S]B/D/F/M hasta 47th-50th Sts-Rockefeller Center) Este espectacular cine modernista fue una iniciativa del productor de vodeviles Samuel Lionel "Roxy" Rothafel. Hombre de altas miras, Roxy estrenó su sala el 23 de diciembre de 1932 con un fastuoso espectáculo en el que intervino la compañía teatral itinerante de las Roxyettes (rebautizadas como Rockettes). En las **visitas guiadas** (75 min) a los suntuosos interiores se ve el soberbio auditorio, el mural de inspiración clásica *Historia de la cosmética* de Witold Gordon, en la sala de señoras de la planta baja, y la exclusiva suite VIP Roxy.

Por lo que respecta a asistir a un espectáculo, hay que saber que hoy día el ambiente no se corresponde con el glamur de antaño. Aun así, quedan talentos en la cartelera, y algunos de los más recientes han sido Lauryn Hill, Rufus Wainwright, Aretha Franklin y Dolly Parton. Y si al escuchar "Rockettes" los neoyorquinos más cínicos miran hacia el cielo con sarcasmo, los fans del oropel y lo *kitsch* se entusiasman con la precisión del cuerpo de danza protagonista del anual **Christmas Spectacular.**

Las entradas para el mismo día están disponibles en la tienda de golosinas junto a la entrada de Sixth Ave, aunque merece la pena pagar los 5,50 US$ extras para reservar en línea, ya que los circuitos se llenan enseguida, sobre todo si llueve.

MUSEUM OF ARTS & DESIGN MUSEO

plano p. 436 (MAD; ☎212-299-7777; www.madmuseum.org; 2 Columbus Circle, entre Eighth Ave y Broadway; adultos/menores 18 años 16 US$/gratis, con donativo 18.00-21.00 ju; ☺10.00-18.00 ma-do, hasta 21.00 ju; ♿; Ⓢ A/C, B/D, 1 hasta 59th St-Columbus Circle) Ofrece cuatro plantas de diseño y artesanía, que comprende desde vidrio soplado y madera tallada hasta joyería de metal labrada. Sus exposiciones temporales son de primera y muy innovadoras; en una de las últimas se exploraba el arte del perfume. El primer domingo de cada mes, artistas profesionales ofrecen visitas guiadas a las galerías para el público familiar, seguidas de talleres interactivos inspirados en las exposiciones visitadas. La tienda del museo vende fantásticas joyas contemporáneas, mientras que el bar-restaurante de la 9ª planta, **Robert** (p. 195), es ideal para tomar un cóctel con vistas panorámicas.

INTREPID SEA, AIR & SPACE MUSEUM MUSEO

plano p. 436 (☎877-957-7447; www.intrepidmuseum.org; embarcadero 86, Twelfth Ave con W 46th St; adultos/niños 33/21 US$, descuento para residentes de NYC; ☺10.00-17.00 lu-vi, hasta 18.00 sa y do abr-oct, 10.00-17.00 lu-do nov-mar; ♿; 🚌 westbound M42, M50 hasta 12th Ave, Ⓢ A/C/E hasta 42nd St-Port Authority Bus Terminal) El USS *Intrepid* sobrevivió a una bomba de la II Guerra Mundial y a ataques de kamikazes. En la actualidad alberga un museo militar interactivo de millones de dólares

que cuenta su historia a través de vídeos, objetos históricos y aposentos congelados en el tiempo. En la cubierta de aterrizaje descansan aviones de combate y helicópteros militares, que animan a los visitantes a probar los simuladores de vuelo de alta tecnología. Las exposiciones temáticas temporales también son parte de la diversión.

Entre ellos está la emoción de pilotar un reactor supersónico en el *G Force Encounter* y los 6 min de sobrecarga sensorial del *Transporter FX*. El museo cuenta, además, con el submarino con lanzamisiles dirigidos *Growler* (no apto para claustrofóbicos), un Concorde desmantelado y, desde verano del 2012, el antiguo transbordador de la NASA *Enterprise*.

MUSEUM AT FIT MUSEO

plano p. 436 (☎212-217-4558; www.fitnyc.edu/museo; 227 W 27th St, en Seventh Ave, Midtown West; ☺12.00-20.00 ma-vi, 10.00-17.00 sa; Ⓢ1 hasta 28th St) GRATIS El Fashion Institute of Technology (FIT) afirma disponer de una de las colecciones más ricas del mundo en prendas, tejidos y accesorios. Su última actualización la cifra en más de 50 000 piezas que van del s. XVIII a la actualidad. El museo de la escuela ofrece exposiciones temporales con algunas de las piezas de la colección y otras que son préstamos de otros museos. También se organizan proyecciones de películas y conferencias, algunas de ellas a cargo de prolíficos diseñadores y críticos de moda.

HERALD SQUARE PLAZA

plano p. 436 (esq. Broadway, Sixth Ave y 34th St; Ⓢ B/D/F/M, N/Q/R hasta 34th St-Herald Sq) Está formada por la convergencia de Broadway, Sixth Ave y 34th St. Debe su fama a los enormes almacenes Macy's (p. 203), que conservan los ascensores originales de madera. En la plaza, integrada en el plan municipal "Times Square sin coches", uno puede (intentar) relajarse en las sillas de jardín que hay frente la tienda, en pleno Broadway atascado por el tráfico. Los restaurantes de Koreatown están solo una manzana al este.

DÓNDE COMER

A pesar de las franquicias mediocres y los restaurantes turísticos (casi todos en la zona de Times Square y el Theater District), la gastronomía de Midtown no pierde comba, pues cuenta con casi 20

🏃 Circuito a pie
Arquitectura emblemática

INICIO ESTACIÓN GRAND CENTRAL
FINAL ROCKEFELLER CENTER
DISTANCIA 3 KM; 3½ H

El paseo empieza en una maravilla *beaux arts*, la ❶**estación Grand Central** (p. 180), admirando el techo astronómico del vestíbulo principal y comprando algún capricho *gourmet* en el Grand Central Market.

Después se sale a Lexington Ave y se camina una manzana al este por 44th St hasta Third Ave para el ❷**edificio Chrysler** (p. 183). Tras seguir por la Tercera Avenida hasta 42nd St, hay que girar a la derecha y entrar en el vestíbulo *art déco* del edificio Chrysler, adornado con incrustaciones de maderas exóticas, mármol y, posiblemente, el mural de techo más grande del mundo.

En la esquina de 42nd St con la Quinta Avenida se halla la solemne ❸**New York Public Library** (p. 187). Es recomendable entrar en la biblioteca a visitar la Rose Reading Room, y después ir a comer en el vecino ❹ **Bryant Park** (p. 189).

En la esquina noroeste de 42nd St y Sixth Ave se alza la ❺**torre del Bank of America** (p. 188), el cuarto edificio más alto de NY y uno de los más ecológicos de la ciudad. Si se sigue hacia el norte por Sixth Ave hasta 47th St, entre la Sexta y la Quinta Avenidas se halla el ❻**Diamond District**, con más de 2600 negocios de joyas.

Se recomienda caminar hacia la Quinta Avenida, contemplando su remolino de comerciantes judíos. Tras girar a la izquierda por esta calle, se puede admirar el esplendor de la ❼**catedral de St Patrick** (p. 189).

La última parada es el ❽**Rockefeller Center** (p. 182), un magnífico conjunto de rascacielos y estructuras *art déco*. El acceso a su plaza principal y a la estatua dorada de Prometeo está entre 49th St y 50th St. Después de rendirle los honores, hay dos opciones: subir al piso 70 del GE Building para disfrutar de una vista inolvidable desde el mirador ❾**Top of the Rock** (p. 187) (para evitar las largas colas hay que reservar la entrada por internet) o, si son más de las 17.00, ir directamente a la coctelería ❿**SixtyFive** (p. 196), donde se podrá brindar explorando el horizonte urbano con la vista.

establecimientos con estrella Michelin. El viajero puede comer un barato *chingudi jhola* (curri especiado de gambas) en el distrito de "Curry Hill" (Lexington Ave, aprox. entre 28th St y 33rd St) o unos venerados *ramen* en W 52nd St. Pero si es más de tomar una hamburguesa con queso en un bar clandestino o unos bocadillos cubanos en un restaurante retro, entonces puede ir a la Novena y Décima avenidas en Hell's Kitchen, una zona en constante evolución y frecuentada por autóctonos, ideal para ver y ser visto, trincar y manducar.

🍴 Midtown East y Quinta Avenida

ESS-A-BAGEL DELICATESEN **$**

plano p. 432 (☎212-980-1010; www.ess-a-bagel.com; 831 Third Ave con 51st St, Midtown East; *bagels* sándwiches 3-4,55 US$; 🕒6.00-21.00 lu-vi, hasta 17.00 sa y do; [S]6 hasta 51st St; E/M hasta Lexington Ave-53rd St) Los sabrosos *bagels* recién hechos de esta tienda *kosher* la han convertido en toda una institución. Solo hay que elegir el *bagel* preferido, examinar el mostrador y escoger con qué rellenarlo. Un clásico es el de queso de untar con cebollino, salmón, alcaparras, tomate y cebolla roja (4,55 US$). Los días soleados se puede ir a 51st St para comerlos en el precioso Greenacre Park. Los fines de semana, las colas son demenciales.

★SMITH AMERICANA **$$**

plano p. 432 (☎212-644-2700; http://thesmithrestaurant.com; 956 Second Ave con 51st St, Midtown East; ppales. 17-32 US$; 🕒7.30-23.00 lu-ju, hasta 1.00 vi, 9.00-1.00 sa, 9.00-23.00 do; 📶; [S]6 hasta 51st St) Esta brasería moderna y animada tiene un interior de estilo industrial chic, bar acogedor y buena comida. Casi toda su oferta se elabora a partir de las materias primas, y la carta de temporada respira nostalgia italoamericana. Para el *brunch* del fin de semana, hay que reservar o prepararse para esperar.

DHABA INDIA **$$**

plano p. 432 (☎212-679-1284; www.dhabanyc.com; 108 Lexington Ave, entre 27th St y 28th St; ppales. 13-24 US$; 🕒12.00-24.00 lu-ju, 12.00-1.00 vi y sa, 12.00-22.30 do; ✎; [S]6 hasta 28th St) En Murray Hill (alias Curry Hill) no falta la comida del subcontinente, pero este original restaurante es algo serio en cuanto a sabor. Destacan platos deliciosos como un crujiente y fuerte *lasoni gobi* (coliflor frita con tomate y especias) y el sabroso *murgh bharta* (pollo picado con berenjena asada).

EL PARADOR CAFE MEXICANA **$$**

plano p. 432 (☎212-679-6812; www.elparadorcafe.com; 325 E 34th St, entre First Ave y Second Ave, Midtown East; almuerzo 10-22 US$, ppales. cena 18-32 US$; 🕒12.00-22.00 lu, hasta 23.00 ma-sa; [S]6 hasta 33rd St) En el pasado, la situación apartada de este resistente mexicano era muy estimada por los maridos mujeriegos. Aunque quizá esta clientela ya no esté, lo que sí conserva es el encanto, desde las lámparas biseladas y los apuestos camareros latinos hasta los buenos productos del sur de la frontera.

HANGAWI COREANA, VEGANA **$$**

plano p. 432 (☎212-213-0077; www.hangawirestaurant.com; 12 E 32nd St, entre Fifth Ave y Madison Ave; ppales. almuerzo 11-30 US$, cena 19-30 US$; 🕒12.00-14.30 y 17.30-22.15 lu-ju, hasta 22.30 vi, 13.00-22.30 sa, 17.00-21.30 do; ✎; [S]B/D/F/M, N/Q/R/W hasta 34th St-Herald Sq) Su atractivo es una cocina coreana muy bien conseguida. Tras descalzarse en la entrada, se accede a un espacio zen de música meditativa, suaves asientos bajos y platos complejos. Impresionan los panqueques esponjosos y el tofu con salsa de jengibre.

★O-YA SUSHI **$$$**

plano p. 432 (☎212-204-0200; https://o-ya.restaurant/o-ya-nyc; 120 E 28th St; nigiri 16-38 US$; 🕒11.00-22.00 lu-sa; [S]4/6 hasta 28th St) Con los *nigiris* más baratos a unos 20 US$ el par, no es un lugar para ir a diario. Pero si el

KOREATOWN (KOREA WAY)

Centrado en W 32nd St entre la Quinta Avenida y el cruce de Sixth Ave y Broadway, este batiburrillo a la oriental de restaurantes, tiendas, salones de belleza y *spas* coreanos sacia cualquier antojo de *kimchi*. Hay una gran densidad de negocios, a menudo situados en un segundo piso, y algunos se han trasladado al este de la Quinta Avenida y a las calles 31st y 33rd. Abundan los bares y karaokes y la manzana está animada hasta bien entrada la noche.

viajero busca algo para una noche especial y piensa en el *sushi*, disfrutará de exquisitos sabores, un pescado tan tierno que se deshace en la boca y preparaciones tan ingeniosas que uno casi les pediría perdón por hincarles el diente.

CANNIBAL BEER
& BUTCHER
AMERICANA $$$

plano p. 432 (☏212-686-5480; www.cannibalnyc. com; 113 E 29th St, entre Park Ave S y Lexington Ave, Midtown East; platillos 11-18 US$, ppales. 42-150 US$; ⏱11.00-23.30; Ⓢ6 hasta 28th St) Un sueño para los carnívoros es este local moderno, restaurante, bar y carnicería que sirve más de 200 cervezas artesanales distintas para acompañar una estupenda carta de temporada de platos de carne para compartir. Se puede disfrutar de charcutería y salchichas caseras (14 US$), o de patés creativos (como hígado de pollo a la cerveza, mermelada de chalotas y granos de cacao), todo ello templado con buenos acompañamientos, como ensalada de col rizada ahumada con nueces o queso tierno armenio con beicon.

GRAND CENTRAL OYSTER
BAR & RESTAURANT
PESCADO Y MARISCO $$$

plano p. 432 (☏212-490-6650; www.oysterbarny. com; Grand Central Terminal, 42nd St, en Park Ave; ppales. 15-39 US$; ⏱11.30-21.30 lu-sa; Ⓢ S, 4/5/6, 7 hasta Grand Central-42nd St) Animado bar restaurante de la estación, con mucho carisma y un techo abovedado de azulejos obra del ingeniero valenciano Rafael Guastavino. Aunque la extensa carta incluye casi de todo, desde sopa de almejas hasta carne de cangrejo salteada, lo mejor son las dos docenas de variedades de ostras que ofrece. ¡A disfrutarlas!

✖ Midtown West
y Times Square

★TOTTO RAMEN
JAPONESA $

plano p. 436 (☏212-582-0052; www.tottoramen. com; 366 W 52nd St, entre Eighth Ave y Ninth Ave; ramen 11-18 US$; ⏱12.00-16.30 y 17.30-24.00 lu-sa, 16.00-23.00 do; Ⓢ C/E hasta 50th St) Tiene dos sucursales en Midtown, pero los puristas saben bien que nada supera al original, de 20 plazas. Para comer, hay que anotar el nombre y el total de comensales en la pizarra y esperar turno. La recompensa son unos *ramen* extraordinarios. Se aconseja pedir cerdo, que protagoniza platos como el *miso ramen*.

BURGER JOINT
HAMBURGUESERÍA $

plano p. 436 (☏212-708-7414; www.burgerjointny. com; Le Parker Meridien, 119 W 56th St, entre Sixth Ave y Seventh Ave; hamburguesas 9-16 US$; ⏱11.00-23.30 do-ju, hasta 24.00 vi y sa; Ⓢ F hasta 57th St) Con solo un pequeño neón en forma de hamburguesa como anuncio, esta hamburguesería se esconde tras una cortina del vestíbulo del hotel Le Parker Meridien. Aunque ya no es tan moderno o secreto como antes, sigue teniendo paredes decoradas con grafitis y reservados retro.

FUKU+
ASADOR $

plano p. 436 (☏212-757-5878; http://fukuplus. momofuku.com; 15 W 56th St; ppales. 8-16 US$; ⏱11.00-15.00 y 17.00-22.00 lu-mi, hasta 23.00 juvi, 12.00-21.00 sa y do; Ⓢ E o F hasta 57th St, N/Q/R hasta Fifth Ave-59th St) Con un ambiente de bar tokiota para ejecutivos que comen de pie, el Fuku+ destaca por su pollo y su cerdo deshilachado, hechos a la perfección. La carta evoluciona constantemente. Es ideal para los ahorradores que quieren comer muy bien. También hay un bar bien surtido. Está dentro del **hotel Chambers** (plano p. 432; ☏212-974-5656; www.chambershotel.com; h desde 457 US$; ❋🐾📶🏊).

BENGAL TIGER
INDIA $

plano p. 436 (☏212-266-2703; www.bengaltigerin dianfood.com; 58 W 56th St, entre Fifth Ave y Sixth Ave; almuerzo desde 10 US$, ppales. cena 14-17 US$; ⏱11.30-15.00, 17.00-22.00 lu-vi, hasta 22.30 sa y do; Ⓢ F hasta 57th St) Aunque carece de la pompa y el boato de otros restaurantes indios de Nueva York, la comida en el "tigre de Bengala" no necesita de bombo y platillo para emocionar. El menú del almuerzo (dos opciones de carne o verdura, pan *naan* y arroz) es asequible y bien equilibrado, y las mismas delicias se sirven en la cena o para llevar.

LARB UBOL
TAILANDESA $

plano p. 436 (☏212-564-1822; www.larbubol.com; 480 Ninth Ave con 37th St, Midtown West; platos 11-24 US$; ⏱11.30-22.00 do-ju, hasta 23.00 vi y sa; Ⓢ A/C/E hasta 34th St-Penn Station) Los pequeños parasoles de tonos pastel son una de las pocas concesiones al diseño de este local tan sencillo, pues aquí se viene a disfrutar de los deliciosos sabores frescos del noreste de Tailandia, como su rica *larb* (ensalada picante de carne picada) o *pla dook pad ped* (panga salteada con berenjenas tailandesas, pimienta en grano, albahaca, jengibre y curri).

MARGON CUBANA $

plano p. 436 (☎212-354-5013; 136 W 46th St, entre Sixth Ave y Seventh Ave; sándwiches 11-12 US$, ppales. desde 11 US$; ⌚6.00-17.00 lu-vi, desde 7.00 sa; [S]B/D/F/M hasta 47th-50th Sts-Rockefeller Center) Permanece en el año 1973, con una barra atestada donde la formica naranja no llegó a pasar de moda. La mejor apuesta es el legendario bocadillo cubano: cerdo asado, salami, queso, pepinillos, mojo y mayonesa.

FIKA CAFÉ $

plano p. 436 (☎646-490-7650; www.fikanyc.com; 824 Tenth Ave, entre W 54th St y 55th St; almuerzo desde 9 US$, café desde 3 US$; ⌚7.00-19.00 lu-vi, 9.00-19.00 sa y do; [S]A/C, B/D, 1 hasta 59th St-Columbus Circle) Hay muchas cadenas de cafeterías en Nueva York, pero pocas igualan la calidad de FIKA. Quienes busquen un poco de espacio en el apretado Manhattan hallarán consuelo en este local amplio y espacioso.

WHOLE FOODS SUPERMERCADO $

plano p. 436 (☎212-823-9600; www.wholefoodsmarket.com; Time Warner Center, 10 Columbus Circle; ⌚7.00-23.00; [S]A/C, B/D, 1 hasta 59th St-Columbus Circle) Ideal para aprovisionarse de pan recién horneado, quesos, *sushi*, pollo asado o productos de los generosos bufés para luego cruzar la calle y disfrutar de un pícnic en el parque.

SOUVLAKI GR GRIEGA $

plano p. 436 (☎212-974-7482; www.souvlakigr.com; 162 W 56th St, entre Sixth Ave y Seventh Ave; *souvlaki* 6-9 US$, principales 12-22 US$; ⌚11.00-23.00 do-ju, hasta 24.00 vi y sa; [S]N/Q/R/W hasta 57th St-7th Ave) En este restaurante griego de Midtown uno sale de Manhattan y entra en el Mediterráneo para disfrutar de una experiencia gastronómica de inmersión. El interior está decorado en azul y blanco, con suelos de piedra y detalles de enredaderas. Sirve unos impecables *souvlaki* y otras especialidades griegas.

DANJI COREANA $$

plano p. 436 (☎212-586-2880; www.danjinyc.com; 346 W 52nd St, entre Eighth Ave y Ninth Ave, Midtown West; platos 13-36 US$; ⌚12.00-14.30 y 17.00-24.00 lu-ju, 12.00-14.30 y 17.00-1.00 vi y sa, 17.00-23.00 do; [S]C/E hasta 50th St) El joven chef Hooni Kim deleita con sus creaciones coreanas, servidas en un acogedor y elegante espacio blanco. La carta del almuerzo es más sencilla, mientras que la de la cena, más extensa, ofrece raciones pequeñas, medianas y grandes. Por suerte, ambas cartas cuentan con la carne de ternera *bulgogi* del Danji, que goza de estatus de culto. Hay que ir pronto para no hacer cola.

DON ANTONIO PIZZERÍA $$

plano p. 436 (☎646-719-1043; www.donantoniopizza.com; 309 W 50th St, entre Eighth Ave y Ninth Ave, Midtown West; *pizzas* 10-26 US$; ⌚11.30-15.00 y 16.30-23.00 lu-ju, 11.30-23.00 vi-sa, 11.30-22.30 do; [S]C/E, 1 hasta 50th St) Excelente para comer *pizza* napolitana, este animado local es pariente de la histórica pizzería Starita de Nápoles. Si bien las concesiones neoyorquinas incluyen un bar de cócteles, las *pizzas* son de lo más napolitano: esponjosas, de masa fina, bordes chamuscados y buen *sugo* (salsa de tomate). Todas ellas se elaboran también con masa integral y hay un gran número de *pizzas* sin gluten.

★**LE BERNARDIN** PESCADO Y MARISCO $$$

plano p. 436 (☎212-554-1515; www.le-bernardin.com; 155 W 51st St, entre Sixth Ave y Seventh Ave; menú almuerzo/cena 88/157 US$, menú degustación 185-225 US$; ⌚12.00-14.30 y 17.15-22.30 lu-ju, hasta 23.00 vi, 17.15-23.00 sa; [S]1 hasta 50th St; B/D, E hasta 7th Ave) Tiene un interior un poco subido de tono (el imponente tríptico de la tormenta es del artista de Brooklyn Ran Ortner), pero, con tres estrellas Michelin, se mantiene como un santo grial de la buena comida y el lujo. Al mando se halla el chef estrella de origen francés Éric Ripert. La vida es corta y solo se vive (bueno, come) una vez.

★**VICEVERSA** ITALIANA $$$

plano p. 436 (☎212-399-9291; www.viceversanyc.com; 325 W 51st St, entre Eighth Ave y Ninth Ave; almuerzo 3 platos 29 US$, ppales. cena 24-33 US$; ⌚12.00-14.30 y 17.00-23.00 lu-vi, 16.30-23.00 sa, 11.30-15.00 y 17.00-22.00 do; [S]C/E hasta 50th St) Es un típico italiano: agradable, sofisticado, amable y delicioso. Un clásico famoso es su *casoncelli alla bergamasca* (pasta fresca rellena de ternera picada, pasas y *amaretti*, con salsa de mantequilla, salvia, panceta y grana padano), un guiño al origen lombardo del cocinero, Stefano Terzi.

★**MODERN** FRANCESA $$$

plano p. 436 (☎212-333-1220; www.themodernnyc.com; 9 W 53rd St, entre Fifth Ave y Sixth Ave; 3-/6-platos almuerzo 138/178 US$, 4-/8-platos cena 168/228 US$; ⌚restaurante 12.00-14.00 y 17.00-22.30 lu-sa, bar 11.30-22.30 lu-sa, hasta 21.30 do; [S]E, M hasta 5th Ave-53rd St) Con dos rutilantes estrellas (Michelin) este restaurante elabora creaciones de confianza como la tarta de fuagrás. Los fans de *Sexo en Nueva York* pueden reconocerlo como el sitio donde Carrie anunció su matrimonio con Mr. Big. (Si el visitante tiene salario de escritor, puede optar por la comida más económica que sirven en el Bar Room anejo.) Los cócteles son tan ricos como las comidas.

NOMAD · AMERICANA MODERNA $$$

plano p. 436 (📞212-796-1500; www.thenomadhotel.com; NoMad Hotel, 1170 Broadway, en 28th St; ppales. 29-42 US$; ⏱12.00-14.00 y 17.30-22.30 lu-ju, hasta 23.00 vi, 11.00-14.30 y 17.30-23.00 sa, 11.00-14.30 y 17.30-22.00 do; 🚇N/R, 6 hasta 28th St; F/M hasta 23rd St) En el hotel del mismo nombre y regentado por los perfeccionistas restauradores del Eleven Madison Park (con estrellas Michelin, p. 165), el NoMad se ha convertido en una de las joyas culinarias de Manhattan. Formado por una serie de espacios diferenciados, sirve verdaderas exquisiteces.

TABOON · MEDITERRÁNEA $$$

plano p. 436 (📞212-713-0271; www.taboononline.com; 773 Tenth Ave, en 52nd St, Midtown West; platos *mezze* 18-36 US$, ppales. 26-39 US$; ⏱17.00-23.00 lu-vi, hasta 23.30 sa, 11.00-15.30 y 17.00-22.00 do; 🚇C/E hasta 50th St) El nombre significa "horno de piedra" en árabe, y eso es lo primero que se ve tras las cortinas de este local de moda, acogedor e informal. Es ideal para codearse con los urbanitas que van al teatro y los chicos musculosos de Hell's Kitchen, y disfrutar de platos de inspiración mediterránea. Conviene reservar, y también probar el pan recién horneado.

🍷 DÓNDE BEBER Y VIDA NOCTURNA

🍸 Midtown East y Quinta Avenida

⭐ THE CAMPBELL · COCTELERÍA

plano p. 432 (📞212-297-1781; www.thecampbellnyc.com; Grand Central Terminal; ⏱12.00-2.00) Lo único que falta en el superelegante Campbell es altura, pues no se divisa la gran panorámica que ofrecen algunos bares de NY. Pero en cambio, se puede tomar un extraordinario cóctel debajo de un asombroso techo pintado a mano y restaurado, al igual que el salón, con toques que hacen pensar que Rockefeller o Carnegie vendrán a sentarse en la mesa.

WAYLON · BAR

plano p. 436 (📞212-265-0010; www.thewaylon.com; 736 Tenth Ave, en W 50th St; ⏱16.00-4.00 do-ju, 12.00-4.00 vi y sa; 🚇C/E hasta 50th St) Que el viajero se calce las espuelas para ir de fiesta a este bar de Hell's Kitchen con aspecto de *saloon*, donde la gramola hace bailar a la buena gente al ritmo del corazón roto de Tim McGraw, los camareros sirven *whiskies* americanos y tequila, y la comida incluye *frito pie* tejano y bocadillos de cerdo desmigado. Los jueves de 20.00 a 23.00 hay *country-and-western* en directo (horarios en la web).

LITTLE COLLINS · CAFÉ

plano p. 432 (📞212-308-1969; http://littlecollinsnyc.com; 667 Lexington Ave, entre 55th St y 56th St, Midtown East; ⏱7.00-17.00 lu-vi, 8.00-16.00 sa y do; 🚇E, M hasta 53rd St; 4/5/6 hasta 59th St) El australiano Leon Unglik es el copropietario de este café, que pretende emular a los famosos cafés de su Melbourne natal: espacios agradables en los que se sirve un café extraordinario y buena comida. Cuenta con el primer Modbar de NY, con sus cafeteras de alta tecnología situadas bajo la barra, como si fueran grifos de cerveza. No hay que perderse el "Smash" de aguacate (8,95 US$).

ROBERT · COCTELERÍA

plano p. 436 (📞212-299-7730; www.robertnyc.com; Museum of Arts y Design, 2 Columbus Circle, entre Eighth Ave y Broadway; ⏱11.30-22.00 lu-vi, desde 10.30 sa y do; 🚇A/C, B/D, 1 hasta 59th St-Columbus Circle) En la 9ª planta del Museum of Arts & Design (p. 190), este bar inspirado en los años sesenta es en teoría un restaurante de alta cocina moderna americana. Aunque la comida está bien, es un gran plan acudir a última hora de la tarde o después de cenar, buscar un sofá y dedicarse a contemplar Central Park con un cóctel MAD Manhattan. Hay sesiones de *jazz* en directo (véase la web).

STUMPTOWN COFFEE ROASTERS · CAFÉ

plano p. 432 (📞855-711-3385; www.stumptowncoffee.com; 18 W 29th St, entre Broadway y Fifth Ave; ⏱6.00-20.00 lu-vi, desde 7.00 sa y do; 🚇N/R hasta 28th St) Aunque el ambiente sea más propio de Williamsburg, con baristas *hipsters* que beben un café tremendo con

MIDTOWN DÓNDE BEBER Y VIDA NOCTURNA

HELL'S KITCHEN

Durante años, el extremo oeste de Midtown fue una zona obrera, un revoltijo de edificios de viviendas y almacenes de alimentos conocido como Hell's Kitchen; mote que, según cuentan, le puso un agente de policía en 1881 tras unos disturbios en el barrio. El *boom* económico de la década de 1990 cambió la zona, que hoy es conocida por sus numerosos restaurantes (sobre todo en Ninth y Tenth Ave, entre 37th y 55th St) y sus concurridos bares y clubes gais. El barrio, también conocido como Clinton o Midtown West, está experimentando un rápido crecimiento y gentrificación, y los edificios rehabilitados con pisos de lujo aparecen con tanta rapidez como los restaurantes tailandeses baratos en la Novena Avenida. Justo al sur se encuentra el gran proyecto de Hudson Yards y el Jacob K Javits Convention Center.

sombreros Fedora, es la sede en Manhattan de la tostadora de café más aclamada de Portland. La cola supone un pequeño sacrificio a cambio de tomar un expreso como Dios manda. No hay asientos, pero se puede probar suerte en el vestíbulo (p. 328) del vecino Ace Hotel.

MIDDLE BRANCH COCTELERÍA

plano p. 432 (☎212-213-1350; 154 E 33rd St, entre Lexington Ave y Third Ave, Midtown East; ⏲17.00-2.00; [S]6 hasta 33rd St) Idea del dios del cóctel, Sasha Petraske, las dos plantas son una mejora muy necesaria en oferta de bares de Murray Hill, donde casi solo se vende cerveza y margaritas. Los guapos camareros preparan algunas de las mejores bebidas de Midtown, desde clásicos infalibles a juguetonas reinterpretaciones, como el Fade Into You (14 US$).

TOP OF THE STRAND COCTELERÍA

plano p. 432 (☎646-368-6426; www.topofthestrand.com; Marriott Vacation Club Pulse, 33 W 37th St, entre Fifth Ave y Sixth Ave, Midtown East; ⏲17.00-24.00 lu y do, hasta 1.00 ma-sa; [S]B/D/F/M, N/Q/R hasta 34th St) Al subir al bar de la azotea del Marriott Vacation Club Pulse (antes Strand Hotel), pedir un martini (extraseco) y quedarse boquiabierto (con discreción), el viajero se dirá "¡Madre mía, si estoy en Nueva York!". El local tiene asientos cómodos, una clientela de edades variadas, un techo de cristal móvil e inolvidables vistas al Empire State.

Midtown West y Times Square

★BAR SIXTYFIVE COCTELERÍA

plano p. 432 (☎212-632-5000; www.rainbowroom.com/bar-sixty-five; 30 Rockefeller Plaza, entrada en W 49th St; ⏲17.00-24.00 lu-vi, 16.00-21.00 do; [S]B/D/F/M hasta 47th-50th Sts-Rockefeller Center) Nadie debe perderse este local tan sofisticado de la 65ª planta del edificio GE, en el Rockefeller Center (p. 182). Hay que vestir bien (nada de prendas deportivas ni clientes menores de 21 años) y llegar hacia las 17.00 para conseguir una mesa con vistas de millonario. Si no hay suerte con la mesa, es buena idea salir al exterior y contemplar las vistas de Nueva York.

RUM HOUSE COCTELERÍA

plano p. 436 (☎646-490-6924; www.therumhousenyc.com; 228 W 47th St, entre Broadway y Eighth Ave; ⏲12.00-4.00; [S]N/R/W hasta 49th St) Este elegante pedazo del antiguo Nueva York es célebre por sus rones y *whiskies*. Se pueden tomar solos o mezclados en cócteles impecables como "The Escape", una piña colada fuerte para adultos. A la magia del local se le suma la música en directo cada noche, desde conciertos de piano hasta tríos de *jazz* y divas sentimentales. Los camareros son muy cuidadosos con su oficio y no se precipitan.

LANTERN'S KEEP COCTELERÍA

plano p. 436 (☎212-453-4287; www.iroquoisny.com; Iroquois Hotel, 49 W 44th St, entre Fifth Ave y Sixth Ave; ⏲17.00-23.00 lu, hasta 24.00 ma-vi, 19.00-1.00 sa; [S]B/D/F/M hasta 42nd St-Bryant Park) Hay que cruzar el vestíbulo del **Iroquois Hotel** (plano p. 436; ☎212-840-3080; h 608 US$; ❄📶) para adentrarse en este salón de cócteles recogido y oscuro. Está especializado en bebidas clásicas preparadas por apasionados y amables expertos. Conviene reservar.

BAR CENTRALE BAR

plano p. 436 (☎212-581-3130; www.barcentralenyc.com; 324 W 46th St, entre Eighth Ave y Ninth Ave, Midtown West; ⏲17.00-24.00; [S]A/C/E hasta 42nd St-Port Authority) Situado en una casa de arenisca, este bar sin rótulo es uno de los favoritos de las estrellas de Broadway, que suelen visitarlo tras las funciones para relajarse a ritmo de *jazz*. Es un lugar recogido en el que solo se puede estar sentado; conviene telefonear antes (se aceptan reservas hasta con una semana de antelación). Cuesta un poco dar con él: hay que subir las escaleras a la izquierda de Joe Allen's.

JIMMY'S CORNER   BAR

plano p. 436 (☎212-221-9510; 140 W 44th St, entre Sixth Ave y Seventh Ave; ☺11.30-2.30 lu-ju, hasta 4.00 vi, 12.30-4.00 sa, 15.00-2.30 do; ⓈN/Q/R/W, 1/2/3, 7 hasta 42nd St-Times Sq; B/D/F/M hasta 42nd St-Bryant Park) Local acogedor, regentado por un antiguo entrenador de boxeo, lo que se adivina por las fotos de leyendas –y algún desconocido– de ese deporte. La gramola, que incluye desde sonidos de Stax hasta Miles Davis, está a un volumen compatible con las charlas. El local, largo y estrecho, casi cabría en un vagón de tren.

RUDY'S BAR & GRILL   BAR

plano p. 436 (☎646-707-0890; www.rudysbarnyc. com; 627 Ninth Ave con 44th St, Midtown West; ☺8.00-4.00 lu-sa, 12.00-4.00 do; ⓈA/C/E hasta 42nd St-Port Authority Bus Terminal) Un cerdo grande, con chaqueta roja y sin pantalones, marca el acceso al mejor local de reunión de Hell's Kitchen, con jarras baratas de las dos cervezas de la casa, reservados semicirculares con cinta americana roja y perritos calientes gratis. Se podrá flirtear o ver un partido de los Knicks sin voz, con *rock* clásico de fondo.

FLAMING SADDLES   GAY

plano p. 436 (☎212-713-0481; www.flamingsaddles.com/nyc; 793 Ninth Ave, entre 52nd St y 53rd St, Midtown West; ☺15.00-4.00 lu-vi, 12.00-4.00 sa y do; ⓈC/E hasta 50th St) Se trata de un bar *country* gay en Midtown: un local en Hell's Kitchen que mezcla *Coyote Ugly* y *Calamity Jane*, y donde no faltan camareros viriles con vaqueros ceñidos bailando sobre la barra, aspirantes a *cowboys* de ciudad y un ambiente rudo. También sirven comida de bar tipo *tex-mex*.

INDUSTRY   GAY

plano p. 436 (☎646-476-2747; www.industry-bar. com; 355 W 52nd St, entre Eighth Ave y Ninth Ave; ☺17.00-4.00; ⓈC/E, 1 hasta 50th St) Pasó de ser un aparcamiento a convertirse en uno de los locales gais más punteros de Hell's Kitchen: 370 m² impecables de salones atractivos, una mesa de billar y un escenario para *drags* de primera. Dan dos bebidas por una de 16.00 a 21.00; más tarde es cuando llega la gente guapa fiestera. Solo admiten efectivo.

THERAPY   GAY

plano p. 436 (☎212-397-1700; www.therapy-nyc. com; 348 W 52nd St, entre Eighth Ave y Ninth Ave, Midtown West; ☺17.00-2.00 do-ju, hasta 4.00 vi y sa; ⓈC/E, 1 hasta 50th St) Este local de varios niveles fue el primer club gay que atrajo al gentío en Hell's Kitchen y cuenta con una clientela fiel a sus espectáculos nocturnos (de música a entrevistas con estrellas de Broadway) y a su aceptable cocina servida de domingo a viernes.

BARRAGE   GAY

plano p. 436 (☎212-586-9390; 401 W 47th St, Hell's Kitchen; ☺17.00-2.00 do-ju, hasta 4.00 vi y sa; ⓈC/E hasta 50th St) Los bares gais del barrio Hell's Kitchen de Manhattan tienen fama de ser grandes, divertidos y ruidosos. Aunque este es ameno, es más tranquilo que sus vecinos. Tiene una iluminación tenue y agradable, cómodos sillones y sorpresas inesperadas como los tentempiés. Las bebidas son asequibles y potentes.

☆ OCIO

En Midtown, el centro neurálgico del ocio en la ciudad, las manos quedan en carne viva de tanto aplaudir. Sea lo que sea que uno ansíe, este barrio lo tiene: musicales multimillonarios y teatro galardonado, estadios de *rock* y deportes, grandes nombres del *jazz* y el *blues*, música de cámara de primer nivel, películas, conferencias y más. Mucho más.

☆ Midtown East y Quinta Avenida

★ UPRIGHT CITIZENS BRIGADE THEATRE   HUMOR

plano p. 436 (UCB; ☎212-366-9176; www.ucbtheatre.com; 555 W 42nd St, entre Tenth Ave y Eleventh Ave, Hell's Kitchen; gratis-10 US$; ☺19.00-24.00; ⓈA/C/E hasta 42nd St-Port Authority) Los espectáculos de humor e improvisación imperan en la nueva ubicación de este legendario teatro, que recibe visitas de los directores de *casting* y a menudo pre-

ℹ️ GANGAS DE BROADWAY

A menos que se reserven con varios meses de antelación, las entradas de los grandes musicales de Broadway son prohibitivamente caras. La agencia de descuentos TKTS (www.tdf.org/nyc/7/TKTS) tiene grandes ofertas diarias, aunque raras veces para los musicales con más demanda. Para estos, lo mejor es intentar comprar entradas de última hora con descuento en las taquillas del propio teatro.

Muchos de los espectáculos de mayor éxito, como *Hamilton*, *Kinky Boots* y *Book of Mormon*, organizan sorteos de entradas, normalmente a través de su web y a veces en el mismo teatro. Quien gana, consigue entrada a precio de ganga. Lo malo es que su número es limitado y la demanda es enorme.

Otros espectáculos ofrecen una cantidad reducida de entradas de última hora, disponibles cada mañana al abrir las taquillas. A primera hora de la mañana se forman largas colas.

Varios musicales también venden entradas *Standing Room Only* (SRO) para ver la función de pie en espacios numerados, con la amplitud de un asiento estándar, por lo general detrás de la orquesta. Suelen costar entre 27 US$ y 40 US$, pero son difíciles de obtener, ya que solo están disponibles cuando una musical agota las entradas. Aunque no se puede saber si un espectáculo cubrirá el aforo al cien por cien, hay algunos que suelen colgar el cartel de completo a menudo, como *Hamilton*, *Book of Mormon* o *Kinky Boots*. Estas políticas van variando, por lo que antes de ir al teatro conviene consultar su web.

senta figuras conocidas de la televisión. La entrada es barata, al igual que la cerveza y el vino. Todas las noches a partir de las 19.30, aprox., hay funciones de calidad, aunque la "Asssscat Improv" del domingo por la noche siempre es muy divertida.

Es gratis los domingos desde las 21.30 y los lunes desde las 23.00, cuando actúan humoristas que prometen. También tiene un local llamado Upright Citizens Brigade en el East Village y ofrece unas populares clases de humor e improvisación (véase la web).

JAZZ STANDARD JAZZ
plano p. 432 (☎212-576-2232; www.jazzstandard.com; 116 E 27th St, entre Lexington Ave y Park Ave; entrada con copa 25-40 US$; Ⓢ6 hasta 28th St) En este sofisticado club han tocado astros del *jazz* como Ravi Coltrane, Roy Haynes y Ron Carter. El servicio es impecable y la comida excelente. No hay consumición mínima y la programación corre a cargo del experto Seth Abramson. El sábado de 11.30 a 14.30 sirve un solicitado *jazz brunch* (35 US$).

☆ Midtown West y Times Square

★**RICHARD RODGERS THEATRE** TEATRO
plano p. 436 (Hamilton; ☎entradas 877-250-2929; www.hamiltonmusical.com; 226 W 46th St, entre Seventh Ave y Eighth Ave; ⓈN/R/W hasta 49th St)

Este teatro inaugurado en 1926 es único por varios motivos: fue el primero en permitir que todos los espectadores entrasen por la misma puerta (antes había accesos separados para los que pagaban las entradas más modestas, llamados *riff*-raff o "chusma"). También tiene el honor de ser la sala que ha obtenido un mayor número de premios Tony a la Mejor Obra teatral y al Mejor Musical.

El gran éxito actual de Broadway, el aclamado musical de Lin-Manuel Miranda *Hamilton*, cuenta la historia del primer secretario del Tesoro de EE UU a ritmo de *hip*-hop. Inspirado en la biografía de Alexander Hamilton escrita por Ron Chernow, el espectáculo ha obtenido numerosos premios, entre los que figuran 11 Tonys (incluido el de Mejor Musical), un Grammy por su triple álbum de platino y el Pulitzer de Teatro. Conviene reservar las entradas con al menos seis meses de antelación. Otra posibilidad es probar suerte en la lotería de entradas por internet: los ganadores pueden comprar una o dos localidades de primera fila por 10 US$. Una ganga de las gordas.

★**EUGENE O'NEILL THEATRE** TEATRO
plano p. 436 (Book of Mormon; ☎entradas 212-239-6200; www.bookofmormonbroadway.com; 230 W 49th St, entre Broadway y Eighth Ave; ⓈN/R/W hasta 49th St, 1 hasta 50th St, C/E hasta 50th St) Los espectáculos de este teatro abarcan

desde musicales familiares como *Annie* hasta obras escandalosas como *The Best Little Whorehouse in Texas*. Su historial de propiedad es también accidentado, pues a lo largo de su casi centenaria vida ha sido comprado y vendido numerosas veces. En su origen fue el Forrest Theatre, luego el Coronet Theatre y en 1959 fue bautizado con su nombre actual. El dramaturgo Neil Simon lo poseyó antes de venderlo en 1982 a sus actuales dueños.

Sátira musical mordaz, subversiva, obscena e hilarante, *The Book of Mormon*, de los creadores de *South Park*, Trey Parker y Matt Stone, y del compositor de *Avenue Q*, Robert Lopez, ha ganado nueve premios Tony y narra la historia de dos cándidos mormones en una misión para 'salvar' una aldea de Uganda. Conviene reservar las entradas con al menos tres meses de antelación para optar a los mejores precios y asientos, o pagar más si se compran más tarde. Otra opción es ir al teatro 2½ h antes de la función para participar en el sorteo. Los ganadores –anunciados 2 h antes de la función– entran por tan solo 32 US$ y después se vende una cantidad limitada de entradas de pie por 27 US$ (según disponibilidad).

★**AL HIRSCHFELD THEATRE**   TEATRO

plano p. 436 (☑entradas 877-250-2929; www.kinkybootsthemusical.com; 302 W 45th St, entre Eighth Ave y Ninth Ave; ◷taquilla 10.00-20.00 lu-sa, 12.00-18.00 do; ⓢA/C/E hasta 42nd St-Port Authority Bus Terminal) El Martin Beck Theatre cambió de nombre en el 2003 cuando la familia Beck vendió el espectacular edificio. Tras su aclamada inauguración en 1924, ofreció algunos de los espectáculos más adorados de Broadway durante décadas, como *Los piratas de Penzance, Romeo y Julieta, Las brujas de Salem, Guys and Dolls, Hair* y muchos más. Grande y opulento, el teatro tiene una capacidad para más de 1400 espectadores y 200 camerinos para los actores detrás del escenario.

Si se reserva en el último minuto, es buena idea asistir entre semana o a la función matinal, pues las entradas son más baratas. Si uno se siente afortunado, puede probar suerte con el sorteo diario de la web, que ofrece entradas para el mismo día por 40 US$. Los ganadores reciben el aviso por correo electrónico 3 h antes del espectáculo. Puede que, además, se ponga a la venta una cantidad limitada de entradas de pie (30 US$; sujeto a disponibilidad, normalmente solo para espectáculos con las entradas agotadas).

La producción actual, *Kinky Boots,* adaptación de un filme independiente británico del 2005, ha sido un éxito rotundo de Harvey Fierstein y Cyndi Lauper. Cuenta la historia de una fábrica de zapatos condenada a la ruina y de su salvadora, Lola, una *drag queen* con mano para los negocios. Sus sólidos personajes y su electrizante energía han sido avalados por la crítica: en el 2013 ganó seis premios Tony, incluido el de Mejor Musical.

★**CARNEGIE HALL**   MÚSICA EN DIRECTO

plano p. 436 (☎212-247-7800; www.carnegiehall.org; 881 Seventh Ave con W 57th St; ◷circuitos 11.30, 12.30, 14.00 y 15.00 lu-vi, 11.30 y 12.30 sa oct-jun; ⓢN/R/W hasta 57th St-7th Ave) Hay pocas salas tan famosas como el Carnegie Hall. Es un *music hall* legendario, quizá no el más grande del mundo, quizá no el más grandioso, pero sí una de las salas con mejor acústica. Grandes de la ópera, del *jazz* y del folk han actuado en el Isaac Stern Auditorium; el popular Zankel Hall se centra en el *jazz*, el pop, la música clásica y las músicas del mundo. En el íntimo Weill Recital Hall se programa música de cámara, actuaciones de debutantes y debates de expertos.

De octubre a junio, se organizan visitas guiadas de 1 h (adultos/niños 17/12 US$) por el edificio, que cuentan la fabulosa historia de la sala (están sujetos a los horarios de los ensayos y las actuaciones, conviene consultar la web antes de visitarlo).

★**JAZZ AT LINCOLN CENTER**   JAZZ

plano p. 436 (☑entradas a Dizzy's Club Coca-Cola 212-258-9595, entradas a Rose Theater y Appel Room 212-721-6500; www.jazz.org; Time Warner Center, 10 Columbus Circle, Broadway en W 59th St; ⓢA/C, B/D, 1 hasta 59th St-Columbus Circle) En lo alto del Time Warner Center, consta de tres modernos auditorios: el mediano **Rose Theater;** el panorámico y acristalado **Appel Room;** y el recogido y carismático **Dizzy's Club Coca-Cola,** que es el que suele visitarse, dados sus espectáculos nocturnos. El talento suele ser excepcional, como las magníficas vistas al Central Park.

SHUBERT THEATRE   TEATRO

plano p. 436 (☑entradas 212-239-6200; http://shubert.nyc; 225 W 44th St, entre Seventh Ave y Eighth Ave, Midtown West; ◷taquilla 10.00-20.30 lu-sa, 12.00-18.00 do; ♿; ⓢN/Q/R, S, 1/2/3, 7 hasta Times Sq-42nd St; A/C/E hasta 42nd St-Port Authority Bus Terminal) Venerable teatro, más conocido por haber logrado el premio al espectáculo más tiempo en cartel en Broadway, para *A Chorus Line*, que fue interpretado 6137 veces antes de ceder el turno a otros como *Crazy for You* y el entrañable *Spamalot*. Como muchos teatros de Broadway, posee la designación de edificio emblemático de Nueva York. Sus murales e interiores fueron restaurados en 1996.

PLAYWRIGHTS HORIZONS TEATRO

plano p. 436 (☎212-564-1235; www.playwrightshorizons.org; 416 W 42nd St, entre Ninth Ave y Tenth Ave, Midtown West; [S]A/C/E hasta 42nd St-Port Authority Bus Terminal) Es excelente para conocer el que podría ser el próximo mejor espectáculo, todo un teatro de autor veterano, dedicado a fomentar obras estadounidenses contemporáneas. Entre sus producciones más destacadas figuran *Lobby Hero* de Kenneth Lonergan, *Clybourne Park* de Bruce Norris (ganadora de un Tony) y *I Am My Own Wife* y *Grey Gardens* de Doug Wright.

SIGNATURE THEATRE TEATRO

plano p. 436 (☎entradas 212-244-7529; www.signaturetheatre.org; 480 W 42nd St, entre Ninth Ave y Tenth Ave, Midtown West; [S]A/C/E hasta 42nd St-Port Authority Bus Terminal) Luce de maravilla gracias al diseño de Frank Gehry y tiene tres teatros, una librería y un café. Programa obras de sus dramaturgos residentes pasados y presentes; a día de hoy, la lista incluye a Tony Kushner, Edward Albee, Athol Fugard y Kenneth Lonergan. Funciones aparte, también hay charlas con dramaturgos, directores, diseñadores y actores. Conviene reservar entrada con un mes de antelación.

SECOND STAGE THEATRE TEATRO

plano p. 436 (Tony Kiser Theatre; ☎entradas 212-246-4422; www.2st.com; 305 W 43rd St, en Eighth Ave, Midtown West; ⏰taquilla 12.00-18.00 do-vi, hasta 19.00 sa; [S]A/C/E hasta 42nd St-Port Authority Bus Terminal) Es el teatro principal que dirige Second Stage Theatre, una compañía teatral sin ánimo de lucro famosa por propiciar el debut de dramaturgos emergentes con talento y por representar a los grandes nombres del país. Si al viajero le apasiona el buen teatro contemporáneo estadounidense, este es el lugar donde verlo.

MAGNET THEATER COMEDIA

plano p. 436 (☎entradas 212-244-8824; www.magnettheater.com; 254 W 29th St, entre Seventh Ave y Eighth Ave, Midtown West; [S]1/2 hasta 28th St; A/C/E hasta 23rd St; 1/2/3 hasta 34th St-Penn Station) Los diversos tipos de comedia (sobre todo improvisaciones) atraen a los espectadores a este teatro-banco de pruebas para cómicos. Las actuaciones varían todas las semanas, aunque existen espectáculos regulares, como el *Megawitt* (con los cómicos residentes) y *The Friday Night Sh*w*, que usa las quejas y confesiones escritas por el público como hilo conductor de sus barrabasadas.

BIRDLAND JAZZ, CABARÉ

plano p. 436 (☎212-581-3080; www.birdlandjazz.com; 315 W 44th St, entre Eighth Ave y Ninth Ave; entrada con copa 30-50 US$; ⏰17.00-1.00; 📶; [S]A/C/E hasta 42nd St-Port Authority Bus Terminal) Tiene un aspecto impecable y debe su nombre al legendario del *bebop* Charlie Parker (apodado *Bird*), cabeza de cartel en la anterior sede del local, en 52nd St, junto a Miles, Monk y los demás (hay fotos de ellos en las paredes). El precio de la entrada va de 25 a 50 US$ y el programa siempre es estelar.

AMBASSADOR THEATRE TEATRO

plano p. 436 (Chicago; ☎entradas 212-239-6200; www.chicagothemusical.com; 219 W 49th St, entre Broadway y Eighth Ave; [S]N/R/W hasta 49th St; 1, C/E hasta 50th St) Este teatro de la década de 1920 es todo un símbolo de la ciudad. Está construido en diagonal sobre la parcela, lo que permite que el pequeño espacio disponga de más butacas. Como muchos de sus compañeros, fue vendido en los años treinta por sus dueños, los Shubert, y se convirtió en una propiedad de uso mixto para la televisión y el cine, para ser finalmente recomprado por la familia en 1956. Desde entonces se ha destinado a teatro y actualmente es la sala donde se representa *Chicago*, uno de los espectáculos más populares de Broadway.

Es un poco más fácil conseguir entrada para *Chicago* que para otros musicales más nuevos. Revitalizado por el director Walter Bobbie, su energía descarada y contagiosa compensa con creces la estrechez de las localidades.

NEW YORK CITY CENTER DANZA

plano p. 436 (☎212-581-1212; www.nycitycenter.org; 131 W 55th St, entre Sixth Ave y Seventh Ave, Midtown West; [S]N/Q/R hasta 57th St-7th Ave) Este edificio monumental de estilo morisco y cúpula roja presenta grupos de danza (como el Alvin Ailey American Dance Theater), producciones teatrales, el New York

Flamenco Festival en febrero o marzo y el famoso Fall for Dance Festival en septiembre u octubre.

CAROLINE'S ON BROADWAY   COMEDIA
plano p. 436 (☎212-757-4100; www.carolines. com; 1626 Broadway, en 50th St, Midtown West;

Ⓢ N/Q/R hasta 49th St; 1, C/E hasta 50th St) Se trata de un clásico de masas enorme y brillante, reconocible por los programas especiales de comedias que se graban allí. Es clave para ver a los peces gordos de la comedia y a estrellas de las series cómicas.

GRABACIONES TELEVISIVAS

Si el viajero quiere hacer de público en la grabación en directo de algún programa, NY es el destino ideal. A continuación se explica cómo acceder a algunos de los estudios más solicitados.

Saturday Night Live (www.nbc.com/saturday-night-live) Es uno de los programas más famosos de todos los que se graban en NY, y de los de acceso más difícil. Dicho esto, uno puede probar suerte en otoño, cuando las plazas se asignan por sorteo; solo hay que enviar un correo electrónico a sntickets@nbcuni.com, en agosto. Otra opción es presentarse a las 7.00 el día de la grabación en la entrada lateral de 48th St, en Rockefeller Plaza, y optar a las entradas de última hora para el ensayo general de las 20.00 o para la emisión en directo de las 23.30. Los asientos (uno por persona) se reparten por orden de llegada. Para la entrega del asiento y para el acceso al programa es necesario llevar un documento de identidad vigente, con foto. Solo se permite asistir como público a los mayores de 16 años.

The Late Show with Stephen Colbert (plano p. 436; www.showclix.com/event/the lateshowwithstephencolbert; 1697 Broadway, entre 53rd St y 54th St) Las entradas de este *show* tan popular están disponibles en línea, pero suelen agotarse el mismo día que se ponen a la venta. Para averiguar el día, hay que consultar la cuenta oficial de Twitter del prorgama (@colbertlateshow) o su página de Facebook, donde suelen anunciarlo con uno o dos meses de antelación. Si se logra reservar entrada, habrá que hacer cola frente al Ed Sullivan Theater no más tarde de las 15.15 el día de la grabación. Dado que el *show* tiene un *overbooking* intencional para asegurar el aforo, es buena idea aparecer a las 14.30 para aumentar las probabilidades. *The Late Show* se graba de lunes a viernes a las 17.00. El público debe ser mayor de 18 años.

The Daily Show with Trevor Noah (plano p. 436; www.showclix.com/event/thedailys howwithtrevornoah; 733 Eleventh Ave, entre W 51st St y W 52nd St) Para asistir a este popular *show* que parodia las noticias hay que solicitarlo en línea. Las reservas se ofrecen de forma gradual unas pocas semanas antes, por lo que sale a cuenta visitar su web periódicamente. Las grabaciones tienen lugar a las 18.00 y hacia las 19.15 de lunes a jueves. El acceso empieza a las 14.30, cuando se distribuyen las entradas, y conviene llegar pronto, porque no está garantizado. Una vez recogidos los tiques, habrá que comparecer a la hora que se indique (suele ser hacia las 16.30). Es necesario ser mayor de 18 años.

Last Week Tonight with John Oliver (plano p. 436; www.lastweektickets.com; 528 W 57th St, entre Tenth Ave y Eleventh Ave) Las entradas para ver el *show* de noticias de este mordaz cómico británico están disponibles en www.lastweektickets.com dos semanas y media antes de la fecha de grabación. El espectáculo se graba los domingos a las 18.15 en el CBS Broadcast Center (528 W 57th St, entre Tenth Ave y Eleventh Ave) y el público debe llegar al menos con 40 min de antelación (edad mínima 18 años).

Full Frontal with Samantha Bee (http://samanthabee.com) Más mordaz que John Oliver, Samantha Bee ofrece comentarios incisivos y absolutamente hilarantes sobre los políticos y los escándalos que acaparan los titulares de prensa. Sus programas de noche se graban el miércoles a las 17.45. Las entradas se consiguen por internet.

En las webs de las diferentes cadenas de TV y en www.nycgo.com/articles/tv-show-tapings se hallará más información sobre los programas.

DON'T TELL MAMA
CABARÉ

plano p. 436 (☎212-757-0788; www.donttellma manyc.com; 343 W 46th St, entre Eighth Ave y Ninth Ave, Midtown West; ⏰16.00-2.30 do-ju, hasta 3.30 vi y sa; Ⓢ N/Q/R, S, 1/2/3, 7 hasta Times Sq-42nd St) Lleva en activo más de 30 años y tiene talento para probarlo. Es una sala extraordinaria de piano-bar y cabaré. No recibe a grandes nombres, pero sí a auténticos amantes del cabaré que lo dan todo. Los camareros cantando le añaden diversión.

AMC EMPIRE 25
CINE

plano p. 436 (☎212-398-2957; www.amctheatres. com; 234 W 42nd St con Eighth Ave, Midtown West; Ⓢ N/Q/R, S, 1/2/3, 7 hasta 42nd St-Times Sq) Enorme complejo de cines, ideal para contemplar las luces de 42nd St, aunque casi es mejor acomodarse en las butacas modelo estadio deportivo. No se recomienda ir a ver un éxito de Hollywood (demasiada gente y muy ruidosa), pero sí es una buena opción para el cine independiente.

MADISON SQUARE GARDEN
DEPORTES ESPECTÁCULO, SALA DE CONCIERTOS

plano p. 436 (MSG, 'the Garden'; www.thegarden. com; 4 Pennsylvania Plaza, Seventh Ave, entre 31st St y 33rd St; Ⓢ A/C/E, 1/2/3 hasta 34th St-Penn Station) En el mayor escenario de NY, que forma parte del enorme complejo que alberga la Penn Station (p. 370), actúan grandes estrellas, como Kanye West o Madonna. También es un estadio deportivo que acoge los partidos de baloncesto de los **New York Knicks** (www.nba.com/knicks. com) y los **New York Liberty** (www.liberty. wnba.com), y de *hockey* de los **New York Rangers** (www.nhl.com/rangers), así como boxeo y ferias como el Annual Westminster Kennel Club Dog Show.

MINSKOFF THEATRE
TEATRO

(The Lion King; ☎212-869-0550, entradas 866-870-2717; www.lionking.com; 200 W 45th St, en Seventh Ave, Midtown West; ♿; Ⓢ N/Q/R, S, 1/2/3, 7 hasta Times Sq-42nd St) Enorme teatro que acoge espectáculos, concursos y actos desde 1973. Actualmente es la sala donde se representa *El Rey León* de Disney.

GERSHWIN THEATRE
TEATRO

(Wicked; ☎212-586-6510, entradas 877-250-2929; www.wickedthemusical.com; 222 W 51st St, entre Broadway y Eighth Ave, Midtown West; ♿; Ⓢ C/E, 1 hasta 50th St) Llamada originalmente Uris Theatre, es una de las salas más nuevas y grandes del barrio (el aforo es de casi 2000)

y destaca por haber ofrecido uno de los mayores fracasos de Broadway: *Via Galactica*, un musical del mismo compositor de *Hair* que solo ofreció siete funciones y perdió más de un millón de dólares. *Singin' in the Rain*, *Oklahoma!* y el espectáculo actual, *Wicked*, son solo unos cuantos de sus muchos éxitos.

 # DE COMPRAS

🔒 Midtown East y Quinta Avenida

BLOOMINGDALE'S
GRANDES ALMACENES

plano p. 432 (☎212-705-2000; www.bloomingda les.com; 1000 Third Ave, en E 59th St; ⏰10.00-20.30 lu-sa, 11.00-19.00 do; 🎧; Ⓢ 4/5/6 hasta 59th St; N/R/W hasta Lexington Ave-59th St) Es un lugar histórico, enorme, abrumador y lleno hasta la bandera, pero de visita obligada; un sitio épico donde buscar ropa y zapatos de muchos diseñadores estadounidenses e internacionales, y con cada vez más colecciones de nombres nuevos. Para recargar las pilas, se puede optar por el paraíso de las *cupcakes*, **Magnolia Bakery.**

BERGDORF GOODMAN
GRANDES ALMACENES

plano p. 432 (☎888-774-2424, 212-753-7300; www. bergdorfgoodman.com; 754 Fifth Ave, entre W 57th St y 58th St; ⏰10.00-20.00 lu-sa, 11.00-19.00 do; Ⓢ N/Q/R/W hasta 5th Ave-59th St, F hasta 57th St) En esta ubicación desde 1928, los lujosos BG no solo son apreciados por tener los mejores escaparates de Navidad de toda la ciudad, sino que también lideran la carrera de la moda bajo la tutela de su directora de moda Linda Fargo. Punto de encuentro de señoras que quedan a comer, sus principales atractivos incluyen colecciones exclusivas de zapatos de Tom Ford y Chanel y una codiciada sección de zapatería de señoras. La sección de hombres está al otro lado de la calle.

BARNEYS
GRANDES ALMACENES

plano p. 432 (☎212-826-8900; www.barneys. com; 660 Madison Ave, en E 61st St; ⏰10.00-20.00 lu-vi, hasta 19.00 sa, 11.00-19.00 do; Ⓢ N/R/W hasta 5th Ave-59th St) Los fans más devotos de la moda se funden las tarjetas en Barneys, célebre por sus colecciones de primeras marcas, como Isabel Marant Étoile, Mr & Mrs Italy y Lanvin. Para comprar prendas (un poco) menos caras para una clienta más joven, se puede ir a la 8ª planta.

Otros puntos fuertes de estos almacenes son la sección de cosméticos, en el sótano, y Genes, un café futurista con mesas comunes y pantallas táctiles para comprar en línea. Hay otras sucursales en **Upper West Side** (plano p. 440; ☑646-335-0978; 2151 Broadway, entre 75th St y 76th St; ☉10.00-19.00 lu-sa, 11.00-18.00 do; ⓢ1/2/3 hasta 72nd St), en Manhattan y Atlantic Avenue, en Brooklyn.

DYLAN'S CANDY BAR   COMIDA

plano p. 432 (☑646-735-0078; www.dylanscandybar.com; 1011 Third Ave, en 60th St, Midtown East; ☉10.00-21.00 lu-ju, hasta 23.00 vi y sa, 11.00-21.00 do; ⓢN/Q/R hasta Lexington Ave-59th St; 4/5 hasta 59th St) Willy Wonka no tendría nada que hacer en este local, la pesadilla de los dentistas: piruletas gigantes, chocolatinas crujientes, tarros de gominolas de colores o *cupcakes* del tamaño de una pelota de softbol, por no mencionar la escalera luminiscente con golosinas incrustadas. En la 3ª planta hay un café.

ARGOSY   LIBROS, PLANOS

plano p. 432 (☑212-753-4455; www.argosybooks.com; 116 E 59th St, entre Park Ave y Lexington Ave, Midtown East; ☉10.00-18.00 lu-vi, hasta 17.00 sa sep-finales-may; ⓢ4/5/6 hasta 59th St; N/Q/R hasta Lexington Ave-59th St) Librerías como esta se están convirtiendo en tan raras como los libros que contienen. Pero este local emblemático de 1925 vende también excelentes artículos de anticuario como libros, mapas antiguos, monografías de arte, etc. También se venden recuerdos de Hollywood, desde cartas personales y libros firmados hasta contratos o fotografías publicitarias autografiadas.

TIFFANY & CO   JOYERÍA, MENAJE

plano p. 432 (☑212-755-8000; www.tiffany.com; 727 Fifth Ave, en E 57th St; ☉10.00-19.00 lu-sa, 12.00-18.00 do; ⓢF hasta 57th St; N/R/W hasta 5th Ave-59th St) Desde que Audrey Hepburn contemplara con anhelo sus escaparates, Tiffany ha conquistado un sinfín de corazones con sus resplandecientes anillos de diamantes, relojes de pulsera, corazones de plata de Elsa Peretti, jarrones de cristal y cristalerías. Y además, bolsos y artículos de regalo como abrecartas. Para admirar y embelesarse. Abstenerse de bromear con los mozos de ascensor preguntando dónde se sirve el desayuno.

UNIQLO   MODA Y ACCESORIOS

plano p. 432 (☑877-486-4756; www.uniqlo.com; 666 Fifth Ave con E 53rd St; ☉10.00-21.00 lu-sa, 11.00-20.00 do; ⓢE, M hasta 5th Ave-53rd St) Uniqlo es la respuesta japonesa a H&M y esta es su espectacular tienda principal de más de 8250 m². Prendas básicas de moda, asequibles y de calidad, desde camisetas y ropa interior hasta ropa tejana japonesa, jerséis de cachemir y parcas vanguardistas y muy livianas.

🔒 Midtown West y Times Square

★MOMA DESIGN & BOOK STORE   LIBROS, REGALOS

plano p. 436 (☑212-708-9700; www.momastore.org; 11 W 53rd St, entre Fifth Ave y Sixth Ave; ☉9.30-18.30 sa-ju, hasta 21.00 vi; ⓢE, M hasta 5th Ave-53rd St) Es la **tienda insignia del MoMA** (p. 178), un sitio bien surtido para comprar recuerdos. Además de libros imprescindibles (de arte, arquitectura, cultura pop e infantiles), venden reproducciones y carteles de obras de arte, artículos domésticos modernos, bisutería, bolsos y chismes únicos.

HELL'S KITCHEN FLEA MARKET   MERCADO

plano p. 436 (☑212-220-0239; www.annexmarkets.com/hells-cocina-foundation; W 39th St, entre Ninth Ave y Tenth Ave; ☉9.00-17.00 sa y do; ⓢA/C/E hasta 42nd St-Port Authority Bus Terminal) Rastro de fin de semana que atrae a coleccionistas y curiosos con su maravilloso botín de muebles, accesorios y moda *vintage*, además de objetos inidentificables de épocas pasadas.

NEPENTHES NEW YORK   MODA Y ACCESORIOS

plano p. 436 (☑212-643-9540; www.nepenthesny.com; 307 W 38th St, entre Eighth Ave y Ninth Ave; ☉12.00-19.00 lu-sa, hasta 17.00 do; ⓢA/C/E hasta 42nd St-Port Authority Bus Terminal) En una antigua tienda de máquinas de coser en el **Garment District,** este colectivo japonés de culto vende ropa masculina vanguardista de marcas como Engineered Garments o Needles, que se caracterizan por los detalles originales y la producción artesanal, y un aire de ropa de trabajo americana de inspiración *vintage*. Entre los accesorios destacan bolsos, carteras, guantes, gafas y calzado.

MACY'S   GRANDES ALMACENES

plano p. 436 (☑212-695-4400; www.macys.com; 151 W 34th St, en Broadway; ☉10.00-22.00 lu-sa,

11.00-21.00 do; ⓢB/D/F/M, N/Q/R/W hasta 34th St-Herald Sq; A/C/E hasta Penn Station) Los mayores grandes almacenes del país ocupan casi una manzana entera y abarcan casi todos los géneros, como moda, decoración, cocina, ropa de cama, cafeterías, peluquerías e incluso una sucursal de la tienda de regalos del Metropolitan Museum of Art, con marcas populares y cosméticos de primeras marcas. Cuentan con una oficina de turismo (p. 377), con mostrador de información y planos gratis de la ciudad.

Macy's ofrece un 10% de descuento a los turistas con un documento de identidad válido.

B&H PHOTO VIDEO ELECTRÓNICA

plano p. 436 (☎212-444-6600; www.bhphotovideo.com; 420 Ninth Ave, entre W 33rd St y 34th St; ⊗9.00-19.00 lu-ju, 13.00-19.00 vi, 10.00-18.00 do, cerrado sa; ⓢA/C/E hasta 34th St-Penn Station) La tienda de cámaras más popular de la ciudad es un sitio enorme y siempre abarrotado, lleno de dependientes judíos jasídicos vestidos de negro (y expertos en tecnología). Cuando se elige un artículo, se pone en un cubo, que sube y cruza el techo hasta la zona de compra y allá habrá que hacer cola de nuevo.

DRAMA BOOK SHOP LIBROS

plano p. 436 (☎212-944-0595; www.dramabookshop.com; 250 W 40th St, entre Seventh Ave y Eighth Ave, Midtown West; ⊗10.00-19.00 lu-mi y vi, hasta 20.00 ju, 12.00-18.00 do; ⓢA/C/E hasta 42nd St-Port Authority Bus Terminal) Esta enorme librería es el nirvana para los fans de Broadway, pues desde 1917 se toma muy en serio su teatro, tanto dramático como musical. Los dependientes saben recomendar las selecciones que valen la pena, y que también abarcan libros sobre vestuario, diseño escénico y otros elementos teatrales, así como periódicos y revistas de la industria. Sus actividades regulares se anuncian en la web y su página de Facebook.

TIME WARNER CENTER CENTRO COMERCIAL

plano p. 436 (☎212-823-6300; www.theshopsat columbuscircle.com; 10 Columbus Circle; ⊗10.00-21.00 lu-sa, 11.00-19.00 do; ⓢA/C, B/D, 1 hasta 59th St-Columbus Circle) Junto a Central Park, este elegante centro comercial tiene una buena selección de tiendas, entre las que se incluye Coach, Eileen Fisher, Williams-Sonoma, Sephora y J Crew. Para comprar sabrosa comida de pícnic interesa pasar por el enorme Whole Foods (p. 194) del sótano.

DEPORTES Y ACTIVIDADES

NBC STUDIO TOURS RUTA GUIADA

plano p. 432 (☎212-664-3700; www.thetourat nbcstudios.com; 30 Rockefeller Plaza, entrada en 1250 Sixth Ave; circuitos adultos/niños 33/29 US$, menores 6 años no admitidos; ⊗8.20-14.00 lu-vi, hasta 17.00 sa y do; ⓢB/D/F/M hasta 47th-50th Sts-Rockefeller Center) Lleno de anécdotas interesantes, este circuito remodelado de 1 h guía a los fans de la televisión por rincones de los estudios NBC, donde se han grabado programas emblemáticos como *Saturday Night Live* y *The Tonight Show Starring Jimmy Fallon*. Suele incluir la preciosa rotonda, de estilo *art déco* restaurada, dos estudios y el NBC Broadcast Operations Center. El momento más interactivo lo ofrece el Tour Studio, donde el visitante puede 'protagonizar' o 'producir' una sección propia en un *talk show*. Reservar en línea evita las colas.

CENTRAL PARK BIKE TOURS CICLISMO

plano p. 436 (☎212-541-8759; www.centralpark biketours.com; 203 W 58th St con Seventh Ave; alquiler por 2 h/día 20/40 US$, 2 h circuitos 49 US$; ⊗8.00-20.00, circuitos 9.00-16.00; ⓢA/C, B/D, 1 hasta 59th St-Columbus Circle) Alquila buenas bicicletas (cascos, candados y mapa ciclista incluidos) y ofrece circuitos de 2 h por Central Park y la zona del puente de Brooklyn. Para horarios, véase la web.

MANHATTAN COMMUNITY BOATHOUSE KAYAK

plano p. 436 (www.manhattancommunityboathou se.org; Pier 96, en 56th St, Hudson River Park; ⊗10.00-18.00 sa y do jun-ppios oct, y 17.30-19.30 lu-mi jun-ago; ⚤; 🚌M12 hasta 12th Ave/56th St, ⓢA/C, B/D, 1 hasta 59th St-Columbus Circle) GRATIS Si apetece navegar un poco por el majestuoso Hudson, este embarcadero de voluntarios tiene kayaks gratis los fines de semana de verano. No hay reservas: funciona por orden de llegada. También ofrecen clases gratis de técnicas de piragüismo y seguridad.

Al remar en kayak, uno se moja, pero en el muelle hay vestuarios y taquillas. Si se quiere remar más de 20 min, se puede acudir al Downtown Boathouse (p. 84), junto a N Moore St, que ofrece salidas de fin de semana en el Hudson.

GRAND CENTRAL PARTNERSHIP PASEO

plano p. 432 (☎212-883-2420; www.grandcentral-partnership.nyc) GRATIS Ofrece circuitos gratis de 90 min por la estación y el barrio, los viernes a las 12.30; salen de la esquina suroeste de E 42nd St y Park Ave. También tiene muchas otras actividades durante todo el año.

CIRCLE LINE BOAT TOURS CRUCEROS

plano p. 436 (☎212-563-3200; www.circleline42.com; Pier 83, W 42nd St at Twelfth Ave; cruceros desde adultos/niños 30/25 US$; 🚌westbound M42 o M50 hasta 12th Ave, 🚇A/C/E hasta 42nd St-Port Authority) Estos cruceros clásicos realizan circuitos guiados por los lugares turísticos desde la distancia de seguridad que proporciona un barco. Hay varias opciones, como el recorrido de 2½ h para ver toda la isla, otro más corto y semicircular de 90 min, y una salida nocturna de 2 h. De mayo a octubre, la empresa también ofrece cruceros adrenalínicos a bordo del *Beast,* una lancha de alta velocidad. Véanse los horarios en la web.

LUCKY STRIKE BOLERA

plano p. 436 (☎646-829-0170; www.bowllucky strike.com; 624-660 W 42nd St, entre Eleventh y Twelfth Aves, Midtown West; juego desde 10 US$, alquiler zapatos 6 US$; ⊙12.00-24.00 do-mi, hasta 1.00 ju, hasta 2.00 vi y sa; 🚇A/C/E hasta 42nd St-Port Authority Bus Terminal) Es una de las pocas boleras del mundo con código de etiqueta. Las bebidas caras, la decoración pija y la clientela esclava de la moda la asemejan más a una discoteca que a una bolera. Hay que reservar con antelación.

24 HOUR FITNESS GIMNASIO

plano p. 432 (☎212-401-0660; www.24hourfit ness.com; 153 E 53rd St, entre Lexington Ave y Third Ave, Midtown East; día/pase semanal 30/100 US$; ⊙gimnasio 24 h, piscina 5.00-23.00; 🚇E, M hasta Lexington Ave-53rd St; 6 hasta 51st) Cadena de gimnasios elegantes y bien equipados para sudar la gota gorda. Tiene máquinas de cardiovasculares de alta gama, pesas, clases (como BodyPump, BodyCombat y Pilates), sauna, sala de vapor e hidromasaje. Este local también cuenta con piscina de entrenamiento. En la web se hallará información sobre los tres locales de Manhattan.

MIDTOWN DEPORTES Y ACTIVIDADES

Upper East Side

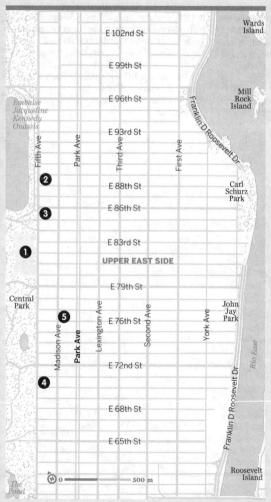

Lo mejor

1 **Metropolitan Museum of Art** (p. 209) Dedicar unas horas (o semanas) a deambular entre los tesoros que alberga, desde cautivadoras piezas egipcias hasta obras maestras del Renacimiento.

2 **Guggenheim Museum** (p. 208) Caminar por la rampa en espiral del emblemático diseño arquitectónico de Frank Lloyd Wright para ver su última instalación de arte moderno.

3 **Neue Galerie** (p. 211) Admirar las exuberantes pinturas de Gustav Klimt y tomar un almuerzo tranquilo a base de especialidades vienesas en la elegante cafetería del museo.

4 **Frick Collection Concerts** (p. 211) Escuchar música clásica un domingo por la noche entre las valiosas pinturas y esculturas de una mansión *beaux arts*.

5 **Bemelmans Bar** (p. 215) Tomar un cóctel al atardecer en este elegante bar con murales que evoca la gloriosa era del *jazz*.

Para más detalles sobre esta zona, véase plano p. 438 ➡

Explorar Upper East Side

Lo mejor, si se puede, es empezar temprano visitando el Metropolitan Museum of Art, que puede ocupar fácilmente una mañana (o más). Luego hay que acceder al Central Park por la entrada que hay al sur de 79th St Tranverse y unirse a la gente que hace pícnic o descansa sobre el césped de Cedar Hill (también llamado Cat Hill por la escultura del gran gato al acecho); en invierno los niños bajan en trineo por la colina. Andando al sur se llega a la escultura de *Alicia en el País de las Maravillas;* luego se puede descansar un rato en un banco y contemplar los barcos en miniatura que navegan por el Conservatory Water.

Si se gira hacia el oeste en 72nd St, hacia Madison Ave, y se va al sur, podrá regalarse la vista con algunas de las *boutiques* más extravagantes del país. Por el camino se encuentran cafeterías añejas y restaurantes opulentos.

Vida local

➜ **Almuerzo con la flor y nata** El Upper East Side tiene fama por sus "señoras que almuerzan". Los mejores sitios para observar a este tipo de neoyorquinos son Sant Ambroeus (p. 216) y el Café Boulud (p. 215).

➜ **Ver escaparates hasta caer rendido** ¿Champán a precio de cerveza? Hay que pasar de las lujosas *boutiques* de Madison Ave y visitar las tiendas de segunda mano exclusivas: sitios como Encore (p. 218) o Michael's (p. 218).

➜ **Pasión por el café** Uno puede deleitarse con un *macchiato* en cafeterías como Via Quadronno (p. 215) y Sant Ambroeus (p. 216).

➜ **Pícnic en el parque** Vale más no vaciar la billetera en los restaurantes finolis y proveerse para un pícnic en la charcutería tradicional Schaller & Weber (p. 212), o acudir a su bar de salchichas (p. 212) añejo.

Cómo llegar y salir

➜ **Metro** El Upper East Side se sirve de dos líneas principales: los trenes 4/5/6 viajan de norte a sur por Lexington Ave, mientras que el Q para en Lexington Ave y 63rd St antes de enfilar por Second Ave hacia las nuevas estaciones de 72nd St, 86th St y 96th St. El F también para en 63rd St y Lex antes de dirigirse a la isla Roosevelt y Queens.

➜ **Autobús** Las líneas M1, M2, M3 y M4 realizan el recorrido que baja por la Quinta Avenida junto a Central Park (y también recorren Madison Ave). El M15, que sube por First Ave y baja por Second Ave, es muy práctico para desplazarse por las zonas más orientales del barrio. Los autobuses que cruzan la ciudad por las calles 66th, 72nd, 79th, 86th y 96th llevan a Central Park y al Upper West Side.

Consejo de Lonely Planet

El Upper East Side es el paradigma de la opulencia tradicional, sobre todo la zona que comprende las manzanas de 60th St a 86th St entre Park Ave y la Quinta Avenida. Si el visitante busca lugares económicos para comer y beber, es mejor que se dirija al este de Lexington Ave, pues en la Primera, Segunda y Tercera Avenidas hay restaurantes de barrio, no tan caros.

UPPER EAST SIDE

Los mejores restaurantes

➜ Tanoshi (p. 213)

➜ Café Boulud (p. 215)

➜ Boqueria (p. 215)

➜ Café Sabarsky (p. 213)

➜ Two Boots (p. 212)

➜ Papaya King (p. 212)

Para reseñas, véase p. 212 ➜

Los mejores bares

➜ Bemelmans Bar (p. 215)

➜ Seamstress (p. 216)

➜ Drunken Munkey (p. 216)

➜ Auction House (p. 216)

➜ Caledonia (p. 215)

➜ Uva (p. 216)

Para reseñas, véase p. 215 ➜

Las mejores tiendas

➜ Encore (p. 218)

➜ Flying Tiger Copenhagen (p. 217)

➜ Mary Arnold Toys (p. 217)

➜ Ricky's NYC (p. 217)

Para reseñas, véase p. 217 ➜

El edificio de Frank Lloyd Wright casi eclipsa la colección de arte del s. xx que contiene, pues es una escultura en sí misma. Incluso antes de su inauguración, la construcción en forma de zigurat invertido ya fue criticada por algunos y elogiada por otros. Desde su inauguración, este original edificio ha aparecido en múltiples postales, programas de televisión y películas.

Raíces abstractas

El Guggenheim nació de la colección de Solomon R. Guggenheim, un magnate de la minería neoyorquino que empezó a adquirir arte abstracto hacia los 60 años a instancias de su consejera en arte, una baronesa alemana llamada Hilla Rebay. En 1939, con Rebay como directora, Guggenheim abrió un museo provisional en 54th St, llamado Museum of Non-Objective Painting. Cuatro años después, ambos encargaron a Wright una sede permanente.

Las críticas

Cuando el Guggenheim abrió sus puertas en octubre de 1959, a 0,50 US$ la entrada, entre las piezas expuestas destacaban obras de Kandinsky y Alexander Calder, y de expresionistas abstractos como Franz Kline y Willem de Kooning.

El edificio fue atacado duramente por el *New York Times;* sin embargo, otros se apresuraron a celebrarlo como uno de los edificios más bellos de América.

Hasta hoy

A principios de la década de 1990, el edificio vivió una reforma y se le añadió una torre de ocho plantas en la parte este, con 4645 m² de espacio para exposiciones. Estas galerías presentan exposiciones rotatorias de la colección permanente, mientras que las rampas de la rotonda albergan exposiciones temporales.

La colección más importante del museo incluye obras de Kandinsky, Picasso y Jackson Pollock. Con el tiempo, otros añadidos clave fueron las pinturas de Monet, Van Gogh y Degas, las esculturas de Constantin Brancusi, las fotografías de Robert Mapplethorpe y obras esenciales del surrealismo donadas por Peggy, la sobrina de Guggenheim.

Visita al museo

La rampa ascendente exhibe exposiciones temporales de arte moderno y contemporáneo. Aunque Wright pretendía que los visitantes subieran primero hasta arriba y realizaran la visita en sentido descendente, el único y estrecho ascensor lo impidió. Por tanto, la visita se realiza de abajo arriba. Los aficionados al arte y el diseño deberían pasar por la **Guggenheim Store** para examinar su excelente oferta.

En construcción

Como la mayoría de los proyectos de construcción en NY, su realización se eternizó. La edificación se demoró casi 13 años debido a limitaciones de presupuesto, al estallido de la II Guerra Mundial y al vecindario, que no veía con buenos ojos que una gigantesca nave espacial de cemento aterrizara en mitad del barrio. Finalmente se terminó en 1959, cuando Wright y Guggenheim ya habían fallecido.

INDISPENSABLE

➜ Exposiciones temporales en la rotonda (con puntos de vista inusuales)

➜ Colección permanente

➜ Tienda del museo

DATOS PRÁCTICOS

➜ plano p. 438, A3

➜ 212-423-3500

➜ www.guggenheim.org

➜ 1071 Fifth Ave esq. E 89th St

➜ adultos/niños 25 US$/ gratis, pago según la voluntad 5.45-19.45 sa

➜ 10.00-17.45 do-mi y vi, hasta 19.45 sa, cerrado ju

➜

➜ 4/5/6 hasta 86th St

METROPOLITAN MUSEUM OF ART

Este enorme y enciclopédico museo fundado en 1870 alberga una de las colecciones de arte más importantes del mundo, con más de dos millones de piezas, que abarcan desde templos egipcios hasta pintura americana. El "Met", con sus 69 000 m² de galerías, recibe casi seis millones de visitantes al año y es la atracción más grande de NY en un solo edificio. Dadas sus enormes dimensiones, hay que dedicarle bastante tiempo.

Arte egipcio

El museo posee una incomparable colección de arte del Antiguo Egipto, parte del cual se remonta al Paleolítico. Situadas al norte del vestíbulo principal, las 39 galerías egipcias se abren de modo espectacular con una de las piezas más valiosas del Met: la tumba mastaba de Perneb (2300 a.C.), una cámara funeraria del Imperio Antiguo construida en piedra caliza. De allí parte una red de salas repletas de estelas funerarias, relieves tallados y fragmentos de pirámides. No hay que perderse las miniaturas de la tumba de Meketre, figurillas de arcilla que debían acompañarle a la otra vida, en la galería 105. Más adelante está el templo de Dendur (galería 131), dedicado a la diosa Isis, realizado en arenisca. Situado en una soleada galería sobre un lecho de agua, es imprescindible para quien visite el museo por primera vez.

Arte griego y romano

Otra joya del Met son las 27 galerías dedicadas a la Antigüedad clásica. Desde el vestíbulo principal, un pasillo conduce a una sala con bóveda de cañón, flanqueada por torsos de esculturas griegas. Desde allí se accede a uno de los espacios más encantadores del museo: el atrio de escul-

INDISPENSABLE

➡ Templo de Dendur

➡ Pinturas de Caravaggio, El Greco, Vermeer y otros maestros antiguos

➡ Sala de Damasco en las galerías de arte islámico

➡ Cantor Roof Garden Bar

DATOS PRÁCTICOS

➡ plano p. 438, A5

➡ ☏ 212-535-7710

➡ www.metmuseum.org

➡ 1000 Fifth Ave esq. E 82nd St

➡ 3 pases lu-do adultos/jubilados/niños 25/17 US$/gratis, residentes del estado de NY y estudiantes de Connecticut, Nueva York o Nueva Jersey gratis

➡ ⊙10.00-17.30 do-ju, hasta 21.00 vi y sa

➡ ♿

➡ Ⓢ 4/5/6, Q hasta 86th St

EL JARDÍN DE LA AZOTEA

Uno de los mejores lugares del museo es la terraza de la azotea, en la que se exponen temporalmente esculturas e instalaciones de artistas actuales y del s. xx. Lo mejor de todo son las vistas que ofrece de la ciudad y Central Park. También posee el **Cantor Roof Garden Bar** (plano p. 438; ☎212-570-3711; ⊙11.00-16.30 do-ju, hasta 20.15 vi y sa med abr-oct), ideal para tomar una copa, sobre todo al atardecer. Abre de abril a octubre.

Las galerías que más gustan a los niños suelen ser las egipcias, las dedicadas a África y Oceanía (sobre todo las máscaras de cuerpo entero de los asmat) y la colección de armas y armaduras medievales. El Met organiza muchas actividades pensadas para los jóvenes (véase la web) y facilita un folleto infantil especial, con un plano del museo.

tura griega y romana (galería 162), dedicado a los dioses y a personajes históricos esculpidos en mármol. La estatua de un Hércules barbudo de los años 68-98, con una piel de león alrededor del cuello, es una de las más impresionantes.

Pintura europea

En la 2ª planta, las galerías de pintura europea exhiben obras maestras del Renacimiento, con más de 1700 telas del período de unos 500 años que se inició en el s. xiii, entre las que se cuentan telas de los pintores más importantes, desde Duccio a Rembrandt. De hecho, aquí todo son obras maestras. En la galería 621 cuelgan las de Caravaggio, entre ellas *La negación de san Pedro*. La galería 611, al oeste, está llena de tesoros españoles, como la *Vista de Toledo* de El Greco. Siguiendo al sur, hacia la galería 632, se pueden ver algunos cuadros de Vermeer, como *Mujer joven con una jarra de agua*. Al sur, en las galerías 634 y 637, se pueden admirar varios Rembrandt, incluido un autorretrato de 1660.

Arte islámico

En la esquina sureste de la 2ª planta también se hallan las galerías islámicas, con 15 magníficas salas que muestran la gran colección de arte de Oriente Medio y de Asia central y meridional. Además de indumentaria, objetos decorativos y manuscritos, es posible ver vidrios dorados y esmaltados (galería 452) y un *mihrab* del s. xiv, decorado con complicados azulejos polícromos (galería 455) También pueden verse telas otomanas (galería 459), un patio marroquí medieval (galería 456) y una sala de Damasco del s. xviii (galería 461).

Ala americana

En estas dos plantas del extremo noroeste se exhibe una gran variedad de obras de arte y artes decorativas de toda la historia de EE UU. Incluyen desde retratos de época colonial y obras maestras de la escuela del Río Hudson hasta la sexy *Madame X*, de John Singer Sargent (galería 771), sin olvidar la gran tela *Washington cruzando el Delaware*, de Emanuel Leutze (galería 760).

PUNTOS DE INTERÉS

METROPOLITAN MUSEUM OF ART — MUSEO
Véase p. 209.

GUGGENHEIM MUSEUM — MUSEO
Véase p. 208.

★FRICK COLLECTION — GALERÍA
plano p. 438 (☎212-288-0700; www.frick.org; 1 E 70th St esq. Fifth Ave; adultos/estudiantes 22/12 US$, pago según la voluntad 2-18.00 mi, 1er vi del mes excl. ene y sep gratis; 🕒10.00-18.00 ma-sa, 11.00-17.00 do; [S]6 hasta 68th St-Hunter College) Esta espectacular colección ocupa una mansión construida por el magnate del acero Henry Clay Frick, una de las numerosas residencias de este tipo que cubren el tramo de la Quinta Avenida llamado "Millionaires Row". El museo posee varias salas espléndidas donde se exhiben obras maestras de Tiziano, Vermeer, Gilbert Stuart, El Greco, Joshua Reynolds, Goya y Rembrandt. También hay escultura, cerámica, relojes y muebles antiguos. Los amantes de la música clásica disfrutarán con los conciertos de piano y violín (p. 217) del domingo por la noche.

La Frick es un bombón por varias razones. En primer lugar, está ubicada en un precioso y laberíntico edificio de estilo *beaux arts* construido entre 1913 y 1914 por Carrère y Hastings; en general no suele estar muy lleno (excepto tal vez durante los espectáculos). Y finalmente, porque da una agradable sensación de recogimiento, con su fuente cantarina interior y sus jardines, por los que se puede pasear si hace buen tiempo. La sobria **Portico Gallery** exhibe obras decorativas y escultura. Los menores de 10 años no pueden entrar en el museo.

El precio de la entrada incluye una audioguía (en varios idiomas).

MET BREUER — MUSEO
plano p. 438 (☎212-731-1675; www.metmuseum.org/visit/met-breuer; 945 Madison Ave esq. E 75th St; 3 pases lu-do adultos/jubilados/niños 25/17 US$/gratis, residentes del estado de NY y estudiantes de Connecticut, Nueva York o Nueva Jersey gratis; 🕒10.00-17.30 ma-ju y do, hasta 21.00 vi y sa; [S]6 hasta 77th St; Q hasta 72nd St) En el 2016 se inauguró la sede más nueva del Metropolitan Museum of Art (p. 209) en el antiguo y emblemático edificio del Whitney Museum (p. 135), diseñado por Marcel Breuer. Sus exposiciones están dedicadas al arte moderno y contemporáneo, con escultura, fotografía, vídeo, diseño y pinturas de artistas destacados estadounidenses e internacionales, como Edvard Munch, Yayoi Kusama, Claes Oldenburg, Ettore Sottsass, Dara Birnbaum, Robert Smithson y Mira Schendel. La entrada permite acceder durante tres días al museo principal y a las exposiciones medievales del Cloisters (p. 241).

COOPER-HEWITT NATIONAL DESIGN MUSEUM — MUSEO
plano p. 438 (☎212-849-8400; www.cooperhewitt.org; 2 E 91st St esq. Fifth Ave; adultos/niños 18 US$/gratis, pago según la voluntad 6-21.00 sa; 🕒10.00-18.00 do-vi, hasta 21.00 sa; [S]4/5/6 hasta 86th St) Este museo integrado en el Instituto Smithsoniano de Washington D. C. es el único de EE UU dedicado al diseño histórico y contemporáneo. Situada en la mansión de 64 habitaciones construida por el multimillonario Andrew Carnegie en 1901, la colección de 210 000 piezas ocupa tres plantas del edificio y ofrece artísticas muestras que abarcan 3000 años. El bello **jardín** está abierto al público (se entra por 90th St o desde el museo). Las **visitas a la mansión** salen a las 13.30 los laborables y a las 13.00 y 15.00 los fines de semana.

JEWISH MUSEUM — MUSEO
plano p. 438 (☎212-423-3200; www.thejewishmuseum.org; 1109 Fifth Ave, entre E 92nd St y 93rd St; adultos/niños 15 US$/gratis, sa gratis, pago según la voluntad 5-20.00 ju; 🕒11.00-17.45 sa-ma, hasta 20.00 ju, hasta 16.00 vi; 👪; [S]6, Q hasta 96th St) Esta perla ocupa una mansión de estilo neogótico francés de 1908. Contiene 30 000 objetos de la tradición judía, así como escultura, pintura y artes decorativas. Acoge excelentes exposiciones retrospectivas sobre figuras influyentes como Art Spiegelman y exposiciones de primer nivel de maestros como Marc Chagall, Édouard Vuillard, Amedeo Modigliani y Man Ray, entre otros.

NEUE GALERIE — MUSEO
plano p. 438 (☎212-628-6200; www.neuegalerie.org; 1048 Fifth Ave esq. E 86th St; adultos/estudiantes 20/10 US$, 6-20.00 1er vi del mes gratis; 🕒11.00-18.00 ju-lu; [S]4/5/6 hasta 86th St) Esta mansión restaurada de Carrère and Hastings, de 1914, es un marco magnífico para las obras de arte austríaco y alemán de artistas como Paul Klee, Ernst Ludwig Kirchner y Egon Schiele. En un lugar de honor de la 2ª planta se halla el retrato dorado de Adele

Bloch-Bauer (1907), de Gustav Klimt, adquirido para el museo por el magnate de la cosmética Ronald Lauder por 135 millones de US$. La película *Woman in Gold* (2015) cuenta la fascinante historia del cuadro.

GRACIE MANSION EDIFICIO HISTÓRICO

plano p. 438 (www.nyc.gov/gracie; East End Ave esq. E 88th St; 🕘circuitos 10.00, 11.00, 14.00 y 15.00 ma; [S]Q hasta 86th St) [GRATIS] Esta mansión de estilo federal fue la casa de campo del comerciante Archibald Gracie en 1799. Desde 1942 es la residencia familiar de los alcaldes de Nueva York (con la excepción de Michael Bloomberg, que prefirió quedarse en su lujoso apartamento del Upper East Side). La finca ha experimentado añadidos y reformas a lo largo de los años. Para visitarla, hay que reservar plaza en línea para uno de los circuitos de 45 min que visitan la casa y que tienen lugar una vez por semana (durante las fiestas navideñas, la frecuencia es menor).

ASIA SOCIETY & MUSEUM MUSEO

plano p. 438 (☎212-288-6400; www.asiasociety.org; 725 Park Ave esq. E 70th St; adultos/niños 12 US$/gratis, 6-21.00 vi sep-jun gratis; 🕘11.00-18.00 ma-do, hasta 21.00 vi sep-jun; [S]6 hasta 68th St-Hunter College; Q hasta 72nd St) Fundado en 1956 por John D. Rockefeller (ávido coleccionista de arte asiático), este centro cultural organiza fascinantes exposiciones (arte budista birmano, retrospectivas de artistas chinos destacados, arte contemporáneo surasiático...) y muestra esculturas jainistas y pinturas budistas nepalíes. Hay circuitos diarios (incluidos en la entrada) de martes a domingo a las 14.00 todo el año y a las 18.30 los viernes (excepto en verano).

TEMPLO EMANU-EL SINAGOGA

plano p. 438 (☎212-744-1400; www.emanuelnyc.org; 1 E 65th St esq. Fifth Ave; 🕘10.00-16.00 do-ju; [S]6 hasta 68th St-Hunter College) [GRATIS] Fundada en 1845 como la primera sinagoga reformista de NY, no se terminó de construir hasta 1929 y hoy es uno de los mayores templos judíos del mundo. El imponente templo neorrománico mide más de 53 m de largo y 30,5 de alto, y el techo está pintado con detalles en oro.

MUSEUM OF THE CITY OF NEW YORK MUSEO

plano p. 438 (☎212-534-1672; www.mcny.org; 1220 Fifth Ave, entre E 103rd St y 104th St; entrada sugerida adultos/niños 18 US$/gratis; 🕘10.00-18.00; [S]6 hasta 103rd St) Está situado en un edificio de estilo georgiano neocolonial en el mejor tramo de la Museum Mile y se centra en el pasado, presente y futuro de la ciudad. No hay que perderse la película de 28 min *Timescapes* (en la 2ª planta), que repasa el crecimiento de Nueva York desde un simple paraje del comercio indígena hasta una floreciente metrópoli.

🍴 DÓNDE COMER

★TWO BOOTS PIZZERÍA $

plano p. 438 (☎212-734-0317; www.twoboots.com; 1617 Second Ave esq. E 84th St; porciones de *pizza* 3,50-4,25 US$; 🕘11.30-23.00 do-ma, hasta 24.00 mi, hasta 2.00 ju, hasta 4.00 vi y sa; 🥦; [S]Q, 4/5/6 hasta 86th St) Con las dos "botas" de Italia y Luisiana como referencia, esta original y pionera cadena neoyorquina sirve más de 40 *pizzas* originales y eclécticas (con muchas opciones vegetarianas y veganas). Todas llevan el nombre de humoristas, científicos, músicos, equipos deportivos locales e incluso personajes de ficción. La favorita del autor es la Tony Clifton (*shiitake*, cebollas de Vidalia, *mozzarella* y pesto de pimiento rojo).

★PAPAYA KING PERRITOS CALIENTES $

plano p. 438 (☎212-369-0648; www.papayaking.com; 179 E 86th St esq. Third Ave; perritos calientes 2,50-4,50 US$; 🕘8.00-24.00 do-ju, hasta 1.00 vi y sa; [S]4/5/6, Q hasta 86th St) La primera tienda de perritos calientes y zumo de papaya se inauguró en 1932, más de 40 años antes que su rival del otro lado de la ciudad, Gray's Papaya (p. 226). Este local atrae con sus neones a numerosos neoyorquinos que acuden a tomar un sabroso tentempié con zumo de papaya recién hecho. ¿Y por qué papaya? Los letreros informativos en la pared lo explican con detalle.

SCHALLER & WEBER MERCADO $

plano p. 438 (☎212-879-3047; www.schallerweber.com; 1654 Second Ave esq. E 86th St; salchichas desde 8 US$/340 g; 🕘10.00-19.00 lu-sa; [S]Q, 4/5/6 hasta 86th St) Esta galardonada charcutería y delicatesen es una reliquia de cuando el barrio de Yorkville era un enclave mayoritariamente alemán. Vende más de 15 variedades de salchichas elaboradas en su fábrica de Queens, como las clásicas alemanas *bauernwurst* y *weisswurst*, *bratwurst* de pollo o *cheddar*, *bangers* irlandesas, *kielbasa* polaca, etc., y productos europeos de importación como quesos, encurtidos, condimentos, chocolate, vino y cerveza.

Al lado tiene un pequeño "bar de salchichas", el **Schaller's Stube** (plano p. 438; ☎646-726-4355; www.schallerstube.com; 1652 Second Ave esq. E 86th St; salchichas 7-14 US$; 🕒11.00-23.00 lu-sa, 12.00-18.00 do; [S]Q, 4/5/6 hasta 86th St), que las sirve en *brioche* con una gran variedad de guarniciones.

LA ESQUINA TAQUERÍA MEXICANA **$**

plano p. 438 (The Corner; ☎646-861-3356; www.esquinanyc.com; 1420 Second Ave esq. E 73rd St; tacos 3,75-4,25 US$, tortas 8,50-9,75 US$; 🕒11.00-22.00 do-ju, hasta 23.00 vi y sa; ✎; [S]Q hasta 72nd St) Nueva cadena de taquerías de moda con una decoración retro muy bien diseñada e inspirada en las cafeterías de los años cincuenta. La carta mexicana está llena de versiones modernas pero auténticas de delicias mexicanas. Abarrotado y económico.

EARL'S BEER & CHEESE AMERICANA **$**

plano p. 438 (☎212-289-1581; www.earlsny.com; 1259 Park Ave, entre E 97th St y 98th St; queso gratinado 8 US$; 🕒11.00-24.00 do-ju, hasta 2.00 vi y sa; [S]6 hasta 96th St) Este pequeño local de comida casera regentado por unos hermanos tiene un aire cazador *hipster*, con su gran mural de un ciervo en el bosque y una cabeza de ciervo en la pared. El sándwich de queso sencillo, servido con panceta, huevo frito y *kimchi*, es un sospechoso paradigma. También sirve macarrones con queso y tacos. Destacan las buenas cervezas artesanales y el rico menú del *brunch* (huevos a la benedictina, yogur y granola casera).

EL AGUILA MEXICANA **$**

plano p. 438 (☎212-426-2221; www.elaguilanewyorkrestaurant.com; 1634 Lexington Ave con 103rd St; tacos desde 3 US$, burritos 8 US$; 🕒10.00-23.00; [S]6 hasta 103rd St) Taquería sencilla y decorada con azulejos, ideal para tomar unos tacos festivos y baratos de pollo, lengua y *bistec*. También hay otras sabrosas alternativas, como tamales, tostadas, tortas y burritos vegetales, y todo se sirve con acompañamiento de canciones mexicanas a todo volumen. Si el viajero acude a desayunar, se recomienda el pan dulce (bollo dulce típico mexicano).

★CAFÉ SABARSKY AUSTRIACA **$$**

plano p. 438 (☎212-288-0665; www.neuegalerie.org/cafes/sabarsky; 1048 Fifth Ave esq. E 86th St; ppales. 18-30 US$; 🕒9.00-18.00 lu y mi, hasta 21.00 ju-do; ✎; [S]4/5/6 hasta 86th St) En esta conocida cafetería que evoca la opulencia vienesa de principios de siglo suele haber colas. Pero vale la pena esperar para saborear sus especialidades austríacas muy bien ejecutadas. Destacan las creps de trucha ahumada, la sopa de *gulash* y el *bratswurt* asado. También cuenta con una deliciosa lista de dulces.

UP THAI TAILANDESA **$$**

plano p. 438 (☎212-256-1199; www.upthainyc.com; 1411 Second Ave, entre E 73rd St y 74th St; ppales. 12-28 US$; 🕒11.30-22.30 lu-ju, hasta 23.30 vi, 12.00-23.30 sa, hasta 22.30 do; ✎; [S]Q hasta 72nd St; 6 hasta 77th St) El mejor restaurante tailandés del Upper East Side es este estrecho pero bien diseñado local, que sirve una mezcla de recetas tradicionales e innovadoras en un local de estilo industrial con vigas a la vista. Cierra todos los días de 16.00 a 17.00.

BEYOGLU TURCA **$$**

plano p. 438 (☎212-650-0850; 1431 Third Ave esq. E 81st St; ppales. 15-22 US$, platos compartidos 6-12 US$; 🕒12.00-22.30 do-ju, hasta 23.00 vi y sa; ✎; [S]6 hasta 77th St; 4/5/6, Q hasta 86th St) Veterano favorito de los fans de la comida mediterránea de Upper East Side. Sirve bandejas de *mezze* (entrantes) ideales para compartir, un *hummus* rico, jugosos kebabs. El interior es espacioso y acogedor, aunque los días soleados hay mesas en la acera. Magnífica selección de vinos.

CANDLE CAFE VEGANA **$$**

plano p. 438 (☎212-472-0970; www.candlecafe.com; 1307 Third Ave, entre E 74th St y 75th St; ppales. 15-22 US$; 🕒11.30-22.30 lu-sa, hasta 21.30 do; ✎; [S]Q hasta 72nd St-2º Ave) Esta cafetería vegana ofrece una larga carta con sándwiches, ensaladas, comida casera y cocina de mercado. La especialidad es el *seitan* casero. Si se desea lo mismo pero más selecto, se recomienda el **Candle 79** (plano p. 438; ☎212-537-7179; www.candle79.com; 154 E 79th St esq. Lexington Ave; ppales. 20-25 US$; 🕒12.00-15.30 y 5:30-22.30 lu-sa, hasta 16.00 y 22.00 do; ✎; [S]6 hasta 77th St), a cuatro manzanas.

★TANOSHI SUSHI **$$$**

plano p. 438 (☎917-265-8254; www.tanoshisushinyc.com; 1372 York Ave, entre E 73rd St y 74th St; selección de *sushi* del chef 80-100 US$; 🕒taburetes 18.00, 19.30 y 21.00 lu-sa; [S]Q hasta 72nd St

Circuito a pie
Películas inolvidables de Manhattan

INICIO BLOOMINGDALE'S
FINAL METROPOLITAN MUSEUM OF ART
DISTANCIA 2 KM; 2 H

En ❶ **Bloomingdale's** (p. 202), Darryl Hannah y Tom Hanks destrozaban televisores en *Splash* (1984) y Dustin Hoffman paró un taxi en *Tootsie* (1982). Al oeste, en el nº 10 E de 60th St, ocupado hoy por un restaurante de lujo, estuvo el ❷ **Copacabana,** un local nocturno donde se veía a Ray Liotta y Lorraine Bracco en *Uno de los nuestros* (1990) y a Sean Penn en *Atrapado por su pasado* (1993).

Siguiendo hacia el oeste se llega a ❸ **Central Park** (p. 221), que aparecía en *Los Tenenbaums. Una familia de genios* (2001), *Cazafantasmas* (1983), *Los teleñecos conquistan Manhattan* (1983), *Descalzos por el parque* (1967) y el clásico de culto *The Warriors, los amos de la noche* (1979). Desde allí, hay que ir hasta Park Ave. En el nº 620 de Park Ave (en 65th St), se halla el edificio que alojaba el ❹ **apartamento de John Malkovich** en *Cómo ser John Malkovich* (1999), de Charlie Kaufman. Y siete manzanas hacia el norte, en 114 E 72nd St está el ❺ **rascacielos** hacia el que Sylvia Miles atraía a Jon Voight en *Cowboy de medianoche* (1969).

Una manzana al este y hacia el sur se halla el 171 E de 71st St, un edificio que apareció en una de las películas más famosas rodadas en Nueva York, donde estaba el ❻ **apartamento de Holly Golightly** en *Desayuno con diamantes* (1961). Siguiendo hacia el este hasta Third Avenue se llega a ❼ **JG Melon,** en la esquina de 74th St, un buen sitio para tomar cerveza y una hamburguesa, y donde se encontraron Dustin Hoffman y Meryl Streep en *Kramer contra Kramer* (1979).

Hacia el oeste se llega a Madison Ave. En el lujoso ❽ **Carlyle Hotel,** en la esquina de 76th St, Woody Allen y Dianne Wiest tuvieron una cita infernal en *Hannah y sus hermanas* (1986). Desde el Carlyle hay un corto paseo al norte y al oeste hasta el ❾ **Metropolitan Museum of Art** (p. 209), en 82nd St y la Quinta Avenida, donde Angie Dickinson mantenía un fatal encuentro en *Vestida para matar* (1980) y Billy Crystal charlaba con Meg Ryan en *Cuando Harry encontró a Sally* (1989).

No es fácil conseguir uno de los 20 taburetes de este popular y diminuto local de *sushi*. Es un sitio humilde, pero los sabores son magníficos. Solo sirve *sushi* y en versión *omakase* (según selección del chef), como vieiras de Hokkaido, salmón real o deliciosos *uni* (erizos de mar). El cliente se trae su propia bebida (cerveza, *sake* o lo que quiera). Hay que reservar con bastante antelación.

BOQUERIA ESPAÑOLA **$$$**

plano p. 438 (☎212-343-2227; www.boquerianyc.com; 1460 Second Ave, entre E 76th St y 77th St; tapas 6-18 US$, paella para 2 48-69 US$; ⏲12.00-22.30 do-ju, 11.00-23.30 vi y sa; ✍; [S] 6 hasta 77th St; Q hasta 72nd St) Animado y querido bar de tapas que alegra Upper East Side con patatas bravas picantes, finas lonchas de jamón ibérico y sabroso pulpo a la plancha. El chef, Marc Vidal, también prepara una exquisita paella de marisco. Se puede regar con una jarra de excelente sangría.

CAFÉ BOULUD FRANCESA **$$$**

plano p. 438 (☎212-772-2600; www.cafeboulud.com/nyc; 20 E 76th St, entre Fifth Ave y Madison Ave; ppales. 45 US$; ⏲7.00-10.30, 12.00-14.30 y 5:45-22.30 lu-vi, desde 8.00 sa y do; ✍; [S] 6 hasta 77th St) Este bistró con estrella Michelin atrae a una clientela formal con su cocina francesa viajada por el mundo. La carta de temporada incluye platos clásicos como el *coq au vin* y otros más innovadores, como vieiras crudas con *miso* blanco. Los gastrónomos con poco presupuesto disfrutarán del almuerzo de tres platos (45 US$; 2 platos 39 US$).

El vecino **Bar Pleiades** (plano p. 438; ☎212-772-2600; www.barpleiades.com; 20 E 76th St, entre Fifth Ave y Madison Ave; ⏲12.00-24.00; [S] 6 hasta 77th St), con 40 asientos, sirve cócteles de temporada junto con una completa carta de bar (p. ej. ostras o salchichas de pato e hinojo). Hay *jazz* en directo las noches de los viernes (de 21.00 a 24.00).

VIA QUADRONNO CAFÉ **$$$**

plano p. 438 (☎212-650-9880; www.viaquadronno.com; 25 E 73rd St, entre Madison Ave y Fifth Ave; sándwiches 8-15 US$, ppales. 23-40 US$; ⏲8.00-23.00 lu-vi, desde 9.00 sa, 10.00-21.00 do; ✍; [S] 6 hasta 77th St) Un pedacito de Italia transportado a Nueva York, este acogedor café-bistró sirve exquisitos cafés y una impresionante selección de sándwiches con ingredientes deliciosos, como el *prosciutto* y el camembert. También tienen sopas, pasta y una lasaña del día muy solicitada. Si apetece un capricho se puede pedir una *fondue* de queso o de carne para dos.

En el mostrador de granito también sirven cafés y tentempiés rápidos.

🍷 DÓNDE BEBER Y VIDA NOCTURNA

Las opciones para beber en el Upper East Side han sido tradicionalmente locales lujosos y caros o bares deportivos estudiantiles (donde se practican juegos de beber, como el *beer pong*). Pero los tiempos están cambiando y en los últimos años han abierto coctelerías modernas al estilo del centro y gastrobares elegantes.

CALEDONIA BAR

plano p. 438 (☎212-734-4300; www.caledoniabar.com; 1609 Second Ave, entre E 83rd St y 84th St; [S] Q, 4/5/6 hasta 86th St) El nombre de este bar de madera oscura y a media luz es una pista clara: está dedicado al *whisky* escocés y tiene más de un centenar de maltas para escoger (Highlands, Islands, Islay, Lowlands o Speyside), así como algunos de mezcla e incluso unos cuantos de EE UU, Irlanda y Japón. Los camareros conocen su oficio y estarán encantados de aconsejar.

ETHYL'S ALCOHOL & FOOD BAR

plano p. 438 (☎212-300-4132; www.ethylsnyc.com; 1629 2nd Ave, entre E 84th St y 85th St; ⏲16.00-4.00 lu-vi, desde 12.00 sa y do) Este original bar inspirado en los años setenta recuerda la ruda y artística Nueva York de antes de que el famoso club *punk* CBGB se convirtiera en una tienda de moda. Todas las noches hay música de las décadas de 1960 y 1970, interpretada por grupos o DJ, así como gogós y algún espectáculo de *burlesque*. La bebida circula siempre hasta las 4.00, cosa rara en esta parte de la ciudad.

BEMELMANS BAR LOUNGE

plano p. 438 (☎212-744-1600; www.thecarlyle.com; Carlyle Hotel, 35 E 76th St esq. Madison Ave; ⏲12.00-1.00; [S] 6 hasta 77th St) Legendario bar con bancos de cuero color chocolate y una excelsa elegancia tradicional, donde los camareros llevan chaqueta blanca, un pianista toca el piano de media cola y en el techo hay pan de oro de 24 quilates. En las paredes hay unos preciosos murales del famoso creador de los libros de *Madeline*, Ludwig Bemelman, que da nombre al bar.

Antes de las 21.00 no se paga entrada (15-35 US$/persona).

SEAMSTRESS
BAR

plano p. 438 (📞212-288-8033; www.seamstress ny.com; 339 E 75th St, entre First Ave y Second Ave; ⏰17.30-24.00 do-ju, hasta 2.00 vi y sa; 🚇Q hasta 72nd St; 6 hasta 77th St) Esta rarísima joya de la zona alta sirve cócteles artesanos y comida de *pub* de temporada, en un entorno sin televisores que parece más propio de Downtown. Resulta agradable sentarse en la barra o llegar pronto y optar por una banqueta de piel, y comer ostras o una hamburguesa de cordero mientras se saborean brebajes complejos.

UVA
BAR DE VINOS

plano p. 438 (📞212-472-4552; www.uvanyc.com; 1486 Second Ave, entre E 77th St y 78th St; ⏰16.00-2.00 lu-vi, desde 11.00 sa, 11.00-1.00 do; 🚇6 hasta 77th St) Paredes rústicas de obra vista, arañas de luz suave y suelos desgastados dan a este animado restaurante y bar de copas un aire de vieja taberna europea. Hay varios vinos por copas (desde 9 US$) y catas de vinos (antes de las 19.00), que permiten probar una selección de variedades (sobre todo italianas). En verano se recomienda la preciosa terraza trasera.

DAISY
BAR

plano p. 438 (📞646-964-5756; www.thedaisync. com; 1641 Second Ave esq. E 85th St; ⏰16.00-2.00 lu-vi, 11.00-4.00 sa y do; 🚇Q, 4/5/6 hasta 86th St) Este elegante gastrobar sirve cócteles artesanales y platos de temporada creativos, como patatas en grasa de pato o filete tártaro. A diferencia de muchos otros bares del Upper East Side, en este no hay televisor ni grupos de fiesteros bulliciosos: es un sitio tranquilo y a media luz, con detalles *art déco*, buena música, camareros expertos y una clientela agradable.

DRUNKEN MUNKEY
LOUNGE

plano p. 438 (📞646-998-4600; www.drunken munkeynyc.com; 338 E 92nd St, entre First Ave y Second Ave; ⏰16.30-2.00 lu-ju, hasta 3.00 vi, 11.00-3.00 sa, hasta 2.00 do; 🚇Q, 6 hasta 96th St) Divertido bar inspirado en la Bombay colonial, con pomos de pelotas de críquet y camareros vestidos de manera desenfadada. Las lámparas de monos pueden ser algo extravagantes, pero los cócteles artesanos y los sabrosos curris son una maravilla. La

bebida de la casa, por supuesto, es la ginebra.

AUCTION HOUSE
BAR

plano p. 438 (📞212-427-4458; www.theauction housenyc.com; 300 E 89th St, en Second Ave; ⏰19.30-2.00 do-ju, hasta 4.00 vi y sa; 🚇Q hasta 86th St) Las puertas de color rojo oscuro conducen a un local iluminado con velas, ideal para una copa relajante. Sofás de estilo victoriano y sillones mullidos se reparten por las salas con suelos de madera. Es estupendo sentarse junto a la chimenea con una copa y contemplar la escena reflejada en los espejos de marcos dorados que cuelgan de las paredes.

IRVING FARM ROASTERS
CAFÉ

plano p. 438 (📞646-861-2949; www.irvingfarm. com; 1424 Third Ave esq. E 81st St; ⏰10.00-20.00 lu-vi, desde 11.00 sa y do; 🚇6 hasta 77th St; 4/5 hasta 86th St) Cafetería artesanal pionera en Nueva York que tuesta su café en una pequeña localidad a 158 km, en el norte del estado. Sirve expresos con cuerpo y cafés de filtro de un solo origen, además de una pequeña pero sabrosa carta de cafetería. Posee un espacioso comedor en la parte trasera y es el más grande de los nueve locales que la empresa tiene en Manhattan. Sigue la política "sin wifi": hay que llevar un libro.

SANT AMBROEUS
CAFÉ

plano p. 438 (📞212-339-4051; www.santambroeus. com; entrada de E 61st St, 540 Park Ave, Loews Regency Hotel; ⏰7.00-20.00 lu-vi, desde 8.00 sa y do; 🚇F, Q hasta Lexington Ave-63rd St; 4/5/6 hasta 59th St) Cafetería con mostradores de mármol color óxido para disfrutar de un expreso de pie a la manera italiana. El bar-cafetería del **restaurante** milanés homónimo (plano p. 438; 📞212-570-2211; www. santambroeus.com; 1000 Madison Ave, entre E 77th St y 78th St; panini 14-19 US$; ppales. 26-69 US$; ⏰7.00-23.00 lu-vi, desde 8.00 sa y do; 🖋; 🚇6 hasta 77th St) ofrece una gran variedad de postres y pastas, así como algunos *panini* especiales de la casa. Aunque está en el Loews Regency Hotel, la entrada se encuentra a la vuelta de la esquina, en 61st St.

OSLO COFFEE ROASTERS
CAFÉ

plano p. 438 (www.oslocoffee.com; 422 E 75th St, entre York Ave y First Ave; café desde 3 US$; ⏰7.00-19.00 lu-vi, desde 8.00 sa y do; 🚇Q hasta 72nd St; 6 hasta 77th St) Este local de los tostaderos de Williamsburg está algo apartado pero prepara unos magníficos cafés, expresos y cafés con leche, todos de comercio justo y ecológicos. La pequeña tienda dispone de pocas mesas, pero enfrente hay unos bancos.

OCIO

92ND STREET Y CENTRO CULTURAL

plano p. 438 (☎212-415-5500; www.92y.org; 1395 Lexington Ave esq. E 92nd St; 👪; [S]Q, 6 hasta 96th St) Además de su amplio espectro de conciertos, actuaciones de danza, lecturas literarias y actos familiares, este centro cultural sin ánimo de lucro ofrece un excelente ciclo de conferencias y charlas. El dramaturgo Edward Albee, el violonchelista Yo-Yo Ma, el cómico Steve Martin y el novelista Salman Rushdie han pisado su escenario.

FRICK COLLECTION CONCERTS MÚSICA CLÁSICA

plano p. 438 (☎212-288-0700; www.frick.org; 1 E 70th St esq. Fifth Ave; 45 US$; ⏲17.00 do; [S]6 hasta 68th St-Hunter College; Q hasta 72nd St) Un domingo al mes, a las 17.00, la opulenta mansión-museo (p. 211) ofrece un concierto con intérpretes de fama mundial, como el violoncelista Yehuda Hanani o el violinista Thomas Zehetmair.

CAFÉ CARLYLE JAZZ

plano p. 438 (☎212-744-1600; www.thecarlyle.com; Carlyle Hotel, 35 E 76th St esq. Madison Ave; entrada con copa 95-215 US$, comida y bebida 25-75 US$; ⏲espectáculo en 20.45 y 22.45; [S]6 hasta 77th St) Este elegante local del Carlyle Hotel presenta a talentos de categoría. Es donde Woody Allen toca el clarinete con la Eddy Davis New Orleans Jazz Band los lunes a las 20.45 (sep-may). Hay que llevar la billetera cargada: la entrada no incluye comida ni bebidas, y hay una consumición mínima. Se impone vestir con "elegancia" (los hombres llevan americana).

COMIC STRIP LIVE HUMOR

plano p. 438 (☎212-861-9386; www.comicstriplive.com; 1568 Second Ave, entre E 81st St y 82nd St; entrada y copa 15-20 US$, más 2 ítems; ⏲espectáculo 20.00 lu-do, y 22.30 vi y sa; [S]Q, 4/5/6 hasta 86th St) En este club han actuado figuras como Chris Rock, Sarah Silverman, Aziz Ansari, Jerry Seinfeld y Ellen DeGeneres. Tal vez no recientemente... Pero casi todas las noches hay algún artista actuando. No obstante, con el alto precio de la comida y la bebida, el cliente tal vez no se ría al ver la cuenta. Hay que reservar.

DE COMPRAS

Madison Ave no es para principiantes. Algunas de las tiendas más ostentosas del mundo se encuentran en el tramo que va de 60th St a 72nd St, incluidas las *boutiques* principales de los mejores diseñadores del mundo, como Gucci, Prada o Cartier. Un puñado de tiendas de depósito venden prendas usadas de diseño. Más al este, en Lexington y la Tercera y Segunda avenidas, hay una serie de comercios más populares, aunque también de categoría, que venden de todo, desde cosméticos y moda a libros y regalos originales.

FLYING TIGER COPENHAGEN REGALOS Y RECUERDOS

plano p. 438 (☎917-388-2812; www.flyingtiger.com; 1282 Third Ave esq. E 74th St; ⏲10.00-20.00 lu-sa, 11.00-18.00 do; [S]Q hasta 72nd St; 6 hasta 77th St) Esta ecléctica tienda de diseño danés vende un sinfín de artículos extravagantes pero útiles. Casi todo vale menos de 5 US$ y los diseños son divertidos: artículos para la casa, materiales de bellas artes, cuadernos, juguetes y juegos, accesorios, etc. Es ideal para encontrar regalos económicos y artículos de viaje de emergencia (p. ej. cables USB, paraguas minis, etc.).

MARY ARNOLD TOYS JUGUETES

plano p. 438 (☎212-744-8510; www.maryarnoldtoys.com; 1178 Lexington Ave, entre E 80th St y 81st St; ⏲9.00-18.00 lu-vi, desde 10.00 sa, 10.00-17.00 do; 👪; [S]4/5/6 hasta 86th St) Varias generaciones de habitantes del Upper East Side han pasado largas horas de su infancia curioseando los abarrotados estantes de esta tienda de juguetes de 1931. En la web anuncian actividades mensuales gratuitas, como la búsqueda del tesoro o sesiones de construcción con Lego.

RICKY'S NYC COSMÉTICOS

plano p. 438 (☎212-988-2291; www.rickysnyc.com; 1425 Second Ave esq. E 74th St; ⏲9.00-21.00 lu-sa, 10.00-20.00 do; [S]Q hasta 72nd St) Es uno de los numerosos locales de esta clásica tienda de belleza de Nueva York. Vende una gran variedad de productos de maquillaje, tratamientos faciales y capilares de todo el mundo (de marcas como NYX, Klorane y OPI), además de accesorios y aparatos de calidad profesional. También tiene una sección de regalos originales y divertidos, y en Halloween es la tienda de referencia donde comprar disfraces y maquillajes de teatro.

DIPTYQUE
PERFUMES

plano p. 438 (☎212-879-3330; www.diptyquepa ris.com; 971 Madison Ave esq. E 76th St; ☺10.00-19.00 lu-sa, 12.00-18.00 do; ⓢ6 hasta 77th St) De este oasis olfativo uno sale oliendo a rosas, glicina, jazmín, ciprés o sándalo. La empresa parisina Diptyque crea sus perfumes exclusivos desde 1961, mediante combinaciones innovadoras de plantas, maderas y flores. Además de perfumes y otras fragancias personales (la favorita del autor es la amaderada Tam Dao), también tiene una gran variedad de velas, lociones y jabones.

JACADI
ROPA INFANTIL

plano p. 438 (☎212-717-9292; www.jacadi.us; 1260 Third Ave, entre E 72nd St y 73rd St; ☺10.00-18.00 lu-sa, 11.30-17.30 do; ♿; ⓢQ hasta 72nd St; 6 hasta 68th St-Hunter College) Los seguidores de la moda no nacen: se hacen. ¿Y qué mejor, para empezar, que unos trapitos de este proveedor parisino de ropa y zapatos infantiles naturalmente elegantes? Cuenta con una gran variedad de prendas de temporada para niños y niñas, desde recién nacidos a adolescentes.

ENCORE
ROPA

plano p. 438 (☎212-879-2850; www.encoreresale. com; 1132 Madison Ave, entre E 84th St y 85th St, 2º piso; ☺10.00-18.30 lu-sa, 12.00-18.00 do; ⓢ4/5/6 hasta 86th St) Los *fashionistas* del barrio vacían sus armarios en esta tienda pionera de depósito y reventa desde 1954. (Incluso Jacqueline Kennedy Onassis vendía sus prendas aquí.) Se puede encontrar una selección de artículos poco usados de primeras marcas como Louboutin, Fendi o Dior. Los precios son elevados pero mucho mejores que en las tiendas minoristas.

MICHAEL'S
ROPA

plano p. 438 (☎212-737-7273; www.michaelscon signment.com; 1041 Madison Ave, entre E 79th St y 80th St, 2º piso; ☺10.00-18.00 lu-sa, hasta 20.00 ju; ⓢ6 hasta 77th St) En funcionamiento desde de la década de 1950, esta prestigiosa tienda de segunda mano del Upper East Side vende marcas de lujo, como Chanel, Gucci o Prada, y posee un estante entero con zapatos de tacón de Jimmy Choo. Casi todo lo expuesto tiene menos de dos años. Es cara, pero más barata que las tiendas originales de Madison Ave.

SHAKESPEARE & CO
LIBROS

plano p. 438 (☎212-772-3400; www.shakeandco. com; 939 Lexington Ave esq. E 69th St; ☺7.30-20.00 lu-vi, 8.00-19.00 sa, 9.00-18.00 do; ☏; ⓢ6 hasta 68th St) Conocida librería que, aunque no tiene nada que ver con la de París, es una de las grandes opciones independientes de Nueva York. Posee una gran variedad de libros de ficción y no ficción contemporánea, arte e historia local, una pequeña pero exclusiva colección de publicaciones periódicas y una máquina Espresso que imprime libros como churros, previa solicitud. La pequeña cafetería delantera sirve café, té y comidas ligeras.

DEPORTES Y ACTIVIDADES

ART FARM IN THE CITY
PARQUE INFANTIL

plano p. 438 (☎212-410-3117; www.theartfarms. org/afic; 419 E 91st St, entre First Ave y York Ave; por niño Open Play/Fun Friday 20/45 US$; ☺Open Play 12.30-15.30 lu-ju, Fun Fridays 9.30-11.30 vi; ♿; ⓢQ hasta 96th St) Cuando los pequeños se cansen de museos, en este centro podrán cargar las pilas. En el Open Play Time (6 meses-8 años) hay arte y artesanía, y los niños pueden tocar a los animales de la casa, mientras que el Fun Friday (18 meses-8 años) incluye también cocina y canciones. Todos los niños deben ir acompañados de un adulto.

Upper West Side y Central Park

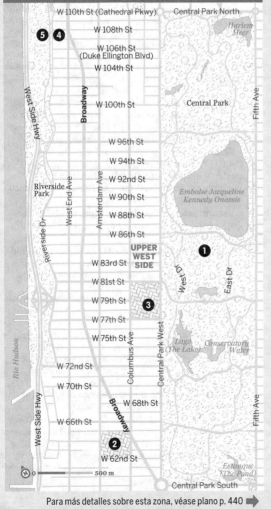

Lo mejor

1 Central Park (p. 221) Escapar de la frenética locura urbana con un pícnic en Sheep Meadow, un paseo en barca por el lago y a pie por el fabuloso Literary Walk.

2 Lincoln Center (p. 223) Ahondar en las diversas disciplinas artísticas en este centro de primer nivel que ofrece una de las mejores programaciones del mundo de ópera, *ballet,* música clásica, cine y teatro.

3 American Museum of Natural History (p. 225) Caminar junto a uno de los mayores dinosaurios del mundo y pasar la mano por la rugosa superficie del meteorito más grande de EE UU.

4 Nicholas Roerich Museum (p. 225) Peregrinar al Tíbet a través de la mente de un hombre extraordinario, y todo ello dentro de una preciosa casa urbana del s. XIX.

5 Riverside Park (p. 224) Correr, pedalear o simplemente caminar por el paseo ribereño del Hudson mientras el sol se pone sobre la otra orilla.

Para más detalles sobre esta zona, véase plano p. 440 ➡

Consejo de Lonely Planet

La mejor forma de cubrir los 3,4 km² de Central Park es alquilar una bicicleta, p. ej. en Bike & Roll (p. 232), Toga Bike Shop (p. 233) y Champion Bicycles (p. 233). La ruta circular completa por Central Park mide 10 km y comprende de terrenos llanos y accidentados, en especial la mitad norte. En la web de Central Park Conservancy (www. centralparknyc.org) se hallará más información y un plano de los caminos del parque.

Los mejores restaurantes

➡ Jacob's Pickles (p. 227)
➡ Burke & Wills (p. 228)
➡ Peacefood Cafe (p. 226)
➡ Kefi (p. 227)
➡ Dovetail (p. 228)

Para reseñas, véase p. 225 ➡

Los mejores bares

➡ Manhattan Cricket Club (p. 228)
➡ Dead Poet (p. 229)
➡ West End Hall (p. 229)
➡ West 79th Street Boat Basin Café (p. 226)

Para reseñas, véase p. 228 ➡

◉ Las mejores salas de música en directo

➡ Metropolitan Opera House (p. 229)
➡ SummerStage (p. 224)
➡ Smoke (p. 230)
➡ Cleopatra's Needle (p. 230)
➡ Beacon Theatre (p. 230)

Para reseñas, véase p. 229 ➡

Explorar Upper West Side y Central Park

La parte centrooccidental de Manhattan ofrece una gran cantidad de terreno para recorrer, de modo que lo mejor sería decidir qué se desea ver. Con niños, toca visitar el American Museum of Natural History (p. 225) y luego pasear por el gigantesco Central Park (p. 221). La calle paralela al parque, Central Park West, está bordeada de majestuosos edificios de apartamentos. Si las artes escénicas son una de las prioridades del viajero, debe acudir al Lincoln Center (p. 223), donde la Metropolitan Opera, la New York Philharmonic y el New York City Ballet ofrecen emocionantes dosis de cultura. Pero si su idea del disfrute es sencillamente pasear por un barrio, entonces puede visitar los lugares de interés de los años setenta en Broadway y alrededores. Si la preferencia son los espacios verdes y tranquilos, el Riverside Park (p. 224) es perfecto para dar un agradable y largo paseo con vistas al río Hudson.

Vida local

➡ **Comprar pescado** Salmón ahumado a la leña, arenques en escabeche o carnoso esturión: no hay nada más típico del Upper West Side que comprar las exquisiteces de pescado del Zabar's (p. 231) y el Barney Greengrass (p. 227).

➡ **Relax Central** Se puede detectar a los turistas en Central Park (p. 221) porque van apresurados de un punto de interés a otro. Para sentirse como un neoyorquino, no hay más que elegir un trozo de césped con buenas vistas y dejarse llevar.

➡ **Ver una peli** Los cinéfilos acérrimos de Manhattan disponen de buen cine en la Film Society of Lincoln Center (p. 223).

➡ **Piscolabis madrugador** No hay nada más neoyorquino que rebajar los daños etílicos de la noche con un perrito caliente de Gray's Papaya (p. 226) de madrugada.

Cómo llegar y salir

➡ **Metro** Las líneas 1, 2 y 3 son indicadas para llegar a destinos entre Broadway y el río, mientras que los trenes B y C son los mejores para ir a los museos y a Central Park. Los A/C, B/D y 1 paran en Columbus Circle y 59th St, en la esquina suroeste de Central Park, y desde allí se dirigen al norte; la línea N/R/W va hacia el sureste. La 2 y la 3 paran en la entrada norte, en Harlem.

➡ **Autobús** El M104 circula por Broadway, y el M10, por el pintoresco borde occidental del parque. Las rutas que cruzan la ciudad por las calles 66th, 72nd, 79th, 86th y 96th atraviesan el parque hacia Upper East Side, parando en Central Park West y la Quinta Avenida, pero no dentro del parque.

PRINCIPALES PUNTOS DE INTERÉS
CENTRAL PARK

Con sus más de 320 Ha de pintorescos prados, estanques y bosques, Central Park podría parecer Manhattan en estado natural. Pero el parque, diseñado por Frederick Law Olmsted y Calvert Vaux, es el resultado de un ingente trabajo de ingeniería: miles de obreros transportaron 10 millones de carretadas de tierra para transformar un cenagal rocoso en el oasis actual.

Creación de un parque

En la década de 1850, esta zona de Manhattan estaba ocupada por granjas, un vertedero, un hervidero de huesos y un poblado afroamericano. Hicieron falta 20 000 peones y dos décadas para transformarla en un parque. Hoy cuenta con más de 24 000 árboles, 500 m² de bosque, 21 zonas de recreo y 7 cuerpos de agua y más de 38 millones de visitas al año.

Bethesda Terrace y el Mall

Las arcadas de la **Bethesda Terrace** (plano p. 440; 66th hasta 72nd St; [S]B, C hasta 72nd St), coronadas por la **fuente de Bethesda** (plano p. 440; [S]B, C hasta 72nd St), son un punto de encuentro para los neoyorquinos. Al sur está **el Mall** (que aparece en innumerables películas), un paseo bordeado de viejos olmos americanos. Su tramo sur, conocido como **Literary Walk** (plano p. 440; entre 67th St y 72nd St; [S]N/R/W hasta 5th Ave-59th St), está bordeado de estatuas de escritores famosos.

Zoo de Central Park

Oficialmente llamado Central Park Wildlife Center, aunque nadie lo llama así, este pequeño **zoo** (plano p. 440; ☎212-439-6500; www.centralparkzoo.com; 64th St con Fifth Ave; adultos/niños 12/7 US$; ⏲10.00-17.00 lu-vi, hasta 5:30 sa y do; 👪; [S]N/Q/R hasta 5th Ave-59th St) alberga pingüinos, leopardos de las nieves, ranas venenosas y pandas rojos. Ver cómo alimentan a los

INDISPENSABLE

- El Mall
- El embalse
- Fuente de Bethesda
- Conservatory Garden

DATOS PRÁCTICOS

- plano p. 440, D5
- www.centralparknyc.org
- 59th St hasta 110th St, entre Central Park West y Fifth Ave
- ⏲6.00-1.00
- 👪

CONSERVATORY GARDEN

Si se busca un poco de paz y tranquilidad sin corredores, ciclistas ni músicos ambulantes, el **Conservatory Garden** (plano p. 440; Fifth Ave en 105th St; ⌚8.00-17.00 nov-feb, hasta 18.00 mar y oct, hasta 19.00 abr y sep, hasta 19.30 o 20.00 ago, hasta 20.00 may-jul; [S]6 hasta 103rd St), de 2,4 Ha, es una de las zonas tranquilas oficiales. Y además es preciosa.

NORTH WOODS Y BLOCKHOUSE

En North Woods, en el lado oeste, entre 106th St y 110th St, está el edificio más antiguo del parque: la **Blockhouse** (plano p. 440; www.centralparknyc.org; Central Park, cerca de 108th St y Central Park West), una fortificación militar de la guerra de 1812.

VISITAR EL PARQUE

Se pueden realizar recorridos guiados (algunos gratis) a través de **Central Park Conservancy** (plano p. 432; ☎212-310-6600; www.centralparknyc.org/tours; 14 E 60th St, entre Madison Ave y Fifth Ave; [S]N/R/W hasta 5th Ave-59th St), una organización sin ánimo de lucro que ayuda al mantenimiento del parque. También ofrece rutas personalizadas.

leones marinos y los pingüinos es todo un espectáculo. El contiguo zoo infantil **Tisch Children's Zoo** (plano p. 440; ☎212-439-6500; www.centralparkzoo.com; con W 65th y Fifth Ave; adultos/niños 12/7 US$; ⌚10.00-17.00 lu-vi, hasta 17.30 sa y do; 👪; [S]N/Q/R hasta 5th Ave-59th St) cuenta con alpacas y cabras enanas nigerianas, y es ideal para los más pequeños.

Conservatory Water y Alicia en el País de las Maravillas

Al norte del zoo (en 74th St), la deriva mece a los veleros en miniatura y los niños trepan a una escultura de *Alicia en el País de las Maravillas,* sentada sobre una seta gigante. Los sábados de junio a septiembre entre 11.00 y 12.00 se narran cuentos (www.hcastorycenter.org) junto a la estatua de Hans Christian Andersen, al oeste del estanque.

Great Lawn y Ramble

La **Great Lawn** (plano p. 440; entre 79th y 86th Sts; ⌚med abr-med nov; [S]B, C hasta 86th St) es un inmenso prado color esmeralda, situado en el centro del parque y rodeado por campos de béisbol y plátanos de sombra (Simon & Garfunkel dieron aquí su famoso concierto en 1981). Al sureste está el **Delacorte Theater** (plano p. 440; www.publictheater.org; entrada por W 81st St; [S]B, C hasta 81st St), que cada año acoge el festival Shakespeare in the Park, así como el castillo de Belvedere (p. 232), un mirador para avistar pájaros. Más al sur está el frondoso **Ramble** (plano p. 440; parque desde 73rd St hasta 79th St; [S]B,C hasta 81st St), muy popular para la observación de aves. En el extremo sureste se encuentra Loeb Boathouse (p. 233), un restaurante junto al agua donde también se pueden alquilar barcas de remos y paseos en góndola.

Embalse Jacqueline Kennedy Onassis

Ocupa casi todo el ancho del parque (en 90th St) y ofrece un espléndido reflejo de la silueta de la ciudad. Está rodeado por un circuito de 2,5 km que atrae a hordas de corredores. No muy lejos, en 90th St esq. Quinta Avenida, se halla la estatua de Fred Lebow, fundador de la maratón de Nueva York, mirando su reloj.

Strawberry Fields

Este **jardín** en forma de lágrima (plano p. 440; en 72nd St en la zona oeste; [S]A/C, B hasta 72nd St) sirve de monumento al malogrado beatle John Lennon, que vivió al otro lado de la calle en el **edificio residencial Dakota** (plano p. 440; 1 W 72nd St; [S]B, C hasta 72nd St). El jardín, que fue financiado por su viuda Yoko Ono, está formado por un bosque de olmos y un mosaico con una única palabra: "Imagine".

PRINCIPALES PUNTOS DE INTERÉS
LINCOLN CENTER

Esta contundente composición de relucientes templos modernistas contiene algunos de los espacios escénicos más importantes de Manhattan, donde se ofrece lo mejor de Nueva York en ópera, *ballet* y música sinfónica. En este recinto de 6,5 Ha y alrededores se encuentran también dos teatros, dos multicines y la Julliard School, de prestigio mundial.

INDISPENSABLE

➡ Fuente Revson
➡ Murales
de Marc Chagall
➡ Asistir a una función

DATOS PRÁCTICOS

➡ plano p. 440, B7
➡ ☎212-875-5456, circuitos 212-875-5350
➡ www.lincolncenter.org
➡ Columbus Ave, entre W 62nd St y 66th St
➡ circuitos adultos/estudiantes 25/20 US$
➡ ⏱circuitos 11.30 y 13.30 lu-sa, 15.00 do
➡ 🚻
➡ Ⓢ1 hasta 66th St-Lincoln Center

Una historia de construcción y reconstrucción

Este imponente complejo se construyó en la década de 1960 en el solar de un antiguo barrio residencial predominantemente afroamericano llamado San Juan Hill, donde se filmaron los exteriores de la película *West Side Story* y que fue alegremente demolido por el urbanista Robert Moses. Además de suponer un controvertido movimiento urbanístico, el Lincoln Center tampoco fue muy bien recibido en el ámbito arquitectónico: su diseño conservador, su aire de fortaleza y su deficiente acústica fueron motivo de constantes críticas. En el 50° aniversario del centro (2009-2010), Diller Scofidio + Renfro y otros arquitectos le hicieron al complejo un lavado de cara muy bien recibido por la crítica.

Lo más destacado

Es imprescindible ver los tres edificios clásicos que rodean la fuente Revson central: la **Metropolitan Opera,** cuyas paredes del vestíbulo están decoradas con los murales de saturados colores del pintor Marc Chagall, el **David Geffen Hall** y el **David H Koch Theater,** diseñado por Philip Johnson. Todos están en la plaza principal, en Columbus Ave entre 62nd St y 65th St. La **fuente Revson** es espectacular por la noche, cuando ofrece un espectáculo de luces tipo Las Vegas.

De las estructuras renovadas, interesa ver el Alice Tully Hall, que ahora presenta una angulosa fachada translúcida muy contemporánea, y el **David Rubenstein Atrium** (plano p. 440; ☎212-721-6500; http://atrium.lincolncenter.org; 61 W 62nd St, en Broadway; ⏱atrio 8.00-22.00 lu-vi, 9.00-22.00 sa y do, taquilla 12.00-19.00 ma-sa, hasta 17.00 do), un espacio público con una zona de descanso con wifi gratis, una cafetería, un mostrador de información y una taquilla que vende entradas con descuento para los espectáculos del día en el Lincoln Center. Los jueves por la noche hay actuaciones gratuitas.

Actuaciones y proyecciones

Todas las noches hay al menos 10 actuaciones programadas, incluso más en verano, gracias al Lincoln Center Out of Doors (serie de conciertos de danza y música) y el Midsummer Night Swing (baile de salón bajo las estrellas). Para detalles sobre las entradas y los programas, que incluyen ópera, danza, teatro y *ballet,* véase la web del Lincoln Center.

PUNTOS DE INTERÉS

CENTRAL PARK PARQUE

Véase p. 221.

LINCOLN CENTER CENTRO DE ARTES ESCÉNICAS

Véase p. 223.

STRAUS PARK PARQUE

plano p. 440 (www.nycgovparks.org; Broadway entre 106th St y 107th St; [S]1 hasta 103rd St o 110th St) Este pequeño triángulo con árboles está dedicado a la memoria de Ida e Isidor Straus, un matrimonio adinerado (Isidor era el dueño de Macy's) que murieron juntos en 1912 en la catástrofe del *Titanic* porque Ida insistió en quedarse con su esposo en vez de subir a un bote salvavidas. En la exedra de granito hay una cita bíblica: "Amados y queridos fueron en su vida, y en su muerte no fueron separados". Sus bancos a la sombra son un rincón del barrio muy buscado cuando hace calor.

NEW-YORK HISTORICAL SOCIETY MUSEO

plano p. 440 (☎212-873-3400; www.nyhistory.org; 170 Central Park West con W 77th St; adultos/niños 20/6 US$, con donativo 18.00-20.00 vi, biblioteca gratis; 🕘10.00-18.00 ma-ju y sa, hasta 20.00 vi, 11.00-17.00 do; 👪; [S]B, C hasta 81st St-Museum of Natural History) Fundado en 1804 para conservar los objetos históricos y culturales de la ciudad, es el museo más antiguo. Su colección de más de 60 000 objetos es curiosa y fascinante e incluye de todo, desde la silla de la investidura de George Washington hasta un plato para helado de Tiffany del s. XIX, así como una notable colección de pinturas de la escuela del río Hudson. Sin embargo, no es un museo aburrido y ha entrado en el s. XXI con un vigor y un propósito renovados.

Rediseñado con una estética elegante y moderna y un especial interés en la tecnología interactiva, el edificio contiene varios museos. La 4ª planta está ocupada por el envolvente Center for Women's History, el único de su clase en un museo americano importante, y que forma parte del remodelado Henry Luce III Center. También posee un museo infantil, conferencias y otras actividades educativas.

Entre otros tesoros notables de la colección permanente destacan una pierna ortopédica usada por el presidente Franklin D. Roosevelt, un banco mecánico del s. XIX en el que un personaje político se introduce monedas en el bolsillo y la puerta del fotógrafo Jack Stewart, cubierta con dibujos de famosos grafiteros como Tracy 168. En el vestíbulo, el mural de Keith Haring *Pop Shop*, de 1986, decora el techo sobre la mesa de recepción.

RIVERSIDE PARK PARQUE

plano p. 440 (☎212-870-3070; www.riversideparknyc.org; Riverside Dr, entre 68th St y 155th St; 🕘6.00-1.00; 👪; [S]1/2/3 hasta cualquier parada entre 66th St y 157th St) Este espacio ribereño que se extiende al norte por el Upper West Side bordeando el río Hudson desde 59th St hasta 155th St es una exuberante belleza clásica diseñada por los creadores del Central Park, Frederick Law Olmsted y Calvert Vaux. Es apreciado por las familias por sus abundantes senderos para bicicletas, áreas infantiles y pistas para perros. Desde el parque se dominan atractivas vistas de la orilla de Jersey.

De finales de marzo a octubre, si el tiempo lo permite, el animado restaurante ribe-

ESPECTÁCULOS VERANIEGOS EN CENTRAL PARK

En verano, Central Park acoge innumerables eventos culturales, muchos de ellos gratis. Los dos más populares son **Shakespeare in the Park** (www.publictheater.org), gestionado por el Public Theater, y **SummerStage** (www.cityparksfoundation.org/summerstage; Rumsey Playfield, Central Park, acceso vía Fifth Ave y 69th St; 🕘jun-sep; 👪; [S]6 hasta 68th St-Hunter College), una serie de conciertos gratuitos.

Las entradas para el Shakespeare in the Park, que son gratis, se entregan a las 13.00 el mismo día de la función, pero si uno quiere asegurarse asiento deberá ponerse a hacer cola a las 8.00 (llevando algo para sentarse) y con todo el grupo que quiera asistir; los que vienen más tarde no pueden añadirse a la fila. Solo se da una entrada por persona.

El recinto del SummerStage suele abrirse al público 1½ h antes de que empiece el espectáculo. Pero si es una función de mucho éxito, hay que empezar a hacer cola más temprano o no se podrá entrar.

Fundado en 1869, este museo clásico posee una maravillosa colección formada por unos 30 millones de objetos, además de un planetario vanguardista. De octubre a mayo, alberga el Butterfly Conservatory, con más de 500 mariposas de todo el mundo. Sin embargo, es famoso sobre todo por sus salas de fósiles, que contienen cerca de 600 especímenes, incluidos los esqueletos de un enorme mamut y un tiranosaurio.

Hay muchas exposiciones de animales, galerías dedicadas a gemas y un cine IMAX. El Hall of Ocean Life contiene dioramas dedicados a la ecología y la conservación, así como una estimada reproducción de una ballena azul de casi 29 m colgada del techo. En la Grand Gallery de 77th St los visitantes son recibidos por una canoa de 21 m del s. xix tallada por los haida de la Columbia Británica.

Para los amantes del espacio, el Rose Center For Earth & Space es el protagonista. Su fascinante fachada cúbica de cristal, que incluye salas de espectáculos espaciales y el planetario, es un escenario de otro mundo. *Dark Universe*, narrado por Neil deGrasse Tyson, explora los misterios y maravillas del cosmos; se proyecta cada ½ h durante gran parte del día.

INDISPENSABLE

- ➡ Tiranosaurio
- ➡ Hall of Ocean Life
- ➡ Hayden Big Bang Theater

DATOS PRÁCTICOS

- ➡ plano p. 440, C5
- ➡ 📞212-769-5100
- ➡ www.amnh.org
- ➡ Central Park West, en W 79th St
- ➡ entrada sugerida adultos/niños 23/13 US$
- ➡ ⏱10.00-17.45
- ➡ 🚇B, C hasta 81st StMuseum of Natural History; 1 hasta 79th St

*reño West 79th Street Boat Basin Café (p. 226) a la altura de 79th St, ofrece una carta de platos ligeros. Otra opción es el Pier i Café (p. 227), un café al aire libre nueve manzanas al sur.

NICHOLAS ROERICH MUSEUM   MUSEO
plano p. 440 (📞212-864-7752; www.roerich.org; 319 W 107th St, entre Riverside Dr y Broadway; ⏱12.00-17.00 ma-vi, 14.00-17.00 sa y do; 🚇1 hasta Cathedral Pkwy-110th St) GRATIS Este pequeño museo, curioso y fascinante, en una casa de tres pisos de 1898, es uno de los secretos mejor guardados de Manhattan. Exhibe más de 150 cuadros del prolífico poeta, filósofo y pintor ruso Nicholas Konstantinovich Roerich (1874-1947). Sus obras más destacadas son las impresionantes representaciones del Himalaya, donde se instaló con su familia en 1928, las cuales evocan el estilo de Georgia O'Keeffe y Rockwell Kent.

AMERICAN FOLK ART MUSEUM   MUSEO
plano p. 440 (📞212-595-9533; www.folkartmuseum.org; 2 Lincoln Sq, Columbus Ave, entre 65th St y 66th St; ⏱11.30-19.00 ma-ju y sa, 12.00-19.30 vi, 12.00-18.00 do; 🚇1 hasta 66th St-Lincoln Center) GRATIS Esta pequeña institución ofrece

exposiciones variadas que llenan sus tres galerías. En el pasado se han dedicado a las colchas realizadas con telas militares por los soldados del s. xix, a la moda en el arte popular y a retratos póstumos de EE UU. La tienda de regalos es un tesoro de artículos artísticos únicos: libros, joyas, accesorios, bufandas, decoración, etc. Hay música gratis los miércoles (14.00) y viernes (17.30).

Durante los meses de noviembre y diciembre, el museo abre los lunes de 11.30 a 19.00.

 ## DÓNDE COMER

Aunque no sea un destino gastronómico en sí, esta enorme sección de Manhattan se las ingenia para servir de todo, desde *bagels* tradicionales a lujosas *cassoulets* francesas o lo último de la nueva cocina americana. También es una zona ideal para comprar comida fresca para montar un pícnic: en Zabar's (p. 231) o Whole Foods (p. 270), en el sótano del Time Warner Center, es posible abastecerse de exquisiteces para devorar en Central Park.

CAFE LALO
POSTRES $

plano p. 440 (☎212-496-6031; www.cafelalo.com; 201 W 83rd St, entre Amsterdam y Columbus Ave; postres alrededor de 10 US$; 🕒9.00-1.00 do-ju, hasta 3.00 vi y sa; [S]1 hasta 79th St; B, C hasta 81st St-Museum of Natural History) Los carteles franceses antiguos y las mesas de mármol hacen que este veterano local de citas del Upper West Side parezca una cafetería parisina. Pero más allá de la decoración, uno acude por la alucinante variedad de postres para elegir (si se puede): 27 tartas, 23 sabores de tarta de queso, nueve pasteles distintos, una docena de tartas de frutas, galletas, pastas, sabayón, *mousse* de chocolate, etc.

También tienen *fondue* de chocolate con fruta fresca y desecada (para dos). El *affogato* ("ahogado"), dulce y estimulante, es helado de vainilla con café expreso y coñac. Los celiacos no se sentirán excluidos, pues hay un montón de dulces sin gluten.

ÉPICERIE BOULUD
CHARCUTERÍA, FRANCESA $

plano p. 440 (☎212-595-9606; www.epicerieboulud.com; 1900 Broadway con W 64th St; sándwiches 9,50-14,50 US$; 🕒7.00-22.00 lu, hasta 23.00 ma-sa, 8.00-22.00 do; 🥕; [S]1 hasta 66th St-Lincoln Center) Una charcutería del chef estrella Daniel Boulud no es moco de pavo. Nada de jamón con pan de centeno: aquí se puede pedir confit de cochinillo, jamón de París y gruyer con chapata, además de ensaladas, sopas, verduras asadas, pasteles, café... y, por la noche, ostras y vino.

Con buen tiempo, es agradable sentarse en una de las mesas de la acera o, mejor aún, cruzar la calle y sentarse a comer junto a la fuente central del Lincoln Center.

PEACEFOOD CAFE
VEGANA $

plano p. 440 (☎212-362-2266; www.peacefoodcafe.com; 460 Amsterdam Ave con 82nd St; ppales. 12-18 US$; 🕒10.00-22.00; 🥕; [S]1 hasta 79th St) Este luminoso y espacioso paraíso vegano ofrece verdaderas delicias, saludables y buenas tanto para el comensal como para los animales y el medio ambiente.

JIN RAMEN
JAPONESA $

plano p. 440 (☎646-657-0755; www.jinramen.com; 462 Amsterdam Ave, entre 82nd St y 83rd St; ppales. 13-17 US$; 🕒almuerzo 11.30-15.30, cena 17.00-23.00 lu-ju, hasta 24.00 vi y sa, hasta 22.00 do; 🥕; [S]1 hasta 79th St) Este pequeño y ajetreado local junto a Amsterdam Ave sirve deliciosos cuencos de humeante *ramen;* con opciones para vegetarianos. No hay que perderse sus entrantes: pimientos *shishito,* bollos de cerdo y ensalada de alga *hijiki*. La mezcla de elementos rústicos de madera, bombillas desnudas y lámparas industriales rojas le dan un ambiente confortable.

BIRDBATH BAKERY
PANADERÍA $

plano p. 440 (☎646-722-6562; www.thecitybakery.com/birdbath-bakery; 274 Columbus Ave con 73rd St; ppales. 10-15 US$; 🕒8.00-19.00; 🥕; [S]1/2/3, B, C hasta 72nd St) 🍃 Aparte de la escasez de mesas en su interior, es difícil encontrarle una pega a este encantador café. La carta cambia a diario e incluye excelentes sándwiches, zumos y ensaladas. Sus productos horneados son espectaculares. También es respetuoso con el medio ambiente al usar materiales de construcción ecológicos y madera reciclada, y hacer las entregas con bicicleta.

TUM & YUM
TAILANDESA $

plano p. 440 (☎212-222-1998; 917 Columbus Ave cont 105th St; ppales. 10-20 US$; 🕒11.30-22.45; [S]B, C hasta 103rd St) Este pequeño restaurante tailandés de barrio sirve excelentes curris, crujiente pato asado y deliciosa sopa de gambas *tom yum*. Para beber, se aconseja un zumo natural de coco o un dulce café helado tailandés. Su rústico interior de madera resulta muy acogedor cuando hace mal tiempo.

WEST 79TH STREET BOAT BASIN CAFÉ
CAFÉ $

plano p. 440 (☎212-496-5542; www.boatbasincafe.com; W 79th St con Henry Hudson Parkway; ppales. 14 US$; 🕒11.00-23.00 abr-oct, si el tiempo lo permite; [S]1 hasta 79th St) El nuevo dueño y un chef galardonado del Culinary Institute of America revitalizan este local ribereño siempre concurrido. La construcción, de la época de Robert Moses, posee unos elegantes soportales que dan a una rotonda exterior y magnificas vistas del puerto deportivo y el río Hudson. Siempre hay gente tomando unas copas al atardecer, y la carta de ensaladas, con bocadillos, pescado y comida "callejera" innovadora neoyorquina, es hoy otro de sus alicientes.

GRAY'S PAPAYA
PERRITOS CALIENTES $

plano p. 440 (☎212-799-0243; 2090 Broadway con 72nd St, entrada en Amsterdam Ave; perritos calientes 2,50 US$; 🕒24 h; [S]1/2/3, B, C hasta 72nd St) No hay nada más neoyorquino que acercarse a este local clásico sin mesas, fundado por un antiguo socio de su rival, el Papaya King (p. 212), después de una juerga cervecera.

Aunque la bebida de papaya es un poco más 'bebida' que papaya, con el Recession Special (2 perritos + 1 bebida 5,95 US$) se va sobre seguro.

★CANDLE CAFE WEST VEGANA $$

plano p. 440 (☎212-769-8900; www.candlecafe. com; 2427 Broadway, entre 89th St y 90th St; ppales. 17-23 US$; ⏲11.30-22.30 lu-sa, hasta 21.30 do, cerrado 16.00-17.00; ⏹; ⓢ1 hasta 86th St) La extensa carta de este conocido restaurante con velas es totalmente vegana, ecológica y deliciosa. Uno no pasará hambre con sus espaguetis con albóndigas de trigo, seitán picado, filete asado de champiñones portobello con chimichurri, *risotto* de verduras de verano y lasaña. También sirve generosas ensaladas, zumos naturales, batidos de frutas y *ginger ale* casera. Dispone de opciones sin gluten.

JACOB'S PICKLES AMERICANA $$

plano p. 440 (☎212-470-5566; www.jacobspic kles.com; 509 Amsterdam Ave, entre 84th St y 85th St; ppales. 16-24 US$; ⏲10.00-2.00 lu-ju, hasta 4.00 vi, 9.00-4.00 sa, hasta 2.00 do; ⓢ1 hasta 86th St) Atractivo local que eleva los humildes encurtidos a un estatus superior. Aparte de pepinillos y demás, ofrece grandes raciones de exquisita comida casera, como tacos de bagre, pata de pavo al vino y macarrones con queso y setas. Sus sándwiches son excelentes. Tiene varias exclusivas cervezas artesanales de barril, de Nueva York, Maine y más allá.

KEFI GRIEGA $$

plano p. 440 (☎212-873-0200; www.michaelpsila kis.com/kefi; 505 Columbus Ave, entre 84th St y 85th St; platos pequeños compartidos 8-17 US$, ppales. 17-28 US$; ⏲12.00-15.00 y 17.00-22.00 lu-ju, 12.00-15.00 y 17.00-23.00 vi, 11.00-23.00 sa, hasta 22.00 do; ⏹⏱; ⓢB, C hasta 86th St) Este restaurante íntimo, dirigido por el chef Michael Psilakis, sirve deliciosos platos rústicos griegos. Entre los más populares se hallan la salchicha picante de cordero, los buñuelos de queso de oveja y el cremoso *hummus* con tomates secos. También se pueden pedir varios *mezze* (platos para compartir), que incluyen crujientes calamares, albóndigas con *tzatziki* y pulpo a la plancha con ensalada de judías.

BLOSSOM ON COLUMBUS VEGANA $$

plano p. 440 (☎212-875-2600; www.blossomnyc. com; 507 Columbus Ave, entre 84th St y 85th St; ppales. almuerzo 19-24 US$, cena 20-24 US$;

⏲almuerzo 11.30-16.00 lu-vi, desde 10.30 sa y do, cena 17.00-22.00 do-ju, hasta 23.00 vi y sa; ⏹; ⓢB, C, 1 hasta 86th St) Los alrededores elegantes y modernos de este selecto restaurante vegano elevan a un ámbito superior su carta basada en vegetales. Se recomiendan platos vanguardistas, como la ensalada con carpacho de remolacha o las chuletas de seitán con vino blanco y romero. Las raciones son generosas y la comida está divina. La cena se puede acompañar con un vino ecológico de la carta internacional.

PIER I CAFÉ CAFÉ $$

plano p. 440 (☎212-362-4450; www.piericafe. com; en W 70th St y Riverside Blvd; ppales. 14-22 US$; ⏲8.00-24.00 may-med oct; ⓢ1/2/3 hasta 72nd St) Esta cafetería informal junto a la explanada del río Hudson es un punto de avituallamiento ideal para ciclistas y corredores hambrientos, o para cualquiera que quiera reponer fuerzas y tomar el sol. Con música en directo algunas noches, hamburguesas grandes y jugosas, patatas fritas (con ajo si se desea), bocadillos de langosta, perritos calientes, cerveza y vino, además de una barra de cafés por la mañana temprano, siempre está lleno.

BARNEY GREENGRASS DELI $$

plano p. 440 (☎212-724-4707; www.barneygreen grass.com; 541 Amsterdam Ave con 86th St; ppales. 12-26 US$; ⏲8.30-16.00 ma-vi, hasta 17.00 sa y do; ⓢ1 hasta 86th St) Autoproclamado "rey del esturión", sigue sirviendo los suculentos platos que lo hicieron famoso cuando abrió, hace un siglo (huevos y salmón ahumado, caviar y unos *babkas* de chocolate que se derriten en la boca). Ideal para hacer acopio de fuerzas por las mañanas o para un almuerzo rápido.

BOULUD SUD MEDITERRÁNEA $$$

plano p. 440 (☎212-595-1313; www.bouludsud. com; 20 W 64th St, entre Broadway y Central Park W; menú 3 platos 17.00-19.00 lu-sa 63 US$, ppales. almuerzo 24-34 US$, cena 32-58 US$; ⏲11.30-14.30 y 17.00-23.00 lu-vi, 11.00-15.00 y 17.00-23.00 sa, 11.00-15.00 y 17.00-22.00 do; ⓢ) Este local de Daniel Boulud tiene un aire a lo *Mad Men* de los años sesenta. Comprende las cocinas de toda la región mediterránea: paella de langosta catalana, sopa a la marsellesa, cordero libanés estofado con *tahina* de berenjena, etc. Presta especial atención al pescado, las verduras y las especias regionales.

Si el viajero tiene que asistir a una función en el Lincoln Center, puede pedir la cena de tres platos para antes del teatro: una ganga por 63 US$.

DOVETAIL
AMERICANA MODERNA **$$$**

plano p. 440 (☎212-362-3800; www.dovetailnyc.com; 103 W 77th St esq. Columbus Ave; menú 68-88 US$, menú degustación 145 US$; ⏱17.30-22.00 lu-ju, hasta 22.30 vi y sa, 17.00-22.00 do; ✎; Ⓢ B, C hasta 81st St-Museum of Natural History; 1 hasta 79th St) Este restaurante con una estrella Michelin plasma su precioso estilo zen tanto en su decoración como en sus deliciosos menús de temporada. Cada noche hay dos menús degustación de siete platos: uno para omnívoros (145 US$) y otro para vegetarianos (125 US$).

Los lunes, el chef John Fraser ofrece un menú de degustación vegetariano de cuatro platos (68 US$) que está ganando adeptos entre los carnívoros. Su excelente carta de vinos (desde 16 US$ copa) incluye fantásticas cosechas de todo el mundo.

BURKE & WILLS
AUSTRALIANA MODERNA **$$$**

plano p. 440 (☎646-823-9251; www.burkeandwillsny.com; 226 W 79th St, entre Broadway y Amsterdam Ave; ppales. almuerzo 19-32 US$, cena 19-39 US$; ⏱almuerzo 12.00-15.00 lu-vi, cena 17.30-23.30 lu-do, *brunch* 11.00-16.00 sa y do; Ⓢ1 hasta 79th St) Este atractivo y rústico bistró-bar aporta un toque australiano a Upper West Side con una carta de moderna comida autóctona de *pub:* jugosas hamburguesas de canguro, costillar de cordero australiano, panceta de cerdo estofada con beicon y confit de pato, y platos de pescado con ostras, almejas y pinzas de cangrejo.

LAKESIDE RESTAURANT AT LOEB BOATHOUSE
AMERICANA **$$$**

plano p. 440 (☎212-517-2233; www.thecentralparkboathouse.com; Central Park Lake, Central Park, cerca de E 74th St; ppales. almuerzo 27-38 US$, cena 27-45 US$; ⏱restaurante 12.00-16.00 lu-vi, 9.30-16.00 sa y do todo el año, 17.30-21.30 lu-vi, desde 18.00 sa y do abr-nov; Ⓢ B, C hasta 72nd St; 6 hasta 77th St) Ubicado en el extremo noreste del lago de Central Park, con sus vistas de la silueta de Midtown en la distancia, es uno de los restaurantes más idílicos de la ciudad. Aunque la comida suele ser correcta (destacan las tortas de cangrejo), el servicio tiende a mediocre. Para disfrutar de la ubicación sin gastarse tanto, es mejor el contiguo bar al aire libre, donde se puede disfrutar de cócteles junto al lago.

DÓNDE BEBER Y VIDA NOCTURNA

Upper West Side, un barrio eminentemente familiar, no es el mejor destino para los buenos bebedores. Pero aunque no sea un lugar muy de juergas, posee algunas cervecerías, coctelerías y bares de vinos que valen la pena.

★MANHATTAN CRICKET CLUB
LOUNGE

plano p. 440 (☎646-823-9252; www.mccnewyork.com; 226 W 79th St, entre Amsterdam Ave y Broadway; ⏱18.00-hasta tarde; Ⓢ1 hasta 79th St) Encima de un bistró australiano (p. 228) (hay que pedir permiso para entrar), este *lounge* para tomar una copa imita a los elegantes clubes de críquet angloaustralianos de principios del s. xx. Fotografías en sepia de bateadores adornan las paredes de papel dorado, mientras que las estanterías de caoba y los sofás Chesterfield crean un elegante entorno para saborear cócteles caros pero bien preparados. Es ideal para una cita.

BIRCH CAFE
CAFÉ

plano p. 440 (☎212-686-1444; www.birchcoffee.com; 750 Columbus Ave, entre 96th St y 97th St; ⏱7.00-20.00; Ⓢ B, C, 1/2/3 hasta 96th St) Cafetería ultramoderna con madera oscura y detalles de cobre (como los "cercos de café" de las mesas). Pero lo bueno que tiene es el café, tostado a mano en pequeñas cantidades en Long Island City (Queens). No hay wifi, de modo que uno bebe oyendo el relajante murmullo de las conversaciones y no el repiqueteo en los teclados. Incluso ofrece unas "tarjetas para entablar conversación" para los más callados.

IRVING FARM ROASTERS
CAFÉ

plano p. 440 (☎212-874-7979; www.irvingfarm.com; 224 W 79th St, entre Broadway y Amsterdam Ave; ⏱7.00-22.00 lu-vi, 8.00-22.00 sa y do; Ⓢ1 hasta 79th St) Escondido en una pequeña tienda a pie de calle, el local de Upper West Side de esta popular cadena local de cafeterías es más grande por dentro: más allá del mostrador el espacio se abre a una sala trasera con una claraboya soleada. Además del expreso recién preparado, se puede disfrutar de una carta de comidas ligeras. No hay wifi.

EARTH CAFÉ
CAFÉ

plano p. 440 (☎646-964-5192; 2580 Broadway, en 97th St; ⏱7.00-23.00 lu-vi, desde 8.00 sa y do; 🛜;

Ⓢ1/2/3 hasta 96th St) Este encantador café de barrio invita a entrar con su alegre interior de paredes encaladas y el aroma del café recién tostado flotando en el aire. Se puede pedir un café con leche a la almendra, muy bien preparado, y sentarse en la barra que da a la calle detrás de los ventanales y ver la ciudad pasar.

DEAD POET
BAR

plano p. 440 (📞212-595-5670; www.thedeadpoet.com; 450 Amsterdam Ave, entre 81st St y 82nd St; ⏰12.00-4.00; Ⓢ1 hasta 79th St) Estrecho *pub* con paneles de caoba, uno de los preferidos del barrio, que se toma muy en serio la labor de servir Guinness y ofrece cócteles con nombres de maestros del verso, como el Walt Whitman Long Island Iced Tea (13 US$) o la sangría de ron con especias Pablo Neruda (12 US$). Los más aventureros pueden pedir el cóctel de la casa (15 US$), una receta secreta con siete licores (el cliente incluso puede quedarse con el vaso).

MALACHY'S
PUB

plano p. 440 (📞212-874-4268; www.malachysnyc.com; 103 W 72nd St, en Columbus Ave; ⏰12.00-4.00; Ⓢ B/C, 1/2/3 hasta 72nd St) Costoso local que da un nuevo sentido a la palabra "tugurio" con una larga barra de madera, *rock* clásico en los altavoces, un elenco de asiduos y un camarero con sentido del humor. En definitiva, el lugar perfecto para beber de día. También tiene una carta con comida típica de bar a buen precio.

WEST END HALL
CERVECERÍA

plano p. 440 (📞212-662-7200; www.westendhall.com; 2756 Broadway, entre 105th y 106th Sts; ⏰15.00-24.00 lu y ma, hasta 1.00 mi y ju, hasta 2.00 vi, 11.00-2.00 sa, hasta 24.00 do; Ⓢ1 hasta 103rd St) Tiene cervezas artesanales de Bélgica, Alemania, EE UU y más allá, con unas 20 marcas de barril que van cambiando, junto con otras 30 opciones de botella, muchas de las cuales casan muy bien con su carta de salchichas, escalopes vieneses, bollos de cerdo desmigado y una excelente hamburguesa con trufa. Su interior combina mesas corridas, paredes de ladrillo visto y una larga barra de madera desde donde se puede ver algún partido en la televisión; también tiene juegos de mesa para los clientes. En las noches calurosas se puede salir a su jardín trasero.

☆ OCIO

Además del Lincoln Center (p. 223), por todo el Upper West Side hay numerosos locales para satisfacer las necesidades a la gente cultivada.

NEW YORK CITY BALLET
DANZA

plano p. 440 (📞212-496-0600; www.nycballet.com; Lincoln Center, Columbus Ave con W 63rd St; ♿; Ⓢ1 hasta 66th St-Lincoln Center) El primer director de esta prestigiosa compañía de *ballet* fue el famoso coreógrafo ruso George Balanchine allá por la década de 1940. Actualmente la compañía, que cuenta con 90 bailarines y es la más grande de EE UU, ofrece representaciones 23 semanas al año en el David H. Koch Theater del Lincoln Center. Durante la época de vacaciones representa su famosa producción anual de *El cascanueces* de Chaikovski.

Dependiendo del ballet, las entradas pueden costar entre 30 y 170 US$; los menores de 30 años pueden conseguir entradas el mismo día de la función por 30 US$. Algunos sábados también ofrece representaciones familiares de 1 h, apropiadas para el público más joven (entradas 22 US$).

METROPOLITAN OPERA HOUSE
ÓPERA

plano p. 440 (📞entradas 212-362-6000, circuitos 212-769-7028; www.metopera.org; Lincoln Center, Columbus Ave con W 64th St; Ⓢ1 hasta 66th St-Lincoln Center) Es la primera compañía de ópera de la ciudad, y este lugar es el mejor para ver clásicos como *Carmen, Madama Butterfly* y *Macbeth,* por no hablar de *El anillo del nibelungo* de Wagner. También ofrece estrenos y reposiciones de obras más contemporáneas, como *La muerte de Klinghoffer* de John Adams. La temporada va de septiembre a abril.

Los precios parten de 25 US$ y pueden rondar los 500 US$. Algunos asientos de palco son una auténtica ganga, pero, a menos que estén justo encima del escenario, las vistas son pésimas, y para ver la función hay que asomar la cabeza por encima de la barandilla (lo que garantiza la tortícolis).

Para los compradores de última hora hay otras ofertas. Se pueden conseguir entradas de pie a un precio muy reducido (20-30 US$) desde las 10.00 del mismo día del espectáculo. No se ve mucho el escenario, pero se escucha todo. De lunes a viernes a las 12.00 y los sábados a las 14.00 se ponen a la venta unas cuantas localidades de última hora (25 US$); también están disponibles por internet. Las entradas para la sesión matinal del sábado salen a la venta 4 h antes de que suba el telón.

Tampoco hay que perderse la tienda de regalos, repleta de curiosidades relacionadas con la ópera. Para tener una visión del teatro entre bastidores, se realizan circuitos guiados durante toda la temporada de ópera (30 US$; 15.00 lu-vi, 10.30 y 13.00 do).

La temporada 2016-2017 fue el 50º aniversario de la sede del Met en el Lincoln Center.

FILM SOCIETY OF LINCOLN CENTER CINE

plano p. 440 (☎212-875-5367; www.filmlinc.com; Lincoln Center; [S]1 hasta 66th St-Lincoln Center) La Film Society, una de las joyas cinematográficas de Nueva York, es una valiosa plataforma para ver documentales, largometrajes, cine independiente, películas extranjeras y cine vanguardista de autor. Las películas se proyectan en una de las dos instalaciones del Lincoln Center: el **Elinor Bunin Munroe Film Center** (plano p. 440; ☎212-875-5232; 144 W 65th St, entre Broadway y Amsterdam Ave), un local experimental más íntimo, o el **Walter Reade Theater** (plano p. 440; ☎212-875-5601; 165 W 65th St, entre Broadway y Amsterdam Ave), con cómodas butacas tipo sala de cine.

Todos los años, en septiembre, acoge el Festival de Cine de Nueva York, con gran cantidad de estrenos mundiales; y en marzo se proyecta el ciclo New Directors/New Films. Muy recomendable para cinéfilos.

FILARMÓNICA DE NUEVA YORK MÚSICA CLÁSICA

plano p. 440 (☎212-875-5656; www.nyphil.org; Lincoln Center, Columbus Ave con W 65th St; 👪; [S]1 hasta 66 St-Lincoln Center) La orquesta profesional más antigua de EE UU (1842) ofrece su temporada de conciertos cada año en el David Geffen Hall (llamado Avery Fisher hasta el 2015). El director musical Jaap van Zweden reemplazó a Alan Gilbert en el 2017. Interpreta una mezcla de autores clásicos (Chaikovski, Mahler, Haydn) y contemporáneos, así como conciertos para niños

Las entradas cuestan entre 29 y 125 US$. Por solo 22 US$ se puede asistir a los ensayos abiertos al público que se celebran varias veces al mes (a partir de las 9.45) los mismos días de los conciertos. Además, los poseedores de un carné de estudiante en vigor pueden conseguir entradas de última hora por 18 US$ hasta 10 días antes de un concierto.

SYMPHONY SPACE ACTUACIONES EN DIRECTO

plano p. 440 (☎212-864-5400; www.symphonyspace.org; 2537 Broadway, en 95th St; [S]1/2/3 hasta 96th St) Esta joya multidisciplinaria, apoyada por la comunidad local, suele organizar ciclos de tres días dedicados a un músico en concreto, y es afín también a las músicas del mundo, el teatro, el cine, la danza y la literatura (con apariciones de escritores famosos).

BEACON THEATRE MÚSICA EN DIRECTO

plano p. 440 (☎212-465-6500; www.beacontheatre.com; 2124 Broadway, entre 74th St y 75th St; [S]1/2/3 hasta 72nd St) Teatro histórico de 1929 con un tamaño perfecto (2829 butacas, y ninguna mala). Ha acogido un flujo constante de espectáculos populares, desde ZZ Top a Wilco, y comediantes como Jerry Seinfeld y Patton Oswalt. Una restauración en el 2009 dejó sus interiores dorados totalmente resplandecientes.

MERKIN CONCERT HALL MÚSICA CLÁSICA

plano p. 440 (☎212-501-3330; www.kaufman-center.org/mch; 129 W 67th St, entre Amsterdam Ave y Broadway; [S]1 hasta 66th St-Lincoln Center) Situada al norte del Lincoln Center, esta sala de 450 asientos, parte del Kaufman Center, es uno de los locales más íntimos de la ciudad para escuchar música clásica, así como *jazz*, pop y músicas del mundo. Los martes hay funciones de tarde (por solo 20 US$) centradas en los solistas clásicos emergentes.

SMOKE JAZZ

plano p. 440 (☎212-864-6662; www.smokejazz.com; 2751 Broadway, entre 105th St y 106th St; 🕐17.30-3.00 lu-sa, 11.00-3.00 do; [S]1 hasta 103rd St) En este local suntuoso, pero relajado (con buenas vistas del escenario desde los sofás), actúan veteranos y estrellas locales, como George Coleman y Wynton Marsalis. Casi todas las noches cobran una entrada de 10 US$ (puede llegar hasta 45 US$) y otros 38 US$/persona por consumición mínima de comida y bebida. Los domingos ofrece un *brunch* con *jazz* en directo de 11.00 a 16.00. Para las actuaciones del fin de semana, hay que comprar las entradas por internet. Algunos días ofrece actuaciones gratis (consumición mínima obligatoria de 20 US$) que arrancan sobre las 23.30.

CLEOPATRA'S NEEDLE JAZZ, BLUES

plano p. 440 (☎212-769-6969; www.cleopatrasneedleny.com; 2485 Broadway, entre 92nd St y 93rd St; 🕐15.30-hasta tarde; [S]1/2/3 hasta 96th St)

Con el nombre del obelisco egipcio de Central Park, esta sala algo anticuada ofrece *jazz* y *blues* en directo todas las noches desde las 19.00 o 20.00 (16.00 do). No se paga entrada, pero hay consumición mínima obligatoria de 10 US$. Durante la *happy hour* (hasta las 19.00 lu-sa; hasta 18.00 do) algunos cócteles cuestan la mitad. El club es famoso por sus *jam sessions,* que alcanzan su punto álgido pasada la medianoche.

 DE COMPRAS

El tramo de Broadway que atraviesa el Upper West Side ha sido colonizado por las franquicias comerciales, y el sabor local puede ser difícil de encontrar fuera de algunos mercados de alimentación tradicionales. Sin embargo, hay algunos lugares interesantes para ir de compras, sobre todo en Columbus Ave y alrededores.

BOOK CULTURE LIBROS Y REGALOS

plano p. 440 (☎212-595-1962; www.bookculture. com; 450 Columbus Ave, entre 81st St y 82nd St; ☺9.00-22.00 lu-sa, hasta 20.00 do; 🚻; Ⓢ B, C hasta 81st St-Museum of Natural History) La estética cálida y la amabilidad de esta librería de barrio contrasta con su tamaño y selección. No solo acuden a ella los literatos sino también gente en busca de regalos únicos, escritores que compran periódicos de estilo europeo y padres desesperados por entretener a sus peques en el gran espacio infantil de la planta baja, que acoge asiduamente sesiones de cuentos en varios idiomas (horarios en la web).

También posee una gran selección de regalos y accesorios de diseño, como cerámicas con estampas japonesas, jabones de importación, velas perfumadas, mochilas y objetos de temática neoyorquina.

SHISHI MODA Y ACCESORIOS, ROPA

plano p. 440 (☎646-692-4510; www.shishibouti que.com; 2488 Broadway, entre 92nd y 93rd Sts; ☺11.00-20.00 lu-sa, hasta 19.00 do; Ⓢ1/2/3 hasta 96th St) Esta encantadora tienda, una agradable adición en un barrio donde escasea la moda, tiene una cambiante selección de ropa elegante y asequible. Toda la ropa es fácil de lavar y secar. Es una tienda divertida para curiosear y, con el entusiasta personal que sabe aconsejar, uno se siente como si tuviera un estilista personal.

MAGPIE ARTE Y ARTESANÍA

plano p. 440 (☎212-579-3003; www.magpienew york.com; 488 Amsterdam Ave, entre 83rd St y 84th St; ☺11.00-19.00 lu-sa, hasta 18.00 do; Ⓢ1 hasta 86th St) Esta pequeña y encantadora tienda de objetos respetuosos con el medio ambiente tiene elegantes artículos de papelería, velas de cera de abeja, tazas pintadas a mano, pañuelos de algodón ecológico, collares de resina reciclada, diarios de fieltro teñido a mano o puzles de la Tierra hechos de madera. Casi todos los productos son de comercio justo, están realizados con materiales sostenibles o son de diseño y fabricación local.

ICON STYLE VINTAGE, JOYAS

plano p. 440 (☎212-799-0029; www.iconstyle.net; 104 W 70th St, cerca de Columbus Ave; ☺12.00-20.00 ma-vi, 11.00-19.00 sa, 12.00-18.00 do; Ⓢ1/2/3 hasta 72nd St) Escondida en una calle secundaria, esta pequeña joya de tienda *vintage* selecciona cuidadosamente los vestidos, guantes, bolsos y sombreros, entre otros accesorios, que vende así como las joyas antiguas finas y la bisutería. La mitad de la tienda está decorada con las estanterías restauradas de una farmacia. Hay que hacerle una visita para satisfacer la Grace Kelly interior.

CENTURY 21 GRANDES ALMACENES

plano p. 440 (☎212-518-2121; www.c21stores. com; 1972 Broadway, en W 66th St; ☺10.00-22.00 lu-sa, 11.00-20.00 do; Ⓢ1 hasta 66th St-Lincoln Center) Muy frecuentada por los neoyorquinos amantes de la moda y por viajeros extranjeros, esta cadena de tiendas es un tesoro de ropa de marca y de diseño de otras temporadas, desde Missoni a Marc Jacobs, a precios muy rebajados.

ZABAR'S COMIDA

plano p. 440 (☎212-787-2000; www.zabars.com; 2245 Broadway, en W 80th St; ☺8.00-19.30 lu-vi, hasta 20.00 sa, 9.00-18.00 do; Ⓢ1 hasta 79th St) Este extenso mercado local, baluarte de los fanáticos de la comida *gourmet* y *kosher,* está presente en el barrio desde la década de 1930. Cuenta con un surtido divino de quesos, carnes, olivas, caviar, pescado ahumado, escabeches, frutos secos, nueces y productos recién salidos del horno, como los esponjosos *knishes* (masa rellena de patatas típica del este de Europa).

T2 TÉ

plano p. 440 (☎646-998-5010; www.t2tea.com; 188 Columbus Ave, entre 68th St y 69th St;

⏰10.00-20.00 lu-sa, 11.00-19.00 do; Ⓢ1 hasta 66th St-Lincoln Center; B, C hasta 72nd St) Los aficionados al té y las infusiones hallarán más de 200 variedades en este local de una empresa tetera australiana: *oolong*, verde, negro, amarillo, hierbas, etc. Pero no solo se puede oler, sino también probar: los dependientes preparan la infusión que quiera degustar el cliente. También vende una selección de regalos relacionados con el té.

FLYING TIGER COPENHAGEN   ARTÍCULOS DEL HOGAR

plano p. 440 (📞646-998-4755; www.flyingtiger. com; 424 Columbus Ave, entre 80th St y 81st St; ⏰10.00-20.00 lu-do; ♿; Ⓢ B, C hasta 81st St-Museum of Natural History) Si el viajero busca chismes y baratijas bien diseñadas, originales y baratas, esta casa danesa de importación satisfará sus ansias. Es una especie de Ikea en miniatura, que agrupa los artículos por temas (cocina, infantil, arte y artesanía, etc.). Quitando la etiqueta del precio, los amigos pensarán que se ha gastado un dineral en el regalo.

Con más de 600 tiendas en 29 países, no es extraño que haya otras dos en la ciudad: una en el Upper East Side (p. 217) y otra en la zona del Flatiron.

WEST SIDE KIDS   JUGUETES

plano p. 440 (📞212-496-7282; www.westsidekids nyc.com; 498 Amsterdam Ave, en 84th St; ⏰10.00-19.00 lu-sa, 11.00-18.00 do; Ⓢ1 hasta 86th St) Un lugar genial para comprar un regalo para un niño de cualquier edad. Tiene muchos paquetes de actividades y juegos divertidos y educativos, así como rompecabezas, instrumentos musicales de juguete, kits científicos y de circuitos electrónicos, juegos de magia, trenes de madera clásicos y construcciones.

WESTSIDER RECORDS   MÚSICA

plano p. 440 (📞212-874-1588; www.westsider books.com/recordstore.html; 233 W 72nd St, entre Broadway y West End Ave; ⏰11.00-19.00 lu-ju, 10.00-21.00 vi y sa, 12.00-18.00 do; Ⓢ1/2/3 hasta 72nd St) Con más de 30 000 elepés, esta tienda toca todas las teclas, desde el *funk* al *jazz* o la música clásica, ópera, teatro musical, narraciones, bandas sonoras y otras curiosidades. No hay que perderse los contenedores de la entrada con todo a 1 US$. Es un buen sitio para perder la noción del tiempo, al igual que su **librería** (plano p. 440; 📞212-362-0706; www.westsiderlibros.com; 2246 Broadway, entre 80th St y 81st St; ⏰10.00-22.00; Ⓢ1 hasta 79th St), más hacia la parte alta.

GRAND BAZAAR NYC   MERCADO

plano p. 440 (📞212-239-3025; www.grandbazaar nyc.org; 100 W 77th St, cerca de Columbus Ave; ⏰10.00-17.30 do; Ⓢ B, C hasta 81st St-Museum of Natural History; 1 hasta 79th St) Este agradable y completo mercadillo al aire libre es uno de los más viejos de la ciudad, ideal para pasar una ociosa mañana de domingo en Upper West Side. Se encuentra un poco de todo: muebles *vintage* y contemporáneos, mapas antiguos, curiosas gafas, joyas hechas a mano y mucho más.

Cuando hace frío se traslada al interior y en los meses cálidos también abre algún sábado (se puede consultar la web o llamar antes de ir).

DEPORTES Y ACTIVIDADES

BIKE & ROLL   CICLISMO

plano p. 440 (📞212-260-0400; www.bikeandrollnyc. com; 451 Columbus Ave, entre 81st St y 82nd St; alquiler de bicicletas por 2 h/4 h/día adultos 28/39/44 US$, niños 16/20/25 US$; ⏰9.00-18.00; Ⓢ B, C hasta 81st St-Museum of Natural History; 1 hasta 79th St) A solo una manzana de Central Park, esta amable tienda alquila bicicletas para adultos y niños con todo incluido: casco, candado, bolsa de manillar, portabultos y mapa ciclista gratis. También disponen de sillines infantiles. Solo acepta tarjeta de crédito.

CHARLES A DANA DISCOVERY CENTER   PESCA

plano p. 440 (📞212-860-1370; www.centralpark nyc.org; Central Park, en 110th St, entre Fifth Ave y Lenox Ave; ⏰10.00-17.00; ♿; Ⓢ2/3 hasta Central Park North-110th St) GRATIS Centro de visitantes construido a principios de los años noventa durante la restauración del **Harlem Meer** ("lago" en holandés). Ofrece una gran variedad de actividades familiares, como una exposición sobre la geología y la historia militar de la parte norte del parque; un Discovery Kit con guías de campo ornitológicas, binoculares y materiales para dibujar; y un festival de espectáculos en verano.

BELVEDERE CASTLE   OBSERVACIÓN DE AVES

plano p. 440 (📞212-772-0288; www.centralpark nyc.org; Central Park, en W 79th St; ⏰10.00-16.00; ♿; Ⓢ1/2/3, B, C hasta 72nd St) GRATIS Para emprender por cuenta propia una expedición de observación de aves con niños, hay que tomar prestado un Discovery Kit en el castillo de Belvedere de Central Park. El kit incluye prismáticos, un libro de ornitología, lápices de colores y papel; una forma perfecta de despertar el interés de los niños por los pájaros. Piden un carné con foto.

El castillo cerró por reformas en febrero del 2018 y se calcula que volverá a abrir en el 2019 (véase la web).

CENTRAL PARK TENNIS CENTER TENIS

plano p. 440 (☎212-316-0800; www.centralpark tenniscenter.com; Central Park, entre W 94th St y 96th St; ◷6.30-atardecer abr-nov; ⒮B, C hasta 96th St) Estas instalaciones, que solo abren durante las horas de luz, cuentan con 26 pistas de tierra batida para uso público y cuatro pistas duras para entrenamientos. Aquí se pueden comprar vales para jugar un partido (15 US$; solo en efectivo) o bien reservar pista si se adquiere un permiso (15 US$) en el **Arsenal** (plano p. 440; ☎galería 212-360-8163; www.nycgovparks.org; Central Park, en Fifth Ave y E 64th St; ◷9.00-17.00 lu-vi; ⒮N/R/W hasta 5th Ave-59th St) GRATIS. Suele haber menos gente de 12.00 a 16.00 entre semana. La entrada más próxima al parque está en Central Park West y 96th St.

LOEB BOATHOUSE PASEOS EN BARCA

plano p. 440 (☎212-517-2233; www.thecentralpark boathouse.com; Central Park, entre 74th St y 75th St; navegación por h 15 US$; ◷10.00-atardecer mar o abr-med nov; ⓘ; ⒮B, C hasta 72nd St; 6 hasta 77th St) El embarcadero de Central Park posee una flota de 100 botes de remos y una góndola tipo veneciana que se puede reservar (45 US$/30 min, máximo 6 personas). El alquiler incluye chaleco salvavidas y requiere documento de identidad y un depósito de 20 US$. Solo efectivo.

WOLLMAN SKATING RINK PATINAJE SOBRE HIELO

plano p. 440 (☎212-439-6900; www.wollmanska tingrink.com; Central Park, entre E 62nd St y 63rd St; adultos lu-ju 12 US$, vi-do 19 US$, niños 6 US$, alquiler patines 9 US$; ◷10.00-14.30 lu y ma, hasta 22.00 mi y ju, hasta 23.00 vi y sa, hasta 21.00 do fin oct-ppios abr; ⓘ; ⒮F hasta 57 St; N/Q/R/W hasta 5th Ave-59th St) Esta pista de patinaje es mucho más grande que la del Rockefeller Center (p. 182) y no solo permite patinar todo el día, sino que además su situación en el borde suroriental de Central Park ofrece vistas fabulosas. Hay taquillas (5 US$) y una entrada de espectador (5 US$). Solo acepta efectivo.

TOGA BIKE SHOP CICLISMO

plano p. 440 (☎212-799-9625; www.togabikes. com; 110 West End Ave, entre 64th St y 65th St; alquiler bicicletas por 24 h híbrida/carretera 35/150 US$; ◷11.00-19.00 lu-vi, 10.00-18.00 sa, 11.00-18.00 do; ⒮1 hasta 66th St-Lincoln Center) Veterana tienda de bicicletas muy bien situada junto al camino ciclista del río Hudson y a tan solo unas manzanas de Central Park. Alquila modelos híbridos y de carretera (no infantiles). En el precio está incluido el casco.

CHAMPION BICYCLES INC CICLISMO

plano p. 440 (☎212-662-2690; www.championbi cycles.com; 896 Amsterdam Ave con 104th St; alquileres por h/día desde 7/30 US$; ◷10.00-19.00 lu-vi, hasta 18.00 sa y do; ⒮1 hasta 103rd St) Cuenta con una gran variedad de bicicletas en alquiler y tiene ejemplares gratis del práctico *NYC Cycling Map* (www.nyc.gov/bikes), con varios centenares de kilómetros de carriles bici por toda Nueva York.

Harlem y Upper Manhattan

MORNINGSIDE HEIGHTS | HARLEM | EAST HARLEM | HAMILTON HEIGHTS Y SUGAR HILL | WASHINGTON HEIGHTS E INWOOD | WEST HARLEM

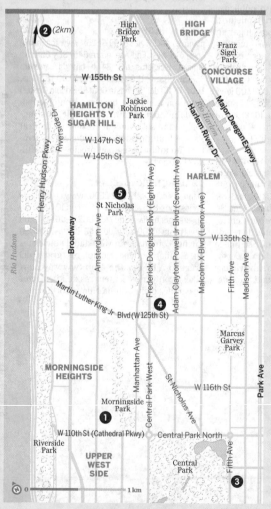

Lo mejor

❶ Iglesia catedral de St John the Divine (p. 236) Descubrir la maestría artística y los tesoros ocultos de esta iglesia épica pero todavía inacabada, que es el templo religioso más grande de EE UU.

❷ Cloisters Museum & Gardens (p. 241) Realizar un fantástico viaje a la Edad Media en esta reconstrucción de un monasterio, lleno de tapices flamencos y otras obras maestras medievales.

❸ El Museo del Barrio (p. 240) Ver exposiciones vanguardistas de la diáspora latinoamericana en East Harlem.

❹ Apollo Theater (p. 239) Divertirse en esta venerable sala de conciertos en el corazón de Harlem.

❺ Hamilton Grange (p. 240) Visitar la casa de estilo federal de Alexander Hamilton, uno de los fundadores de la patria y un neoyorquino del s. XIX estimado por todos gracias al musical *Hamilton*.

Para más detalles sobre esta zona, véase plano p. 442 ➡

Explorar Harlem y Upper Manhattan

En la mitad superior de Manhattan hay numerosos puntos de interés apartados y sin metro (se puede recurrir al autobús). Conviene elegir un barrio o un par de barrios contiguos y ceñirse a ellos. Si al viajero le gusta que las ciudades tengan un aire rural, debe dirigirse a Inwood, que tiene parques con vistas al Hudson y un espectacular museo (p. 241). Puede bajar por el West Side hasta la gigantesca catedral de St John the Divine (p. 236) y los alrededores de la Universidad de Columbia (p. 238), por donde deambulan académicos. El nuevo y enorme campus universitario de Manhattanville, junto con el City College, están separados de Harlem por St Nicholas Park.

Si se prefiere algo más urbano, hay que ir a Harlem y Hamilton Heights, dos bastiones de la cultura afroamericana llenos de animados bares, inspiradoras iglesias y algunas sorpresas arquitectónicas. El centro de Harlem está en Malcolm X Blvd con 125th St.

Muchas de las principales avenidas de Harlem han sido rebautizadas con nombres de destacados afroamericanos, pero muchos locales todavía usan sus nombres originales, de ahí que a menudo se refieran a Malcolm X Blvd como Lenox Avenue.

Vida Local

➡ **Ponerse guapo** Cuando la gente de Harlem sale a la ciudad suele vestirse para impresionar. En Harlem Haberdashery (p. 248) venden prendas llamativas; en Flamekeepers Hat Club (p. 248), gorras y sombreros, y en Atmos (p. 248), zapatillas elegantes y exclusivas.

➡ **Buena música** Si se busca música alternativa, nada como Morningside Heights. La Riverside Church (p. 239), la iglesia catedral de St John the Divine (p. 236) y la Universidad de Columbia (p. 238) ofrecen conciertos con regularidad.

➡ **Dar una vuelta** Neoyorquinos corriendo, paseando o en bicicleta: este es el Inwood Hill Park (p. 241).

Cómo llegar y salir

➡ **Metro** 125th St, la arteria principal de Harlem, está a una sola parada de metro (líneas A y D) de la estación 59th St-Columbus Circle de Midtown. Se puede acceder a otras zonas de Harlem y del norte de Manhattan con las líneas A/C, B/D, 1/2/3 y 4/5/6.

➡ **Autobús** Muchos cubren la ruta norte-sur de Manhattan por las principales avenidas. El M10 realiza una ruta panorámica por el lado oeste de Central Park, antes de zambullirse en Harlem. El M100 y el M101 cruzan de este a oeste 125th St.

Consejo de Lonely Planet

Los barrios de la parte alta de Manhattan tienen una mentalidad más bien local, y sus bares, restaurantes y tiendas se orientan al vecindario. Las mañanas laborables son muy tranquilas, pero en las tardes y fines de semana todo se anima.

Para exprimir al máximo la visita, lo mejor es pasar la tarde en uno de los museos o lugares de interés y quedarse hasta la noche, para cenar y ver estos barrios en su apogeo.

 Los mejores restaurantes

➡ Red Rooster (p. 244)

➡ Seasoned Vegan (p. 243)

➡ Dinosaur Bar-B-Que (p. 242)

➡ Sylvia's (p. 243)

➡ BLVD Bistro (p. 243)

Para reseñas, véase p. 242 ➡

Los mejores bares

➡ Silvana (p. 246)

➡ Shrine (p. 246)

➡ 67 Orange St (p. 246)

➡ Bier International (p. 246)

➡ Ginny's Supper Club (p. 246)

Para reseñas, véase p. 246 ➡

El mejor 'jazz' en directo

➡ Marjorie Eliot's Parlor Jazz (p. 246)

➡ Apollo Theater (p. 245)

➡ Ginny's Supper Club (p. 246)

Para reseñas, véase p. 246 ➡

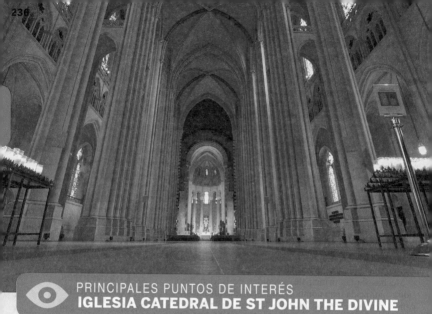

PRINCIPALES PUNTOS DE INTERÉS
IGLESIA CATEDRAL DE ST JOHN THE DIVINE

El mayor lugar de culto del país aún no está acabado y todo apunta a que todavía falta mucho. Pese a ello, esta catedral episcopal capta la atención del turista con su ornamentada fachada neogótica, su resonante órgano antiguo y su inmensa nave (el doble de ancha que la abadía de Westminster londinense).

Una historia incompleta

La primera piedra se colocó el día de San Juan de 1892; sin embargo, la construcción no fue fácil. Los ingenieros tuvieron que cavar 20 m hasta dar con un lecho de roca en el que asentar el edificio. Muchos arquitectos murieron o fueron despedidos, y en 1911 el diseño inicial neorrománico se cambió por uno mayor, de inspiración gótica.

La falta de fondos ha hecho que la construcción se haya parado en varias ocasiones. La torre norte sigue sin terminarse, y sobre el centro de la iglesia todavía se alza el techo abovedado "provisional" de tejas, construido en 1909. Un incendio en el 2001 provocó daños graves, especialmente en el transepto norte, aún por reconstruir.

Si algún día se termina, la catedral de 183 m de largo será la tercera iglesia en tamaño del mundo, tras las basílicas de San Pedro en Roma y de Nuestra Señora de la Paz de Yamusukro, en Costa de Marfil.

Esculturas del pórtico

Dos hileras de esculturas, talladas en las décadas de 1980 y 1990 por el británico Simon Verity, enmarcan la entrada oeste de la catedral. En el pilar central se encuentra san Juan el Divino, autor del *Libro del Apocalipsis* (por eso luce

INDISPENSABLE

➡ Esculturas del pórtico
➡ Gran rosetón
➡ Gran órgano
➡ Tríptico de Keith Haring

DATOS PRÁCTICOS

➡ plano p. 440, B6
➡ ☑ circuitos 212-316-7540
➡ www.stjohndivine.org
➡ 1047 Amsterdam Ave, en W 112th St, Morningside Heights
➡ 10 US$, Highlights Tour 14 US$, Vertical Tour US$20
➡ ⏱7.30-18.00, Highlights Tour 11.00 y 14.00 lu, 11.00 y 13.00 ma-sa, 13.00 algunos do, Vertical Tour 10.00 lu, 12.00 mi y vi, 12.00 y 14.00 sa
➡ Ⓢ B/C, 1 hasta 110th St-Cathedral Pkwy

los Cuatro Jinetes bajo sus pies). Proliferan los temas catastróficos, pero la más desconcertante es la estatua de Jeremías, tercero por la derecha, que se erige sobre una base con la silueta de la ciudad de NY (Torres Gemelas incluidas) mientras es destruida.

La nave

Iluminada por un gran rosetón (la vidriera más grande de EE UU), la nave queda cubierta por dos series de tapices del s. XVII. Los tapices Barberini plasman escenas de la vida de Cristo, mientras que los tapices Mortlake, basados en los dibujos de Rafael, muestran los Hechos de los Apóstoles.

Tríptico de Keith Haring

Tras el coro se halla el tríptico de la *Vida de Cristo*, tallado en oro blanco y bronce por el artista pop Keith Haring (1958-1990). Es una de las últimas obras de arte que realizó antes de morir a los 31 años de una enfermedad relacionada con el sida.

Gran órgano

Es uno de los órganos más potentes del mundo, instalado por primera vez en 1911 y ampliado en 1952. Contiene 8500 tubos dispuestos en 141 hileras. Dañado en el incendio del 2001, una meticulosa restauración de cinco años logró recuperarlo.

Visita a la catedral

Se ofrecen circuitos de 1 h para ver lo mejor de la catedral (11.00 y 14.00 lu, 11.00 y 13.00 ma-sa, 13.00 algunos do) y circuitos verticales de 1 h que llevan hasta lo alto del templo tras una empinada ascensión (10.00 lu, 12.00 mi y vi, 12.00 y 14.00 sa; se aconseja llevar linterna). Merece la pena ir a ver la bendición de animales, un auténtico peregrinaje para los dueños de mascotas, celebrado el primer domingo de octubre, y la bendición de bicicletas, un sábado a mediados-finales de abril, a la que acuden ciclistas con todo tipo de bicis.

CONSEJOS

Además de las visitas diarias "Highlights" y "Vertical", la catedral también ofrece periódicamente las "Spotlight", que profundizan en aspectos singulares del lugar que ocupa la catedral en la ciudad, desde la arquitectura hasta la sociopolítica. Hay que llamar con tiempo para reservar.

La catedral acoge numerosos actos, desde oraciones matutinas y yoga hasta lecturas de poemas, conciertos de órgano y conferencias sobre los místicos cristianos del s. XIV. Excepto las grandes producciones (como la Winter Solstice Celebration), casi todas las actividades son gratuitas.

La catedral participó en el movimiento por los derechos civiles ya a principios de la década de 1950 y ha trabajado asiduamente con los fieles sobre temas de desigualdad. También es un clásico del panorama cultural que alberga conciertos, conferencias y exposiciones. En ella se han celebrado misas en memoria de neoyorquinos famosos, como el trompetista Louis Armstrong y el artista Keith Haring.

PUNTOS DE INTERÉS

El Museo del Barrio de East Harlem está dedicado a la cultura latina, y el Studio Museum y el Schomburg Center for Research in Black Culture defienden la expresión afroamericana. Durante el renacimiento de Harlem, el límite norte del barrio se apodaba "Sugar Hill" porque allí la élite del barrio vivía la "dulce vida". La Universidad de Columbia y la mayor catedral de Norteamérica dominan Morningside Heights, y Washington Heights toma el nombre del primer presidente de EE UU, que instaló allí un fuerte durante la Guerra de Independencia. Rematando el conjunto se halla Inwood, con el suculento botín medieval del Metropolitan Museum of Art.

Morningside Heights

IGLESIA CATEDRAL DE ST JOHN THE DIVINE CATEDRAL

Véase p. 242.

UNIVERSIDAD DE COLUMBIA UNIVERSIDAD

plano p. 442 (www.columbia.edu; Broadway, en W 116th St, Morningside Heights; [S]1 hasta 116th St-Columbia University) Fundada en el bajo Manhattan en 1754 con el nombre de King's College, la universidad de la Ivy League más antigua de Nueva York es hoy una de las primeras instituciones mundiales en investigación. En 1897 se trasladó a su actual emplazamiento (donde sustituyó a un asilo) y su campus privado con aires de Nueva Inglaterra ofrece abundantes propuestas culturales.

MISAS GÓSPEL DE HARLEM

Lo que empezó como una peregrinación esporádica se ha convertido en un espectáculo turístico: grandes multitudes de viajeros que los domingos van a Harlem para asistir a una misa góspel. El número de visitantes es tan elevado que algunas iglesias rechazan a gente por restricciones de espacio. A veces hay más turistas que fieles.

Como es lógico, esto ha provocado fricciones. Muchos vecinos se indignan con los visitantes porque charlan durante los sermones, se marchan a mitad del servicio o se presentan con atuendos irreverentes. Además, algunos sienten que la espiritualidad afroamericana se vende como algo para ser consumido, como si fuera un espectáculo de Broadway.

Las iglesias, eso sí, siguen siendo acogedoras. Pero quien decida ir debería guardar las formas: vestir con decoro, no hacer fotografías y permanecer en la iglesia hasta el final del servicio religioso. Muchas iglesias tampoco permiten entrar con mochilas grandes.

Las misas del domingo suelen empezar a las 10.00 o las 11.00 y pueden durar más de 2 h. Hay numerosas iglesias a las que se puede acudir. Las fabulosas misas góspel del domingo en la **iglesia baptista Abisinia** (plano p. 442; ☎212-862-7474; www.abyssinian.org; 132 Odell Clark Pl, entre Adam Clayton Powell Jr Blvd y Malcolm X Blvd, Harlem; 🕐misa gospel 11.30 do ppios sep-jul; [S]2/3 hasta 135th St), muy llamativas y cargadas de sentimiento, son las más famosas. Hay que llegar al menos 1 h antes de que empiece para hacer cola y asegurarse de que se cumplen las normas de entrada: está prohibido llevar pantalones cortos, camisetas de tirantes, chanclas, mallas y mochilas. Otras buenas opciones son la **iglesia baptista de Canaan** (plano p. 442; ☎212-866-0301; www.cbccnyc.org; 132 W 116th St, entre Adam Clayton Powell Jr Bvld y Malcolm X Blvd, Harlem; 🕐misa 10.00 do; 👪; [S]2/3 hasta 116th St), una iglesia de barrio fundada en 1932, y la **iglesia baptista de Convent Avenue** (plano p. 442; ☎212-234-6767; www.conventchurch.org; 420 W 145th St, en Convent Ave, Hamilton Heights; 🕐misa 8.00 y 11.00 do; [S]A/C, B/D o 1 hasta 145th St), que lleva celebrando misas tradicionales baptistas desde la década de 1940.

Si para el viajero no es tan importante la predicación como las canciones gozosas y el tono festivo, en Harlem hay varios sitios que ofrecen *brunches* de góspel dominicales, como Sylvia's (p. 243) y Ginny's Supper Club (p. 246).

Su principal punto de interés es el **patio principal** (a ambos lados de College Walk, en 116th St), rodeado de varios edificios de estilo neorrenacentista italiano. En la mitad norte, frente a la Low Memorial Library, se alza la estatua del *Alma Mater* sentada y con los brazos abiertos. En el extremo este del College Walk, esquina con Amsterdam Ave, se halla el Hamilton Hall, lugar clave durante las revueltas estudiantiles de 1968.

Lo mejor para orientarse por el recinto es bajarse el audio de la visita guiada por el historiador de la arquitectura Andrew Dolkart (www.columbia.edu/content/self-guided-walking-tour.html).

TUMBA DEL GENERAL GRANT MONUMENTO
plano p. 442 (📞212-666-1640; www.nps.gov/gegr; Riverside Dr, en 122nd St, Morningside Heights; ⏱10.00-17.00 mi-do; 🚇1 hasta 125th St) GRATIS
Conocido popularmente como la Tumba de Grant, aquí descansan los restos del héroe de la Guerra de Secesión y 18° presidente de EE UU Ulysses S. Grant, junto a los de su esposa Julia. Completada en 1897, 12 años después de su muerte, esta imponente estructura de granito es el mausoleo más grande del país. Hay una galería que repasa los hechos clave de la vida de Grant. Los *rangers* realizan varias visitas guiadas a lo largo del día y responden las preguntas sobre el general y estadista.

Está rodeado por 17 bancos de azulejos de estilo Gaudí, diseñados por el artista chileno Pedro Silva en la década de 1970. Era un buen sitio para escuchar las cavilaciones del gran cómico George Carlin, que solía asomarse por el lugar a última hora del día.

RIVERSIDE CHURCH IGLESIA
plano p. 442 (📞212-870-6700; www.theriverside churchny.org; 490 Riverside Dr, en 120th St, Morningside Heights; ⏱9.00-17.00; 🚇1 hasta 116th St) Imponente iglesia neogótica construida por la familia Rockefeller en 1930. La austeridad del interior evoca el estilo gótico italiano, pero los vitrales del nártex son realmente flamencos del s. XVI. El carillón de 74 campanas, con un extraordinario ejemplar de 20 t (la campana con sonido más grande del mundo), toca los domingos a las 10.30,

PRINCIPALES PUNTOS DE INTERÉS
APOLLO THEATER

Es un animado testimonio del legado musical de Harlem. En origen, el local neoclásico fue un cabaré solo para blancos, pero se reinventó en 1934 con el Jazz à la Carte. Poco después, casi todos los artistas negros de importancia tocaban en el lugar, desde Duke Ellington a Louis Armstrong, Count Basie o Billie Holiday.

El renovado Apollo también organizó las míticas Amateur Night, en las que compitieron innumerables artistas (entonces) desconocidos, como Ella Fitzgerald, Gladys Knight, Jimi Hendrix, los Jackson 5 o Lauryn Hill. Aún se celebra (miércoles noche), y es tan divertido ver a los artistas del mañana como al salvaje y despiadado público. Además de la noche de aficionados se organizan todo tipo de actos, con un programa anual de música, danza, clases magistrales, etc., con espectáculos tan dispares como tributos a la salsa cubana o *suites* de *jazz* afrolatinas.

Las visitas guiadas al interior son solo para grupos de 20 personas o más y se deben reservar con antelación, aunque si alguien va solo y hay disponibilidad, a veces se le permite unirse a un grupo. En la visita se verá un fragmento del Árbol de la Esperanza, un olmo ya desaparecido que los artistas acariciaban antes de subir al escenario para que les diera suerte.

INDISPENSABLE
➡ Amateur Night
➡ La emblemática marquesina del teatro
➡ Circuitos guiados
➡ Árbol de la Esperanza

DATOS PRÁCTICOS
➡ plano p. 442, C5
➡ 📞212-531-5300, circuitos 212-531-5337
➡ www.apollotheater.org
➡ 253 W 125th St, entre Frederick Douglass Blvd y Adam Clayton Powell Jr Blvd, Harlem
➡ entradas desde 16 US$
➡ 🚇A/C, B/D hasta 125th St

EL RENACER DE UN SÍMBOLO DE HARLEM

En el 2018, con motivo del 50° aniversario del **Studio Museum in Harlem** (plano p. 442; 212-864-4500; www.studiomuseum.org; 144 W 125th St, en Adam Clayton Powell Jr Blvd, Harlem; donativo 7 US$, do gratis; 12.00-21.00 ju y vi, 10.00-18.00 sa, 12.00-18.00 do; 2/3 hasta 125th St), se iniciaron las obras en el nuevo edificio de 125th St. Diseñado por el arquitecto ghanés-británico David Adjaye, el edificio vanguardista de cinco plantas duplicará con creces el tamaño del museo actual y contará con un espacio de exposición de más de 1500 m². También incorporará un auditorio para conciertos y actos especiales, y una terraza en el ático con vistas panorámicas del perfil urbano de Harlem. El museo cerró a principios del 2018 cuando empezaron las obras del nuevo edificio, que está previsto que aparezca en el mismo lugar en el 2021.

12.30 y 15.00. Se celebran misas interconfesionales los domingos a las 10.45, y a las 12.30, se ofrecen circuitos gratis.

También acoge eventos de calidad, incluidos conciertos; para más detalles, véase su web.

Harlem

MALCOLM SHABAZZ HARLEM MARKET
MERCADO

plano p. 442 (52 W 116th St, entre Malcolm X Blvd y Fifth Ave, Harlem; 9.00-20.00; ; 2/3 hasta 116th St) GRATIS Este mercado semicerrado es un trocito de África occidental en Harlem. Hay artículos de cuero, tallas de madera, tejidos, cestos, aceites, tambores, ropa, esculturas y una estupenda selección de objetos africanos diversos; hasta hacen trenzas en el pelo. Está gestionado por la mezquita Malcolm Shabazz, antiguo púlpito del orador musulmán asesinado Malcolm X.

SCHOMBURG CENTER FOR RESEARCH IN BLACK CULTURE
CENTRO CULTURAL

plano p. 442 (917-275-6975; www.nypl.org/locations/schomburg; 515 Malcolm X Blvd, en 135th St, Harlem; 10.00-18.00 lu y ju-sa, hasta 20.00 ma y mi; 2/3 hasta 135th St) GRATIS La mayor colección de documentos, libros exóticos y fotografías relacionadas con el tema afroamericano de todo el país se encuentra en este centro, dirigido por la New York Public Library. Debe su nombre a Arthur Schomburg, activista puertorriqueño de raza negra que amasó una peculiar colección de manuscritos, relatos de esclavos y otros objetos. Acoge exposiciones, conferencias y proyecciones de películas.

East Harlem

EL MUSEO DEL BARRIO
MUSEO

plano p. 442 (212-831-7272; www.elmuseo.org; 1230 Fifth Ave, entre 104th St y 105th St, East Harlem; donativo adultos/niños 9 US$/gratis; 11.00-18.00 ma-sa; 6 hasta 103rd St) Es una de las instituciones culturales latinas más importantes de NY, con exposiciones temporales que abarcan todos los soportes artísticos, desde pintura y fotografía hasta vídeo o instalaciones hechas para el museo. A menudo se exponen obras de la gran colección permanente, que incluye objetos precolombinos, obras populares y arte de posguerra de diversos artistas de origen latinoamericano.

Cuenta con piezas de artistas famosos, como el surrealista chileno Roberto Matta, y de autores contemporáneos como Félix González-Torres o Pepón Osorio.

Hamilton Heights y Sugar Hill

HAMILTON GRANGE
EDIFICIO HISTÓRICO

plano p. 442 (646-548-2310; www.nps.gov/hagr; St Nicholas Park, en 141st St; 9.00-17.00 mi-do, circuitos guiados 10.00, 11.00, 14.00 y 16.00; A/C, B/D hasta 145th St) GRATIS Esta residencia de estilo federal perteneció a uno de los padres de la patria, Alexander Hamilton, que poseía en el lugar una hacienda rural de 129 500 m² a principios del s. XIX. Por desgracia, Hamilton solo pudo disfrutar de su casa durante dos años, antes de que su vida se truncara tras un duelo mortal con su rival político, Aaron Burr. Trasladado desde Convent Ave a su situación actual en el 2008, el edificio es uno de los varios lugares de interés relacionados con Hamilton que ha visto un aumento de los visitantes (cerca de un 75%) gracias al musical de Lin-Manuel Miranda.

HAMILTON HEIGHTS
HISTORIC DISTRICT ZONA
(plano p. 442 Convent Ave y Hamilton Tce, entre 141st St y 145th St, Hamilton Heights; S A/C, B/D hasta 145th St) A lo largo de dos calles paralelas, Convent Ave y Hamilton Tce, se extiende una hilera de casas adosadas, construidas entre 1866 y 1931. Los admiradores de Wes Anderson podrán reconocer el edificio de la torre en la esquina sureste de Convent Ave y 144th St, que aparecía en la película *Los Tenenbaums: una familia de genios*.

STRIVERS' ROW ZONA
plano p. 442 (W 138th St y 139th St, entre Frederick Douglass y Adam Clayton Powell Jr Blvds, Harlem; S B, C hasta 135th St) También llamado St Nicholas Historic District, estas calles eran las preferidas por la élite de Harlem en la década de 1920. Sus elegantes casas adosadas y edificios de pisos, muchos de los cuales se remontan a la década de 1890, fueron diseñados por tres de los arquitectos más famosos de la época: James Brown Lord, Bruce Price y Stanford White.

Las más hermosas son las construidas por White, en estilo italiano, situadas en el lado norte de W 139th St. No hay que perderse las señales de los callejones que advierten al visitante que debe apearse de su caballo: "Walk your horses".

⊙ Washington Heights e Inwood

★ CLOISTERS MUSEUM
& GARDENS MUSEO
(☎212-923-3700; www.metmuseum.org/cloisters; 99 Margaret Corbin Dr, Fort Tryon Park; pase 3 días adultos/jubilados/niños 25/17 US$/gratis, residentes del estado de Nueva York y estudiantes de Connecticut, Nueva York o Nueva Jersey gratis; ⊙10.00-17.15; S A hasta 190th St) En una colina con vistas al río Hudson, este museo es un rompecabezas arquitectónico creado con diversos monasterios europeos y otros edificios históricos. Construido en la década de 1930 para albergar los tesoros medievales del Metropolitan Museum, sus frescos, tapices y cuadros se exhiben en varias salas que rodean un romántico patio, conectadas por pasajes abovedados con techos de terracota de estilo árabe. Uno de sus muchos tesoros es la serie de tapices del s. XVI titulada *La caza del unicornio*.

Son interesantes el muy bien conservado tríptico de *La Anunciación*, del s. XV, también conocido como *Tríptico de Mérode*, así como el impresionante claustro de Saint-Guilhem, del s. XII, y el claustro de Bonnefant, con plantas que se usaban en la medicina medieval, la magia, ceremonias y diferentes artes.

La entrada vale para tres días en el Cloisters, el Metropolitan Museum of Art (p. 209) y el Met Breuer (p. 211).

DYCKMAN FARMHOUSE
MUSEUM MUSEO
(☎212-304-9422; www.dyckmanfarmhouse.org; 4881 Broadway, en 204th St, Inwood; con donativo; ⊙11.00-16.00 ju-sa, hasta 15.00 do; S A hasta Inwood-207th St) GRATIS Construido en 1784 en una granja de 113 300 m², es el único caserío holandés que ha sobrevivido en Manhattan. El museo incluye salas, mobiliario y objetos decorativos de la época, 2000 m² de jardines y una exposición sobre la historia del barrio. Para llegar, hay que tomar el metro hasta la estación Inwood-207th St (no Dyckman St) y caminar una manzana hacia el sur.

INWOOD HILL PARK PARQUE
(www.nycgovparks.org/parks/inwoodhillpark; Dyckman St, en the Hudson River; ⊙6.00-1.00; S A hasta Inwood-207th St) Este oasis de casi 80 Ha alberga el último bosque natural y la última marisma de Manhattan. Es tan tranquilo y bucólico que no es raro ver águilas de cabeza blanca construyendo sus nidos en las copas de los árboles.

Se puede jugar en las pistas de baloncesto o en los campos de fútbol y rugby, o llevar comida y unirse a los vecinos que hacen barbacoas en las zonas preparadas los fines de semana de verano.

MORRIS-JUMEL
MANSION MUSEUM EDIFICIO HISTÓRICO
plano p. 442 (☎212-923-8008; www.morrisjumel.org; 65 Jumel Tce, en 160th St, Washington Heights; adultos/niños 10 US$/gratis; ⊙10.00-16.00 ma-vi, hasta 17.00 sa y do; S C hasta 163rd St-Amsterdam Ave) Construido en 1765 como una casa de campo para Roger y Mary Morrys, esta mansión con columnas es la residencia más antigua de Manhattan. También es famosa por convertirse en el cuartel general de George Washington tras ser tomada por el

DE PRIMERA MANO

555 EDGECOMBE AVE

Cuando se construyó en 1916, este **gigante** *beaux arts* de ladrillo (plano p. 442; 555 Edgecombe Ave, en 160th St, Washington Heights; [S]A/C hasta 163rd St-Amsterdam Ave; 1 hasta 157th St) fue el primer complejo de pisos de lujo de Washington Heights, dotado de conserje, una entrada separada para los trabajadores y un mínimo de tres ascensores. Al principio solo podían vivir en él los blancos, pero la transformación del barrio, donde el predominio pasó de los irlandeses y judíos a los afroamericanos, hizo que en los años cuarenta los residentes fueran mayoritariamente negros.

Entre sus inquilinos se cuentan algunos de los afroamericanos más ilustres de NY, como el boxeador Joe Louis, o los músicos Lena Horne, Count Basie, Duke Ellington o Billy Strayhorn. Hoy, el legado cultural del bloque se mantiene vivo todos los domingos por la tarde, cuando la veterana música Marjorie Eliot (p. 246) abre de par en par las puertas de su apartamento e invita a todo el mundo a su salón para disfrutar de una de las mejores sesiones de *jazz* de la ciudad.

Ejército Continental en 1776. Sus extraordinarias habitaciones conservan muchos de los muebles originales, incluida una cama que, según se dice, perteneció a Napoleón. Los fines de semana hay una visita guiada (12 US$, 1 h, sa 12.00, do 14.00).

HISPANIC SOCIETY OF AMERICA MUSEUM & LIBRARY MUSEO

plano p. 442 (☎212-926-2234; www.hispanicsociety.org; Broadway, entre 155th St y 156th St, Washington Heights; 🕒10.00-16.30 ma-do; [S]1 hasta 157th St) [GRATIS] En el edificio de estilo *beaux arts* donde vivió el naturalista John James Audubon, este museo alberga la mayor colección de arte y manuscritos españoles del s. XIX fuera de España, así como obras del Greco, Goya y Velázquez. La majestuosa escultura *El Cid,* de Anna Hyatt Huntington, domina el patio exterior, y la obra maestra de Goya de 1797 *La duquesa de Alba* ocupa el puesto de honor en el interior. En el 2017 el museo cerró para someterse a una reforma completa por valor de 15 millones de dólares. Está previsto que abra de nuevo a finales del 2019.

SYLVAN TERRACE LUGAR HISTÓRICO

plano p. 442 (Sylvan Tce, Washington Heights; [S]C hasta 163rd St-Amsterdam Ave) Estas relucientes casas de fantasía, con sus altos y estrechos porches, marquesinas denticuladas de madera y puertas con paneles, fueron el primer intento de la ciudad por construir viviendas obreras asequibles. La calle conserva las lámparas de gas de finales del s. XIX y los adoquines belgas (no holandeses, como en Lower Manhattan y Brooklyn).

🍴 DÓNDE COMER

Harlem sigue siendo famoso por su *soul food*, tanto clásica como y reinventada, y acoge un número creciente de cocinas internacionales, como la francesa. Habitado desde hace tiempo por los estudiantes y profesores de la Universidad de Columbia, Morningside Heights posee restaurantes baratos y nocturnos con algún bistró agradable donde la gente se reúne. Más al norte, Washington Heights es famoso por su tradicional predominio de locales populares dominicanos, y más allá, por acogedoras cafeterías que dan personalidad a las manzanas vagamente suburbanas de Inwood.

🍴 Morningside Heights y West Harlem

PISTICCI ITALIANA $$

plano p. 442 (☎212-932-3500; www.pisticcinyc.com; 125 La Salle St, Morningside Heights; ppales. 15-24 US$; 🕒12.00-23.00 lu-vi, desde 11.00 sa y do; [🍸]; [S]1 hasta 125th St) 🌿 Con mal tiempo, es un refugio ideal, con su luz tenue, pinturas antiguas y globos sobre la barra. Los creativos cócteles son un buen preludio a la excelente comida italiana y los platos del día, como la tilapia al horno. Tiene granja en el norte del estado donde se cultivan muchas de las verduras que emplean. El *brunch*, que incluye verdades delicias, tiene también mucho éxito.

DINOSAUR BAR-B-QUE BARBACOA $$

plano p. 442 (☎212-694-1777; www.dinosaurbarbque.com; 700 W 125th St, en Twelfth Ave, Harlem;

ppales. 13-32 US$; ⏲11.30-23.00 lu-ju, hasta 24.00 vi y sa, 12.00-22.00 do; [S]1 hasta 125th St) Todo el mundo quiere ensuciarse las manos con las costillas marinadas y asadas, los filetes y las hamburguesas. También se puede tomar algo más ligero, como pollo a la parrilla, o alguna de sus pocas opciones vegetarianas.

COMMUNITY FOOD & JUICE AMERICANA $$

plano p. 442 (☎212-665-2800; www.communityrestaurant.com; 2893 Broadway, entre 112th St y 113th St, Morningside Heights; sándwiches 12-15 US$, ppales. 14-32 US$; ⏲8.00-21.30 lu-ju, hasta 22.00 vi, 9.00-22.00 sa, hasta 21.30 do; 🌿; 👪; [S]1 hasta 110th St) Agradable y espacioso, este restaurante es muy popular a la hora del *brunch* entre frenéticas familias y estudiantes con resaca de la Universidad de Columbia. Es aconsejable llegar antes de las 10.30 para no esperar demasiado. Pero lo mejor es pasar de la avalancha del *brunch* del fin de semana y optar por una cena a la luz de las velas. Tanto las esponjosas creps de arándanos como las hamburguesas vegetales merecen un 10.

🍴 Harlem

SEASONED VEGAN VEGANA $

plano p. 442 (☎212-222-0092; www.seasonedvegan.com; 55 St Nicholas Ave, en 113th St, Harlem; ppales. 11-17 US$; ⏲17.00-22.00 ma-ju, hasta 2.00 vi, 11.00-2.00 sa, 11.00-21.00 do; 🌿; [S]2/3, 5 hasta 110th St) Este restaurante regentado por madre e hijo se ha ganado una clientela fiel gracias a sus deliciosas adaptaciones de la *soul food*. Todo es ecológico y libre de productos animales. Tiene creativas versiones de costillas a la parrilla (hechas con raíz de loto y soja fermentada), *po'boys* (con ñame) y macarrones con queso (con leche de anacardos).

Hay que llegar temprano pues las esperas pueden ser largas en las horas punta.

AMY RUTH'S RESTAURANT AMERICANA $$

plano p. 442 (☎212-280-8779; www.amyruths.com; 113 W 116th St, entre Malcolm X Blvd y Adam Clayton Powell Jr Blvd, Harlem; gofres 11-18 US$, ppales. 14-25 US$; ⏲11.00-23.00 lu, 8.30-23.00 ma-ju, hasta 5.00 vi y sa, hasta 23.00 do; [S]B, C, 2/3 hasta 116th St) Siempre abarrotado, sirve comida clásica del sur de EE UU, desde bagre frito hasta macarrones con queso y esponjosos panecillos. Sin embargo, las estrella son los gofres: se sirven de 14 formas diferentes, incluso con bagre.

SYLVIA'S DEL SUR DE EE UU $$

plano p. 442 (☎212-996-0660; www.sylviasrestaurant.com; 328 Malcolm X Blvd, entre 126th St y 127th St, Harlem; ppales. 14-27 US$; ⏲8.00-22.30 lu-sa, 11.00-20.00 do; [S]2/3 hasta 125th St) Fundado por Sylvia Woods allá en 1962, este símbolo de Harlem sigue deslumbrando a vecinos y visitantes (incluidos varios presidentes) con su cocina deliciosa del sur: pollo frito, macarrones al horno con queso y bagre rebozado con harina de maíz, y los acompañamientos de rigor como las berzas. Los domingos ofrece un *brunch* con góspel.

MAISON HARLEM FRANCESA $$

plano p. 442 (☎212-222-9224; www.maisonharlem.com; 341 St Nicholas Ave, en 127th St, Harlem; ppales. 14-32 US$; ⏲11.00-24.00 lu-ju, hasta 1.00 vi-do; 📶; [S]A/C, B/D hasta 125th St) Regentado por dos amigos franceses, este pequeño y alegre bar-bistró es como una segunda casa para los lugareños, que acuden a todas horas para comer *French toast*, sopa de cebolla o el confit de muslo de pato. Los fines de semana actúan DJ y la alegría que despierta el vino hace que la gente se ponga a bailar.

BLVD BISTRO AMERICANA $$

plano p. 442 (☎212-678-6200; www.boulevardbistrony.com; 239 Malcolm X Blvd, en 122nd St, Harlem; ppales. 16-28 US$; ⏲11.00-15.30 y 17.00-23.00 ma-vi, 9.00-16.00 y 18.00-23.00 sa, 10.00-18.00 do; [S]2/3 hasta 125th St) Este pequeño y ajetreado bistró transforma excelentes productos de temporada en platos del sur de EE UU con un toque innovador. Al mando de los fogones está el misisipiano Carlos Swepson, que aborda creaciones como los creps de suero de leche con arándanos, los macarrones a los siete quesos con beicon ahumado y unos biscotes con salsa de carne. El popular *brunch* del domingo se sirve durante todo el día.

PIKINE SENEGALESA $$

plano p. 442 (☎646-922-7015; 243 W 116th St, Harlem; ppales. 12-17 US$; ⏲12.00-23.00; [S]B, C hasta 116th St) En las últimas décadas, la calle 116th de Harlem se ha convertido en una especie de Little Senegal gracias a restaurantes como este, que sirven aromas nativos a los expatriados del África occidental. Tiene todos los platos típicos senegaleses como *thiebou djeun* (estofado de pescado con mandioca), *domoda* (guiso de tomate con verduras) y excelentes platos de cordero a la parrilla.

La mayor variedad de platos se da en el almuerzo. La cena suele consistir principalmente en platos a la parrilla.

★**RED ROOSTER** NORTEAMERICANA MODERNA $$$
plano p. 442 (☎212-792-9001; www.redroosterharlem.com; 310 Malcolm X Blvd, entre W 125th St y 126th St, Harlem; ppales. almuerzo 18-32 US$, cena 24-38 US$; ⌚11.30-22.30 lu-ju, hasta 23.30 vi, 10.00-23.30 sa, hasta 22.00 do; [S]2/3 hasta 125th St) El superchef transatlántico Marcus Samuelsson combina la comida casera selecta con todo un mundo de sabores en esta *brasserie* dinámica y sencillamente moderna. Como la obra de los artistas contemporáneos residentes en Nueva York que se exhibe en las paredes, los platos están al día. Su menú del almuerzo (25 US$) es una ganga.

🍴 Hamilton Heights

HARLEM PUBLIC NORTEAMERICANA $
plano p. 442 (☎212-939-9404; www.facebook.com/harlempublic; 3612 Broadway, en 149th St, Hamilton Heights; ppales. 12-16 US$; ⌚12.00-2.00 lu-ju, 11.00-3.00 vi y sa, hasta 2.00 do; [S]1, A/C, B/D hasta 145th St) Simpáticos *hipsters* en la barra, viejas canciones por los altavoces y bocados que pueden comerse con los dedos: Harlem Public es el marco ideal para salir a cenar y festejar el descubrimiento del barrio con una deliciosa y reconfortante comida, ya sea hamburguesa de cangrejo con *remoulade* cajún o una *poutine* (patatas fritas con salsa de carne y queso). La carta de bebidas es muy local y abarca desde cervezas artesanas de Brooklyn hasta licores de producción limitada del norte del estado.

CHARLES' PAN-FRIED CHICKEN NORTEAMERICANA $
plano p. 442 (☎212-281-1800; 2461 Frederick Douglass Blvd, entre 151st St y 152nd St; pollo frito desde 11 US$; ⌚11.00-23.00 lu-sa, desde 12.30 do; [S]B/D hasta 155th St) En este local minúsculo, el carismático Charles Gabriel prepara uno de los mejores pollos fritos de la ciudad, crujiente, muy bien sazonado y servido con acompañamientos diversos. No hay toques de diseño: solo unas mesas sin adornos, comida en bandejas y la demostración de que un libro (o un local de pollos) nunca debe juzgarse por el exterior.

Vida local
El alma de Harlem

Harlem: el barrio donde cantaba Cab Calloway, donde Ralph Ellison escribió su novela sobre la verdad y la intolerancia *El hombre invisible*, y donde Romare Bearden realizó sus primeros *collages*. A la vez animado y sombrío, efusivo y melancólico, Harlem es el recoveco más profundo del alma de Nueva York.

1 Tom's Restaurant

Se pueden recargar pilas con una taza de café y una dosis de nostalgia en este *diner* greco-americano (plano p. 442; ☎212-864-6137; www.tomsrestaurant.net; 2880 Broadway, en 112th St; ppales. 8-13 US$; ⌚6.00-1.30 do-ju, 24 h vi y sa; [S]1 hasta 110th St). Caracterizado por su marquesina de neón rojo, su fachada se tomó prestada para el Monk's Café de la serie *Seinfeld*. También aparece inmortalizado en la emblemática canción de Suzanne Vega *Tom's Diner*.

2 Iglesia catedral de St John the Divine

La canción de Vega incluye la frase: "I'm listening to the bells of the cathedral". Se refiere a St John the Divine (p. 236), cuyo épico tamaño recordaría más al Viejo Mundo que al Nuevo. Esta iglesia, todavía inconclusa, de estilos neogótico y neorrománico, es el lugar de culto más grande de EE UU.

3 Malcolm Shabazz Harlem Market

Se recomienda dar una vuelta por este mercado discreto y semicerrado (p. 240), dirigido por la mezquita de Malcolm Shabazz, donde predicaba el orador musulmán asesinado Malcolm X. Es posible comprar joyas, telas, tambores, artículos de cuero, y otros productos africanos o hacerse trenzas en el pelo.

4 Flamekeepers Hat Club

La edad dorada de Harlem pervive en el Flamekeepers Hat Club (p. 248), una agradable tienda de elegantes sombreros y gorras. Si el cliente no puede decidirse, debe pedir consejo al propietario,

Apollo Theater (p. 239).

Marc Williamson, que, además de ser un gran conversador, tiene un mucho ojo para elegir el sombrero apropiado para cada cara.

[5] Strivers' Row

En las manzanas de 138th St y 139th St está la "calle de los luchadores" (p. 241), formada por casas de la década de 1890. Desde que los afroamericanos ambiciosos se trasladaron al lugar en la década de 1920 y dieron a la zona este apodo, sus edificios han albergado algunas de las grandes eminencias de Harlem, como los compositores Eubie Blake y Noble Sissle, el veterano del *blues* W. C. Handy y el cantante y bailarín Bill "Bojangles" Robinson.

[6] Red Rooster

Hay que probar el "nuevo Harlem" en el Red Rooster (p. 244), donde Marcus Samuelsson, cocinero nacido en Etiopía y criado en Suecia, prepara platos caseros renovados con respeto y profesionalidad. El pan de maíz, servido con mantequilla de miel, es motivo suficiente para ir, mientras que el Ginny's Supper Club, en el sótano, ofrece música y copas hasta altas horas de la madrugada.

[7] Apollo Theater

Uno de los mejores sitios para asistir a un concierto en Harlem es el Apollo Theater (p. 239), "donde nacen las estrellas y se forjan las leyendas". Ella Fitzgerald debutó allí en noviembre de 1934, en una de las primeras Amateur Night del teatro. Ochenta años más tarde, la noche de los aficionados sigue celebrándose cada miércoles.

[8] Shrine

Uno de los pilares del circuito nocturno de Harlem es el Shrine (p. 246), que presenta una increíble oferta musical todas las noches de la semana. Fundado en el 2007 por músicos y amantes del teatro, es un local que promueve la música reconfortante y donde tocan varios grupos cada noche. Es habitual escuchar calipso, *afropunk*, música electrónica francesa, *jazz* latino o *soul* puro y duro.

🍴 Inwood

NEW LEAF AMERICANA MODERNA **$$**
(☎212-568-5323; www.newleafrestaurant.com; 1 Margaret Corbin Dr, Inwood; ppales. 15-28 US$; ⏲12.00-21.00 lu-ju, hasta 22.00 vi y sa, 11.00-21.00 do; [S]A hasta 190th St) Situado en Fort Tryon Park, a unos pasos de los Cloisters (p. 252), este edificio de piedra de la década de 1930 parece una taberna rural. Utiliza ingredientes frescos del mercado en platos de estilo bistró como salmón con verduras del tiempo o ensalada de sandía con queso feta, aceitunas de Kalamata y menta. Se aconseja sentarse en su patio para disfrutar de un ambiente de verbena.

🍷 DÓNDE BEBER Y VIDA NOCTURNA

SILVANA BAR
plano p. 442 (www.silvana-nyc.com; 300 W 116th St; ⏲8.00-4.00; [S]2/3 hasta 116th St) Esta atractiva cafetería y tienda de Oriente Medio prepara sabrosos platos de *hummus* y *falafel*, pero su verdadero atractivo es el recóndito club de arriba, que atrae a un público local tranquilo con sus buenos cócteles y música en directo (a partir de las 18.00, aprox.; después hay DJ). El repertorio es ecléctico, con *jazz*, son cubano, *reggae* y *punk* gitano balcánico, todo en rotación.

SHRINE BAR
plano p. 442 (www.shrinenyc.com; 2271 Adam Clayton Powell Jr Blvd, entre 133rd St y 134th St, Harlem; ⏲16.00-4.00; [S]2/3 hasta 135th St) Para ver lo que ocurre en el panorama musical mundial, se puede acudir a este bar agradable y sin pretensiones, regentado por el talentoso equipo del Silvana. En el pequeño escenario actúan grupos en directo todos los días. No se cobra entrada y la música abarca *blues, reggae, afrobeat, funk*, soca, ritmos etíopes e *indie rock*.

GINNY'S SUPPER CLUB COCTELERÍA
plano p. 442 (☎212-421-3821; www.ginnyssupperclub.com; 310 Malcolm X Blvd, entre W 125th St y 126th St, Harlem; ⏲18.00-24.00 ju, hasta 3.00 vi y sa, *brunch* 10.30-14.00 do; [S]2/3 hasta 125th St) Este animado *supper club* suele estar lleno de elegantes clientes bebiendo cócteles, saboreando comida internacional y del sur de EE UU (de la cocina del Red Rooster, en la planta de arriba) y pasándolo bien al son de la música de *jazz* en directo (desde 19.30 ju-sa) y de la música de DJ (desde 23.00 vi y sa). No hay que perderse su *brunch* del domingo con música góspel en directo (se recomienda reservar).

BIER INTERNATIONAL CERVECERÍA
plano p. 442 (☎212-280-0944; www.bierinternational.com; 2099 Frederick Douglass Blvd, en 113th St, Harlem; ⏲16.00-1.00 lu-mi, hasta 2.00 ju y vi, 12.00-2.00 sa, 12.00-1.00 do; [S]B, C, 1 hasta 110th St-Cathedral Pkwy; 2/3 hasta 110th St-Central Park North) Cervecería alegre y animada al aire libre que dispone de unas 18 cervezas de barril de Alemania, Bélgica y el Reino Unido, y otras locales de la Bronx Brewery y Brooklyn Sixpoint. La extensa carta hace que valga la pena quedarse a comer. Tienen tacos de bagre, patatas fritas trufadas con parmesano y *schnitzel* vienés. Solo acepta efectivo.

67 ORANGE STREET COCTELERÍA
plano p. 442 (☎212-662-2030; www.67orangestreet.com; 2082 Frederick Douglass Blvd, entre 112th St y 113th St; ⏲18.00-24.00 do-ma, hasta 2.00 mi y ju, hasta 4.00 vi y sa; [S]B,C hasta 116th St) El nombre alude a la dirección donde estuvo el primer bar de propiedad negra de Nueva York (en la década de 1840). Sirve cócteles muy bien preparados en un acogedor ambiente de bar clandestino. Ladrillo visto, velas en las mesas y arte original en las paredes componen un marco elegante donde saborear sus elixires.

THE CHIPPED CUP CAFÉ
plano p. 442 (☎212-368-8881; www.chippedcupcoffee.com; 3610 Broadway, entre 148th St y 149th St, Hamilton Heights; ⏲7.00-20.00 lu-vi, 8.00-20.00 sa y do; 📶; [S]1, A/C, B/D hasta 145th St) La comunidad *hispter* se pone cómoda en el Chipped Cup, donde escribidores y estudiantes trabajan entre delicadas tazas de té, novelas gastadas y obras de arte singulares. Si hace buen tiempo, hay que redescubrir los sencillos placeres de la vida en su jardín trasero.

☆ OCIO

★MARJORIE ELIOT'S PARLOR JAZZ JAZZ
plano p. 442 (☎212-781-6595; 555 Edgecombe Ave, apart. 3F, en 160th St, Washington Heights; ⏲15.30 do; [S]A/C hasta 163rd St-Amsterdam

FUERA DE RUTA

EL BRONX

El Bronx ocupa una zona relativamente amplia y con numerosos puntos de interés bastante apartados entre sí. Lo mejor sería concentrarse en un área específica o en un par de barrios contiguos. Resulta fácil combinar una visita al Bronx Zoo o al New York Botanical Garden con un paseo por Arthur Ave, en el vecino Belmont. También se puede realizar una visita a primera hora de la tarde al Yankee Stadium y luego darse un garbeo por la zona del Bronx Museum. La línea de metro B/D permite desplazarse rápidamente entre el Bronx Museum y la Edgar Allan Poe Cottage. Desde la casa del poeta hay solo 300 m al oeste hasta la estación de metro Kingsbridge Rd, y con la línea 6 se puede ir al norte hasta el cercano cementerio de Woodlawn.

Hay varias propuestas interesantes, como las siguientes:

➡ Oír el rugido del público cuando los legendarios "Bronx Bombers" saltan al campo en uno de los estadios más fabulosos de EE UU, el **Yankee Stadium** (plano p. 442; ☎718-293-4300, circuitos 646-977-8687; www.mlb.com/yankees; E 161st St, en River Ave; circuitos 25 US$; [S]B/D, 4 hasta 161st St-Yankee Stadium).

➡ Pasar el día recorriendo las 20 Ha del precioso **New York Botanical Garden** (☎718-817-8716; www.nybg.org; 2900 Southern Blvd; días laborales adultos/niños 23/10 US$, fines de semana 28/12 US$, mi y 9.00-10.00 sa patios gratis; ⏲10.00-18.00 ma-do; 👪; 🚆Metro-North hasta Botanical Garden), especialmente impresionante en primavera.

➡ Contemplar otro tipo de vida salvaje en el histórico **Bronx Zoo** de Nueva York (☎718-220-5100; www.bronxzoo.com; 2300 Southern Blvd; entradas adultos/niños 37/27 US$, con donativo mi; ⏲10.00-17.00 lu-vi, hasta 17.30 sa y do abr-oct, hasta 16.30 nov-mar; [S]2, 5 hasta West Farms Sq-E Tremont Ave).

➡ Expandir los límites culturales en el **Bronx Museum** (☎718-681-6000; www.bronxmuseum.org; 1040 Grand Concourse, en 165th St; ⏲11.00-18.00 mi, ju, sa y do, hasta 20.00 vi; [S]B/D hasta 167th St) [GRATIS], un museo inesperadamente brillante.

➡ Pasar un rato apacible en compañía de Duke Ellington y Herman Melville en el bello **cementerio de Woodlawn** (☎877-496-6352, 718-920-0500; www.thewoodlawncemetery.org; Webster Ave, en E 233rd St; ⏲ 📅8.30-16.30; [S]4 hasta Woodlawn).

➡ Meditar sobre las inquietantes palabras del gran escritor estadounidense en la **Edgar Allan Poe Cottage** (☎718-881-8900; www.bronxhistoricalsociety.org/poe-cottage; 2640 Grand Concourse, en Kingsbridge Rd; adultos/niños 5/3 US$; ⏲10.00-15.00 ju y vi, hasta 16.00 sa, 13.00-17.00 do; [S]B/D hasta Kingsbridge Rd).

Si el hambre aprieta hay que dirigirse a Arthur Ave, en Belmont, una calle muy querida, llena de nostálgicos restaurantes italianos y charcuterías que sirven delicias del Viejo Mundo. Destacan los bocadillos de *mozzarella* y prosciutto de **Casa della Mozzarella** (☎718-364-3867; www.facebook.com/casadellamozzarella; 604 E 187th St, en Arthur Ave; sándwiches 6-13 US$; ⏲7.30-18.00 lu-sa, hasta 13.00 do; [S]B/D hasta Fordham Rd, 🚆Metro-North hasta Fordham), la *pizza* de **Zero Otto Nove** (☎718-220-1027; www.089bronx.com; 2357 Arthur Ave, en 186th St; *pizzas* 12-18 US$, ppales. cena 18-29 US$; ⏲12.00-14.30 y 16.30-22.00 ma-ju, hasta 23.00 vi y sa, 13.00-21.00 do; 📶; [S]B/D hasta Fordham Rd, 🚆Metro-North hasta Fordham) y los *cannoli* de **Madonia Brothers Bakery** (☎718-295-5573; 2348 Arthur Ave, en 186th St; pastas desde 1,50 US$; ⏲6.00-19.00 lu-sa, 7.00-18.00 do; [S]B/D hasta Fordham Rd, 🚆Metro-North hasta Fordham).

Después se puede ir hasta el South Bronx para tomar unas cervezas artesanas en la **Bronx Brewery** (☎718-402-1000; www.thebronxbrewery.com; 856 E 136th St, entre Willow y Walnut Aves; ⏲15.00-19.00 lu-mi, hasta 20.00 ju y vi, 12.00-20.00 sa, 12.00-19.00 do; [S]6 hasta Cypress Ave).

Ave; 1 hasta 157th St) Cada domingo, la encantadora Sra. Eliot ofrece una de las experiencias más mágicas de Nueva York: íntimas y gratuitas sesiones de *jazz* en su propio apartamento. Todos los conciertos, dedicados a sus dos hijos difuntos, están interpretados por músicos de gran talento. Hay que ir temprano, pues tienen mucho éxito (hacia las 14.30 ya suele haber cola).

MAYSLES DOCUMENTARY CENTER
CINE

plano p. 442 (☎212-537-6843; www.maysles.org; 343 Malcolm X Blvd, entre 127th St y 128th St, Harlem; películas desde 10 US$; ⓢ2/3 hasta 125th St) Pequeño cine sin ánimo de lucro, fundado por el difunto director Albert Maysles (famoso por la película *Grey Gardens*), que proyecta documentales y cine independiente, sobre todo obras africanas excelentes. Para detalles sobre proyecciones y eventos venideros, incluidas sesiones de preguntas y respuestas con cineastas, conferencias y actuaciones en directo, véase su web.

MINTON'S
JAZZ

plano p. 442 (☎212-243-2222; www.mintonsharlem.com; 206 W 118th St, entre St Nicholas Ave y Adam Clayton Powell Jr Blvd; 10-15 US$; ⊙18.00-23.00 mi-sa, 12.00-15.00 y 18.00-22.00 do; ⓢB/C, 2/3 hasta 116th St) Este club de *jazz* y restaurante que vio nacer el *bebop* en Harlem es un lugar formal para oír música en directo. En él han tocado todos los grandes, desde Dizzy Gillespie a Louis Armstrong, y cenar en el comedor revestido de espejos teñidos es una experiencia admirable (ppales. 22-42 US$). Hay que reservar con tiempo, vestirse para impresionar y disfrutar los sabores sureños escuchando en directo un *jazz* cautivador.

DE COMPRAS

HARLEM

HABERDASHERY
MODA Y ACCESORIOS

plano p. 442 (☎646-707-0070; www.harlemhaberdashery.com; 245 Malcolm X Blvd, entre 122nd St y 123rd St; ⊙12.00-20.00 lu-sa; ⓢ2/3 hasta 125th St) Esta *boutique* a la última presenta colecciones en constante cambio con prendas de vestir de todas las formas y tamaños: camisetas preciosas, zapatillas de marca, chaquetas de *denim* personalizadas y camisas de corte perfecto.

NILU
REGALOS Y RECUERDOS

plano p. 442 (☎646-964-4926; www.shopnilu.com; 191 Malcolm X Blvd, entre 119th St y 120th St, Harlem; ⊙11.00-20.00 ma-do; ⓢB/C, 2/3 hasta 116th St) Pequeña gran *boutique* a la que echar el ojo durante el paseo por el barrio (el nombre alude a los hijos del dueño, Nigel y Luke). Vende toda clase de artículos sobre Harlem, incluidas camisetas para niños (y adultos), bolsos de lona, tazas y arte inspirado en los emblemas del barrio, pero también bombones finos, kits de aseo masculino, velas perfumadas, juegos de escritorio, etc.

REVOLUTION BOOKS
LIBROS

plano p. 442 (☎212-691-3345; www.revolutionbooksnyc.org; 437 Malcolm X Blvd en 132nd St, Harlem; ⊙12.00-21.00 ma-do; ⓢ2/3 hasta 135th St) Esta librería ferozmente independiente tiene una gran variedad de títulos relacionados con temas sociales, políticos, de género y derechos humanos. Hay lecturas y debates con los autores una vez por semana, más o menos (véase la web).

FLAMEKEEPERS
HAT CLUB
MODA Y ACCESORIOS

plano p. 442 (☎212-531-3542; 273 W 121st St, en St Nicholas Ave; ⊙12.00-19.00 ma y mi, hasta 20.00 ju-sa, hasta 18.00 do; ⓢA/C, B/D hasta 125th St) Pequeña y atrevida tienda de sombreros, propiedad del afable residente local Marc Williamson. Su selecta colección es el sueño de todo amante de esta prenda de vestir: suaves sombreros italianos de fieltro de Barbisio, sombreros de copa checos de Selentino y gorras de lana de la marca irlandesa Hanna Hats of Donegal. Cuestan entre 90 y 350 US$. También ofrece un servicio opcional de personalización de los productos.

ATMOS
CALZADO

plano p. 442 (☎212-666-2242; www.atmosnyc.blogspot.com; 203 W 125th St, en Adam Clayton Powell Jr Blvd; ⊙11.00-20.00 lu-sa, 12.00-19.00 do; ⓢA/C, B/D, 2/3 hasta 125th St) Los fetichistas de las zapatillas acuden a Atmos para engalanar sus pies. Ideal para adquirir zapatillas de alta calidad, ediciones limitadas y reediciones, esta tienda de Harlem es famosa por sus colaboraciones con marcas como Nike, Puma y K-Swiss.

DEPORTES Y ACTIVIDADES

TREAD
CICLISMO

(☎212-544-7055; www.treadbikeshop.com; 250 Dyckman St; 8/30 US$ por h/día; ⊙10.00-19.00 lu-sa, hasta 18.00 do; 🚲; ⓢA hasta Dyckman St) En Inwood Hill Park, junto al New York Greenway Bike Trail, esta tienda de alquiler de bicicletas es ideal cuando se quieren recorrer sobre ruedas los largos y serpenteantes carriles bici de Upper Manhattan.

RIVERBANK STATE PARK SALUD Y FITNESS

plano p. 442 (☎212-694-3600; www.nysparks.com/parks/93; entrada por 145th St en Riverside Dr, Hamilton Heights; piscina adultos/niños 2/1 US$, sala de *fitness* 5 US$, patinaje sobre hielo adultos/niños 5/3 US$, patinaje 1,50 US$, alquiler *skate* 6 US$; ⏰6.00-23.00; 👪; [S]1 hasta 145th St)

Estas instalaciones de 11,33 Ha con cinco edificios, situadas sobre una planta de tratamiento de residuos (no es tan descabellado como suena), tienen una piscina olímpica cubierta, otra de entrenamiento al aire libre, un gimnasio, canchas de baloncesto y tenis, una pista de atletismo alrededor de un campo de fútbol, un parque infantil y una pista de patinaje sobre ruedas que de noviembre a marzo se transforma en pista de patinaje sobre hielo.

Brooklyn

BROOKLYN HEIGHTS, CENTRO DE BROOKLYN Y DUMBO | BOERUM HILL, COBBLE HILL, CARROLL GARDENS Y RED HOOK | FORT GREENE, CLINTON HILL Y BED-STUY | PARK SLOPE, GOWANUS Y SUNSET PARK | PROSPECT HEIGHTS, CROWN HEIGHTS Y FLATBUSH | WILLIAMSBURG, GREENPOINT Y BUSHWICK | CONEY ISLAND Y BRIGHTON BEACH

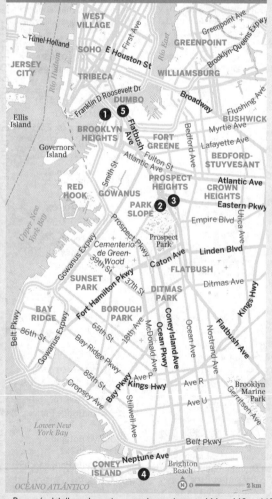

Lo mejor

❶ Brooklyn Bridge Park (p. 253) Correr, pedalear, patinar, escalar un rocódromo, contemplar el atardecer –y más– en estas 34 Ha de parque situado a orillas del río East.

❷ Prospect Park (p. 254) Pasear por las 250 Ha de bosques, prados y lagos del parque considerado por Vaux y Olmsted, diseñadores del Central Park, como su mayor logro.

❸ Brooklyn Museum (p. 255) Descubrir las grandes colecciones del mayor museo de Brooklyn, desde una de las muestras de arte egipcio antiguo más extraordinarias del país hasta el arte feminista pionero de la década de 1970.

❹ Coney Island (p. 265) Montar en un tiovivo de madera, recorrer el paseo marítimo y disfrutar del arte callejero en los murales de este distrito marítimo del ocio.

❺ Brooklyn Flea (p. 286) Curiosear entre los puestos de ropa de segunda mano, viejos elepés, artículos para el hogar y otros objetos en este mercado de fin de semana.

Para más detalles sobre esta zona, véanse planos p. 444, p. 446, p. 448, p. 451 y p. 452 ➡

Explorar Brooklyn

Este condado, donde viven más de 2,6 millones de personas en una superficie de 184 km^2, es un universo aparte. En Brooklyn hay mucho que ver, desde barrios con el encanto de la piedra rojiza y bellos parques hasta galerías de arte y parques de atracciones junto al mar.

El sur de Brooklyn, en especial Brooklyn Heights y el vecino Dumbo, ofrece mucha historia y fabulosas vistas de Manhattan. Prospect Park es una zona verde espléndida, y muchos de los barrios residenciales que lo rodean son estupendos para realizar paseos arquitectónicos, ver escaparates o visitar cafeterías. En la misma zona hay otras dos grandes atracciones turísticas: el extenso Brooklyn Museum y los Brooklyn Botanic Gardens.

Los amantes de los parques de atracciones antiguos y de dar paseos junto al mar deberían ir a Coney Island. La vida nocturna se concentra en el norte de Brooklyn. El moderno enclave de Williamsburg, lleno de bares y restaurantes, está a solo una parada de metro de Manhattan. Greenpoint y Bushwick, con sus bares genuinos y locales de música en directo, son más populares entre los *indies*.

Vida local

➡ **Rock and roll** Lo último en música *indie* se halla en las mejores salas musicales de Williamsburg y Bushwick.

➡ **Patearse el parque** Unirse al batallón de paseantes y dar una o dos vueltas a Prospect Park (p. 254). O ver los escaparates y las cafeterías de Fifth Ave.

➡ **Mercados agrícolas** Comprar en los mercados del sábado, como Grand Army Plaza (p. 286), Fort Greene Park (p. 259), Borough Hall y McCarren Park (p. 264), y luego hacer un pícnic en un parque.

➡ **Ocio** Brooklyn Bridge Park (p. 253) reúne una gran oferta de ocio: baloncesto, caminar o pasear en bicicleta, o simplemente echarse en la hierba a contemplar el grandioso puente y la silueta de la ciudad.

Cómo llegar y salir

➡ **Metro** Hay 17 líneas a/desde Brooklyn y todas pasan por el centro. Las principales desde Manhattan son: A/C, 2/3, 4/5, D/F, N/R/Q y L (p. 263). La G solo conecta Queens y Brooklyn desde Long Island City hasta el sur de Prospect Park.

➡ **Autobús** Con el B61 o el B57 hasta Red Hook, o el B62 desde el centro a Williamsburg/Greenpoint.

➡ **Barco NYC Ferry** (plano p. 444; www.ferry.nyc; S 10th St, por Kent Ave, Williamsburg; ida 2,75 US$; 🚌B32, Q59 hasta Kent Ave, [S]J/M/Z hasta Marcy Ave) va desde Wall St de Manhattan a E 34th St, y en Brooklyn para en Dumbo, Williamsburg, Greenpoint, Cobble Hill, Red Hook y Sunset Park.

Consejo de Lonely Planet

Para hacerse una idea de la Nueva York de antaño hay que visitar Brighton Beach. Debajo de las vías elevadas de Brighton Beach Ave, el bullicioso barrio de "Little Odessa" está lleno de fruterías y tiendas que venden pescado ahumado y *pierogi* (empanadillas). En las calles el viajero encontrará una muestra representativa de la humanidad, desde abuelas a adolescentes, hablando en decenas de lenguas distintas.

🍴 Los mejores restaurantes

➡ Olmsted (p. 272)
➡ Modern Love (p. 273)
➡ Miss Ada (p. 270)
➡ Smorgasburg (p. 273)
➡ Juliana's (p. 276)
➡ Zenkichi (p. 273)

Para reseñas, véase p. 266 ➡

🍷 Los mejores bares

➡ House of Yes (p. 278)
➡ Brooklyn Barge (p. 278)
➡ Radegast Hall & Biergarten (p. 278)
➡ Northern Territory (p. 279)
➡ Union Hall (p. 277)
➡ Maison Premiere (p. 278)

Para reseñas, véase p. 278 ➡

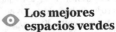

👁 Los mejores espacios verdes

➡ Prospect Park (p. 254)
➡ Brooklyn Bridge Park (p. 253)
➡ Brooklyn Botanic Garden (p. 262)
➡ Fort Greene Park (p. 259)

Para reseñas, véase p. 253 ➡

PRINCIPALES PUNTOS DE INTERÉS
PUENTE DE BROOKLYN

En 1883 se inauguró este puente, una de las indiscutibles obras maestras de la arquitectura de Nueva York. Con su longitud récord de 486 m, se convirtió en la primera conexión terrestre entre Brooklyn y Manhattan, y en el primer puente colgante de acero del mundo. Este magnífico ejemplo de diseño urbano ha inspirado a poetas, escritores y pintores.

El elevado coste del puente

El puente lo diseñó el ingeniero alemán John Roebling. Pero este sufrió un accidente en el muelle de Fulton Landing en junio de 1869, contrajo el tétanos y murió antes de que empezara la construcción. Su hijo, Washington Roebling, que debía supervisar las obras hasta su finalización, sufrió una parálisis por descompresión mientras colaboraba en las tareas de excavación para levantar la torre oeste, y tuvo que permanecer en cama durante gran parte del proyecto, que se prolongó 14 años. Su esposa, Emily Warren Roebling, que tenía estudios de matemáticas superiores e ingeniería civil y se encargó de supervisar los trabajos en su lugar, tuvo que enfrentarse a excesos presupuestarios y políticos descontentos. Pero los únicos afectados no fueron los Roebling: durante la construcción del puente también murieron entre 20 y 30 operarios (no existen cifras oficiales). Y todavía hubo una última tragedia en 1883, seis días después de la inauguración oficial, cuando una masa de peatones quedó atascada en una escalera y una joven tropezó y rodó escaleras abajo: los gritos de la multitud, que creía que el puente se hundía, provocaron una estampida y 12 personas murieron aplastadas por la turba.

Cruzar el puente

Pasear por el puente de Brooklyn suele ser uno de los principales objetivos de los visitantes de Nueva York. El puente, de más de 1,8 km, se puede cruzar a pie en unos 20-40 min, según el ritmo de la caminata y las paradas realizadas para admirar las vistas.

PARA SABER MÁS

➡ En mayo de 1884, el empresario circense P. T. Barnum hizo desfilar a 21 elefantes sobre el puente para demostrar a los escépticos que era seguro.

DATOS PRÁCTICOS

➡ S 4/5/6 hasta Brooklyn Bridge-City Hall; J/Z hasta Chambers St; R/W hasta City Hall

PRINCIPALES PUNTOS DE INTERÉS
BROOKLYN BRIDGE PARK

Este parque ribereño multiusos de 34 Ha es uno de los lugares más aplaudidos de Brooklyn. Abrazando un meandro del río East, se extiende 2 km desde Jay St en Dumbo hasta el extremo occidental de Atlantic Ave en Cobble Hill. Su creación ha revitalizado un inhóspito tramo de costa y convertido una serie de muelles abandonados en parque público.

Empire Fulton Ferry

Esta zona del parque, al este del puente de Brooklyn y en el norte de Dumbo, es una gran extensión de prados con césped e impresionantes vistas del río East. En la punta noreste se halla el Jane's Carousel (p. 256), un tiovivo de 1922 minuciosamente restaurado y protegido por un pabellón acristalado del arquitecto Jean Nouvel. El parque está bordeado en uno de sus lados por unos edificios que datan de la Guerra de Secesión y que hoy albergan el Empire Stores & Tobacco Warehouse (p. 256), con restaurantes, tiendas y un celebrado teatro de vanguardia.

Pier (muelle) 1

Con sus 3,6 Ha y situado al sur del puente de Brooklyn, este muelle posee un tramo de parque con una zona infantil, caminos y los jardines Harbor y Bridge View, ambos con vistas al río. Todos los jueves de julio y agosto hay cine al aire libre con el impresionante fondo de Manhattan, y durante todo el verano también tienen lugar otras actividades, como baile, yoga, representaciones de Shakespeare, rutas históricas, etc. (véase el calendario en la web del parque). En el extremo norte del muelle se puede tomar el NYC Ferry (www.ferry.nyc) a Manhattan.

Pier (muelle) 6

Está en el extremo sur del parque, junto a Atlantic Ave, y cuenta con un fantástico parque infantil y una zona de juegos de agua para los más pequeños. También hay varias concesiones de temporada (may-oct), como las *pizzas* al horno de leña, cerveza y delicias italianas de Fornino (p. 267), cuya terraza en la azotea es perfecta para tomar una copa al atardecer. Un ferri gratis conecta durante el fin de semana el muelle 6 con Governors Island (p. 76).

Otras zonas

La pasarela **Squibb Park Bridge,** que une Columbia Heights (entre las calles Middagh y Cranberry) con el muelle 1, permite a los peatones llegar directamente a Brooklyn Heights.

El **Pier 2** está dedicado al ocio y al deporte, con una pista de patinaje, un gimnasio al aire libre, y pistas de petanca, balonmano, baloncesto y *shuffleboard*. El **Pier 3** cuenta con más prados y escaleras de granito para sentarse a contemplar las vistas, y el **Pier 4** tiene una pequeña playa para mojar los pies en el río East. En el **Pier 5** hay caminos, canchas de vóley-playa, campos de fútbol y parrillas de barbacoa.

Main St Park, justo al sur del puente de Manhattan, posee un rocódromo, una pista de perros, un parque infantil de tema náutico y una playa de guijarros.

INDISPENSABLE

- Vistas del centro de Manhattan desde el muelle 1
- Empire Fulton Ferry al atardecer
- Pasear por el puente de Brooklyn

DATOS PRÁCTICOS

- plano p. 451, B1
- ☎718-222-9939
- www.brooklynbridgepark.org
- East River Waterfront, entre Atlantic Ave y John St, Brooklyn Heights/Dumbo
- gratis
- 🕒6.00-1.00, algunas zonas hasta 23.00, patios hasta atardecer
- 🐾
- 🚌B63 hasta Pier 6/Brooklyn Bridge Park; B25 hasta Old Fulton St/Elizabeth Pl, ⛴rutas East River o South Brooklyn hasta Dumbo/Pier 1, [S]A/C hasta High St; 2/3 hasta Clark St; F hasta York St

Los diseñadores del Prospect Park (240 Ha), Calvert Vaux y Frederick Olmsted, consideraban que superaba a Central Park, su otro proyecto en la ciudad. Creado en 1866, el parque posee casi las mismas características que su hermano de Manhattan: una fabulosa extensión de césped, un pintoresco lago, caminos arbolados, y colinas dispersas surcadas por senderos.

Grand Army Plaza

Una gran **rotonda** ajardinada (plano p. 448; Flatbush Ave y Eastern Pkwy, Prospect Park; ⊙6.00-24.00; S2/3 hasta Grand Army Plaza; B, Q hasta 7th Ave), con un arco ceremonial, señala la entrada del parque. El arco, construido en la década de 1890, es un monumento a los soldados unionistas de la Guerra de Secesión.

En la plaza hay un Greenmarket (p. 286) los sábados de 8.00 a 16.00 (todo el año), y en King David Tacos (p. 271) preparan unos desayunos auténticos a base de tacos.

Long Meadow

Este "prado largo" de 36,5 Ha está al sur de la entrada oficial del parque en Grand Army Plaza. Es ideal para dar paseos y descansar, lleno de gente jugando a la pelota y familias volando cometas. En el extremo sur está **Picnic House,** con un puesto de tentempiés y unos baños públicos.

Children's Corner

Cuenta con un fantástico **tiovivo** de 1912 y con el **Prospect Park Zoo** (plano p. 448; ☎718-399-7339; www.prospectparkzoo.com; 450 Flatbush Ave; adultos/niños 8/5 US$; ⊙10.00-17.00 lu-vi, hasta 17.30 sa y do abr-oct, hasta 16.30 nov-mar; 👶). La **Lefferts Historic House** (plano p. 448; ☎718-789-2822; www.prospectpark.org/lefferts; cerca de Flatbush Ave y Empire Blvd; donativo 3 US$; ⊙12.00-17.00 ju-do abr-jun y sep-oct, hasta 18.00 jul-ago, hasta 16.00 sa y do nov-dic, cerrado ene-mar; 👶) del s. XVIII posee abundantes juguetes antiguos con los que se puede jugar.

Audubon Center Boathouse

En la punta norte del lago, este embarcadero acoge una serie de actividades a lo largo del año: rutas ornitológicas, clases de yoga gratis, exposiciones de arte de temática natural y talleres artesanales infantiles. Desde allí parte una red de 4 km de frondosos **senderos naturales.** Pueden verse los mapas en la web o preguntar en el embarcadero.

Prospect Park Bandshell

Esta concha acústica acoge conciertos gratuitos al aire libre durante el verano. El calendario puede consultarse por internet y en el Audubon Center Boathouse.

LeFrak Center at Lakeside

Este **complejo** (plano p. 448; ☎718-462-0010; www.lakesideprospectpark.com; 171 East Dr, cerca de Ocean Ave y Parkside Ave; patinaje 6-9 US$, alquiler patines 6-7 US$, alquiler barco 15-35 US$/h, alquiler bicis 8-35 US$/h; ⊙variable según estación; 👶; SQ hasta Parkside Ave) de 10,5 Ha incluye dos pistas, exterior e interior, para patinar sobre hielo en invierno y sobre ruedas en verano, así como una cafetería, nuevos senderos y un pequeño espacio para conciertos. En verano se alquilan botes de pedales.

INDISPENSABLE

➡ La serena vista desde el embarcadero

➡ Un paseo por Lullwater Creek

➡ Pícnic y vuelo de cometas en Long Meadow

DATOS PRÁCTICOS

➡ plano p. 448, E3

➡ ☎718-965-8951

➡ www.prospectpark.org

➡ Grand Army Plaza

➡ ⊙5.00-1.00

➡ S2/3 hasta Grand Army Plaza; F hasta 15th St-Prospect Park; B, Q hasta Prospect Park

Este edificio *beaux-arts* de cinco plantas y 5,2 Ha fue diseñado por McKim, Mead & White a principios de la década de 1890 con la intención de que fuera el museo más grande del mundo en un solo recinto, pero el plan perdió fuerza cuando Brooklyn se anexionó a Nueva York. Hoy alberga más de 1,5 millones de piezas, como objetos antiguos, salones del s. XIX, y esculturas y pinturas de varios siglos.

Arte egipcio

En las galerías de la 3ª planta destaca especialmente la excelente colección de arte egipcio que abarca 5000 años. Incluye bajorrelieves y retratos de época romana, algunos de los cuales proceden de las actuales excavaciones del museo en Egipto. La sala de las momias contiene sarcófagos y objetos rituales. Pero la pieza más sorprendente es la llamada "Bird Lady", una delicada figurilla de barro de rostro abstracto y brazos levantados en alto que data de 3300-3650 a.C. y se expone en una vitrina aparte.

Arte americano

El museo posee una de las mayores colecciones de arte americano, que incluye el emblemático retrato de George Washington, de Gilbert Stuart; el célebre paisaje urbano de Childe Hassam *Late Afternoon, New York, Winter* (1900); y decenas de obras de finales del s. XIX del retratista John Singer Sargent. Vale la pena subir a la planta 5ª para verlas.

Una habitación propia

Esta es una de las pocas instituciones artísticas al uso que dedica un espacio permanente a las mujeres artistas. El Elizabeth Sackler Center for Feminist Art, que ocupa 770 m² de la 4ª planta, exhibe una interesante combinación de exposiciones personales e históricas sobre temas como la mujer en el videoarte o el arte pop. En el centro de la galería se encuentra la crucial instalación de Judy Chicago *The Dinner Party* (1979).

Otras galerías destacadas

Otras galerías exhiben escultura africana, tejidos latinoamericanos y arte contemporáneo. Para echar un vistazo entre bastidores hay que dirigirse al Visible Storage and Study Center de la 5ª planta, donde hay vitrinas con todo tipo de objetos, desde bicicletas antiguas a una bulbosa escultura de Gaston Lachaise.

El primer sábado del mes (excepto sep), el museo está abierto hasta las 23.00 para celebrar la noche del arte (gratis) con actuaciones, música en directo y, a veces, pista de baile. Suelen acudir muchas familias.

INDISPENSABLE

➡ Arte egipcio
➡ *The Dinner Party*
➡ Arte americano
➡ Visible Storage Center

DATOS PRÁCTICOS

➡ plano p. 448, F3
➡ ☎718-638-5000
➡ www.brooklynmuseum.org
➡ 200 Eastern Pkwy, Prospect Park
➡ Se sugiere entrada adultos/niños 16 US$/gratis
➡ ⏱11.00-18.00 mi y vi-do, hasta 22.00 ju, hasta 23.00 1er sa del mes oct-ago
➡ 🚇
➡ Ⓢ2/3 hasta Eastern Pkwy-Brooklyn Museum

◉ PUNTOS DE INTERÉS

◉ Brooklyn Heights, Downtown Brooklyn y Dumbo

Cuando se inauguró el ferri de Brooklyn a principios del s. XIX, los ricos de Manhattan empezaron a construir hermosas casas en Brooklyn Heights, un barrio que todavía es muy deseable por sus calles arboladas y sus espectaculares vistas del río. Abajo, el ribereño Brooklyn Bridge Park ha revitalizado plenamente una orilla antaño abandonada. El centro del barrio está en auge: los bloques de pisos han transformado el paisaje urbano tanto como las cadenas comerciales nacionales el Fulton Mall.

La zona ribereña adoquinada de Dumbo, antaño exclusivamente industrial, alberga hoy bloques de apartamentos de lujo, tiendas, galerías de arte y restaurantes finos, y Vinegar Hill es su pequeño enclave residencial más oriental.

BROOKLYN BRIDGE PUENTE
Véase p. 252.

BROOKLYN BRIDGE PARK PARQUE
Véase p. 253.

JANE'S CAROUSEL EMPLAZAMIENTO HISTÓRICO
plano p. 451 (📞718-222-2502; www.janescarousel. com; Old Dock St, Brooklyn Bridge Park, Dumbo; entradas 2 US$; ⏰11.00-19.00 mi-lu med may-med sep, hasta 18.00 ju-do med sep-med may; 👶; 🚇F hasta York St; A/C hasta High St) He aquí la estrella del extremo norte del Brooklyn Bridge Park (p. 253): un tiovivo antiguo construido por la Philadelphia Toboggan Company allá en 1922. En 1984 fue adquirido por la artista Jane Walentas de Dumbo, que dedicó las dos décadas siguientes a restaurar fielmente los ornamentados elementos tallados en madera según el diseño original.

El tiovivo posee 48 caballos, dos carros y 1200 luces, y es el primero de este tipo incorporado al National Register of Historic Places. Este tesoro en funcionamiento está protegido por un pabellón acrílico transparente diseñado por el arquitecto Jean Nouvel.

BROOKLYN HISTORICAL SOCIETY MUSEO
plano p. 451 (📞718-222-4111; www.brooklynhisto ry.org; 128 Pierrepont St con Clinton St, Brooklyn Heights; se sugiere entrada 10 US$; ⏰12.00-17.00 mi-do; 🚇R hasta Court St; 2/3, 4/5 hasta Borough

Hall) En un majestuoso edificio histórico de 1881 con unos sorprendentes detalles en terracota, este museo está dedicado a todo lo relacionado con Brooklyn. Su valiosa colección contiene un singular mapa de Nueva York de 1770 y una copia firmada de la Proclamación de la Emancipación, así como exposiciones rotatorias sobre la vida en Brooklyn. No hay que perderse la impresionante **Othmer Library** del 2° piso, con su balcón original de fresno negro del s. XIX. La **tienda de regalos** del vestíbulo (lu-do 12.00- 17.00) es una mina de libros relacionados con Brooklyn y regalos selectos.

La sociedad también organiza exposiciones regulares y paseos por el barrio. Más información en la web.

NEW YORK TRANSIT MUSEUM MUSEO
plano p. 451 (📞718-694-1600; www.mta.info/mta/ museo; Schermerhorn St con Boerum Pl, Downtown Brooklyn; adultos/niños 10/5 US$; ⏰10.00-16.00 ma-vi, 11.00-17.00 sa y do; 👶; 🚇2/3, 4/5 hasta Borough Hall; R hasta Court St) En una antigua estación de metro construida en 1936 y fuera de servicio desde 1946, este museo adecuado para niños abarca más de 100 años de transporte urbano. Lo mejor está en el andén de la planta baja, donde el visitante puede subir a 13 vagones originales de metro y tren elevado de 1904. Hay también exposiciones temporales, así como una tienda de regalos, ambas de temática vinculada.

EMPIRE STORES & TOBACCO WAREHOUSE EDIFICIO HISTÓRICO
plano p. 451 (www.empirestoresdumbo.com; 53-83 Water St, cerca de Main St, Dumbo; ⏰8.00-19.30; 🚌B25 hasta Water/Main Sts, 🚇F hasta York St; A/C hasta High St) Esta serie de edificios vacíos de la época de la Guerra de Secesión ha sufrido una larga transformación para convertirse en lujosas tiendas, restaurantes, oficinas y un mercado de alimentación. El vanguardista teatro St Ann's Warehouse (p. 282) se inauguró en el 2015; aperturas más recientes son las de la tienda de muebles West Elm, la de complementos Shinola (p. 83) de Detroit y una galería-tienda de la Brooklyn Historical Society.

◉ Boerum Hill, Cobble Hill, Carroll Gardens y Red Hook

Al sur de Brooklyn Heights y del centro de Brooklyn, Boerum Hill (al este de Court St), Cobble Hill (al oeste de Court St) y Carroll

Circuito a pie 'Brownstones' y puentes

INICIO ST GEORGE HOTEL
FINAL JANE'S CAROUSEL
DISTANCIA 3,2 KM; 2 H

La zona que rodea Brooklyn Heights está jalonada de edificios históricos y magníficas vistas de Manhattan. La ruta empieza en la esquina de las calles Clark y Henry, delante del ❶ **St George Hotel,** que en su tiempo fue el mayor de la ciudad.

Dos manzanas al norte de Orange St está la ❷ **iglesia Plymouth.** A mediados del s. XIX, Henry Ward Beecher pronunció en ella sus sermones abolicionistas y organizó "subastas simuladas" para recaudar fondos para comprar la libertad de los esclavos.

Siguiendo al oeste por Orange y al sur por Willow St, se halla la mansión amarilla del nº 70, que cuenta con 11 habitaciones y fue la ❸ **casa de Truman Capote** mientras escribía *Desayuno en Tiffany's.* Hay que seguir al sur, doblar a la derecha por Pierrepont St y seguir esta calle que se curva a la izquierda para convertirse en ❹ **Montague Tce,** con una sola manzana llena de señoriales casas de piedra rojiza, en cuyo nº 5 Thomas Wolfe escribió *Del tiempo y el río.*

Desde allí y siguiendo por Remsen St al oeste se llega al ❺ **Brooklyn Heights Promenade,** un pintoresco parque con vistas de la ciudad. Fue construido por el urbanista Robert Moses en 1942 con el fin de apaciguar los ánimos de los vecinos, irritados por la construcción de la ruidosa autopista que pasa por debajo. Tras disfrutar de un paseo por él, se sigue por Columbia Heights para doblar por el peatonal ❻ **Squibb Park Bridge** hasta el ❼ **Brooklyn Bridge Park** (p. 253).

Cerca de allí, en el ❽ **Fulton Ferry Landing,** George Washington realizó una decisiva y precipitada retirada durante la batalla de Long Island en 1776. Desde allí se sigue por Water St, que cruza por debajo del ❾ **puente de Brooklyn** (de 1883) y pasa frente al ❿ **Empire Stores & Tobacco Warehouse** (p. 256), unos edificios de ladrillo de la época de la Guerra de Secesión que hoy acogen un centro comercial y oficinas. La ruta termina en el Empire Fulton Ferry, que alberga el reluciente ⓫ **Jane's Carousel** (p. 256) de 1922.

BROOKLYN

Gardens (al sur de Degraw St) son un grupo de barrios arbolados de carácter familiar, con edificios de piedra rojiza y pocas atracciones turísticas pero mucha oferta para comer e ir de compras. Más al sur se encuentra la apartada península de Red Hook, antaño uno de los puertos de mayor tráfico del mundo y hoy dotado de grandes tiendas y restaurantes de estilo chic industrial.

RED HOOK ZONA

plano p. 446 (🚌B61) Hace mucho, Red Hook y sus muelles tenían fama de ser una de las zonas más peligrosas de Nueva York. Pero los estibadores marcharon dejando tras de sí un pintoresco barrio frente a la bahía que evoca su pasado náutico en los ruidosos bares que dan bebida barata y música en directo, viejas calles adoquinadas con sus tradicionales casas adosadas y excelentes marisquerías.

Red Hook carece de metro, pero el autobús B61 que atraviesa la zona tiene parada en el exterior de las estaciones de metro Smith-9th Sts (líneas F y G) y 4th Ave-9th St (línea R).

COFFEY PARK PARQUE

plano p. 446 (www.nycgovparks.org/parks/coffey-park; Verona St, entre Richard St y Dwight St, Red Hook; ☺amanecer-anochecer) GRATIS Este parque de Red Hook permite olvidarse del barullo y el ruido de la ciudad. Los caminos están bordeados de exuberantes setos y árboles, y atraviesan unos suaves prados ideales para una barbacoa o para jugar al disco volador. También acoge conciertos del Summer Stage y otros actos gratuitos.

INVISIBLE DOG GALERÍA

plano p. 446 (☎347-560-3641; www.theinvisibledog.org; 51 Bergen St, entre Smith St y Court St, Boerum Hill; ☺13.00-19.00 ju-sa, hasta 17.00 do; 🚇F, G hasta Bergen St) En una fábrica reconvertida junto a Smith St, este centro de arte interdisciplinario personifica el espíritu creativo de Brooklyn. La planta baja acoge exposiciones frecuentes; arriba, los talleres de artistas a veces organizan jornadas de puertas abiertas. Teatro, cine, actuaciones musicales y algún que otro mercado redondean el atractivo cultural de esta asociación cívica.

◉ Fort Greene, Clinton Hill y Bed-Stuy

Muy bien situado y deseado como lugar de residencia, Fort Greene se extiende al este desde el centro de Brooklyn hasta más allá de Flatbush Ave. Posee dos instituciones: la Brooklyn Academy of Music y la Williamsburgh Savings Bank Tower (1927), durante décadas el edificio más alto de Brooklyn y hoy eclipsado por los rascacielos residenciales de cristal y acero. Sus calles secundarias arboladas exhiben edificios de piedra rojiza del s. XIX, muy bien conservados y de precio prohibitivo, al igual que su barrio vecino Clinton Hill, que alberga el Pratt Institute, una universidad privada de arte y diseño. Las avenidas Washington y Clinton exhiben hermosas casas adosadas posteriores a la Guerra de Secesión.

MUSEUM OF CONTEMPORARY AFRICAN DIASPORAN ARTS MUSEO

plano p. 446 (MoCADA; ☎718-230-0492; www.mocada.org; 80 Hanson Pl con S Portland Ave, Fort Greene; adultos/estudiantes/niños 8/4 US$/gratis; ☺12.00-19.00 mi, vi y sa, hasta 20.00 ju, hasta 18.00 do; 🚇C hasta Lafayette Ave; B/D, N/Q/R, 2/3, 4/5 hasta Atlantic Ave-Barclays Ctr) Pequeño museo con una amplia variedad de instalaciones sobre temas sociales y políticos que atañen a los protagonistas de la diáspora africana para redescubrir las tradiciones culturales perdidas durante la colonización y el comercio transatlántico de esclavos. Acoge exposiciones temporales de fotografía, escultura, sonido y multimedia, así como *performances*, veladas musicales, charlas de artistas y debates.

Mientras se elaboraba esta obra, se preveía trasladar el museo a unas instalaciones más amplias que triplicarían el espacio expositivo en el BAM South, un gran complejo multiusos nuevo situado enfrente del BAM Fisher Building (p. 282), a pocas manzanas de Ashland Pl.

BRIC HOUSE CENTRO CULTURAL

plano p. 446 (☎718-683-5600; www.bricartsmedia.org; 647 Fulton St esq Rockwell Pl, Fort Greene; ☺galería 10.00-18.00 ma-do; 🚇B, Q/R hasta DeKalb Ave; 2/3, 4/5 hasta Nevins St) Veterano centro artístico de Brooklyn, responsable, entre otras iniciativas, de los **conciertos gratuitos de verano** (junto Prospect Park W y 11th St, Prospect Park Bandshell, Park Slope; ☺jun-ago) en el Prospect Park, en un impresionante espacio de 3700 m². El complejo multidisciplinario ofrece exposiciones de arte, eventos mediáticos y actos culturales (poesía, teatro, conciertos, danza, etc.) en su sala con capacidad para 400 espectadores. Incluye una filial de la cafetería **Hungry**

Ghost (plano p. 446; ☎718-797-3595; www.hungryghostbrooklyn.com; 781 Fulton St con S Oxford St, Fort Greene; sándwiches desde 7 US$, desayunos desde 3 US$, cafés desde 3 US$; ⏰7.00-20.00; [S]C hasta Lafayette Ave, G hasta Fulton St) y unas instalaciones contiguas dedicadas al arte del vidrio (también con exposiciones).

FORT GREENE PARK — PARQUE

plano p. 446 (www.fortgreenepark.org; entre Myrtle Ave y DeKalb Ave y Washington Park y St Edwards St, Fort Greene; ⏰6.00-1.00; 👪; [S]B, Q/R hasta DeKalb Ave; C hasta Lafayette St; G hasta Fulton St) Este parque de 12 Ha ocupa los terrenos de unas fortalezas militares de la Guerra de la Independencia. En 1847, la zona fue declarada el primer parque de Brooklyn, medida apoyada por el entonces editor de prensa Walt Whitman. En 1896, Calvert Vaux y Frederick Olmsted, los célebres diseñadores de Central Park (p. 221) y de Prospect Park (p. 254), remodelaron el recinto para convertirlo en el atractivo parque de la colina actual, con caminos, pistas de tenis, campos de juego y un parque infantil.

En el centro del parque se alza el **Monumento Prison Ship Martyrs,** en su tiempo la columna dórica más alta del mundo (45 m). Diseñada por Stanford White (del destacado bufete de arquitectos McKim, Mead & White), se levantó en 1905 en recuerdo de los 11500 prisioneros de guerra estadounidenses fallecidos en condiciones miserables en los barcos carcelarios británicos durante la Guerra de la indeoendencia. Algunos de sus restos están enterrados en la cripta aneja.

Si la visita coincide en sábado, no hay que perderse el Greenmarket (p. 270), que vende toda clase de productos frescos regionales. Tiene lugar durante todo el año en la esquina sureste del parque. En otoño (sep-med nov) se le añade un **mercado artesanal** de arte y artesanía locales.

KINGS COUNTY DISTILLERY — DESTILERÍA

(☎347-689-4211; www.kingscountydistillery.com; 299 Sands St con Navy St, Brooklyn Navy Yard; circuitos 14 US$; ⏰circuitos 15.00 y 17.00 ma-do, cada 30 min 13.00-16.00 sa, catas 10.00-18.00 lu, hasta 22.00 ma-vi, 12.00-22.00 sa, hasta 20.00 do; 🚌B62, B67 hasta Sands St/Navy St, [S]F hasta York St) Esta destilería instalada en un edificio de ladrillo de 1899 en el Brooklyn Navy Yard, emplea cereales de Nueva York y máquinas tradicionales para crear unos licores artesanales finos y potentes. La **visita guiada** de 45 min (se recomienda reservar) permite ver el proceso de destilación aderezado

CEMENTERIO DE GREEN-WOOD

Para disfrutar serena y tranquilamente de un retazo del Brooklyn más pintoresco hay que visitar el **cementerio de Green-Wood** (plano p. 448; www.green-wood.com; 500 25th St con Fifth Ave, Greenwood Heights; ⏰7.00-19.00 jun-ago, desde 7.45 may y sep, hasta 18.00 med mar-abr y oct, hasta 17.00 nov-med mar; [S]R hasta 25th St) [GRATIS]. Este recinto histórico situado en el punto más elevado del barrio abarca casi 200 Ha de colinas y más de 7000 árboles (muchos de ellos centenarios). Está lleno de tumbas, mausoleos, lagos y zonas de bosque conectadas por una red circular de calles y caminos.

Fundado en 1838, el cementerio es la última morada de unas 560 000 almas, entre las cuales destacan figuras históricas como los inventores Samuel Morse y Elias Howe, el abolicionista Henry Ward Beecher, el diseñador Louis Comfort Tiffany y el artista Jean-Michel Basquiat.

No hay que perderse **Battle Hill,** el punto más alto del cementerio, donde el Ejército Continental derrotó a las tropas británicas en la batalla de Long Island en 1776. El hecho se conmemora con una estatua de más de 2 m de alto de Minerva, la diosa romana de la sabiduría, saludando con el brazo a la Estatua de la Libertad, situada al otro lado del puerto. La colina se alza en la parte noreste del cementerio, junto a Battle Ave. Leonard Bernstein, leyenda de la dirección orquestral, y el propietario de los Brooklyn Dodgers, Charles Ebbets, están enterrados en las inmediaciones.

El cementerio es de acceso gratuito. Los miércoles y domingos a las 13.00 se puede hacer un recorrido de 2 h con un trenecito (20 US$/persona; se recomienda reservar). En la entrada se oyen los chillidos de las cotorras monje que anidan en los rincones de la majestuosa puerta gótica; se cree que los primeros ejemplares se escaparon de una jaula del aeropuerto en la década de 1960 y crearon en el lugar una colonia.

Consejo: usar repelente de mosquitos en verano.

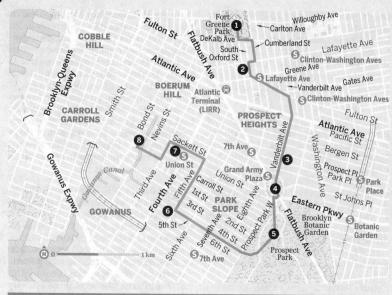

Vida local
Sur de Brooklyn

Este paseo de 6,5 km abarca algunos de los barrios más fascinantes de Brooklyn, donde los nuevos restaurantes, bares y tiendas están cambiando el paisaje urbano a pasos agigantados. La ruta cruza núcleos arbolados, calles de casas de piedra rojiza y dos parques. Para ver los Greenmarkets mencionados, hay que ir el sábado.

❶ Fort Greene Park

Un paseo por este agradable parque (p. 259) de 12 Ha es ideal para empezar el día serenamente. Desde el Monumento Prison Ship Martyrs de la colina se dominan vistas de Manhattan. El sábado por la mañana hay un Greenmarket en la punta sureste del parque. (Los dónuts de sidra de manzana están deliciosos.)

❷ Cafés y piedra rojiza

El agradable barrio que rodea el parque también se llama Fort Greene. DeKalb Ave está llena de restaurantes y es una de sus principales zonas comerciales, y las calles secundarias guardan destacados ejemplos de la arquitectura residencial de Brooklyn. Se recomienda ir a Fulton St y tomar un café en Hungry Ghost (p. 258).

❸ Vanderbilt Avenue

Al otro lado de Atlantic Ave se extiende **Prospect Heights,** otro encantador barrio

de Brooklyn, cuya calle principal es Vanderbilt Ave, rebosante de tiendas, restaurantes y cafeterías.

❹ Grand Army Plaza

La ruta sigue por Grand Army Plaza (p. 254), una gigantesca rotonda rematada por un enorme arco. Al sur de este hay otro concurrido Greenmarket del sábado con un repertorio rotativo de gastronetas.

❺ El otro parque de Nueva York

Prospect Park (p. 254) fue creado por los mismos diseñadores del Central Park y posee muchos de sus rasgos paisajísticos. Un prado de hierba (perfecto para hacer pícnics y volar cometas), senderos boscosos y un precioso lago son sus grandes atractivos.

❻ Accesorios heroicos

Saliendo del parque por el oeste, se accede al barrio residencial de Park Slope, con sus calles arboladas y codiciadas casas históricas de piedra rojiza por todas partes. Las

LEONARD ZHUKOVSKY / SHUTTERSTOCK ©

Casas de piedra rojiza en Brooklyn.

avenidas Seventh y Fifth son sus dos calles comerciales principales; en la segunda se halla la curiosa tienda Brooklyn Superhero Supply Co (p. 286), donde venden capas, disfraces y pistolas de partículas.

7 Todo un hallazgo

No Relation (plano p. 448; ☎718-858-4906; http://ltrainvintage.com; 654 Sackett St, cerca de Fourth Ave, Gowanus; ⏲12.00-20.00; [S]R hasta Union St) es una enorme tienda de ropa *vintage* en el límite oeste de Park Slope que merece una visita para rebuscar entre sus estantes.

8 Lavender Lake

Al oeste de Park Slope está Gowanus, un antiguo barrio industrial que está experimentando un renacimiento cultural y residencial. Se recomienda enfilar el pintoresco puente de tablones de madera de Carroll St y contemplar las vistas del agua antes de detenerse en **Lavender Lake** (plano p. 448; ☎347-799-2154; www.lavenderlake.com; 383 Carroll St, entre Bond St y Gowanus Canal, Gowanus; ⏲16.00-24.00 lu-mi, hasta 1.00 ju, hasta 2.00 vi, 12.00-2.00 sa, hasta 24.00 do; [S]F, G hasta Carroll St; R hasta Union St), un atractivo bar.

con algunas pinceladas históricas y termina con unas catas.

El visitante también puede pasar por la **sala de degustación** de la portería a probar cócteles clásicos o experimentales de KCD, pedir una degustación de *whiskies* o comprar unas botellas de recuerdo. La Kings County Distillery produce *bourbon* (envejecido en barriles de roble americano carbonizados), *moonshine* (*whisky* del tipo destilado ilegalmente, que se hace con un 80% de maíz) y variedades de temporada y edición limitada, como el *whisky* especiado de calabaza.

BLDG 92 MUSEO

(www.bldg92.org; 63 Flushing Ave con Carlton Ave, Brooklyn Navy Yard; ⏲12.00-18.00 mi-do; 🚌B57, B69 hasta Cumberland St/Flushing Ave, [S]G hasta Fulton St; F hasta York St) [GRATIS] Este museo gratuito del Brooklyn Navy Yard ofrece un excelente repaso a los acontecimientos históricos cruciales que han tenido lugar en la zona a lo largo de los últimos 200 años. Aunque se centra en la construcción de los buques de la armada de EE UU, también comprende exposiciones relacionadas con acontecimientos de ámbito nacional y mundial.

Park Slope, Gowanus y Sunset Park

Famoso por sus calles arboladas y sus edificios de piedra rojiza, Park Slope es la respuesta de Brooklyn al Upper West Side de Manhattan. La zona, antaño dominada por la clase obrera, está hoy habitada por parejas gais y heteros con hijos pequeños y perros lujosos, y cuenta con magníficos restaurantes y *boutiques*. Al este se extiende el espacio verde más importante de Brooklyn, el Prospect Park de 240 Ha. Y al oeste, la zona de Gowanus, con nuevos bloques de pisos, tiendas y vida nocturna en y alrededor de la antaño abandonada Fourth Ave.

Al sur está el cementerio de Green-Wood (p. 259), de gran importancia histórica, y el barrio de **Greenwood Heights,** y más allá, el barrio de Sunset Park, con una variada demografía.

PROSPECT PARK PARQUE

Véase p. 254.

BUSH TERMINAL PIERS PARK PARQUE

(☎888-697-2757; Marginal St, Sunset Park; ⏲amanecer-anochecer, los horarios varían según estación) **GRATIS** Este parque está situado a unos pasos de los estudios, tiendas y restaurantes de Industry City y ofrece unas de las mejores vistas de Brooklyn. Hay senderos, canchas de baloncesto y muchas lomas cubiertas de hierba para sentarse a contemplar la imponente bahía con Lower Manhattan al fondo.

Se puede entrar por 43rd St.

SUNSET PARK PARQUE

plano p. 448 (www.nycgovparks.org/parks/anochecker-park; 41st St hasta 44th St, entre Fifth Ave y Seventh Ave, Sunset Park; 🚻; 🚌B63 hasta 42nd o 44th St, 🚇R hasta 45th St; D, N hasta 36th St) Un lugar encantador para pasar el rato, donde en las noches de verano las familias se refrescan en la piscina olímpica y los niños disfrutan en el grande y moderno parque infantil. El parque es lo bastante pequeño para recorrerlo a pie, pero lo bastante grande para hacer pícnics y relajarse. Fiel a su nombre, los atardeceres ofrecen unas extraordinarias vistas del puerto de Nueva York y de la Estatua de la Libertad.

◉ Prospect Heights, Crown Heights y Flatbush

Justo al norte de Prospect Park se encuentra el pequeño y tranquilo barrio de Prospect Heights, lleno de familias y profesionales jóvenes. La ancha y arbolada Eastern Pkwy se dirige al este a través de Crown Heights, un barrio principalmente caribeño y afroamericano con una importante comunidad judía jasídica.

Al este y sur se hallan las tranquilas zonas de **Prospect Lefferts Gardens, Prospect Park South** y **Ditmas Park,** con numerosas y hermosas casas y edificios de piedra rojiza del s. XIX. Más allá se extiende la gran zona suburbana de Flatbush, una de las poblaciones originales fundadas por los colonos holandeses a mediados del s. XVII.

BROOKLYN MUSEUM MUSEO

Véase p. 255.

JARDÍN BOTÁNICO DE BROOKLYN JARDINES

plano p. 448 (☎718-623-7200; www.bbg.org; 150 Eastern Pkwy, Prospect Park; adultos/estudian-

---

FUERA DE RUTA

DITMAS PARK

Pocas paradas de metro al sur de Prospect Park, **Ditmas Park** (plano p. 448; alrededores de Cortelyou Rd, Flatbush; 🅿; 🚇Q hasta Cortelyou Rd o Newkirk Plaza; B hasta Newkirk Plaza), en la zona de Flatbush, está conectado por el metro pero parece un mundo totalmente aparte, y no precisamente lo peor de la gran ciudad. Allí uno encuentra tranquilas calles arboladas con elegantes casas construidas a principios de los años noventa en diferentes estilos: renacimiento colonial, artes y oficios, victoriano y reina Ana, entre otros. Incluso la comercial Cortelyou Rd es animada pero tranquila. Visitar esta zona es experimentar una cara de Brooklyn.

Dos distritos reúnen las casas más notables. Para ir al **Prospect Park South Historic District** hay que tomar la línea B o Q hasta Church Ave; dirigirse al oeste por Church y doblar a la izquierda por Buckingham, la primera de estas hermosas manzanas. Al llegar a Albemarle Rd, hay que recorrer arriba y abajo las dos largas manzanas de las tres calles siguientes (Marlborough, Rugby y Argyle) hasta Cortelyou Rd para admirar estas soberbias construcciones antiguas. El **Ditmas Park Historic District** está un par de manzanas al sureste, perfectamente delimitado por Dorchester Rd, Ocean Ave, Newkirk Ave y E 16th St.

Una vez concluidos estos deambulares, hay un gran número de buenos bares y restaurantes por descubrir en Ditmas Park, como el apreciado **Mimi's Hummus** (plano p. 448; ☎718-284-4444; www.mimishummus.com; 1209 Cortelyou Rd, entre Westminster Rd y Argyle Rd, Ditmas Park; *hummus* 9 US$, ppales. 8-17 US$; ⏰9.00-22.30 lu-ju, hasta 23.30 vi, 11.00-23.00 sa, hasta 22.30 do; 🚇Q hasta Cortelyou Rd), el original bar de *bourbon* **Sycamore** (plano p. 448; www.sycamorebrooklyn.com; 1118 Cortelyou Rd con Westminster Rd, Ditmas Park; ⏰14.00-2.00 lu-ju, hasta 4.00 vi, 12.00-4.00 sa, hasta 2.00 do) y la cafetería preferida del barrio, **Milk & Honey** (☎718-513-0441; www.milkandhoneycafeny.com; 1119 Newkirk Ave con Westminster Rd, Ditmas Park; ppales. 8-14 US$; ⏰7.00-20.00; 📱; 🚇B, Q hasta Newkirk Plaza). Ambas avenidas cuentan con estaciones de metro para regresar.

tes/niños 15/8 US$/gratis, 10.00-12.00 vi gratis, ma-vi dic-feb gratis; ⏰8.00-18.00 ma-vi, desde 10.00 sa y do mar-oct, 8.00-16.30 ma-vi, desde 10.00 sa y do nov, 10.00-16.30 ma-do dic-feb; 👪; [S]2/3 hasta Eastern Pkwy-Brooklyn Museum; B, Q hasta Prospect Park) Uno de los lugares más pintorescos de Brooklyn son estos jardines de 21 Ha con miles de plantas y árboles y un **jardín japonés** donde las tortugas de río nadan junto a un santuario sintoísta. La mejor época para visitarlo es entre finales de abril y principios de mayo, cuando sus cerezos en flor (obsequio de Japón) inspiran el **Sakura Matsuri,** el **festival de la floración de los cerezos** (⏰abr o may).

Una red de senderos conecta el jardín japonés con otras secciones dedicadas a la flora autóctona y a los bonsáis, un bosque cubierto de campanillas y una rosaleda. El **Discovery Garden** es un espacio interactivo envolvente para niños. También hay una buena cafetería con terraza exterior.

De las tres entradas, la más directa está justo al oeste del Brooklyn Museum (p. 255). La de Washington Ave, a la vuelta de la esquina (en President St), lleva hasta un llamativo **centro de visitantes** de diseño ecológico y con un "techo viviente" de 40 000 plantas.

ⓘ CLAUSURA DE LA LÍNEA L DEL METRO

Nueva York planea cerrar en abril del 2019 el túnel Canarsie, que conecta Manhattan con Williamsburg por la línea L del metro, para efectuar unas reparaciones necesarias. El próximo cierre, que se prevé que durará 15 meses, ha provocado una gran preocupación en el norte de Brooklyn. Durante este tiempo habrá un servicio L regular al este desde Bedford Ave hasta Canarsie, pero no llegará a Manhattan ni circulará por sus calles. Si el visitante piensa visitar Williamsburg desde Manhattan, deberá informarse bien y con tiempo de las opciones de transporte: escoger una línea de metro alternativa (J, M, Z o G) y seguir a pie o en autobús, llegar en bicicleta con Citi Bike cruzando el puente de Williamsburg, o montar en el NYC Ferry (p. 372).

Véase la información actualizada del metro en http://web.mta.info.

WEEKSVILLE HERITAGE CENTER — EMPLAZAMIENTO HISTÓRICO

(☎718-756-5250; www.weeksvillesociety.org; 1698 Bergen St, entre Rochester Ave y Buffalo Ave, Crown Heights; circuitos adultos/estudiantes 8/6 US$; ⏰circuitos 15.00 ma-vi; [S]A/C hasta Ralph Ave) En 1838 un antiguo esclavo de nombre James Weeks adquirió un terreno en las afueras del núcleo poblado de Brooklyn para construir una comunidad afroamericana libre de empresarios, médicos, trabajadores y artesanos. Con el tiempo, el pueblo quedó absorbido en Brooklyn, pero tres de las casas históricas de madera (las Hunterfly Road Houses) se pueden visitar.

BROOKLYN CHILDREN'S MUSEUM — MUSEO

(☎718-735-4400; www.brooklynkids.org; 145 Brooklyn Ave con St Marks Ave, Crown Heights; 11 US$, 14.00-18.00 ju gratis; ⏰10.00-17.00 ma-mi y vi, hasta 18.00 ju, hasta 19.00 sa y do; 👪; [S]C hasta Kingston Ave-Throop Ave; 3 hasta Kingston Ave) Este edificio amarillo en forma de L alberga un museo interactivo fundado en 1899 y que encanta a los niños. La colección contiene casi 30 000 objetos culturales (instrumentos musicales, máscaras y muñecas) y de historia natural (piedras, minerales y un esqueleto completo de elefante asiático). Pero Brooklyn también está muy presente con la recreación de una bodega, una pizzería y un mercado caribeño donde los niños pueden jugar. Está al lado del Brower Park y a 1,5 km de Grand Army Plaza.

WYCKOFF HOUSE MUSEUM — EDIFICIO HISTÓRICO, MUSEO

(☎718-629-5400; www.wyckoffmuseum.org; 5816 Clarendon Rd con E 59th St, East Flatbush; entrada sugerida adultos/niños 5/3 US$; ⏰terrenos 12.00-16.00 vi y sa, circuitos guiados cada 30 min 13.00-16.00 vi y sa; 👪; 🚌B8 hasta Beverly Rd/E 59th St, [S]B, Q hasta Newkirk Plaza then) La Pieter Claesen Wyckoff House de 1652 es el edificio más antiguo de Nueva York y uno de los primeros de EE UU. Esta casa colonial holandesa de madera fue una granja en activo hasta 1901. La visita guiada explica la historia de la familia y los añadidos posteriores realizados durante los ss. XVIII y XIX. Para la visita guiada se recomienda reservar. Está situada al final de East Flatbush; se puede llamar o consultar la web.

👁 Williamsburg, Greenpoint y Bushwick

Williamsburg ya no está lleno de hombres con los brazos tatuados, sino de profesionales jóvenes y familias que se han instalado en las

ARTE CALLEJERO DE BUSHWICK

Para consolidar aún más la condición de Bushwick como el barrio más de moda de Brooklyn, **Bushwick Collective** (www.instagram.com/thebushwickcollective; por Jefferson St y Troutman St, Bushwick; [S]L hasta Jefferson St) es una galería de murales al aire libre realizados por algunos de los mayores talentos del arte callejero de la ciudad y otros lugares. Las obras, que van cambiando, pueden verse en las calles Jefferson y Troutman entre las avenidas Cypress y Knickerbocker, así como en Gardner Ave (al norte de Flushing Ave).

Otras obras de arte callejero se encuentran en los alrededores de la parada Morgan Ave de la línea L, sobre todo en las calles Siegel y Grattan, muy cerca de Roberta's (p. 275) y Pine Box Rock Shop (p. 279), magníficos establecimientos para comer una *pizza* o beber algo.

Aunque en general es una zona segura para el viajero, Bushwick todavía registra algunos incidentes delictivos, por lo que hay que estar alerta al visitar el barrio, sobre todo a última hora de la noche y los fines de semana.

nuevas torres de pisos (en el 2016 incluso se inauguró un Whole Foods). Pero todavía es un excelente destino nocturno de restaurantes, bares y ocio. Al este de la Brooklyn-Queens Expwy (BQE) también hay varios locales de moda, y al sur de Division Ave se halla un enclave judío ultraortodoxo de escaso interés para el visitante. Al sur de Myrtle Ave, la zona es principalmente residencial.

Los barrios de Greenpoint y Bushwick, que solían acoger a una comunidad polaca y latina, respectivamente, han recibido en los últimos años una gran afluencia de jóvenes creativos en busca de un alquiler más barato.

★CITY RELIQUARY — MUSEO

plano p. 444 (☎718-782-4842; www.cityreliquary.org; 370 Metropolitan Ave, cerca de Havemeyer St, Williamsburg; 7 US$; ⏲12.00-18.00 ju-do; [S]L hasta Lorimer St; G hasta Metropolitan Ave) Este pequeño museo financiado por la comunidad en una antigua bodega, es una fascinante curiosidad repleta de recuerdos relacionados con la historia de la ciudad a través de los años. Las vitrinas y estantes aparecen llenos de objetos antiguos como rótulos de comercios, *souvenirs*, sacapuntas, fichas de metro, y recuerdos del viejo Yankee Stadium. Las exposiciones temporales ofrecen una visión más concreta de las distintas facetas de la vida neoyorquina.

BROOKLYN ART LIBRARY — GALERÍA, BIBLIOTECA

plano p. 444 (☎718-388-7941; www.sketchbookproject.com; 28 Frost St, entre Union Ave y Lorimer St, Williamsburg; ⏲10.00-18.00 mi-do; [S]L hasta Lorimer St) [GRATIS] Las paredes de este interesante espacio están cubiertas por más de 30 000 cuadernos de bocetos que exhiben una variopinta mezcla de diseño gráfico, *collages*, bellas artes, poesía, cómics irreverentes y ensayos. Para poder examinar la colección hay que solicitar el carnet de la biblioteca (gratis), que permite realizar búsquedas por temas, nombres de los artistas o incluso países (colaboradores de más de 130 países han donado sus cuadernos a la biblioteca).

Si el viajero se siente inspirado tras hojear varios libros, puede participar en el juego comprando un cuaderno de bocetos (30 US$) y llenándolo con lo que desee. Cuando la biblioteca lo reciba, lo añadirá a la colección (se puede enviar por correo desde el país de origen).

MCCARREN PARK — PARQUE

plano p. 444 (☎718-965-6580; www.nycgovparks.org/parks/mccarren-park; N 12th St con Bedford Ave, Williamsburg; ⏲piscina 11.00-15.00 y 16.00-19.00 Memorial Day-Labor Day; 👪; [S]G hasta Nassau Ave; L hasta Bedford Ave) Las 14 Ha de hierba de este parque son un buen sitio para hacer pícnic en los días cálidos, aunque cuando el calor aprieta lo mejor son las **piscinas** gratuitas, un enorme recinto histórico municipal que se reabrió en el 2012 tras permanecer cerrado casi tres décadas. Hay que llegar temprano para evitar las horas de mayor afluencia. Los miércoles de julio y agosto por la noche hay música en directo y cine gratis (véase www.summerscreen.org).

EAST RIVER STATE PARK — PARQUE

plano p. 444 (☎718-782-2731; www.parks.ny.gov/parks/155; Kent Ave, entre 8th St y 9th St, Williamsburg; ⏲9.00-atardecer; [S]L hasta Bedford

Ave) Las casi 3 Ha de este parque ribereño son un tramo de vegetación con sublimes vistas de Manhattan. Allí tiene lugar una gran diversidad de actos y actividades, como los ocasionales conciertos estivales. En verano hay un servicio de ferri a Governors Island y todo el año se puede llegar con el **NYC Ferry** (plano p. 444; www.ferry.nyc; N 6th St, junto Kent Ave, Williamsburg; ida 2,75 US$; 🚌B32 hasta N 6th St, 🚇L hasta Bedford Ave). No se admiten mascotas.

BROOKLYN BREWERY   FÁBRICA DE CERVEZA

plano p. 444 (📞718-486-7422; www.brooklynbrewery.com; 79 N 11th St, entre Berry St y Wythe Ave, Williamsburg; circuitos sa y do gratis, 17.00 lu-ju 15 US$; ⏱circuitos 17.00 lu-ju, 13.00-17.00 sa, 13.00-16.00 do; sala de cata 18.00-23.00 vi, 12.00-20.00 sa, 12.00-18.00 do; 🚇L hasta Bedford Ave) Los orígenes de esta fábrica se remontan a la época en que esta zona de Nueva York era un centro cervecero. Hoy no solo elabora y sirve deliciosas cervezas locales, sino que también ofrece visitas guiadas a sus instalaciones.

Estas tienen lugar de lunes a jueves e incluyen cuatro degustaciones y un repaso a la historia y el funcionamiento de la cervecería (se puede reservar por internet). Las visitas son gratis los fines de semana (basta presentarse) pero no incluyen catas. También es posible saltarse la visita y pasar la tarde del fin de semana en la escueta sala de degustación.

Un detalle interesante: el logo cursivo de la marca fue diseñado por el ilustrador Milton Glaser (famoso por su logotipo de "I love New York" con el corazón rojo) a cambio de una parte de los beneficios y cerveza gratis durante el resto de su vida.

WILLIAMSBURG BRIDGE   PUENTE

plano p. 444 (www.nyc.gov/html/dot/html/infrastructure/williamsburg-bridge.shtml; S 5th St, Williamsburg; 🚇J/M/Z hasta Marcy Ave) Construido en 1903 para conectar Williamsburg con el Lower East Side (por Delancey St), este puente colgante con estructura de acero contribuyó a transformar la zona en un activo centro industrial. Sus caminos para peatones y bicicletas ofrecen excelentes vistas de Manhattan y el río East. El puente une dos barrios llenos de bares y restaurantes y ofrece la posibilidad de tomar algo en ambos extremos.

PRINCIPALES PUNTOS DE INTERÉS
CONEY ISLAND

Este barrio, cuyo nombre estuvo ligado en el pasado a la cultura americana de la diversión y el regocijo junto al mar, se hizo famoso en todo el mundo a principios del s. XX por su parque de atracciones y su zona turística de playa, popular entre las clases trabajadoras. Tras décadas de decadencia y sordidez, en el s. XXI sus encantos *kitsch* han experimentado un resurgir. Aunque ya no es aquella floreciente atracción turística que comprendía toda la península, sus montañas rusas, perritos calientes y cervezas del paseo marítimo siguen atrayendo por igual a turistas y autóctonos.

Luna Park (plano p. 452; 📞718-373-5862; www.lunaparknyc.com; Surf Ave con 10th St, Coney Island; ⏱abr-oct) es uno de los parques de atracciones más conocidos de Coney Island y contiene una de sus atracciones más legendarias: el Cyclone (10 US$), una montaña rusa de madera que alcanza velocidades de 96 km/h y realiza descensos casi verticales. La noria **Deno's Wonder Wheel** (plano p. 452; 📞718-372-2592; www.denoswonderwheel.com; 1025 Riegelmann Boardwark con W 12th St, Coney Island; viejes 8 US$; ⏱desde 12.00 jul y ago, desde 12.00 sa y do abr-jun y sep-oct; ♿) rosa y verde, que deleita a los neoyorquinos desde 1920, es el mejor mirador para ver Coney Island desde arriba.

INDISPENSABLE

➡ La montaña rusa Cyclone

➡ Una cerveza bien fría en Ruby's

➡ Los perritos calientes de Nathan's Famous

DATOS PRÁCTICOS

➡ plano p. 452, C2

➡ www.coneyisland.com

➡ Surf Ave y Boardwalk, entre W 15th St y W 8th St

➡ 🚇D/F, N/Q hasta Coney Island-Stillwell Ave

⊙ Coney Island y Brighton Beach

A 1 h del centro de Manhattan en metro, Coney Island fue en su día la zona de ocio de playa más conocida de Nueva York. Tras décadas de decadencia, el público ha regresado para disfrutar en verano de los perritos calientes, las montañas rusas, los partidos de béisbol de ligas menores y el paseo marítimo. Al este por el paseo se encuentra Brighton Beach, una zona apodada "Little Odessa" por su nutrida población de familias ucranianas y rusas. Debajo del ferrocarril elevado, la bulliciosa calle principal, Brighton Beach Ave, está llena de tiendas eslavas, restaurantes y cafeterías.

CONEY ART WALLS
ARTE CALLEJERO

plano p. 452 (www.coneyartwalls.com; 3050 Stillwell Ave, junto a Surf Ave, Coney Island; ⊙12.00-22.00 jun-sep; Ⓢ D/F, N/Q hasta Coney Island-Stillwell Ave) GRATIS Una de las atracciones más nuevas de Coney Island es este museo público de arte callejero al aire libre, con sus 36 muros que cada temporada se transforman en coloridos murales gracias al arte de grafiteros emergentes y de renombre (como el pionero Lee Quiñones) llegados de todo el mundo. Está organizado por el marchante de arte y antiguo director de museo Jeffrey Deitch. Los fines de semana de verano, la fiesta con gastronetas y música en directo tiene un gran atractivo.

✕ DÓNDE COMER

A pesar de ser difícil de definir y discutida con gran pasión, la identidad culinaria de Brooklyn está garantizada. ¿Por qué, si no, los de Manhattan se molestarían en desplazarse a los confines del condado de Kings para comer? Los ambiciosos y prestigiados chefs han creado allí su propia subespecie de restaurante: pequeño, retro, personal y locávoro. Williamsburg y Greenpoint tal vez ofrezcan la mayor variedad, seguidos por Carroll Gardens, Cobble Hill y Park Slope; también merecen una mención especial varias joyas de la zona de Fort Greene/Clinton Hill. Y desde Sunset Park a Brighton Beach se concentran los paraísos gastronómicos étnicos.

✕ Brooklyn Heights, Downtown Brooklyn y Dumbo

DEKALB MARKET HALL
SALA COMIDA $

plano p. 451 (www.dekalbmarkethall.com; City Point, 445 Albee Square W con DeKalb Ave, Downtown Brooklyn; ⊙7.00-21.00 do-mi, hasta 22.00 ju-sa; 🖥; Ⓢ B, Q/R hasta DeKalb Ave; 2/3 hasta Hoyt St; A/C, G hasta Hoyt-Schermerhorn) Este mercado es una de las mejores opciones del centro de Brooklyn para tomar un bocado rápido. Está en la planta de sótano del City Point y reúne 40 puestos que abarcan todo el espectro culinario. Y de postre, un helado de Ample Hills (p. 270).

ARCHWAY CAFE
AMERICANA $

plano p. 451 (☎718-522-4325; www.archwaycafe.com; 57b Pearl St, entre Water St y Front St, Dumbo; ppales. 11-14 US$; sándwiches 10-12 US$; ⊙8.00-21.00 lu-vi, hasta 19.00 sa y do; 🖥🐶; Ⓢ A/C hasta High St; F hasta York St) Es uno de los mejores sitios para comer de modo informal y a cualquier hora en Dumbo. Por la mañana hay gente desayunando tostadas con aguacate, huevos al horno con chorizo o sándwiches de salmón ahumado con huevo. A la hora del almuerzo se pueden pedir bocadillos o ensaladas. También sirven un excelente expreso de La Colombe y bollería fresca.

GOVINDA'S VEGETARIAN LUNCH
INDIA, VEGANA $

plano p. 451 (☎718-875-6127; www.radhagovindanyc.com; 305 Schermerhorn St, entre Bond St y Nevins St, Downtown Brooklyn; ppales. 7-12 US$; ⊙12.00-15.30 lu-vi; 🐶; Ⓢ 2/3, 4/5 hasta Nevins St; A/C, G hasta Hoyt-Schermerhorn) Situado debajo de un templo de Hare Krishna, prepara cinco o seis diferentes propuestas veganas para el almuerzo (berenjena parmesana, curri de verduras, sopa de lentejas, samosas y similares), así como ricos postres. No hay mucho ambiente, pero encantará a los vegetarianos ahorradores. Cada día publica el menú en la web.

★ JULIANA'S
PIZZERÍA $

plano p. 451 (☎718-596-6700; www.julianaspizza.com; 19 Old Fulton St, entre Water St y Front St, Brooklyn Heights; pizzas 18-32 US$; ⊙11.30-22.00, cerrado 15.15-16.00; 🐶; Ⓢ A/C hasta High St) El legendario maestro pizzero Patsy Grimaldi ha regresado a Brooklyn con sus deliciosas combinaciones de masa fina clásicas y creativas. Está en Brooklyn Heights, cerca del pujante paseo marítimo de Brooklyn. Todas las tardes cierra durante 45 min para avivar el fuego del horno.

GANSO RAMEN RAMEN, JAPONESA $$
plano p. 451 (☎718-403-0900; www.gansonyc.com; 25 Bond St, entre Fulton St y Livingston St, Downtown Brooklyn; *ramen* 16-17 US$; 🕓11.30-22.00 do-ju, hasta 23.00 vi y sa; [S]2/3 hasta Hoyt St; A/C, G hasta Hoyt-Schermerhorn) Escondido en una insólita esquina de Brooklyn junto al Fulton Mall (p. 285), es un local acogedor que sirve uno de los mejores *ramen* de Brooklyn. El miso picante con panceta es de los mejores; también hay versiones con ternera, pollo y gambas, y una opción vegetariana.

ALMAR ITALIANA $$
plano p. 451 (☎718-855-5288; www.almardumbo.com; 111 Front St, entre Adams St y Washington St, Dumbo; ppales. almuerzo 11-16 US$, cena 19-36 US$; 🕓8.00-22.30 lu-ju, hasta 23.00 vi, 9.00-23.00 sa, 10.00-17.00 do; 👪; [S]F hasta York St; A/C hasta High St) Este agradable restaurante italiano sirve desayunos, almuerzos y cenas en un espacio hogareño en Dumbo. Las albóndigas del copropietario Alfredo son excelentes, al igual que la lasaña boloñesa. Si se prefiere el pescado, no hay que perderse los sencillos y deliciosos *cavatelli* (pasta con forma de vaina) con mejillones, almejas, gambas y tomates *cherry*. Solo acepta efectivo.

SUPERFINE AMERICANA MODERNA $$
plano p. 451 (☎718-243-9005; www.superfine.nyc; 126 Front St con Pearl St, Dumbo; ppales. almuerzo 12-17 US$, cena 18-36 US$; 🕓11.30-15.00 y 18.00-23.00 ma-sa, 11.00-15.00 y 18.00-22.00 do; [S]F hasta York St) Local informal famoso por sus *brunches* dominicales, donde los vecinos de Dumbo beben Bloody Marys mientras el DJ pone música tranquila. Hay ventanas en dos paredes y el estruendo del metro al pasar por el puente de Manhattan añade emoción a las comidas.

FORNINO AT PIER 6 ITALIANA $$
plano p. 451 (☎718-422-1107; www.fornino.com; Pier 6, Brooklyn Bridge Park, Brooklyn Heights; *pizzas* 10-26 US$; 🕓10.00-24.00 Memorial Day-med sep, si el tiempo lo permite abr, may y oct; 🚌B63 hasta Brooklyn Bridge Park/Pier 6, [S]2/3, 4/5 hasta Borough Hall; R hasta Court St) De finales de mayo a mediados de septiembre, Fornino sirve excelentes *pizzas* de leña, bocadillos, cerveza y delicias italianas en el muelle 6. La terraza de la azotea, con sus mesas de pícnic y espectaculares vistas de Lower Manhattan, es ideal para grupos. También abre en abril, mayo y octubre si hace buen tiempo, pero en invierno está cerrado.

RIVER CAFE AMERICANA $$$
plano p. 451 (☎718-522-5200, 917-757-0693; www.rivercafe.com; 1 Water St, cerca de Old Fulton St, Brooklyn Heights; menús cena 3/6 platos 130/160 US$, almuerzo 47 US$, *brunch* 60 US$; 🕓cena 17.30-23.30, almuerzo 11.30-14.00 sa, *brunch* 11.30-14.00 do; [S]A/C hasta High St) Esta maravilla flotante a los pies del puente de Brooklyn ofrece inigualables vistas del centro de Manhattan y una cocina americana moderna y muy bien hecha. Destacan el tartar de filete Wagyu, el conejo asado, la pechuga de pato crujiente glaseada con lavanda y la langosta de Nueva Escocia hervida. El ambiente es formal (se requiere americana para la cena) pero muy romántico.

VINEGAR HILL HOUSE AMERICANA $$$
plano p. 451 (☎718-522-1018; www.vinegarhilhouse.com; 72 Hudson Ave, entre Water St y Front St, Vinegar Hill; ppales. cena 23-33 US$, *brunch* 14-18 US$; 🕓cena 18.00-23.00 lu-ju, hasta 23.30 vi y sa, 17.30-23.00 do, *brunch* 10.30-15.30 sa y do; ✎; 🚌B62 hasta York Ave/Navy St, [S]F hasta York St) Escondido en el remoto Vinegar Hill (al este de Dumbo), este hogareño local está decorado con una encantadora colección de objetos de segunda mano. Pero no hay que llevarse a engaño: el chef Brian Leth prepara una cambiante carta siempre fresca y natural.

🍴 Boerum Hill, Cobble Hill, Carroll Gardens y Red Hook

MILE END DELI $
plano p. 446 (☎718-852-7510; www.mileenddeli.com; 97a Hoyt St, Boerum Hill; sándwiches 12-18 US$; 🕓 8.00-16.00 y 17.00-22.00 lu-vi, desde 10.00 sa y do; [S]A/C, G hasta Hoyt-Schermerhorn) Al entrar en este pequeño local de Boerum Hill con sus paredes de ladrillo visto y un par de mesas compartidas, uno casi saborea el ahumado de la carne. Se recomienda la falda de ternera sobre centeno con mostaza (15 US$): el pan es blando y untuoso y la carne se deshace en la boca.

LA MEJOR 'PIZZA' DE BROOKLYN

Nueva York destaca por muchas cosas: metros chirriantes, rascacielos imponentes y luces destellantes. Pero también es famosa por su *pizza* en sus diferentes variedades esponjosas, pastosas y empapadas en salsa. He aquí algunos de los mejores sitios de Brooklyn para probarla:

Di Fara Pizza (☎718-258-1367; www.difarany.com; 1424 Ave J esq E 15th St, Midwood; porciones 5 US$; ⌚12.00-20.00 mi-sa, desde 13.00 do; [S]Q hasta Ave J) En funcionamiento desde 1964 en la zona de Midwood, esta pizzería de estilo antiguo todavía es amorosamente atendida por su dueño Dom DeMarco, que prepara las *pizzas* personalmente. Suele haber una larga cola.

Totonno's (plano p. 452; ☎718-372-8606; www.totonnosconeyisland.com; 1524 Neptune Ave, cerca de W 16th St, Coney Island; *pizzas* 18-21 US$, ingredientes 2,50 US$; ⌚12.00-20.00 ju-do; 🖉; [S]D/F, N/Q hasta Coney Island-Stillwell Ave) Este local clásico y familiar de Coney Island va haciendo *pizzas* hasta que la pasta se termina.

Grimaldi's (plano p. 451; ☎718-858-4300; www.grimaldis-pizza.com; 1 Front St esq. Old Fulton St, Brooklyn Heights; *pizzas* 14-18 US$; ⌚11.30-22.45 lu-ju, hasta 23.45 vi, 12.00-23.45 sa, hasta 22.45 do; [S]A/C hasta High St) Las *pizzas* y las colas son legendarias en este imán de turistas de Brooklyn Heights.

Juliana's (p. 266) La leyenda de la *pizza* Patsy Grimaldi celebró su regreso al panorama gastronómico de Brooklyn en el 2013.

Lucali (p. 269) Las *pizzas* al estilo napolitano empezaron siendo una afición para este destacado *pizzaiolo* (pizzero) de Carroll Gardens.

Roberta's (p. 275) *Pizzas* soberbias. Está en el distrito artístico de la confluencia de Bushwick y East Williamsburg.

Si el viajero quiere probar varias *pizzas* de una tirada, puede apuntarse a una salida con **Scott's Pizza Tours** (☎212-913-9903; www.scottspizzatours.com; circuitos incl. *pizza* 45-65 US$), que visita los hornos de ladrillo más elogiados de la ciudad a pie o en autobús.

FAIRWAY — SUPERMERCADO $

plano p. 446 (☎718-254-0923; www.fairwaymarket.com; 480-500 Van Brunt St, Red Hook; ⌚7.00-22.00; 🖉; 🚌B61 hasta Van Brunt St y Coffee St, [S]F, G hasta Smith-9th Sts después) Este extenso supermercado ofrece una gran variedad de panes, quesos, aceitunas y carnes ahumadas, así como deliciosas comidas preparadas. La cafetería aneja sirve sencillos desayunos y almuerzos con excelentes vistas del paseo litoral de Red Hook.

★POK POK — TAILANDESA $$

plano p. 446 (☎718-923-9322; www.pokpokny.com; 117 Columbia St con Kane St, Columbia St Waterfront District; platos compartidos 15-20 US$; ⌚17.30-22.00 lu-vi, desde 12.00 sa y do; [S]F hasta Bergen St) El local de Andy Ricker en Nueva York es un éxito rotundo que cautiva a los comensales con su carta abundante y compleja inspirada en la comida callejera del norte de Tailandia. El entorno es divertido y desordenado. Hay que reservar con antelación.

HOMETOWN BAR-B-QUE — BARBACOA $$

plano p. 446 (☎347-294-4644; www.hometownbarbque.com; 454 Van Brunt St, Red Hook; carne desde 12 US$/libra, guarnición 4-8 US$; ⌚12.00-22.00 ma-ju, hasta 23.00 vi y sa, hasta 22.00 do, cerrado lu) Cualquier comensal a quien le gusten las bandejas enormes de carne a la barbacoa y los cócteles artesanales intensos se sentirá bien servido en este asador de Red Hook. El restaurante ocupa un gran espacio ideal para grupos numerosos y familias con niños. En el comedor principal la carne y los acompañamientos se piden al peso, mientras que el bar ofrece bebidas y música en directo.

RED HOOK LOBSTER POUND — PESCADO Y MARISCO $$

plano p. 446 (☎718-858-7650; www.redhooklobster.com; 284 Van Brunt St, Red Hook; sándwich de langosta desde 24 US$, ppales. desde 18 US$; ⌚11.30-21.00 do-ju, 11.30-22.00 vi-sa, cerrado lu) Tal vez el viajero ya habrá visto su emblemática camioneta circulando por las calles de Nueva York, así que ¿por qué no probar el restaurante principal de la casa? Ofrece una carta repleta de ricos platos de pescado del noreste y divertidos toques especiales, como los macarrones con queso y langosta.

BUTTERMILK CHANNEL AMERICANA $$

plano p. 446 (☎718-852-8490; www.buttermilkchannelnyc.com; 524 Court St con Huntington St, Carroll Gardens; ppales. almuerzo 11-27 US$, *brunch* 12-24 US$, cena 16-32 US$; 🕑almuerzo 11.30-15.00 lu-vi, *brunch* 10.00-15.00 sa y do, cena 17.00-22.00 do-ju, hasta 23.30 vi y sa; [S]F, G hasta Smith-9th Sts) No hay nada como un crujiente pollo frito con suero de mantequilla o un plato de huevos con salmón curado y cebolletas. Este restaurante, cuyo nombre se refiere al canal que separa Brooklyn de Governors Island, ofrece una serie de platos sencillos pero ejecutados a la perfección. Además, la carta de cócteles especiales no desmerece.

BATTERSBY AMERICANA MODERNA $$

plano p. 448 (☎718-852-8321; www.battersbybrooklyn.com; 255 Smith St, entre Douglass St y Degraw St, Carroll Gardens; ppales. 16-32 US$, menú degustación 75 US$; 🕑17.30-23.00 ma-sa; [S]F, G hasta Bergen St) Este restaurante especializado en soberbios platos de temporada es uno de los mejores de Brooklyn. La breve carta cambia regularmente, pero se recomienda la *mousse* de hígado de pollo, el pargo bermellón con guisantes y espinacas, y la deliciosa langosta con *stracciatella* (queso de leche de búfala) y habas. El espacio, pequeño y apretado, exhibe el singular estilo de Brooklyn.

LUCALI PIZZERÍA $$

plano p. 446 (☎718-858-4086; www.lucali.com; 575 Henry St con Carroll St, Carroll Gardens; *pizzas* 24 US$, ingredientes 3 US$; 🕑17.45-22.00, cerrado ma; 👪; 🚌B57 hasta Court St y President St, [S]F, G hasta Carroll St) Una de las *pizzas* más sabrosas de Nueva York es la que elaboran en esta pequeña pizzería de Mark Iacono. Las *pizzas* son de una sola medida y masa correosa, con salsa de tomate natural y *mozzarella* fresquísima. No hay mucha variedad de ingredientes, pero el toque de Brooklyn es auténtico. Solo acepta efectivo. El vino y la cerveza debe llevarlo cada cual.

FRANKIES 457 SPUNTINO ITALIANA $$

plano p. 446 (☎718-403-0033; www.frankies457.com; 457 Court St, entre 4th Pl y Luquer St, Carroll Gardens; ppales. 14-22 US$; 🕑11.00-23.00 do-ju, hasta 24.00 vi y sa; 👪; [S]F, G hasta Smith-9th Sts) Frankies atrae a parejas locales, familias y muchos residentes de Manhattan con sus abundantes platos de pasta como los *cavatelli* con salchicha picante y *pappardelle* con cordero estofado. Al ser un *spuntino* (bar de tapas), sirve principalmente platos pequeños y su carta de temporada incluye excelentes ensaladas frescas, quesos, carnes curadas y *crostini* divinos. No acepta reservas.

🍴 Fort Greene, Clinton Hill y Bed-Stuy

★DOUGH PANADERÍA $

(☎347-533-7544; www.doughdoughnuts.com; 448 Lafayette Ave esq. Franklin Ave, Bedford-Stuyvesant; dónuts 3 US$; 🕑6.00-21.00; 📶; [S]G hasta Classon Ave) Situado en la frontera de Clinton Hill y Bed-Stuy, este pequeño y apartado local requiere una buena caminata, pero los amantes de la pastelería lo agradecerán. Tiene unos esponjosos dónuts con una gran variedad de glaseados; una delicia para el paladar.

67 BURGER HAMBURGUESERÍA $

plano p. 446 (☎718-797-7150; www.67burger.com; 67 Lafayette Ave con S Elliott Pl, Fort Greene; hamburguesas especiales 8-11 US$; 🕑11.30-21.00 maju y do, hasta 22.00 vi y sa; ✍; [S]G hasta Fulton St; C hasta Lafayette Ave; B/D, N/Q/R, 2/3, 4/5 hasta Atlantic Ave-Barclays Ctr) Si algún lugar puede competir con Shake Shack, es 67 Burger. Se recomienda optar por una de las hamburguesas especiales, como la Parisina (con cebolla y champiñones salteados con *dijonesa*) o la Oaxaca (aguacate, queso *cheddar* y mayonesa de chipotle casera) o pedirla al gusto escogiendo entre ternera, pollo, pavo, vegetal o tofu.

FORT GREENE GREENMARKET MERCADO $

plano p. 446 (☎212-788-7476; www.grownyc.org; Fort Greene Park esq. Cumberland St y DeKalb Ave, Fort Greene; 🕑8.00-15.00 sa; ✍; 🚌B38 hasta DeKalb Ave/Carlton St, [S]G hasta Fulton St; C hasta Lafayette Ave) Este estimado mercado agrícola de barrio se celebra en el extremo sureste de Fort Greene Park (p. 259) cada sábado de todo el año. En él se encuentran toda clase de productos regionales, desde charcutería y pescados salvajes hasta frutas ecológicas, quesos y productos de pastelería.

GREEN GRAPE ANNEX AMERICANA $

plano p. 446 (www.greenegrape.com/annex; 753 Fulton St con S Portland Ave, Fort Greene; ppales. 7-9 US$; 🕑7.00-21.00 lu-ju, 7.00-22.00 vi, 8.00-22.00 sa, 8.00-21.00 do; [S]G hasta Fulton Ave; C hasta Lafayette Ave) Los que deseen tomar un café rápido pero de calidad, o una comida sustanciosa, pueden acudir a esta cafetería de Fort Greene, que ofrece una gran selección de comida y bebida en un local bien amplio. Además de café, también hay cervezas y vino.

★MISS ADA   MEDITERRÁNEA, ISRAELÍ $$

plano p. 446 (📞917-909-1023; www.missadanyc. com; 184 DeKalb Ave con Carlton Ave, Fort Greene; ppales. 16-28 US$; ⏱17.30-22.30 ma-ju y do, hasta 23.30 vi y sa, cerrado lu; 🍴; 🅂G hasta Fulton St; B, Q/R hasta DeKalb Ave) Una de las últimas estrellas del firmamento culinario de Fort Greene es este agradable restaurante del chef y dueño Tomer Blechman, que antes estaba en Gramercy Tavern (p. 165). Presenta platos mediterráneos de su Israel natal pero con influencias letonas (guiño al país de sus padres) y aromatizados con las hierbas que cultiva en su gran patio trasero, donde se puede comer bajo un toldo en los meses más cálidos.

PEACHES   SUR DE EE UU $$

(📞718-942-4162; www.peachesbrooklyn.com; 393 Lewis Ave con MacDonough St, Bedford-Stuyvesant; ppales. 17-21 US$; ⏱11.00-22.00 lu-ju, hasta 23.00 vi y sa, 10.00-22.00 do, cerrado 16.00-17.00; 🅂A/C hasta Utica Ave) El ambiente hogareño y la deliciosa comida del sur convierten a este local en un favorito de Bed-Stuy. La torrija con granola y bayas frescas está muy solicitada en el *brunch*. La ensalada de col negra o de remolacha asada y los acompañamientos como el brócoli salteado con ajo o los macarrones con queso son los mejores platos de su reducida oferta vegetariana.

OLEA   MEDITERRÁNEA $$$

plano p. 446 (📞718-643-7003; www.oleabrooklyn. com; 171 Lafayette Ave con Adelphi St, Fort Greene; ppales. *brunch* 13-19 US$, cena 20-32 US$; ⏱10.00-23.00 lu-ju, hasta 24.00 vi y sa; 🍴; 🅂C hasta Lafayette Ave; G hasta Clinton-Washington Aves) Bullicioso restaurante mediterráneo con un diseño interior precioso y una comida excelente. En el menú de la cena sirve lubina entera asada, paellas cremosas y pastas vegetarianas deliciosas y ligeras. El *brunch* se especializa en platos de siempre con toques mediterráneos, como el picadillo de cordero. Entre las tapas hay opciones sabrosas para los que prefieran una comida más ligera.

ROMAN'S   ITALIANA $$$

plano p. 446 (📞718-622-5300; www.romansnyc. com; 243 DeKalb Ave, entre Clermont Ave y Vanderbilt Ave, Fort Greene; ppales. 24-40 US$; ⏱17.00-23.00 do-ju, hasta 24.00 vi y sa; 🚌B38, B69 hasta Vanderbilt/DeKalb Aves, 🅂G hasta Clinton Ave-Washington Ave) En un espacio pequeño y animado entre los restaurantes de DeKalb Ave, Roman's ensalza el locavorismo de temporada con un menú que cambia cada noche. Entre los platos destacan las combinaciones imaginativas (con productos de granjas pequeñas y sostenibles) y muy bien ejecutadas: *agnolotti* (especie de ravioles) de costilla, *sedani* con grelos y salchicha, y pescado con *brodetto* (estofado) de calabaza.

✖ Park Slope, Gowanus y Sunset Park

★AMPLE HILLS CREAMERY   HELADERÍA $

plano p. 448 (📞347-725-4061; www.amplehills.com; 305 Nevins St con Union St, Gowanus; cucuruchos 4-7 US$; ⏱12.00-23.00 do-ju, hasta 24.00 vi y sa, horario reducido en invierno; 🅂R hasta Union St; F, G hasta Carroll St) Los amantes del helado hallarán aquí un barco nodriza con todos los sabores creativos de Ample Hills, como el *snap mallow pop* (una delicia deconstruida con arroz hinchado), el *Mexican hot chocolate* o el *salted crack caramel,* todos ellos elaborados allí mismo en la fábrica que la marca tiene en Gowanus. Puede contemplarse el proceso de fabricación a través de la ventana de la cocina.

FOUR & TWENTY BLACKBIRDS   PANADERÍA $

plano p. 448 (📞718-499-2917; www.birdsblack.com; 439 Third Ave esq. 8th St, Gowanus; pasteles 5,75 US$; ⏱8.00-20.00 lu-vi, desde 9.00 sa, 10.00-19.00 do; 🛜; 🅂R hasta 9th St) Las hermanas Emily y Melissa Elsen emplean masas de hojaldre y frutas de temporada de la región para crear las que sin duda son las mejores tartas de Nueva York. Cualquier momento es bueno para pasar por su tienda a comprar una porción (el *streusel* de ciruela y fresa está divino) y una taza de café Irving Farm.

WHOLE FOODS   MERCADO $

plano p. 448 (📞718-907-3622; www.wholefoodsmarket.com; 214 3rd St, entre Third Ave y Gowanus Canal, Gowanus; ⏱8.00-23.00; 🛜🍴; 🅂R hasta Union; F, G hasta 4th Ave-9th St) ✔ El primer Whole Foods de Brooklyn impresiona con toda clase de delicias *gourmet* y algunas sorpresas, como el invernadero de 1860 m² donde cultivan algunos de los productos, un tostadero de café y una extensa sección de comida preparada. Después de repasar la asombrosa selección, se recomienda subir al pequeño bar de arriba donde sirven 16 cervezas artesanas de barril y una pequeña carta de comida.

KING DAVID TACOS
TACOS **$**

plano p. 448 (☎929-367-8226; www.kingdavidtacos.com; Grand Army Plaza, Prospect Park; tacos 4 US$; ⏰7.00-11.00 lu-vi, hasta 14.00 sa, 8.00-13.00 do; ✎; ⓢ2/3 hasta Grand Army Plaza) La tejana Liz Solomon echaba en falta una cosa en Nueva York: los auténticos tacos al estilo de Austin para desayunar, así que en el 2016 decidió ponerse manos a la obra. Su puesto al aire libre en Grand Army Plaza sirve tres tacos diarios de patata, huevo y queso, hechos el mismo día por la mañana y listos para llevar: el *BPEC* (con beicon añadido), el *Queen bean* (judías vegetarianas refritas) y el *Or'izo* (chorizo mexicano).

BAKED IN BROOKLYN
PANADERÍA **$**

plano p. 448 (☎718-499-1818; www.bakedinbrooklynny.com; 755 Fifth St, entre 25th St and 26th St, Greenwood Heights; empanadas desde 2 US$; ⏰6.30-19.00 lu-sa, 7.00-18.00 do; ⓢR hasta 25th St) La panadería principal de esta conocida marca de bollería local es pequeña pero está repleta de cosas deliciosas: bollos de canela grandes y hojaldrados, cruasanes de mantequilla, *pita chips* salados y crujientes, galletas, etc. También sirven café, ideal sobre todo tras una visita al cementerio de Greenwood (p. 259), que está enfrente.

LUKE'S LOBSTER
PESCADO Y MARISCO **$$**

plano p. 448 (☎347-457-6855; www.lukeslobster.com; 237 Fifth Ave, Park Slope; sandwich de langosta 17 US$, crema de langosta 7-11 US$; ⏰11.00-22.00; ⓢR train hasta Union Ave.) Cada restaurante de Luke's Lobster se enorgullece de servir pescado fresco, sostenible y delicioso a precios razonables. Todo ello es cierto en esta sucursal de Park Slope, que sirve la legendaria carta de Luke's en un local bien equipado y con una encantadora terraza trasera.

SIDECAR
NORTEAMERICANA **$$**

plano p. 448 (☎718-369-0077; www.sidecarbrooklyn.com; 560 Fifth Ave, entre 15th St y 16th St, Park Slope; ppales. 14-27 US$; ⏰18.00-2.00 lu-mi, hasta 4.00 ju, 15.00-4.00 vi, 11.00-4.00 sa, hasta 2.00 do; ⓢR hasta Prospect Ave) Pocos sitios son mejores que el Sidecar para disfrutar de una cocina americana selecta. Este acogedor restaurante sirve platos clásicos

con un toque sencillo y moderno, como el pollo frito acompañado de puré de raíces y col rizada salteada con beicon. También está especializado en cócteles que se pueden combinar con la comida o saborear solos en el bar.

LOT 2
AMERICANA MODERNA **$$**

plano p. 448 (☎718-499-5623; www.lot2restaurant.com; 687 Sixth Ave, entre 19th St y 20th St, Greenwood Heights; ppales. 18-32 US$; ⏰18.00-22.00 mi y ju, hasta 22.30 vi y sa, 17.00-21.30 do; ⓑB63, B67, B69 hasta 18th St, ⓢR hasta Prospect Ave) Local rústico e íntimo que sirve una excelente comida a base de productos locales en Greenwood Heights, al sur de Park Slope. La carta es breve pero llena de sabor. Se recomienda el bocadillo de queso a la parrilla (con *cheddar*, *provolone* y parmesano), gambas y sémola con chorizo y *cheddar* blanco, o una jugosa hamburguesa con patatas gruesas fritas en grasa de pato. El menú especial del domingo es una ganga (3 platos por 35 US$).

✕ Prospect Heights, Crown Heights y Flatbush

★ AMPLE HILLS CREAMERY
HELADERÍA **$**

plano p. 448 (☎347-240-3926; www.amplehills.com; 623 Vanderbilt Ave con St Marks Ave, Prospect Heights; cucuruchos helado 4-7 US$; ⏰12.00-23.00 do-ju, hasta 24.00 vi y sa; ⓢB, Q hasta 7th Ave; 2/3 hasta Grand Army Plaza) Esta heladería, cuyo nombre alude a un poema de Walt Whitman, elabora unos singulares helados que constituyen todo un arte: desde el mantecoso pastel de mantequilla con una base de vainilla cremosa o el "Nonna D's oatmeal lace" (helado de azúcar moreno y canela con galletas de avena) hasta "The munchies" (helado al perfume de *pretzel* con patatas fritas, *pretzels*, galletitas Ritz y M&M minis).

LOOK BY PLANT LOVE HOUSE
TAILANDESA **$**

plano p. 448 (☎718-622-0026; http://plantlovehouse.wixsite.com/thai; 622 Washington Ave, entre Pacific St y Dean St, Prospect Heights; ppales. 10-20 US$; ⏰12.00-22.00 ma-do; ✎; ⓢ2/3 hasta Bergen St; C hasta Clinton-Washington Aves) Esta cafetería tailandesa, acogedora y adorable, sirve modestas raciones de sopas incendiarias (una de sus especialidades es la *num tok*, enriquecida con sangre de cerdo) y platos caseros como el *khao kha moo* (codillo de cerdo estofado) o *pad thai* de gambas "a la antigua". Muchos platos se pueden pedir con tofu. Una comida gratificante y evocadora. Solo aceptan efectivo.

CHUKO
JAPONESA $

plano p. 448 (☏347-425-9570; www.chukobk.com; 565 Vanderbilt Ave esq. Pacific St, Prospect Heights; *ramen* 15 US$; ☷12.00-15.00 y 17.30-23.00; ☷; ☒B/Q hasta 7th Ave; 2/3 hasta Bergen St) Tienda contemporánea y minimalista de *ramen* para disfrutar de unos excelentes fideos en Prospect Heights. Los humeantes cuencos de *ramen* se combinan con varios caldos espectacularmente finos, como el de cerdo asado, excelente, y un vegetariano con mucho cuerpo. Los aperitivos valen mucho la pena, sobre todo las alitas de pollo con sal y pimienta.

LINCOLN STATION
CAFÉ $

plano p. 448 (☏718-399-2211; www.stationfoods.com; 409 Lincoln Pl, junto a Washington Ave, Prospect Heights; sándwiches 10-12 US$, ppales. cena US$8-16.50; ☷7.00-21.00 lu-vi, desde 8.00 sa y do; ☷☷; ☒2/3 hasta Eastern Pkwy-Brooklyn Museum) Durante el día, este local favorito del barrio está lleno de clientes con portátiles que disfrutan de sus excelentes bebidas de café exprés en la larga mesa central. Pero de noche, cuando las velas dan romanticismo al ambiente, apetece más la cerveza de barril (6 US$). La comida de calidad también es un punto a destacar: a partir de las 17.00 la carta incluye un delicioso pollo asado (16,50 US$) y una lasaña vegetal (16 US$) lo bastante grande para dos.

Situado en el lado de Crown Heights en Washington Ave, Lincoln Station es un buen sitio para hacer una parada después de visitar el Brooklyn Museum (p. 255), a solo una manzana.

BERG'N
ZONA GASTRONÓMICA $

plano p. 448 (www.bergn.com; 899 Bergen St, entre Classon Ave y Franklin Ave, Crown Heights; ppales. 7-14 US$; *pizzas* 19-28 US$; ☷comida 9.00-22.00 ma-ju, 10.00-23.00 vi y sa, 10.00-22.00 do, bar 11.00-23.00 ma-ju y do, 11.00-hasta tarde vi y sa; ☷☷☷; ☒C, 2/3, 4/5 hasta Franklin Ave) Este gran centro gastronómico con largas mesas de madera y regentado por el mismo equipo del Smorgasburg (p. 273) es ideal para deleitarse con una falda de ternera ahumada (Mighty Quinn's), bocadillos de pollo frito y hamburguesas vegetales o de ternera (Land Haus), cuencos de arroz de inspiración filipina (Lumpia Shack) y *pizzas gourmet* (Brooklyn Pizza Crew).

TOM'S RESTAURANT
CAFETERÍA $

plano p. 448 (☏718-636-9738; 782 Washington Ave con Sterling Pl, Prospect Heights; ppales. 8-14 US$; ☷7.00-16.00 lu-sa, desde 8.00 do; ☒2/3 hasta Eastern Pkwy-Brooklyn Museum) Esta cafetería de 1936, a solo tres manzanas del Brooklyn Museum (p. 255) consigue captar la vieja nostalgia de Brooklyn gracias a una cocina de cantina buena y sencilla. El desayuno, que se sirve todo el día, es una ganga, pues casi todo cuesta menos de 15 US$.

★OLMSTED
AMERICANA MODERNA $$

plano p. 448 (☏718-552-2610; www.olmstednyc.com; 659 Vanderbilt Ave, entre Prospect y Park Pls, Prospect Heights; raciones pequeñas 13-16 US$, raciones grandes 22-24 US$; ☷17.00-22.30; ☒B, Q hasta 7th Ave) ☷ El chef y dueño Greg Baxtrom crea inspirados platos de temporada excelentemente elaborados. Las credenciales locávoras del Olmsted son evidentes: gran parte de los ingredientes proceden de su propio huerto trasero, un lugar estupendo para tomar unos cócteles o postres mientras se espera. Se recomienda reservar (excepto el lunes, día sin reserva).

CHERYL'S GLOBAL SOUL
FUSIÓN $$

plano p. 448 (☏347-529-2855; www.cherylsglobalsoul.com; 236 Underhill Ave, entre Eastern Pkwy y St Johns Pl, Prospect Heights; sándwiches 8-14 US$, ppales. cena 14-21 US$; ☷8.00-16.00 lu, hasta 22.00 ma-ju y do, hasta 23.00 vi y sa; ☷☷; ☒2/3 hasta Eastern Pkwy-Brooklyn Museum) Muy cerca del Brooklyn Museum (p. 225) y del Brooklyn Botanic Garden (p. 262), este restaurante hogareño sirve una cocina fresca y sin pretensiones con todo un mundo de influencias: desde el salmón glaseado con *sake* y arroz de jazmín hasta la excepcional quiche casera o una larga lista de bocadillos sabrosos. Tiene platos para vegetarianos y una carta infantil. El *brunch* del fin de semana provoca largas esperas.

☷ Williamsburg, Greenpoint y Bushwick

CRIF DOGS
PERRITOS CALIENTES $

plano p. 446 (☏718-302-3200; www.crifdogs.com; 555 Driggs Ave con N 7th St, Williamsburg; perritos calientes 3,50-6 US$; ☷12.00-2.00 do-ju, hasta 4.00 vi y sa; ☷; ☒L hasta Bedford Ave) Muchas excursiones nocturnas a Billyburg terminan en este sencillo local de perritos calientes, que los tiene tanto de ternera como vegetarianos y preparados al gusto con dos docenas de ingredientes a escoger. Con una cerveza de barril y un acompañamiento de *tater tots,* la fiesta se prolongará aún más.

DUN-WELL DOUGHNUTS VEGANA, PANADERÍA $
plano p. 444 (☎347-294-0871; www.dunwelldoughnuts.com; 222 Montrose Ave con Bushwick Ave, East Williamsburg; dónuts 2-2,75 US$; ☺7.00-19.00 lu-vi, desde 8.00 sa y do; 🛜🖊; 🚇L hasta Montrose Ave) "Los mejores dónuts artesanales veganos de Brooklyn" podría parecer de lo más *hipster,* pero aquí la verdad supera a la publicidad y uno puede escoger entre muchas delicias de origen vegetal, hechas diariamente con ingredientes ecológicos y en un sinfín de sabores, incluido el Homer, una sorprendente versión del dónut de los *Simpsons.*

PETER PAN DONUT & PASTRY SHOP PANADERÍA $
plano p. 444 (☎718-389-3676; www.peterpandonuts.com; 727 Manhattan Ave, entre Norman Ave y Meserole Ave, Greenpoint; tentempiés 1-3 US$; ☺5.30-20.00 lu-sa, hasta 19.00 do; 🚇G hasta Nassau Ave) En la calle principal de Greenpoint, esta estimada panadería clásica ofrece productos sencillos y bien hechos (sobre todo dónuts) y excelentes bocadillos de desayuno con panecillos de la casa o *bagels* (se recomienda el de beicon y queso con pan de amapola), y todo tirado de precio. Uno puede sentarse en la barra o llevarse la comida para disfrutarla en el McCarren Park (p. 264).

CHAMPS DINER VEGANA, DINER $
plano p. 444 (☎718-599-2743; www.champsdiner.com; 197 Meserole St, entre Humboldt St y Bushwick Ave, East Williamsburg; sándwiches y ensaladas 11-13 US$; ☺9.00-24.00; 🖊; 🚇L hasta Montrose Ave) Restaurante pequeño y aireado que prepara una deliciosa comida americana casera pero totalmente vegana. Siempre está lleno gracias a sus precios razonables y los desayunos a todas horas (el servicio no es rápido). Se recomienda el *French toast slam* (con revuelto de tofu y *tempeh* o beicon de seitán), los crepes de virutas de chocolate y plátano, los macarrones con queso o la "hamburguesa de beicon" (de judías negras con beicon de *tempeh* y queso vegano).

MILK & PULL CAFÉ $
(☎347-627-8511; www.milkandpull.com; 181 Irving Ave, Bushwick; café 3-5 US$; ☺7.00-18.00 lu-vi, 8.00-17.00 sa y do; 🚇L tren hasta DeKalb Ave) No hay nada como una buena taza de café bien hecho o un capuchino bien vaporizado. Los baristas de esta cafetería de Bushwick

DE PRIMERA MANO

¡SMORGASBURG!

El mayor **acontecimiento gastronómico** (www.smorgasburg.com; ☺11.00-18.00 sa y do abr-oct) de Brooklyn reúne a más de 100 puestos ambulantes que ofrecen de todo y sabroso: bocados callejeros italianos, confit de pato, tacos con pan indio, hamburguesas de champiñones, comida casera etíope vegana, helado de caramelo con sal marina, dónuts de maracuyá, cerveza artesana, etc. Las ubicaciones del Smorgasburg suelen cambiar cada temporada: hay que consultar la web.

Recientemente el "Smorg" se ha celebrado en Williamsburg, en el paseo marítimo (p. 264), los sábados, y en Prospect Park, cerca de Lakeside (p. 254), los domingos de abril a octubre, y también en un recinto más pequeño de SoHo (Manhattan) que permanece abierto hasta finales de diciembre.

BROOKLYN DÓNDE COMER

son maestros de este arte en todas sus modalidades. También tienen bollería de las panaderías de Brooklyn, como unos enormes y untuosos dónuts Dough y platos más sustanciosos.

⭐**MODERN LOVE** VEGANA, AMERICANA $$
plano p. 444 (☎929-298-0626; www.modernlovebrooklyn.com; 317 Union St con S 1st St, East Williamsburg; ppales. *brunch* 16 US$, cena 19-24 US$; ☺18.00-22.30 mi y ju, hasta 23.00 vi, 17.30-23.00 sa, 11.00-15.00 y 17.00-22.30 do, cerrado lu y ma; 🖊; 🚇L hasta Lorimer St; G hasta Metropolitan Ave) El nuevo restaurante de la reconocida chef Isa Chandra Moskowitz sirve una "elegante comida casera vegana" con versiones deliciosas y vegetales de platos clásicos como el *mac 'n' shews* (macarrones con queso de anacardos cremoso y tofu con costra de pecanas y harina de maíz), sopa glamurosa de Manhattan, *Philly cheesesteak* de seitán y *truffle poutine* (patatas fritas con salsa oscura y requesón). Siempre está animado: no es obligatorio, pero se aconseja reservar.

⭐**ZENKICHI** JAPONESA $$
plano p. 444 (☎718-388-8985; www.zenkichi.com; 77 N 6th St con Wythe Ave, Williamsburg; menú degustación vegetariano/normal 65/75 US$;

⌚18.00-24.00 lu-sa, 17.30-23.30 do; ☏; Ⓢ L hasta Bedford Ave) Este templo de la cocina japonesa refinada presenta platos muy bien preparados en un entorno con encanto que seduce a los sibaritas de todas partes. Se recomienda el *omakase,* un menú degustación de temporada con ocho platos y maravillas como el salmón marinado y curado con *shiso* y albahaca y cubierto de caviar, o la pechuga de pato Hudson Valley con verduras de temporada.

⭐FETTE SAU   BARBACOA $$
plano p. 444 (☏718-963-3404; www.fettesaubbq.com; 354 Metropolitan Ave, entre Havemeyer St y Roebling St, Williamsburg; carne 23-29 US$/libra; ⌚17.00-23.00 lu, desde 12.00 ma-ju, 12.00-24.00 vi-do, hasta 23.00 do; Ⓢ L hasta Bedford Ave) Los amantes de la carne a la brasa de Brooklyn invaden en masa el "cerdo gordo", un local instalado en una antigua chapistería, donde se atiborran de costillas, falda, panceta y pato, todo ello de ahumado propio y con una diversidad de acompañamientos. Hay una buena selección de *bourbon, whisky* y cerveza.

FIVE LEAVES   AMERICANA MODERNA $$
plano p. 444 (☏718-383-5345; www.fiveleavesny.com; 18 Bedford Ave con Lorimer St, Greenpoint; ppales. almuerzo 12-18 US$, cena 16-22 US$; ⌚8.00-1.00; 🚍B48, B62 hasta Lorimer St, Ⓢ G hasta Nassau Ave) Este referente en el panorama de Greenpoint atrae a una mezcla de clientes habituales del barrio que crean un ambiente animado en las mesas exteriores de delante y en el comedor *vintage.* Por la mañana se pueden tomar crepes de requesón, pastas del día y un excelente café (Parlor Coffee), y en el almuerzo, *Reuben toastie* (bocadillo de carne en conserva, queso y salsa mil islas), patatas fritas con trufa y ensaladas de col negra.

RABBITHOLE   AMERICANA MODERNA $$
plano p. 444 (☏718-782-0910; www.rabbitholerestaurant.com; 352 Bedford Ave, entre S 3rd St y S 4th St, Williamsburg; ppales. desayuno y almuerzo 12-19 US$, cena 16-24 US$; ⌚9.00-23.00; ☏; 🚍B62 hasta S 4th St, Ⓢ J/Z, M hasta Marcy Ave) Un local muy agradable y con encanto en South Williamsburg, ideal para tomar un desayuno (hasta las 17.00). En la parte delantera tiene

LA COCINA DE BROOKLYN

Los productos de proximidad, la sostenibilidad ecológica y grandes dosis de creatividad culinaria caracterizan el celebrado panorama culinario de Brooklyn. Para saber más sobre la magia que se ejerce desde las cocinas y, sobre todo, aprender a elaborar los platos en casa, se pueden consultar los siguientes libros:

➡ *The New Brooklyn Cookbook* (2010) Recetas, historias e ideas culinarias de 31 de los mejores restaurantes de Brooklyn.

➡ *Pok Pok* (2013) Andy Ricker ahonda en la cocina del norte de Tailandia dando instrucciones precisas para crear sus complejos y embriagadores platos.

➡ *Roberta's Cookbook* (2013) Vieiras recogidas a mano en zumo de ciruela, *orecchiette* con ragú de rabo de buey y la gloriosa *pizza* perfecta.

➡ *Four & Twenty Blackbirds Pie Book* (2013) Tentadoras recetas de las hermanas Elsen para mejorar las habilidades pasteleras.

➡ *Franny's: Simple, Seasonal, Italian* (2013) Un libro de referencia para hacer memorables *pizzas*, pastas y helados en casa.

➡ *The Frankies Spuntino* (2010) Libro de cocina de bello diseño y lleno de recetas reinventadas de la cocina casera italoamericana.

➡ *One Girl Cookie* (2012) Esponjosos y tiernos *whoopie pies* y otras dulces licencias.

➡ *The Mile End Cookbook* (2012) Una reinvención de la cocina casera judía.

➡ *Brooklyn Brew Shop's Beer Making Book* (2011) Guía fácil para elaborar refrescantes cervezas en casa.

➡ *Veganomicon: 10th Anniversary Edition* (2017) La célebre chef de Brooklyn Isa Chandra Moskowitz enseña a preparar una deliciosa comida vegana como la que se sirve en su restaurante de East Williamsburg.

En la revista *Edible Brooklyn* (www.ediblebrooklyn.com) se hallará información más reciente sobre el panorama culinario del barrio.

una zona de cafetería informal donde tomar un buen café y una mejor pastelería casera. Al fondo del local y en el tranquilo jardín trasero se pueden tomar unos cremosos huevos Benedict o fruta fresca con granola.

PAULIE GEE'S PIZZERÍA, VEGANA **$$**

(☎347-987-3747; www.pauliegee.com; 60 Greenpoint Ave, entre West St y Franklin St, Greenpoint; *pizzas* 12-19 US$; ⏲18.00-23.00 lu-vi, desde 17.00 sa, 17.00-22.00 do; 🚲🎅; ⓈG hasta Greenpoint Ave) La mejor pizzería de Greenpoint ofrece un agradable ambiente de cabaña del bosque con sus velas encendidas y música nostálgica. Los clientes se amontonan en gruesas mesas de madera a devorar las deliciosas *pizzas* de masa fina elaboradas con ingredientes creativos. Para que la experiencia sea completa, hay que acompañarlas con unas cervezas artesanas, un vino de la asequible selección, ricas ensaladas y postres tentadores.

OKONOMI & YUJI RAMEN JAPONESA **$$**

plano p. 444 (www.okonomibk.com; 150 Ainslie St, entre Lorimer St y Leonard St, Williamsburg; menús 21-35 US$, *ramen* 15-20 US$; ⏲menús 9.00-15.00 lu-ma y ju-vi, 10.00-16.00 sa y do, *ramen* 18.00-23.00 lu-vi; ⓈL hasta Lorimer St; G hasta Metropolitan Ave) Para tomar un desayuno impresionante pero sin huevos ni torrijas, hay que peregrinar a este pequeño y exquisito restaurante de East Williamsburg, llamado Okonomi durante el día. Solo sirve menús: un pequeño plato de verduras, huevo al horno, arroz de siete granos y pescado tierno, que se acompaña de un delicioso té verde con cebada. Impecable.

ROBERTA'S PIZZERÍA **$$**

plano p. 444 (☎718-417-1118; www.robertaspizza. com; 261 Moore St cerca de Bogart St, East Williamsburg; *pizzas* 12-19 US$; ⏲11.00-24.00 lu-vi, desde 10.00 sa y do; 🚲; ⓈL hasta Morgan Ave) Este almacén-restaurante repleto de *hipsters* elabora sistemáticamente una de las mejores *pizzas* de Nueva York. El servicio puede ser apático y las esperas, largas (es mejor en el almuerzo), pero las creaciones que salen del horno de ladrillo son la combinación perfecta de frescor y consistencia.

MONTANA'S TRAIL HOUSE AMERICANA MODERNA **$$**

(☎917-966-1666; www.montanastrailhouse.com; 445 Troutman St, entre Cypress Ave y St Nicholas Ave, Bushwick; ppales. 14-24 US$; ⏲17.00-24.00 lu-ju, 15.00-4.00 vi, desde 11.00 sa, 11.00-24.00

do; ⓈL hasta Jefferson Ave) Alocada readaptación de una vieja gasolinera con paredes de madera recuperada, lámparas industriales, animales disecados y estanterías que esconden un pasadizo secreto que lleva a un patio exterior. Se puede pedir un cóctel (de centeno o mezcal) y disfrutar de su comida creativa, casera y de temporada.

MISS FAVELA BRASILEÑA **$$**

plano p. 444 (☎718-230-4040; www.missfavela. com; 57 S 5th St esq. Wythe St, Williamsburg; ppales. 22-30 US$, sándwiches 14 US$; ⏲12.00-24.00 do-ju, hasta 1.00 vi y sa; ⓈJ/Z, M hasta Marcy Ave; L hasta Bedford Ave) Este pequeño y destartalado local cerca del puente de Williamsburg sirve abundantes platos de comida brasileña, como la *moqueca* (guiso de pescado con leche de coco) o la *picanha* (filete jugoso), que pueden ir precedidos por unos *bolinhos de bacalhau* (croquetas de bacalao) y acompañados de una caipiriña (o más). Hay música latina en directo la noche del jueves y la tarde del sábado, así como mesas en la acera cuando hace calor.

MARLOW & SONS AMERICANA MODERNA **$$$**

plano p. 444 (☎718-384-1441; www.marlowandsons. com; 81 Broadway, entre Berry St y Wythe Ave, Williamsburg; ppales. almuerzo 16-18 US$, cena 34-36 US$; ⏲8.00-23.00 do-ju, hasta 24.00 vi y sa, cerrado 16.00-17.30; ⓈJ/Z, M hasta Marcy Ave; L hasta Bedford Ave) Es un local muy animado por la noche, con comedores y bebedores que disfrutan de las ostras, los cócteles de primera y un menú diario formado por especialidades locávoras (ternera asada con miso, *pizzas* de masa crujiente, esponjosas tortillas españolas, etc.). El *brunch* también tiene mucho éxito y suele provocar colas (se recomienda reservar por la web).

🍴 Coney Island y Brighton Beach

NATHAN'S FAMOUS PERRITOS CALIENTES **$**

plano p. 452 (☎718-333-2202; www.nathansfamous. com; 1310 Surf Ave esq. Stillwell Ave, Coney Island; perritos calientes desde 4 US$; ⏲10.00-24.00; 🌐; ⓈD/F hasta Coney Island-Stillwell Ave) El *hot dog* se inventó en Coney Island en 1867, lo que significa que es casi obligatorio comer un perrito caliente en la zona. Y este establecimiento de 1916 es de los mejores. La carta, donde imperan las frituras, también incluye desde almejas fritas a tiras de pollo empanadas.

🍷🍸 DÓNDE BEBER Y VIDA NOCTURNA

🍷 Brooklyn Heights, Downtown Brooklyn y Dumbo

FLOYD
BAR

plano p. 451 (☎718-858-5810; www.floydny.com; 131 Atlantic Ave, entre Henry St y Clinton St, Brooklyn Heights; ☺17.00-4.00 lu-ju, desde 16.00 vi, desde 12.00 sa y do; 🚌B61, B63 hasta Atlantic Ave/Henry St, Ⓢ2/3, 4/5 hasta Borough Hall; R hasta Court St) Este bar con cristaleras en la entrada es frecuentado por jóvenes que ligan en antiguos y andrajosos sofás mientras los cerveceros se reúnen alrededor de la pista de petanca (gratis excepto las noches de competición; no se reserva). Un buen local de barrio.

🍷 Boerum Hill, Cobble Hill, Carroll Gardens y Red Hook

ROBERT BAR
BAR

plano p. 446 (☎347-853-8687; www.robertbarbrooklyn.com; 104 Bond St, entre Atlantic St y Pacific St, Boerum Hill; ☺17.00-2.00 lu-ju, hasta 3.00 vi y sa, hasta 1.00 do; Ⓢ A/C, G hasta Hoyt-Schermerhorn) Con un tablero de dardos en una sala contigua y una gramola llena de éxitos de los años setenta y ochenta, este local parece una taberna, pero su clientela joven y moderna de Brooklyn que escucha a los DJ en directo bajo un techo de fichas de dominó delata que está a la última. Hay cervezas artesanales y una carta de cócteles con los nombres de las canciones de la gramola.

CLOVER CLUB
BAR

plano p. 446 (☎718-855-7939; www.cloverclubny.com; 210 Smith St, entre Baltic St y Butler St, Carroll Gardens; ☺16.00-2.00 lu-ju, hasta 4.00 vi, 10.30-4.00 sa, hasta 1.00 do; 🚌B57 hasta Smith St y Douglass St, Ⓢ F, G hasta Bergen) Encantadora coctelería que exhibe una elegancia del s. XIX con su espléndida barra de caoba, sus accesorios de época y los camareros con chaleco. Los cócteles, muy bien preparados, atraen principalmente a una clientela local que acude a charlar animadamente. También sirve generosos *brunches* de fin de semana junto con excelentes Bloody Marys y otras libaciones.

61 LOCAL
BAR

plano p. 446 (☎718-875-1150; www.61local.com; 61 Bergen St, entre Smith St y Boerum Pl, Boerum Hill; ☺7.00-24.00 lu-ju, hasta 1.00 vi, 9.00-1.00 sa, hasta 24.00 do; 🛜; Ⓢ F, G hasta Bergen) Amplia sala de ladrillo y madera en Boerum Hill que consigue ser chic y acogedora a la vez, con unas grandes mesas compartidas, un ambiente apacible y una gran selección de cervezas artesanas regionales y de la ciudad. Tiene una sencilla carta de charcutería, tablas de quesos y otros aperitivos, como *sliders* de cerdo deshilachado, quiche y un plato mediterráneo de tres salsas con *crostini* y aceitunas.

SUNNY'S
BAR

plano p. 446 (☎718-625-8211; www.sunnysredhook.com; 253 Conover St, entre Beard St y Reed St, Red Hook; ☺18.00-2.00 ma, 16.00-4.00 mi-vi, desde 14.00 sa, 16.00-23.00 do; 🚌B61 hasta Coffey St y Conover St, Ⓢ F, G hasta Carroll St) Sobreviviendo desde finales del s. XIX en una forma u otra, este bar pintoresco y añejo en el extremo de Red Hook parece salido de *La ley del silencio*. Por supuesto, los estibadores ya no están: los ha sustituido una clientela fiel y apasionada y *hipsters* recién llegados en busca de autenticidad. Todos los sábados a las 22.00 hay una sesión de *bluegrass*. Durante la semana ofrece música de banjo y otras actuaciones curiosas.

El huracán *Sandy* lo vapuleó de lo lindo y le costó recuperarse. Su legendario dueño Sunny Balzano falleció en el 2016 y cuando se documentaba este libro su continuidad estaba en duda, esta vez por las amenazas más prosaicas del sector inmobiliario. *Sunny's Nights: Lost and Found at a Bar on the Edge of the World,* de Tim Sultan (2016), es un entrañable retrato del bar y su dueño.

TRAVEL BAR
BAR

plano p. 446 (☎718-858-2509; www.travelbarbrooklyn.com; 520 Court St, entre Nelson St y Huntington St, Carroll Gardens; ☺17.00-24.00 ma-ju, 15.30-2.00 vi, 12.00-2.00 sa, hasta 21.00 do; Ⓢ F, G hasta Smith-9th Sts) Para descansar un poco de tanto trajín, se puede acudir a este tranquilo local de Carroll Gardens y vagar por el mundo probando una selección de sus 200 *whiskies* internacionales. O quedarse mucho más cerca para saborear las cervezas artesanales de la ciudad, como la intensa IPA de Other Half Brewery, que está a solo cuatro manzanas.

🍷 Fort Greene, Clinton Hill y Bed-Stuy

BLACK FOREST BROOKLYN CERVECERÍA

plano p. 446 (☎718-935-0300; www.blackforestbrooklyn.com; 733 Fulton St, entre S Elliot Pl y S Portland Ave, Fort Greene; ⌚7.00-24.00 do-ju, hasta 2.00 vi y sa; [S]G hasta Fulton St; C hasta Lafayette Ave) Dos alemanes residentes en Brooklyn abrieron esta versión moderna de una cervecería tradicional, con camareros ataviados con camisas de cuadros rojos y sirviendo litros de cervezas de importación bávaras de barril. En caso de duda, se recomienda la degustación de 13 cervezas. En la completa carta de comida alemana hay numerosas opciones vegetarianas además de *wursts* y *schnitzels*.

🍷 Park Slope, Gowanus y Sunset Park

UNION HALL BAR

plano p. 448 (☎718-638-4400; www.unionhallny.com; 702 Union St cerca de Fifth Ave, Park Slope; bebidas desde 7 US$; ⌚16.00-4.00 lu-vi, 13.00-4.00 sa y do; [S]R train hasta Union St) Cualquiera que desee pasar una noche auténtica de Brooklyn debería ir directo a este bar y sala de espectáculos en un antiguo almacén con chimenea de doble cara, altas estanterías con libros, sofás de cuero y dos pistas de petanca completas en el interior. En el sótano hay música en directo y monólogos de humor.

SEA WITCH BAR

plano p. 448 (☎347-227-7166; www.seawitchnyc.com; 703 Fifth Ave, entre 21st St y 22nd St, Greenwood Heights; ⌚17.00-4.00 lu-ju, desde 16.00 vi, desde 12.00 sa y do, cocina abierta hasta 24.30 do-ju, hasta 1.30 vi y sa; 🚌B63 hasta 5th Ave/21st St, [S]R hasta 25th St) Más allá de la fantasía náutica (una mandíbula de tiburón, un mural de sirenas y peces tropicales), este bar ofrece excelentes cócteles de temporada, rotación de cervezas artesanales de barril, música ocasional de DJ y una comida de calidad que se sirve hasta la madrugada a base de tacos de pescado, bocadillos de *kielbasa*, almejas enteras fritas en panecillo y otros platos reconfortantes. El amplio patio trasero es ideal para relajarse y explicar anécdotas marineras.

> **ⓘ INFORMACIÓN**
>
> Las webs de Free Williamsburg (www.freewilliamsburg.com), Brooklyn Based (www.brooklynbased.com), Greenpointers (www.greenpointers.com) y Bushwick Daily (www.bushwickdaily.com) ofrecen la última información sobre conciertos, inauguraciones, arte, etc.

EXCELSIOR GAIS Y LESBIANAS

plano p. 448 (☎718-788-2710; www.excelsiorbrooklyn.com; 563 Fifth Ave, entre 15th St y 16th St, Park Slope; ⌚18.00-4.00 lu-vi, desde 14.00 sa y do; [S]R hasta Prospect Ave) Este apreciado bar gay de barrio ha reabierto sus puertas en un nuevo local elegantemente remodelado con un patio trasero y una zona de actos arriba, donde ofrece fiestas de baile, espectáculos de *drags* y karaoke. Suele frecuentarlo una clientela madura (aunque todo el mundo es bienvenido) y tiene fama por su ambiente cordial y sus divertidos camareros.

ROYAL PALMS BAR

plano p. 448 (☎347-223-4410; www.royalpalmsshuffle.com; 514 Union St, entre Third Ave y Nevins St, Gowanus; ⌚18.00-24.00 lu-ju, hasta 2.00 vi, 12.00-2.00 sa, hasta 22.00 do; [S]R hasta Union St) Si el viajero desea hacer deporte sin sudar ni alejarse mucho de la barra, Royal Palms es un espacio de 1580 m² con 10 pistas de *shuffleboard* (40 US$/h) y juegos de mesa, cervezas de barril, cócteles y tentempiés de una gastroneta (cada semana cambia).

GREENWOOD PARK CERVECERÍA

plano p. 448 (☎718-499-7999; www.greenwoodparkbk.com; 555 Seventh Ave, entre 19th St y 20th St, Greenwood Heights; ⌚12.00-2.00 do-ju, hasta 3.00 vi y sa, horario reducido en invierno; 📶👪; 🚌B67, B69 hasta 18th St, [S]F, G hasta Prospect Park) Muy cerca del frondoso cementerio de Green-Wood (p. 259), esta cervecería de 1200 m² interior y exterior en un entorno industrial es una inteligente reconfiguración de una vieja gasolinera y taller mecánico. Se distingue por la gigantesca pared exterior hecha de palés viejos. Cuenta con más de dos docenas de cervezas de barril, además de *paninis*, hamburguesas, ensaladas y demás comida de bar.

GINGER'S LESBIANAS

plano p. 448 (☎718-788-0924; www.gingersbarbklyn.com; 363 Fifth Ave con 5th St, Park Slope;

⊙17.00-4.00 lu-vi, desde 14.00 sa y do; Ⓢ F, G, R hasta 4th Ave-9th St) Este bar azul y amarillo para lesbianas cuenta con gramola, billar, una pequeña terraza trasera, una nutrida clientela y una camarera muy simpática. La *happy hour* dura hasta las 20.00.

Prospect Heights, Crown Heights y Flatbush

★BUTTER & SCOTCH   BAR
plano p. 448 (📞347-350-8899; www.butterand scotch.com; 818 Franklin Ave, entre Eastern Pkwy y Union St, Crown Heights; ⊙17.00-24.00 lu, desde 9.00 ma-ju, 9.00-2.00 vi, desde 10.00 sa, 10.00-24.00 do; Ⓢ2/3 hasta Eastern Pkwy-Brooklyn Museum) La ingeniosa mujer que está detrás de este bar-panadería piensa que sus clientes no tienen por qué escoger entre una copa y una tarta... a menos que quieran tomar un batido con licor o una tarta de vodka martini con lima. Hay pasteles, tartas, helados, etc., además de cervezas artesanales de barril y una decena de cócteles de temporada (1 US$ de cada uno se destina a Planned Parenthood).

WEATHER UP   COCTELERÍA
plano p. 448 (www.weatherupnyc.com; 589 Vanderbilt Ave con Dean St, Prospect Heights; ⊙17.30-24.00 do-ju, hasta 2.00 vi y sa) Cruzando la cortina de entrada se accede a un oasis en penumbra con madera oscura y azulejos de metro. Desde la barra se puede observar a los camareros preparar con pericia el cóctel escogido de la carta de temporada, o refugiarse en el cómodo reservado del fondo. El frondoso patio trasero con sus velas encendidas y su celosía es muy recogido. Solo acepta efectivo.

Williamsburg, Greenpoint y Bushwick

★HOUSE OF YES   CLUB
(www.houseofyes.org; 2 Wyckoff Ave con Jefferson St, Bushwick; entradas gratis-40 US$; ⊙variable según evento, ma-sa; Ⓢ L hasta Jefferson St) Todo vale en este prestigioso local instalado en un almacén con dos escenarios, tres bares y una zona exterior cubierta, que ofrece unas de las noches de espectáculo y baile más creativas de Brooklyn. Se pueden ver acrobacias con telas, grupos de *punk, burlesque, drag queens* y *performances*, y DJ

que ponen música *house* y otros ritmos profundos para un público bohemio y participativo.

★MAISON PREMIERE   COCTELERÍA
plano p. 444 (📞347-335-0446; www.maisonpre miere.com; 298 Bedford Ave, entre S 1st St y Grand St, Williamsburg; ⊙14.00-2.00 lu-mi, hasta 4.00 ju y vi, 11.00-4.00 sa, hasta 2.00 do; Ⓢ L hasta Bedford Ave) El autor sigue esperando ver a Dorothy Parker entrando vacilante en este local *vintage* con una elegante barra llena de siropes y esencias, camareros con tirantes y una música *jazzística* de fondo para evocar aún más el ambiente del Barrio Francés de Nueva Orleans. Los cócteles son algo serio: la monumental carta incluye varias bebidas de absenta, varios julepes y cócteles especiales.

BROOKLYN BARGE   CERVECERÍA AL AIRE LIBRE
(📞929-337-7212; www.thebrooklynbarge.com; 3 Milton St, por West St, Greenpoint; ⊙12.00-2.00 lu-vi, desde 11.00 sa y do may-oct; 🐾; Ⓢ G hasta Greenpoint Ave) La terraza de verano más nueva de Greenpoint no está en el paseo marítimo, sino dentro del agua, en una barcaza flotante unida a tierra por un puente de madera. Sirve cervezas de barril locales, cócteles de verano al gusto y algunos vinos y sidras, y también una carta de platos para compartir, nachos, tacos y bocadillos que se preparan en una cocina montada en un contenedor.

TOBY'S ESTATE   CAFÉ
plano p. 444 (📞347-457-6155; www.tobysestate.com; 125 N 6th St, entre Bedford Ave y Berry St, Williamsburg; ⊙7.00-19.00; 🐾; Ⓢ L hasta Bedford Ave) Tostadero a pequeña escala que inunda de aroma las calles de Billyburg con sus audaces y perfumados cafés de filtro, cremosos *flat whites* y suaves *cortados*. Hay algunos sofás y varias mesas compartidas, habitualmente llenas de usuarios de MacBook.

RADEGAST HALL
& BIERGARTEN   CERVECERÍA
plano p. 444 (📞718-963-3973; www.radegasthall. com; 113 N 3rd St con Berry St, Williamsburg; ⊙12.00-3.00 lu-vi, desde 11.00 sa y do; Ⓢ L hasta Bedford Ave) Esta cervecería austrohúngara de Williamsburg ofrece una gran selección de cervezas bávaras y una cocina llena de carnes suculentas. Uno puede sentarse en la oscura zona de la barra o en la sala adyacente, que dispone de techo retráctil y mesas largas donde disfrutar de *pretzels*,

salchichas y hamburguesas. Música en directo todas las noches; no se paga entrada.

SPUYTEN DUYVIL BAR

plano p. 444 (☎718-963-4140; www.spuytenduyvilnyc.com; 359 Metropolitan Ave, entre Havemeyer St y Roebling St, Williamsburg; 🕒17.00-2.00 lu-vi, 12.00-3.00 sa, hasta 2.00 do; [S]L hasta Lorimer St; G hasta Metropolitan Ave) Este discreto bar de Williamsburg diríase hecho de distintas piezas, con sus techos pintados de rojo, sus mapas antiguos y muebles que parecen de segunda mano. Pero tiene una asombrosa selección de cervezas y vinos, clientes parlanchines de distintas épocas y un gran patio trasero con árboles, abierto cuando hace buen tiempo.

NORTHERN TERRITORY BAR CON TERRAZA

plano p. 444 (☎347-689-4065; www.northernterritorybk.com; 12 Franklin St con Meserole Ave, Greenpoint; 🕒17.00-hasta tarde lu-vi, desde 12.00 sa y do verano, cerrado lu y ma invierno; 🚌B32 hasta Franklin St/Meserole Ave, [S]G hasta Nassau Ave) La remota situación de este bar australiano en una azotea, en una caleta de la ribera de Greenpoint, cuadra con el nombre. Pero al subir arriba para contemplar el río y la silueta de Manhattan delante, uno olvida las manzanas de naves industriales que ha tenido que cruzar para llegar. Tomar una copa al atardecer es una delicia.

ROCKA ROLLA BAR

plano p. 444 (486 Metropolitan Ave con Rodney St, Williamsburg; 🕒12.00-4.00; [S]L hasta Lorimer St; G hasta Metropolitan Ave) Este nostálgico bar rocanrolero del Medio Oeste, con bebidas baratas y una clientela fiestera hasta altas horas, está muy bien situado en una inhóspita zona debajo del Brooklyn-Queens Expwy. Los dueños, que también llevan el **Skinny Dennis** (plano p. 444; www.skinnydennisbar.com; 152 Metropolitan Ave con Berry St, Williamsburg; 🕒12.00-4.00; [S]L hasta Bedford Ave), tienen AC/DC en la gramola, rótulos luminosos de cerveza antiguos como decoración y copas de Budweiser a 3 US$.

ROOKERY BAR

(www.therookerybar.com; 425 Troutman St, entre St Nicholas Ave y Wyckoff Ave, Bushwick; 🕒12.00-4.00 lu-vi, desde 11.00 sa y do; [S]L hasta Jefferson St) Un baluarte del panorama de Bushwick con una estética industrial en una avenida llena de arte callejero. Ofrece cócteles, cervezas artesanas, comida informal de fusión, música electro-pop y un ambiente relajado. Los altos techos dan amplitud al espacio y el patio trasero es ideal en las tardes y noches cálidas.

SPRITZENHAUS CERVECERÍA

plano p. 444 (☎347-987-4632; www.spritzenhaus33.com; 33 Nassau Ave con Guernsey St, Greenpoint; 🕒16.00-1.00 do-ju, 12.00-4.00 sa y do; [S]G hasta Nassau Ave) Los cerveceros no deberían perderse este local del extremo del McCarren Park, una cervecería de 560 m² con cierto aire industrial y una veintena de cervezas de barril y muchas más en botella. La comida de bar es a base de carne.

IDES BAR

plano p. 444 (☎718-460-8006; www.wythehotel.com/the-ides; 80 Wythe Ave, Wythe Hotel con N 11th St, Williamsburg; 🕒16.00-24.00 lu-ju, desde 14.00 vi, desde 12.00 sa y do; [S]L hasta Bedford Ave) El bar de la azotea del Wythe Hotel (p. 332), con sus magníficas vistas de Manhattan, sirve tentempiés selectos hasta las 22.00. No acepta reservas: hay que llegar pronto para evitar el gentío. Las noches del sábado y domingo los clientes externos pagan entrada.

HOTEL DELMANO COCTELERÍA

plano p. 444 (☎718-387-1945; www.hoteldelmano.com; 82 Berry St con N 9th St, Williamsburg; 🕒17.00-2.00 lu-ju, hasta 3.00 vi, 13.00-3.00 sa, hasta 2.00 do; [S]L hasta Bedford Ave) Coctelería a media luz con un aire clandestino, espejos antiguos empañados, suelos de madera y arañas de luces *vintage*. Tiene acogedores rincones al fondo y una barra curvilínea de mármol donde los camareros preparan una selección de cócteles inventivos en los que predominan el centeno, la ginebra y el mezcal.

BOSSA NOVA CIVIC CLUB CLUB

(☎718-443-1271; 1271 Myrtle Ave con Hart St, Bushwick; 🕒17.00-4.00 lu-sa, hasta 24.00 do; [S]M hasta Central Ave) Un motivo más para no salir de Brooklyn es este antro con una decoración vagamente tropical perfecto para mover el esqueleto con el amplio abanico musical que pinchan sus DJ. Tiene un magnífico equipo de sonido, bebidas a precios razonables y tentempiés.

Atrae a un público festivo y bailongo (entrada gratis lu-ju; 10 US$ vi y sa).

PINE BOX ROCK SHOP BAR

plano p. 444 (☎718-366-6311; www.pineboxrockshop.com; 12 Grattan St, entre Morgan Ave y Bo-

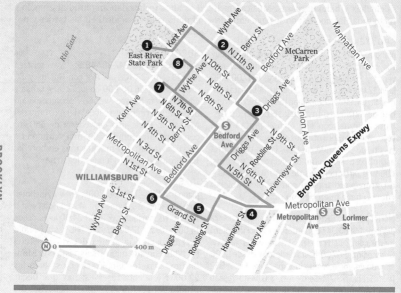

⚡ Vida local
Descubrir Williamsburg

Este antiguo bastión de la clase obrera latina es hoy el meollo gastronómico y fiestero del norte de Brooklyn. Los artistas hambrientos del viejo núcleo bohemio se han mudado a Bushwick en busca de alquileres más bajos, y su lugar en relucientes apartamentos y casas de piedra rojiza reformadas lo han ocupado profesionales independientes y familias jóvenes y modernas. Hay mucho por descubrir, desde antros _vintage_ de cócteles hasta tiendas que venden creaciones exclusivas de artesanos locales.

❶ Verde que te quiero verde

Con sus fabulosas vistas acuáticas de Manhattan, el East River State Park (p. 264) es un parque abierto donde se celebran conciertos ocasionales en verano.

❷ Cerveza del barrio

Un día Williamsburg fue el centro cervecero de Nueva York. Siguiendo la tradición, la Brooklyn Brewery (p. 265) no solo elabora y sirve sabrosas cervezas locales, sino que también ofrece visitas guiadas.

❸ Trapitos 'hipster'

Si el viajero quiere ampliar el guardarropa con algo típico del lugar, puede pasar por **Buffalo Exchange** (plano p. 444; ☎718-384-6901; www.buffaloexchange.com; 504 Driggs Ave con N 9th St; ⏰11.00-20.00 lu-sa, 12.00-19.00 do; §L hasta Bedford Ave), una

apreciada tienda de segunda mano donde encontrará ropa poco usada de hombre y mujer.

❹ Reliquias urbanas

El City Reliquary (p. 264) es un agradable museo-escaparate lleno de recuerdos, objetos antiguos y curiosidades del pasado de la ciudad, como los documentos sobre la Exposición Universal de 1939.

❺ Un viaje a Latinoamérica

Fuego 718 (plano p. 444; ☎718-302-2913; www.fuego718.com; 249 Grand St, entre Roebling St y Driggs Ave; ⏰12.00-20.00; §L hasta Bedford Ave) es una pequeña y amena tienda que transporta al visitante al sur de la frontera con sus cajas del Día de los Muertos, marcos y espejos vistosos, artesanía y objetos _kitsch_ de México, Perú y otros países.

Brooklyn Brewery (p. 265).

gart St, East Williamsburg; ◎16.00-2.00 lu y ma, hasta 4.00 mi-vi, 14.00-4.00 sa, 12.00-2.00 do; ⓢL hasta Morgan Ave) Local cavernoso en una antigua fábrica de ataúdes que sirve 17 cervezas a escoger y unos Bloody Marys especiados a tamaño reducido. Está regentado por una simpática pareja de músicos veganos, de modo que las empanadas y otros tentempiés de bar no contienen ningún producto de origen animal. Las paredes lucen arte local y en la sala del fondo hay actuaciones regularmente.

BLUE BOTTLE COFFEE CAFÉ

plano p. 444 (☑718-387-4160; www.bluebottleco ffee.net; 160 Berry St, entre N 4th St y N 5th St, Williamsburg; cafés 3-5 US$; ◎6.30-19.00 lu-vi, 7.00-19.30 sa y do; ⓢL hasta Bedford Ave) Esta excelente cafetería para entendidos ocupa una antigua tienda de cuerdas y emplea un tostador antiguo Probat. Todas las bebidas se preparan al momento, de modo que es normal esperar un poco para saborear un café helado Kioto. En la pequeña selección de bollería hay una tarta de café hecha con una cerveza de chocolate de Brooklyn Brewery (p. 265).

CLEM'S PUB

plano p. 444 (☑718-387-9617; www.clemsbrook lyn.com; 264 Grand St con Roebling St, Williamsburg; ◎14.00-4.00 lu-vi, desde 12.00 sa y do; ⓢL hasta Lorimer St; G hasta Metropolitan Ave) Prolijo y relajante *pub* de Williamsburg con una larga barra, camareros amables y unas cuantas mesas afuera, ideales como mirador en verano. En la *happy hour* (hasta las 20.00), una cerveza y un chupito cuestan solo 6 US$.

🍷 Coney Island y Brighton Beach

RUBY'S BAR & GRILL BAR

plano p. 452 (☑718-975-7829; www.rubysbar.com; 1213 Riegelmann Boardwalk, entre Stillwell Ave y 12th St, Coney Island; ◎11.00-22.00 do-ju, hasta 1.00 vi y sa abr-sep, fines de semana solo oct; ⓢD/F, N/Q hasta Coney Island-Stillwell Ave) La más antigua y única taberna del paseo marítimo de Coney Island es toda una institución: funciona desde 1934 y todavía da guerra a pesar de estar amenazada por las inmobiliarias que quieren mejorar el paseo. Hay que sentarse en un taburete, pedir una pinta y contemplar las olas (y los bañistas) ir y venir. Mejor olvidarse de la comida.

❻ Más bebida

Maison Premiere (p. 278) es como una máquina del tiempo que lleva al visitante al pasado con sus cócteles al gusto, ostras y otras delicias en un elegante ambiente del sur.

❼ Universos artesanos

El fin de semana invita a recorrer los pasillos del Artists & Fleas (p. 286), un laberinto con varias decenas de puestos de joyas artesanas locales, accesorios, obras de arte, cosméticos, artículos del hogar y ropa y discos de segunda mano.

❽ Paraíso del vinilo

Williamsburg posee el único local en América de la legendaria tienda británica de discos **Rough Trade** (plano p. 444; ☑718-388-4111; www.roughtradenyc.com; 64 N 9th St, entre Kent Ave y Wythe Ave; ◎11.00-23.00 lu-sa, hasta 21.00 do; 🛜; ⓢL hasta Bedford Ave), una gran nave industrial que hace las delicias de los amantes de la música y coleccionistas de elepés. También ofrece frecuentes conciertos de promesas de la música (las entradas no suelen costar más de 15 US$). El paseo por el barrio se puede rematar con un café con leche en la cafetería aneja.

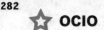

OCIO

★ BROOKLYN ACADEMY OF MUSIC
ARTES ESCÉNICAS

plano p. 446 (BAM; ☎718-636-4100; www.bam.org; 30 Lafayette Ave con Ashland Pl, Fort Greene; 🚇; ⓈB/D, N/Q/R, 2/3, 4/5 hasta Atlantic Ave-Barclays Ctr) Fundado en 1861, el BAM es el centro artístico más antiguo del país. El complejo, que incluye varias salas próximas en la zona de Fort Greene, ofrece obras innovadoras y vanguardistas de ópera, danza contemporánea, música, cine y teatro, desde retrospectivas de Merce Cunningham y espectáculos multimedia de Laurie Anderson hasta versiones vanguardistas de Shakespeare y otros clásicos.

El edificio Peter J. Sharp, de estilo renacentista italiano, alberga la **Howard Gilman Opera House** (plano p. 446), donde se ofrece ópera, danza, música, etc., y las cuatro pantallas de los **Rose Cinemas** (plano p. 446), que proyectan cine de estreno, independiente y extranjero. El bar y restaurante anejo, **BAMcafe** (plano p. 446; ☕cena reservas 718-623-7811), ofrece actuaciones gratis de *jazz*, *R&B* y pop los fines de semana. A una manzana, en Fulton St, está el **Harvey Lichtenstein Theater** (plano p. 446; 651 Fulton St, junto a Rockwell Pl, Fort Greene; ⓈB, Q/R hasta DeKalb Ave; 2/3, 4/5 hasta Nevins St), apodado "el Harvey", que acoge obras de teatro vanguardistas y contemporáneas y algunas versiones novedosas de los clásicos. A la vuelta de la esquina del edificio Sharp se encuentra el **Fisher Building** (plano p. 446; ☎718-636-4100; www.bam.org/fisher; 321 Ashland Pl, junto a Lafayette Ave, Fort Greene), con su pequeño teatro para 250 espectadores.

De septiembre a diciembre, el BAM celebra su prestigioso **Next Wave Festival** (entradas 20 US$; ☉sep-dic), con una selección de teatro y danza internacionales de vanguardia y conferencias de artistas. Hay que sacar las entradas pronto.

★ ST ANN'S WAREHOUSE
TEATRO

plano p. 451 (☎718-254-8779; www.stannswarehouse.org; 45 Water St con Old Dock St, Dumbo; 🚌B25 hasta Water/Main Sts, ⓈA/C hasta High St; F hasta York St) Compañía teatral de vanguardia que ofrece espectáculos innovadores de teatro, música y danza, desde música innovadora de nuevos compositores hasta extraños y maravillosos teatros de marionetas. En el 2015 se trasladó de su antigua sede al histórico Tobacco Warehouse (p. 256) del Brooklyn Bridge Park, a varias manzanas de distancia.

★ BARBÈS
MÚSICA EN DIRECTO, JAZZ

plano p. 448 (☎718-965-9177; www.barbesbrooklyn.com; 376 9th St con Sixth Ave, Park Slope; donativo en música en directo 10 US$; ☉17.00-2.00 lu-ju, 14.00-4.00 vi y sa, hasta 2.00 do; ⓈF, G hasta 7th Ave; R hasta 4th Ave-9th St) Bar y espacio escénico con el nombre de un barrio norteafricano de París y propiedad de Olivier Conan, un músico francés que lleva mucho tiempo viviendo en Brooklyn y a veces actúa allí con su grupo de música latina Las Rubias del Norte. Hay música en directo todas las noches: el impresionante y ecléctico programa incluye ritmos afroperuanos, *funk* del oeste de África y *gypsy swing*, entre otras músicas.

★ NATIONAL SAWDUST
ACTUACIONES EN DIRECTO

plano p. 444 (☎646-779-8455; www.nationalsawdust.org; 80 N 6th St con Wythe Ave, Williamsburg; 🚇; ⓈL hasta Bedford Ave) Esta sala musical dedicada a una programación multidisciplinaria de vanguardia se inauguró a bombo y platillo en el 2015. Ofrece obras atrevidas, como ópera contemporánea con proyecciones multimedia, *big bands* electroacústicas de *jazz* y conciertos de compositores experimentales, además de actuaciones de carácter más global, como canto gutural inuit, *funk* tribal africano y cantos de las sagas islandesas.

BROOKLYN BOWL
MÚSICA EN DIRECTO

plano p. 444 (☎718-963-3369; www.brooklynbowl.com; 61 Wythe Ave, entre N 11th St y N 12th St, Williamsburg; ☉18.00-24.00 lu-mi, hasta 2.00 ju y vi, 11.00-2.00 sa, hasta 24.00 do; ⓈL hasta Bedford Ave; G hasta Nassau Ave) Espacio de 2140 m² dentro de la antigua Hecla Iron Works Company, que tiene bolera (p. 288), cervezas artesanas, comida y música de primera. Además de los grupos en directo (y algún que otro DJ), también hay partidos de la NFL, karaoke y noches de DJ. Es para mayores de 21 años, excepto la "family bowl" de los fines de semana (11.00-17.00 sa, hasta las 18.00 do).

BELL HOUSE
ACTUACIONES EN DIRECTO

plano p. 448 (☎718-643-6510; www.thebellhouseny.com; 149 7th St, entre Second Ave y Third Ave, Gowanus; ☉17.00-hasta tarde; 🚇; ⓈF, G, R hasta 4th Ave-9th St) Esta grande y veterana sala situada en una zona casi desierta del industrial Gowanus ofrece destacadas actuaciones en directo, *indie rock*, noches de DJ, monólogos de humor y fiestas de *burlesque*.

La nave industrial, reconvertida con gusto, cuenta con un gran espacio de conciertos, un agradable bar con velas en la parte delantera, sillones de cuero y unas 10 cervezas de barril.

JALOPY
MÚSICA EN DIRECTO

plano p. 446 (☎718-395-3214; www.jalopy.biz; 315 Columbia St, entre Hamilton Ave y Woodhull St, Columbia St Waterfront District; ⊗16.00-21.00 lu, 12.00-24.00 ma-do; 🖪; 🚇B61 hasta Columbia St y Carroll St, 🚇F, G hasta Carroll St) Esta tienda de banjos y bar entre Carroll Gardens y Red Hook ofrece un divertido espacio con instrumentos a disposición de los clientes, cerveza fría y espectáculos de *bluegrass*, *country*, *klezmer* y ukelele, así como un ameno Roots 'n' Ruckus de entrada libre los miércoles a las 21.00. Véanse horarios en la web.

NITEHAWK CINEMA
CINE

plano p. 444 (☎718-782-8370; www.nitehawkcinema.com; 136 Metropolitan Ave, entre Berry St y Wythe St, Williamsburg; entradas adultos/niños 12/9 US$; 🖪; 🚇L hasta Bedford Ave) Cine independiente con tres salas y una excelente programación de filmes de estreno y repertorio. Pero lo mejor es que durante la sesión se puede comer y beber, por ejemplo, un plato de *hummus*, bolas de *risotto* con boniato o empanadas de costilla, una *lager* tostada Blue Point, un *negroni* o un cóctel de tema cinematográfico.

ALAMO DRAFTHOUSE
CINE

plano p. 451 (☎718-513-2547; www.drafthouse.com; 445 Albee Square W con DeKalb Ave, City Point, Downtown Brooklyn; entradas 15 US$; 🚇B, Q/R hasta DeKalb Ave; 2/3 hasta Hoyt St; A/C, G hasta Hoyt-Schermerhorn) El local neoyorquino de este fenómeno cinematográfico de Texas proyecta filmes de estreno y presentaciones especiales en salas con pantalla grande, butacas anchas y cómodas y mesas pequeñas, atendidas por unos camareros durante toda la sesión. Se recomienda uno de los combinados de helado y licor.

LITTLEFIELD
ACTUACIONES EN DIRECTO

plano p. 448 (www.littlefieldnyc.com; 635 Sackett St, entre Third Ave y Fourth Ave, Gowanus; 🚇R hasta Union St) Este espacio de arte y espectáculos que ocupa 575 m² de una antigua nave textil, ofrece una amplia gama de música en directo y otros espectáculos, como monólogos de humor, cuentos, teatro, danza, cine y noches de concurso. Wyatt Cenac ofrece el conocido monólogo *Night Train* los lunes; otras actuaciones habituales son el divertido concurso *Punderdome 3000* y

BROOKLYN OCIO

LECTURAS DE BROOKLYN

Las raíces literarias de Brooklyn son profundas. El expresidente del condado Marty Markowitz describió el barrio como "la *Rive Gauche* de Nueva York". Dada la diversidad de talentos locales que han configurado la literatura del país, por no mencionar el sinfín de escritores que viven hoy allí, seguramente no iba muy desencaminado.

He aquí varias lecturas esenciales de autores famosos de Brooklyn, presentes y pasados:

➡ *Hojas de hierba* (1855) La carta de amor de Walt Whitman a la ciudad. "Cruzando en el ferri de Brooklyn" es una parte especialmente conmovedora de esta poética celebración de la vida.

➡ *Un árbol crece en Brooklyn* (1943) Conmovedor relato de Betty Smith sobre la adolescencia, ambientado en las precarias viviendas de Williamsburg.

➡ *La decisión de Sophie* (1979) Exitosa novela de William Styron sobre una pensión en el Flatbush de posguerra.

➡ *Huérfanos de Brooklyn* (1999) Un relato brillante y tragicómico de Jonathan Lethem sobre unos macarras de medio pelo en Carroll Gardens y otras zonas de Brooklyn.

➡ *Literary Brooklyn* (2011) Evan Hughes escribe sobre los grandes escritores de Brooklyn y sus barrios, desde el Williamsburg de Henry Miller al Brooklyn Heights de Truman Capote.

➡ *Manhattan Beach* (2017) Jennifer Egan, ganadora de un Pulitzer, firma esta novela sobre una joven que trabaja en el Brooklyn Navy Yard durante la II Guerra Mundial.

la noche de relatos embarazosos *Mortified*. Solo mayores de 21 años.

KINGS THEATRE TEATRO

plano p. 448 (☎718-856-2220; www.kingstheatre.com; 1027 Flatbush Ave con Tilden Ave, Flatbush; 🕒taquilla 12.00-17.30 lu-sa; [S]2, 5 o Q hasta Beverly Rd) Lejos de las multitudes del Madison Square Garden (p. 202), este antiguo cine es un espléndido recuerdo del pasado y una sala de conciertos de categoría. Construido en 1929, ha sido remodelado recientemente para poner de relieve sus excepcionales detalles históricos. El vestíbulo es una sala grandiosa roja y dorada, y el teatro, con capacidad para 3000 espectadores, exhibe un impresionante techo pintado y butacas lujosas.

MCU PARK BÉISBOL

plano p. 452 (☎718-372-5596; www.brooklyncyclones.com; 1904 Surf Ave con 17th St, Coney Island; entradas 10-20 US$, entradas en mi 10 US$; [S]D/F, N/Q hasta Coney Island-Stillwell Ave) El equipo de la liga menor de béisbol **Brooklyn Cyclones,** integrado en la New York-Penn League, juega en este parque ribereño muy cerca del paseo marítimo de Coney Island. Casi todos los partidos tienen una temática divertida, como *Seinfeld* o "princesa y pirata" y las cálidas noches de verano son mágicas, independientemente del partido.

THEATER FOR A NEW AUDIENCE ARTES ESCÉNICAS

plano p. 446 (☎entradas 866-811-4111; www.tfana.org; 262 Ashland Pl esq. Fulton St, Fort Greene; [S]2/3, 4/5 hasta Nevins St; B, Q/R hasta Dekalb Ave) Integrado en el naciente distrito cultural que rodea el BAM (p. 282), este teatro se inauguró a finales del 2013 en un majestuoso edificio nuevo inspirado en el Cottesloe Theatre de Londres. La programación incluye producciones vanguardistas de Shakespeare, Ibsen y Strindberg, así como otras más recientes de Richard Maxwell y su compañía de teatro New York City Players.

PUPPETWORKS TEATRO DE MARIONETAS

plano p. 448 (☎718-965-3391; www.puppetworks.org; 338 Sixth Ave con 4th St, Park Slope; adultos/niños 11/10 US$; 🕒12.30 y 14.30 sa y do; 👪; [S]F, G hasta 7th Ave) En un pequeño teatro de Park Slope, esta entidad sin ánimo de lucro ofrece unos deliciosos espectáculos de marionetas. Hay adaptaciones de clásicos como *La bella y la bestia, Ricitos de oro y los tres osos* y, por supuesto, *Pinocho*. Suelen tener lugar los sábados y domingos a las 12.30 y 14.30. Véanse horarios en la web.

MUSIC HALL OF WILLIAMSBURG MÚSICA EN DIRECTO

plano p. 44 (☎718-486-5400; www.musichallofwilliamsburg.com; 66 N 6th St, entre Wythe Ave y Kent Ave, Williamsburg; entradas 15-40 US$; [S]L hasta Bedford Ave) Esta concurrida sala musical de Williamsburg, donde han tocado desde They Might Be Giants a Kendrick Lamar, es el lugar por excelencia para escuchar a grupos *indie* en Brooklyn. Muchos músicos de gira por Nueva York actúan solo en este lugar. El ambiente es íntimo (aforo 550) y la programación es casi diaria y de gran calidad.

WARSAW MÚSICA EN DIRECTO

plano p. 444 (☎718-387-5252; www.warsawconcerts.com; 261 Driggs Ave, Polish National Home con Eckford St, Greenpoint; 🚌B43 hasta Graham/Driggs Aves, [S]G hasta Nassau Ave; L hasta Bedford Ave) Este próspero y clásico local de Brooklyn en el Polish National Home ofrece un marco de lujo en el antiguo salón de baile para grupos que abarcan desde los venerados *indie* Dead Milkmen hasta leyendas del *funk* como George Clinton. Las camareras polacas sirven *pierogi,* bocadillos de *kielbasa* y cervezas bajo las bolas de discoteca.

KNITTING FACTORY MÚSICA EN DIRECTO

plano p. 444 (☎347-529-6696; http://bk.knittingfactory.com; 361 Metropolitan Ave con Havemeyer St, Williamsburg; entradas 10-30 US$; [S]L hasta Lorimer St; G hasta Metropolitan Ave) Esta sala que durante mucho tiempo fue un bastión de la música folk, *indie* y experimental en Nueva York, es el lugar por excelencia para escuchar de todo, desde *jazz* cósmico hasta *rock*. El escenario es pequeño e íntimo. Hay un bar separado con una ventana insonorizada con vistas al escenario.

BARGEMUSIC MÚSICA CLÁSICA

plano p. 451 (☎718-624-4924; www.bargemusic.org; Fulton Ferry Landing, Brooklyn Heights; entradas adultos/estudiantes 40/20 US$; 👪; [S]A/C hasta High St) Los conciertos de música de cámara que se ofrecen en esta barcaza de 1899 convertida en cafetería y con 125 plazas son veladas únicas e íntimas con preciosas vistas del río East y Manhattan. Durante casi 40 años ha sido un local muy apreciado. Muchos sábados a las 16.00 hay conciertos familiares gratuitos.

BARCLAYS CENTER — ESPECTÁCULOS DEPORTIVOS, SALA DE CONCIERTOS

plano p. 448 (☎917-618-6100; www.barclayscenter.com; Flatbush Ave esq. Atlantic Ave, Prospect Heights; [S]B/D, N/Q/R, 2/3, 4/5 hasta Atlantic Ave-Barclays Ctr) Aunque los Dodgers todavía juegan al béisbol en Los Ángeles, los **Brooklyn Nets** de la NBA (antes eran los New Jersey Nets, pero hoy no levantan cabeza) lo hacen en este vanguardista estadio inaugurado en el 2012. Aparte del baloncesto, el Barclays también acoge conciertos importantes y grandes espectáculos, como Bruce Springsteen, Justin Bieber, Barbra Streisand, Cirque de Soleil, Disney on Ice...

DE COMPRAS

Brooklyn Heights, Downtown Brooklyn y Dumbo

POWERHOUSE @ THE ARCHWAY — LIBROS

plano p. 451 (☎718-666-3049; www.powerhousebooks.com; 28 Adams St esq. Water St, Dumbo; 🕐11.00-19.00 lu-vi, desde 10.00 sa, 11.00-18.00 do; 📶; [S]A/C hasta High St; F hasta York St) Powerhouse Books, pieza clave en el panorama cultural de Dumbo, acoge exposiciones de arte, presentaciones de libros y actos peculiares y creativos en este nuevo y extenso local bajo el puente de Manhattan. También hay libros fascinantes sobre arte urbano, fotografía y cultura pop, todos editados por la editorial homónima.

MODERN ANTHOLOGY — ROPA

plano p. 451 (☎718-522-3020; www.modernanthology.com; 68 Jay St, entre Water St y Front St, Dumbo; 🕐11.00-19.00 lu-sa, 12.00-18.00 do; [S]F hasta York St; A/C hasta High St) Modern Anthology atrae al hombre urbano, duro y con dinero. Destacan sus elegantes pero varoniles bolsos de cuero, abrebotellas de bronce en forma de cabezas de animales, mantas de lana Pendleton, botas de cuero, suaves camisas de algodón y vaqueros oscuros que sientan muy bien.

FULTON MALL — CENTRO COMERCIAL

plano p. 451 (Fulton St, desde Boerum Pl hasta Flatbush Ave, Downtown Brooklyn; [S]A/C, F, R hasta Jay St-Metrotech; B, Q/R hasta DeKalb Ave; 2/3, 4/5 hasta Nevins St) Este veterano centro comercial al aire libre tiene de todo, desde grandes almacenes como Macy's hasta tiendas locales predilectas como Dr Jay's. Últimamente ha incorporado marcas como H&M, Banana Republic y Nordstrom Rack, de modo que es un lugar de visita obligada para dar brillo a la tarjeta de crédito durante la estancia en Brooklyn.

SAHADI'S — COMIDA

plano p. 451 (☎718-624-4550; www.sahadis.com; 187 Atlantic Ave, entre Court St y Clinton St, Brooklyn Heights; 🕐9.00-19.00 lu-sa; [S]2/3, 4/5 hasta Borough Hall) El aroma a café y especias recién tostadas le saluda a uno al entrar en esta apreciada tienda de productos selectos de Oriente Medio: aceitunas, panes, quesos, frutos secos y *hummus*. Es un sitio genial para comprar un pícnic e ir al Brooklyn Bridge Park (p. 253).

Boerum Hill, Cobble Hill, Carroll Gardens y Red Hook

BLACK GOLD RECORDS — MÚSICA

plano p. 446 (☎347-227-8227; www.blackgolbrooklyn.com; 461 Court St, entre 4th Pl y Luquer St, Carroll Gardens; 🕐7.00-20.00 lu-vi, 8.00-21.00 sa, hasta 19.00 do; [S]F, G hasta Smith-9th Sts) Discos, café, antigüedades y taxidermia esperan al cliente en este pequeño local incorporado a la oferta siempre creciente de Court St, en Carroll Gardens. Hay un tocadiscos para probar los vinilos, que van desde John Coltrane a Ozzy Osbourne, y se puede tomar una buena taza de café, molido y preparado de forma individual.

TWISTED LILY — PERFUME, COSMÉTICOS

plano p. 446 (☎347-529-4681; www.twistedlily.com; 360 Atlantic Ave, entre Bond St y Hoyt St, Boerum Hill; 🕐12.00-19.00 ma-do; [S]F, G hasta Hoyt-Schermerhorn) De esta tienda especializada en aromas de todo el mundo, uno sale oliendo a rosas. Vende perfumes y velas perfumadas. El amable personal ayuda a elegir según las preferencias olfativas de cada cual. También tienen productos exclusivos para el cuidado de la piel, el pelo y el aseo masculino.

BROOKLYN STRATEGIST — JUEGOS

plano p. 446 (☎718-576-3035; www.thebrooklynstrategist.com; 333 Court St, entre Sackett St y Union St, Carroll Gardens; 🕐11.00-23.00; 👪; [S]F, G hasta Carroll St) Esta tienda social tiene jue-

MERCADOS DE BROOKLYN

Cuando se acerca el fin de semana, la gente de Brooklyn se echa a las calles para revolver en las rebajas y mercadillos. He aquí varios sitios donde descubrir cosas originales:

Brooklyn Flea (plano p. 451; www.brooklynflea.com; 80 Pearl St, Manhattan Bridge Archway, Anchorage Pl con Water St, Dumbo; ☺10.00-18.00 do abr-oct; 🚼; 🚌B67 hasta York/Jay Sts, 🚇F hasta York St) Los domingos de abril a noviembre, un centenar de puestos ambulantes venden sus artículos debajo del gran arco del puente de Manhattan. Hay antigüedades, discos, ropa *vintage*, artesanía, joyas, etc., y a menudo también algunos puestos de comida. (SoHo acoge un mercadillo cubierto más pequeño los sábados y domingos).

Artists & Fleas (p. 287) Concurrido mercado de artistas, diseñadores y ropa de segunda mano que funciona en Williamsburg desde 2003; hay una excelente selección de artesanía.

Grand Army Plaza Greenmarket (plano p. 448; www.grownyc.org; Prospect Park W y Flatbush Ave, Grand Army Plaza, Prospect Park; ☺8.00-16.00 sa todo el año; 🚇2/3 hasta Grand Army Plaza) Greenmarket que abre los sábados de todo el año y es ideal para improvisar un pícnic antes de ir al Prospect Park.

Greenmarkets de barrio Todo el año hay Greenmarkets en **Brooklyn Borough Hall** (Downtown Brooklyn; 🚇2/3, 4/5 hasta Borough Hall) (ma), **Carroll Park** (Carroll Gardens; 🚇F, G hasta Carroll St) (do) y **Fort Greene Park** (Fort Greene; 🚇B, Q/R hasta DeKalb Ave) (sa). Véanse otros en www.grownyc.org.

gos para todos los gustos, desde *Los colonos de Catán* a damas. Además de la gran selección en venta, se puede jugar durante 4 h a cualquiera de los varios centenares de juegos de su enorme ludoteca (10 US$/persona). La noche del martes hay partidas abiertas de ajedrez y de juegos de mesa. Se puede tomar algo en la pequeña cafetería. Un buen sitio para un día lluvioso.

🏠 Fort Greene, Clinton Hill y Bed-Stuy

GREENLIGHT BOOKSTORE · LIBROS

plano p. 446 (📞718-246-0200; www.greenlightbookstore.com; 686 Fulton St con S Portland Ave, Fort Greene; ☺10.00-22.00; 🚇C hasta Lafayette Ave; B/D, N/Q/R, 2/3, 4/5 hasta Atlantic Ave-Barclays Ctr) Librería independiente que ha sido un referente en el barrio durante más de ocho años. ¿Cómo consigue sobrevivir en la era de Amazon? Con unos empleados amables y amantes de los libros, una gran selección de títulos infantiles y de escritores locales, y un calendario de actos lleno de charlas y lecturas interesantes. También tiene una buena selección de libros sobre Brooklyn y Nueva York.

🏠 Park Slope, Gowanus y Sunset Park

BEACON'S CLOSET · VINTAGE

plano p. 448 (📞718-230-1630; www.beaconscloset.com; 92 Fifth Ave esq. Warren St, Park Slope; ☺12.00-21.00 lu-vi, 11.00-20.00 sa y do; 🚇2/3 hasta Bergen St; B, Q hasta 7th Ave) Excelente tienda de segunda mano repleta de zapatos, joyas y vistosos tesoros *vintage*. Tiene un local mucho mayor en Greenpoint (p. 287) y otro en Bushwick (p. 155).

BROOKLYN SUPERHERO SUPPLY CO · REGALOS Y RECUERDOS

plano p. 448 (📞718-499-9884; www.superherosupplies.com; 372 Fifth Ave, entre 5th St y 6th St, Park Slope; ☺11.00-17.00; 🚼; 🚇F, G, R hasta 4th Ave-9th St) Esta divertida tienda vende capas, máscaras, cinturones de herramientas, gafas de invisibilidad, cubos de antimateria y otros artículos esenciales para los aprendices de superhéroe. Todas las ventas sirven para apoyar la 826NYC, una organización no lucrativa que ayuda a los estudiantes a mejorar su escritura y alfabetización (la zona donde se dan las clases está escondida detrás de una estantería).

INDUSTRY CITY MENAJE, COMIDA Y BEBIDA

plano p. 448 (☎718-965-6450; www.industrycity.com; 220 36th St, entre Second Ave y Third Ave, Sunset Park; 📶; [S]D, N/R hasta 36th St) Conjunto de almacenes industriales que en pocos años se ha convertido en un activo centro de oficinas, comercios y arte. Durante el día se pueden visitar galerías, comprar muebles y accesorios y comer en alguno de los restaurantes o cafeterías. Por la noche suele haber actos en el ultramoderno patio interior iluminado con unas bonitas ristras de luces.

Williamsburg, Greenpoint y Bushwick

★ARTISTS & FLEAS MERCADO

plano p. 444 (www.artistsandfleas.com; 70 N 7th St, entre Wythe Ave y Kent Ave, Williamsburg; 🕒10.00-19.00 sa y do; [S]L hasta Bedford Ave) Este popular mercadillo de Williamsburg con más de una década de vida, posee una excelente selección de maravillas artesanas. Más de un centenar de artistas, diseñadores y vendedores ambulantes ofrecen productos como ropa, discos, cuadros, fotografías, sombreros, joyas, camisetas exclusivas, bolsas de lona, etc. Manhattan cuenta con dos ubicaciones, más pequeñas pero que abren a diario: una en SoHo y la otra dentro del Chelsea Market (p. 130).

QUIMBY'S BOOKSTORE NYC LIBROS

plano p. 444 (☎718-384-1215; www.quimbysnyc.com; 536 Metropolitan Ave, entre Union Ave y Lorimer St, Williamsburg; [S]L hasta Lorimer St; G hasta Metropolitan Ave) Esta nueva sucursal de la prestigiosa librería independiente de Chicago es un tesoro de publicaciones alternativas de muchos temas interesantes, como la música *punk*, el cine y el ocultismo. También vende centenares de fanzines de todo el mundo y algunos animales disecados. Cada semana organiza lecturas y exposiciones de fotografía.

CATBIRD JOYERÍA

plano p. 444 (☎718-599-3457; www.catbirdnyc.com; 219 Bedford Ave, entre N 4th St y 5th St, Williamsburg; 🕒12.00-20.00 lu-vi, 11.00-19.00 sa, 12.00-18.00 do; [S]L hasta Bedford Ave) 🌿 Todavía en la brecha después de 14 años en Williamsburg, esta joyería vende piezas propias hechas en un taller a unas manzanas de distancia y joyas de fabricantes independientes de todo el mundo. Todo es de plata fina u oro macizo, y las piedras utilizadas son auténticas y libres de conflictos. Su especialidad son los anillos, sobre todo los coleccionables y de compromiso.

DESERT ISLAND COMICS LIBROS

plano p. 444 (www.desertislandbrooklyn.com; 540 Metropolitan Ave, entre Union Ave y Lorimer St, Williamsburg; 🕒14.00-19.00 lu, 12.00-21.00 ma-sa, hasta 19.00 do; [S]L hasta Lorimer St; G hasta Metropolitan Ave) Excelente tienda independiente de cómics en una antigua panadería de Williamsburg. Vende cómics, novelas gráficas, *fanzines* locales, grabados y tarjetas. También vende grabados originales y litografías de artistas como Adrian Tomine y Peter Bagge. La buena música sale del tocadiscos del fondo.

BEACON'S CLOSET VINTAGE

plano p. 444 (☎718-486-0816; www.beaconscloset.com; 74 Guernsey St, entre Nassau Ave y Norman Ave, Greenpoint; 🕒11.00-20.00; [S]L hasta Bedford Ave; G hasta Nassau Ave) Para los veinteañeros enterados, este enorme almacén de 510 m² lleno de ropa vieja es mitad mina de oro y mitad vulgaridad. Hay tantos abrigos, tops de poliéster y camisetas de los noventa que, a pesar de estar agrupados por colores, uno tarda siglos en verlos todos. También hay zapatos de todo tipo, camisas de franela, sombreros, bolsos, joyas grandes y gafas de sol llamativas. Tiene otros locales en **Bushwick** (plano p. 444; ☎718-417-5683; 23 Bogart St, entre Varet St y Cook St; 🕒11.00-20.00; [S]L hasta Morgan Ave) y Park Slope (p. 286).

A&G MERCH MENAJE

plano p. 444 (☎718-388-1779; www.aandgmerch.com; 111 N 6th St, entre Berry St y Wythe St, Williamsburg; 🕒11.00-19.00; [S]L hasta Bedford Ave) Tienda digna de verse que mezcla extravagancia y elegancia en sus platos antiguos decorados con cabezas de animales, cestos de mimbre rústicos, sujetalibros de hierro fundido, candelabros de plata en forma de ramas, lámparas de mesa de latón de estilo industrial y otros artículos para dar a la casa el toque rústico y artístico típico de Brooklyn.

SPOONBILL & SUGARTOWN LIBROS

plano p. 444 (☎718-387-7322; www.spoonbillbooks.com; 218 Bedford Ave, entre N 5th St y N 4th St, Williamsburg; 🕒10.00-22.00; [S]L hasta Bedford Ave) La librería favorita de Williamsburg posee una curiosa selección de libros ilustrados de gran formato y de arte, periódicos culturales, libros usados y raros, y obras de producción local que no se encuentran en ningún otro sitio. En la web anuncian las próximas lecturas y presentaciones.

DEPORTES Y ACTIVIDADES

BROOKLYN BOULDERS ESCALADA

plano p. 448 (☎347-834-9066; www.brooklynboulders.com; 575 Degraw St con Third Ave, Gowanus; pase diario 32 US$, alquiler de zapatos y arnés 12 US$; ⏰7.00-24.00 lu-vi, hasta 22.00 sa y do; [S]R hasta Union St) El mayor centro de escalada en interiores de Brooklyn ocupa un espacio amplio y dinámico en una nave industrial de Gowanus. Tiene una superficie de 1670 m² y techos de hasta 9 m, con numerosas rutas para principiantes y expertos en cuevas y paredes de escalada de 5 m, y salientes de 15, 30 y 45 grados. También dan clases.

BROOKLYN BRAINERY SENDERISMO

plano p. 448 (☎347-292-7246; www.brooklynbrainery.com; 190 Underhill Ave, entre Sterling Pl y St Johns Pl, Prospect Heights; [S]2/3 hasta Grand Army Plaza) Esta propuesta educativa ofrece charlas nocturnas y cursos prácticos sobre muchos temas, desde la historia del lavabo hasta la elaboración de bálsamo labial. También ofrece paseos guiados a lugares poco habituales como el cementerio de Green-Wood (p. 259) o el canal de Gowanus, a menudo sobre temas como historia local, arquitectura o ecología.

RED HOOK BOATERS KAYAK

plano p. 438 (www.redhookboaters.org; Louis Valentino Jr Park esq. Coffey St y Ferris St, Red Hook; ⏰13.00-16.00 do jun-sep y 18.00-20.00 ju med jun-med-ago; 🚌B61 hasta Coffey St, [S]F, G hasta Smith-9th Sts then) [GRATIS] Este embarcadero de Red Hook ofrece kayaks gratis en el pequeño embalse del Louis Valentino Jr Park. Desde el agua se tienen fabulosas vistas de Lower Manhattan y la Estatua de la Libertad. Antes de ir conviene consultar el horario en la web.

BROOKLYN BOWL BOLERA

plano p. 444 (☎718-963-3369; www.brooklynbowl.com; 61 Wythe Ave, entre N 11th St y N 12th St, Williamsburg; alquiler callejón 30 min 25 US$, alquiler zapatos 5 US$; ⏰18.00-2.00 lu-vi, desde 11.00 sa y do; 👪; [S]L hasta Bedford Ave; G hasta Nassau Ave) Una bolera increíble alojada en los 2140 m² de la antigua Hecla Iron Works Company, empresa que realizó los detalles decorativos de varios edificios emblemáticos de Nueva York a principios del s. xx. Hay 16 pistas rodeadas de cómodos sofás y paredes de ladrillo. También celebra conciertos (p. 282) durante toda la semana, y siempre hay buena comida a mano.

El "Family Bowl" es para todas las edades (sa 11.00-17.00 y do hasta 18.00), y la sesión nocturna, tan solo para mayores de 21 años.

AREA YOGA & SPA YOGA, SPA

plano p. 446 (☎718-797-3699; www.areayogabrooklyn.com; 389 Court St, entre 1st y 2nd Pl, Carroll Gardens; clases 18 US$, alquiler esterilla 2 US$; ⏰clases 7.00-20.30 lu-ju, hasta 19.30 vi, 8.30-18.00 sa, 8.00-18.00 do; [S]F, G hasta Carroll St) Ofrece diversidad de clases en sus locales de Cobble Hill, Brooklyn Heights y Park Slope. En algunos también hay masajes de tejido profundo y sauna de infrarrojos.

ON THE MOVE CICLISMO

plano p. 440 (☎718-768-4998; www.onthemovenyc.com; 219 9th St, entre Third Ave y Fourth Ave, Gowanus; alquiler de bicicletas incl. casco 35 US$/día; ⏰10.00-18.00; [S]F, G, R hasta 4th Ave-9th St) A poco menos de 1,5 km al oeste de Prospect Park (p. 254), esta tienda alquila y vende toda clase de bicicletas y equipos. A veces cierra cuando hace mal tiempo, de modo que conviene llamar antes de ir.

Queens

LONG ISLAND CITY | ASTORIA | JACKSON HEIGHTS | FLUSHING Y CORONA | ELMHURST | WOODSIDE

Lo mejor

1 **MoMA PS1** (p. 291) Visitar la segunda sede del MoMA al otro lado del río. Este eje cultural ofrece arte de primera, conferencias, *performances* y fiestas veraniegas electrizantes.

2 **Museum of the Moving Image** (p. 294) Recuperar los mejores momentos del cine y la television en el homenaje contemporáneo de Astoria a la gran pantalla (y a la pequeña).

3 **Rockaways** (p. 295) Llegar a la orilla del mar en metro (o mejor aún, en ferri) para hacer surf, comer en los restaurantes de la costa y disfrutar de kilómetros de playas deslumbrantes.

4 **Roosevelt Avenue** (p. 301) Emprender un recorrido de tapas a través de América Latina a bordo de las gastronetas de esta avenida multicultural.

5 **Flushing** (p. 294) Vivir la vida callejera de Asia y darse un festín de fideos y empanadillas chinas, entre otros platos.

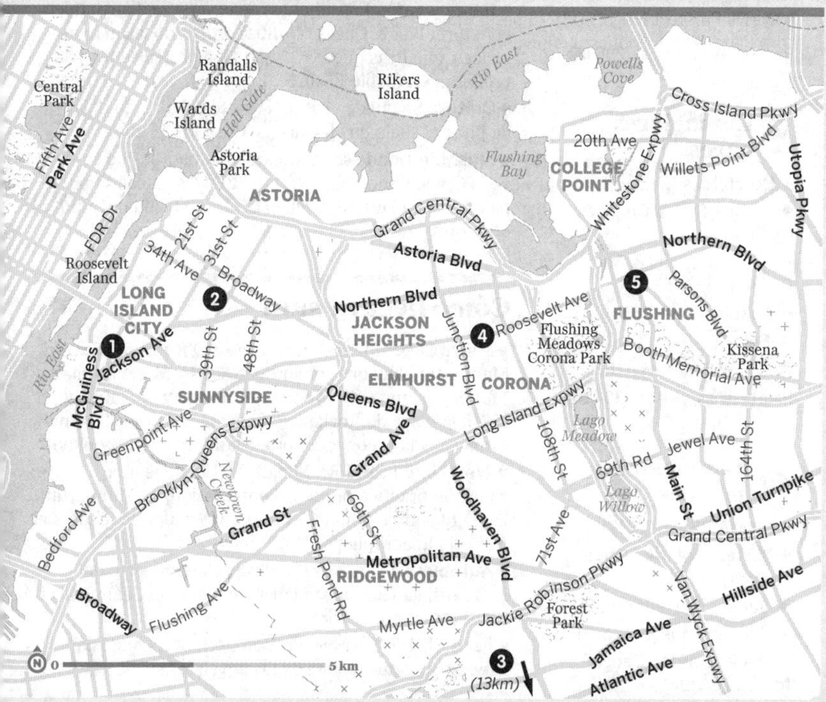

Para más detalles sobre esta zona, véanse planos pp. 453 y 454

Consejo de Lonely Planet

Visitar el **Fisher Landau Center for Art** (p. 293) para ver arte moderno sin multitudes. Lo alberga una antigua fábrica de arneses de paracaídas, en Long Island, y destaca por su estelar colección de pintura, fotografía, escultura e instalaciones, desde la década de 1960 hasta la actualidad. Las exposiciones temporales incluyen obras de artistas de primera línea como Robert Rauschenberg, Cy Twombly y Jasper Johns.

Los mejores restaurantes

- Bahari (p. 300)
- Mombar (p. 300)
- Casa Enrique (p. 300)
- Taverna Kyclades (p. 300)
- Tortilleria Nixtamal (p. 302)

Para reseñas, véase p. 296 ➡

Los mejores bares

- Dutch Kills (p. 304)
- Astoria Bier & Cheese (p. 304)
- Bohemian Hall & Beer Garden (p. 304)
- Anable Basin Sailing Bar & Grill (p. 304)
- The COOP (p. 304)

Para reseñas, véase p. 304 ➡

Los mejores museos

- MoMA PS1 (p. 291)
- Museum of the Moving Image (p. 294)
- Queens Museum (p. 296)
- Noguchi Museum (p. 293)
- Fisher Landau Center for Art (p. 293)

Para reseñas, véase p. 291 ➡

Explorar Queens

De los cinco distritos de la ciudad, Queens es el más grande y el segundo más poblado. ¿Por dónde empezar?

Si no es martes o miércoles (cuando casi todas las galerías cierran), se puede pasar un día en Long Island, sede de los centros de arte contemporáneo MoMA PS1 (p. 291), SculptureCenter (p. 293) y el Fisher Landau Center for Art (p. 293). Se puede contemplar la puesta de sol desde el Gantry Plaza State Park (p. 293) y tomar algo en el vecino Vernon Blvd.

También es buena idea dedicar uno o dos días a recorrer Astoria, probando restaurantes diferentes, cervezas locales y visitando el Museum of the Moving Image (p. 294). En verano se impone ver cine al aire libre en el Socrates Sculpture Park (p. 293).

El ambiente asiático de Flushing (con el mayor Chinatown de NYC) también merece un día entero. Si se dispone de poco tiempo, conviene pasar la mañana en Main St y Roosevelt Ave, y después visitar el vecino Corona para ir al Queens Museum (p. 296) o a ver la casa de Louis Armstrong (p. 294) o el New York Hall of Science (p. 296) para los niños.

Vida local

➡ **Bares y cafés** Los amantes de la cerveza disfrutan en el Astoria Bier & Cheese (p. 304) probando las marcas locales, mientras que los *hipsters* sin pretensiones prefieren el Anable Basin Sailing Bar & Grill (p. 304).

➡ **Cultura** Se puede visitar NY desde el aire sin dejar de pisar el suelo en el Queens Museum (p. 296).

➡ **Flushing** Donde se saborean empanadillas de cordero en el Golden Shopping Mall (p. 302) o se incendian los paladares en Hunan Kitchen of Grand Sichuan (p. 302) o Fu Run (p. 302).

Cómo llegar y salir

➡ **Metro** Doce líneas dan servicio a Queens. Desde Manhattan, hay que tomar las N/Q/R y M a Astoria, la 7 a Long Island City, Woodside, Corona y Flushing, y la A a la playa de Rockaway. Las líneas E, J y Z llegan a Jamaica, y la G conecta Long Island City con Brooklyn.

➡ **Tren** Long Island Rail Road (LIRR) tiene una conexión práctica desde la Penn Station, en Manhattan, hasta Flushing. También va a Jamaica, donde se toma el AirTrain al aeropuerto JFK.

➡ **Autobús** La ruta M60 va desde el aeropuerto de LaGuardia a Harlem y a la Universidad de Columbia, en Manhattan, por Astoria.

➡ **Ferri** El NYC Ferry va de East 34th St a Long Island City, para seguir hacia isla Roosevelt y Astoria.

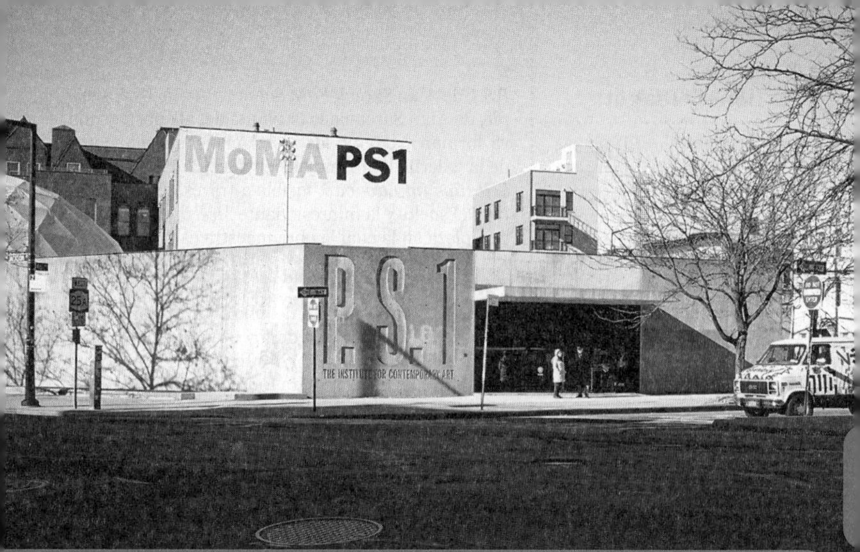

PRINCIPALES PUNTOS DE INTERÉS
MOMA PS1

El moderno hermano pequeño del MoMA apuesta por el arte más actual y lo expone en la sede de una antigua escuela. El visitante no verá estanques de nenúfares con marcos dorados, sino vídeos a través de tarimas, y debatirá sobre el significado de las estructuras variables mientras contempla un agujero en una pared. Nada es predecible, y lo mejor es que el acceso es gratis con la entrada del MoMa.

Arquitectura

Construido en estilo neorrenacentista a principios de la década de 1890, el edificio del MoMA PS1 albergó la primera escuela de Long Island City hasta que la escasa asistencia obligó a cerrarla en 1963. Unas galardonadas obras de restauración que duraron tres años, dirigidas por el arquitecto de Los Ángeles Frederick Fisher en los años noventa, añadieron las galerías exteriores del edificio y la escalera principal.

Raíces, radicalidades y clásicos del PS1

El PS1 nació en los años setenta, la época de Dia, Artists' Space y del New Museum; proyectos de nueva generación dedicados a mostrar el próspero panorama del arte experimental y multimedia de la ciudad. En 1976, Alanna Heiss –defensora del arte en espacios alternativos– tomó posesión de una escuela abandonada en Queens e invitó a artistas como Richard Serra, James Turrell y Keith Sonnier a crear obras específicas para aquel espacio. El resultado final fue la exposición inaugural del PS1, *Rooms,* de la que se conservan obras como *Blps,* de Richard Artschwager, *The Hole at*

INDISPENSABLE

- ➡ Exposiciones temporales y de larga duración
- ➡ Fiestas Warm Up de verano
- ➡ Las Sunday Sessions

DATOS PRÁCTICOS

- ➡ plano p. 454, B5
- ➡ ☎718-784-2084
- ➡ www.momaps1.org
- ➡ 22-25 Jackson Ave, Long Island City
- ➡ donativo adultos/niños 10 US$/gratis, gratis con la entrada al MOMA, fiesta Warm Up en línea/ en taquilla 18/22 US$
- ➡ 🕑12.00-18.00 ju-lu, fiestas Warm Up 12.00-21.00 sa jul-ago
- ➡ [S]E, M hasta Court Sq-23rd St; G, 7 hasta Court Sq

UNA PAUSA

M Wells Dinette (p. 296) transforma los ingredientes regionales con un audaz toque franco-canadiense. A unas manzanas del museo, el LIC Market (p. 297) sirve platos americanos creativos.

En internet pueden consultarse de antemano las exposiciones en curso. A veces hay pocas piezas expuestas, sobre todo entre dos exposiciones importantes.

P.S.1, de Alan Saret y *Fifth Solar Chthonic Wall Temple,* de Alan Saret, en la 3ª planta del ala norte y que ya forman parte de las instalaciones permanentes de la galería, lo mismo que el vídeo de Pipilotti Rist *Selbstlos im Lavabad,* visible a través de los agujeros del suelo, y la impresionante *Meeting,* de Turrell, una pieza en la cual la obra maestra es el cielo.

Fiestas Warm Up

Los sábados por la tarde, de julio a principios de septiembre, se celebra uno de los eventos musicales y culturales semanales más interesantes de NY, el Warm Up. Es un éxito para todos los públicos, desde *hipsters* auténticos hasta fans de la música, que llenan el patio del MoMA PS1 para comer, beber y ver en directo a un elenco estelar de bandas, músicos experimentales y DJ. Algunas de las estrellas invitadas han sido la deidad del *acid-house* DJ Pierre y el pionero del *techno* Juan Atkins. Es como una fiesta de barrio, pero con mejor música. El evento va relacionado con el concurso anual YAP (Young Architects Program), por el cual se selecciona a un equipo para que transforme el patio del museo con una gran estructura que brinde sombra y un espacio creativo para la fiesta.

Sunday Sessions

Otro evento cultural son las Sunday Sessions, que tienen lugar los domingos de septiembre a mayo. Ofrecen conferencias, pases de películas, actuaciones musicales e incluso proyectos arquitectónicos; y en ocasiones han incluido humor experimental, *jams* de efectos de sonido y danza latina de autor. Una semana se descubre un debut sinfónico y, a la siguiente, una *performance* arquitectónica de Madrid. El programa se anuncia en la web del MoMA PS1.

Librería

Artbook (p. 306), la librería del MoMA PS1, es ideal para quienes desean estar más informados. Vende catálogos de las exposiciones del MoMA, libros ilustrados de gran formato, obras sobre teoría del arte y títulos descatalogados. También se hallarán libros sobre cultura contemporánea, cine y espectáculos, publicaciones de arte, arquitectura y diseño, revistas, CD y nuevos medios. En la web se anuncian las lecturas y actos alrededor de las exposiciones.

PUNTOS DE INTERÉS

La web del Queens Tourism Council (www.itsinqueens.com) ofrece información sobre eventos y atracciones, y el Queens Council on the Arts (www.queens councilarts.org) promueve el arte en el barrio. El profesor de geografía urbana del Hunter College, Jack Eichenbaum, organiza curiosos circuitos a pie (p. 306) por los barrios étnicos de Queens, incluido un recorrido de un día entero moviéndose con la línea 7 del metro.

Long Island City

A pesar de hallarse a solo 10 min de Midtown en el tren 7, el barrio de Long Island City permaneció décadas olvidado y poco desarrollado. Tras muchos años de experimentar un modesto auge, sigue al borde de la modernidad. Varios museos de arte vanguardistas y edificios industriales reconvertidos le dan el típico ambiente de un barrio moderno de Nueva York que acaba de superar la fase inicial. Long Island City goza de vistas magníficas, sobre todo desde el Gantry Plaza State Park a orillas del río.

Se puede llegar con el G hasta 21st St o el New York City Ferry.

MOMA PS1 GALERÍA
Véase p. 291.

★FISHER LANDAU CENTER FOR ART MUSEO
plano p. 454 (www.flcart.org; 38-27 30th St, Long Island City; 12.00-17.00 ju-lu; [S]N/Q hasta 39th Ave) [GRATIS] Sorprende lo poco visitado que está, a pesar del calibre de las obras que expone. Cy Twombly, Jenny Holzer, Agnes Martin y cualquier otro nombre con peso en el arte durante los últimos 50 años tiene obra expuesta en esta fábrica reconvertida. Codiseñado por el malogrado arquitecto británico Max Gordon (diseñador de la Saatchi Gallery de Londres), el espacio también alberga, cada mes de mayo, la exposición de las tesis MFA de la Escuela de Artes Visuales de la Universidad de Columbia, reputado evento de artistas emergentes.

NOGUCHI MUSEUM MUSEO
plano p. 454 (www.noguchi.org; 9-01 33rd Rd, Long Island City; adultos/niños 10 US$/gratis, con donativo 1er vi del mes; 10.00-17.00 mi-vi, 11.00-18.00 sa y do; [S]N/Q hasta Broadway) El edificio y las obras de arte son trabajos del escultor, diseñador de muebles y paisajista japonés-estadounidense Isamu Noguchi, famoso por sus simbólicas lámparas y mesitas de café, y sus elegantes esculturas abstractas de piedra. Todo se expone en serenas galerías de hormigón y en un jardín de rocas minimalista: una visión estética completa y un oasis de calma. Para comprender mejor la obra de Noguchi se recomienda empezar por la galería de arriba y ver el breve documental sobre su vida.

El edificio era una planta de fotograbado situada frente al estudio de Noguchi. También cuenta con un pequeño café y una tienda de regalos que vende las lámparas y los muebles diseñados por el artista, además de una breve selección de objetos de diseño de mediados del s. xx.

SCULPTURECENTER GALERÍA
plano p. 454 (☎718-361-1750; www.sculpture-center.org; 44-19 Purves St, Long Island City; donativo 5 US$; 11.00-18.00 ju-lu; [S]7 hasta 45th Rd-Court House Sq; E, M hasta 23rd St-Ely Ave; G hasta Long Island City-Court Sq) Está en una calle sin salida, ocupando un antiguo taller de reparación de trolebuses. Recuerda a Berlín por su arte avanzado y su trasfondo industrial. La galería principal, parecida a un hangar, y el cavernoso sótano albergan obras de artistas consagrados y emergentes. Es un buen complemento al vecino MoMA PS1 (p. 291).

SOCRATES SCULPTURE PARK PARQUE
plano p. 454 (www.socratessculpturepark.org; 32-01 Vernon Blvd, Long Island City; 9.00-anochecer; [S]N/W hasta Broadway) [GRATIS] Creado por el escultor Mark di Suvero en un vertedero abandonado, es un parque municipal junto al río con bonitas vistas e instalaciones temporales. Interesa visitarlo durante los eventos gratuitos, como las clases de yoga de los fines de semana (med may-ppios sep) y las noches de cine de los miércoles (jul y ago).

GANTRY PLAZA STATE PARK PARQUE ESTATAL
plano p. 454 (☎718-786-6385; www.nysparks.com/parks/149; 4-09 47th Rd, Long Island City; [S]7 hasta Vernon Blvd-Jackson Ave) Este parque ribereño de unas 10 Ha, frente a la ONU, al otro lado del río, ofrece preciosas vistas del perfil urbano de Manhattan. Está diseñado con gusto y atrae a una amplia variedad de familias de Queens. Las grúas restauradas, en servicio desde 1967, son un recuerdo del

pasado de la zona como muelle de carga de contenedores y barcazas. El gigantesco rótulo de Pepsi-Cola de 1936, en el extremo norte, es un icono de Long Island. Antaño remataba una planta embotelladora de Pepsi cercana, hoy derribada. También es un sitio idóneo para tomar los ferris hacia E 34th St, o a la isla Roosevelt y Astoria.

THE KAUFMAN ARTS
DISTRICT   CENTRO ARTÍSTICO

plano p. 454 (www.kaufmanartsdistrict.com; 34-12 36th St; S tren M o R hasta Steinway St; N o tren Q hasta 36th St) Este prometedor distrito artístico centrado en los legendarios estudios Kaufman de Long Island City debería visitarse para poder decir que se conoció antes de que se convirtiese en el nuevo Chelsea. Además de instituciones como el Noguchi Museum, el centro también lleva a cabo actividades e instala obras de arte público en la zona. Hay muchos restaurantes y bares para intercalar entre las visitas a los museos.

◉ Astoria

Cuna de la mayor comunidad griega del mundo fuera de Grecia, es el sitio más obvio para encontrar panaderías griegas, restaurantes y tiendas *gourmet,* sobre todo en Broadway. La afluencia de inmigrantes de Europa del Este, Oriente Medio y Latinoamérica y, por supuesto, de jóvenes artistas (sobre todo aspirantes a actor), ha creado una mezcla rica y diversa. Vestigio de los comienzos de la industria del cine, nacida en Astoria en los años veinte, el American Museum of the Moving Image muestra algunos de los misterios de tal arte, con exposiciones y sorprendentes pases en su cine recién reformado.

★MUSEUM OF
THE MOVING IMAGE   MUSEO

plano p. 454 (☎718-777-6888; www.movingimage.us; 36-01 35th Ave, Astoria; adultos/niños 15/7 US$, gratis 16.00-20.00 vi; ☺10.30-14.00 mi y ju, hasta 20.00 vi, 11.30-19.00 sa y do; S M, R hasta Steinway St) Este magnífico recinto es uno de los mejores museos de cine, televisión y vídeo del mundo. Sus galerías exponen una colección de más de 130 000 piezas, incluida la peluca que Elizabeth Taylor usó en *Cleopatra,* casi todo lo relacionado con la serie *Seinfield* y una sala entera dedicada a las máquinas recreativas de videojuegos. Las exposiciones interactivas muestran la ciencia más allá del arte. También se pueden editar escenas de un filme (y doblar "Esto no es Kansas, Totó", de *El mago de Oz*), o dejarse llevar por la nostalgia con televisores y cámaras antiguas. Las exposiciones temporales suelen ser geniales, así como los pases de películas. Más información en la web.

GREATER ASTORIA
HISTORICAL SOCIETY   MUSEO

plano p. 454 (☎718-278-0700; www.astorialic.org; 35-20 Broadway, 4º piso, Astoria; ☺14.00-17.00 lu y mi, 12.00-17.00 sa; S N/Q hasta Broadway, M, R hasta Steinway) Espacio comunitario creado por amor al arte para ver la Astoria de los viejos tiempos. Siempre hay alguna exposición dedicada al barrio y se organizan conferencias y pases de películas.

◉ Jackson Heights

Este barrio que abarca 50 manzanas desde las calles 70th a 90th entre Roosevelt y 34th, es uno de los más bonitos de Nueva York que pocos neoyorquinos conocen. Hay que visitar Roosevelt Ave, unas verdaderas Naciones Unidas que se apreciarán mejor comiendo en uno o varios de sus restaurantes, entre los que destacan los surasiáticos y los latinoamericanos de todos los países desde la frontera sur de EE UU hasta el extremo de la Patagonia.

Se puede llegar con el tren 7 hasta 74th St-Broadway o el E, F/M, R hasta Roosevelt Ave-Jackson Heights.

◉ Flushing y Corona

La intersección de Main St y Roosevelt Ave, el centro de Flushing, parece la Times Square de una ciudad a años luz de NY. Inmigrantes de toda Asia, sobre todo chinos y coreanos, habitan este barrio de mercados y restaurantes repletos de exquisiteces deliciosas y baratas.

Al sureste está Corona, donde destaca el Flushing Meadows Corona Park (p. 296), creado para acoger la Exposición Mundial de 1939. Además de varios museos dignos de visitarse, el parque también contiene el USTA Billie Jean King National Tennis Center (p. 305) donde en agosto se celebra el Open de EE UU.

LOUIS ARMSTRONG
HOUSE   EDIFICIO RELEVANTE

plano p. 454 (☎718-478-8274; www.louisarmstronghouse.org; 34-56 107th St, Corona; adul-

PLAYA DE ROCKAWAY

Inmortalizada por los Ramones en 1977 con la canción *Rockaway Beach*, la mayor playa urbana de EE UU –y una de las mejores de la ciudad– está a un corto trayecto de 2,75 US$ con el tren A desde Manhattan (o con el ferri, al mismo precio). Menos concurrida que Coney Island y con un ambiente más indómito, la playa de Rockaway es alargada y cuenta con dos centros sociales.

En el extremo oeste se halla **Jacob Riis Park** (☏718-318-4300; www.nyharborparks.org/visit/jari.html; Gateway National Recreation Area, Rockaway Beach Blvd, Queens; ⏱9.00-17.00 Memorial Day-Labor Day; Ｐ🅟; 🚌Q35 y Q22 hasta Jacob Riis Park, ⛴sab, do y festivos desde embarcadero 11 (Wall St) hasta Riis Landing (Rockaway) GRATIS , que forma parte de la Gateway National Recreation Area, de 10 500 Ha, y atrae sobre todo a familias. También alberga las verdes ruinas de Fort Tilden, una antigua instalación militar de la II Guerra Mundial.

En el extremo este, a partir de Beach 108th St empieza la zona de *hipsters*, artistas y comida de proximidad, frente a las playas de surf (en Beach 92nd St y hacia el este). El paseo está lleno de casetas de hormigón que preparan ricos bocados, como rollitos de langosta, ceviche o *pizza hipster*.

Extendiéndose desde las inmediaciones del aeropuerto internacional JFK, el **Jamaica Bay Wildlife Refuge,** salobre y pantanoso, abarca las aguas del norte de las islas barrera de Rockaways. Es uno de los hábitats húmedos de aves migratorias más importantes del litoral oriental y atrae a más de 325 especies de aves en primavera y otoño, que se alimentan de todo tipo de criaturas del mar, como almejas, tortugas, gambas y ostras. Cada temporada llegan visitantes distintos: en primavera se ven carriceros y aves cantoras, y agachadizas americanas a finales de marzo. A mediados de agosto las aves de costa empiezan a emigrar hacia el sur y llegan a este refugio desde Canadá para reponerse antes de seguir hacia México. Otoño es la época en la que los halcones y las rapaces migratorias se ponen en marcha, junto con patos, gansos, mariposas monarca y miles de libélulas. Los ornitólogos y naturalistas suelen apostarse en el estanque oriental, donde se concentra la mayor actividad, aunque a los visitantes ocasionales les gustará más el occidental, más atractivo y mejor cuidado, con un camino circular de 3 km. Conviene llevar calzado apto para el barro, repelente de insectos, protector solar y agua, y evitar la hiedra venenosa.

Para llegar al **centro de visitantes** (☏718-318-4340; www.nyharborparks.org; Cross Bay Blvd, Broad Channel; ⏱caminos amanecer-anochecer, centro de visitantes 9.00-17.00; 🚌Q53 hasta Cross Bay Blvd/Wildlife Refuge, 🚇A/S hasta Broad Channel) GRATIS , hay que salir por la estación Broad Channel, caminar al oeste por Noel Rd hasta Cross Bay Blvd, torcer a la derecha (norte) y andar 1 km; el centro queda al lado izquierdo de la carretera.

Si se necesita un tentempié, **Rippers** (☏718-634-3034; 8601 Shore Front Pkwy; hamburguesa de queso desde 7,50 US$; ⏱11.00-20.00) es un conocido puesto en el paseo marítimo, con hamburguesas jugosas, cervezas espumosas y una clientela festiva, sobre todo los fines de semana, cuando suele haber música en directo.

Unas manzanas tierra adentro, el bohemio **Rockaway Surf Club** (www.rockawaybeachsurfclub.com; 302 Beach 87th St; tacos 3,50 US$, cócteles 9 US$; ⏱12.00-23.00) sirve tacos y cócteles tropicales en una alegre terraza y un bar decorado con tablas de surf.

tos/niños 10/7 US$; ⏱10.00-17.00 ma-vi, 12.00-17.00 sa y do, último circuito 16.00; 🚇7 hasta 103rd St-Corona Plaza) En la cúspide de su carrera y con fama internacional, el mítico trompetista se instaló con su cuarta esposa, Lucille Wilson, bailarina del Cotton Club, en esta moderna casa de Queens donde vivió hasta su muerte en 1971. La guarida de "Satchmo", de la cual estaba muy orgulloso, se ha conservado a la perfección, incluidos los muebles de color turquesa de la cocina, y cuenta con un retrato suyo pintado por Benedetto (Tony Bennett). Las visitas guiadas (40 min) cuentan la historia de Armstrong mediante clips de audio y comentarios interesantes sobre algunos de los objetos relacionados con la gran figura del *jazz*.

En verano hay conciertos en el jardín (las entradas se agotan con mucha antelación).

VIDA DE GRANJA

Está lejos de Manhattan, pero si al viajero le interesa la agricultura urbana –o si los niños necesitan salir del asfalto–, se pueden ver vacas, ovejas y cabras en el tranquilo **Queens County Farm Museum** (☏718-347-3276; www. queensfarm.org; 73-50 Little Neck Pkwy, Floral Park; ☺10.00-17.00; 🚻; 🚇Q46 hasta Little Neck Pkwy) GRATIS, el último tramo de terreno agrícola dentro de la ciudad. Celebra una asamblea anual de tribus de toda América y numerosos eventos de temporada, como una casa embrujada (fin oct).

QUEENS MUSEUM — MUSEO

plano p. 453 (QMA; ☏718-592-9700; www.queens museum.org; Flushing Meadows Corona Park, Queens; donativo adultos/niños 8 US$/gratis; ☺11.00-17.00 mi-do; Ⓢ7 hasta 111th St o Mets-Willets Point) Es uno de los placeres más inesperados de la ciudad. Su instalación más famosa es *Panorama of New York City,* una impresionante maqueta de Nueva York de 868 m², con todos los edificios destacados e iluminación simulada de día y de noche. También cuenta con exposiciones de arte contemporáneo global, que reflejan la diversidad que reina en Queens. Próximamente habrá una fascinante exposición sobre algunos de los diseños más interesantes y vanguardistas de Nueva York que nunca llegaron a realizarse, integrada por dibujos y maquetas en 3D.

Ocupa un edificio construido para la Exposición Universal de 1939 (y antaño sede de la ONU) y expone una fabulosa colección de recuerdos tanto de esta como de la de 1964 (con reproducciones a la venta en la tienda del museo).

FLUSHING MEADOWS
CORONA PARK — PARQUE

plano p. 453 (www.nycgovparks.org/parks/fmcp; Grand Central Pkwy, Corona; Ⓢ7 hasta Mets-Willets Point) GRATIS La mayor atracción del centro de Queens es este parque de 5 km², construido con motivo de la Exposición Universal de 1939 y presidido por el símbolo más famoso del barrio, la escultura de acero inoxidable *Unisphere,* el mayor globo terráqueo del mundo, con 43 m de altura y 345 t de peso. Frente a ella se alza el antiguo edificio New York City, que hoy alberga el fantástico Queens Museum (p. 296). Al sur se alzan tres torres de la época de la Guerra Fría que forman parte del Pabellón del Estado de Nueva York, construido para la Exposición Universal de 1964 (pueden reconocerse como las naves alienígenas de la película *Hombres de negro)*; si se accede al parque por el norte con el tren nº 7 , se ven los mosaicos que Salvador Dalí y Andy Warhol crearon para dicha exposición. Cerca de este punto se hallan también Citi Field (p. 305) y el USTA Billie Jean King National Tennis Center (p. 305). Hacia el oeste, pasando la Grand Central Pkwy, hay más puntos de interés, como el New York Hall of Science. También cuenta con instalaciones, en los lados este y sur. Los excelentes campos de fútbol de Astroturf son muy populares para los partidos de fútbol improvisados, y también existe un campo de *pitch and putt* que se ilumina de noche para los golfistas.

NEW YORK HALL OF SCIENCE — MUSEO

plano p. 453 (☏718-699-0005; www.nysci.org; 47-01 111th St; adultos/niños 16/13 US$, entrada gratis 14.00-17.00 vi y 10.00-11.00 do; ☺9.30-17.00 lu-vi, 10.00-18.00 sa y do; Ⓢ7 hasta 111th St) Museo para cerebritos instalado en un curioso edificio de 1965 con partes de cristal ondulado. El minigolf y el parque infantil del exterior son para todos los públicos.

'UNISPHERE' — MONUMENTO

plano p. 453 (Flushing Meadows Park; Ⓢ7 hasta 111th St o Mets-Willets Point) Diseñado para la Exposición Universal de 1964, este globo terráqueo de acero inoxidable y 12 plantas de altura es el centro del Flushing Meadows Park y el icono de Queens. Hoy probablemente sea más reconocible por la portada del álbum *Licensed to Ill* de los Beastie Boys o por haber aparecido en filmes como *Hombres de negro* o *Iron Man 2*. En verano está rodeado de fuentes; en otras épocas, de aficionados al monopatín.

 DÓNDE COMER

🍴 Long Island City

M WELLS DINETTE — CANADIENSE $

plano p. 454 (☏718-786-1800; www.magasinwells. com; 22-25 Jackson Ave, Long Island City; ppales. 9-14 US$; ☺12.00-18.00 ju-lu; Ⓢ E, M hasta 23rd St-Court Sq, G, 7 Court Sq). Este local de culto ocupa una escuela convertida en museo, el

MoMA PS1 (no hay que pagar la entrada). Unas mesas de estilo escritorio están encaradas a la cocina abierta, donde el jefe de cocina quebequés Hugue Dufour crea una carta que cambia cada semana y va dando saltos por el mundo: p. ej. tortilla de *yakisoba* con salsa de ciruela y copos de bonito.

CYCLO
VIETNAMITA **$**

plano p. 454 (☎718-786-8309; www.cyclolic.com; 5-51 47th Ave, Long Island City; ppales. 9-12 US$; ☺12.00-22.00; 🖉; 🚇7 hasta Vernon Blvd-Jackson Ave) Se halla en un insulso edificio de ladrillo junto a Vernon Blvd, pero posee un comedor acogedor con mesas rústicas: lo justo para disfrutar de sus bocadillos de baguete calientes, crujientes y llenos de ingredientes sabrosos.

Además de *banh mi*, también sirve cuencos calientes de caldo *pho* de cola de buey, ensalada picante de papaya y gambas, y sustanciosos arroces a la cazuela.

SWEETLEAF
CAFÉ **$**

plano p. 454 (☎917-832-6726; http://sweetleafcoffee.com; 10-93 Jackson Ave, Long Island City; ☺7.00-2.00 lu-vi, desde 8.00 sa y do; 🚇 tren G hasta 21st St-Van Alst, tren 7 hasta Vernon Blvd-Jackson Ave) Si el viajero busca un sitio para arrellanarse con una bebida caliente y un buen libro, esta discreta cafetería con un ambiente de estudio y cómodas butacas y sofás es ideal. Por la noche se convierte en un bar de copas más animado, y sirve cócteles y otras bebidas para una clientela informal del barrio.

JOHN BROWN SMOKEHOUSE
BARBACOA **$**

plano p. 454 (☎347-617-1120; www.jakessmokehousebbq.com; 10-43 44th Dr, Long Island City; ppales. 10-16 US$; ☺12.00-22.00 lu-ju, hasta 23.00 vi y sa, hasta 21.00 do; 🚇E, M hasta Court Sq-23rd St) Los manteles de cuadros rojos, las cervezas artesanas de barril locales y el celestial aroma de una falda de ternera componen el ambiente ideal para un festín carnívoro en este asador estilo Kansas City. Es informal: hay que pedir en la barra y buscar un sitio. También tiene mesas en la terraza trasera, donde muchas noches hay grupos tocando (de 19.00 a 21.00).

Suele abarrotarse, así que conviene acudir pronto.

LIC CORNER CAFE
CAFÉ **$**

plano p. 454 (☎718-806-1432; 21-03 45th Rd; pastas desde 3 US$, café 3-5 US$; ☺7.00-18.00 lu-vi, 9.00-17.00 sa y do; 🚇E y tren M hasta Court Sq/23rd St; tren 7 hasta Court Sq; tren G hasta Court Sq) Esta cafetería ocupa una esquina delante de un parque de Hunter's Point, en Long Island City. Su impactante fachada es la introducción perfecta al interior: un ambiente acogedor con suculentas pastas, quiche casera y lujosas opciones a base de café y té.

CANNELLE PATISSERIE
PANADERÍA **$**

plano p. 454 (☎718-937-8500; 5-11 47th Ave, Long Island City; pastas desde 3 US$; ☺6.30-20.00 lu-vi, desde 7.00 sa, 7.00-17.00 do; 🚇7 hasta Vernon Blvd-Jackson Ave) Sorprendente local de perfecta bollería francesa en un elegante edificio del LIC. Es una sucursal del local original, situado en un deprimente centro comercial de Jackson Heights.

LIC MARKET
CAFÉ **$$**

plano p. 454 (☎718-361-0013; www.licmarket.com; 21-52 44th Dr, Long Island City; ppales. almuerzo 11-14 US$, cena 18-28 US$; ☺8.00-15.30 lu, hasta 22.00 ma-vi, 10.00-22.00 sa, 10.00-15.30 do; 🚇E, M hasta 23rd St-Ely Ave, 7 hasta 45th Rd-Court House Sq) 🖉 Creativos y oficinistas se mezclan en este pequeño y moderno establecimiento, decorado con arte local y ollas. Lo más destacado del desayuno es el sándwich *sausage and onions* (huevos fritos, salchicha, queso cheddar y cebolla caramelizada), mientras que las cartas del almuerzo y la cena, que varían a menudo, pueden incluir vieiras, ricos *risottos* y caza de temporada.

CASA ENRIQUE
MEXICANA **$$**

plano p. 454 (☎347-448-6040; www.henrinyc.com/casa-enrique.html; 5-48 49th Ave, Long Island City; ppales. 18-28 US$; ☺17.00-23.00 lu-vi, 11.00-15.30 y 17.00-23.00 sa y do; 🚇7 hasta Vernon Blvd-Jackson Ave; G hasta 21st St/Van Alst) No hay que dejarse engañar por la sencilla fachada, pues este restaurante selecto posee una estrella Michelin y sirve una de las mejores comidas mexicanas de Nueva York.

No hay mucho sitio: se recomienda reservar.

M WELLS STEAKHOUSE
CARNE **$$$**

plano p. 454 (☎718-786-9060; www.magasinwells.com; 43-15 Crescent St, Long Island City; ppales. 24-65 US$; ☺17.00-23.00 mi-sa; 🚇E, M hasta 23rd St-Court Sq; G, 7 hasta Court Sq) Los carnívoros amantes de lo refinado apreciarán el gratificante enfoque con que el chef quebequés Hugue Dufour aborda la carne. Se recomienda pedir el espectacular filete *strip* de Nueva York, con su *maple rub* al estilo coreano, o el tiernísimo filete de falda de ternera Wagyu. También hay platos de pes-

🏃 Vida local
Un paseo por Astoria

A un breve trayecto del centro de Manhattan, Astoria es un barrio encantador y diverso de avenidas llenas de restaurantes, calles secundarias arboladas y cafeterías y tiendas independientes. Hay que acudir con hambre, pues la comida y la bebida son parte esencial de la experiencia en Astoria. El mejor momento es durante el fin de semana, cuando la animación es máxima.

❶ Socrates Sculpture Park

Entre instalaciones vanguardistas y etéreos abedules, este pintoresco parque costero (p. 293) ofrece vistas serenas de Manhattan. Cuesta creer que este terraplén fuera antaño un vertedero ilegal. Los fines de semana de verano siempre suele haber alguna actividad, como yoga, taichí, mercados y paseos en kayak en Hallets Cove.

❷ King Souvlaki

Los penachos de humo que flotan en 31st St conducen hasta esta famosa gastroneta (p. 299), una de las mejores de Astoria. Tiene bocadillos de pita rellenos con deliciosos bocados de cerdo, pollo o ternera, que se pueden acompañar de patatas fritas con queso feta.

❸ Astoria Bookshop

Estimada **librería** independiente (plano p. 454; ☑718-278-2665; www.astoriabookshop.com; 31-29 31st St, Astoria; ⏰11.00-19.00; Ⓢ N, W hasta Broadway) con numerosas estanterías dedicadas a los autores locales y libros sobre el panorama gastronómico de Queens o la diversidad étnica del distrito. Este baluarte local también ofrece lecturas de escritores, grupos de debate e incluso talleres de escritura para perfeccionar la redacción.

❹ Lockwood

Tienda fantástica (plano p. 454; ☑718-626-3040; http://lockwoodshop.com; 32-15 33rd St, Astoria; ⏰11.00-20.00; Ⓢ N, W hasta Broadway) con abundantes ideas para regalo y objetos curiosos relacionados con Queens. Vende tapices *vintage*, libros de muñecas de papel con la imagen de mujeres famosas, velas de

Museum of the Moving Image (p. 294).

calavera y perfumadas, frascos llamativos, etc. Lockwood también tiene una papelería a unas puertas de distancia.

❺ Astoria Bier & Cheese

Una institución en el barrio, esta tienda de delicatesen y cantina (p. 304) sirve una extensa variedad de tentaciones, como quesos *gourmet* a la parrilla, platos de macarrones con queso, tostadas de aguacate y deliciosos bocadillos. La cambiante selección de cervezas artesanas todavía es un atractivo mayor. Al fondo hay una terraza exterior, ideal para los días cálidos.

❻ George's

Dentro de los Kaufman Astoria Studios, George's (p. 300) parece un local secreto, con su entrada lateral, la iluminación tenue y el ambiente *vintage*. Se recomienda pedir uno de sus cócteles especiales mientras se escucha un poco de música en directo y se admira la decoración de los años veinte. También posee una carta completa de platos clásicos americanos con un toque moderno.

cado, así como un acompañamiento de *poutine* para los canadienses nostálgicos. El ambiente es ruidoso y entusiasta. Los fines de semana conviene reservar.

No hace falta dar propina, pues siempre añaden una tasa de hostelería del 20% y los empleados reciben un sueldo justo.

✕ Astoria

¿Spanakopita? ¿Khao man gai? ¿Encebollado de mariscos? Si existe, se puede comer en Queens. Long Island City tiene restaurantes de proximidad y en Astoria hay de todo, desde comida griega hasta *bagels;* los sitios más de moda son 30th Ave, Broadway (entre 31st St y 35th St) y 31st Ave. Steinway Ave, entre Astoria Blvd y 30th Ave es el "pequeño El Cairo" de Astoria. Más hacia el este, Elmhurst es la cuna de la comida tailandesa, mientras que Roosevelt Ave es el edén de las gastronetas latinas. Al final de la línea de metro 7 se encuentra Flushing, la "Chinatown sin turistas de Nueva York".

★**PYE BOAT NOODLE** TAILANDESA $

plano p. 454 (☎718-685-2329; 35-13 Broadway, Astoria; fideos 10-13 US$; ⏱11.30-22.30, hasta 23.00 vi y sa; ✐; §N/W hasta Broadway; M, R hasta Steinway) Jóvenes camareras tailandesas con sombreros fedora a juego saludan a los comensales que llegan a este lindo local, decorado como una casa de campo antigua. La especialidad son los fideos anisados con carne crujiente de cerdo, pero también sirve delicada *yen ta fo* (sopa suave de marisco rosa), una rareza en NY.

KING SOUVLAKI GASTRONETA $

plano p. 454 (☎917-416-1189; www.facebook.com/KingSouvlaki; 31st St, cerca de 31st Ave; ppales. 6-10 US$; ⏱9.00-23.00 lu-mi, hasta 5.00 ju-sa, 11.00-23.00 do; §N, W hasta Broadway) Siguiendo el delicioso aroma de la brasa y las volutas de humo que flotan en 31st St se llega a esta famosa gastroneta, una de las mejores de Astoria. Se recomiendan los bocadillos de *pita* de cerdo, pollo o ternera, y un acompañamiento de patatas fritas a la griega con queso feta.

Solo acepta efectivo, pero en un lateral de la camioneta hay un cajero automático.

JERUSALEM PITA HOUSE ORIENTE MEDIO $

plano p. 454 (☎718-932-8282; http://jerusalempitaastoriany.com; 25-13 30th Ave, Astoria; ppales. 5-11 US$; ⏱12.00-22.00; § tren N/W hasta

30th Ave) Restaurante pequeño y familiar en el que uno se siente a gusto enseguida. Su especialidad son las *pitas* calientes rellenas de carne picante a la parrilla o crujiente *falafel* para llevar o comer rápido en el local.

THE STRAND SMOKEHOUSE · BARBACOA $

plano p. 454 (☎718-440-3231; www.thestrandsmokehouse.com; 25-27 Broadway, Astoria; BBQ por libra 16-20 US$; ⊙16.00-24.00 lu-ju, hasta 2.00 vi, 12.00-4.00 sa, 12.00-24.00 do; Ⓢtren N o W hasta Broadway) Este restaurante tradicional tipo asador sureño suele ser una gran fiesta. Hay música en directo los fines de semana y un bar completo con cervezas artesanas locales y cócteles *moonshine*. Por supuesto, también sirve sustanciosos platos de costillas, falda y cerdo desmigado, así como deliciosos complementos como el pan de maíz casero o los macarrones con queso picantes.

BROOKLYN BAGEL & COFFEE COMPANY · PANADERÍA $

plano p. 454 (☎718-204-0141; www.brooklynbagelandcoffeecompany.com; 35-05 Broadway, Astoria; *bagels* 1,25 US$; ⊙6.00-16.30; ⓈN/Q hasta Broadway; M, R hasta Steinway St) Está en Queens, no en Brooklyn, pero no hay dudas sobre los *bagels* que elabora. Crujientes por fuera y esponjosos por dentro, se venden en un sinfín de apetitosas variedades: sésamo, cebolla, ajo, integrales con avena y pasas... y se pueden combinar con un gran repertorio de ingredientes: queso crema, salmón al *wasabi* o manzana al horno, entre otros.

★ BAHARI · GRIEGA $$

plano p. 454 (☎718-204-8968; 31-14 Broadway, Astoria; ppales. 14-29 US$; ⊙12.00-24.00; 🖬🛗; ⓈN/Q hasta Broadway) Muchos de los restaurantes griegos de Astoria son asadores clásicos, pero este destaca sobre el resto por su amplia selección de guisos y estofados: *moussaka* gratinada, judías a fuego lento, arroz con espinacas... Una comida con estos ricos platos es una ganga, sobre todo en un ambiente tan elegante (el pescado es más caro).

KABAB CAFE · EGIPCIA $$

plano p. 454 (☎718-728-9858; 25-12 Steinway St, Astoria; ppales. 12-26 US$; ⊙13.00-17.00 y 18.00-22.00 ma-do; 🖬; ⓈN/Q hasta Astoria Blvd) El chef Ali es toda una personalidad y un puntal de Little Egypt, aunque sus platos, creativos y sencillos, servidos a menudo directamente de la sartén, van mucho más allá de

sus raíces alejandrinas. Se puede empezar con entrantes variados, pedir después un *falafel* egipcio y terminar con cualquier plato de cordero.

Tiene varias opciones vegetarianas deliciosas.

MOMBAR · EGIPCIA $$

plano p. 454 (☎718-726-2356; 25-22 Steinway St, Astoria; ppales. 14-26 US$; ⊙17.00-22.00 ma-do; 🖬; ⓈN/Q hasta Astoria Blvd) Legendario restaurante en el tramo de locales árabes de Steinway. Solo por su decoración ya merece la pena visitarlo, con una especie de *collage* de todo tipo de objetos coleccionados durante años por el chef Mustafa. Hay que probar el *mombar* de la casa, una salchicha ligera rellena de arroz.

TAVERNA KYCLADES · GRIEGA $$

plano p. 454 (☎718-545-8666; www.tavernakyclades.com; 33-07 Ditmars Blvd, Astoria; ppales. 18-32 US$; ⊙12.00-23.00 lu-sa, hasta 22.00 do; ⓈN/Q hasta Ditmars Blvd) Sirve excelente marisco griego; lo certifica un habitual de la taberna, Bill Murray. Los platos más sencillos son un suculento pulpo a la brasa, pescado con *saganaki* (queso frito) y una contundente ensalada. Es buena idea obviar el carísimo Kyclades Specialty y llegar pronto para ahorrarse las colas. En el local de Manhattan, en East Village, suele haber menos gente.

GEORGE'S AT KAUFMAN ASTORIA STUDIOS · AMERICANA $$

plano p. 454 (☎718-255-1947; www.georges.nyc; 35-11 35th Ave; ppales. 15-33 US$; ⊙16.00-22.00 ma-ju, hasta 23.00 vi y sa, 11.30-21.00 do; ⓈM hasta Steinway St) Escondido en los estudios Kaufman Astoria, este restaurante y bar clásico sirve comida casera de calidad (costillas Stroganoff, pollo frito con *baby bok choy*, pasteles de cangrejo...). Pero si el viajero no quiere comer tanto, puede pasar por el bar y sumergirse en el ambiente de los años veinte mientras se toma tranquilamente un magnífico cóctel.

Ofrece música y humor en directo, así como otras actuaciones y una *happy hour* diaria (de 16.00 a 19.00). En los días cálidos, el Landmark Cafe al aire libre, situado a la vuelta de la esquina, es ideal para tomar un refrigerio.

SEK'END SUN · AMERICANA $$

plano p. 454 (☎917-832-6414; www.sekendsun.com; 32-11 Broadway, Queens; ⊙17.00-2.00 lu-ju,

17.00-4.00 vi, 11.00-4.00 sa, 11.00-2.00 do; 🚻; Ⓢ tren N/W hasta Broadway) Este bar y restaurante de Astoria posee un ambiente rústico e informal. Sirve comida refinada de *pub*, como macarrones con queso (a veces con cerdo desmigado por encima), un complemento ideal para los magníficos cócteles de la casa.

VESTA TRATTORIA & WINE BAR ITALIANA $$

plano p. 454 (📞718-545-5550; www.vestavino. com; 21-02 30th Ave, Astoria; *pizzas* 15-17 US$, ppales. 19-26 US$; ⏱11.00-16.00 y 17.00-22.00 lu-ju, hasta 23.00 vi, 11.00-15.00 y 16.30-23.00 sa, 11.00-15.00 y 16.00-22.00 do; ⓈN/Q hasta 30th Ave) Es uno de aquellos secretos de barrio, siempre lleno de clientes habituales charlando, con arte local en las paredes y productos ecológicos cultivados en una azotea de Brooklyn. La carta es sencilla y de temporada: mejillones al vapor con *crostini* de ajo, *pizzas* de masa fina con burbujas y una gran variedad de platos principales, como los espaguetis con calamares y anchoas.

En el popular *brunch* del fin de semana tiene mucho éxito la *pizza* Hangover, con salsa de tomate picante, patatas, beicon, salchicha y huevo asado.

🍴 Woodside

SRIPRAPHAI TAILANDESA $$

plano p. 454 (📞718-899-9599; 64-13 39th Ave, Woodside; ppales. 12-24 US$; ⏱11.30-21.30 ju-ma; Ⓢ7 hasta 69th St) El primer restaurante de NY en servir comida tailandesa para tailandeses, sin artificios. Ha perdido algo de ritmo por culpa de otros más nuevos y modernos (aquí la carta es épica, con platos de todo el país), pero sigue siendo una leyenda y un buen sitio para cenar bien. Solo se acepta efectivo.

🍴 Jackson Heights

LITTLE TIBET TIBETANA $

plano p. 454 (📞718-505-8423; 72-19 Roosevelt Ave, Jackson Heights; ppales. 7-12 US$; ⏱12.00-22.00; Ⓢ7 hasta 74 St-Broadway; E, F/M, R hasta Roosevelt Ave-Jackson Heights) Su nombre podría ser el apodo de Jackson Heights, donde las tiendas y los restaurantes indios dejan paso poco a poco a los emprendedores himalayos, tibetanos y nepalíes. Este pequeño local cuenta con clientes leales y un ambiente muy acogedor. Sus *momos* (empanadas)

LAS GASTRONETAS DE ROOSEVELT AVENUE

Cuando se trata de comer en la calle, es difícil superar a Roosevelt Ave y su ejército noctámbulo de gastronetas latinas, carritos ambulantes y charcuterías secretas. Paseando de 90th St a 103rd St uno puede tomar *champurrados* (una espesa bebida de chocolate caliente con maíz), comer *cemita* (sándwich mexicano) y hacer hueco a un guiso de pescado ecuatoriano. Es barato, auténtico y muy de Queens. Y si el hambre aprieta, hay que aventurarse a catar lo mejor de Roosevelt Ave.

Por la acera sur de Roosevelt Ave hay que dirigirse al cruce con Forley St, donde está el famoso puesto **Taco Veloz** (plano p. 454; 86-10 Roosevelt Ave, Jackson Heights; tacos desde 2,50 US$; ⏱12.00-2.00; Ⓢ7 hasta 90th St-Elmhurst), que prepara unos tacos deliciosos y excelentes *cemitas* (7 US$).

Unos pasos más al este por Roosevelt Ave se encuentra la charcutería **La Esquina del Camarón** (plano p. 454; 📞347-885-2946; 80-02 Roosevelt Ave, Jackson Heights; cóctel de gambas 8-12 US$; ⏱11.00-2.00; Ⓢ7 hasta 82nd St-Jackson Hts). Sin hacer caso a la entrada poco atractiva, hay que dirigirse al fondo, donde se encuentra un mostrador en el que unos eficientes empleados preparan algunos de los mejores cócteles de gambas del planeta: sabrosos, refrescantes y deliciosos, cargados de gambas (y/o pulpo) y cubiertos con láminas de aguacate.

Se sigue por Roosevelt Ave hasta Warren St, donde destaca **El Guayaquileño** (Warren St, entre Roosevelt Ave y 40th Rd, Jackson Heights; platos 5-11 US$; ⏱8.00-22.30 do-ju, hasta 4.00 vi y sa; Ⓢ7 hasta Junction Blvd), un local famoso por su *encebollado* ecuatoriano, un guiso hecho con atún, yuca, cilantro, cebolla, limón, comino y maíz tostado. Es sabroso, tiene una textura fantástica y resuelve un almuerzo. Si apetece algo de carne, a unos pasos hay una gastroneta que sirve un cochinillo asado crujiente con todas las guarniciones.

se pueden acompañar con una larga lista de cervezas artesanales de Queens.

Elmhurst

KHAO KANG
TAILANDESA $

plano p. 454 (☎718-806-1807; 76-20 Woodside Ave, Elmhurst; comidas 9-10 US$; ⏱11.00-21.00 ma-do; ⓈE, F/M, R hasta Roosevelt Ave-Jackson Heights; 7 hasta 74 St-Broadway) Comida tailandesa de la nueva era en su mejor expresión. Para comer como los empresarios de Bangkok, señalando un par o tres de platos picantes –calabaza cremosa con huevos y albahaca, cerdo caramelizado y otros– con arroz. Es rápido y económico, pero no escatima en estilo. Los postres son divinos.

✕ Flushing y Corona

★TORTILLERIA NIXTAMAL
MEXICANA $

plano p. 453 (☎718-699-2434; www.tortillerianixtamal.com; 104-05 47th Ave, Corona; tacos 3-4 US$, ppales. 10-14 US$; ⏱11.00-21.00 ju y do, hasta 23.00 vi y sa; Ⓢ7 hasta 103rd St-Corona Plaza) Esta sencilla joya siempre está llena de gastrónomos errantes que veneran sus auténticos tentempiés mexicanos. Es un local muy purista cuyo gran secreto es la máquina Rube Goldbergian, que transforma la masa sin aditivos en sabrosísimos tacos y tamales. Destaca la refrescante horchata fresca, que puede tomarse mientras se anima a El Tricolor.

FU RUN
CHINA $

plano p. 453 (☎718-321-1363; www.furunflushing.com; 40-09 Prince St, Flushing; ppales. 12-27 US$; ⏱11.30-23.00; Ⓢ7 hasta Flushing-Main St) Cuenta con una clientela de culto, pues su cocina del noreste de China es extraordinaria: rústica, a veces sutil y siempre bien cocinada. Se descubrirá otra comida china gracias a las empanadillas de cerdo con col o las inolvidables costillas de cordero musulmanas (con chile picante, comino y semillas de sésamo).

NAN XIANG XIAO LONG BAO
BOLLOS CHINOS $

plano p. 453 (☎718-321-3838; 38-12 Prince St, Flushing; ppales. 6-10 US$; ⏱8.00-24.00; Ⓢ tren 7 hasta Main St) Sopa con bollos chinos jugosos y sabrosos, fideos gruesos y pegajosos, *wontons* picantes... Aquí tienen todo lo que uno espera de una casa de *xiao long bao*. Es un local sencillo y a veces está muy lleno, pero las mesas suelen quedar libres enseguida y

los platos salen rápido. Hay que ir con unos amigos y pedir mucha comida. Solo acepta efectivo.

GOLDEN SHOPPING MALL
CHINA $

plano p. 453 (41-36 Main St, Flushing; comidas desde 5 US$; ⏱10.00-22.00; Ⓢ7 hasta Flushing-Main St) En este caótico revoltijo de patos colgando, fideos voladores y mesas de formica grasientas, se sirve una comida ambulante fantástica. Que la falta de cartas en inglés no asuste: en casi todos los puestos hay alguien que lo habla, y los clientes habituales aconsejan con gusto al viajero sus platos favoritos.

No hay que perderse las empanadillas llenas de sabor (como la de cerdo con eneldo) de la Tianjin Dumpling House. No tiene rótulo en la entrada y es fácil pasarlo por alto; las escaleras están a unos pasos de 41st Rd.

NEW WORLD MALL
ESPACIO GASTRONÓMICO $

plano p. 453 (www.newworldmallny.com; Main St, entre 41st Ave y Roosevelt Ave, Flushing; ppales. desde 4 US$; ⏱10.00-22.00; Ⓢ7 hasta Flushing-Main St) La planta inferior reúne toda clase de maravillas culinarias orientales, desde fideos de Lanzhou estirados a mano hasta barbacoa al estilo coreano: bollos chinos, *sushi*, té de perlas y *pho* vietnamita son solo el principio. Hay que ir con hambre. El centro comercial también cuenta con un extenso supermercado asiático. Hay otra entrada en Roosevelt Ave.

HUNAN KITCHEN
OF GRAND SICHUAN
CHINA $$

plano p. 453 (☎718-888-0553; www.hunankitchenofgrandsichuanny.com; 42-47 Main St, Flushing; ppales. 12-23 US$; ⏱11.00-21.30; Ⓢ7 hasta Flushing-Main St) Respetable restaurante de Flushing donde sudar la gota gorda. Es famoso por sus especialidades de la provincia de Hunan, y entre los platos más destacados figuran una deliciosa ternera ahumada a la sal con pimienta blanca, pollo tierno con pimiento rojo picante, y una rica sopa de pescado. Si se cena en grupo, se puede pedir la especialidad: barbacoa de pato al estilo Hunan.

ASIAN JEWELS
DIM SUM $$

plano p. 453 (☎718-359-8600; 13330 39th Ave, Flushing; ppales. 14-24 US$; ⏱11.00-21.30; Ⓟ; Ⓢ tren 7 hasta Main St station) Cualquier neoyorquino que sepa de gastronomía dirá que la mejor comida china de la ciudad está en Queens, y este restaurante posee muy buena fama por su *dim sum* tradicional. El restaurante es amplio pero muy concurrido,

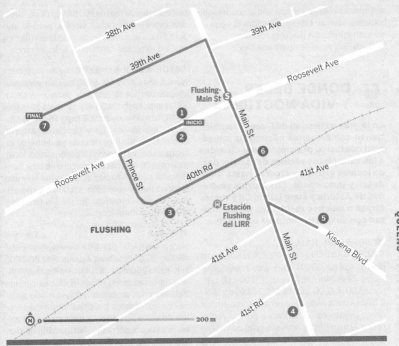

Paseo por el barrio
Chinatown en Flushing

INICIO ROOSEVELT AVE
FINAL 39TH AVE
DISTANCIA 1,5 KM; 2½ H

Conviene tener apetito al iniciar este paseo gastronómico por Flushing, donde está el Chinatown más grande y auténtico de NY. Se puede empezar tomando un té *oolong* en ❶ **Fang Gourmet Tea** (p. 305), un remanso de paz escondido detrás de un pequeño centro comercial. Al otro lado de la transitada Roosevelt Ave se encuentra la ❷ **Soy Bean Chen Flower Shop** que, además de bonitas flores, tiene un mostrador delante que sirve un tofu muy suave con sirope de jengibre. Luego se puede dar la vuelta a la esquina hasta el atractivo ❸ **Bland Playground,** donde hay bancos para sentarse y disfrutar tranquilamente del caliente bocado.

La ruta sigue por 40 Rd y doblando a la derecha por Main St, la calle más bulliciosa de Flushing. Después de 41st Rd hay que bajar por las escaleras que llevan al ❹ **Golden Shopping Mall** (p. 302), un caótico

revoltillo de puestos de comida que sirven una gran variedad de exquisiteces. En la Tianjin Dumpling House se pueden comer unas empanadillas hechas a la perfección.

Después de comer se puede volver por Main St y girar a la derecha por Kissena Blvd. Al poco se llegará a ❺ **Kung Fu Tea,** uno de los mejores proveedores de té de perlas de la ciudad. Bebida en mano, se regresa a Main St para andar media manzana hasta el ❻ **New World Mall** (p. 302), un animado centro comercial con una magnífica sección gastronómica en el piso inferior. Además de delicias culinarias de China, también se encuentra comida coreana, tailandesa y vietnamita; no hay que perderse los fideos estirados a mano de Lan Zhou Noodles. Al salir del centro comercial hay que seguir hasta 39th Ave y girar a la izquierda. Dos manzanas más adelante se llega al Hyatt Place Hotel. Una vez dentro, hay que subir en ascensor hasta el 10° piso, donde está el ❼ **Leaf Bar & Lounge.** En las alturas, muy por encima del estrépito de la calle, se puede tomar un cóctel mientras se repasan las aventuras culinarias del día.

así que el cliente seguramente tendrá que esperar, aunque tal espera valdrá la pena en cuanto empiece a llegar la comida.

Tiene servicio de aparcacoches.

DÓNDE BEBER Y VIDA NOCTURNA

En la gran extensión de Queens también tienen cabida varios núcleos de animación nocturna, principalmente dirigidos a los variopintos vecinos del barrio: desde locales griegos y croatas hasta irlandeses y jamaicanos. Los barrios ribereños de Astoria y Long Island City suelen atraer a muchos residentes de Manhattan con su oferta nocturna alternativa.

★BOHEMIAN HALL & BEER GARDEN CERVECERÍA AL AIRE LIBRE

plano p. 454 (☎718-274-4925; www.bohemianhall.com; 29-19 24th Ave, Astoria; ⏲17.00-1.00 lu-ju, hasta 3.00 vi, 12.00-3.00 sa, 12.00-24.00 do; [S]N/Q hasta Astoria Blvd) Este centro comunitario checo desató en NY la locura por las cervecerías al aire libre y no tiene rival en cuanto a espacio y clientela, que en verano llena todas las mesas dispuestas bajo los árboles. Es obligatorio consumir comida pero lo más destacado son las cervezas checas, heladas y espumosas. Algunas noches hay conciertos de bandas folk; a veces se pagan 5 US$ de entrada.

THE COOP BAR

plano p. 453 (☎718-358-9333; www.thecoopnyc.com; 133-42 39th Ave #103, Flushing; ⏲12.00-2.00 do-mi, 12.00-3.00 ju-sa; [S] tren 7 hasta Main St) La nueva cultura coctelera y la cocina de fusión coreana se dan cita en el COOP, situado en el meollo de la bulliciosa calle principal de Flushing. Se puede disfrutar de una comida completa a base de especialidades coreanas o pedir una ronda de pequeños platos (principales 12-25 US$). Con su ambiente elegante es perfecto para empezar la noche.

DUTCH KILLS BAR

plano p. 454 (☎718-383-2724; www.dutchkillsbar.com; 27-24 Jackson Ave, Long Island City; ⏲17.00-2.00; [S]E, M o R hasta Queens Plaza; tren G hasta Court Sq) Entrar en el Dutch Kills a través de la discreta puerta de un viejo edificio industrial de Long Island City es como retroceder en el tiempo. Este bar de estilo clandestino tiene mucho ambiente y unos sorprendentes cócteles artesanales. Su carta de bebidas especiales es muy amplia, pero si uno solo busca algo corriente, puede confiar en que los expertos camareros se lo servirán.

ASTORIA BIER & CHEESE CERVEZA

plano p. 454 (☎718-545-5588; www.astoriabierandcheese.com; 34-14 Broadway, Astoria; ⏲12.00-23.00 lu-ju, hasta 24.00 vi y sa, hasta 22.00 do; [S]N/Q hasta Broadway; M, R hasta Steinway) Moderno híbrido de bar y tienda en Astoria, con más de 10 tipos de cerveza de barril de temporada, casi todas de elaboración local, y cientos de marcas en botella o en lata, para llevarse a casa o tomar al momento. Hay una impresionante selección de quesos y embutidos, con unos creativos quesos a la parrilla y sándwiches combinados.

VITE BAR BAR DE VINOS

plano p. 454 (☎347-813-4702; www.facebook.com/vitebar; 25-07 Broadway, Astoria; ⏲12.00-24.00 lu-ju, hasta 1.00 vi-do; [S]N/Q hasta Broadway) Vinos de primera en copas, deliciosa comida italiana y un ambiente acogedor son algunas de las razones para enamorarse de este bar de vinos relajado y a unos pasos del metro. La decoración es un batiburrillo de *shabby chic* con paredes revestidas de madera envejecida y curiosidades *vintage* amenizadas con la música de Queen.

ANABLE BASIN SAILING BAR & GRILL BAR

plano p. 454 (☎718-433-9269; www.anablebasin.com; 44th Dr y East River, Long Island City; ⏲16.30-2.00 lu-vi, desde 11.30 sa y do; [S]E, M hasta Court Sq-23rd St) Para llegar hay que vivir casi una aventura pasando por almacenes cerrados e inhóspitas zonas industriales. Pero una vez allí, uno se ve recompensado con una fascinante vista de Manhattan desde la terraza exterior sobre el agua. Se recomienda ocupar una de las mesas de pícnic y tomar unas botellas de Kona Longboard al atardecer mientras se van iluminando las torres de Midtown.

BIEROCRACY CERVECERÍA

plano p. 454 (☎718-361-9333; www.bierocracy.com; 12-23 Jackson Ave, Long Island City; ⏲16.00-24.00 lu-mi, hasta 1.00 ju, 16.00-2.00 vi, 11.00-2.00 sa, 11.00-24.00 do; [S]7 hasta Vernon Blvd-Jackson Ave; G hasta 21st St-Van Alst St) Los amigos de tomar una cerveza mientras miran el partido se sentirán como en casa en esta gran cervecería de Long Island City. Es perfecta para los grupos grandes y las familias, y cuenta con grandes televisores en todas las zonas para sentarse. Ofrece una larga carta de cervezas, *fish and chips*, *pizzas* y unos *pretzels* enormes.

FANG GOURMET TEA
SALÓN DE TÉ

plano p. 453 (📞888-888-0216; www.fangtea.com; 135-25 Roosevelt Ave, Flushing; ⏰10.30-19.30; 🚇7 hasta Flushing-Main St) A pesar de hallarse cerca del bullicioso centro del Chinatown de Flushing, este pequeño salón de té es un remanso de paz. Escondido en la parte trasera de un pequeño centro comercial, Fang Gourmet Tea posee una sorprendente y variada selección de tés de gran calidad.

Las degustaciones cuestan desde 5 US$/persona. El cliente se sienta en una de las pequeñas mesas enfrente del maestro del té, que prepara unas infusiones perfectas y bebe junto con él.

STUDIO SQUARE
CERVECERÍA AL AIRE LIBRE

plano p. 454 (📞718-383-1001; www.studiosquare beergarden.com; 35-33 36th St, Astoria; ⏰16.00-4.00 lu-ju, desde 15.00 vi, 12.00-4.00 sa y do; 🚇M, R hasta 36th St; N/Q hasta 36th Ave) Cervecería al aire libre de la nueva generación, sin grandes árboles o ambiente europeo, lo que compensa con una extensa carta de cervezas, mucho espacio y una clientela diversa, propia de Queens. Hay mucha actividad todo el año, con acontecimientos deportivos en la gran pantalla, sesiones nocturnas de cine, conciertos y barbacoas de verano.

ICON BAR
GAY

plano p. 454 (📞917-832-6364; www.iconastoria. com; 31-84 33rd St, Astoria; ⏰17.00-4.00; 🚇N/W train hasta Broadway station) La famosa vida nocturna gay de Nueva York no termina al salir de Manhattan: este bar lleva a Astoria las bebidas fuertes y el ambiente de flirteo. Frecuentemente organiza noches especiales con DJ y espectáculos de *drags*, y una *happy hour* (2 x 1) los laborables por la noche. Todo buenas razones para cruzar el río.

THE REAL KTV
KARAOKE

plano p. 453 (📞718-358-6886; 136-20 Roosevelt Ave, 3er piso, Flushing; habitación privada desde 15 US$; ⏰13.00-4.00 lu-do; 🚇7 hasta Main St) En pocos sitios el karaoke es tan bueno como en Queens, y este local destaca entre los del barrio. Las salas privadas son asequibles pero no escatiman en ambiente ni servicios, como los lujosos micrófonos de pie. El personal es atento y hay una gran selección de bebidas, comida para picar y lo más importante: canciones para berrear.

☆ OCIO

★ TERRAZA 7
MÚSICA EN DIRECTO

plano p. 454 (📞718-803-9602; http://terraza7.com; 40-19 Gleane St, Elmhurst; ⏰16.00-4.00; 🚇7 hasta 82nd St-Jackson Hts) Se va a Queens por su gastronomía multicultural y uno acaba quedándose por la diversidad musical de este local moderno de dos niveles. Saca mucho partido creativo de la diminuta sala, colocando a las bandas que tocan en directo en un *loft* sobre la barra. La música predominante es el *jazz* latino, pero a veces hay bandas de sitios como Marruecos.

CREEK AND THE CAVE
HUMOR

plano p. 454 (📞917-865-4575; www.creeklic.com; 10-93 Jackson Ave, Long Island City; ⏰11.00-2.00 do-ju, hasta 4.00 vi y sa; 🚇7 hasta Vernon Blvd-Jackson Ave) El mayor y más famoso de una serie de locales de comedia alternativos del barrio cuenta con dos escenarios, un restaurante mexicano, un patio y un bar con máquinas del millón en buen estado. Con tanta diversión, no es raro que sea una especie de centro social para los humoristas más jóvenes.

USTA BILLIE JEAN KING NATIONAL TENNIS CENTER
ESPECTÁCULOS DEPORTIVOS

plano p. 453 (📞718-760-6200; www.usta.com; Flushing Meadows Corona Park, Corona; ⏰6.00-24.00; 🚇7 hasta Mets-Willets Pt) A finales de agosto se celebra el Open de EE UU, uno de los principales acontecimientos deportivos de la ciudad. En el 2016 el Arthur Ashe Stadium (aforo 23771) instaló un techo retráctil, se inauguró el nuevo estadio Grandstand en sustitución del viejo y las pistas exteriores se renovaron. Las entradas suelen salir a la venta en Ticketmaster en abril o mayo; las de los partidos cubiertos son difíciles de conseguir, las de las primeras rondas son más fáciles.

La USTA tiene 12 pistas interiores Deco-Turf, 19 exteriores, 4 climatizadas de tierra batida y 3 grandes pistas que pueden alquilarse (tarifa variable por horas). Las reservas pueden efectuarse con dos días de antelación.

CITI FIELD
ESTADIO

plano p. 453 www.newyork.mets.mlb.com; 120-01 Roosevelt Ave, Flushing; 🚇7 hasta Mets-Willets Point) El estadio de los New York Mets, el equipo humilde de la ciudad, se inauguró en el 2009, y sustituye al Mets HQ Shea Stadium. La fachada exterior de arcos repetidos resulta algo pasada de moda comparada con las características modernas del interior. La oferta de comida, lejos de los perritos calientes y cacahuetes de antes, es muy amplia, desde filete de falda a la parrilla hasta *pizza*. También alberga el pequeño museo Mets Hall of Fame.

 DE COMPRAS

LOVEDAY 31
VINTAGE

plano p. 454 (☎718-728-4057; www.facebook.com/Loveday31nyc; 3306 31st Ave, Astoria; ☉13.00-20.00 ma-vi, desde 12.00 sa, 12.00-19.00 do; Ⓢ N, W hasta 30th Ave) Los astorianos preocupados por la moda sienten cariño por esta pequeña y bonita *boutique*, con su cuidada selección de vestidos, blusas, tops, fulares, zapatos, joyas y gafas de sol. Tiene unas dependientas muy serviciales, precios razonables y, normalmente, un perchero de ofertas afuera.

MIMI & MO
MODA Y ACCESORIOS

plano p. 454 (☎718-440-8585; www.mimiandmonyc.com; 4545 Center Blvd, Long Island City; ☉11.00-19.00 lu-sa, hasta 17.00 do; Ⓢ 7 hasta Vernon Blvd-Jackson Ave) Cerca del paseo marítimo, esta tienda soleada vende un excelente surtido de artículos, como camisetas estampadas de suave algodón, gorras Herschel, calcetines Happy Socks, velas Nest y tarjetas de regalo exclusivas. También tiene artículos para niños, como lápices de colores, juegos de astucia y ropa, entre muchas otras cosas.

ARTBOOK
LIBROS

plano p. 454 (☎718-433-1088; www.artbook.com/artbookps1.html; 22-25 Jackson Ave, Long Island City; ☉12.00-18.00 ju-lu; Ⓢ E, M hasta 23rd St-Court Sq; G, 7 hasta Court Sq) La librería de MoMA PS1 está muy bien surtida, con bellos tomos y revistas llamativas.

 DEPORTES Y ACTIVIDADES

WORLD'S FARE TOURS
RUTA GUIADA

(www.chopsticksandmarrow.com; circuitos 2/3 h incl. comida 75/85 US$) Joe DiStefano, un consumado gastrónomo de Queens, realiza tres rutas culinarias diferentes por los fabulosos restaurantes del distrito: el trepidante Chinatown de Flushing, los restaurantes de empanadillas del Himalaya en Jackson Heights o las delicias surasiáticas de Elmhurst.

CLIFFS
ESCALADA

plano p. 454 (☎718-729-7625; www.thecliffsclimbing.com; 11-11 44th Dr, Long Island City; pase diario 30 US$, alquiler zapatos/arnés 6/5 US$; ☉6.00-24.00 lu-vi, 9.00-22.00 sa y do; Ⓢ E, M hasta Court Sq-23rd St; 7 hasta Court Sq) El recinto cubierto de escalada más grande de Nueva York cuenta con casi 2800 m² de superficie escalable con unas 125 estaciones de *top-rope,* casi 5 m de escalada en bloque *top-out,* una torre de rápel y rapeladores automáticos para escalar en solitario. También hay un gimnasio con máquinas aeróbicas, equipos de ejercicio y clases en grupo (yoga, entrenamiento básico, etc.).

NEW YORK SPA CASTLE
SPA

(☎718-939-6300; http://ny.spacastleusa.com; 131-10 11th Ave, College Point; entre semana/fin de semana 40/50 US$; ☉8.00-24.00; Ⓢ 7 hasta Flushing-Main St) Un pedacito de la cultura termal coreana más avanzada en un rincón industrial de Queens es este centro de 9300 m², un paraíso burbujeante de aguas minerales y piscinas de hidromasaje, variadas saunas, salas de vapor y cascadas. También cuenta con una zona de restauración, tratamientos de belleza y masajes (30 min desde 50 US$). Los fines de semana está siempre lleno.

Hay un autobús de enlace gratis a/desde el One Boutique Hotel, cerca de la esquina de Northern Blvd y Union St, unas manzanas al norte de la estación de metro Flushing-Main St. Suele salir a y 10 y 40 min de cada hora, pero conviene consultar el horario antes de salir.

GEOGRAPHY OF NEW YORK CITY CON JACK EICHENBAUM
RUTA GUIADA

(☎718-961-8406; www.geognyc.com; circuito 2 h/día completo 20/49 US$) El geógrafo urbano Jack Eichenbaum dirige reveladores circuitos a pie (y a veces en metro) por Queens, dedicados a los extraños choques entre planificación y realidad, historia y usos modernos.

QUEENS HISTORICAL SOCIETY
RUTA GUIADA

plano p. 453 (☎718-939-0647; www.queenshistoricalsociety.org; 143-35 37th Ave, Flushing; entrada 5 US$, circuitos desde 20 US$; ☉14.30-16.30 ma, sa y do; Ⓢ 7 hasta Flushing-Main St) Con sede en Kingsland Homestead, del s. XVIII, este club tiene un pequeño museo y organiza circuitos a pie por varios barrios de Queens, que incluyen sitios cercanos relacionados con los primeros movimientos por la libertad religiosa y con la Underground Railroad, la red de ayuda a los esclavos afroamericanos.

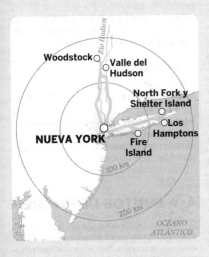

Excursiones desde Nueva York

Los Hamptons p. 308

El Malibú neoyorquino es un extenso tramo de costa repleto de mansiones de lujo, escenarios de fiestas veraniegas en las que dejarse ver, pero también cuenta con sitios históricos de los nativos americanos, bonitas calles y parques estatales.

Fire Island p. 310

Este refugio sin coches se llena en verano gracias a sus bungalós de alquiler, los bares de playa y una zona de ambiente llena de locales con *drag queens*. El entorno natural, con calles de arena y kilómetros de playas, invita a la calma.

North Fork y Shelter Island p. 311

Una buena forma de pasar el día es catar vinos en las bodegas de Long Island, pasear por la calle principal y cenar junto al mar en Greenport.

Valle del Hudson p. 313

Se podrían pasar semanas explorando esta región, con una amplia oferta de excursiones, esculturas al aire libre, pueblos con encanto y casas de personajes famosos (como Irving, Roosevelt y Vanderbilt).

Woodstock p. 316

Para completar el peregrinaje a la meca *hippy* con antigüedades y paseos tranquilos por parques protegidos.

Los Hamptons

El lugar

Esta sucesión de pueblos cosituye un destino de escapada veraniega para los más ricos de Manhattan, que acuden a sus mansiones en helicóptero. Los simples mortales llegan en el autobús Hampton Jitney y se alojan en ruidosas casas de alquiler. Detrás de la ostentación y el glamur hay una larga historia cultural, pues allí han vivido artistas y escritores de renombre, y perdura la arriesgada tradición pesquera. Es una pequeña área conectada por la Montauk Hwy, a menudo embotellada.

Lo mejor

⇒ **Puntos de interés** Pollock-Krasner House (p. 308)

⇒ **Dónde comer** Clam Bar en Napeague (p. 309)

⇒ **Paseo por la playa** Montauk Point State Park (p. 309)

Consejo

Quien busque tranquilidad estival debe visitar los Hamptons entre semana; los fines de semana se llenan de urbanitas que huyen de la jungla de asfalto.

Cómo llegar y salir

⇒ **Automóvil** Se sale de Manhattan por el túnel de Midtown hacia la I-495/Long Island Expwy.

⇒ **Autobús** El Hampton Jitney (www. hamptonjitney.com; 33 US$/ida) es un autobús exprés de lujo. La línea de Montauk sale del East Side de Manhattan, con paradas en Lexington Ave entre 77th y 76 th St, y después 69th St, 59th St y 40th St. Para en los municipios de la Rte 27 en los Hamptons.

⇒ **Tren** El Long Island Rail Road (LIRR; www.mta.info/lirr; ida hasta la zona más alejada, hora valle/hora punta 22/30 US$) parte de la Penn Station, en Manhattan, parando en West Hampton, Southampton, Bridgehampton, East Hampton y Montauk.

Cómo desplazarse

Los viejos autobuses escolares color turquesa modernizados de Hampton Hopper (www. hamptonhopper.com), que disponen de una aplicación, son un medio económico y sencillo de desplazarse entre los pueblos y funcionan hasta el cierre de los bares.

Lo esencial

⇒ **Prefijo** ☎631

⇒ **Situación** 161 km al este (East Hampton) de Manhattan

⇒ **Información Southampton Chamber of Commerce** (☎631-283-0402; www. southamptonchamber.com; 76 Main St; ☺10.00-16.00 lu-vi, hasta 14.00 sa)

◉ PUNTOS DE INTERÉS

Se trata de localidades que incluyen el término Hampton en su nombre. Los del lado oeste –o "west of canal", como los lugareños llaman a las localidades del otro lado del canal de Shinnecock– incluyen Hampton Bays, Quogue y Westhampton, y son más tranquilos que los del este, que empiezan en Southampton.

◉ Southampton

Comparado con sus vecinos, Southampton es un pueblo conservador de gente rica de toda la vida. Posee antiguas mansiones, iglesias imponentes, una calle principal en la que no se puede vestir como en la playa y varias playas preciosas.

PARRISH ART MUSEUM MUSEO

(☎631-283-2118; www.parrishart.org; 279 Montauk Hwy, Water Mill; adultos/niños 10 US$/gratis, mi gratis; ☺10.00-17.00 lu, mi, ju, sa y do, hasta 20.00 vi) En un largo y elegante granero, diseñado por Herzog & de Meuron, esta institución exhibe obras de artistas locales como Jackson Pollock, Willem de Kooning y Chuck Close. Se puede reservar una visita a la cercana casa y estudio de Pollock, con el suelo salpicado de pintura.

SOUTHAMPTON HISTORICAL MUSEUM MUSEO

(☎631-283-2494; www.southamptonhistorical museum.org; 17 Meeting House Lane; adultos/niños 4 US$/gratis; ☺11.00-16.00 mi-sa mar-dic) Antes de que los Hamptons fueran los Hamptons, estos edificios ya existían, hoy muy bien cuidados y distribuidos por la zona de

Southampton. El museo principal es la Rogers Mansion, antaño propiedad de un capitán ballenero. También se puede visitar una antigua mercería, hoy joyería, a la vuelta de la esquina en Main St; y la Halsey House del s. XVII (sa jul-oct).

◉ Bridgehampton y Sag Harbor

Al este de Southampton, Bridgehampton es una localidad pequeña, pero llena de *boutiques* y restaurantes de moda. Si se vira hacia el norte y se recorren 11 km, se llega al antiguo pueblo ballenero de Sag Harbor, en la bahía de Peconic, repleto de casas históricas. La Cámara de Comercio, en Long Wharf, al final de Main St, ofrece planos de circuitos a pie.

SAG HARBOR WHALING & HISTORICAL MUSEUM   MUSEO

(☑631-725-0770; www.sagharborwhalingmuseum. org; 200 Main St; adultos/niños 6/2 US$; ⊙10.00-17.00 abr-nov) Esta interesante colección incluye objetos de los barcos balleneros del s. XIX: cuchillos para despellejar ballenas, calderos para fundir la grasa, grabados en marfil, etc. Resulta chocante ver las fotos de estos gigantescos mamíferos en un pueblo que hoy es una bonita ciudad turística.

◉ East Hampton

No hay que juzgar por los atuendos veraniegos informales, el color pastel y los suéteres anudados al cuello: solo las gafas de sol probablemente cuesten el sueldo de un mes. Algunos superfamosos tienen casa allí.

EAST HAMPTON TOWN MARINE MUSEUM   MUSEO

(www.easthamptonhistory.org; 301 Bluff Rd, Amagansett; 4 US$; ⊙10.00-17.00 sa, 12.00-17.00 do abr-oct) Este pequeño museo dedicado a la industria ballenera y pesquera es uno de los últimos asentamientos antes de Montauk. Tan interesante como su equivalente de Sag Harbor, cuenta con un precioso homenaje fotográfico en blanco y negro a los pescadores locales y sus familias.

POLLOCK-KRASNER HOUSE   CENTRO DE ARTE

(☑631-324-4929; www.stonybrook.edu/pkhouse; 830 Springs Fireplace Rd; entrada general 5 US$; circuito guiado 10 US$; ⊙13.00-17.00 ju-sa may-

oct) El hogar de la artística pareja que formaron Jackson Pollock y Lee Krasner se completa con el estudio del pintor, con el suelo lleno de salpicaduras. Es necesario reservar la visita guiada (12.00).

◉ Montauk

Se halla en el extremo este de Long Island y era el hermano humilde de los Hamptons, pero hoy tiene fama de pueblo moderno gracias a la playa surfera de Ditch Plains. Proliferan los nuevos ricos y los hoteles de estilo bohemio-chic, pero es más democrático que los Hamptons, con residentes trabajadores y marisquerías sencillas.

The End, el apodo cariñoso de Montauk, queda separado de los Hamptons por las dunas arboladas del Hither Hills State Park, donde es posible acampar, pescar e ir de excursión. La carretera se divide antes de llegar al parque; se puede seguir recto o recorrer el paseo marítimo serpenteando por la Old Montauk Hwy. Las carreteras convergen en el pueblo y después suben hacia la punta oriental de la isla, el **Montauk Point State Park** (☑631-668-3781; www.parks. ny.gov; 2000 Montauk Hwy/Rte 27; automóvil 8 US$; ⊙amanecer-anochecer), con el **faro de Montauk Point** (☑631-668-2544; www.montauklighthouse.com; 2000 Montauk Hwy; adultos/niños 11/4 US$; ⊙10.30-17.30 do-vi, hasta 19.00 sa med jun-ago, horario reducido med abr-med jun y sep-nov) como símbolo.

✕ DÓNDE COMER

CANDY KITCHEN   CAFETERÍA $

(☑631-537-9885; 2391 Montauk Hwy, Bridgehampton; ppales. 5-12 US$; ⊙7.00-21.00; ☞) Antídoto de la pompa, este local sirve buenas sopas, helados caseros y platos de siempre desde 1925. Solo acepta efectivo.

★CLAM BAR AT NAPEAGUE   PESCADO Y MARISCO $$

(☑631-267-6348; www.clambarhamptons.com; 2025 Montauk Hwy, Amagansett; 15-30 US$; ⊙11.30-18.00 abr-oct, 11.30-18.00 sa y do nov y dic) El viajero no hallará pescado más fresco ni camareros más salados. Los bocadillos de langosta están ricos, aunque el precio atragante un poco. Con tres décadas en el negocio y con el favor del público, solo acepta efectivo, claro está. Los lugareños lo prefieren. Está en la carretera entre Amagansett y Montauk.

NICK & TONI'S MEDITERRÁNEA **$$$**
(☎631-324-3550; www.nickandtonis.com; 136 N Main St, East Hampton; *pizzas* 17 US$, ppales. 24-42 US$; ⊗18.00-22.00 lu, mi y ju, hasta 23.00 vi y sa, 11.30-14.30 y 18.00-22.00 do) Esta institución de los Hamptons sirve especialidades italianas muy bien preparadas con ingredientes locales y *pizzas* al fuego de leña (solo lu, ju y do). A pesar de tener clientes famosos, también trata bien a los simples mortales e incluso les encuentra mesa.

Fire Island

El lugar

Esta estrecha isla de 80 km de largo destaca por la ausencia de automóviles. Calles de arena, caminos de cemento y aceras conectan una docena de diminutas comunidades residenciales, cuyo único tráfico son las bicicletas y los carritos con los que los vecinos transportan sus pertenencias. Varios enclaves son famosos refugios de la comunidad gay, pero también hay familias, parejas y viajeros solitarios, gais y heteros. La isla cuenta con protección federal bajo el apelativo de Fire Island National Seashore, así como gran parte de sus dunas y bosques. En verano surgen poblados repletos de locales nocturnos en tramos de arena donde no hay nada más que tiendas de campaña y ciervos. Que nadie olvide el repelente de insectos: los mosquitos son feroces y abundantes. Las excursiones diurnas son fáciles, y pasar una o dos noches es una delicia (a pesar de que la oferta hotelera es anodina), sobre todo en primavera y otoño, épocas muy tranquilas.

Lo mejor

➜ **Punto de interés** Sunken Forest (p. 310)
➜ **Dónde comer** Sand Castle (p. 311)
➜ **Dónde beber** CJ's (p. 311)

Consejo

Los fines de semana de verano conviene marcharse antes de las 15.00 del domingo o, mejor, hacer noche e irse el lunes, para evitar la tremenda cola del ferri dominical de la tarde.

Cómo llegar y salir

➜ **Automóvil** Se puede llegar en coche a Fire Island por la Long Island Expwy (salida 53 Bayshore, 59 Sayville o 63 Patchogue).

➜ **Tren** Con el LIRR hasta una de las tres estaciones que enlazan con los ferris: Patchogue, Bayshore o Sayville.

➜ **Ferri Fire Island Ferries** (☎631-665-3600; www.fireislandferries.com; 99 Maple Ave, Bay Shore; ida adultos/niños 10/5 US$, 1.00 ferri 19 US$) zarpa cerca de la estación Bay Shore LIRR y navega a Kismet, Ocean Beach y otras localidades del oeste. Sayville Ferry Service va desde Sayville hasta Cherry Grove y Fire Island Pines. Davis Park Ferry va a Davis Park y Watch Hill; el punto de acceso de ferris más oriental de la isla.

Lo esencial

➜ **Prefijo** ☎631
➜ **Situación** 97 km al este de Manhattan
➜ **Información** (www.fireisland.com)

👁 PUNTOS DE INTERÉS

Lo mejor de Fire Island son las zonas sin tráfico del centro (más que los extremos, a los cuales se accede por viaductos). Davis Park, Fair Harbor, Kismet, Ocean Bay Park y Ocean Beach combinan pequeñas casas veraniegas con algunas tiendas y restaurantes. De todas estas comunidades, Ocean Beach (OB para los lugareños) es la más animada, con un pequeño centro junto al muelle del ferri y algunos bares. Los pueblos más conocidos son los que se han convertido en destinos gais: Cherry Grove y The Pines, en el centro de Fire Island. No es posible ir en bicicleta de un pueblo a otro, ya que las calles están llenas de arena. Fire Island Water Taxi ofrece un servicio de ferri por la bahía, pero cierra en octubre, como casi todos los negocios turísticos.

SUNKEN FOREST BOSQUE
(☎631-597-6183; www.nps.gov/fiis; Fire Island; ⊗centro de visitantes med may-med oct) GRATIS
Este bosque de 300 años, un tramo arbolado muy denso tras las dunas, es de fácil acceso gracias al sendero de madera de 2,4 km que lo rodea. En verano es muy agradable porque hay sombra, y en otoño, los colores son preciosos. Tiene su propia parada de

ferri (Sailors Haven, con un centro de visitantes), pero en invierno, cuando no circula, también se puede llegar con un largo paseo. Los guardas realizan visitas guiadas.

La playa que queda al sur de este punto es muy agreste, pero también muy accesible.

 DÓNDE COMER Y BEBER

SAND CASTLE PESCADO Y MARISCO **$$**
(📞631-597-4174; www.fireislandsandcastle.com; 106 Lewis Walk, Cherry Grove, Fire Island; ppales. 15-30 US$; ⏰11.00-23.00 lu, ma y ju-sa, 9.30-23.00 do may-sep) Es una de las opciones frente al mar (y no frente a la bahía), sirve entrantes sustanciosos (calamares fritos, setas portobello rebozadas), mucho marisco (mejillones, tartas de cangrejo, vieiras a la plancha…) y buenos cócteles. Es un buen sitio para observar a la gente.

CJ'S AMERICANA **$$**
(📞631-583-9890; www.palmshotelfireisland.com; 479 Bay Ave, Ocean Beach, Fire Island; ppales. 12-18 US$; ⏰11.00-3.00 may-sep) Abierto todo el año, es un sitio muy divertido y ruidoso para esperar el ferri. Las noches de fin de semana de verano siempre está lleno; hay que ir pronto. Es propiedad del cercano Palms Hotel y su bebida helada "rocket fuel" tiene fama.

North Fork y Shelter Island

El lugar

El North Fork de Long Island es famoso por sus bucólicos paisajes de granjas y viñedos, aunque los fines de semana hay mucho bullicio de los que llegan en limusina para hacer la ruta de las bodegas. La Rte 25, la carretera principal que atraviesa las poblaciones de **Jamesport, Cutchogue** y **Southold**, es atractiva y está bordeada de puestos de productos agrícolas.

La ciudad más grande del North Fork es **Greenport**, un sitio tranquilo con barcas de pesca, pasado ballenero y un antiguo tiovivo en el Harbor Front Park. Es fácil de recorrer a pie desde la estación del LIRR.

FUERA DE RUTA

LONG BEACH

La bella Long Beach es una de las mejores playas de la zona, muy cerca del límite de NY. Es fácilmente accesible en tren y está limpia. Cuenta con un paseo principal lleno de heladerías y restaurantes, ambiente surfista y mucho *hipster* de ciudad. El inconveniente es que hay que pagar 15 US$ de entrada (válida para todo el día). En verano, el ferrocarril de Long Island ofrece billetes *beach getaways*, de ida y vuelta, con descuento en la entrada y salidas desde Penn Station y Atlantic Terminal, en Brooklyn.

Shelter Island está situada entre los North y South Forks cual pequeña perla en las garras de Long Island. La isla es una versión más pequeña y modesta de los Hamptons, con un toque de la Nueva Inglaterra costera. Hay poco aparcamiento: la larga **Crescent Beach**, p. ej., tiene algunos sitios donde solo se puede aparcar con autorización. Si al viajero no le importan las cuestas, es un lugar muy agradable de visitar en bicicleta.

Lo mejor

➡ **Punto de interés** Mashomack Nature Preserve (p. 312)

➡ **Dónde comer** North Fork Table & Inn (p. 313)

➡ **Dónde beber** Pugliese Vineyards (p. 312)

Consejo

Las bodegas de North Folk pueden recorrerse por cuenta propia. Interesa tomar el tren a Long Island y alquilar allí un vehículo (Riverhead es un buen sitio). Los precios son más bajos que en Manhattan y se ahorra tiempo, gasolina y frustraciones.

Cómo llegar y salir

➡ **Autobús** El autobús Hampton Jitney recoge pasajeros en las calles 96th, 83rd, 77th, 69th, 59th y 40th del East Side de Manhattan y tiene parada en 10 pueblos de North Fork.

➡ **Automóvil** Hay que salir de Manhattan

JONES BEACH

El **Jones Beach State Park** (☎516-785-1600; www.parks.ny.gov; 1 Ocean Pkwy, Wantagh; por automóvil 10 US$, sillas plegables 10 US$, piscina adultos/niños 3/1 US$, mini golf 5 US$; ☺horario según el área) posee 10,5 km de arena limpia pero llena de gente. El ambiente varía según la zona (*field*) que uno elija; por ejemplo, la 2 es para surfistas, la 6 para familias, y hacia el este hay una playa gay, pero no importa donde uno coloque la toalla. El océano está templado en pleno verano (hasta 21°C) y abundan los salvavidas. Además de tomar el sol y surfear, puede apetecer bañarse en una de las dos grandes piscinas, jugar al tejo o al baloncesto en las canchas de la playa, caminar por el paseo de madera de casi 3 km, visitar las aguas tranquilas de la bahía, o descubrir en Castles in the Sand cómo el maestro de obras Robert Moses transformó Long Island creando Jones Beach en la década de 1940.

Existe un sendero de 6 km apto para el ciclismo y el *running* que pasa por el parque, y a lo largo de la playa hay diversos sitios donde alquilar bicicletas. Cuando el sol se pone, se puede ir a cenar a las barbacoas de la playa, pedir una hamburguesa en los restaurantes cercanos o ir al **Jones Beach Theater** (Northwell Health at Jones Beach Theater; ☎866-558-8468, 516-785-1600; www.jonesbeach.com; 1000 Ocean Pkwy, Wantagh; ☺conciertos may-sep), que ofrece conciertos al aire libre de famosas estrellas del pop.

por el túnel de Midtown, que lleva a la I-495/Long Island Expwy, seguirla hasta el final, en Riverhead, y seguir las indicaciones hasta la Rte 25 para ir a todos los destinos del este.

➔ **Tren** La línea LIRR es Ronkonkoma Branch, con trayectos que parten de la Penn Station y Brooklyn y van hasta Greenport.

Lo esencial

➔ **Prefijo** ☎631

➔ **Situación** 161 km al este de Manhattan

➔ **Información** Long Island Wine Council (☎631-369-5887; www.liwines.com)

⊙ PUNTOS DE INTERÉS

MASHOMACK NATURE
PRESERVE   RESERVA NATURAL

(☎631-749-1001; www.shelter-island.org/mashomack.html; Rte 114, Shelter Island; donativo adultos/niños 3/2 US$; ☺9.00-17.00 mar-sep, hasta 16.00 oct-feb) Las más de 800 Ha de esta reserva de Shelter Island, surcada por arroyos y marismas, son ideales para actividades como el kayak, la observación de aves y el senderismo (ciclismo prohibido). Hay que protegerse contra las garrapatas, un problema constante en la isla.

ORIENT BEACH STATE PARK   PLAYA

(☎631-323-2440; www.parks.ny.gov; 40000 Main Rd, Orient; por automóvil 10 US$, kayaks por 25 US$/h; ☺8.00-anochecer, nadar solo jul-ago) Franja de arena en la punta del North Fork donde uno puede bañarse en las tranquilas aguas del océano (jul-ago) o alquilar kayaks para remar en la pequeña bahía. Se pueden divisar cuatro faros distintos, como el Orient Point Lighthouse.

PUGLIESE VINEYARDS   BODEGA

(☎631-734-4057; www.pugliesevineyards.com; 34515 Main Rd, Cutchogue; cata desde 12 US$; ☺11.00-17.00 do-vi, hasta 18.00 sa) Estos viñedos producen vino desde 1980, incluidas unas buenas variedades espumosas. Es una bodega familiar a pequeña escala, a diferencia de otras vecinas de aspecto más impersonal. Se puede saborear una copa al lado del estanque de carpas.

LENZ WINERY   BODEGA

(☎631-734-6010; www.lenzwine.com; 38355 Main Rd, Peconic; ☺10.00-18.00 jun-sep, hasta 17.00 oct-may) Fundada en 1978, es una de las bodegas más antiguas de North Fork y todavía una de las más eclécticas, centrada en vinos de estilo europeo. Los espumosos y los Gewürztraminer son muy buenos. Catas desde 12 US$.

VINTAGE TOURS   VINO

(☎631-765-4689; www.vintagetour1.com; circuitos almuerzo incl. 99-112 US$) En esta ruta de

5-6 h por cuatro bodegas del North Fork, uno puede beber todo lo que desee porque el conductor se ocupa del resto. Además, se puede ver el proceso de elaboración en una de las bodegas. Recogen en el hotel.

DÓNDE COMER

LOVE LANE KITCHEN AMERICANA MODERNA **$$**
(☎631-298-8989; www.lovelanekitchen.com; 240 Love Lane, Mattituck; ppales. almuerzo 13-16 US$, cena 16-32 US$; ☺7.00-16.00 ma y mi, 8.00-21.30 ju-lu) Popular local en una bonita calle que sirve carnes y hortalizas locales; destacan las hamburguesas, los guisantes picantes y el tajín de pato.

NORTH FORK TABLE & INN AMERICANA **$$$**
(☎631-765-0177; www.nofoti.com; 57225 Main Rd, Southold; menú 3-platos 70 US$; ☺17.30-20.00 lu, ju y do, hasta 22.00 vi y sa) Este hostal de cuatro habitaciones (desde 250 US$) es una escapada predilecta de los sibaritas por su excelente restaurante de proximidad, regentado por alumnos del prestigioso restaurante de Manhattan Gramercy Tavern. Sirven cenas de jueves a lunes, pero si el viajero quiere un almuerzo *gourmet* (11-15 US$) la gastroneta del hostal aparcada delante funciona los mismos días de 11.30 a 15.30.

CLAUDIO'S PESCADO Y MARISCO **$$$**
(☎631-477-0627; www.claudios.com; 111 Main St, Greenport; ppales. 25-36 US$; ☺11.30-21.00 do-ju, hasta 22.00 vi y sa may-oct) Una leyenda de Greenport, propiedad de la familia portuguesa Claudio desde 1870. Para una cena más informal se puede ir al Claudio's Clam Bar, en el muelle vecino.

Valle del Hudson

El lugar

Las carreteras sinuosas que siguen el río Hudson pasan por granjas pintorescas, casitas de campo victorianas, huertos y mansiones construidas por la élite neoyorquina. Los pintores de la escuela del Río Hudson mitificaron estos paisajes; sus obras pueden verse en los museos de la zona y en NY. Otoño es una época especialmente bonita para visitar la región. La orilla oriental está más poblada, pero la población disminuye hacia el norte, y la orilla oeste es más rural, con colinas que llegan hasta los montes Catskill.

Lo mejor

➡ **Punto de interés** Dia: Beacon (p. 314)
➡ **Dónde comer** Roundhouse Restaurant & Lounge (p. 315)
➡ **Senderismo** Harriman State Park (p. 314)

Consejo

Los fans del buen comer deberían visitar Rhinebeck o Beacon, que posee algunos de los mejores restaurantes de la zona.

Cómo llegar y salir

➡ **Automóvil** Desde Manhattan, hay que tomar la Henry Hudson Pkwy cruzando el puente de George Washington (I-95) hacia Palisades Pkwy, y dirigirse a la New York State Thruway hacia Rte 9W o Rte 9, las principales carreteras ribereñas panorámicas. La Taconic State Pkwy, al norte de Ossining, es muy bonita en otoño.
➡ **Autobús** Short Line (www.coachusa.com) realiza viajes regulares a Bear Mountain, Harriman, Hyde Park, Rhinebeck y otros destinos.
➡ **Tren** Metro-North (www.mta.info/mnr) tiene varias paradas en los valles bajo y medio (con la línea Hudson). Amtrak llega a Hudson.

Lo esencial

➡ **Prefijo** ☎845
➡ **Situación** 153 km al norte de Manhattan (desde Hyde Park)
➡ **Información** Dutchess Tourism (☎800-445-3131; www.dutchesstourism.com; 3 Neptune Rd; ☺8.00-17.00 lu-vi), **Hudson Valley Network** (www.hudsonvalleyvoyager.com)

◉ PUNTOS DE INTERÉS

◉ Valle del bajo Hudson

Cerca de Tarrytown y Sleepy Hollow, al este del Hudson, se ven mansiones magníficas.

Más al norte, Cold Spring ofrece buenas excursiones cerca de la estación de trenes. La antaño industrial Beacon, también accesible en tren, ha resucitado como avanzadilla del arte vanguardista. Si el viajero se desplaza en automóvil, puede cruzar a la orilla oeste del río Hudson para explorar el Harriman State Park y el contiguo Bear Mountain State Park, con vistas a Manhattan desde su pico de 400 m.

★ **DIA: BEACON** GALERÍA
(☎845-440-0100; www.diaart.org; 3 Beekman St; adultos/niños 15 US$/gratis; ⊙11.00-18.00 ju-lu abr-oct, 11.00-16.00 vi-lu nov-mar) Las 2,8 Ha de una antigua fábrica que imprimía cajas para Nabisco junto al río Hudson es hoy un almacén para obras monumentales de figuras como Richard Serra, Dan Flavin, Louise Bourgeois y Gerhard Richter. La colección permanente se complementa con exposiciones temporales de instalaciones y esculturas a gran escala.

HARRIMAN STATE PARK PARQUE ESTATAL
(☎845-947-2444; www.parks.ny.gov; Seven Lakes Dr, Bear Mountain Circle, Ramapo; por automóvil abr-oct 10 US$; ⊙amanecer-anochecer) Parque de 186 km² situado en la orilla occidental del Hudson con 322 km de senderos y un centro de visitantes. Es ideal para bañarse, hacer excursionismo y acampar.

Incluye un tramo de más de 11 km del **Appalachian Trail** (www.appalachiantrail.org), donde suelen verse senderistas canosos con sus bastones de caminar y sus mochilas, andando junto a la carretera o asomando por el bosque como criaturas de un mundo misterioso.

BEAR MOUNTAIN STATE PARK PARQUE ESTATAL
(☎845-786-2701; www.parks.ny.gov; Palisades Pkwy/Rte 6, Bear Mountain; por automóvil abr-oct 10 US$; ⊙8.00-anochecer) Su principal atractivo son las vistas del perfil urbano de Manhattan desde el pico de 400 m de altura (accesible en coche), pero en verano se puede ir a nadar, y en invierno, a patinar sobre hielo. Cuenta con varias carreteras panorámicas que serpentean entre lagos recónditos con espléndidas vistas.

STORM KING ART CENTER GALERÍA
(☎845-534-3115; www.stormking.org; 1 Museum Rd, cerca de Old Pleasant Hill Rd, New Windsor; adultos/niños 18/8 US$; ⊙10.00-17.30 mi-do abr-oct, hasta 16.30 nov) Este parque de escultu-

ras de 200 Ha, fundado en 1960, exhibe obras de artistas destacados como Barbara Hepworth, Mark di Suvero, Andy Goldsworthy o Isamu Noguchi, instaladas en los prados de la finca.

También hay un centro de visitantes, una cafetería y algunas salas interiores. Desde NY parten excursiones en autobús (véase la web).

SUNNYSIDE EDIFICIO HISTÓRICO
(☎914-591-8763, lu-vi 914-631-8200; www.hudson valley.org; 3 W Sunnyside Lane, Tarrytown; adultos/niños 12/6 US$; ⊙circuitos 10.30-15.30 mi-do may–med nov) Washington Irving, famoso por narraciones como *La leyenda de Sleepy Hollow*, construyó esta imaginativa casa, de la que afirmaba que poseía más rincones y recovecos que un tricornio. Los guías vestidos con trajes del s. XIX explican interesantes anécdotas y la glicina que el propio Irving plantó hace un siglo todavía trepa por los muros.

La estación de trenes más próxima a Sunnyside es Irvington (una antes de Tarrytown).

KYKUIT LUGAR HISTÓRICO
(☎914-366-6900; www.hudsonvalley.org; 200 Lake Rd, Pocantico Hills; circuito adultos/niños 25/23 US$; ⊙circuito variable ju-do may-sep, mi-lu oct) Construida en 1913 por el magnate del petróleo John D. Rockefeller como casa de veraneo, esta mansión de 40 habitaciones está incluida en el Registro Nacional de Lugares Históricos y posee unos preciosos jardines diseñados por Frederick Law Olmsted. Hay esculturas por toda la finca y el museo subterráneo posee una destacada colección de arte moderno con obras de Picasso, Chagall y Warhol.

Solo se puede entrar con la visita guiada que sale del **Philipsburg Manor** (☎lu-vi 914-631-8200, sa y do 914-631-3992; www.hudsonva lley.org; 381 N Broadway, Sleepy Hollow; adultos/niños 12/6 US$; ⊙circuitos 10.30-15.30 mi-do may–med nov); desde allí hay un autobús de enlace para salir de la finca.

⊙ Poughkeepsie y Hyde Park

CASA DE FRANKLIN D. ROOSEVELT EDIFICIO HISTÓRICO
(☎845-486-7770; www.nps.gov/hofr; 4097 Albany Post Rd; adultos/niños 18 US$/gratis, solo museo adultos/niños 9 US$/gratis; ⊙9.00-17.00)

Los guardas realizan interesantes visitas guiadas de 1 h a Springwood, la casa de Franklin D. Roosevelt, presidente de EE UU durante cuatro mandatos y quien condujo al país desde la Gran Depresión a la II Guerra Mundial. Considerando la riqueza de su familia, es una casa modesta, y en verano puede llegar a estar atestada de visitantes. Se han conservado algunos detalles íntimos, como su escritorio, que está tal como lo dejó el día antes de morir, y el ascensor manual que el presidente, afectado de polio, utilizaba para subir hasta el 2° piso.

La casa forma parte de una antigua finca agrícola de 615 Ha que incluye senderos y la **FDR Presidential Library and Museum** (☑845-486-7770; www.fdrlibrary.org; 4079 Albany Post Rd; adultos/niños 18 US\$/gratis; ☺9.00-18.00 abr-oct, hasta 17.00 nov-mar), dedicada a los logros importantes de la presidencia de Roosevelt. La entrada, que incluye la visita a Springwood y la biblioteca presidencial, sirve para dos días.

WALKWAY OVER THE HUDSON   PARQUE
(☑845-834-2867; www.walkway.org; 61 Parker Ave; ☺7.00-anochecer) Es el acceso principal oriental (con aparcamiento) del antiguo puente ferroviario que cruzaba el Hudson. Hoy es el puente peatonal más largo del mundo (2 km) y un parque estatal. Desde él se dominan impresionantes vistas del río.

Si el viajero dispone de tiempo, hay una ruta senderista circular de casi 6 km que da la vuelta por el puente Mid-Hudson y Poughkeepsie.

◉ Rhinebeck y Hudson

★**OLANA**   LUGAR HISTÓRICO
(☑518-828-0135; www.olana.org; 5720 Rte 9G; circuitos casa adultos/niños 12 US\$/gratis; ☺jardines 8.00-anochecer día, circuitos casa 10.00-16.00 ma-do jun-oct, 11.00-15.00 vi-do nov-may) Es una de las mansiones más exquisitas del valle del Hudson, pues su dueño, el famoso pintor paisajista Frederic Church, diseñó cada detalle inspirándose en sus viajes por Oriente Medio y su estima por las hermosas vistas del Hudson con los Catskills en la otra orilla. La casa "fantasía persa" es extraordinaria y vale la pena reservar plaza para la visita guiada al interior, donde hay numerosos cuadros de Church.

Durante todo el año se puede realizar una visita autoguiada por una parte de los jardines de 101 Ha (5 US\$). En la temporada turística, hay visitas guiadas a pie por los jardines (12 US\$) o en vehículo eléctrico (25 US\$).

✖ DÓNDE COMER

★**ROUNDHOUSE**
RESTAURANT & LOUNGE   AMERICANA \$\$
(☑845-765-8369; www.roundhousebeacon.com; 2 E Main St; ramen 16-21 US\$, ppales. 26-36 US\$, menú degustación desde 85 US\$; ☺15.00-21.00 lu y ma, 11.30-21.00 mi y ju, hasta 22.00 vi y sa, 11.00-20.00 do; ☑) Este restaurante elabora platos que ensalzan los mejores productos del valle del Hudson. Muchos son de carne, pero también hay cocina vegetariana imaginativa. No obstante, lo más solicitado son los riquísimos ramen con muslo de pato, incluidos en la carta del Lounge, más informal.

★**BLUE HILL**
AT STONE BARNS   AMERICANA \$\$\$
(☑914-366-9600; www.bluehillfarm.com; 630 Bedford Rd, Pocantico Hills; menú 258 US\$; ☺17.00-22.00 mi-sa, 13.00-19.30 do) ✍ La granja del chef Dan Barber es toda una apuesta de Km 0 (también provee a su restaurante de Manhattan). Ofrece un alucinante festín de 3 h de duración como mínimo con varios platos según la cosecha del día y un servicio tan teatral como la presentación. Hay que reservar mesa con unos dos meses de antelación y vestir elegantemente (hombres con americana y corbata, no se permite pantalón corto).

Durante el día se puede visitar el **Stone Barn Center for Food & Agriculture** (☑914-366-6200; http://story.stonebarnscenter.org; 630 Bedford Rd, Pocantico Hills; adultos/niños 20/10 US\$; ☺10.00-17.00 mi-do), que dispone de una sencilla cafetería con comida para llevar.

FISH & GAME   AMERICANA \$\$\$
(☑518-822-1500; www.fishandgamehudson.com; 13 S 3rd St; ppales. 26-45 US\$; ☺17.30-22.00 ju y vi, 12.00-22.00 sa y do) Este restaurante y bar galardonado con el James Beard hace delirar a los gourmets de NY con su rústica pero elegante cocina moderna americana. El chef Zakary Pelaccio a menudo está en la sala explicando sus creaciones, que incorporan el mejor producto local. El servicio es amable y distendido.

SAUGERTIES

Unos 16 km al noreste de Woodstock, la población de Saugerties (www.discoversau gerties.com) es de la época en que los holandeses se establecieron en la zona, a mediados del s. XVII. Hoy merece una excursión de un día para ver un par de atractivos.
El **Opus 40 Sculpture Park & Museum** (☎845-246-3400; www.opus40.org; 50 Fite Rd, Saugerties; adultos/niños 10/3 US$; ☺11.00-17.30 ju-do may-sep) es donde Harvey Fite trabajó durante casi cuatro décadas para convertir una cantera abandonada en una inmensa obra de arte paisajístico llena de muros sinuosos, barrancos y piscinas. Por un sendero natural de 800 m se llega al pintoresco **Saugerties Lighthouse** de 1869 (☎845-247-0656; www.saugertieslighthouse.com; 168 Lighthouse Dr, Saugerties; donativo sugerido circuito adultos/niños 5/3 US$; ☺camino amanecer-anochecer), en la punta donde Esopus Creek desagua en el Hudson. Los amantes del *rock* clásico tal vez deseen ver **Big Pink** (www.bigpinkbasement.com; Parnassus Lane, West Saugerties; casa 480 US$; ❊☎), la casa que hicieron famosa Bob Dylan y The Band, aunque se halla en una carretera privada. Es posible alojarse en el Lighthouse y Big Pink, pero hay que reservar con mucha antelación.

Woodstock

El lugar

En los Catskills del sur, el pueblo de Woodstock es símbolo de los agitados años sesenta, cuando los jóvenes cuestionaban la autoridad vigente, experimentaban con la libertad y redefinían la cultura popular.

Hoy día, Woodstock todavía atrae a un público artista, bohemio y amante de la música, y cultiva el espíritu de libertad de la época, con diseños de *batik* multicolores y toda clase de iniciativas cívicas, desde la radio local hasta un respetado festival de cine independiente y un mercado (convenientemente catalogado como festival agrícola).

Lo mejor

➡ **Punto de interés** Bethel Woods Center for the Arts (p. 316)

➡ **Dónde comer** Garden Cafe (p. 317)

➡ **Dónde beber** Shindig (p. 317)

Consejo

Conviene llevar una maleta vacía; nunca se sabe qué se va a encontrar en el sinfín de tiendas y mercadillos de antigüedades de la zona (y en los mercadillos del fin de semana).

Cómo llegar y salir

➡ **Automóvil** Hay que tomar la New York State Thruway (por Henry Hudson Pkwy al norte desde Manhattan) o la I-87 hasta la Rte 375 hacia Woodstock, la Rte 32 para ir a Saugerties o la Rte 28 para otros destinos.

➡ **Autobús** Trailways (www.trailwaysny. com) tiene autobuses frecuentes de NY a Saugerties y Woodstock (29 US$, 3 h).

Lo esencial

➡ **Prefijo** ☎845

➡ **Situación** 177 km al norte de Manhattan (desde Saugerties)

◉ PUNTOS DE INTERÉS

BETHEL WOODS
CENTER FOR THE ARTS   CENTRO DE ARTE

(☎866-781-2922; www.bethelwoodscenter.org; 200 Hurd Rd, Bethel; museo adultos/niños 15/ 6 US$; ☺museo 10.00-19.00 lu-do may-sep, hasta 17.00 ju-do oct-abr) Escenario del Woodstock Music & Art Fair de 1969, en la granja Max Yasgur de las afueras de Bethel, está 113 km al suroeste de Woodstock. Hoy alberga un anfiteatro al aire libre que acoge magníficos conciertos en verano, y un evocador **museo** con exposiciones sobre la música y las imágenes que convirtieron Woodstock en una gran fuerza cultural.

CENTER FOR PHOTOGRAPHY
AT WOODSTOCK   CENTRO ARTÍSTICO

(☎845-679-9957; www.cpw.org; 59 Tinker St; ☺12.00-17.00 ju-do) GRATIS Fundado en 1977, este espacio creativo organiza clases, conferencias y exposiciones que van más allá de la definición estricta de manifestación artística gracias a un dinámico programa de residencias.

Este local fue antes el Café Espresso, sobre el cual Bob Dylan tenía el estudio de escritura donde en 1964 tecleó a máquina las notas para la funda del álbum *Another Side of Bob Dylan*. Janis Joplin también solía actuar en el local.

KARMA TRIYANA
DHARMACHAKRA   MONASTERIO BUDISTA

(☎845-679-5906; www.kagyu.org; 335 Meads Mountain Rd; ⏰8.30-17.30) Estupendo monasterio budista con unos cuidados y serenos jardines a unos 5 km de Woodstock, al que acuden los neoyorquinos estresados cuando necesitan hacer una pausa espiritual para revisar su karma y sus chacras. En la sala de meditación hay una gran imagen dorada de Buda; cualquiera puede entrar a meditar si se quita los zapatos.

En la web se pueden consultar los horarios de las oraciones y meditaciones diarias, visitas guiadas y retiros.

 DÓNDE COMER

SHINDIG   AMERICANA $

(☎845-684-7091; www.woodstockshindig.com; 1 Tinker St; ppales. 10-15 US$; ⏰10.00-21.00 ma-ju, 9.00-22.00 vi y sa, hasta 21.00 do; 🎔) No hay nada que no sea adorable en esta alegre cafetería y bar *hipster* que sirve desayunos hasta las 15.00 y ofrece una gran variedad de cervezas artesanas, cócteles imaginativos y un original bocadillo de trucha con BLT (beicon, lechuga y tomate).

★GARDEN CAFE   VEGANA $

(☎845-679-3600; www.thegardencafewoodstock. com; 6 Old Forge Rd; ppales. 9-20 US$; ⏰11.30-21.00 lu y mi-vi, 10.00-21.00 sa y do; 🖉) Todos los ingredientes empleados en esta apacible y encantadora cafetería son ecológicos y la comida es atractiva, sabrosa y fresca. También sirve zumos recién hechos, batidos, vinos ecológicos, cervezas artesanas y café.

 DÓNDE BEBER Y VIDA NOCTURNA

STATION BAR & CURIO   BAR

(☎845-810-0203; www.stationbarandcurio.com; 101 Tinker St; ⏰16.00-2.00 lu-ju, 12.00-2.00 vi-do) La estación de 1900 de la Ulster & Delaware Railroad Company que este bar ocupa estuvo situada en Brown's Station (a 16 km), un pueblo hoy sumergido en el embalse de Ashokan. Sirve ocho cervezas artesanas de barril locales y muchas más en botella, así como cócteles y vinos.

Casi todos los fines de semana hay *jazz* y *blues* en directo.

Dónde dormir

Con más de 60 millones de visitantes anuales, los hoteles suelen quedarse rápidamente sin habitaciones libres. El alojamiento abarca desde pequeñas habitaciones cortadas por el mismo patrón en Midtown, hasta opciones en rascacielos y elegantes hoteles-boutique en el centro. También hay varios B&B en barrios residenciales, así como albergues económicos repartidos por la metrópoli.

Reserva de alojamiento

En NY, el precio medio por habitación supera los 300 US$. Pero no hay que dejarse asustar, porque siempre se encuentran descuentos, sobre todo si se busca un poco en internet. Para conseguir las mejores ofertas existen dos tipos de enfoque: si no se tiene preferencia por ningún hotel, lo mejor es consultar las webs genéricas de reservas, pero si uno sabe dónde quiere alojarse, conviene consultar la del hotel en cuestión, pues se pueden encontrar en ellas ofertas y paquetes de descuento.

Tarifas

En NY no existe la temporada alta propiamente dicha. Aunque hay épocas de mayor afluencia de turistas, la Gran Manzana nunca tiene que preocuparse por llenar camas, pues recibe un flujo constante de visitantes durante todo el año. Lo que significa que los precios de las habitaciones fluctúan en función de la disponibilidad; de hecho, casi todos los hoteles cuentan con un algoritmo de reservas que escupe un precio según las habitaciones ya reservadas para la misma noche, por lo que cuantas más reservas haya, más caras serán. Para encontrar los mejores precios, el principal aliado es la flexibilidad: entre semana suele ser más barato y en invierno suelen bajar. Si se va a viajar un fin de semana, se puede buscar un hotel de negocios en el Financial District, que suele vaciarse al terminar la semana laboral.

Hoteles

Con más de 100 000 habitaciones de hotel, en Nueva York no faltan opciones. Hay preciosos hoteles con encanto y muy bien diseñados y cadenas hoteleras insulsas e impersonales, además de numerosas opciones útiles entre ambos extremos. Los mejores sitios ofrecen abundantes servicios, como bares en la azotea, restaurantes de fama o locales elegantes. Incluso en los hoteles más caros, las habitaciones tal vez no son muy amplias, pero en general suelen incluir muebles lujosos y detalles de gama alta (magníficas duchas, productos de baño de calidad, camas muy cómodas...).

Pensiones y B&B

En NY han algunas pequeñas pensiones y B&B, sobre todo en los distritos más verdes de la ciudad, como el West Village, Chelsea, Harlem y Brooklyn. Aunque la calidad es variable, en general ofrecen más ambiente y una mejor interacción humana que el hotel promedio en NY. Muchos dueños de B&B se desviven por hacer sentir a los clientes como en casa y les brindan información de primera mano sobre el barrio y alrededores.

Albergues

Los viajeros de presupuesto ajustado hallarán abundantes opciones en la ciudad, como los albergues repartidos por Manhattan y Brooklyn. Últimamente ha llegado una nueva hornada de establecimientos económicos con alegres espacios al aire libre y cafeterías o bares anejos en algunos.

Lo mejor
de Lonely Planet

Crosby Street Hotel (p. 322)
Bowery Hotel (p. 323)
NoMad Hotel (p. 328)
Gramercy Park Hotel (p. 326)

Los mejores
por precios

$$
Local NYC (p. 334)
Harlem Flophouse (p. 331)
Carlton Arms (p. 326)
Boro Hotel (p. 334)

$$
Citizen M (p. 327)
Wall Street Inn (p. 321)

$$$
Knickerbocker (p. 328)
Hôtel Americano (p. 325)

Los mejores hoteles
con encanto

Chatwal New York (p. 328)
Wythe Hotel (p. 332)
Ace Hotel (p. 328)

Los mejores
para familias

Hotel Beacon (p. 331)
Bubba & Bean Lodges (p. 329)
Nu Hotel (p. 333)

Los mejores
para la luna de miel

Lafayette House (p. 322)
Andaz Fifth Avenue (p. 328)
Plaza (p. 329)

Los mejores hoteles
de lujo

Hotel Gansevoort (p. 325)
Broome (p. 322)
McCarren Hotel & Pool (p. 333)

Las mejores vistas

Standard (p. 325)
Z Hotel (p. 334)
Four Seasons (p. 329)
Williamsburg Hotel (p. 332)

Los mejores
de Brooklyn

Henry Norman Hotel (p. 333)
Lefferts Manor Bed & Breakfast (p. 332)
Wythe Hotel (p. 332)
Akwaaba Mansion Inn (p. 333)

LO ESENCIAL

DÓNDE DORMIR

Guía de precios

Los siguientes símbolos hacen referencia a la gama de precios habitual de una habitación doble estándar independientemente de la época del año. A no ser que se indique lo contrario, el desayuno está incluido.
**$** menos de 200 US$
**$$** 200-350 US$
**$$$** más de 350 US$

Reservas

Reservar es imprescindible; conseguir una habitación presentándose en un hotel sin más es imposible y, en caso de lograrlo, conviene reservar lo antes posible y asegurarse de que se ha entendido bien la política de cancelación del hotel. La hora de entrada suele ser a media tarde, y la de salida, a última hora de la mañana.

Webs

newyorkhotels.com (www.newyorkhotels.com) La autoproclamada web oficial de los hoteles de Nueva York.

NYC (www.nycgo.com/hotels) La Guía Oficial de Nueva York tiene muchos listados de hoteles.

Lonely Planet (www.lonelyplanet.com/usa/new-york-city/hotels) Reseñas sobre alojamiento y consejos.

Propinas

Siempre hay que dejar propina al servicio de limpieza, se aconseja entre 3 y 5 US$ por noche, en un lugar visible y con una nota. A los botones y al servicio.

Dónde alojarse

BARRIO	VENTAJAS	INCONVENIENTES
Financial District y Lower Manhattan	Práctico para la vida nocturna de Tribeca y los ferris. Tarifas baratas el fin de semana en hoteles de negocios.	Las zonas más al sur pueden ser impersonales, aunque Tribeca posee algunos restaurantes muy buenos.
SoHo y Chinatown	Se puede ir de compras por cualquier parte sin apenas desplazarse.	Las calles comerciales del SoHo están siempre abarrotadas.
East Village y Lower East Side	Original y divertida, es la zona que parece más auténtica.	Las opciones tienden a lo muy caro o muy sencillo, sin gran cosa en medio.
West Village, Chelsea y Meatpacking District	Floreciente y pintoresca zona con un ambiente muy europeo. Está cerca de todo.	Los hoteles tradicionales son caros pero los B&B tienen precios razonables.
Union Square, Flatiron District y Gramercy	Zona cómoda para ir en metro a cualquier parte y no queda lejos del Village y Midtown.	Es cara y no tiene mucho ambiente de barrio.
Midtown	En pleno corazón de la imagen tópica de NY: rascacielos, museos, tiendas y espectáculos de Broadway.	Es una de las zonas más caras, con habitaciones pequeñas. Turístico e impersonal.
Upper East Side	A un tiro de piedra de los mejores museos y los espacios verdes de Central Park.	Menos opciones y precios muy altos. No muy céntrico.
Upper West Side y Central Park	Cerca de Central Park, Lincoln Center y del Museum of Natural History.	Más familiar que animado.
Harlem y Upper Manhattan	Fantástico ambiente de barrio, buenos precios y cerca de Central Park.	Largos trayectos en metro (o caros en taxi) hasta la acción en el centro y Brooklyn.
Brooklyn	Buenos precios; ideal para explorar algunos de los barrios más creativos.	Se tarda bastante en llegar a Midtown y a otros sitios del norte.
Queens	Más barato, sin turistas y situado cerca de los mejores restaurantes étnicos de NY. Long Island City está a un breve trayecto en metro de Midtown.	Los lugares más alejados, sobre todo Flushing, requieren un largo trayecto en metro

🛏 Lower Manhattan y Financial District

Casi todos los hoteles del Financial District están orientados a viajeros de negocios, lo que significa que a menudo ofrecen descuentos el fin de semana. Al norte, el barrio de moda, Tribeca, alberga un puñado de hoteles frecuentados por gente a la última, como el Greenwich Hotel, de Robert De Niro.

ROXY HOTEL TRIBECA   HOTEL $$

(☎212-519-6600; www.roxyhotelnyc.com; 2 Sixth Ave con White St; estándar/superior/de lujo h desde 235/255/335 US$; ❀🐾@🛜; Ⓢ1 hasta Franklin St; A/C/E hasta Canal St) Este hotel ofrece 201 habitaciones con atrevidas combinaciones cromáticas a base de marrones y dorados y accesorios modernos, dispuestas alrededor de un amplio atrio central con numerosos bares, un selecto **cine de arte y ensayo** (☎212-519-6820; www.roxycinematribeca.com; entradas 10 US$) y un club de *jazz* en el sótano. Aceptan mascotas gratis, pero si no han podido acompañar al dueño en el viaje, el hotel presta un pez de colores para que se haga un poco de compañía en la habitación.

ANDAZ WALL ST   HOTEL- BOUTIQUE $$

plano p. 414 (☎212-590-1234; http://wallstreet. andaz.hyatt.com; 75 Wall St con Water St; h desde 215 US$; ❀@🛜; Ⓢ2/3 hasta Wall St) Hotel preferido por los hombres de negocios que siguen las modas. Los huéspedes se registran con iPads y tanto la wifi como las llamadas locales o los refrescos y tentempiés del minibar son gratis. Tiene 253 habitaciones, espaciosas y elegantemente sobrias, con ventanas de más de 2 m de altura, suelos de roble y cómodas camas. La terraza ofrece cervezas artesanales en temporada, y el Dina Rata, ingeniosos cócteles todo el año. Tiene *spa* y un gimnasio abierto 24 h. El fin de semana, las tarifas pueden caer por debajo de los 300 US$.

GILD HALL   HOTEL- BOUTIQUE $$

plano p. 414 (☎212-232-7700; www.thompsonho tels.com/hotels/gild-hall; 15 Gold St con Platt St; h desde 229 US$; ❀🛜; Ⓢ2/3 hasta Fulton St) Radiante y de categoría, la entrada conduce a una biblioteca y bar de vinos en dos niveles, que rezuma clase y recuerda una cabaña de caza. Las habitaciones combinan la elegancia europea con la comodidad americana, con altos techos, ropa de cama Sferra, y minibar bien provisto. Las camas dobles supergrandes tienen cabeceros de piel que combinan perfectamente con el entorno minimalista.

Las tarifas suelen ser más baratas en fin de semana.

WALL STREET INN   HOTEL $$

plano p. 414 (☎212-747-1500; www.thewallstreet inn.com; 9 S William St; h 140-280 US$; ❀🛜; Ⓢ2/3 hasta Wall St) El exterior de piedra de este hotel asequible e íntimo no concuerda con el cálido interior de estilo colonial. Las camas son grandes y mullidas, y las habitaciones poseen muebles de madera brillante y largas cortinas. Los baños tienen muchos detalles geniales, como *jacuzzis* en las habitaciones de lujo y bañeras en el resto. Wifi y desayuno incluidos.

El edificio tiene su historia: la baldosa de la entrada con la L y la B es un recuerdo de los propietarios anteriores, Lehman Brothers.

⭐GREENWICH HOTEL   HOTEL- BOUTIQUE $$$

plano p. 414 (☎212-941-8900; www.thegreenwich hotel.com; 377 Greenwich St, entre N Moore St y Franklin St; h desde 625 US$; ❀🐾🏊; Ⓢ1 hasta Franklin St; A/C/E hasta Canal St) Todo en el hotel de Robert de Niro es especial, desde la lujosa sala de estar (con chimenea) hasta la piscina situada en el interior de una granja japonesa reconstruida. Sus 88 habitaciones diseñadas individualmente tienen suelos de madera envejecida y baños con opulento mármol de Carrara o azulejos marroquíes. En algunas habitaciones las puertas acristaladas dan a un patio interior de inspiración toscana.

SMYTH TRIBECA   HOTEL- BOUTIQUE $$$

plano p. 414 (☎212-587-7000; www.thompsonho tels.com/hotels/nyc/smyth; 85 W Broadway, entre Warren St y Chambers St; h desde 415 US$; ❀🛜; ⓈA/C, 1/2/3 hasta Chambers St) Renovado por Gachot Studios, ofrece el mismo lujo y modernidad que el Gild Hall y The Beekman. Los muebles modernos, las alfombras y las estanterías llenas de libros le dan al vestíbulo un elegante y acogedor ambiente escandinavo, mientras que las 100 habitaciones insonorizadas ofrecen una relajante combinación de moquetas oscuras, paneles de nogal y elegantes baños. Tiene un restaurante gastronómico con productos de temporada del restaurador Andrew Carmellini y ofrece servicio gratis de limusina y de limpieza dos veces al día.

CONRAD NEW YORK HOTEL DE LUJO $$$
(☎212-945-0100; www.conradnewyork.com; 102 North End Ave con Vesey St; d 300-700 US$; ❄📶; [S]A/C hasta Chambers St) En Battery Park City, este lujoso hotel de suites es una opción excelente del grupo Hilton para los viajeros de negocios. A pesar de su fama en el distrito financiero (o tal vez gracias a ella), está lleno de magníficas obras de arte, incluido un enorme mural de Sol LeWitt en el atrio de 16 pisos de altura. Las habitaciones están diseñadas con gusto, tonos tierra y muebles de gama alta.

Las suites también se pueden utilizar para reuniones. Una puerta corredera de vidrio esmerilado separa la zona de estar del dormitorio. Las habitaciones más codiciadas ofrecen deslumbrantes vistas del río Hudson.

SoHo y Chinatown

Los amantes del estilo se emocionan solo de pensar en las tiendas a la última del SoHo y los hoteleros han tomado nota. En sus calles jalonadas de estrellas hay alojamientos muy codiciados, aunque los precios son elevados. Pero merece la pena estar al lado de las mejores tiendas, bares y restaurantes del mundo, y no queda lejos (en metro o en taxi) de otros barrios de Manhattan. Hay opciones algo más baratas en las zonas limítrofes de Chinatown y Nolita. Para lo realmente económico hay que salir del barrio.

BOWERY HOUSE ALBERGUE $
plano p. 416 (☎212-837-2373; www.theboweryhouse.com; 220 Bowery, entre Prince St y Spring St, Nolita; i/d con baño compartido desde 80/130 US$; ❄📶; [S]R/W hasta Prince St) Frente al New Museum, esta pensión de mala muerte de los años veinte ha sido resucitada como un elegante albergue. Tiene habitaciones decoradas con carteles de películas relacionadas con Bowery y colchones a medida (más cortos y estrechos), y los baños compartidos tienen duchas con efecto lluvia y suelo radiante. También posee un elegante salón con sofás Chesterfield y lámparas de araña, un animado bar y una terraza en la azotea.

Los que tengan el sueño ligero deberían evitar este albergue muy frecuentado por una clientela noctámbula (se ofrecen tapones para los oídos a todos los huéspedes).

LEON HOTEL HOTEL $$
plano p. 416 (☎212-390-8833; www.leonhotelnyc.com; 125 Canal St, entre Bowery St y Chrystie St, Chinatown; d 170-300 US$; ❄📶; [S]B/D hasta Grand St) En la entrada al puente de Manhattan, rodeado de frenéticas calles, este hotel ofrece alojamiento sencillo y limpio con una aceptable relación calidad-precio. Sus habitaciones son confortables y algunas gozan de fascinantes vistas de Lower Manhattan y el One World Trade Center. Tiene un personal muy amable y una práctica ubicación para explorar Chinatown, Nolita y Lower East Side.

★CROSBY STREET HOTEL HOTEL-BOUTIQUE $$$
plano p. 416 (☎212-226-6400; www.firmdalehotels.com; 79 Crosby St, entre Spring St y Prince St, SoHo; h desde 695 US$; 🚭❄📶; [S]6 hasta Spring St; N/R hasta Prince St) Si uno va a este hotel a merendar no querrá irse, no solo por sus bollos y su cuajada, sino también por su excéntrico vestíbulo tipo *loft,* su animado bar, su sala de cine y sus singulares habitaciones. Algunas tienen una austera decoración en blanco y negro, mientras que otras son tan floreadas como un jardín inglés, pero todas son lujosas, sofisticadas y alegres.

BROOME HOTEL-BOUTIQUE $$$
plano p. 416 (☎212-431-2929; www.thebroomenyc.com; 431 Broome St con Crosby St, SoHo; h desde 460 US$; ❄📶; [S]N/R hasta Prince S; 6 hasta Spring St) Se inauguró en el 2014 en un edificio del s. XIX exquisitamente restaurado. Sus 14 habitaciones en cinco plantas son el paradigma de una elegancia sobria y sencilla, con accesorios locales, como muebles de Mitchell Gold + Bob Williams y enormes espejos de BDDW. El personal amable y encantador y el ambiente tranquilo suponen un respiro de la incansable energía del SoHo.

LAFAYETTE HOUSE PENSIÓN $$$
plano p. 416 (☎646-306-5010; http://lafayettehousenyc.com; 38 E 4th St, entre Fourth Ave y Lafayette St, NoHo; h 367 US$; ❄📶; [S]6 hasta Bleecker St; B/D/F/M hasta Broadway-Lafayette St) Antigua casa adosada con una bonita decoración victoriana y ocho acogedoras habitaciones con grandes camas, gruesas cortinas, chimeneas de mármol y armarios. Dos de ellas tienen jardín propio, y otras, terraza o balcón. Las que dan a la calle pueden ser ruidosas.

🛏 East Village y Lower East Side

En estos barrios, antiguamente toscos, han ido apareciendo edificios con carácter que han dado a la zona un aire divertido e internacional, manteniendo su esencia. Los visitantes que busquen ese toque verdaderamente neoyorquino se sentirán a sus anchas por sus cortas calles, en especial si se pueden pagar los hoteles de Bowery o Cooper Square. Si lo importante es estar cerca del metro, habrá que alojarse en el lado oeste, porque el transporte subterráneo disminuye a medida que se va hacia el este, sobre todo pasada la Quinta Avenida.

ST MARK'S HOTEL   HOTEL $

plano p. 420 (📞212-674-0100; www.stmarkshotel. net; 2 St Marks Pl, en Third Ave, East Village; d desde 130 US$; ❄🤶; 🚇6 hasta Astor Pl) Esta opción económica en atrae a una clientela joven y noctámbula que disfruta teniendo una de las mayores concentraciones de bares y restaurantes de la ciudad justo al lado de la puerta. Las habitaciones son pequeñas y anticuadas, y el ruido de la calle es un problema para los que duermen mal; no hay ascensor.

EAST VILLAGE HOTEL   HOTEL $$

plano p. 420 (📞646-429-9184; www.eastvillageho tel.com; 147 First Ave con 9th St, East Village; d desde 312 US$; ❄🤶; 🚇6 hasta Astor Pl) Tiene habitaciones limpias y sencillas con paredes de ladrillo (un poco más grandes que la media en Nueva York), cómodos colchones, TV y pequeñas cocinas. El ruido de la calle es un problema, y al ser un edificio antiguo, hay que subir el equipaje por las escaleras. No tiene vestíbulo ni zonas comunes. A los huéspedes se les proporciona el código de acceso de la puerta para que entren y salgan.

LUDLOW   HOTEL $$

plano p. 422 (📞212-432-1818; www.ludlowhotel. com; 180 Ludlow St, entre Houston St y Stanton St, Lower East Side; d desde 355 US$, *loft* desde 465 US$; ❄🤶; 🚇F hasta 2º Ave) Tras casi una década en obras, este hotel-*boutique* fue inaugurado a bombo y platillo en el 2014. Tiene 184 exquisitas habitaciones con elementos singulares (algunas mesitas de noche son troncos petrificados), baños con suelos de mosaico y pequeños balcones. Las más baratas son pequeñas y estrechas. Tiene un fabuloso bar en el vestíbulo y un elegante bistró francés.

SAGO HOTEL   HOTEL-BOUTIQUE $$

plano p. 422 (📞212-951-1112; www.sagohotel.com; 120 Allen St, entre Rivington St y Delancey St, Lower East Side; h desde 250 US$, estudio desde 320 US$; ❄🤶; 🚇F hasta Delancey; J/M/Z hasta Essex) No importa el tiempo que haga en Nueva York: en este hotel uno siempre está a gusto. Se encuentra en el bullicioso centro del Lower East Side y todas las habitaciones tienen líneas puras, ladrillo gris y muebles simples y actuales. En los pisos altos hay terraza con impresionantes vistas de la ciudad.

Las habitaciones van desde las minúsculas suites de 18 m² hasta los áticos de varias plantas. Por la noche hay fiesta con vino y queso en la terraza.

BLUE MOON BOUTIQUE HOTEL   HOTEL $$

plano p. 422 (📞347-294-4552; www.bluemoon-nyc. com; 100 Orchard St, entre Broome St y Delancey St, Lower East Side; dc/d desde 60/229 US$; ❄🤶; 🚇F hasta Delancey St; J/M hasta Essex St) Nadie imaginaría que este hotel de ladrillo fue un inmundo bloque de viviendas en 1879. Con contraventanas originales de madera y camas de forja, sus pequeñas y austeras habitaciones de inspiración *vintage* son muy confortables. Las mejores son muy luminosas, con balcones que ofrecen excelentes vistas. También tiene dos dormitorios colectivos de cuatro camas (uno mixto y otro para mujeres).

BOWERY HOTEL   HOTEL-BOUTIQUE $$$

plano p. 420 (📞212-505-9100; www.theboweryho tel.com; 335 Bowery, entre 2nd St y 3rd St, East Village; h 295-535 US$; ❄@🤶; 🚇F/V hasta Lower East Side-2º Ave; 6 hasta Bleecker St) En el oscuro y silencioso vestíbulo dorado, con sillas de terciopelo antiguas y desgastadas alfombras persas, entregan una anticuada llave con borla roja. Tras recorrer unos suelos de mosaico se llega a la habitación, que dispone de unos grandes ventanales fabriles y elegantes camas con dosel, TV, y artículos de baño de lujo.

La barra de cinc, el patio ajardinado y el restaurante italiano Gemma's están siempre a tope.

STANDARD EAST VILLAGE   HOTEL $$$

plano p. 420 (📞212-475-5700; www.standardho tels.com; 25 Cooper Sq (Third Ave), entre 5th St y 6th St, East Village; i desde 349 US$, d 499 US$;

✳❄; 🅂R/W hasta 8th St-NYU; 4/6 hasta Bleecker St; 4/6 hasta Astor Pl) A pesar de la pared llena de grafitis que los diseñadores colocaron en su entrada, esta reluciente estructura blanca que se alza en Cooper Sq por encima de East Village como una vela desplegada parece fuera de lugar en este barrio de casas bajas. Para una visión más auténtica del viejo East Village, hay que ir al bar del patio.

Sus habitaciones tienen cómodas camas, grandes ventanas, altavoces con Bluetooth y artículos de baño de gama alta.

🛏 West Village, Chelsea y Meatpacking District

El suelo urbano del codiciado West Village es el más caro de la ciudad, como evidencian los altos precios de los hoteles. Sin embargo, alojarse en esta zona bien vale el dinero extra, pues el cliente disfrutará de un magnífico ambiente de barrio en algunas de las fincas más inolvidables de la ciudad. El Meatpacking District es famoso por sus hoteles imponentes y exclusivos, mientras que unas manzanas más arriba, en Chelsea, hay muchas más construcciones nuevas y una gran cantidad de propiedades ostentosas con espacios vanguardistas. El alojamiento en Chelsea asegura el acceso cómodo (a pie) a tiendas de lujo, restaurantes y bares.

JANE HOTEL
HOTEL $

plano p. 424 (📞212-924-6700; www.thejanenyc.com; 113 Jane St, entre Washington St y West Side Hwy, West Village; h con baño compartido/privado desde 115/295 US$; 🄿✳❄; 🅂A/C/E, L hasta 8th Ave-14th St; 1 hasta Christopher St-Sheridan Sq) Los claustrofóbicos deberían evitar sus minúsculas habitaciones de 4,6 m², pero si el viajero desea vivir como un marinero de lujo, debe alojarse en esta joya de ladrillo reformada, que fue construida para los marineros a principios del s. xx (algunos supervivientes del *Titanic* se alojaron en 1912). El magnífico bar-sala de baile parece el de un hotel de cinco estrellas. Los camarotes del capitán, más caros, cuentan con baño privado.

CHELSEA INTERNATIONAL HOSTEL
ALBERGUE $

plano p. 428 (📞212-647-0010; www.chelseahostel.com; 251 W 20th St, entre Seventh Ave y Eighth Ave, Chelsea; dc 55 US$, i 68-107 US$, d desde 127 US$; ✳@❄; 🅂1, C/E hasta 23rd St; 1 hasta 18th St) En Chelsea se alza este gran inmueble, antiguo bastión del mochilero y buena opción si importa estar en un lugar céntrico. Aunque se vale de su situación para subir los precios, a pesar de sus muebles sencillos es un establecimiento limpio y posee salas compartidas y cocinas para los clientes, donde los viajeros de bajo presupuesto se reúnen y pasan el tiempo.

INCENTRA VILLAGE HOUSE
B&B $$

plano p. 424 (📞212-206-0007; www.incentravillage.com; 32 Eighth Ave, entre 12th St y Jane St, West Village; h desde 239 US$; ✳❄; 🅂A/C/E, L hasta 8th Ave-14th St) Con una excelente ubicación en West Village, estas dos casas de ladrillo se construyeron en 1841 y luego se convirtieron en el primer alojamiento gay de la ciudad. Hoy sus 11 habitaciones están muy solicitadas, de modo que conviene reservar con mucha antelación para poder disfrutar de su espléndido salón victoriano y sus habitaciones muy americanas llenas de antigüedades.

La Garden Suite es muy pintoresca pues tiene acceso a un pequeño jardín trasero. El hotel afirma que el wifi llega a todas las habitaciones, pero no siempre es constante. En el salón hay un ordenador para uso gratuito de los clientes.

CHELSEA PINES INN
B&B $$

plano p. 428 (📞888-546-2700, 212-929-1023; www.chelseapinesinn.com; 317 W 14th St, entre Eighth Ave y Ninth Ave, Chelsea; i/d desde 229/269 US$; ✳❄; 🅂A/C/E, L hasta 8th Ave-14th St) Con cinco pisos sin ascensor, cada uno de un color del arco iris, suele llenarse de gais y lesbianas, aunque se aceptan todo tipo de huéspedes. Conviene conocer a las bellezas de Hitchcock, porque no solo hay carteles de películas antiguas en las paredes, sino que las 26 habitaciones reciben el nombre de sus estrellas, como Kim Novak, Doris Day o Ann Margret. Los baños quedan al final del pasillo. El saloncito del piso de abajo da a un minúsculo patio. El desayuno está incluido en el precio.

COLONIAL HOUSE INN
B&B $$

plano p. 428 (📞800-689-3779, 212-243-9669; www.colonialhouseinn.com; 318 W 22nd St, entre Eighth Ave y Ninth Ave, Chelsea; h 130-350 US$; ✳❄; 🅂1, C/E hasta 23rd St) Agradable y sencillo, este pequeño hotel de 20 habitaciones para gais es pulcro, pero está algo ajado; casi todas ellas cuentan con vestidores (con una pequeña TV y nevera). Las más pequeñas tienen el baño comparido y la suite de lujo tiene acceso privado al jardín trasero. Cuando hace buen tiempo, en el solárium de la azotea se practica el nudismo.

El precio incluye un desayuno continental y un servicio regular de café y té en el vestíbulo. El vestíbulo y los espacios comunes también sirven de galería para las obras de arte del fundador del hotel, e icono de Chelsea, Mel Cheren.

TOWNHOUSE INN OF CHELSEA B&B **$$**

plano p. 428 (☎212-414-2323; www.townhouseinnchelsea.com; 131 W 23rd St, entre Sixth Ave y Seventh Ave, Chelsea; d 150-300 US$; ❄📶; [S]1, F/M hasta 23rd St) Situado en una casa independiente de cinco plantas del s. XIX, con ladrillo visto y suelos de madera, este B&B de 14 habitaciones es una joya de Chelsea. Adquirida en 1998 y reformada a fondo, dispone de ascensor y habitaciones grandes y acogedoras.

Cuenta con un bar que funciona con un sistema de confianza y un viejo piano en el que los huéspedes pueden tocar, además de una biblioteca victoriana en el 2° piso que también se usa como salón de desayunos.

GEM HOTEL **$$**

plano p. 428 (☎212-675-1911; www.thegemhotel.com; 300 W 22nd St, entre Eight Ave y Ninth Ave, Chelsea; h desde 210 US$; [P]📶; [S]1, C/E hasta 23rd St) Con una situación increíble en el centro de Chelsea, habitaciones limpias, un personal amable y un bar en la azotea, constituye una de las mejores opciones de precio razonable en el bajo Manhattan. No obstante, algunos de los muebles del vestíbulo están un poco deslucidos y los baños abiertos en algunas de las habitaciones tal vez no convengan a las personas que no sean pareja.

STANDARD HOTEL-BOUTIQUE **$$$**

plano p. 424 (☎212-645-4646; www.standardhotels.com; 848 Washington St, en 13th St, Meatpacking District; d desde 509 US$; ❄📶; [S]A/C/E, L hasta 8th Ave-14th St) Achaparrada torre de cristal del hotelero *hipster* André Balazs, a horcajadas de la High Line. Todas las habitaciones tienen amplias vistas de Meatpacking District y mucha luz, lo que hace que sus camas enmarcadas en madera y sus baños de mármol resplandezcan. También hay un ultramoderno hotel Standard en East Village.

Tiene una animada cervecería alemana al aire libre y una *brasserie* (así como una pista de patinaje sobre hielo en invierno) al nivel de la calle, y un lujoso club nocturno en la planta superior. Su ubicación es insuperable, con lo mejor de NY a la vuelta de la esquina.

MARITIME HOTEL HOTEL-BOUTIQUE **$$$**

plano p. 428 (☎212-242-4300; www.themaritimehotel.com; 363 W 16th St, entre Eighth Ave y Ninth Ave, Chelsea; h desde 403 US$; ❄📶; [S]A/C/E, L hasta 8th Ave-14th St) Esta torre blanca salpicada de ojos de buey es ahora un lujoso hotel de temática marítima. Por dentro recuerda al barco de *Vacaciones en el mar,* pero lujoso, con 135 habitaciones, cada una con su ojo de buey; las más caras tienen ducha al aire libre, jardín privado y vistas panorámicas del Hudson. El edificio era la sede del sindicato National Maritime Union y luego albergó un refugio para adolescentes sin hogar.

HÔTEL AMERICANO HOTEL **$$$**

plano p. 428 (☎212-216-0000; www.hotel-americano.com; 518 W 27th St, entre Tenth Ave y Eleventh Ave, Chelsea; h desde 245 US$; ❄📶🏊; [S]1, C/E hasta 23rd St) Los amantes del diseño enloquecerán en estas habitaciones. Es como dormir en una caja *bento,* pero en vez de comida lo que hay es una selección de muebles minimalistas. Y eso que cuelga del techo y parece la cabeza de un robot es una chimenea colgante.

HOTEL GANSEVOORT HOTEL DE LUJO **$$$**

plano p. 424 (☎212-206-6700; www.hotelgansevoort.com; 18 Ninth Ave con 13th St, Meatpacking District; h desde 475 US$; ❄📶🏊🐾; [S]A/C/E, L hasta 8th Ave-14th St) Recubierto de paneles de color cinc, este hotel de 14 plantas ha sido uno de los grandes atractivos de Meatpacking District desde su apertura en el 2004. Las habitaciones son lujosas y amplias. Para subir al Plunge, su bar de la azotea, se forman largas colas, y los huéspedes pueden bañarse en una estrecha piscina con vistas al río Hudson. También tiene un restaurante a ras de la calle, una coctelería/local nocturno muy elegante llamado Provocateur y un *spa* Exhale con todos los servicios.

HIGH LINE HOTEL HOTEL **$$$**

plano p. 428 (☎212-929-3888; www.thehighlinehotel.com; 180 Tenth Ave, entre 20th St y 21st St, Chelsea; d desde 470 US$; [S]1, C/E hasta 23rd St) La serenidad está asegurada durante la estancia en este edificio neogótico que antaño formó parte del General Theological Seminary (todavía funciona en un edificio situado a la vuelta de la esquina). El hotel posee 60 atractivas habitaciones que combinan los muebles antiguos y contemporáneos. La situación es perfecta para visitar las galerías de Chelsea o pasear por la verde High Line.

El patio que hay delante del edificio es un lugar encantador para relajarse, sobre todo con un café en la mano (Intelligentsia sirve café desde la antigua furgoneta Citroën H aparcada dentro del recinto). También se puede disfrutar de una cerveza, un vino o un cóctel por la noche en el bar oculto en el interior, o en la terraza trasera. Los clientes pueden tomar prestada una elegante bicicleta Shinola para dar una vuelta por la ciudad.

🛏 Union Square, Flatiron District y Gramercy

Muchos visitantes se alojan bajo las parpadeantes luces de Times Square por comodidad, pero Union Square y los barrios contiguos son igual de prácticos. Un rápido vistazo al mapa del metro revela que hay varias líneas que entrecruzan esta ajetreada zona: está en línea recta con Lower Manhattan y los museos del Upper East Side, y los adorables recovecos del Village quedan a la vuelta de la esquina. Sus variados y eclécticos alojamientos abarcan desde caros y elegantes hoteles-*boutique* hasta algunas opciones económicas con baño compartido.

CARLTON ARMS
HOTEL $

plano p. 430 (📞212-679-0680; www.carltonarms.com; 160 E 25th St, en Third Ave, Gramercy; d con baño compartido/privado 120/150 US$; ❄🛜; 🚇6 hasta 23rd St o 28th St) El Carlton Arms evoca el pasado ambiente vanguardista del centro con las obras de artistas de todo el mundo que adornan las paredes del interior. Hay murales en sus cinco tramos de escaleras y en cada una de las pequeñas habitaciones (con lavabo) y en los baños compartidos.

Atrae a una ecléctica mezcla de viajeros bohemios a los que no les importa que sea rústico a cambio de ahorrarse un buen dinero. No tiene ascensor.

El Carlton Arms ha visto, durante sus 100 años como hotel, desde noches de subterfugio (su vestíbulo era un bar clandestino durante la Ley Seca) hasta días de abandono (como refugio para adictos y prostitutas en la década de 1960).

MARCEL AT GRAMERCY
HOTEL-BOUTIQUE $$

plano p. 430 (📞212-696-3800; www.themarcelatgramercy.com; 201 E 24th St, en Third Ave, Gramercy; d desde 300 US$; ❄@🛜; 🚇6 hasta 23rd St) Elegante y minimalista hotel-*boutique* de 97 habitaciones para clientes con un presupuesto medio. Tiene habitaciones sencillas y modernas (las normales tienen el tamaño de un vestidor), en gris y beis con llamativos cabeceros amarillos Chesterfield; las que dan a la avenida tienen unas vistas aceptables, mientras que los baños son poco originales pero están limpios. En la planta baja, su elegante salón es un buen lugar para relajarse.

El salón de negocios del 10° piso tiene wifi gratis; el wifi en las habitaciones cuesta 10 US$/día.

HOTEL HENRI
HOTEL $$

plano p. 430 (📞212-243-0800; www.wyndham.com; 37 W 24th St, entre Fifth Ave y Sixth Ave, Flatiron District; h desde 247 US$; ❄🛜; 🚇F/M, N/R hasta 23rd St) Forma parte de la cadena Wyndham y está casi a mitad de camino entre Chelsea y Union Sq. El que antaño fuera un hotel práctico y bien situado pero soso, hoy cuenta con un diseño interior chic y un servicio y comodidades de primera.

★GRAMERCY PARK HOTEL
HOTEL-BOUTIQUE $$$

plano p. 430 (📞212-920-3300; www.gramercyparkhotel.com; 2 Lexington Ave, en 21st St, Gramercy; h desde 600 US$, i desde 800 US$; ❄🛜; 🚇6, R/W hasta 23rd St) Antiguamente fue una de las grandes damas de la ciudad, pero un lavado de cara lo ha convertido en un hotel joven y sexi. Las habitaciones, con vistas al cercano Gramercy Park, tienen muebles de roble, sábanas italianas de hilo, grandes colchones de pluma y colores vivos y atractivos. Las más grandes (amplias suites con cristaleras que dividen el salón y el dormitorio) cuestan a partir de 800 US$. Se puede tomar una copa en sus bares Rose o Jade, frecuentados por famosos, y cenar en el Maialino (p. 164), rústico restaurante italiano de Danny Meyer.

HOTEL GIRAFFE
HOTEL-BOUTIQUE $$$

plano p. 430 (📞212-685-7700; www.hotelgiraffe.com; 365 Park Ave S con 26th St, Gramercy; h desde 368 US$; ❄🛜; 🚇R/W, 6 hasta 23rd St) Puede que no sea muy moderno o vanguardista, pero este agradable hotel de 12 plantas gana puntos con sus habitaciones limpias y lujosas, el desayuno de cortesía, y vino y queso gratis entre 17.00 y 20.00. Casi todas las 72 habitaciones tienen un pequeño balcón y todas, televisor de pantalla plana, reproductor de DVD y escritorio. Las suites esquineras incorporan un salón con un sofá cama.

Midtown

Si se quiere estar en mitad del meollo, lo mejor es Midtown East, que abarca la zona que rodea la estación Grand Central y las Naciones Unidas. No es tan extravagante y ecléctico como Midtown West, pero las opciones son infinitas, desde las 'económicas' de diseño con baños compartidos hasta suites de miles de dólares con terraza privada y excelentes vistas. Para quienes tengan el sueño ligero, en Midtown West suele haber actividad las 24 h del día, pero resulta muy práctico para los amantes de Broadway.

MURRAY HILL EAST SUITES HOTEL $

plano p. 432 (☎212-661-2100; http://murrayhillsuites.com; 149 E 39th St, entre Lexington Ave y Third Ave, Midtown East; h desde 163 US$; ❄@📶; [S]4/5/6, 7 hasta Grand Central) Su anticuada fachada de ladrillo ofrece una introducción apropiada a las habitaciones, con muebles anodinos y moquetas de la época de los pantalones campana y las hombreras. Sin embargo, si uno puede pasar por alto su falta de diseño disfrutará de habitaciones muy espaciosas, con salas de estar independientes y pequeñas cocinas. Cerca hay muchas opciones para comer y beber. La pega es que exige una estancia mínima de 30 días.

PARK SAVOY HOTEL $

plano p. 436 (☎212-245-5755; www.parksavoyny.com; 158 W 58th St, entre Sixth Ave y Seventh Ave; d desde 145 US$; ❄📶; [S]N/Q/R hasta 57th St-7th Ave) Lo mejor es su precio barato y su genial ubicación cerca de la encantadora entrada de Central Park. Lo peor son sus habitaciones (moquetas ajadas, colchas baratas y duchas con poca presión), su personal poco servicial y un sistema de reservas por internet que a menudo no funciona.

★YOTEL HOTEL $$

plano p. 436 (☎646-449-7700; www.yotel.com; 570 Tenth Ave con 41st St, Midtown West; h desde 250 US$; ❄📶; [S]A/C/E hasta 42nd St-Port Authority Bus Terminal; 1/2/3, N/Q/R, S, 7 hasta Times Sq-42nd St) Entre puerto espacial futurista y decorado de Austin Powers, este genial hotel ofrece 669 habitaciones divididas en tres clases que se corresponden con los billetes de avión: cabina premium (turista), cabina primera (ejecutiva) y suites VIP (primera); algunas de estas dos últimas clases disponen de terraza privada con *jacuzzi*. En las Premium, pequeñas pero muy bien distribuidas, las camas son ajustables, y todas tienen unas vistas de escándalo de suelo a techo y elegantes baños.

Ofrece *muffins* gratis por la mañana, dispone de gimnasio y tiene la terraza más grande de todos los hoteles de la ciudad, entre un impresionante bosque de rascacielos.

POD 39 HOTEL $$

plano p. 432 (☎212-865-5700; https://thepodhotel.com/pod-39; 145 E 39th St, entre Lexington Ave y Third Ave, Midtown East; h desde 240 US$; ❄📶; [S]S, 4/5/6, 7 hasta Grand Central-42nd St) Un ejemplo de que lo bueno viene en frascos pequeños es este hotel, hermano del Pod 51 (p.327), de 367 habitaciones con un diseño moderno y funcional, baños privados y vistas de la ciudad en las reducidas dimensiones de los hoteles tipo cápsula. También tiene una colorida taquería, un ecléctico salón en el vestíbulo, un bar de azotea y una sala de juegos con una mesa de pimpón.

POD 51 HOTEL $$

plano p. 432 (☎212-355-0300; www.thepodhotel.com; 230 E 51st St, entre Second Ave y Third Ave, Midtown East; h con baño compartido/privado desde 165/210 US$; ❄📶; [S]6 hasta 51st St; E/M hasta Lexington Ave-53rd St) Un sueño hecho realidad para todo aquel que quiera vivir en el interior de su crisálida, con varios tipos de habitación, la mayoría del tamaño justo para la cama. Tienen alegres sábanas, estrechas áreas de trabajo, TV y duchas de efecto lluvia. En los meses cálidos se puede tomar una copa en su terraza entarimada de la azotea.

CITIZEN M HOTEL $$

plano p. 436 (☎212-461-3638; www.citizenm.com; 218 W 50th St, entre Broadway Ave y Eighth Ave, Midtown West; h desde 270 US$; ❄📶; [S]1, C/E hasta 50th St) Auténtico hotel del s. XXI a unos pasos de Times Square. Dispone de mostradores de autoservicio que permiten hacer rápidamente el registro y la salida, zonas comunes animadas y contemporáneas, y habitaciones elegantes con una tableta que controla la iluminación, las persianas y la temperatura. Tiene un gimnasio, un bar en la azotea y una cafetería abierta 24 h.

★ NOMAD HOTEL   HOTEL-BOUTIQUE $$$

plano p. 436 ([✆]212-796-1500; www.thenomadho tel.com; 1170 Broadway, en 28th St, Midtown West; h desde 479 US$; [❄][✆]; [S]N/R hasta 28th St) Coronado por una cúpula de cobre y con interiores diseñados por el francés Jacques Garcia, este sueño *beaux arts* es uno de los mejores sitios de NY. Sus habitaciones de estética nostálgica ofrecen una mezcla entre NY y París, con suelos de tablas recicladas, minibares en baúles de piel y bañeras con patas que se combinan con iluminación LED de alta tecnología. Su restaurante-bar, el NoMad (p. 195), es uno de los locales más cotizados del barrio. La wifi es gratis.

★ ANDAZ FIFTH AVENUE   HOTEL-BOUTIQUE $$$

plano p. 432 ([✆]212-601-1234; https://newyork5tha venue.andaz.hyatt.com; 485 Fifth Ave con 41st St, Midtown East; h desde 465 US$; [❄][✆]; [S]S, 4/5/6 hasta Grand Central-42nd St; 7 hasta 5th Ave; B/ D/F/M hasta 42nd St-Bryant Park) Juvenil y elegante, ha cambiado los mostradores de recepción por un personal a la última, que registra a sus clientes mediante un ordenador en un vestíbulo cuajado de arte. Tiene 184 habitaciones elegantes y contemporáneas, con detalles inspirados en Nueva York, como percheros móviles típicos del Distrito de la Moda y lámparas inspiradas en el metro. Sus sensuales y espaciosos cuartos de baño tienen duchas con efecto lluvia, baños para pies de porcelana negra y artículos de aseo de Beekman 1802.

También dispone de un bar en el sótano que sirve licores de edición limitada y platos cocinados con ingredientes locales, y que presenta charlas de artistas invitados. Para ofertas especiales, véase su web.

★ QUIN   HOTEL $$$

plano p. 436 ([✆]212-245-7846; www.thequinhotel. com; 101 W 57th St, en Sixth Ave, Midtown West; d desde 492 US$; [❄][✆]; [S]F hasta 57th St; N/W hasta 5th al 57th St) Inaugurado con una extraordinaria acogida a finales del 2013, ofrece opulencia con un toque de brío moderno. Sus bonitas y elegantes zonas comunes son de todo menos comunes: el vestíbulo cuenta con una pared de vídeo de 4,5 m para proyectar instalaciones de arte. Sus tranquilas, confortables y sobriamente elegantes habitaciones tienen camas *king-size* de Duxiana, cafetera Nespresso y elegantes baños.

★ KNICKERBOCKER   HOTEL-BOUTIQUE $$$

plano p. 436 ([✆]212-204-4980; http://theknicker bocker.com; 6 Times Sq, en 42nd St; d 654 US$; [❄][✆]; [S]A/C/E, N/Q/R/W, S, 1/2/3, 7 hasta Times Sq-42nd St) Abierto en 1906 por John Jacob Astor, este hotel de 330 habitaciones muestra una sobria elegancia monocromática (a diferencia de su local de Times Square). Tiene habitaciones elegantes, silenciosas y modernas, con TV de pantalla plana de 55 pulgadas, tabletas en las mesitas de noche y estaciones de carga USB. Los baños de mármol de Carrara tienen una espaciosa ducha y algunos también una bañera independiente.

Entre los servicios que ofrece destacan un sofisticado salón, coctelería y tapas americanas modernas, así como un fabuloso bar de azotea con rincones privados que se pueden reservar, puros y DJ ocasionales.

ACE HOTEL   HOTEL-BOUTIQUE $$$

plano p. 432 ([✆]212-679-2222; www.acehotel.com/ newyork; 20 W 29th St, entre Broadway y Fifth Ave, Midtown West; h desde 454 US$; [❄][✆]; [S]N/R hasta 28th St) Todo un éxito entre los creativos con dinero, sus habitaciones estándar y de lujo recuerdan a las de solteros de categoría, con dibujos colgados en las paredes y muebles de cuero. Algunas incluso tienen guitarras Gibson y tocadiscos. En todas hay wifi gratis. Los jovencitos con más credenciales que dinero pueden reservar habitaciones "mini" o "bunk" (con literas), que pueden llegar a costar menos de 200 US$ en invierno.

Tiene un ambiente alegre y animado, un vestíbulo lleno de *hipsters* que acoge actuaciones de música en directo y de DJ, el fabuloso bar Stumptown Coffee Roasters (p. 195) y dos de los mejores locales para comer de la zona: el **Breslin Bar & Dining Room** (plano p. 432; [✆]212-679-1939; www.the breslin.com; 16 West 29th St, entre Broadway y Fifth Ave; ppales. almuerzo 17-27 US$, ppales. cena 27-39 US$; ◷7.00-24.00) especializado en carne, y el **John Dory Oyster Bar** plano (p. 432; [✆]212-792-9000; www.thejohndory.com; 1196 Broadway con 29th St; platos 11-55 US$; ◷12.00-24.00), dedicado al marisco.

CHATWAL NEW YORK   HOTEL DE LUJO $$$

plano p. 436 ([✆]212-764-6200; www.thechatwal ny.com; 130 W 44th St, entre Sixth Ave y Broadway, Midtown West; h desde 695 US$; [❄][✆][≋]; [S]N/ Q/R, S, 1/2/3, 7 hasta Times Sq-42nd St) Esta joya *art déco* restaurada en pleno Theater District tiene tanto encanto como historia:

personajes como Fred Astaire e Irving Berlin cenaron, bebieron y cantaron en su restaurante/bar Lambs Club. Las habitaciones de superlujo, inspiradas en los baúles de viaje, están decoradas con carteles antiguos de Broadway y paredes de ante, y cuentan con ropa de lino Frette y accesorios para preparar un cóctel en la habitación.

Otros extras gratis son el servicio de mayordomo, aparcacoches y los portátiles y iPods preprogramados para uso del cliente, mientras que el lujoso *spa* del hotel invita a mimarse. El edificio *beaux arts* es obra de Stanton White, creador del arco de Washington Square.

FOUR SEASONS HOTEL DE LUJO **$$$**
plano p. 432 (☎212-758-5700; www.fourseasons.com/newyork; 57 E 57th St, entre Madison Ave y Park Ave, Midtown East; h desde 825 US$; ❄@🛈; ⓈN/W/R hasta 5th Ave-59th St; 4/5 hasta Lexington Ave y 59th St) En un rascacielos de 52 plantas diseñado por I. M. Pei, este cuatro estrellas ofrece un lujo sin fisuras. Incluso las más pequeñas de sus habitaciones tienen un tamaño generoso, con espaciosos armarios y TV de alta definición en los baños de mármol toscano. Las vistas de Central Park desde las denominadas Park View son impresionantes. También tiene un apreciado *spa*.

PLAZA HOTEL DE LUJO **$$$**
plano p. 432 (☎888-240-7775, 212-759-3000; www.theplazany.com; 768 5th Ave, en Central Park S; h 995 US$; ❄🛈; ⓈN/R hasta Fifth Ave-59th St) Ubicado en un emblemático edificio de estilo renacentista francés, tiene 282 habitaciones dignas de un rey, con suntuosos muebles de estilo Luis XV y grifos chapados en oro de 24 quilates en los baños. El hotel incluye el Guerlain Spa y el legendario Palm Court, famoso por su cúpula de vidriera y sus meriendas. No tan atractivo es el recargo de 14,95 US$ por el wifi (más barato si se reserva por internet).

INK48 HOTEL-BOUTIQUE **$$$**
plano p. 436 (☎212-757-0088; www.ink48.com; 653 Eleventh Ave con 48th St, Midtown West; h 459 US$; ❄🛈❄; ⓈC/E hasta 50th St) El grupo hotelero Kimpton ha desafiado al lejano oeste de Midtown con este hotel situado en el borde de Manhattan adonde no llega el metro. Ocupa el edificio de una antigua imprenta, pero la contrapartida es genial: vistas magníficas de la ciudad y el río Hudson, habitaciones chic contemporáneas, un *spa*

con encanto, restaurante y un impresionante bar en la azotea. Pero además está muy cerca para llegar a pie a la floreciente zona de restaurantes de Hell's Kitchen.

Los dueños de perros valorarán el cuenco de croquetas y el agua situados justo fuera del vestíbulo. El wifi es gratis si uno se asocia al programa de fidelidad del grupo Kimpton; si no, cuesta 13,95 US$/día.

🛏 Upper East Side

Esta zona incluye algunos de los códigos postales más adinerados del país, por lo que los alojamientos no son baratos (aunque pueden encontrarse ofertas ocasionalmente). Pero ese es el precio que se paga por dormir a dos pasos de algunas de las mayores atracciones culturales de NY.

BUBBA & BEAN LODGES B&B **$**
plano p. 438 (☎917-345-7914; www.bblodges.com; 1598 Lexington Ave, entre E 101st St y 102nd St; d 110-190 US$, tr 120-230 US$, c 130-260 US$; ❄🛈; Ⓢ6 hasta 103rd St) Los propietarios Jonathan y Clement han convertido un encantador edificio de Manhattan en un excelente hogar lejos del hogar. Las cinco habitaciones están amuebladas con sencillez, con suelos de madera y sábanas color azul, lo que le da un aire joven y moderno. Todas las habitaciones de este edificio de tres plantas sin ascensor tienen baño y una pequeña cocina equipada.

1871 HOUSE HOSTAL **$$**
plano p. 438 (☎212-756-8823; www.1871house.com; 130 E 62nd St, entre Park Ave y Lexington Ave; ste media planta 220-345 US$, planta entera 365-645 US$; ❄🛈; ⓈN/Q/R hasta Lexington Ave-59th St) Esta casa histórica es hoy un hostal pintoresco que lleva en el nombre el año de su construcción. Sus siete suites diseñadas individualmente son como pequeños apartamentos con cocina, baño, cama de matrimonio y muebles de época (las que ocupan toda una planta tienen varios dormitorios y capacidad para cinco personas). Todas son luminosas, con altos techos.

La relación calidad-precio es fabulosa para el barrio en el que está, pero al ser un edificio antiguo, no hay ascensor, los suelos crujen y en invierno la calefacción es de radiadores de vapor. Por un suplemento se puede escoger entre varias cestas de desayuno *gourmet* para prepararse uno mismo.

FRANKLIN HOTEL $$

plano p. 438 (📞212-369-1000; www.franklinhotel.
com; 164 E 87th St, entre Lexington Ave y Third
Ave; d desde 299 US$; ✳🛜; 🚇4/5/6, Q hasta
86th St) Con una marquesina dorada clásica
en la entrada, este veterano hotel de 50 ha-
bitaciones tiene un aire de los años treinta,
empezando por el ascensor antiguo. Al
igual que muchos otros edificios de la vieja
escuela en NY, tanto las habitaciones como
los baños son pequeños.

Por la noche se sirve vino y queso, todo
muy civilizado. Las de la parte de atrás son
más silenciosas.

MARK HOTEL $$$

plano p. 438 (📞212-744-4300; www.themarkhotel.
com; 25 E 77th St esq. Madison Ave; d desde 750
US$, ste desde 1300 US$; ✳🛜; 🚇6 hasta 77th
St) El diseñador francés Jacques Grange
dejó su huella en este hotel con atrevidas y
alegres formas geométricas en el vestíbulo.
Arriba, las habitaciones lujosamente reformadas y las suites de varios dormitorios
exhiben una estética más sobria, aunque
igualmente rodeada de gran estilo.

Las luminosas y amplias habitaciones
poseen techos artesonados, exquisita ropa
de cama italiana y elegantes muebles. La
temperatura se controla por medio de unas
pantallas táctiles y la iluminación y los altavoces son de Bang & Olufsen. Los baños son
de mármol con dos senos, hay ducha y bañera separadas e incluso un televisor empo-
trado en el espejo. Las más baratas pueden
ser un poco pequeñas, y el servicio a veces
parece ser un poco pasota.

🛏 Upper West Side
y Central Park

Si lo que se busca es arte y cultura, Upper
West Side tiene un atractivo evidente, con
famosos teatros, cines y auditorios (en especial el Lincoln Center) a la vuelta de la esquina. Su proximidad al ajetreado Central
Park (p. 221) y al tranquilo Riverside Park
(p. 224) le añade todavía más encanto. Los
alojamientos abarcan desde albergues económicos hasta caros hoteles de lujo.

JAZZ ON THE PARK HOSTEL ALBERGUE $

plano p. 440 (📞212-932-1600; www.jazzhostels.
com; 36 W 106th St, entre Central Park West y
Manhattan Ave; dc 48-70 US$, d 165-200 US$;
✳@🛜; 🚇B, C hasta 103rd St) Esta antigua
pensión de mala muerte reconvertida en albergue, al lado de Central Park, suele ser
una apuesta segura, con dormitorios limpios de 4 a 12 literas, mixtos o separados
por sexos. Es un establecimiento animado
donde todas las noches hay actividades gratis (veladas de humor, cine, rutas de bares,
barbacoas en verano...). El oscuro salón del
piso de abajo tiene mesa de billar, sofás y
una gran pantalla de televisión. También
cuenta con zona de comedor, una azotea y
varias terracitas.

HOTEL NEWTON HOTEL $

plano p. 440 (📞212-678-6500; www.thehotelnew
ton.com; 2528 Broadway, entre 94th St y 95th St; d
100-300 US$; ✳🛜; 🚇1/2/3 hasta 96th St) Este
hotel de nueve plantas no ganará ningún
premio de diseño interior, pero está limpio
y bien gestionado, lo que lo convierte en una
buena opción económica. Las 108 habitaciones son pequeñas pero tienen TV, minibar,
cafetera y microondas. Los baños están
bien cuidados. Las suites más grandes poseen sala de estar. El wifi cuesta 6 US$/día.

NYLO HOTEL HOTEL-BOUTIQUE $$

plano p. 440 (📞212-362-1100; www.nylo-nyc.com;
2178 Broadway, en 77th St; h desde 299 US$;
✳🛜; 🚇1 hasta 77th St) Moderno hotel con
285 habitaciones de elegancia informal. Las
camas son mullidas, la iluminación, elegan-
te, los baños, amplios, y las habitaciones
cuentan con cafetera y TV de pantalla pla-
na. Las NYLO Panoramic tienen terraza
privada y exageradas vistas de Manhattan.
El salón y el bar de la planta baja, bellamen-
te diseñados, son ideales para descansar
tras un día de turismo. El personal es ama-
ble y la ubicación, ideal.

LUCERNE HOTEL $$

plano p. 440 (📞212-875-1000; www.thelucerneho
tel.com; 201 W 79th St esq. Amsterdam Ave;
d desde 300 US$; ✳🛜; 🚇B, C hasta 81st St) Este
inusual edificio de 1903 se aleja del *beaux
arts* en favor del barroco, con una fachada
profusamente decorada de color terracota.
En su interior hay un majestuoso hotel de
200 habitaciones, ideal para parejas y familias con niños, con Central Park y el Museum of Natural History a un tiro de piedra.
Las nueve clases de habitaciones recuerdan
al estilo victoriano, pero en moderno: colchas de flores, cabeceros con molduras y
mullidos cojines con flecos. El servicio es
cortés y tiene un buen restaurante franco-
mediterráneo, Nice Matin.

HOTEL BEACON · HOTEL $$

plano p. 440 (📞212-787-1100, reservas 800-572-4969; www.beaconhotel.com; 2130 Broadway, entre 74th St y 75th St; d175-350 US$; 📶; 🚇1/2/3 hasta 72nd St) Al lado del Beacon Theatre, este hotel familiar ofrece la combinación perfecta de ubicación céntrica, atención y habitaciones cómodas. Hay 260 habitaciones (algunas son suites de varios dormitorios), decoradas en tonos suaves de la colección verde de Pottery Barn; todas tienen cafetera y minicocina. Entre las instalaciones destaca el gimnasio y una lavandería autoservicio.

Desde los pisos de arriba se ve Central Park a lo lejos.

EMPIRE HOTEL · HOTEL $$$

plano p. 440 (📞212-265-7400; www.empirehotelnyc.com; 44 W 63rd St con Broadway; h desde 370 US$; ✱📶♿; 🚇1 hasta 66th St-Lincoln Center) Todo lo que queda del Empire original, situado enfrente del Lincoln Center, es el esqueleto. Una reforma general lo ha embellecido con tonos tierra y estilos contemporáneos, incluida una piscina con cubierta, un atractivo bar en la azotea y un salón en el vestíbulo con detalles de cebra. Sus más de 400 habitaciones tienen distintas distribuciones, con paredes de alegres colores y lujosos muebles de cuero.

🛏 Harlem y Upper Manhattan

HARLEM FLOPHOUSE · PENSIÓN $

plano p. 442 (📞347-632-1960; www.harlemflophouse.com; 242 W 123rd St, entre Adam Clayton Powell Jr Blvd y Frederick Douglass Blvd, Harlem; d con baño compartido 99-150 US$; 📶; 🚇A/B/C/D, 2/3 hasta 125th St) Se puede revivir la era del *jazz* de Harlem en esta casa adosada de la década de 1890, con nostálgicas habitaciones dotadas de camas de latón y radios *vintage* que tienen sintonizada una emisora local de *jazz*. Supone un excitante salto atrás en el tiempo, lo que también significa que los baños son compartidos y que no hay aire acondicionado ni TV. Su propietario es una excelente fuente de información local.

LA MAISON D'ART · PENSIÓN $

plano p. 442 (📞718-593-4108; www.lamaisondartny.com; 259 W 132nd St, entre Adam Clayton Powell Jr Blvd y Frederick Douglass Blvd, Harlem; h desde 183 US$; ✱📶; 🚇2/3 hasta 135th St)

Encima de una galería de arte, esta acogedora pensión de Harlem tiene cinco confortables habitaciones con mucho carácter y elementos singulares, desde antigüedades y una cama con dosel hasta un enorme *jacuzzi* (las paredes pintadas de lila y las cortinas doradas de la habitación victoriana puede que no gusten a todo el mundo). También tiene un jardín en la parte de atrás.

Ocupa una clásica casa adosada de arenisca marrón-rojiza de Harlem, con aceptables opciones para comer y beber en los alrededores. También se encuentra a un corto trayecto en metro de Midtown y otros barrios de Manhattan.

MOUNT MORRIS HOUSE B&B · PENSIÓN $$

plano p. 442 (📞917-478-6213; www.mountmorrishousebandb.com; 12 Mt Morris Park W, entre 121st St y 122nd St, Harlem; ste/apt desde 175/235 US$; ✱📶; 🚇2/3 hasta 125th St) Instalada desde 1888 en una imponente casa urbana de la Edad Dorada, esta acogedora pensión ofrece tres opciones muy amplias para dormir: dos suites de uno y dos dormitorios y un estudio con cocina totalmente equipada. Todas son impresionantes, con preciosos detalles originales y muebles de época, incluidas alfombras de estilo persa y sofás con brocados, por no mencionar las chimeneas y las bañeras antiguas.

No sirve desayunos, pero ofrece café, té y pasteles gratis durante todo el día. Está a un corto paseo de 125th St. Prefieren el pago en efectivo.

ALOFT HARLEM · HOTEL $$

plano p. 442 (📞212-749-4000; www.aloftharlem.com; 2296 Frederick Douglass Blvd, entre 123rd St y 124th St, Harlem; d desde 227 US$; ✱📶; 🚇A/C, B/D, 2/3 hasta 125th St) Este hotel pensado para el viajero joven evoca un aire lujoso pero a precios asequibles. Sus habitaciones, de 26,5 m², son muy elegantes, con sábanas blancas almidonadas, suaves colchas y coloridos cojines cilíndricos a rayas. Los baños son modernos y pequeños (sin bañera) pero muy funcionales, con artículos de aseo por cortesía de Bliss, la cadena de *spas* de lujo.

El salón del sótano, con mesas de billar, puede resultar muy ruidoso, pero queda lejos de las habitaciones. Es céntrico (el Apollo Theater y la animada zona comercial de 125th St quedan cerca) y la relación calidad-precio parece buena.

DÓNDE DORMIR HARLEM Y UPPER MANHATTAN

📖 Brooklyn

LEFFERTS MANOR
BED & BREAKFAST   B&B $

plano p. 454 (📞347-351-9065; www.leffertsmanor
bedandbreakfast.com; 80 Rutland Rd, entre Flatbush Ave y Bedford Ave, Prospect Lefferts Gardens; h con baño compartido 109-139 US$, con
baño privado 149 US$; ⊜@🛜; 🚇B, Q hasta Pros-
pect Park) Las seis habitaciones soleadas de
esta casa típica de Brooklyn poseen chimenea cerrada y decoración tradicional. Las
cinco de arriba comparten dos baños blancos y relucientes, mientras que la Parlor Suite dispone de lavabo propio y bañera con
patas en un nicho con cortinas. El centro de
Manhattan está a solo 30 min en metro. Desayuno continental opcional y estancia mínima de tres noches.

Los dueños también poseen habitaciones
en dos casas próximas similares y dos apartamentos con cocina completa en Fort
Greene.

SERENITY AT HOME   B&B $

plano p. 454 (📞646-479-5138; www.serenityah.
com; 57 Rutland Rd, entre Bedford Ave y Flatbush
Ave, Prospect Lefferts Gardens; tw/h con baño
compartido desde 75/130 US$, h con baño privado
165 US$; 🛗🛜; 🚇B, Q hasta Prospect Park) A un
corto paseo del Prospect Park en Brooklyn,
este acogedor B&B ocupa una encantadora
casa adosada de antes de la guerra. Tiene
cuatro habitaciones con suelos de madera,
muebles atractivos y colchones y ropa de
cama de calidad. Tres de ellas comparten
baño y la cuarta es muy amplia, con baño
privado y bañera de patas.

Zenobia, la propietaria, hace que los
huéspedes se sientan como en casa y ofrece
consejos útiles para explorar el barrio y el
resto de la ciudad. En la casa no se puede
entrar con zapatos (se recomienda llevar
unas zapatillas). Estancia mínima de tres
noches.

EVEN HOTEL   HOTEL- BOUTIQUE $

plano p. 451 (📞718-552-3800; www.evenhotels.
com; 46 Nevins St con Schermerhorn St, Downtown Brooklyn; h desde 149 US$; 🛗🛜🛜; 🚇2/3,
4/5 hasta Nevins St; A/C, G hasta Hoyt-Schermerhorn) Este hotel posee todo lo que un viajero
amante de estar en forma pueda desear:
una zona de ejercicio en la habitación (con
estera y bloque de yoga, rulo y pelota de es-
tabilidad), gimnasio abierto las 24 h, comida ecológica y una máquina de exprimir

naranjas en la cafetería, así como servicio
de lavandería gratis para la ropa de deporte. Está en el centro de Brooklyn y cerca del
metro.

LORALEI BED & BREAKFAST   B&B $

(📞646-228-4656; www.loraleinyc.com; 667 Argyle Rd, cerca de Foster Ave, Ditmas Park; h 145-
195 US$; 🅿🛜; 🚇B, Q hasta Newkirk Plaza) Casa
independiente de 1904 con un porche corri-
do y un aire de pequeño B&B de Nueva Inglaterra. En la 2ª planta tiene dos suites con
camas de matrimonio, muebles victorianos,
zona de estar y baño privado; el salón de la
"Sutton" también se puede convertir en dormitorio individual. Desayuno continental
incluido y estancia mínima de dos noches.
El centro de Manhattan está a unos 45 min
en metro.

WYTHE HOTEL   HOTEL- BOUTIQUE $$

plano p. 444 (📞718-460-8000; www.wythehotel.
com; 80 Wythe Ave, en N 11th St, Williamsburg;
d desde 265 US$; 🛗🛜; 🚇L hasta Bedford Ave;
G hasta Nassau Ave) En una fábrica reformada
de 1901, este hotel de ladrillo rojo aporta un
toque de diseño a Williamsburg. Las habitaciones, de estilo industrial, tienen camas
fabricadas con madera reciclada, papel pintado específicamente diseñado para ellas
(de Flavor Paper, en Brooklyn), suelos de
cemento pulido y los techos originales de 4 m.
En la planta baja, Reynard prepara platos
clásicos de asador en un precioso comedor.
El Ides Bar del último piso es ideal para tomar cócteles o cervezas artesanas al atardecer mientras se disfruta de las vistas Manhattan.

WILLIAMSBURG HOTEL   HOTEL- BOUTIQUE $$

plano p. 444 (📞718-362-8100; www.thewilliams
burghotel.com; 96 Wythe Ave con N 10th St, Williamsburg; d desde 250 US$; 🛜; 🚇L hasta Bed-
ford Ave) El hotel *boutique* más nuevo de
Williamsburg, a solo dos manzanas del agua,
posee 110 habitaciones con espectaculares
vistas del río y Manhattan. Vale la pena pagar un poco más por una de las habitaciones de "terraza" en el lado norte, que ofrecen una vista completa del Empire State, el
Chrysler Building y el Upper East Side desde un balcón con césped artificial (algunos
tienen balancines).

Las habitaciones no son enormes, pero
los grandes ventanales y las duchas acrista-
ladas y con brillantes azulejos de metro les
dan un aire más espacioso. Cuentan con
minibar, caja fuerte y artículos de baño con

aceites esenciales de la marca local Apotheke. A mediados del 2018 tenían que inaugurarse un bar en la azotea (con la forma del típico depósito de agua neoyorquino) y una piscina.

HENRY NORMAN HOTEL HOTEL-BOUTIQUE **$$**
(☎646-604-9366; www.henrynormanhotel.com; 251 N Henry St, entre Norman Ave y Meserole Ave, Greenpoint; *lofts* desde 299 US$; ❄📶; 🚌B48 hasta Nassau Ave/Monitor St, [S]G hasta Nassau Ave) En un antiguo almacén del s. XIX, este llamativo edificio de ladrillo, que antaño albergaba *lofts* de artistas, ahora muestra una gran elegancia bohemia, con habitaciones de techos altos, suelos de madera y obras de arte en las paredes. Las habitaciones más caras tienen terraza (algunas con vistas de la ciudad) y pequeñas cocinas bien equipadas. En la web ofrecen descuentos.

Está situado en una zona industrial, pero los bares, cafés y tiendas *hipster* de Greenpoint se encuentran a solo 15 min a pie. También se puede usar el servicio de enlace gratuito del hotel para ahorrarse el deprimente paisaje. Los mismos dueños también llevan el **Box House Hotel** (☎646-582-0172; www.theboxhousehotel.com; 77 Box St con McGuinness Blvd, Greenpoint; h/loft/ ste 1 hab./2 hab. ste desde 170/249/379/699 US$; ❄📶; 🚌B43 hasta Box St/Manhattan Ave, [S]7 hasta Vernon Blvd-Jackson Ave; G hasta Greenpoint Ave), más al norte, en Greenpoint.

AKWAABA MANSION INN B&B **$$**
(☎718-455-5958, 866-466-3855; www.akwaaba.com; 347 MacDonough St, entre Lewis Ave y Stuyvesant Ave, Bedford-Stuyvesant; h 195-225 US$; ❄📶; [S]A/C hasta Utica Ave) En una calle con árboles y ordenadas casas antiguas en Bedford-Stuyvesant, este bonito B&B se halla en el interior de una gran mansión italiana, construida por un magnate de la cerveza local en 1860. Los detalles de época incluyen camas de latón, chimeneas de mármol, los suelos de parqué originales y una galería acristalada, ideal para leer un buen libro. Ofrece cuatro amplias habitaciones con baño privado (tres de ellas tienen *jacuzzi* para dos).

MCCARREN HOTEL & POOL HOTEL-BOUTIQUE **$$**
plano p. 444 (☎718-218-7500; www.mccarrenhotel.com; 160 N 12th St, entre Bedford Ave y Berry St, Williamsburg; d desde 300 US$; ❄📶🏊; [S]L hasta Bedford; G hasta Nassau) Este moderno hotel enfrente del McCarren Park es de un chic casi insufrible, con sus 63 minimalistas habitaciones con suelos de bambú y baños de mármol. Las más caras tienen balcón y duchas de efecto lluvia. El bar con techo retráctil de la azotea ofrece unas asombrosas vistas de Manhattan, mientras que la gran piscina de agua salada es perfecta para los días de sol. Hay gimnasio para los huéspedes.

NU HOTEL HOTEL **$$**
plano p. 446 (☎718-852-8585; www.nuhotelbrooklyn.com; 85 Smith St, en Atlantic Ave, Boerum Hill; d desde 220 US$; ❄@📶; [S]F, G hasta Bergen St) Las 93 habitaciones desnudas de este hotel situado en la frontera entre Boerum Hill y el centro de Brooklyn ofrecen una nítida blancura en sábanas, paredes y edredones, y muebles de teca reciclada y suelos de corcho. Los grupos pueden optar por la suite "Bunkbed", con una cama de matrimonio y literas dobles. La "NU Perspectives" es más atrevida, decorada con vistosos murales de artistas de Brooklyn.

Cuenta con un pequeño salón en el vestíbulo y con bicicletas para los huéspedes. Si se tiene el sueño ligero, es mejor pedir una habitación alejada de Atlantic Ave.

HOTEL LE BLEU HOTEL **$$**
plano p. 448 (☎718-625-1500; www.hotellebleu.com; 370 Fourth Ave, en 5th St, Gowanus; d desde 220 US$; [P]❄📶; [S]F, G, R hasta 4th Ave-9th St) Situado en una transitada avenida de Gowanus, este hotel posee 48 habitaciones atractivas y con abundantes detalles, como albornoces, cafetera y un desayuno ligero incluido. Precios muy interesantes fuera de temporada.

Aunque la Cuarta Avenida no es atractiva, está muy bien situada, a unos pasos de los restaurantes y bares de Park Slope y los locales de música de Gowanus. Whole Foods (p. 270), a la vuelta de la esquina, es un buen sitio para proveerse de comida rápida.

🛏 Queens

Este extenso distrito todavía está por detrás de Manhattan y Brooklyn en cuanto a hoteles-*boutique* y B&B con encanto, pero unos cuantos nuevos hoteles en Long Island ofrecen fabulosas vistas de Manhattan y fácil acceso a Midtown. Casi todos pertenecen a cadenas, con unos cuantos hoteles independientes, y todos tienen algunas ofertas excelentes.

BORO HOTEL HOTEL DE DISEÑO $

plano p. 454 (☎718-433-1375; www.borohotel.com; 38-28 27th St, Long Island City; h desde 189 US$; [P] ❄ 📶 🐾; [S]N/Q hasta 39th Ave) Ofrece lujo urbano minimalista (ropa de cama de Frette, suaves albornoces, grandes bañeras) por mucho menos de lo que costaría en Manhattan, con la ventaja de poder disfrutar de impresionantes vistas de la silueta de la ciudad desde sus ventanas del suelo al techo. Sus habitaciones hiperminimalistas tienen suelos de madera y techos altos, y muchas poseen amplios balcones. Su desayuno continental está por encima de la media, con hojaldrados cruasanes y yogur griego.

LOCAL NYC ALBERGUE $

plano p. 454 (☎347-738-5251; www.thelocalny.com; 13-02 44th Ave, Long Island City; dc/d desde 60/169 US$; ❄ 📶; [S]E, M hasta Court Sq-23rd St) Albergue con pequeñas y limpias habitaciones de un diseño sencillo, con cómodos colchones y mucha luz natural. Los clientes pueden usar una cocina totalmente equipada, y la espaciosa cafetería-bar, que sirve un buen café durante el día y vino y cerveza por la noche, es ideal para conocer a otros viajeros. Durante toda la semana organiza eventos (noches de cine, música en directo, concursos de preguntas). Su amable personal ofrece información útil sobre algunas de las joyas menos conocidas de Nueva York. No hay que perderse las vistas desde la azotea.

PAPER FACTORY HOTEL HOTEL $

plano p. 454 (☎718-392-7200; www.thepaperfactoryhotel.com; 37-06 36th St, Long Island City, Queens; d 120-309 US$; ❄ 📶; [S]M, R hasta 36th St) Exuberante joya en el barrio semiindustrial de Long Island, en una antigua fábrica y almacén de papel. A diferencia de los moteles de cadena cercanos, las habitaciones de estilo chic industrial de este hotel son más sofisticadas y parecen enormes en comparación con las de Manhattan. El vestíbulo está decorado con madera reciclada y suelos de hormigón pulido con mapas *vintage* incrustados.

Las habitaciones, aunque tienen cómodas camas modernas, buenas duchas y vistas de la gran ciudad, continúan con la estética *vintage*. Los techos de 3,6 m de altura y las grandes ventanas aumentan la sensación de espaciosidad, y los muebles antiguos y las obras de arte de origen local hacen que cada habitación sea única. La azotea, cubierta de grafitis, ofrece fascinantes vistas de Manhattan, y su restaurante Mundo sirve comida internacional.

Z HOTEL HOTEL-BOUTIQUE $$

plano p. 454 (☎877-256-5556, 212-319-7000; www.zhotelny.com; 11-01 43rd Ave, Long Island City; h desde 230 US$; ❄ 📶; [S]F hasta 21st-Queensbridge; E, M hasta Court Sq-23rd St) Salta a la vista que se encuentra en una zona industrial baldía, pero esta torre de diseño ofrece increíbles vistas de Manhattan. Las 100 habitaciones son cómodas pero elegantes, decoradas en tonos oscuros y actuales, y el suelo radiante del baño y los enormes cabezales de ducha son buenos detalles. En el bar de la azotea se disfruta de más vistas.

En la tarifa se incluyen la wifi, las llamadas locales e internacionales y el alquiler de bicicletas. Se pueden encontrar ofertas en línea que son auténticas gangas.

RAVEL HOTEL-BOUTIQUE $$

plano p. 454 (☎718-289-6101; www.ravelhotel.com; 8-08 Queens Plaza S, Long Island City; h desde 210 US$; [P] ❄ 📶; [S]F hasta 21st St-Queensbridge) Aunque su situación puede parecer algo desolada, este hotel de Long Island City está a dos breves paradas de metro de Midtown. Las habitaciones no son tan lujosas como el hotel asegura, pero sí bastante elegantes y contemporáneas. El elegante restaurante/bar de la azotea ofrece excelentes vistas de Manhattan.

Comprender Nueva York

Nueva York hoy

Nueva York sigue impulsando la economía con un mínimo histórico de desempleo, el erario municipal a rebosar y un *boom* constructivo que abarca los cinco distritos. Pero bajo la superficie acechan multitud de dificultades, como una red de transportes vieja, el aumento de los indigentes y la amenaza constante del terrorismo. Sun embargo, esta ciudad lo afronta todo con calma. Como el ex presidente Obama escribió en Twitter en el 2017, "Los neoyorquinos lo resisten todo"

Las mejores películas

Desayuno en Tiffany's (1961) Nueva York con todo su glamur e idiosincrasia.

Taxi Driver (1976) Película de Martin Scorsese sobre un inestable veterano de Vietnam convertido en taxista.

Haz lo que debas (1989) La tragicomedia de Spike Lee, loada por la crítica, indaga en la inquietud racial latente.

Réquiem por un sueño (2000) Inusual historia de un yonqui de Brooklyn y su madre judía que lo adora.

Margaret (2015) La segunda película de Kenneth Lonergan explora los devastadores efectos de un accidente en un adolescente de Manhattan.

Los mejores libros

Las asombrosas aventuras de Kavalier y Clay (Michael Chabon; 2000) Toca de pasada Brooklyn, el escapismo y la familia tradicional.

Por estas calles bravas (Piri Thomas; 1967) Autobiografía sobre lo duro que resulta crecer en el Harlem hispano.

El hombre invisible (Ralph Ellison; 1952) Conmovedor análisis de la situación de los afroamericanos a principios del s. XX.

Vanishing New York (Jeremiah Moss; 2017) Profundiza en la gentrificación y los cambios de Nueva York en el s. XXI.

Un alcalde progresista

El alcalde Bill de Blasio llegó en el 2014 con el objetivo de abordar las atroces desigualdades en la ciudad. Uno de sus primeros éxitos fue la creación del preparvulario gratuito y universal para todos los neoyorquinos. En septiembre del 2015, unos 68 000 niños de 4 años se inscribieron para cursar un primer año gratis de formación precoz. En el 2015 y 2016, Blasio instauró una congelación de los alquileres que benefició a más de dos millones de inquilinos que vivían en pisos de renta controlada.

Crear viviendas asequibles fue otro objetivo clave de su agenda: prever la construcción o conservación de 200 000 pisos a precio accesible en 2024. Al final de su primer mandato en el 2017, el alcalde anunció la creación de 77 000 viviendas económicas.

En el tema de las remuneraciones, aumentó el sueldo a los 50 000 empleados municipales con un salario mínimo de 15 US$/h, medida que tenía que entrar en vigor a finales del 2018. Durante su mandato, el desempleo también alcanzó un mínimo histórico del 4,3%, el más bajo en casi 40 años, y el sector privado incorporó 100 000 nuevos puestos de trabajo en su primer año en la alcaldía. La ciudad también ha conocido con él un descenso en la tasa de delincuencia.

Dados sus múltiples éxitos, Bill de Blasio consiguió sin problemas ser reelegido en el 2017 para un segundo mandato.

El 'blues' del metro

Uno de los grandes desafíos a los que se enfrenta NY es el mantenimiento de su red de transportes. El metro centenario se ha visto muy afectado últimamente por una serie de problemas. Los trenes abarrotados y la frecuencia cada vez mayor de las averías han provocado entre los ciudadanos una gran indignación hacia la Autoridad del Transporte Metropolitano (más conocida como MTA). Durante las horas punta, algunos vagones van tan llenos que los usuarios deben esperar que pasen uno o dos trenes hasta poder embutirse en ellos. Parte del problema proviene del sistema de señalización que todavía se usa y que es de la década de 1930. Según los funcionarios de la MTA, actualizar el sistema llevaría décadas y costaría miles de millones de dólares.

Para mayor desgracia de los neoyorquinos, está previsto cerrar la línea del tren L para efectuar unos necesarios trabajos de reparación. Durante el huracán *Sandy* del 2012, el túnel de Canarsie, que discurre por debajo del río East, se inundó de agua de mar y ello provocó graves daños. Este importante tramo entre Manhattan y Brooklyn da servicio a unos 400 000 pasajeros diarios, que deberán buscar medios de transporte alternativos cuando el tren L se cierre durante 15 meses desde abril del 2019.

Historia de dos ciudades

En muchos sentidos, NY está cada vez más dividida entre los que tienen y los que no tienen. Los grandes proyectos de urbanización y los pisos caros inundan el paisaje: desde los Hudson Yards de 4500 millones de dólares hasta el 432 Park, la esbelta torre diseñada por Rafael Viñoly, que cuenta con un ático recientemente valorado en 82 millones de dólares. Para los millonarios, Nueva York es el parque de recreo por excelencia. Una finca del Upper East Side vendida por 85 millones de dólares incluía un yate de 1 millón de dólares y dos Rolls Royce Phantom.

Por su parte, los promotores compiten por construir bloques de pisos cada vez más altos y lujosos en toda la ciudad, mientras crece el número de indigentes. Actualmente hay más de 63 000 vagabundos en la ciudad, más del doble que en el 2002. Los salarios congelados y los alquileres exorbitantes han avivado aún más la crisis. Del 2000 al 2014, el alquiler medio en NY subió casi un 20% mientras los ingresos solo lo hicieron un 5%.

La mayoría de los neoyorquinos vive entre ambos extremos, aunque la escasez de viviendas asequibles ejerce una gran presión sobre los residentes. A medida que más barrios sufren la gentrificación, los precios suben y los propietarios van reduciendo los pisos de renta fija. Esto hace que muchos neoyorquinos estén pagando rentas insostenibles altas, que se llevan de media casi el 60% de sus ingresos. No es de extrañar que un tercio de los adultos que viven en los albergues sociales de la ciudad estén trabajando.

población por km²

MANHATTAN   NUEVA YORK

≈ 5000 personas

vivienda
(% de habitantes)

67.5
Arrendatarios

0.5
Sin techo
(documentados)

32
Propietarios

si en Nueva York vivieran 100 personas

34 serían caucásicos
28 serían hispanos/latinos
23 serían afroamericanos
13 serían asiáticos
2 serían de otros orígenes

Historia

Esta es la historia de una ciudad que nunca duerme, de un reino donde convergen magnates y líderes mundiales, de un lugar que ha visto los ascensos más vertiginosos y las caídas más devastadoras. Pese a todo, sigue intentando tocar el cielo, en sentido literal y figurado. Y pensar que todo empezó con 24 US$ y un puñado de abalorios...

Vivir de la tierra

Mucho antes de la conquista europea, la hilera de tierras que se terminaría convirtiendo en Nueva York pertenecía a un pueblo de amerindios, los lenapes (pueblo original), que vivían en campamentos estacionales. Se movían por todo el litoral este y por las colinas y los valles esculpidos a partir de los restos glaciares que la Edad de Hielo dejó en NY, y que ahora se conocen como Hamilton Heights y Bay Ridge. Los glaciares eliminaron la roca blanda, dejando tras de sí los cimientos de roca dura de Manhattan, compuestos por gneis y esquisto. Unos 11 000 años antes de que los primeros europeos atravesaran el estrecho de Narrows, los lenapes aprovechaban la riqueza de la región para recolectar, cazar y pescar. Puntas de lanza y de flecha, huesos apilados y conchas atestiguan su presencia. Algunos de sus senderos descansan aún bajo calles como Broadway. En munsee, lengua de los lenapes, el término *manhattan* podría traducirse como "isla montañosa", aunque hay quien se remonta a un significado menos poético: "lugar de embriaguez general".

Un crudo despertar

Los lenapes vivieron en paz hasta que los exploradores europeos arrasaron con todo. El primero en llegar fue el barco francés *La Dauphine*, capitaneado por el explorador florentino Giovanni da Verrazano, quien en 1524 recorrió el norte de la bahía de NY (actual Upper Bay), que le pareció un lago precioso y, con el barco anclado en Staten Island, trató de secuestrar a algunos de los indios que se encontró. Comenzaron así varias décadas de asaltos a los poblados lenapes, que cultivaron un pro-

Los mejores puntos de interés histórico

Ellis Island
(puerto de Nueva
York)

Gracie Mansion
(Upper East Side)

Merchant's House
Museum (NoHo)

Jane's Carousel
(Brooklyn)

Historic Richmond
Town (Staten
Island)

CRONOLOGÍA

1500	1625-1626	1646
Unos 15 000 amerindios viven en 80 asentamientos en la isla, entre ellos los iroqueses y algonquinos, en constante lucha.	Cuando la Compañía Neerlandesa de las Indias Occidentales empieza a importar esclavos desde África, la colonia tiene 200 habitantes.	Los holandeses fundan una aldea a orillas del río East, en Long Island, y la llaman Breuckelen, por la Breukelen de los Países Bajos. Será una ciudad independiente hasta 1898.

fundo recelo hacia los extranjeros. Hasta 1609, cuando llegó Henry Hudson, empleado de la Compañía Neerlandesa de las Indias Occidentales, los encuentros con los amerindios dieron lugar a visiones contrapuestas, desde "primitivos encantadores" a "salvajes brutales".

La compra de Manhattan

En 1624, la Compañía Neerlandesa de las Indias Occidentales envió a 110 colonos para que creasen un núcleo comercial. Tras establecerse en el actual Lower Manhattan, llamaron a su colonia Nueva Ámsterdam y entablaron sangrientas batallas contra los lenapes. El culmen llegó en 1626, cuando el primer gobernador de la colonia, Peter Minuit, se convirtió en el primer agente inmobiliario sin escrúpulos de la ciudad: compró a los lenapes las 5665 Ha de Manhattan por 60 florines (24 US$) y unos abalorios de cristal.

Pata de palo, puño de hierro

Tras la compra de Manhattan en 1626, la colonia se deterioró bajo el gobierno de Willem Kieft. Entonces apareció Peter Stuyvesant con su pata de palo para reparar y reanimar la zona: firmó la paz con los lenapes, instaló mercados y una ronda de noche, restauró el fuerte, cavó un canal (bajo la actual Canal St) y autorizó la creación de un muelle municipal. Su idea de crear un puerto comercial surgió en parte gracias a su experiencia como gobernador de Curaçao, y la floreciente economía del azúcar en el Caribe inspiró la inversión en el comercio de esclavos; en breve, la mano de obra esclava alcanzó en Nueva Ámsterdam el 20% de la población. Algunos, tras largo tiempo de servicio, obtenían una libertad parcial y un solar para negros, cerca de lo que ahora es Greenwich Village, Lower East Side y City Hall. La Compañía Neerlandesa de las Indias Occidentales fomentó unas relaciones fructíferas con las plantaciones de las islas, y se ocupaba de hacer anuncios y ofrecer privilegios para atraer comerciantes a su floreciente puerto. En la década de 1650, naves, talleres y casas a dos aguas se extendían a espaldas de los densos asentamientos junto al río, en Pearl St.

En 1664 llegaron los ingleses en sus barcos de guerra, listos para la batalla. Stuyvesant, algo cansado, se rindió y evitó el derramamiento de sangre. El rey Carlos II rebautizó la colonia en honor de su hermano, el duque de York. Nueva York se convirtió entonces en un puerto británico próspero y, a mediados del s. XVIII, su población había aumentado a 11000 personas. La ciudad cobró importancia como lugar de intercambio de esclavos y mercancías entre el Nuevo Mundo y el antiguo continente. Pero la alegría duró poco.

Nombres neoyorquinos de origen holandés

....

Gramercy: Kromme Zee ("lago sinuoso")

....

Coney Island: Konijneneiland ("isla de conejos")

....

Yonkers: jonker ("terrateniente")

....

Bowery: bouwerij (palabra antigua para "granja")

....

Bronx: derivado de Jonas Bronck

1754	1776	1784	1789
La primera institución de enseñanza superior de NY es el King's College, fundado mediante real decreto por Jorge II. Tras la Guerra de Independencia pasa a llamarse Universidad de Columbia.	Las colonias firman la Declaración de Independencia el 4 de julio. Entre las figuras que ayudan en su redacción están John Hancock, Samuel Adams y Benjamin Franklin.	Alexander Hamilton funda el Banco de Nueva York, con unos activos de 500000 US$. Casi una década después se convertiría en el primer valor corporativo negociado en la Bolsa de Nueva York.	Tras una peregrinación de siete días desde su casa en Mount Vernon, George Washington es investido primer presidente del país en el Federal Hall.

Libertad de prensa y la Gran Conspiración Negra

En la prensa colonial quedaba patente el aumento de la tensión: John Peter Zenger, del *New York Weekly Journal,* criticaba con tanta frecuencia al rey y al gobernador real que las autoridades intentaron condenarle por libelo sedicioso en 1733. Fue absuelto, y eso dio comienzo a lo que hoy se conoce como libertad de prensa.

En 1741 hubo una serie de incendios, incluido uno en Fort George, donde por entonces vivía George Clarke, asistente del gobernador. Muchos culparon a los esclavos y rápidamente se propagó el rumor de que los negros y los colonos blancos más pobres habían planeado incendiar toda la ciudad. A pesar de las versiones contradictorias y la falta de pruebas sólidas, la llamada Gran Conspiración Negra condujo al arresto y la ejecución de numerosos esclavos y sus supuestos conspiradores.

Nueva York fue la primera capital de EE UU. George Washington juró el cargo por primera vez en 1789 en el Federal Hall.

Revolución y guerra

Mientras los patriotas se enfrentaban en público a los *tories,* leales al rey, el teniente coronel Alexander Hamilton, un intelectual, se convertía en un ferviente cabecilla del movimiento antibritánico. Los ciudadanos huyeron, a sabiendas de la guerra incipiente, y en agosto de 1776 estalló la Guerra de la Independencia. El ejército del general George Washington perdió casi una cuarta parte de sus hombres en un par de días. Washington se replegó y el fuego cercó gran parte de la colonia. Pero en poco tiempo los británicos abandonaron y el ejército de Washington reclamó su ciudad. Tras las celebraciones, banquetes y fuegos artificiales en Bowling Green, Washington se despidió de sus oficiales en lo que ahora es el Fraunces Tavern Museum y se retiró como comandante en jefe.

Para su sorpresa, en 1789 tuvo ocasión de dirigirse en el Federal Hall a una multitud que se había congregado para presenciar su nombramiento presidencial. Entretanto, Alexander Hamilton empezó a reconstruir NY y se convirtió en tesorero de Washington, ocupado en fundar la Bolsa de Nueva York. Pero la población recelaba de un capitolio situado junto al poder financiero de Wall St, y los neoyorquinos perdieron la sede de la presidencia a favor de Filadelfia.

El 16 de diciembre de 1835 se rompió una tubería de gas en una tienda de telas cerca de Hanover Square, causando un enorme incendio que se propagó rápidamente hacia el sur por Stone St y al noreste hacia Wall St. Descontrolado durante más de un día, destrozó gran parte de lo que quedaba de la ciudad colonial holandesa y británica.

Crecimiento de la población y construcción de infraestructuras

El s. XIX trajo consigo los sangrientos Disturbios de Reclutamiento de 1863, una gran epidemia de cólera, el aumento de la tensión entre los nuevos inmigrantes y los más antiguos, y una gran pobreza y criminalidad en Five Points, el primer barrio marginal de la ciudad, ubicado en

1811	1825	1853	1863
El alcalde DeWitt Clinton desarrolla el plan hipodámico de Manhattan, en el que se nivelan cerros, se rellenan marismas y se diseñan futuras calles, dando a la urbe una nueva forma.	Finaliza la construcción del canal de Erie, una de las mayores proezas de la ingeniería en su época, y aporta grandes beneficios a la industria y el comercio de NY.	El Estado autoriza la adjudicación de terrenos públicos. Se retiran del mercado inmobiliario 17 000 fincas edificables para construir el futuro Central Park.	Estallan los "Draft Riots", unos disturbios que duran tres días y terminan cuando el presidente Abraham Lincoln envía a NY soldados del Ejército Federal para restaurar el orden.

la actual Chinatown. No obstante, por fin NY era próspera y tenía recursos para construir sólidas obras públicas. Un gran sistema de acueductos llevó el agua de Croton y permitió erradicar el cólera. Los inmigrantes irlandeses ayudaron a cavar una zanja de 584 km –el canal de Erie– que unía el río Hudson con el lago Erie. El promotor del canal, el alcalde DeWitt Clinton, celebró la apertura de la vía fluvial vertiendo un barril de agua del Erie al mar. También ideó el sistema hipodámico moderno del diseño de Manhattan, un plan creado por su comité para organizar la ciudad ante el crecimiento poblacional.

Quedaría todavía otro gran proyecto: mejorar la salubridad de una población embutida en bloques diminutos con un parque público de 341 Ha. El proyecto de Central Park se inició en 1855, en una zona septentrional tan alejada que algunos inmigrantes mantenían allí cerdos, ovejas y cabras.

El ingeniero alemán John Roebling tenía otras miras: buscar una solución para las heladas que obligaban a cerrar los ferris entre el centro de Manhattan y Brooklyn, entonces una ciudad independiente. Su puente de Brooklyn aceleró la fusión de las dos ciudades.

A comienzos del s. xx, los trenes en superficie transportaban a un millón de personas al día. El metro contribuyó al desarrollo del Bronx y Upper Manhattan, impulsando pequeños *booms* inmobiliarios cerca de las líneas. La ciudad rebosaba con masas de inmigrantes llegados del sur de Italia y del este de Europa, que multiplicaron la metrópoli hasta casi los tres millones de personas. Las calles de Lower East Side reflejaban esos múltiples orígenes con carteles en yidis, italiano, alemán y chino.

Lecciones de clase

A finales del s. xix había todo tipo de gente viviendo en la miseria. Por entonces abrió el centro de tramitación de inmigrantes de Ellis Island; en su primer año recibió a un millón de recién llegados, que se hacinaban en bloques, tiritaban en las colas de los comedores públicos y retiraban nieve por unos centavos.

Por su parte, los nuevos ricos –impulsados por un salto económico que inició el financiero J. P. Morgan cuando rescató al ferrocarril del hundimiento– empezaron a construir mansiones cada vez más espléndidas en la Quinta Avenida, según el modelo de las casas solariegas europeas (como la Vanderbilt). Los salones de mármol se decoraban con tapices, las salas de baile con espejos recibían a juerguistas enjoyados y los criados con librea acompañaban a las damas desde sus carruajes dorados, en una sociedad gobernada por los Astor, los Frick y los Carnegie. El periodista y fotógrafo Jacob Riis arrojó luz sobre la creciente brecha entre clases en el *New York Tribune* y en su libro de 1890 *Cómo*

El puente de Brooklyn se inauguró el 24 de mayo de 1883. Después de que Franklin Edison, alcalde de Nueva York, y Seth Low, alcalde de Brooklyn, condujeran al presidente Chester Arthur y al gobernador Grover Cleveland a través de la estructura, más de 150 000 personas les siguieron, cada una de las cuales pagó un penique por tal honor.

1882	1883	1886	1898
Thomas Edison enciende las primeras luces eléctricas de NY en el banco JP Morgan, en el nº 23 de Wall St. Ese mismo día de noviembre, la electricidad llega a 85 domicilios de Manhattan.	Se inaugura el puente de Brooklyn, que ha costado 15,5 millones de US$ (y 27 vidas); 150 000 personas lo cruzan el primer día.	Se concluye el pedestal de la Estatua de la Libertad, que permite presentar a la gran dama ante miles de ciudadanos neoyorquinos.	Se ratifica la *Carta Constitutiva de la Ciudad de Nueva York* y los distritos de Brooklyn, Staten Island, Queens, el Bronx y Manhattan se unen para convertirse en la ciudad más grande de EE UU.

vive la otra mitad, y obligó a poner en marcha unas reformas urbanísticas muy necesarias.

Tragedia industrial y derechos de las mujeres

Nueva York tiene unos 1062 km de vías de metro de pasajeros. Incluidas las terminales ferroviarias y otras instalaciones, la cifra supera los 1350 km.

Las lúgubres condiciones de las fábricas –sueldos bajos, jornadas largas y jefes abusivos– de principios del s. xx se harían patentes en 1911 a raíz de una tragedia: el incendio de la Triangle Shirtwaist Company. Las llamas se propagaron rápidamente a los fardos de tela, provocando la muerte de 146 de las 500 trabajadoras que quedaron atrapadas tras las puertas cerradas. El suceso dio pie a profundas reformas laborales después de la marcha hasta el ayuntamiento de 20 000 trabajadoras de la confección. Paralelamente, las sufragistas organizaban mítines para conseguir el derecho al voto de las mujeres. La enfermera y comadrona Margaret Sanger abrió la primera clínica de planificación familiar en Brooklyn, donde la policía la arrestó de inmediato. Cuando salió de la cárcel, en 1921, creó la American Birth Control League (ahora Planned Parenthood), que brindaba servicios a las jóvenes e investigaba métodos seguros para el control de la natalidad.

La era del 'jazz'

La década de 1920 alumbró la "era del *jazz*", cuando la Ley Seca ilegalizó la venta de alcohol, lo que dio pie al contrabando, los bares clandestinos y el crimen organizado. James Walker fue elegido alcalde en 1925, Babe Ruth reinaba en el estadio de los Yankees y las grandes migraciones del sur propiciaron el renacimiento de Harlem como epicentro de la cultura y la sociedad afroamericanas. Cuna de poetas, músicos, pintores y de una actitud innovadora que aún sirve de influencia e inspiración, la disoluta vida nocturna de Harlem en los años veinte y treinta atrajo a *flappers* (mujeres jóvenes y rebeldes a la última moda) y bebedores juerguistas, lo que confirmó el completo fracaso de la Ley Seca y sirvió de anticipo a la vida noctámbula de la que disfrutan hoy los neoyorquinos. Sin embargo, la alegría no podía ser eterna y el colapso económico estaba al acecho.

Forgotten-NY.com es un compendio de la Nueva York histórica realizado por Kevin Walsh, oriundo de Queens, con anécdotas insólitas sobre estaciones de metro, cementerios y mucho más.

Tiempos difíciles

El mercado bursátil se hundió en 1929, dando paso a la Gran Depresión de la década de 1930, que la ciudad sobrellevó con una mezcla de valor, resistencia, fiestas para recaudar dinero y pagar los alquileres, militancia y obras públicas. En Central Park florecieron chabolas, apodadas con sorna Hoovervilles, en alusión al presidente Herbert Hoover, que se

1904	1919	1931	1939
Se abre el Luna Park en Coney Island, seguido por el parque de atracciones Dreamland. Mientras, el metro IRT transporta a 150 000 pasajeros en su primer día de funcionamiento.	Los Yankees fichan al bateador Babe Ruth de Boston y logran su primer campeonato.	El Empire State (443 m) supera al Chrysler y se convierte en el rascacielos más alto del mundo. La torre norte del World Trade Center le arrebatará el título en 1970.	Se inaugura en Queens la Exposición Universal. Su tema es "el mundo del mañana".

negó a ayudar a los necesitados. Pero el alcalde Fiorello La Guardia encontró un aliado en el presidente Franklin D. Roosevelt, y supo labrarse conexiones con Washington para llevar alivio económico y prosperidad a la ciudad.

Con la II Guerra Mundial, NY se llenó de soldados dispuestos a gastarse en juergas en Times Sq hasta su último dólar antes de embarcar hacia Europa. Las fábricas se convirtieron en industrias bélicas, que empleaban a mujeres y afroamericanos, a los que antes rara vez se permitía acceder a trabajos sindicados. Esa explosión de la actividad condujo a una gran implosión urbanística, lo que desembocó en la ley neoyorquina sobre alquileres, orientada a proteger a los inquilinos y muy imitada después.

Tras la guerra, Midtown se llenó de rascacielos, el centro financiero se trasladó al norte, y el banquero David Rockefeller y su hermano –el gobernador Nelson Rockefeller– idearon las Torres Gemelas para revitalizar el centro.

Llega Robert Moses

En su intento por introducir a la ciudad en la era moderna, La Guardia contó con Robert Moses, un urbanista que influiría –para bien o para mal, según se mire– en el aspecto físico de NY más que cualquier otra persona en el s. xx. Ideó el Triborough Bridge (hoy puente de Robert F. Kennedy), el Jones Beach State Park, el Verrazano-Narrows Bridge, la West Side Hwy y los paseos de Long Island, por no mencionar las infinitas autovías, túneles y puentes. Pretendía acabar con los barrios entrañables de casitas de piedra rojiza y viviendas unifamiliares y crear extensos parques y altísimas torres. Ello enfureció a los conservacionistas, que en su intento de evitar que arrasara los barrios, crearon en 1965 la Comisión para la Conservación del Patrimonio Histórico.

La generación 'beat'

La década de 1960 marcó el comienzo de una época de gran creatividad y expresión antisistema, y muchos creadores se mudaron al céntrico Greenwich Village. Surgieron movimientos como el expresionismo abstracto, que supuso la eclosión internacional de pintores estadounidenses –Mark Rothko, Jackson Pollock, Lee Krasner, Helen Frankenthaler o Willem de Kooning– que resultaban ofensivos e intrigantes, con sus garabatos y manchas incomprensibles. Entre los escritores, estaban los poetas *beat* Allen Ginsberg y Jack Kerouac, y la novelista y dramaturga Jane Bowles. Se citaban en las cafeterías del Village para intercambiar ideas y buscar inspiración, que a menudo encontraban en la música folk de artistas en ciernes como Bob Dylan.

Los edificios más altos de NY

Edificio Woolworth (241 m; 1913-1930)

Edificio Chrysler (319 m; 1930-1931)

Empire State Building (443 m; 1931-1972 y 2001-2012)

World Trade Center (417 m; 1972-2001)

One World Trade Center (541 m; desde 2012)

1941	1945	1963	1969
Billy Strayhorn, líder de la banda de Duke Ellington, inspirado por la línea de metro que lleva a Harlem, compone *Take the A Train*, que se convertirá en la canción fetiche de la banda.	Tras reunirse en San Francisco, representantes de 50 países firman la carta fundacional de la ONU. Las oficinas centrales se establecen en el este de Manhattan.	Se derriba la estación de Pennsylvania original para construir el Madison Square Garden; las fuertes protestas llevan a la creación de una Comisión para la Conservación del Patrimonio Histórico.	El 28 de junio, la policía hace una redada en el bar de ambiente Stonewall Inn. Los clientes se rebelan y se inicia una revuelta que inicia el movimiento de derechos de los homosexuales.

TRES MUJERES QUE CAMBIARON NUEVA YORK

Margaret Sanger (1879-1966) Enfermera, comadrona y activista que, en 1916, abrió en NY la primera clínica de planificación familiar del país. Finalmente fundó la American Birth Control League, rebautizada como Planned Parenthood.

Jane Jacobs (1917-2006) Se opuso al plan de Robert Moses de derruir una parte de su barrio para construir viviendas públicas. Defendió la conservación del patrimonio e inspiró la creación de la Comisión para la Conservación del Patrimonio Histórico (la primera de ese tipo en EE UU).

Christine Quinn (1966) En el 2006 se convirtió en la primera mujer y lesbiana declarada en ser portavoz del ayuntamiento de Nueva York, rompiendo así las barreras de género y sexualidad como la segunda persona más poderosa de la ciudad tras el alcalde.

"¡Vete al cuerno!"

A principios de la década de 1970, el déficit había provocado una importante crisis fiscal, lo que convirtió al alcalde electo Abraham Beame en un hombre de paja e hizo que el auténtico poder financiero de la ciudad recayera en el gobernador Carey. La negativa del presidente Gerald Ford a prestar ayuda federal –bien resumida en el titular del *Daily News* "Ford le dice a la ciudad: ¡Vete al cuerno!"– marcó el peor momento de las relaciones entre EE UU y una ciudad a la que solía despreciar. Mientras los despidos masivos diezmaban a la clase obrera, los puentes, carreteras y parques desatendidos presagiaban tiempos difíciles.

La traumática década (que llegó a su punto más bajo en 1977 con el apagón que afectó a toda la ciudad y el asesino en serie David Berkowitz) hizo que los alquileres cayeran en picado, lo que alimentó una cultura alternativa que realizaba espectáculos en escuelas abandonadas, montaba exposiciones en escaparates vacíos y dio nueva vida a la industria de los tintes capilares cuando llegó la estética *punk*. P. ej., el dinero obtenido por rodar la película *Fama* en el local PS 122, en 9th St esquina First Ave, ayudó a pagar la renovación de ese espacio artístico, aún popular. Los *punks* amantes de Ramones convirtieron antiguos almacenes en animadas mecas de la vida nocturna, transformando los antiguos distritos industriales del SoHo y Tribeca. Este renacimiento desafió los estereotipos sexuales y convirtió East Village en el epicentro de las industrias del tatuaje y del cine independiente en EE UU.

Resurgir de las cenizas

Durante la década de 1970, una oleada de incendios provocados redujo a cenizas varios bloques de apartamentos en el sur del Bronx. Entre el

La historia escrita

The Historical Atlas of New York City (Eric Homberger; 1998)

Gotham (Edwin G. Burrows y Mike Wallace; 2003)

The Restless City (Joanne Reitano; 2006)

Taxi! (Graham Russell Gao Hodges; 2007)

Nueva York (Edward Rutherfurd; 2010)

1977	1988	1993	2001
Un apagón provocado por el impacto de un rayo en verano deja a los neoyorquinos a oscuras durante 24 sofocantes horas. Hay disturbios por toda la ciudad.	Los okupas, que habían convertido el Tompkins Square Park en un gigantesco campamento de personas sin techo, se rebelan cuando la policía intenta desalojarlos.	El 26 de febrero, una bomba explota bajo la Torre Norte del World Trade Center. La explosión mata a seis personas y hiere a más de 1000.	El 11 de septiembre, unos terroristas secuestran dos aviones y los estrellan contra las Torres Gemelas: destrozan el World Trade Center y matan a casi 3000 personas.

humo nació la influyente cultura *hip-hop,* impulsada por los ritmos de percusión de la salsa puertorriqueña. La Rock Steady Crew, liderada por Richie Colón, alias *Crazy Legs,* fue la pionera del *break dance.* El DJ Kool Herc empezó a usar los *breakbeats* como base rítmica. Afrika Bambaataa, uno de los DJ fundadores del *hip-hop,* formó la Zulu Nation, que aunaba a DJ, *breakdancers* y grafiteros contra la violencia.

Estos últimos deslumbraban al público con dibujos que cubrían vagones de metro; la 'obra maestra' más famosa llegó para contradecir su reputación de vándalos: Lee 163 y su banda Fab 5 pintaron un convoy con el mensaje "Feliz Navidad, Nueva York". Algunos de esos maestros del espray se infiltraron en el mundo del arte. El más conocido es Jean-Michel Basquiat, conocido en tiempos por su firma "Samo".

Parte del dinero procedente del *boom* económico de la década de 1980 se invirtió en arte, pero mucha más cantidad se fundió en las narices de jóvenes inversores. Los barrios de Manhattan luchaban contra la expansión de la cocaína, mientras la ciudad se tambaleaba por el impacto de la drogadicción, la delincuencia y el sida.

Los días del 'puntocom'

En 1990, una portada de la revista *Time* publicó el titular "Nueva York: la manzana podrida". Aún convaleciente por el golpe inmobiliario de finales de la década de 1980, la ciudad se enfrentaba a puentes y carreteras deteriorados, el empleo se había desplazado al sur y 500 de las empresas más importantes se trasladaron a la periferia. Entonces el mercado de las *puntocom* arrasó, hizo millonarios a los gurús de la informática y convirtió a la Bolsa de NY en un divertido parque especulativo. La ciudad, a flote gracias a la recaudación de las ofertas públicas de venta (OPV), entró en un frenesí de construcción y fiestas solo comparable al de los años veinte.

El alcalde Rudolph Giuliani, ferviente defensor del comercio, la ley y el orden, limpió las calles de Manhattan, que se llenaron de *yuppies,* y expulsó a los indigentes hacia los barrios periféricos, permitiendo que la Generación X se diera la gran vida. Acaparó titulares con su campaña para acabar con la delincuencia e incluso cerró los *sex shops* de la sórdida 42nd St. El alcalde consiguió que Nueva York fuera la gran ciudad más segura del país centrándose en las zonas con mayor delincuencia y usando las estadísticas para reforzar la presencia policial. La delincuencia cayó en picado, los restaurantes surgieron como setas y el precio de los inmuebles se disparó mientras *Sexo en Nueva York* ofrecía una visión de sofisticadas solteras que calzaban Manolos.

No obstante, las cosas no iban demasiado bien en los albores del nuevo milenio, y un día aciago del 2001 cambió la perspectiva de la ciudad y del mundo.

David Berkowitz, apodado "El hijo de Sam", aterrorizó a Nueva York de 1976 a 1977 con una serie de tiroteos en los que murieron seis personas y otras siete resultaron heridas. Los ataques eran crueles e inesperados: tiroteaba a sus víctimas dentro de sus automóviles. Cuando fue arrestado en agosto de 1977, bromeó diciendo: "¿Por qué habéis tardado tanto?".

2002	2008-2009	2009	2011
John Gotti (el Dapper Don), jefe del clan Gambino, muere de cáncer en la cárcel mientras cumplía condena por asesinato, extorsión, evasión de impuestos y otros delitos.	El mercado bursátil se hunde debido a la mala gestión de las principales instituciones financieras estadounidenses. La crisis se propaga por todo el mundo.	El 15 de enero, el vuelo 1549 de US Airways se precipita en el río Hudson tras perder potencia. Los 150 pasajeros y cinco miembros de la tripulación son rescatados satisfactoriamente.	Se inaugura la segunda fase de la High Line, que duplica su superficie. Una tercera fase, inaugurada en septiembre del 2014, moderniza la zona industrial de las calles West 30 y ss.

11 de septiembre

El 11 de septiembre del 2001, un ataque terrorista estrelló dos aviones contra las Torres Gemelas del World Trade Center, que redujeron el complejo a polvo y escombros y mataron a casi 3000 personas. Durante meses, las ruinas siguieron humeando como un espectro y en las paredes continuaban los tristes carteles de desaparecidos. El impacto y el dolor unieron a la gente, y la ciudadanía, a menudo tan quejumbrosa, hizo un esfuerzo para no sucumbir a la desesperación.

Protestas, tormentas y cambios políticos

Los ataques terroristas del 11 de septiembre causaron daños por valor de 60 000 millones de US$ en la zona del World Trade Center, incluidos las infraestructuras, el metro y los edificios circundantes. Se invirtieron 3,1 millones de horas de trabajo, con un coste de 750 millones de US$, en limpiar los 1,8 millones de toneladas de escombros.

La década posterior al 11 de septiembre fue un período de reconstrucción física y emocional. En el 2002, el por entonces alcalde Michael Bloomberg inició la nada envidiable tarea de limpiar los escombros de una ciudad destrozada que había dado todo su apoyo a su predecesor, Giuliani, cuya popularidad se disparó tras la tragedia.

Nueva York fue testigo de una gran renovación y reconstrucción, sobre todo después de que la ciudad alcanzara su número máximo de visitantes en el 2005. En el 2008, sin embargo, la economía se hundió bajo su propio peso, debido a la crisis financiera mundial. La indignación que causó la mala gestión de las instituciones financieras de EE UU hizo que miles de personas se congregaran en el Zuccotti Park del Financial District el 17 de septiembre del 2011, en una protesta contra la injusta distribución de la riqueza en el país. Conocida como "Ocupa Wall Street", la protesta se propagó a cientos de ciudades de todo el mundo.

En el 2012, NY fue azotada por el huracán *Sandy*. Aunque el 28 de octubre una marejada ciclónica inundó algunas partes de Brooklyn y Nueva Jersey, lo peor fue el día siguiente. Vientos huracanados y lluvias torrenciales azotaron la ciudad causando graves daños e inundaciones, como en el metro, el túnel Hugh L. Carey y el emplazamiento del World Trade Center. Un apagón sumió buena parte de Lower Manhattan en la oscuridad y se tuvo que suspender la actividad de la Bolsa por causas meteorológicas por primera vez desde 1888.

Los vientos de cambio político también azotaron la ciudad en noviembre del 2013, cuando Bill de Blasio se convirtió en el primer alcalde demócrata desde 1989. Con 52 años y autodeclarado progresista, también es el primer alcalde blanco de Nueva York con una esposa afroamericana.

2012	2013	2014	2017
El huracán *Sandy* llega a la ciudad en octubre, causando graves inundaciones y daños, además de cortes de electricidad y el cierre de la Bolsa de Nueva York durante dos días.	Bill de Blasio gana en las elecciones municipales de NY a Joseph J. Lhota y se convierte en el primer alcalde demócrata en casi 20 años.	La reconstrucción del World Trade Center está a punto de concluir con la inauguración del Monumento Nacional y Museo 11 de Septiembre y del One World Trade Center.	Tras muchos éxitos como el preparvulario universal, el descenso del desempleo y el aumento del salario mínimo, Bill de Blasio gana su segunda alcaldía.

Gastronomía

**A diferencia de California o del sur del país, Nueva York no tiene una cocina defini-
da. Al preguntar por la "comida neoyorquina", la respuesta puede ser cualquier cosa
desde una *pizza* en horno refractario hasta la *soul food* vegana de Harlem. La cocina de
la ciudad multicultural es, por definición, el legado de los inmigrantes que han desem-
paquetado su equipaje y sus recetas en sus calles. Y como la propia ciudad, es un
panorama en constante evolución, movido por una ambición insaciable.**

Cocina de Km 0

Tanto si se trata de selecto queso kunik triple cremoso en la Bedford
Cheese Shop (p. 169) o de ostras Montauk Pearls en el exquisito Craft
(p. 165), la pasión neoyorquina por todo lo local y artesanal mantiene su
llama. La ciudad se ha convertido en un singular bol gastronómico, con
cada vez más azoteas, patios y jardines comunitarios convertidos en
granjas urbanas.

Aunque se puede encontrar de todo, desde tomates ecológicos sobre
las tiendas de delicatesen de Upper East Side hasta colmenas en las
azoteas de los edificios de East Village, la reina de los cultivos es
Brooklyn Grange (www.brooklyngrangefarm.com), una granja ecológica que ocupa dos azoteas en Long Island y Brooklyn Navy Yards. Con
6 Ha, es, supuestamente, la granja-azotea más grande del mundo y produce más de 22 000 kg de productos ecológicos cada año, desde huevos
hasta zanahorias, acelgas y tomates. El proyecto es idea del joven granjero Ben Flanner. Obsesionado con la cocina de Km 0, este ex director
comercial de E*Trade emprendió la revolución de las azoteas de NY en
el 2009 con la inauguración de su primera granja en las alturas –Eagle
Street Rooftop Farm– en el vecino Greenpoint. Entre sus colaboradores
figuran algunos de los mejores restaurantes de la ciudad, entre ellos
Marlow & Sons (p. 275) y Roberta's (p. 275), en Brooklyn, o Dutch
(p. 304), en Manhattan.

Los gastrónomos
expertos en
gangas adoran la
NYC Restaurant
Week. Se celebra
en enero y
febrero y muchos
restaurantes de la
ciudad, incluidos
algunos de los
mejores, sirven
almuerzos de tres
platos por
29 US$ o cenas
por 42 US$. En
www.nycgo.com/
restaurantweek
se hallarán más
detalles e
información
sobre reservas.

Platos típicos

Si bien el concepto de cocina neoyorquina es ambiguo por naturaleza,
esta ciudad no sería nada sin sus iconos comestibles. Son los bocados
con más historia lo que la gente tiene en mente cuando hablan de las
especialidades de Nueva York. Y entre ellos están los *bagels* y la *pizza,*
introducidos en el país por judíos e italianos de las primeras olas migratorias que llegaron a la ciudad. Y siempre hay que dejar un hueco para
el *cheesecake,* los *egg creams* y los perritos calientes.

'Bagels'

Puede que los *bagels* se inventasen en Europa, pero fue en NY donde se
perfeccionaron a principios del s. xix. Cuando se ha probado un *bagel*
neoyorquino, es difícil disfrutarlos igual en otro sitio. Esta obra maestra
es muy sencilla: una rosquilla de pan ácimo que primero se hierve y
luego se hornea, sin nada o decorada, por ejemplo, con semillas de sésa-

mo o trocitos de chocolate. En otras zonas del país suelen hornear los *bagels* sin hervirlos, convirtiéndolos en meros rollos con un agujero; incluso aunque los hiervan, los maestros neoyorquinos del *bagel* aseguran que el agua de NY les aporta esa dulzura tan esquiva, imposible de conseguir en otro lugar. Respecto a cuál es el sitio que hornea los mejores *bagels,* hay opiniones (y acaloradas discusiones) para todos los gustos, pero muchos coinciden en que Ess-a-Bagel (p. 192) y Absolute Bagel (Manhattan), y Brooklyn Bagel & Coffee Company (p. 300), en Queens, ocupan los primeros puestos. Lo más neoyorquino es pedir un *bagel and a schmear,* es decir, un *bagel* al gusto con una capa generosa, pero fina, de queso cremoso. También se puede derrochar añadiéndole lonchas de salmón ahumado, tal y como hacían los inmigrantes judíos para venderlos en Lower East Side a principios de la década de 1900.

'Pizza'

No hay duda de que la *pizza* no es originaria de NY, aunque la *pizza* al estilo neoyorquino es muy particular, y **Lombardi's** (plano p. 416; ☎212-941-7994; www.firstpizza.com; 32 Spring St, entre Mulberry St y Mott St, Nolita; *pizza* grande desde 21,50/24,50 US$; ⏱11.30-23.00 do-ju, hasta 24.00 vi y sa; Ⓢ6 hasta Spring St; J/Z hasta Bowery), la primera pizzería de EE UU, abrió en Little Italy, Manhattan, en 1905.

Aunque el estilo de Chicago es contundente y la *pizza* californiana tiene un toque ligero y esponjoso, NY presume de una masa fina y una capa aún más fina de salsa, servida en porciones triangulares (menos las sicilianas, que se cortan en rectángulos). La *pizza* llegó a NY en la década de 1900 con los inmigrantes italianos y su estilo regional no tardó en desarrollarse, con una masa fina que permite una cocción más rápida. Ahora hay pizzerías cada 10 manzanas, sobre todo en Manhattan y en gran parte de Brooklyn. El estilo varía ligeramente según el sitio; algunos locales sirven masas crujientes, y otros, versiones más gruesas y blandas, con todo tipo de ingredientes novedosos. El floreciente movimiento del consumo de proximidad también ha dejado huella, con pizzerías que se suben al carro de esta moda, como Roberta's (p. 275), en Brooklyn, que emplea ingredientes de producción local sostenible y horno de leña.

'Hot dogs' *(perritos calientes)*

Carniceros centroeuropeos llevaron a NY el perrito caliente en la década de 1800. Se cree que el alemán Charles Feltman fue el primero en venderlos, en carretillas, por el paseo marítimo de Coney Island. Nathan Handwerker, un empleado de Feltman, abrió su propio local al otro lado del paseo y empezó a ofrecerlos a mitad de precio, quitándole el negocio a su ex jefe. Hoy, el original y legendario Nathan's sigue abierto en Coney Island y su imperio se ha expandido por todo el mundo. Es raro el barrio de NY que no tenga varios puestos de *hot dogs* por las esquinas, aunque algunos neoyorquinos no probarían esos bocadillos ni aunque se murieran de hambre; ellos prefieren la nueva ola de locales cursis que salpican la ciudad. Sea como sea, lo más importante es disfrutar de uno de ellos, y completo: cubierto de mostaza picante, condimentos, col agria y cebolla.

'Egg creams'

Pese al nombre (crema de huevo), no lleva ni huevo ni crema. Se trata de una bebida espumosa a la antigua usanza, a base de leche, agua carbonatada y mucho sirope de chocolate (mejor si es el clásico Fox's U-Bet, fabricado en Brooklyn). En 1890, cuando Louis Auster, vecino de Brooklyn y propietario de unas fuentes de soda del Lower East Side, lo

City Harvest (www.cityharvest. org) es una organización sin ánimo de lucro que distribuye comida sobrante a casi 1,5 millones de neoyorquinos necesitados al año. Cada día se recuperan 68 000 kg de comida de restaurantes, panaderías y empresas de cátering de la ciudad. Quienes quieran donar dinero, lo pueden hacer a través de su web.

inventó, usó un sirope hecho con huevos y le añadió crema para espesar la mezcla. El nombre tuvo éxito, aunque los ingredientes cambiaron, y pronto se convirtió en un clásico de NY. El Sr. Auster la vendía a 0,03 US$, pero hoy cuesta 2,50-5 US$ según el local (que puede ser una vieja institución como Katz's Delicatessen (p. 117), en Lower East Side, o el Tom's Restaurant (p. 272) de Brooklyn).

'Cheesecake' al estilo neoyorquino

De una u otra forma, el *cheesecake* existe desde hace mucho tiempo. Si uno se remonta 2400 atrás descubrirá que el historiador griego Tucídides y su cuadrilla ya amasaban queso feta con miel y lo horneaban sobre brasas. Siglos después, los romanos refinaron el concepto, incorporando a la receta harina de espelta para que tuviera más aspecto de tarta. Y a partir de ahí, fue evolucionando a lo largo de los siglos y a lo ancho de los continentes.

Sin embargo, fue el error de un granjero neoyorquino del s. XIX lo que dio origen al ingrediente estrella del *cheesecake:* el queso crema. Un intento fallido de elaboración de queso *neufchâtel* francés derivó en un curioso producto, cuya textura se parecía a la del polietileno. James Kraft, fundador de Kraft Foods, retomó aquel 'fiasco' en 1912, lo reformuló, lo envolvió en papel de aluminio y presentó al mundo la maravilla del queso crema.

El *cheesecake* clásico de Nueva York lo inmortalizó el restaurante Lindy's de Midtown. Inaugurado por Leo Lindemann en 1921, servía un *cheesecake* –elaborado con queso crema, nata de montar, un toque de vainilla y base de galleta– que se hizo muy popular en los años cuarenta. Hoy, esta calórica obra de arte local figura en casi todas las cartas de postres, ya sea en un restaurante griego o en un establecimiento de alta cocina. El *cheesecake* más famoso de la ciudad (y posiblemente el mejor) es el de Junior's (www.juniorscheesecake.com), en Brooklyn, entre cuyos fans se cuenta Barack Obama.

Bebidas típicas

Cócteles

Nueva York es la meca de los combinados. Después de todo, es la cuna de los *manhattans,* de bares clandestinos legendarios y de columnistas de la moda, *Cosmopolitan* en mano. Según se cuenta, el *manhattan* (una mezcla de *whisky,* vermú dulce y bíter) surgió en la esquina sureste de 26th St y Madison Ave, en el ya desaparecido Manhattan Club. Fue en una fiesta, en 1874, organizada por Jennie Churchill (madre del primer ministro británico Winston) para celebrar la victoria de Samuel J. Tilden en las elecciones a la alcaldía de NY. Uno de los bármanes decidió crear una bebida para la ocasión y bautizarla con el nombre del bar.

Ese mismo año nació otro clásico, el veraniego Tom Collins, una mezcla de ginebra seca, azúcar, zumo de limón y soda, que debe su nombre a una broma muy elaborada: cientos de neoyorquinos fueron informados de que un tal Tom Collins había mancillado sus respetables nombres; muchos de ellos se pusieron a buscarle. Los camareros –que sabían de qué iba todo– se deleitaron en la broma creando esta bebida y bautizándola como el agitador ficticio. Cuando los agraviados irrumpían en los bares preguntando por un tal Tom Collins, les servían esta copa para calmar los ánimos.

Actualmente, el activo mundo coctelero de NY está muy ocupado en recuperar recetas, anécdotas históricas y un estilo clandestino retro. Camareros antes oscuros como Harry Johnson y Jerry Thomas son aho-

GASTRONOMÍA BEBIDAS TÍPICAS

Entre los muchos libros sobre la historia culinaria de Nueva York destacan *Appetite City: A Culinary History of New York* de William Grimes, *New York City Food: An Opinionated History and More Than 100 Legendary Recipes* de Arthur Schwartz, y *Gastropolis: Food & New York City,* editado por Annie Hauck-Lawson y Jonathan Deutsch.

ra leyendas resucitadas, y sus antiguas bebidas han revivido gracias a una nueva generación de bármanes con tirantes. Ingredientes históricos como el licor de violetas, la ginebra Old Tom y el arak de Batavia están otra vez de moda. En Financial District, la coctelería Dead Rabbit (p. 79) ha ido más allá, reintroduciendo la costumbre del s. xvii de los *pop inns,* bebidas a base de cerveza, licores y especias.

Y después están los venerados locales de aguardientes de la ciudad, entre ellos **Ward III** (plano p. 414; ☎212-240-9194; www.ward3tribeca.com; 111 Reade St, entre Church St y W Broadway; ☺16.00-4.00 lu-vi, 17.00-4.00 sa, hasta 2.00 do; ☎; ⓢA/C, 1/2/3 hasta Chambers St), en Tribeca, especializado en *whisky;* Brandy Library (p. 81), centrado en el brandi, en Tribeca; y Rum House (p. 196), en Midtown, experto en ron. Hay incluso una taberna dedicada a Moonshine: Wayland (p. 118), en el East Village.

Cervezas de barrio

La fabricación de cerveza llegó a ser una industria próspera en NY: en la década de 1870, Brooklyn inflaba las barrigas de los neoyorquinos con 48 cervecerías, la mayoría, en Williamsburg, Bushwick y Greenpoint, barrios llenos de inmigrantes alemanes con grandes conocimientos cerveceros. En 1919, en vísperas de la Ley Seca, este distrito era uno de los principales centros de producción del país, al que dieron fama los niños cargados con cerveza en garrafas de vidrio, además de sus puentes. Al abolirse la ley, en 1933, la mayoría de las cervecerías habían cerrado. Con la II Guerra Mundial, cuando la industria iba renaciendo de sus cenizas, el sabor local cedió ante las grandes marcas del Medio Oeste.

Hoy Brooklyn vuelve a ser un reclamo como destino de buenas cervezas, gracias a varias cervecerías artesanales que le han devuelto su integridad. La primera de la lista es la Brooklyn Brewery (p. 265), su oferta de temporada incluye la Post Road Pumpkin Ale (disponible ago-nov), a la nuez moscada, y la deliciosa Black Chocolate Stout (una versión de la Imperial Stout, disponible oct-mar). Otras cervecerías destacadas son SixPoint Craft Ales (www.sixpoint.com), Threes Brewing (www.threesbrewing.com) y Other Half Brewing Co (www.otherhalf brewing.com). Con merecida fama gracias a su Imperial IPA Green Diamonds, con aroma a pino y lúpulo, Other Half Brewing Co utiliza lúpulo y malta de granjas locales para elaborar sus cervezas.

En el emergente Queens se encuentra la microcervecería Transmitter Brewing (www.transmitterbrewing.com) y la playera Rockaway Brewing Company (www.rockawaybrewco.com), pero la primera cervecería del distrito sigue siendo SingleCut Beersmiths (www.singlecutbeer. com); su inauguración en el 2012 fue la primera en Queens desde la época de la Ley Seca. Su oferta incluye versiones curiosas de cervezas *lager,* entre ellas la Jan White Lagrrr, elaborada con cilantro, flores de manzanilla, naranjas, pan ácimo y pimienta de Sichuan. Más al norte, el Bronx cuenta con la Bronx Brewery (p. 247) y con Gun Hill Brewing Co (http://gunhillbrewing.com), que fabrica la Void of Light, una cerveza negra tostada muy rica.

La primera fábrica pública de cervezas de EE UU la fundó el gobernador Peter Minuit (1580-1638) en la zona del mercado (Marckvelt), el actual distrito financiero de Lower Manhattan. A Minuit se le atribuye haber comprado Manhattan al pueblo indio lenape en mayo de 1626.

Arte

Espectáculos de Broadway, galerías en Chelsea, locales de *jazz* en directo, *music halls* con temperamento de *rock* independiente y teatros con melodramas. Durante más de un siglo, Nueva York ha sido la capital de la producción cultural en EE UU. Y aunque el aburguesamiento ha expulsado a muchos artistas a la periferia y más allá, sigue siendo un centro vital de las artes visuales, la música, el teatro, la danza y la literatura.

Motor de las artes escénicas

El hecho de que en NY se hallen algunos de los mayores museos de arte del mundo es una prueba más de su envidiable pedigrí artístico. Desde Pollock o Rothko, hasta Warhol o Rauschenberg, la ciudad ha alimentado a algunos de los mejores artistas y movimientos artísticos de EE UU.

Todos los días de la semana, Nueva York acoge incontables exposiciones de arte, instalaciones y *performances*. En www.nyartbeat.com se puede consultar una lista detallada.

Nacimiento de un centro de arte

En lo que se refiere a la innovación estética, NY comenzó a destacar a principios del s. xx, cuando atrajo y retuvo a una masa crítica de pensadores, artistas, escritores y poetas. Entonces empezó a tomar forma el mundo del arte local. En 1905, el fotógrafo Alfred Stieglitz (marido de Georgia O'Keeffe) abrió la Gallery 291, un espacio en la Quinta Avenida que sirvió de plataforma a los artistas estadounidenses y que ayudaría a la inclusión de la fotografía entre las bellas artes.

En la década de 1940, un flujo de figuras culturales que huían de la II Guerra Mundial llenó de ideas frescas la ciudad, que se convirtió en un importante núcleo creativo. Peggy Guggenheim fundó la galería Art of this Century en 57th St, que ayudó a lanzar las carreras de pintores como Jackson Pollock, Willem de Kooning y Robert Motherwell. Esos artistas afincados en Manhattan formaron el epicentro del expresionismo abstracto (o Escuela de Nueva York), creando una forma explosiva y ruda de pintura que cambiaría el curso del arte moderno.

Vanguardia estadounidense

Los expresionistas abstractos ayudaron a hacer de NY un centro global del arte; luego, otra generación de artistas tomó el testigo. En las décadas de 1950 y 1960, Robert Rauschenberg, Jasper Johns y Lee Bontecou convirtieron la pintura en construcciones esculturales que sobresalían de las paredes e incluían todo tipo de elementos, desde acero soldado hasta cabras disecadas. A mediados de los sesenta, el pop art, había echado raíces, con Andy Warhol a la cabeza.

De finales de la década de 1960 a mediados de la de 1970, cuando la economía de NY estaba en crisis y gran parte del SoHo andaba de capa caída, la ciudad se convirtió en un semillero de arte conceptual. Gordon Matta-Clark rebanaba edificios abandonados con motosierras y los artistas de Fluxus montaban *happenings* en las calles del centro. Carolee Schneemann organizaba *performances* en las que usaba el cuerpo humano; en un famoso acto de 1964 puso a un grupo de bailarines desnudos a danzar alrededor de una mezcla de pintura, salchichas y peces muertos en el teatro de una iglesia de Greenwich Village.

El arte hoy

El mundo del arte abarca y mezcla numerosos aspectos en estos tiempos. Las mayores instituciones: Metropolitan Museum of Art (p. 209), Museum of Modern Art (p. 178), Whitney Museum (p. 135), Guggenheim Museum (p. 208), Met Breuer (p. 211) y Brooklyn Museum (p. 255), ofrecen grandes retrospectivas sobre todo tipo de cosas, desde retratos renacentistas hasta instalaciones contemporáneas. El New Museum (p. 108), en Lower East Side, es más atrevido, mientras que numerosas entidades menores, como el Bronx Museum (p. 247), El Museo del Barrio (p. 240) y el Studio Museum (p. 240), en Harlem, se centran en momentos más limitados de la historia del arte.

Nueva York sigue siendo la capital de las galerías del mundo. Los tratantes de valores seguros se reúnen en Chelsea y Upper East Side. Las galerías de Lower East Side muestran obras de artistas jóvenes o en mitad de su carrera, mientras que los alquileres prohibitivos han empujado a la escena más experimental y emergente a los barrios de Bushwick, Greenpoint, Clinton Hill y Bedford-Stuyvesant (Bed-Stuy), en Brooklyn.

En enero del 2018, el Metropolitan Museum of Art (p. 209) anunció que, por primera vez desde 1970, empezaría a cobrar entrada a los visitantes de fuera del estado. La decisión fue polémica: mientras muchos reconocieron el apuro financiero del museo (solo el 8% de sus ingresos proceden de fondos gubernamentales), otros lamentaron la pérdida de la política de puertas abiertas que permitía un acceso universal a su espléndida colección de arte.

Grafiti y arte callejero

El fenómeno del grafiti contemporáneo, tal y como se conoce ahora, nació en NY. En la década de 1970, los vagones de metro cubiertos de grafitis se convirtieron en un símbolo de la ciudad y el trabajo de figuras como Dondi, Blade y Lady Pink se conoció en todo el mundo. Por otro lado, artistas más ortodoxos empezaron a incorporar elementos del grafiti a su obra o pasaron de aquel a la pintura más al uso, entre ellos, Jean-Michel Basquiat y Keith Haring.

El movimiento cobró nueva vida a finales de la década de 1990, cuando una generación de artistas comenzó a usar materiales como recortes de papel y elementos esculturales. Así trabajaron neoyorquinos famosos como John Fekner, Stephen *Espo* Powers, Swoon y los gemelos Skewville.

Menos festivo fue el cierre en el 2013 del emblemático 5Pointz, un conjunto de naves industriales de Long Island City llenas de grafitis multicolores. Ni siquiera una súplica del legendario artista británico Banksy pudo salvar aquel auténtico museo condenado a la demolición. Hoy día, esta manifestación artística se concentra en el lado de Brooklyn del puente de Williamsburg y la esquina de Troutman St con St Nicholas Ave en Bushwick, también en Brooklyn. En Astoria (Queens) se recomienda ver las obras de la zona de Welling Ct y 30th Ave.

Metrópoli musical

Esta es la ciudad en la que artistas del *jazz* como Ornette Coleman y Miles Davis cruzaron las fronteras de la improvisación en la década de 1950; donde varios sonidos latinos, como el chachachá, la rumba o el mambo, se unieron para formar el híbrido que ahora se llama salsa; donde cantantes folk como Bob Dylan y Joan Baez comenzaron a hacerse un nombre; y donde grupos como New York Dolls, Ramones o Blondie revolucionaron la apolillada escena roquera de mediados de los setenta. Fue la zona cero de la música disco y el crisol cultural donde el *hip-hop* se cultivó, creció y explotó.

NY sigue siendo un imán para los músicos. El mundo del *rock indie* es especialmente vibrante: grupos como Yeah Yeah Yeahs, LCD Soundsystem y Animal Collective tuvieron su cuna en NY. Williamsburg es el centro de ese mundillo, con multitud de discotecas y bares, sellos discográficos independientes y emisoras de radio en línea. Las mejores salas de *rock* son el Music Hall de Williamsburg (p. 284), Brooklyn Bowl (p. 288) y Bowery Ballroom (p. 123) de Manhattan.

Brooklyn cuenta con un vibrante ambiente de música *indie*. En Williamsburg y Bushwick suelen tocar grupos locales. Para escuchar los últimos sonidos se puede entrar en www.newtown radio.com.

LISTA DE REPRODUCCIÓN DE 'HIP HOP' NEOYORQUINO

NY es la cuna del *hip-hop*. Estos son algunos clásicos:

'Rapper's Delight', Sugarhill Gang (1979) El sencillo que supuso el lanzamiento comercial del *hip-hop,* a cargo de un trío de Nueva York-Nueva Jersey.

'White Lines', Grandmaster Flash and the Furious Five (1983) La canción de fiesta por antonomasia de la década de 1980 nació en el Bronx.

'It's Like That', Run DMC (1983) El gran éxito de este legendario trío de Queens.

'Fat Boys', Fat Boys (1984) Los principales *beatboxers* de Brooklyn.

'No Sleep Till Brooklyn', Beastie Boys (1986) El trío de NY que luchó por su derecho a la fiesta.

'Ain't No Half Steppin', Big Daddy Kane (1988) Ritmos melosos de un maestro de Brooklyn.

'Fight the Power,' Public Enemy (1989) Un *tour de force* con carga política de los reyes del *hip-hop* de Long Island.

'C.R.E.A.M.,' Wu-Tang Clan (1993) Las reglas del capitalismo de la calle rapeadas por lo mejor de Staten Island.

'N.Y. State of Mind,' NAS (1994) Del álbum de debut del dios rapero de Queens, nacido en Brooklyn.

'99 Problems,' Jay-Z (2004) Un chico de Bed-Stuy, Brooklyn, es hoy un magnate de la música.

Para todo lo demás, 'jazz'

El *jazz* sigue generando una atracción irrefrenable, tanto el tradicional como el experimental. Village Vanguard (p. 152), en West Village, y Jazz Standard (p. 198), cerca del Madison Square Park, son apuestas seguras. Para encontrar una programación más selecta, el Midtown's Jazz del Lincoln Center (p. 199), organizado por el trompetista Wynton Marsalis, presenta una gran variedad de interpretaciones solistas a cargo de importantes músicos y conciertos de homenaje a figuras como Dizzy Gillespie y Thelonious Monk.

Música clásica y ópera

Los clásicos están vivos en el Lincoln Center (p. 223), donde la Metropolitan Opera (p. 229) programa una amplia selección de óperas famosas. La Filarmónica de Nueva York (p. 230), orquesta sinfónica que fue dirigida por Leonard Bernstein, uno de los grandes maestros del s. xx, tiene también su sede allí, en el recién reformado David Geffen Hall. El Carnegie Hall (p. 199), el Merkin Concert Hall (p. 230) y la Frick Collection (p. 211) también son espacios magníficos, y más íntimos, para disfrutar de una excelente música clásica.

Se puede encontrar algo más de vanguardia en el Center for Contemporary Opera (http://centerforcontemporaryopera.org) y la Brooklyn Academy of Music (BAM; p. 282); esta última es uno de los epicentros de la ópera y la música clásica de la ciudad. Otra sala excelente, con obras experimentales, es St Ann's Warehouse (p. 282), en Brooklyn. Si se buscan espectáculos diferentes, hay que ojear su programa.

No solo Broadway

A principios del s. xx, multitud de teatros se establecieron en torno a Times Square y empezaron a producir obras populares y comedias musicales, un movimiento que tenía sus raíces en el primer vodevil. En la década de 1920, esa mezcla había evolucionado a espectáculos como

Show Boat, una producción suprema de Oscar Hammerstein sobre la vida de los artistas en un barco de vapor del Misisipi. En 1943, Broadway vivió su primer éxito arrollador, *Oklahoma!*

Hoy, los musicales son un elemento fundamental de la vida cultural de NY y se representan en los 40 teatros oficiales de Broadway.

Pero la oferta no se limita a Broadway. Se puede ver Shakespeare o David Mamet y dramaturgos en ciernes como Young Jean Lee. Además de los clásicos de Midtown como Playwrights Horizons (p. 200) y Second Stage Theatre (p. 200), el Lincoln Center (p. 223) y compañías menores como Soho Rep (p. 82) son escenarios importantes para obras de dramaturgos modernos y contemporáneos.

Al otro lado del río East, la Brooklyn Academy of Music (BAM; p. 282), el PS 122 (p. 122) y el St Ann's Warehouse (p. 282) ofrecen una programación vanguardista. Numerosos festivales, como el **FringeNYC** (www.fringenyc.org; ⊘oct), el Next Wave Festival de la BAM (p. 282) y el bienal **Performa** (www.performa-arts.org; ⊘nov), son excelentes oportunidades de escuchar obras nuevas.

> En www.nytimes. com/section/ theater se hallará una completa cartelera de teatro, noticias y reseñas (tanto elogiosas como mordaces). También hay cartelera, sinopsis y noticias sobre la industria en www. playbill.com.

Danza en Nueva York

Durante casi un siglo, la ciudad ha sido el centro de la danza estadounidense. El American Ballet Theatre (ABT), dirigido por George Balanchine, se creó en 1949. La compañía, que sigue actuando en NY y por todo el mundo, promocionó el talento nacional contratando a bailarines neoyorquinos y representando obras de coreógrafos como Jerome Robbins, Twyla Tharp y Alvin Ailey.

Pero la ciudad es más famosa por haber criado a toda una generación de coreógrafos de danza moderna, como Martha Graham, que desafiaron los conceptos tradicionales de la danza. Más allá de los límites fue Merce Cunningham, que desligó la danza de la música. Compañías actuales como STREB (http://streb.org) traspasan las fronteras de la danza.

El Lincoln Center (p. 223) y la Brooklyn Academy of Music (p. 282) programan funciones con regularidad, mientras que las piezas más novedosas se representan en Chelsea's Kitchen (p. 154), Joyce Theater (p. 153) y New York Live Arts (p. 153), además del Baryshnikov Arts Center (http://bacnyc.org) de Midtown.

Nueva York en las letras

La ciudad que alberga las editoriales más grandes del país ha sido el hogar de algunos de sus escritores más conocidos. En el s. XIX coincidieron, entre otros, Herman Melville, Edith Wharton y Walt Whitman. Pero empezó a crecer a principios del s. XX, con el licor que empapaba salones literarios del poeta comunista John Reed en la década de 1910, las agudezas mordaces de la mesa redonda del Algonquin de los años veinte y las novelas nada sutiles de Dawn Powell en los cuarenta.

Las décadas de 1950 y 1960 vieron el surgimiento de escritores que cuestionaban el *statu quo*. El poeta Langston Hughes analizaba la situación de los afroamericanos en Harlem, y poetas de la generación *beat* como Allen Ginsberg rechazaban los versos tradicionales en beneficio del libre flujo de imágenes y asociaciones. Las últimas décadas del s. XX multiplican la oferta: desde Jay McInerney, cronista de la gula y los cocainómanos años ochenta, hasta nuevas voces de rincones infrarrepresentados de la ciudad, como Piri Thomas y Audre Lorde.

Los escritores neoyorquinos siguen inspirándose en una gran variedad de realidades, desde la experiencia de los inmigrantes (Imbolo Mbue) y el negocio de la música en Manhattan (Jennifer Egan), hasta la increíble Nueva York retratada en *Las asombrosas aventuras de Kavalier y Clay,* de Michael Chabon, novela ganadora de un Pulitzer.

Arquitectura

La historia arquitectónica de Nueva York, escrita sobre sus calles, es como un pastel de pisos de ideas y estilos. Humildes granjas coloniales y elegantes edificios de estilo federal se mezclan con ornados palacios *beaux arts* de principios del s. xx. Luego están el neoclásico, el neogótico, el neorrománico y el neorrenacimiento, más las estructuras sin decoración del estilo internacional. Y, en los últimos años, se le han añadido las formas retorcidas de los arquitectos deconstructivistas. Es un paraíso de hormigón y ladrillo.

Cimientos coloniales

Las raíces arquitectónicas de NY son humildes. Las primeras granjas coloniales holandesas eran funcionales: casas de tablones de madera con techo abuhardillado de tejas, orientadas para recibir el máximo de luz solar y mantener el calor en invierto. Algunas de esas casas han sobrevivido hasta hoy. La más destacada es la Pieter Claesen Wyckoff

Arriba: edificio Chrysler (p. 183).

House (p. 263) de East Flatbush, Brooklyn. Construida en 1652 (con añadidos posteriores), es la más antigua de la ciudad.

Cuando la colonia de Nueva Ámsterdan pasó a ser la colonia británica de Nueva York en 1664, el estilo arquitectónico cambió al georgiano. Se empezaron a levantar estructuras cuadradas de ladrillo y piedra con techo a cuatro aguas. En el distrito de Inwood, en el norte de Manhattan, la mansión Morris-Jumel (p. 241) de 1765 es un ejemplo modificado del estilo. Fue construida en estilo georgiano por Richard Morris, pero Stephen Jumel la compró y le añadió una fachada neoclásica en el s. XIX. Otro edificio colonial británico interesante es la Fraunces Tavern (p. 72), escenario de la despedida de George Washington y los oficiales que le habían acompañado durante la Guerra de la Independencia. Hoy alberga un museo y un restaurante.

En el extremo ceremonial está la St Paul's Chapel (p. 73), al sur del City Hall Park. Construida hacia 1760, es la iglesia más antigua que se conserva en NY. Se inspira en la iglesia, mucho más grande, de St Martin-in-the-Fields de Londres.

Arquitectura de la Nueva República

Edificios imprescindibles

- *Edificio Chrysler (Midtown)*
- *Estación Grand Central (Midtown)*
- *Mansión Morris-Jumel (Washington Heights)*
- *Empire State (Midtown)*
- *Templo Emanu-El (Upper East Side)*
- *New Museum of Contemporary Art (Lower East Side)*

A principios del s. XIX, la arquitectura se hizo más ligera y refinada. El llamado estilo federal hacía uso de elementos clásicos, con estrechas entradas flanqueadas por columnas, frontones triangulares como remate y montantes redondos sobre puertas y ventanas. Algunos de los mejores ejemplos que se conservan están ligados al gobierno municipal. El **ayuntamiento** (City Hall; plano p. 414; ☎visitas guiadas 212-788-2656; Park Row, City Hall Park; 🕒visitas guiadas mediodía mi; [S]4/5/6 a Brooklyn Bridge-City Hall; R/W a City Hall; J/Z a Chambers St) [GRATIS], construido en 1812, debe su estructura francesa al arquitecto Joseph François Mangin y sus detalles federales a John McComb Jr., nacido en EE UU. El interior cuenta con una espaciosa sala circular y una escalera curva en voladizo.

En el Upper East Side, la Gracie Mansion (p. 212), de 1799, residencia oficial del alcalde de NY desde 1942, es un gran ejemplo de casa federal, con un amplio porche con vistas al río y ventanas emplomadas. En el tramo en el que se halla, frente al río, hubo varios edificios del mismo estilo, lo que impresionó a Alexis de Tocqueville cuando visitó EE UU a principios del s. XIX. Otros edificios de estilo federal son la James Watson House, de 1793, en 7 State St, frente a Battery Park; y el 1832 Merchant's House Museum (p. 90), de 1832, en NoHo, cuyo interior se conserva intacto.

Estilos historicistas

Tras la publicación de un importante tratado sobre arquitectura griega a finales del s. XVIII, los arquitectos empezaron a mostrar un renovado interés en las formas clásicas. En EE UU, uno de los grandes instigadores de esta moda fue Minard Lafever, un carpintero nacido en Nueva Jersey convertido en arquitecto y luego en autor de libros de diseño. En la década de 1830, las estructuras neoclásicas proliferaban por toda la ciudad.

En Manhattan se pueden ver infinidad de edificios de este estilo, como la St Peter's Church (1838) o el Federal Hall (1842; p. 73), ambos en el Financial District. En Greenwich Village, las casas con entradas flanqueadas por columnas, construidas en el lado norte de Washington Sq (nº 1-13; p. 134) en la década de 1820, son una bonita interpretación residencial.

A finales de la década de 1830, los sencillos estilos georgiano y federal fueron dejando paso a estructuras más ornamentadas, que añadían elementos góticos y románicos, especialmente en la construcción de iglesias. Uno de los primeros ejemplos fue la Church of the Ascension (1841) de Greenwich Village, una imponente estructura de arenisca con arcos

Estación Grand Central (p. 180).

apuntados y torre almenada. El mismo arquitecto, Richard Upjohn, también diseñó la Trinity Church (1846; p. 72) en el mismo estilo.

En la década de 1860, todos estos lugares de culto habían crecido en tamaño y escala. Entre los más refulgentes destacan la catedral de St Patrick (1858-1879; p. 90), que ocupó una manzana entera de la Quinta Avenida y 51st St, y la iglesia catedral de St John the Divine, siempre en construcción desde 1911 (p. 236), en Morningside Heights. El neogótico se puso tan de moda que llegó incluso a uno de los símbolos más importantes de la ciudad, el puente de Brooklyn (1870-1883).

Los elementos románicos, como los arcos de medio punto, se observan en edificios como el Joseph Papp Public Theater (1853-1881; antiguamente Astor Library) de Greenwich Village, y el templo Emanu-El (1929; p. 212) de la Quinta Avenida en Upper East Side.

Iconos del estilo 'beaux arts'

Al entrar en el s. xx, NY vivió una época dorada. Magnates como J. P. Morgan, Henry Clay Frick o John D. Rockefeller se hicieron construir espléndidas casas. Los edificios públicos se diseñaron cada vez más extravagantes, tanto en escala como en ornamentación. Muchos arquitectos fueron a formarse a París y trajeron de vuelta los ideales europeos. La caliza blanca y brillante empezó a sustituir a la arenisca marrón; las primeras plantas se elevaron para poder construir espectaculares escalinatas de entrada, y los edificios se guarnecieron con dovelas esculpidas y columnas corintias.

Las Villard Houses de McKim Mead & White, de 1884 (hoy Palace Hotel), son un ejemplo de las raíces tempranas del movimiento. En una libre interpretación del Palazzo della Cancelleria de Roma, imitaron la simetría y elegancia del Renacimiento italiano. Otros edificios típicos del estilo son la central de la New York Public Library (1911; p. 187),

AIA Guide to New York (5ª edición) es una guía exhaustiva de los edificios más importantes de la ciudad.

Edificio Woolworth (p. 77).

diseñada por Carrère y Hastings, la ampliación de 1902 del Metropolitan Museum of Art (p. 209), de Richard Morris Hunt, y la estación
Grand Central (1913; p. 180), de Warren y Wetmore.

En busca del cielo

Cuando NY finalmente se afianzó en el s. xx, los ascensores y la ingeniería de acero habían conseguido que la ciudad creciera en altura. En esta
época se vivió el auge de la construcción de rascacielos, empezando por
el edificio neogótico Woolworth (1913; p. 77) de 57 pisos, de Cass Gilbert.
Hoy sigue siendo uno de los 50 más altos de EE UU.

Pero otros le siguieron rápidamente. En 1930, el edificio Chrysler
(p. 183), la obra maestra *art déco* de 77 pisos diseñada por William Van
Alen, se convirtió en la estructura más alta del mundo. Al año siguiente,
el récord fue batido por el Empire State (p. 176), un monolito moderno
de líneas puras. Su aguja se diseñó como mástil para amarrar dirigibles, una idea que le aportó gran publicidad pero que resultó ser poco
práctica, además de inviable.

La influencia de arquitectos europeos desplazados y otros pensadores
que se instalaron en Nueva York a finales de la II Guerra Mundial favore-
ció el diálogo entre estos y los arquitectos estadounidenses. En esa época,
el urbanista Robert Moses reconstruyó vastos terrenos de NY (a expen-
sas de muchos barrios) y los diseñadores y artistas se obsesionaron con
las líneas puras y desprovistas de adornos del estilo internacional.

Uno de los primeros proyectos de esta corriente fueron los edificios
de la ONU (1948-1952; p. 186), resultado del esfuerzo de una comisión
de arquitectos entre los que se contaba el suizo Le Corbusier, el brasile-
ño Oscar Niemeyer y el estadounidense Wallace K. Harrison. El edificio
del Secretariado fue el primero de NY en tener un muro a modo de

cortina de vidrio, alzándose sobre el edificio curvo de la Asamblea General. Otros edificios importantes de la época son la Lever House (p. 188) de Gordon Bunshaft, una estructura elevada de vidrio en Park Ave esq. 54th St, y el austero Seagram (p. 188), de 38 pisos, de Ludwig Mies van der Rohe, dos manzanas más al sur.

La nueva guardia

A finales del s. xx, muchos arquitectos empezaron a rebelarse contra las líneas puras y sobrias del estilo internacional. Entre ellos estaba Philip Johnson, cuyo edificio AT&T de granito rosado (hoy la torre Sony, 1984), rematado por un frontón neogeorgiano, es un símbolo posmoderno del perfil urbano de Midtown.

Lo que nunca logró el estatus de icono fue el zigzagueante y anguloso diseño de Daniel Libeskind para la torre del One World Trade Center (2013), sustituido por un rotundo obelisco de cristal, obra de un comité de arquitectura. En el mismo lugar, problemas de presupuesto obligaron a modificar el luminoso diseño de Santiago Calatrava del intercambiador del World Trade Center (2016). Según los críticos, lo que debería haber recordado una paloma en pleno vuelo hoy parece un dinosaurio con alas. La última polémica relacionada con el WTC es la del edificio Two World Trade Center, cuyo diseño original de Norman Foster fue sustituido por el de la firma de arquitectos danesa Bjarke Ingels Group (BIG). Según el director general de 21st Century Fox, James Murdoch, el diseño de Foster era demasiado convencional para la nueva sede de la compañía. BIG apostó por el anticonvencionalismo que les caracteriza: una torre de enormes cajas de diversos tamaños que se alza, juguetona, hacia el cielo.

Y no es que a sir Foster se le pueda tachar de convencional, pues suya es la torre Hearst (p. 188), un rascacielos de cristal sobre una estructura de gres de la década de 1920, afianzada como edificio pionero de Midtown y una de las numerosas incorporaciones atrevidas del s. xxi al panorama arquitectónico de la ciudad, junto con el estadio de ciencia ficción del Barclays Center (2012; p. 285), el llamativo **41 Cooper Square** (plano p. 420; www.cooper.edu/about/history/41-cooper-square; 41 Cooper Sq, entre 6th St y 7th St; Ⓢ 6 a Astor Pl), del 2009, de Thom Mayne, en East Village, o la ondulante torre de 76 pisos de apartamentos New York by Gehry (2011), de Frank Gehry, en Financial District.

Arquitectos estrella en la High Line

El edificio IAC (2007) de Frank Gehry –una estructura ondulada de cristal blanco comparada con una tarta de boda– se suma al creciente número de obras de arquitectos estrella de la High Line, la antigua vía ferroviaria convertida en parque urbano. El más prolífico es el nuevo Whitney Museum (2015; p. 135) de Renzo Piano, que ha sido elogiado por integrarse maravillosamente en el parque elevado. Ocho manzanas al norte llama la atención el 100 Eleventh Ave (2010), un edificio de 23 plantas de viviendas de lujo del francés Jean Nouvel. Cautiva por la exuberante distribución de las ventanas, por su modernidad y su sensibilidad con el patrimonio de la zona: que la fachada evoque la arquitectura industrial de West Chelsea no es casualidad.

El último tesoro de la zona son los apartamentos de 520 West 28th St, obra de Zaha Hadid. Con una altura de 11 plantas, esta construcción de lujo es el primer complejo residencial de la arquitecta anglo-iraquí en la ciudad, caracterizado por sus curvas voluptuosas y futuristas, y complementado con un jardín de esculturas de 232 m² para el arte de los Amigos de la High Line. Por desgracia, la arquitecta ganadora de un Premio Pritzker no pudo verlo terminado porque falleció en el 2016.

Resulta muy útil y altamente esclarecedor el libro de Will Jones *Cómo leer Nueva York: una guía de la arquitectura de la Gran Manzana.*

Nueva York, capital del siglo xx, de Kenneth Frampton, es una amena e informativa guía histórica de la arquitectura de Manhattan.

ARQUITECTURA ARQUITECTOS ESTRELLA EN LA HIGH LINE

La ciudad *queer*: de Stonewall al matrimonio homosexual

Nueva York ha salido del armario, y a mucha honra. Aquí se produjeron los altercados de Stonewall, floreció el movimiento por los derechos de los homosexuales y se celebró el primer desfile del Orgullo Gay en EE UU. Pero mucho antes de la liberación gay, la ciudad ya sentía fascinación por todo lo *queer*, desde los salones de sexo del Bowery a la poesía sáfica del Village, pasando por los bailes de transformistas de Harlem.

Antes de Stonewall

Subversión en los Villages

En la década de 1890, el barrio de Lower East Side se había forjado una reputación por sus locales escandalosos (salas de baile, salones y burdeles), frecuentados por 'invertidos' y 'reinonas'. Salas como Paresis Hall (5th St esq. Bowery) o Slide (157 Bleecker St) ofrecían espectáculos de transformismo, bailes y reservados para fiestas entre gente del mismo sexo. Estos locales eran el refugio secreto de muchos hombres de clase media en busca de camaradería, comprensión y diversión sin tapujos. También acudían muchos hombres heterosexuales de clase media, atraídos por la lascivia y el voyeurismo.

Al entrar en el s. xx, escritores y bohemios empezaron a acudir a Greenwich Village por los alquileres baratos y el romanticismo de las calles tortuosas. Pronto se dio a conocer el anticonformismo y el libre pensamiento de esta zona, que se convirtió en una Ciudad Esmeralda para gais y lesbianas: apartamentos de solteros, actitudes más tolerantes y, con la llegada de la Ley Seca, muchos bares clandestinos. En Mac-Dougal St abundaban los negocios regentados por gais, como el legendario Eve's Hangout en el nº 129. La tetería de la inmigrante polaca judía Eva Kotchever (Eve Addams) era famosa por dos cosas: las lecturas de poesía y un cartel en la puerta que decía: "Men allowed but not welcome" (Los hombres pueden entrar, pero no son bienvenidos). En junio de 1926 la policía hizo una redada, acusó a Eve de obscenidad por escribir su antología *Lesbian Love* y la deportó a Europa. Tres años más tarde, un grupo de teatro de Greenwich Village hizo una adaptación teatral del libro en Play Mart, una sala de representación en un sótano de Christopher St.

Divas, Harlem y 'drag queens'

Aunque Times Sq también tenía reputación como punto de encuentro de gais (que trabajaban en los teatros, restaurantes y bares clandestinos de la zona), en la década de 1920 el barrio gay de moda era Harlem. Su floreciente panorama musical incluía numerosos artistas gais y lesbianas, como Gladys Bentley o Ethel Waters. Bentley empezó haciendo pequeñas actuaciones en sótanos y fiestas de barrios, y acabó encabezan-

La primera concentración de EE UU en defensa de los derechos de los homosexuales se celebró en Nueva York en 1964, organizaza por la Homosexual League of New York y la League for Sexual Freedom. Se llevó a cabo delante de un centro de reclutamiento del Ejército en Whitehall St, y los protestantes exigían que terminara la política antigay del Ejército.

do un espectáculo de variedades en el Ubangi Club de 133rd St. A veces empezaba la noche un coro de imitadoras.

Todavía más famosos eran los bailes de transformistas de Harlem, muy populares en los locos años veinte. El más grande era el Hamilton Lodge Ball, organizado por el equipo nº 710 de la asociación Grand United Order of Odd Fellows. Se celebraba una vez al año en el suntuoso Rockland Palace de 155th St. También se lo conocía como el Faggot's Ball (baile de los maricas). Era una oportunidad para gais y lesbianas, ya que durante una noche podían cambiarse de vestido y bailar con miembros del mismo sexo. También acudían heteros, emocionados por el voyeurismo. El punto álgido de la noche era el concurso de belleza, en el que los participantes travestidos competían por el título de Reina del Baile. Una de las muchas personalidades literarias que lo frecuentaba era el escritor homosexual Langston Hughes, que lo describió como "un espectáculo de color". El público era muy variado, desde prostitutas a familias de la alta sociedad, como los Astor o los Vanderbilt.

La revolución de Stonewall

La relativa transgresión de principios del s. XX quedó sustituida por varias décadas de conservadurismo, afectadas por la Gran Depresión, la II Guerra Mundial y la Guerra Fría. En esta línea conservadora, el senador Joseph McCarthy declaró que los homosexuales del Departamento de Estado ponían en peligro la seguridad nacional y a los niños del país. Su política pretendía apartar de la esfera pública a todos los gais, que en las décadas de 1940 y 1950 tuvieron que mantenerse en el anonimato. Siempre se había aplicado mano dura contra los locales gais, pero esa época fue peor.

El 28 de junio de 1969, ocho policías irrumpieron en el Stonewall Inn, un bar de Greenwich Village frecuentado por gais y transexuales. La sorprendente reacción de los clientes fue sublevarse. Hartos de acosos y de que los propietarios de los bares tuvieran que sobornar a los policías, la gente empezó a tirarles monedas, botellas y ladrillos, mientras coreaban consignas como "poder gay" o "venceremos". Una serie de *drag queens* entonó un cántico que se haría famoso: "We are the Stonewall girls, we wear our hair in curls, we wear no underwear, we show our pubic hair, we wear our dungarees, above our nelly knees..." (Somos las chicas del Stonewall, llevamos el pelo rizado, no llevamos ropa interior, enseñamos el vello púbico, llevamos un peto sobre nuestras rodillas de nenazas...).

La solidaridad y la furia colectiva supusieron un punto de inflexión. Lo que siguió fue una oleada de debates apasionados sobre la discriminación, que daría lugar al movimiento en favor de los derechos de los homosexuales, no solo en NY, sino en todo el país. El movimiento no tardaría en extenderse por el extranjero, a países como Holanda o Australia.

HISTORIA LGBT

1927
El estado de NY modifica la ley de obscenidad pública para incluir la prohibición de que aparezcan gais en escena, en reacción a la creciente visibilidad de los gais en Broadway.

1966
El 21 de abril la organización Mattachine Society por los derechos de los homosexuales organiza un encuentro en el bar gay más antiguo de NY, Julius Bar, desafiando la prohibición de servir alcohol a LGBT.

1969
La policía hace una redada en el Stonewall Inn de Greenwich Village el 28 de junio, lo que desata una revuelta de varios días y se convierte en el embrión del movimiento por los derechos de los homosexuales.

1987
Se funda ACT UP para contrarrestar la lentitud del Gobierno estadounidense en reaccionar ante el sida. Hacen su primera manifestación el 24 de marzo en Wall St.

2011
La ley del matrimonio homosexual de NY entra en vigor a las 12.01 del 24 de julio. Una pareja de lesbianas de Buffalo se casa después de medianoche en las cataratas del Niágara.

2016
El presidente Obama declara Monumento Nacional de EE UU una zona del West Village que incluye el emblemático Christopher Park. Es la primera designación de este tipo dedicada al movimiento por los derechos civiles LGBT.

La sombra del sida

El activismo LGBT se intensificó cuando el VIH y el sida acapararon los titulares a principios de la década de 1980. Ante la ignorancia, el miedo y la indignación moral de la población (que veía el sida como un "cáncer gay", activistas como el escritor Larry Kramer empezaron a luchar contra esta epidemia. En 1987 apareció el grupo ACT UP, acrónimo de AIDS Coalition to Unleash Power (coalición del sida para desatar el poder). ACT UP se propuso pelear contra la homofobia e indiferencia del presidente Ronald Reagan, además de frenar la subida de precios de los medicamentos contra el sida. Una de las protestas más atrevidas se produjo el 14 de septiembre de 1989, cuando siete miembros de ACT UP se encadenaron a un balcón de la Bolsa de NY, exigiendo que la farmacéutica Burroughs Wellcome bajara el precio del AZT, un medicamento contra el sida que le costaba a cada paciente 10000 US$ al año. En cuestión de días, el precio bajó a 6400 US$ por paciente.

La epidemia tuvo un gran impacto en la comunidad artística de NY. Entre sus víctimas más conocidas están el artista Keith Haring, el fotógrafo Robert Mapplethorpe y el diseñador de moda Halston. Se hicieron numerosas obras de teatro y musicales con el sida como temática, que fueron muy bien acogidas internacionalmente y que acabarían entrando en el canon cultural estadounidense. Algunos ejemplos son la obra política *Ángeles en América* de Tony Kushner o el musical *Rent* de Jonathan Larson. Ambas ganaron los Tony Awards y el Premio Pulitzer.

El matrimonio y el nuevo milenio

La lucha por la igualdad de la comunidad LGBT dio un gran paso en el 2011. Tras muchos años de presiones, el 20 de septiembre se derogó una ley federal que prohibía el acceso a las Fuerzas Armadas a las personas LGBT, una política llamada Don't Ask, Don't Tell (Prohibido preguntar, prohibido decir). Tres meses antes, se había conseguido un logro mayor: el derecho a casarse. El 15 de junio, la Asamblea del estado de NY aprobó la ley de igualdad en el matrimonio (80 contra 63). Y el 24 de junio, poco antes del Día del Orgullo Gay, se anunció que se consideraría esta ley como última medida de la sesión legislativa. Fue aprobada (33 contra 29) y firmada a las 23.55 por el gobernador Andrew Cuomo. La victoria estatal pasó a victoria nacional el 26 de junio del 2015, cuando el Tribunal Supremo legalizó el matrimonio homosexual en todo el país, anulando la prohibición vigente en 13 estados.

Aquel mismo año, los organizadores del desfile de St Patrick en Nueva York retiraron su largo veto sobre los grupos LGBT, permitiendo a Out@NBCUniversal –un grupo de personas gais, lesbianas, bisexuales y transgénero que trabajan en NBCUniversal– participar en el desfile. Aquel gesto contó con la aprobación del alcalde Bill de Blasio, quien se había destacado por boicotear el evento como protesta.

A pesar de estos triunfos, Nueva York no es inmune a la intolerancia y los prejuicios. En el 2013, NY se estremeció cuando Mark Carson, de Brooklyn, murió de un disparo en Greenwich Village, uno de los barrios históricamente más tolerantes de Manhattan. Carson, de 32 años, y un amigo caminaban por 8th St la madrugada del 18 de mayo cuando, tras un altercado con un grupo que les increpó con insultos homófobos, el joven recibió un disparo a quemarropa. Aquel crimen, que dio pie a un velatorio en su memoria, prueba que incluso en la liberal NY no todo el mundo vive y deja vivir.

Nueva York en el cine y la televisión

Nueva York posee una larga trayectoria en la pantalla. En sus calles Woody Allen se enamoró de Diane Keaton en *Annie Hall*, Meg Ryan fingió su orgasmo en *Cuando Harry encontró a Sally* y Jessica Parker reflexiona sobre moda y novios en *Sexo en Nueva York*. Los fans pueden experimentar en la ciudad un gran *déjà vu* de escenas, personajes y gags memorables.

Mucho antes que Hollywood

Poca gente lo sabe, pero la industria cinematográfica estadounidense nació en la Costa Este. Aquí aparecieron la Fox, la Universal, la Metro, la Selznick y la Goldwyn a principios del s. XX. Los primeros *westerns* no se grabaron en California y Colorado, sino en las antiguas zonas salvajes de Nueva Jersey. Antes de que Hollywood acaparara la industria cinematográfica, NY era la capital del "Luces, cámara... ¡Acción!".

El legado del Kaufman Astoria

El corazón de la industria local eran los estudios Kaufman Astoria de Queens, todavía en activo. Jesse Lasky y Adolph Zukor los fundaron en 1920 como sede de la corporación Famous Players-Lasky. En este complejo se produjeron grandes películas de la era del cine mudo, como *El caíd* (1921) o *Monsieur Beaucaire* (1924), ambas protagonizadas por el galán italiano Rodolfo Valentino, y éxitos como *Juguete de placer* (1924), protagonizada por la diva Gloria Swanson. Los estudios se rebautizaron como Paramount Pictures en 1927 y transformaron a las estrellas de Broadway en iconos de la gran pantalla, como los Hermanos Marx, Fred Astaire y Ginger Rogers, cuya primera película fue *Jóvenes de Nueva York* (1930).

La Paramount empezó a grabar todos sus largometrajes en Hollywood en 1932. El complejo se rebautizó como Eastern Services Studio y se centró en la producción de noticiarios. En los años treinta se dio a conocer por sus cortos, que lanzaron a la fama a artistas locales como George Burns, Bob Hope o Danny Kaye. Entre la II Guerra Mundial y 1970, produjeron cintas de propaganda y formación para el Ejército, bajo el nombre de US Signal Corps Photographic Center. En 1983, George S. Kaufman (el agente inmobiliario, no el dramaturgo) cambió el nombre por Kaufman Astoria Studios. Los estudios se han modernizado y expandido con el tiempo, y han producido películas como *Empieza*

LOCALIZACIONES DE CINE

Central Park Ha aparecido en incontables películas, como *Annie Hall, Manhattan* y *Hannah y sus hermanas*, de Woody Allen.

64 Perry St El exterior del apartamento de Carrie Bradshaw en *Sexo en Nueva York*.

Katz's Delicatessen Donde Meg Ryan finge un orgasmo en *Cuando Harry encontró a Sally*.

Tom's Restaurant El Monk's Café de *Seinfeld*.

Tiffany & Co Donde Audrey Hepburn sueña despierta en *Desayuno con diamantes*.

el espectáculo (1979), *Recuerdos de Brighton* (1986), *Las mujeres perfectas* (2004) u *Hombres de negro III* (2012). Fue allí donde transcurría la vida de clase media de los Huxtables de Brooklyn en la serie de los ochenta *El show de Bill Cosby.*

Más allá de Astoria

En el histórico Brooklyn Navy Yard están los Steiner Studios, de 64 Ha, los estudios más grandes al este de Los Ángeles. A día de hoy, han producido películas como *Los productores* (2005), *Revolutionary Road* (2008), *Sexo en Nueva York 1* y *2* (2008, 2010), y *El lobo de Wall Street* (2013); y muchas series, como la célebre historia de gángsters de Martin Scorsese *Boardwalk Empire* o la serie de HBO *Vinyl,* dedicada al *rock,* de Scorsese, Mick Jagger y Terence Winter.

En Queens se encuentra otro gran nombre, los Silvercup Studios, responsable de clásicos neoyorquinos como *El Padrino. Parte III* (1990), de Francis Ford Coppola, o las películas de Woody Allen *Broadway Danny Rose* (1984) y *La rosa púrpura del Cairo* (1985), además de joyas televisivas como la serie de mafiosos *Los Soprano* o la popular comedia *30 Rock,* en la que Tina Fey hace de guionista de *sketches* televisivos y Alec Baldwin es un ejecutivo de la cadena, en el Rockefeller Center.

En realidad, el Rockefeller Center es la sede de la cadena NBC TV. Su veterano programa *Saturday Night Live* es el referente en el que se basa el proyecto *30 Rock* de Fey. En Manhattan también tienen sus sedes las cadenas Food y Oxygen (ambas en el mercado de Chelsea), además de la productora de Robert De Niro, Tribeca Productions.

Las mejores escuelas de cine también están en la ciudad: la Tisch Film School de la Universidad de Nueva York, la New York Film Academy, la School of Visual Arts, la Universidad de Columbia y la New School. Pero para aprender no es imprescindible ser estudiante: tanto el Museum of the Moving Image (p. 294) de Astoria, en Queens, como el Paley Center for Media (p. 189), en el centro de Manhattan, realizan proyecciones y seminarios sobre películas actuales y del pasado.

Lugares emblemáticos
Dramas en Downtown, romance en Midtown

Al llegar a NY por primera vez, mucha gente tiene una curiosa sensación de familiaridad. Y es que en la ciudad se han grabado tantas películas que muchos de sus rincones se han convertido en verdaderos iconos. Una secretaria amedrentada (Melanie Griffith) tomaba el ferri de Staten Island (p. 83) desde los suburbios hasta Wall St en *Armas de mujer* (1988); en Battery Park (p. 76), Madonna cautiva a Aidan Quinn y Rosanna Arquette en *Buscando a Susan desesperadamente* (1985); en el juzgado del condado de NY, los villanos reciben su merecido en películas como *Wall Street* (1987) y *Uno de los nuestros* (1990), y en series clásicas como *Cagney y Lacey, Policías de Nueva York* o *Ley y orden.*

Pero si hay un edificio famoso por sus apariciones en el celuloide, es el Empire State (p. 176). El gorila gigantesco de *King Kong* (1933, 2005) se subía a la azotea y en muchas películas ha habido un encuentro romántico en uno de sus miradores. Allí se encontraban por la noche Meg Ryan y Tom Hanks en *Algo para recordar* (1993). Para el rodaje se utilizó el vestíbulo de verdad pero el mirador es una reproducción de estudio. La escena es una especie de tributo a *Tú y yo* (1957), en la que Cary Grant y Deborah Kerr deciden encontrarse en lo alto del rascacielos para sellar su amor.

Sarah Jessica Parker no tiene tanta suerte en *Sexo en Nueva York* (2008), cuando un nervioso Chris Noth la deja plantada con su vestido de novia de Vivienne Westwood en la New York Public Library (p. 187). Quizá es porque había visto demasiadas veces *Cazafantasmas* (1984), en

El famoso logo de la Metro Goldwyn Mayer, Leo el león, fue diseñado por el publicista Howard Dietz, quien se inspiró en la mascota de la neoyorquina Universidad de Columbia, donde había estudiado periodismo. El famoso rugido de Leo se incorpó por primera vez en 1928.

La famosa escena de *La tentación vive arriba* (1955), en la que el aire de la ventilación del metro hace volar la falda de Marilyn Monroe, se rodó en el nº 586 de Lexington Ave, delante del desaparecido Trans-Lux 52nd Street Theatre.

SELECCIÓN CINÉFILA

Haría falta un libro entero para hablar de todas las películas que transcurren en NY, pero estos son algunos clásicos:

Taxi Driver (Martin Scorsese, 1976) Protagonizada por Robert De Niro, Cybill Shepherd y Jodie Foster. De Niro es un veterano de Vietnam con un perfil desequilibrado y violento, incrementado por las tensiones de la ciudad. Es una película genial, a la vez que deprimente, que recuerda lo ruda que puede ser NY.

Manhattan (Woody Allen, 1979) Protagonizada por Woody Allen, Diane Keaton y Mariel Hemingway. Un neoyorquino divorciado que está saliendo con una estudiante de instituto (Hemingway) se enamora de la amante de su mejor amigo. La película es como una carta de amor a NY, con vistas muy románticas del Queensboro Bridge y de Upper East Side.

Buscando a Susan desesperadamente (Susan Seidelman, 1985) Protagonizada por Madonna, Rosanna Arquette y Aidan Quinn. A causa de una confusión de identidad, una ama de casa aburrida de Nueva Jersey vive una aventura por el fantástico mundo de la subcultura de Manhattan. Permite ver cómo era el East Village en la década de 1980 y disfrutar del desaparecido club Danceteria.

Summer of Sam (Spike Lee, 1999) Protagonizada por John Leguizamo, Mira Sorvino y Jennifer Esposito. Spike Lee retrata el contexto histórico del verano neoyorquino de 1977 enlazando los asesinatos del "hijo de Sam", el apagón, las tensiones raciales y las desventuras de una pareja de Brooklyn aficionada a las discotecas. Incluye escenas en CBGB y Studio 54.

Ángeles en América (Mike Nichols, 2003) Protagonizada por Al Pacino, Meryl Streep y Jeffrey Wright. Adaptación cinematográfica de la obra de Broadway de Tony Kushner que transcurre en Manhattan en 1985: un político gay (Roy Cohn, consejero del presidente Ronald Reagan) no solo no hace nada para luchar contra el sida, sino que contrae él mismo la enfermedad. Las acciones transcurren en Brooklyn, Lower Manhattan y Central Park.

Precious (Lee Daniels, 2009) Protagonizada por Gabourey Sidibe y basada en la novela *Push*, de Sapphire, cuenta la historia de una adolescente obesa y analfabeta, víctima de los abusos de sus padres. La historia transcurre en Harlem, con muchos paisajes urbanos y actitud de gueto.

Birdman (Alejandro González Iñárritu, 2014) Dramática comedia negra protagonizada por Michael Keaton y Zach Galifianakis, Edward Norton, Andrea Riseborough, Amy Ryan, Emma Stone y Naomi Watts. Narra las visicitudes de una vieja gloria de Hollywood que intenta montar un espectáculo de Broadway.

Cazafantasmas (Paul Feig, 2016) Nueva versión del filme de 1984, protagonizada por cuatro mujeres (las estrellas cómicas Melissa McCarthy, Kristen Wiig, Kate McKinnon y Leslie Jones) que iluminan Nueva York durante sus encuentros con las macabras criaturas. Aunque recibió críticas diversas, el filme abrió nuevos caminos al ser todas las protagonistas femeninas.

cuya escena inicial se ven los inquietantes leones de mármol de la biblioteca y la sala principal de lectura. El vestíbulo de la biblioteca sustituye al Metropolitan Museum of Art en *El secreto de Thomas Crown* (1999), en el que un seductor ladrón (Pierce Brosnan) se enfrenta a la sensual detective Rene Russo. En la fuente del adyacente Bryant Park (p. 189), la aprendiz de detective Diane Keaton habla con su marido (Woody Allen) sobre un vecino supuestamente sanguinario en *Misterioso asesinato en Manhattan* (1993). Como siempre, Woody Allen utiliza la película para mostrar numerosos rincones de la ciudad, como el National Arts Club (p. 163) del Gramercy Park o uno de sus bares preferidos, Elaine's (nº 1703 de Second Ave; actualmente cerrado).

Al otro lado de Central Park (p. 221) –con un sinfín de escenas en su haber, incluida la de la lacrimógena *Tal como éramos* (1973), con Barbra Streisand y Robert Redford remando en el lago– se alza el edificio Dakota (p. 222), que aparece en el clásico del terror *La semilla del diablo* (1968). La fachada del Tom's Restaurant (p. 244) aparecía con frecuencia en *Seinfeld*. Otra estrella del barrio es el elegante Lincoln Center (p. 223), donde Natalie Portman va volviéndose loca en el *thriller* psicológico *Cisne negro* (2010). Allí es donde se cita una pareja de enamorados de Brooklyn (Cher y Nicolas Cage) en *Hechizo de luna* (1987). El Lincoln Center se levanta en lo que fue la antigua ubicación de unas viviendas bastante ruinosas, que se pueden ver en el famoso musical *West Side Story* (1961).

La oscarizada *Birdman* (2014) pone el foco en el Theater District de Midtown, donde un muy sufrido Michael Keaton intenta representar una adaptación de Broadway en el St James Theatre de W44th St. Sin poder entrar en el edificio, el mortificado Keaton aparece en Times Square en ropa interior. Unas manzanas más al este, discute con Lindsay Duncan en el histórico bar Rum House (p. 196).

Bailando en la calle

Los leotardos sustituyen a las navajas en el musical de culto *Fama* (1980), donde los protagonistas bailan entre los coches por las calles de Midtown. El Consejo de Educación de la ciudad prohibió grabar en la escuela de artes escénicas (ubicada entonces en el nº 120 de W 46th St), así que los directores decidieron utilizar la entrada de una iglesia en desuso que había al otro lado de la calle. Las escenas de interior se grabaron en Haaren Hall (Tenth Ave esq. 59th St).

Fama no es el único musical que ha convertido Nueva York en una pista de baile. En *Un día en Nueva York* (1949), los marineros Frank Sinatra, Gene Kelly y Jules Munshin saltan, bailan y cantan por esta ciudad maravillosa cantando *It's a wonderful town,* desde la base de la Estatua de la Libertad (p. 64) hasta Rockefeller Plaza (p. 182) y el puente de Brooklyn (p. 252). Este puente también lo cruzan Diana Ross y Michael Jackson en *El mago* (1978), una curiosa relectura de *El mago de Oz*, con escenas infantiles en el Flushing Meadows Corona Park (p. 296) y una Ciudad Esmeralda en la base de las Torres Gemelas del World Trade Center. Un año antes, el puente veía pasar los pantalones campana de John Travolta en *Fiebre del sábado noche* (1977), en la que John Travolta deja el confort del Brooklyn que le ha visto crecer para bailar bajo las bolas de espejos de Manhattan. Pero la palma se la lleva la escena final de *El rey pescador* (1991) de Terry Gilliam, en la que el vestíbulo principal de la estación Grand Central se convierte en una gran sala de baile a ritmo de vals.

Las series de NY

En la ciudad se filman más de 70 programas de televisión, desde series de éxito como *Ley y orden: Unidad de víctimas especiales* y *The Good Fight* y comedias extravagantes como *Broad City,* hasta clásicos como *The Tonight Show Starring Jimmy Fallon* o *Saturday Night Live*. Juntas, la industria televisiva y la cinematográfica neoyorquina invierten 8000 millones de dólares en producción cada año y emplean a 104 000 personas.

Circuito de localizaciones

On Location Tours (p. 373) organiza circuitos de localizaciones, una buena forma de visitar los lugares donde se han grabado películas y series. Otra opción es hacer el paseo por cuenta propia, después de visitar la web *On the Set of New York* (www.onthesetofnewyork.com), donde se pueden descargar mapas de localizaciones.

Festivales de cine

Dance on Camera (ene/feb)

New York International Children's Film Festival (feb/mar)

Tribeca Film Festival (abr)

Human Rights Watch International Film Festival (jun)

NewFest: LGBT Film Festival (oct)

New York Film Festival (sep/oct)

Guía práctica

Transporte

CÓMO LLEGAR

Con sus tres concurridos aeropuertos, dos estaciones de trenes principales y una enorme terminal de autobuses, Nueva York acoge cada año a millones de visitantes dispuestos a dar un buen bocado a la Gran Manzana.

Hay vuelos directos desde las principales ciudades estadounidenses e internacionales. Se tarda unas 6 h desde Los Ángeles, 7 h desde Londres y Ámsterdam y 14 h desde Tokio. Llegar en tren es una alternativa más bucólica al coche o al avión, que permite gozar de los paisajes urbanos sin problemas de tráfico, controles de seguridad y emisiones de carbono excesivas.

Se pueden reservar vuelos, billetes de tren y circuitos en www.lonelyplanet.com/bookings.

Aeropuerto internacional John F. Kennedy

El **aeropuerto internacional John F. Kennedy** (JFK; ☎ 718-244-4444; www.kennedyairport.com) está a 24 km de Midtown, al sureste de Queens, tiene seis terminales, da servicio a casi 50 millones de pasajeros al año y ofrece vuelos a/desde todas las partes del mundo. Se puede utilizar el AirTrain (gratis dentro del aeropuerto) para desplazarse de una terminal a otra.

Todavía no se conoce el calendario, pero recientemente se aprobó una gran remodelación del aeropuerto por valor de 10 000 millones de US$. Además de cambios arquitectónicos y estructurales, también se llevará a cabo una mejora sustancial de los servicios y las alternativas de transporte.

Taxi

Los taxis amarillos de Manhattan al aeropuerto van con taxímetro. El precio (60 US$ aprox.) depende del tráfico. El trayecto suele durar 45-60 min. Desde el JFK, los taxis cobran una tarifa plana de 52 US$ a cualquier destino de Manhattan (no incluye peajes ni propinas); se tardan 45-60 min a casi todos los destinos. Para Brooklyn, el precio fijo debería ser de entre 45 US$ (Coney Island) y 62 US$ (centro de Brooklyn). Los puentes de Williamsburg, Manhattan, Brooklyn y Queensboro-59th St no tienen peaje,mientras que para ir a Manhattan por el túnel de Queens al centro o el túnel de Hugh L. Carey (conocido como túnel de Brooklyn-Battery) se pagan 8,50 US$.

Las tarifas de las aplicaciones de transporte compartido, como Lyft y Uber, cambian según la hora del día.

Servicios de enlace y automóviles

Una furgoneta compartida como las de **Super Shuttle Manhattan** (www.supershuttle.com) cuesta 20-26 US$ por persona, dependiendo del destino. Para el aeropuerto, los servicios de automóvil cuestan unos 45 US$.

Autobús exprés

El **NYC Airporter** (www.nycairporter.com) va del JFK a la estación Grand Central, a la Penn Station o a la Port Authority Bus Terminal. Un trayecto de ida cuesta 18 US$.

Metro

Es la forma más barata, pero también más lenta, de llegar a Manhattan. Desde el aeropuerto se puede tomar el AirTrain (5 US$, se paga al salir) hasta Sutphin Blvd-Archer Ave (estación Jamaica), donde se transborda a las líneas E, J o Z (o al ferrocarril de Long Island). Para enlazar con la línea A, hay que tomar el AirTrain hasta la estación de Howard Beach. La línea E también va al centro y es la que hace menos paradas. El trayecto a Midtown puede durar algo más de 1 h.

Long Island Rail |Road (LIRR)

Es la forma más relajada de llegar a la ciudad. Desde el aeropuerto, se toma el AirTrain (5 US$, se paga al salir) hasta la estación Jamaica. Desde allí hay trenes frecuentes de LIRR a la Penn Station de Manhattan o a la Atlantic Terminal de Brooklyn (cerca de Fort Greene, Boerum Hill y el Barclay Center). De estación a estación se tarda unos 20 min. Un trayecto sencillo a la Penn Station o la Atlantic Terminal cuesta 10,25 US$ (7,50 US$ fuera de las horas punta).

Aeropuerto de LaGuardia

Más pequeño que el aeropuerto JFK, el de **LaGuardia** (LGA; ☑718-533-3400; www. panynj.gov) se encuentra a solo 13 km del centro de Manhattan. Se usa principalmente para vuelos nacionales y recibe casi 30 millones de pasajeros al año.

Vilipendiado por políticos y viajeros, el aeropuerto espera someterse a una remodelación de sus terminales que costará 4000 millones de US$ y tendrá varias fases del 2018 al 2021. El objetivo es crear una única terminal centralizada que sustituya a las cuatro actuales, y mejorar los servicios y las opciones de transporte.

Taxi

Un taxi (usan taxímetro) a/desde Manhattan cuesta unos 42 US$ (30 min aprox.). Las tarifas de los servicios de viajes compartidos, como Lyft y Uber, varían.

Servicio de automóvil

Un servicio puerta a puerta al LaGuardia cuesta unos 35 US$.

Autobús exprés

El **NYC Airporter** (www. nycairporter.com) cuesta 15 US$ y va a/desde Grand Central, Penn Station y Port Authority Bus Terminal.

Metro y autobús

Llegar al LaGuardia en transporte público no es tan práctico como a los otros aeropuertos. En metro, lo mejor es ir a 74 St-Broadway (línea 7 o líneas E, F, M y R en la estación de Jackson Hts Roosevelt Ave), en Queens, y allí tomar el autobús exprés Q70 al aeropuerto (unos 10 min). También se puede ir con el autobús M60 desde varias paradas de metro del alto Manhattan y Harlem o desde la del N/Q en Hoyt Ave-32st St.

Aeropuerto internacional Newark Liberty

No hay que descartar Nueva Jersey al buscar vuelos a Nueva York. El **Newark** (EWR; ☑973-961-6000; www. panynj.gov) está más o menos a la misma distancia del centro que el JFK (25 km), y acoge 40 millones de pasajeros al año. Es un aeropuerto central para United Airlines y ofrece el único vuelo directo a La Habana (Cuba). En el 2022 está prevista la finalización de una remodelación por valor de 2400 millones de US$ en la Terminal A.

Servicio de automóvil

Hay un servicio puerta a puerta desde el centro (50-70 US$ aprox.; 45 min). Un taxi cuesta más o menos lo mismo. Hay que pagar 15 US$ para entrar en NY por los túneles de Lincoln (42nd St) y Holland (Canal St) y por el puente de George Washington (más al norte). Para volver a Nueva Jersey no se paga. Se pagan un par de peajes baratos en las autopistas de Nueva Jersey, a menos que se le pida al conductor que tome la Hwy 1 o la Hwy 9.

Metro y tren

NJ Transit (www.njtransit. com) cuenta con un servicio de tren (con un enlace Air-Train por 5,50 US$) entre el aeropuerto de Newark (EWR) y la Penn Station de Nueva York por 13 US$ el trayecto, que dura 25 min. Hay trenes cada 20 o 30 min de 4.20 a 1.40. Debe guardarse el billete para enseñarlo al salir en el aeropuerto.

Autobús exprés

Hay un servicio de Newark Liberty Airport Express (www.newarkairportexpress. com) del aeropuerto a la Port Authority Bus Terminal, al Bryant Park y a la estación Grand Central, en el centro (16 US$ ida). El trayecto dura 45 min y hay autobuses cada 15 min de 6.45 a 23.15, y cada 30 min de 4.45 a 6.45 y de 23.15 a 1.15.

EL CAMBIO CLIMÁTICO Y LOS VIAJES

Todos los viajes con motor generan una cierta cantidad de CO_2, la principal causa del cambio climático provocado por el hombre. En la actualidad, el principal medio de transporte para los viajes son los aviones, que emplean menos cantidad de combustible por kilómetro y persona que la mayoría de los automóviles, pero también recorren distancias mucho mayores. La altura a la que los aviones emiten gases (incluido el CO_2) y partículas también contribuye a su impacto en el cambio climático. Muchas páginas web ofrecen "calculadoras de carbono" que permiten al viajero hacer un cálculo estimado de las emisiones de carbono que genera en su viaje y, si lo desea, compensar el impacto de los gases invernadero emitidos participando en iniciativas de carácter ecológico por todo el mundo. Lonely Planet compensa todos los viajes de su personal y de los autores de sus guías.

Port Authority Bus Terminal

Los trayectos de larga distancia en autobús usan la terminal más concurrida del mundo, la **Port Authority Bus Terminal** (plano p. 436; ☎212-502-2200; www.panynj.gov; 625 Eighth Ave con W 42nd St; [S]A/C/E to 42nd St-Port Authority Bus Terminal), por la que pasan más de 65 millones de pasajeros al año. Siempre hay planes para sustituir esta vieja e insalubre estación. Estas son algunas compañías de autobuses que operan en ella:

Greyhound (www.greyhound.com) Conecta NY con las principales ciudades del país.

Peter Pan Trailways (www.peterpanbus.com) Servicios exprés diarios a Boston, Washington D. C. y Filadelfia.

Short Line Bus (www.shortlinebus.com) Da servicio al norte de Nueva Jersey y al norte del estado de Nueva York, sobre todo a ciudades universitarias como Ithaca y New Paltz; es parte de Coach USA.

Trailways (www.trailwaysny.com) Servicio de autobuses hacia el norte del estado, a ciudades como Albany, Ithaca y Syracuse, y también hacia Montreal (Canadá).

Estaciones de autobuses

Hay autobuses económicos desde varios puntos del lado occidental de Midtown:

BoltBus (plano p. 436; ☎877-265-8287; www.boltbus.com; W 33rd St, entre Eleventh Ave y Twelfth Ave; 📶) Servicios de Nueva York a Filadelfia, Boston, Baltimore y Washington D. C. Cuanto antes se compran los billetes, mejor salen de precio. Destaca por tener wifi gratis, que funciona a veces.

Megabus (plano p. 436; https://us.megabus.com; 34th St, entre 11th Ave y 12th Ave; 📶; [S]7 hasta 34th St-Hudson Yards) Trayectos de NY a Boston, Washington D. C. y Toronto, entre otros destinos. Wifi gratis (funciona a veces). Salen de 34th St, cerca del Jacob K Javits Convention Center, y llegan a 27th St y 7th St.

Vamoose (plano p. 436; ☎212-695-6766; www.vamoosebus.com; Seventh Ave esq. 30th St; desde 30 US$; [S]1 hasta 28th St; A/C/E, 1/2/3 hasta 34th St-Penn Station) Autobuses hacia Arlington, Virginia y Bethesda (Maryland), no lejos de Washington D. C.

Penn Station

Penn Station (W 33rd St, entre Seventh Ave y Eighth Ave; [S]1/2/3, A/C/E hasta 34th St-Penn Station) Es el criticado punto de partida de todos los trenes de Amtrak (www.amtrak.com), incluidos los Acela Express a Princeton (NJ) y Washington D. C. (este servicio exprés cuesta el doble de la tarifa normal). Los precios varían en función de la hora y del día de la semana. En esta estación no hay servicio de consigna de equipajes. En la primavera del 2017, las líneas de Amtrak desde la Penn Station sufrieron descarrilamientos y problemas de mantenimiento; las reparaciones afectan al servicio y no se sabe cuándo terminarán.

Long Island Rail Road (www.mta.info/lirr) Supera cada día los 300 000 pasajeros. Tiene servicios de la Penn Station a Brooklyn, Queens y Long Island. El precio depende de la zona. Un trayecto en hora punta desde la Penn Station hasta la estación Jamaica (de camino al JFK con el AirTrain) cuesta 10,25 US$ comprando el billete en la estación (16 US$ si se compra en el tren).

NJ Transit (www.njtransit.com) Sale de la Penn Station y tiene servicios a la periferia y la costa de Nueva Jersey.

New Jersey PATH (www.panynj.gov/path) Una buena opción para llegar a destinos del norte de Nueva Jersey como Hoboken o Newark. Los trenes (2,75 US$) salen de la Penn Station y recorren Sixth Ave, con paradas en 33rd St, 23rd St, 14th St, 9th St y Christopher St, además de en la zona del World Trade Center.

Metro-North Railroad (www.mta.info/mnr) Esta línea parte de la estación Grand Central y tiene conexiones a Connecticut, Westchester County y el valle del Hudson.

CÓMO DESPLAZARSE

Moverse por NY es bastante fácil. La red de metro es barata y muy eficiente, y con sus 1000 km de extensión lleva a casi todos los rincones de la ciudad. También hay autobuses, ferris, trenes, bicitaxis y los omnipresentes taxis amarillos (tan difíciles de encontrar cuando llueve).

Pero las verdaderas estrellas del transporte son las aceras; esta es una ciudad hecha para caminar por ella. Y cada vez es más apta para bicicletas: en los últimos años se han creado cientos de kilómetros de carriles bici y vías verdes.

Metro

La red de metro de Nueva York, dirigida por la **Metropolitan Transportation Authority** (www.mta.info), es emblemática, barata (2,75 US$/trayecto, con independencia de la distancia), funciona las 24 h y a menudo es la forma más rápida y fiable de moverse por la ciudad. Hay wifi gratis en todas las estaciones.

Es buena idea pedir un plano (gratis) al encargado de alguna estación. Si el viajero usa un *smartphone*, puede descargarse una aplicación útil (como la gratuita Citymapper), con plano de la red del metro y alertas por cortes de servicios. Otra opción es preguntar a alguien que sepa. A veces, la confusión y la frustación en el metro pueden llegar a unir a completos desconocidos. Un consejo para neófitos: es mejor no llevar auriculares, para así poder oír avisos importantes sobre cambios de vía o paradas anuladas.

LA CHULETA DEL METRO

Unos cuantos consejos para comprender la locura que es el metro de Nueva York:

Números, letras y colores

Las líneas de metro tienen cada una su color y el nombre es una letra o un número. Los metros suelen tener de dos a cuatro vagones.

Líneas locales y servicios exprés

Un error habitual es tomar por error un servicio exprés y pasar de largo la parada deseada. En una línea de un color hay metros locales y servicios exprés; estos últimos solo hacen algunas paradas en Manhattan (indicadas con un círculo blanco en los planos del metro). P. ej., en la línea roja, los metros 2 y 3 son exprés, mientras que el 1 es más lento y realiza todas las paradas locales. Para recorrer grandes distancias (p.ej., de Upper West Side a Wall St) lo mejor es ahorrar tiempo tomando un exprés (que suele estar al otro lado del andén del metro local).

Apearse en la estación correcta

Algunas paradas (como Spring St, de la línea 6) tienen entradas separadas para los metros en sentido norte y sentido sur; hay que fijarse en el rótulo (uptown/downtown). Si el viajero se equivoca de entrada, tiene dos opciones: ir hasta una parada donde pueda cambiar de dirección gratis, o salir y entrar por la otra entrada (suele estar al otro lado de la calle). Esto implica volver a pagar. Otra cosa a tener en cuenta son las luces verdes y rojas que hay en la entrada. El verde significa que la entrada siempre está abierta, mientras que el rojo indica que cierra a determinadas horas, normalmente de noche.

Fines de semana

Las reglas cambian en fin de semana. Algunas líneas se combinan entre ellas, otras suspenden los servicios, se omiten algunas paradas o se añaden otras. Es habitual ver turistas y neoyorquinos confundidos en el andén. Véase www.mta.info para conocer los horarios de fin de semana. A veces las señales no se ven hasta después de haber llegado al andén.

Taxi

La experiencia de parar un taxi y viajar en él se está perdiendo debido a la ubicuidad de los servicios móviles como Lyft y Uber. Estos dos últimos suman más de 50 000 vehículos activos en los cinco distritos, mientras que los taxis amarillos son solo 13 580. Eso sí, los taxis de NY suelen ser limpios y baratos (en comparación con muchas ciudades del mundo). Cuando uno se topa con un taxista que es un loco de la velocidad, cosa que sucede a menudo, que nadie olvide usar el cinturón.

Taxi & Limousine Commission (TLC; www.nyc.gov/html/tlc/html/home/home.shtml) El consejo que administra los taxis ha establecido las tarifas de los trayectos (pueden pagarse con tarjeta de crédito o débito). La bajada de bandera cuesta 2,50 US$ y luego se paga 0,5 US$ por cada media milla (800 m) o por cada 60 segundos detenido. Hay un suplemento de 1 US$ por hora punta (entre semana de 16.00 a 20.00), y de 0,5 US$ por la noche (20.00 a 6.00), además de un recargo de 0,5 US$ por trayecto para el estado de NY. Se suele dejar una propina del 10 al 15%. Si el viajero no recibe un buen trato, puede no dejar propina, pedir un recibo y anotar el número de licencia del conductor.

Derechos del pasajero La TLC ha establecido una carta de derechos del pasajero, que le da permiso para decirle al conductor la ruta a seguir y pedirle que apague la radio si resulta molesta. El conductor no tiene el derecho de rechazar a un cliente en función del destino. Como consejo, es mejor entrar primero y luego decir adónde se va.

Automóviles privados Son una alternativa común a los taxis en los barrios periféricos. Los precios varían en función del barrio y la duración del trayecto. La tarifa se fija antes de empezar, ya que no hay taxímetro. Estos 'coches negros' son muy habituales en Brooklyn y Queens. No obstante, es ilegal que un conductor pare a alguien por la calle y le ofrezca un trayecto (independientemente del barrio). En Brooklyn operan, entre otros, **Northside** (www.northsideservice.com; ☎718-387-2222), en Williamsburg, y **Arecibo** (☎718-783-6465), en Park Slope.

Boro Taxis, de color verde, operan en los barrios de la periferia y en Upper Manhattan. Permiten parar un taxi en barrios donde apenas se ven los amarillos y son iguales en características y precio. Suponen una buena forma de moverse por los barrios más alejados (p. ej., de Astoria a Williamsburg o de Park Slope a Red Hook). Los conductores son reacios a ir a Manhattan (aunque legalmente están obligados), porque no se les permite empezar trayectos en Manhattan al sur de 96th St.

Transporte compartido Estos servicios basados en aplicaciones móviles han invadido las calles de los cinco distritos; hoy ya casi quintuplican el número de taxis amarillos. Son un sistema práctico e indispensable para algunas personas, pero sin duda empeoran el terrible problema del tráfico. Es muy recomendable dar propina, pues el conductor puede valorar negativamente al usuario tacaño.

Ferri

NYC Ferry (www.ferry.nyc; ida 2,75 US$) Navega por el río East desde mayo del 2017 (en sustitución del anterior East River Ferry) para unir Manhattan, Brooklyn, Queens y el Bronx. Es un servicio de enlace mucho más agradable que el metro y cuesta solo 2,75 US$/trayecto (1 US$ más por la bicicleta). A bordo hay estaciones de recarga y pequeñas tiendas de artículos de primera necesidad. Se está convirtiendo en un medio muy utilizado y pintoresco para llegar a destinos de playa de Rockaway (Queens).

NY Water Taxi (www.nywatertaxi.com) Posee una flota de veloces barcos amarillos que realizan servicios turísticos con unas cuantas paradas en Manhattan (muelle 79 en W 39th St, World Financial Center y muelle 11 cerca de Wall St) y Brooklyn (muelle 1 de Dumbo), y un **servicio de ferri** (Ikea Express; plano p. 446; ☎212-742-1969; www.nywatertaxi.com/ikea; 500 Van Brunt St, detrás de Fairway, Red Hook; adultos/niños 5 US$/gratis, sa y do gratis) entre el muelle 11 y la tienda Ikea de Red Hook (Brooklyn). Su elevado precio es más propio de

un crucero de excursiones que de un transporte utilitario (bono diario 35 US$).

Staten Island Ferry (plano p. 414; www.siferry.com; Whitehall Terminal, 4 South St, en Whitehall St; ◎24 h; Ⓢ1 hasta South Ferry; R/W hasta Whitehall St; 4/5 hasta Bowling Green) GRATIS El gran ferri gratuito de color naranja que cruza a todas horas el puerto de Nueva York está orientado a los pasajeros que van y vienen de Staten Island. Aunque el viajero solo lo utilice para ir y volver de esta isla, las vistas del bajo Manhattan y la Estatua de la Libertad convierten el trayecto en una magnífica excursión y en uno de los viajes románticos más baratos de la ciudad.

Autobús

Integrados en la Metropolitan Transportation Authority (www.mta.info), los autobuses son un transporte práctico cuando no apetece bajar al metro. Cuestan lo mismo que este (2,75 US$/viaje) y se puede pagar con la tarjeta Metrocard o en efectivo (con la cantidad exacta) al subir al vehículo. Con la Metrocard se tiene derecho a un transbordo gratis de autobús a metro, de autobús a autobús, o de metro a autobús. Si se paga en efectivo hay que pedir un *transfer* (solo válido para transbordo entre autobuses) al conductor del autobús al pagar.

La ruta está indicada en el pequeño panel montado en el poste de la parada.

Bicicleta

En la última década se han creado cientos de miles de carriles bici que, junto con la excelente red de bicicletas compartidas Citi Bike (www.citibikenyc.com), son los elementos clave de una ciudad sorprendentemente apta para las bicis. Cientos de quioscos Citi Bike en Manhattan y partes de Brooklyn

almacenan las robustas bicicletas azules de la red, con tarifas razonables para los usuarios de corta duración. En el 2016 se efectuaron casi 14 millones de viajes en Citi Bike; se calcula que cuenta con unas 12 000 bicicletas.

Para utilizar el servicio hay que adquirir un bono de acceso para 24 h o 3 días (unos 12-24 US$, impuesto incl.) en cualquier quiosco de Citi Bike. Allí se facilita un código de cinco dígitos para desbloquear una bicicleta. Esta se puede devolver en cualquier estación al cabo de 30 min como máximo, para evitar cargos adicionales. Hay que volver a introducir la tarjeta de crédito (no cobran por ello) y seguir las instrucciones para conseguir otra bicicleta. En el período contratado de 24 h o 3 días se pueden efectuar un número ilimitado de usos de 30 min cada uno.

La ley no obliga a usar casco, pero es muy recomendable (cada cual debe llevar el suyo). Para probar si las bicicletas resultan cómodas se aconseja empezar por los parques urbanos como Central Park, Brooklyn Waterfront Greenway y Prospect Park en Brooklyn, entornos menos estresantes que las caóticas avenidas. Y sobre todo, por la seguridad propia y ajena, hay que cumplir las normas de tráfico.

Se pueden ver rutas y carriles bici por barrios en los planos de NYC Bike Maps (www.nycbikemaps.com). La web NYC DOT (www.nyc.gov/html/dot/html/bicyclists/bikemaps.shtml) dispone de planos para descargar y de un generador de rutas. Las tiendas de bicicletas suelen facilitar planos gratuitos a los ciclistas.

Tren

Ferrocarril de Long Island (www.mta.info/lirr), NJ Transit (www.njtransit.com), New Jersey PATH (www.panynj.gov/path) y Metro-North Railroad (www.mta.info/mnr)

ofrecen servicios útiles para desplazarse por Nueva York y alrededores.

CIRCUITOS

En NY abundan las posibilidades de circuitos guiados. Se puede optar por un circuito histórico a pie, deambular por barrios multiculturales o hacer algo más activo en bicicleta, kayak u observando aves.

Big Apple Greeter (☎212-669-8159; www.bigapplegreeter.org) Para experimentar NY desde dentro, se puede reservar un circuito por cualquier barrio y contar con un guía voluntario local, que estará encantado de mostrar su ciudad. Además, el guía se ajusta a las necesidades del viajero y, así, puede hablar español o en lenguaje de signos, e incluso saber dónde están los accesos adaptados a sillas de ruedas. Hay que reservar con cuatro semanas de antelación.

Big Onion Walking Tours (☎888-606-9255; www.bigonion.com; circuitos 25 US$) Se puede elegir entre casi 30 circuitos, entre ellos, el del puente de Brooklyn y Brooklyn Heights, el 'oficial' Gangs of New York Tour, el Gay and Lesbian History Tour –antes de Stonewall–, y Chelsea y la High Line.

Bike the Big Apple (☎347-878-9809; www.bikethebigapple.com; bici y casco incl. 99 US$) Con los circuitos en bicicleta se ve más terreno que a pie, y además son una buena forma de hacer ejercicio. Este operador, recomendado por la NYC & Company (la autoridad oficial de turismo de NY y responsable de www.nycgo.com), ofrece 10 circuitos.

Circle Line Boat Tours (plano p. 436; ☎212-563-3200; www.circleline42.com; embarcadero 83, W 42nd St en Twelfth Ave; cruceros adultos/niños 30/25 US$; 🚌hacia el oeste M42 o M50 hasta 12th Ave, [S]A/C/E hasta 42nd St-Port Authority) El clásico Circle Line permite al viajero ver los grandes puntos de interés desde el barco. Las opciones incluyen un circuito de 2 ½ h por toda la isla, otro semicircular más corto (90 min) y un recorrido al anochecer (2 h). De mayo a octubre también se ofrecen circuitos con mayor descarga de adrenalina a bordo de la lancha rápida *Beast*.

New York City Audubon (plano p. 430; ☎212-691-7483; www.nycaudubon.org; 71 W 23rd St, suite 1523, en Sixth Ave, Flatiron District; circuitos y clases gratis 170 US$; [S]F/M hasta 23rd St) Durante todo el año, la New York City Audubon Society organiza salidas de campo para observar aves (incluidas focas y aves acuáticas en el puerto de NY y águilas en el valle del Hudson), conferencias y clases de ornitología para principiantes.

Foods of New York (☎855-223-8684; www.foodsofny.com; circuitos desde 54 US$) El operador oficial de circuitos gastronómicos de NYC & Company ofrece varios circuitos de 3 h por tiendas y restaurantes *gourmet* de West Village, Chelsea, Chinatown o Nolita. Que el viajero se prepare para un festín móvil de panes franceses, pasta fresca italiana, *sushi*, quesos del mundo, auténtica *pizza* neoyorkina, pescado local y bollería recién horneada.

Nosh Walks (www.noshwalks; circuitos desde 60 US$) La experta gastrónoma Myra Alperson guía estas rutas culinarias por toda Nueva York, prestando especial atención a los barrios multiculturales de Queens y Brooklyn.

New York Gallery Tours (plano p. 428; ☎917 250 0052; www.nygallerytours.com; 526 W 26th St, en Tenth Ave, Chelsea; 25 US$ admisión; 🕒circuitos organizados sa, privados 10.00-18.00 ma-do; [S]1, C/E hasta 23rd St) Está claro que hay que visitar las sorprendentes galerías de arte moderno de Chelsea, pero ¿por donde empezar? Este excelente circuito guiado ofrece visitas comentadas de algunas de las más interesantes. También organiza circuitos para gais y lesbianas centrados en la estética *queer*. Las rutas programadas sobre temas variados salen todos los sábados en horarios y puntos diferentes.

Museum Hack (☎347-282-5001; https://museumhack.com; circuito 2 h desde 59 US$) Para disfrutar de una perspectiva fascinante y alternativa del Met, hay que apuntarse a una visita con Museum Hack. Sus guías expertos pero encantadoramente irreverentes realizan rutas sobre diferentes temas como las artes ocultas del antiguo Egipto y la Edad Media ("Badass Witches"), las artistas feministas que han conseguido cambiar paradigmas o los rincones desconocidos del museo ("Unhighlights Tour"). Museum Hack también ofrece visitas al Museum of Natural History, incluida una opción familiar para profundizar en la ciencia con algunos animales extraordinarios y las fascinantes historias de los aventureros que coleccionaban los especímenes.

On Location Tours (☎212-683-2027; www.onlocationtours.com; circuitos 49 US$) Quien quiera sentarse en las escaleras del portal del apartamento de Carrie Bradshaw o pasar por el bar que frecuenta Michael Keaton en *Birdman*, disfrutará con los circuitos de este operador, que visitan las localizaciones de series como *Gossip Girl*, *Sexo en Nueva York* o *Los Soprano* y también de películas.

Wildman Steve Brill (☎914-835-2153; www.wildmanstevebrill.com; donativos 20 US$) El naturalista más famoso de Nueva York ejerce de guía en expediciones por los parques de la ciudad desde hace más de 30 años. Los circuitos incluyen Central Park, Prospect Park, Inwood Park y muchos más, y por el camino se aprende a identificar tesoros naturales como sasafrás, pamplina, nueces de Ginko, ajos y setas.

Datos prácticos A-Z

Acceso a internet

Muchos parques públicos de la ciudad tienen wifi gratis. Algunos de los más importantes son High Line, Bryant Park, Battery Park, Central Park, City Hall Park, Madison Square Park, Tompkins Square Park y Union Square Park (Brooklyn y Queens también disponen del servicio). Para otros puntos, véase www.nycgovparks.org/facilities/wifi.

Hoy incluso las estaciones subterráneas de metro cuentan con wifi gratis, lo que permite distraerse o trabajar mientras se espera por problemas de señalización u otros retrasos. En el 2016 se desplegó el sistema LinkNYC (www.link.nyc) para sustituir las anacrónicas cabinas de teléfonos (antaño símbolos de la ciudad y donde Superman se cambiaba de traje) por quioscos con conexión gratis a internet, puntos de recarga y acceso wifi. La red pretende instalar unas 7500 estructuras similares en los cinco distritos.

Es raro encontrar un alojamiento en NY que no ofrezca wifi, aunque no siempre es gratis. Casi todas las cafeterías ofrecen wifi a sus clientes, así como los Starbucks que hay por toda la ciudad.

Aduana

Las aduanas estadounidenses permiten entrar en el país con 1 l de alcohol y 200 cigarrillos por persona (mayor de 21 años) libres de impuestos. Está prohibida la entrada de productos agrícolas, incluidas carne, frutas, verduras, plantas y tierra. Los ciudadanos de EE UU pueden importar, libres de impuestos, regalos traídos del extranjero por valor inferior a 800 US$, mientras que los extranjeros solo pueden importar artículos por un valor máximo de 100 US$. Es obligatorio declarar todo exceso de 10 000 US$ en efectivo, en divisa estadounidense o extranjera, cheques de viaje o giro bancario. Aunque no existe una restricción legal de dinero para entrar al país, las sumas no declaradas que excedan los 10 000 US$ serán investigadas con bastante seguridad. Si se van a llevar fármacos recetados, hay que asegurarse de que los frascos estén claramente etiquetados. Huelga decir que cualquier narcótico ilegal debe dejarse en casa. En www.cbp.gov se puede consultar la información actualizada.

Asistencia médica

Antes de salir de viaje hay que ponerse en contacto con la compañía de seguros médicos para saber qué tipo de asistencia presta fuera del país de origen. Los visitantes extranjeros deberían contratar un seguro de viajes que cubra problemas médicos en EE UU, ya que la asistencia de casos no urgentes de personas sin seguro puede resultar muy cara. Incluso con un seguro, lo más probable es que se tenga que pagar por adelantado la atención de casos no urgentes y luego solicitar a la aseguradora el reembolso del dinero. **Travel MD** (📞212-737-1212; www.travelmd.com) ofrece asesoramiento médico las 24 h para los turistas en Nueva York y visitas en el hotel previa cita.

Correos

La web de US Postal (www.usps.com) ofrece información actualizada de precios de envíos y localizaciones de estafetas de NY.

Cuestiones legales

Si el viajero es arrestado tiene derecho a permanecer en silencio. No existe motivo legal para hablar con un policía si no se desea, sobre todo teniendo en cuenta que cualquier cosa que se diga "podrá ser y será usada en su contra". Eso sí, nunca hay que alejarse de un policía hasta que este no haya dado su permiso. Toda persona arrestada tiene el derecho legal a realizar una llamada de teléfono. Si no se dispone de un abogado o un familiar al que pedir ayuda, habrá que llamar al consulado, cuyo número proporcionará la policía cuando se pida.

Descuentos

Si el viajero planea visitas rápidas a los principales puntos de interés, es buena idea que compre uno de los múltiples pases multiatracciones (véase www.nycgo.com/attraction-passes), pues permiten ahorrar mucho dinero. Más información y compra en línea.

New York CityPASS (www.citypass.com) Da acceso a seis puntos de interés principales (incluido el Empire State) por 122 US$; con un ahorro del 40%.

The New York Pass (www.newyorkpass.com) Acceso de un día a 90 puntos de interés diferentes por 119 US$. También hay pases de varios días (de 2 a 10 días).

Downtown Culture Pass (www.downtownculturepass.org) Cuesta 25 US$ (3 días) y facilita descuentos en tiendas y acceso gratuito a varios puntos de interés de Lower Manhattan, incluidos el Museum of American Finance y el Museum of Jewish Heritage, dos de los sitios donde se puede comprar el pase.

Explorer Pass (www.smartdestinations.com) Permite elegir entre 3 o 10 atracciones para visitar con descuento de entre 63 opciones, incluidas el MoMA, el Intrepid Museum, los cruceros Sightseeing y el Top of the Rock. Los precios van desde 84 US$ (3 sitios) hasta 199 US$ (10 sitios).

Dinero

Cajeros automáticos

Hay uno en casi cada esquina. Se puede sacar dinero con tarjeta en los bancos (en vestíbulos con acceso las 24 h, que pueden tener hasta 12 cajeros en las sucursales más grandes) o en *delis*, restaurantes, bares y tiendas de comestibles, que cobran unas enormes comisiones (3 US$ de media y hasta 5 US$).

Casi todos los bancos de la ciudad están conectados mediante el sistema New York Cash Exchange (NYCE) y se pueden usar tarjetas de bancos locales en los cajeros, pagando una comisión si pertenecen a entidades distintas.

Cambio de moneda

Tanto en bancos como en casas de cambio, disponibles por toda la ciudad (incluidos los tres principales aeropuertos), se cambia moneda según la tasa de cambio oficial. **Travelex** (☎212-265-6063; www.travelex.com; 1578 Broadway, entre 47th St y 48th St, Midtown West; 🕒9.00-22.00 lu-sa, hasta 19.00 do; [S]N/Q/R hasta 49th St) tiene una sucursal en Times Square.

Tarjetas de crédito

En casi todos los hoteles, restaurantes y tiendas se aceptan las principales tarjetas de crédito. De hecho, lo que es complicado es realizar algunas transacciones sin ellas, como comprar entradas o alquilar un coche.

Conviene llevar una Visa, MasterCard o American Express, ya que son las de uso más común. Los sitios que aceptan Visa y MasterCard también aceptan tarjetas de débito, pero hay que confirmar con el banco que la tarjeta se aceptará en otros estados o países.

En caso de pérdida o robo de tarjetas, hay que llamar a la compañía inmediatamente.

Electricidad

La corriente de EE UU es de 110 V a 115 V y 60 Hz CA. Las tomas de corriente están hechas para enchufes de dos clavijas planas (que a veces tienen una tercera para la toma de tierra). Si se lleva un dispositivo diseñado para otro sistema eléctrico (p. ej., 220 V), se necesitará un adaptador de corriente, que puede comprarse en ferreterías y droguerías. Sin embargo, casi todos los aparatos electrónicos (ordenadores portátiles, cargadores de baterías, etc.) están fabricados para funcionar con doble voltaje, por lo que solo necesitarán un adaptador.

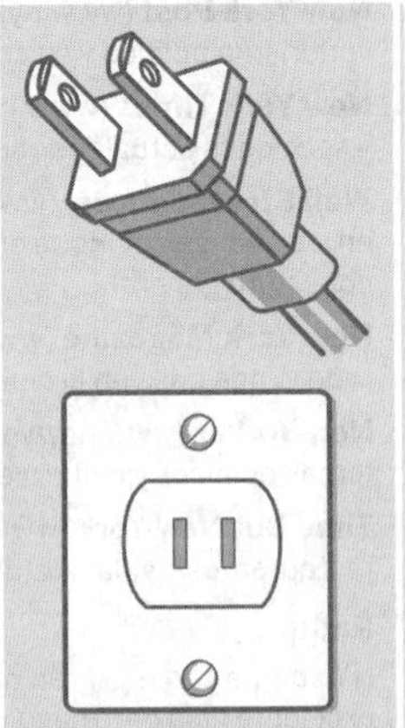

Tipo A
120V/60Hz

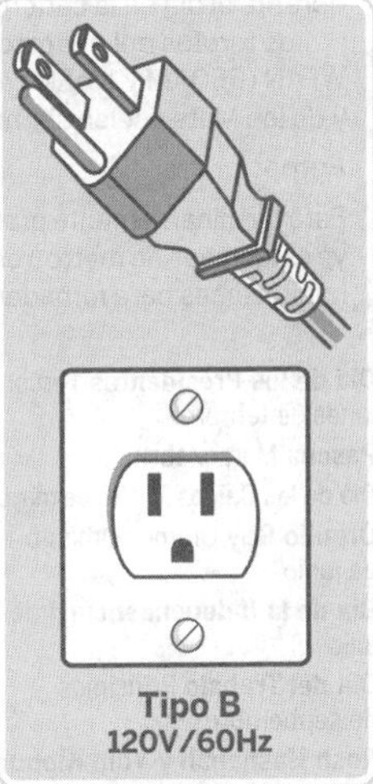

Tipo B
120V/60Hz

Fiestas oficiales

Los festivos y los eventos especiales en NY obligan a cerrar muchas tiendas o atraen a multitudes, complicando las reservas en restaurantes y alojamientos.

Año Nuevo 1 de enero

Día de Martin Luther King Tercer lunes de enero

LO BÁSICO

Periódicos y revistas

New York Post (www.nypost.com) Famoso por sus titulares incendiarios, su conservadurismo político y su columna de cotilleos "Page Six".

New York Times (www.nytimes.com) Ofrece una cobertura política contundente y secciones actuales sobre tecnología, arte y restaurantes.

Wall Street Journal (www.wallstreetjournal.com) Este diario intelectual se centra en las finanzas, aunque el magnate de los medios Rupert Murdoch ha aumentado la cobertura general.

New York Magazine (www.nymag.com) Quincenal, con artículos y listados sobre todo lo que pasa en la ciudad, más una web imprescindible.

New Yorker (www.newyorker.com) Revista semanal de corte intelectual que trata temas políticos y culturales a través de sus reportajes; también publica ficción y poesía.

Time Out New York (www.timeout.com/newyork) Semanario con guía del ocio, restaurantes y vida nocturna.

Radio

NY cuenta con una gran oferta de radio, más allá de las emisoras de música pop. Una excelente guía para seguir la programación se publica en la sección de ocio del *New York Times* del domingo. La emisora pública de NY es WNYC (820AM y 93.9FM; www.wnyc.org), muy buena, afiliada a la NPR (radio pública nacional) local, que ofrece una buena selección de programas y entrevistas nacionales y locales, y música clásica durante el día en la cadena FM.

Los forofos del deporte sintonizan los programas de llamadas telefónicas en la WFAN (660AM y 101FM) que se emiten durante todo el día. Los fans de los Yankees y de los Mets suelen ser habituales de estos programas.

Fumar

Está terminantemente prohibido en cualquier lugar que se considere público, lo que incluye estaciones de metro, restaurantes, bares, taxis y parques. Varios hoteles disponen de habitaciones para fumadores, pero la mayoría son espacios totalmente libres de humo.

Día de los Presidentes Tercer lunes de febrero

Pascua Marzo/abril

Día de los Caídos Finales de mayo

Orgullo Gay Último domingo de junio

Día de la Independencia 4 de julio

Día del Trabajo Principios de septiembre

Rosh Hashanah y Yom Kippur De mediados de septiembre a mediados de octubre

Halloween 31 de octubre

Acción de Gracias Cuarto jueves de noviembre

Navidad 25 de diciembre

Nochevieja 31 de diciembre

Hora local

NY se halla en la zona horaria oficial del este (EST), 5 h por detrás de la hora media de Greenwich (Londres) y 3 h por delante de la hora estándar del Pacífico (PST; California). En casi todo el país se usa el horario de verano: los relojes se adelantan 1 h el segundo domingo de marzo y se retrasan 1 h el primer domingo de noviembre.

Horario comercial

Los horarios habituales son:
Bancos 9.00-18.00 lu-vi, algunos también 9.00-12.00 sa
Bares 17.00-4.00
Empresas 9.00-17.00 lu-vi
Clubes 22.00-4.00
Restaurantes Desayuno 6.00-11.00, almuerzo 11.00-15.00, y cenas 17.00-23.00. *Brunch* del fin de semana 11.00-16.00.

Tiendas 10.00-19.00 aprox. entre semana, 11.00-20.00 aprox. sa, y variable do: algunas tiendas cierran y otras siguen el horario de entre semana. En los barrios del centro, suelen cerrar más tarde.

Impuestos y reembolsos

Los restaurantes y comercios nunca incluyen el impuesto sobre la venta (8,875%) en sus precios, de modo que conviene tenerlo en cuenta a la hora de calcular lo que costará la comida, p. ej. Varias categorías de los llamados artículos de lujo, como los coches de alquiler y el lavado en seco, llevan un recargo municipal adicional del 5%, por lo que se termina pagando un 13,875% más en total por estos servicios. Las compras de ropa y calzado que no lleguen a 110 US$ están exentas de impuestos; a partir de dicho importe se aplica el impuesto sobre la venta. Las habitaciones de hotel en Nueva York están sujetas a un impuesto del 14,75%, más una tasa turística fija de 3,50 US$ por noche. Dado que en EE UU no existe un impuesto nacional sobre el valor añadido (IVA), los visitantes extranjeros no pueden realizar compras "libres de impuestos".

Información turística

En un mundo en red como este abundan los recursos en línea para estar informado de las últimas novedades de Nueva York. También se puede acudir a las oficinas del **NYC Information Center** (☏212-484-1222; www.nycgo. com) en Times Square (plano p. 436; Broadway Plaza, entre W 43rd St y 44th St; ☺9.00-18.00 dic-abr, 8.00-20.00 may-nov; Ⓢ N/Q/R/W, S, 1/2/3, 7, A/C/E hasta Times Sq-42nd St), Macy's Herald Square (plano p. 436; Macy's, 151 W 34th St con Broadway; ☺10.00-22.00 lu-sa, hasta 21.00 do; Ⓢ B/D/F/M, N/Q/R/W hasta 34th St-Herald Sq), City Hall (plano p. 414; City Hall Park, en Broadway; ☺9.00-18.00 lu-do; Ⓢ 4/5/6 hasta Brooklyn Bridge-City Hall; R/W hasta City Hall; J/Z hasta Chambers St) y South Street Seaport.

Explore Brooklyn (www. explorebk.com) ofrece una guía actualizada de actividades y abundante información sobre el distrito.

Lavabos públicos

Teniendo en cuenta el número de peatones que recorren la ciudad, hay una notable escasez de lavabos públicos. Se pueden usar los de la estación Grand Central,

Penn Station o Port Authority Bus Terminal, y los de los parques como el Madison Square Park, Battery Park, Tompkins Square Park, Washington Square Park y Columbus Park de Chinatown, además de varios sitios repartidos por Central Park. Sin embargo, lo mejor es entrar en un Starbucks (hay uno cada tres calles), unos grandes almacenes (Macy's, Century 21, Bloomingdale's) o el parque de algún vecindario, como Tompkins Square en East Village o Bleecker Playground en West Village.

Números importantes

Información telefónica local	☏411
Oficinas municipales e información	☏311
Información telefónica nacional	☏212-555-1212
Operadora	☏0
Bomberos, policía y ambulancia	☏911

Seguridad

Nueva York es una de las ciudades más seguras de EE UU: en el 2017 los homicidios descendieron hasta un mínimo histórico por debajo de los 300 y las estadísticas generales de delitos violentos bajaron por 27º año consecutivo. Aun así, lo mejor es adoptar medidas de sentido común, como:

➡ No andar solo de noche en zonas desconocidas o poco pobladas.

➡ Llevar el dinero necesario para la jornada escondido en la ropa o en un bolsillo delantero, en vez de en un bolso o bolsillo trasero.

➡ Estar al tanto de los carteristas, sobre todo en áreas abarrotadas como Times Square o Penn Station en hora punta.

➡ Aunque suele ser seguro viajar en el metro pasadas las 24.00, tal vez sea preferible tomar un taxi, sobre todo si se viaja solo.

Teléfono

Los números de teléfono de EE UU están formados por un prefijo de zona de tres dígitos seguidos de un número local de siete dígitos. En Nueva York siempre se marcan diez números: 1 + tres dígitos del prefijo de zona + siete dígitos del número del abonado. Para efectuar una llamada internacional (excepto a Canadá), hay que marcar ☏011 + prefijo de país + prefijo de zona + número.

Urgencias y hospitales

Los servicios de urgencias pueden resultar estresantes y lentos, por lo que conviene evitarlos si se puede optar por otros servicios de asistencia.

New York-Presbyterian Hospital (☏212-305-2500; www.nyp.org/locations/newyork-presbyterian-columbia-university-medical-center; 630 W 168th St con Ft Washington Ave; Ⓢ A/C, 1 hasta 168th St) Hospital reputado.

Bellevue Hospital Center (☏212-562-4141; www.nychealthandhospitals.org/bellevue; 462 First Ave con 27th St, Midtown East; Ⓢ 6 hasta 28th St) Gran hospital público con servicio de urgencias y traumatología.

New York County Medical Society (☏212-684-4670; www.nycms.org) Orientación médica telefónica, según tipo de problema e idioma.

Tisch Hospital (New York University Langone Medical Center; ☏212-263-5800; www.nyulangone.org/locations/tisch-hospital; 550 First Ave; ☺24 h) Hospital grande, moderno y de prestigio, con áreas de todas las especialidades médicas importantes.

Callen-Lorde Community Health Center (☎212-271-7200; www.callen-lorde.org; 356 W 18th St, entre Eighth Ave y Ninth Ave; 🕒8.15-20.15 lu-ju, hasta 16.45 vi, 8.30-15.15 sa; [S]A/C/E, L hasta 8th Ave-14th St) Centro médico dedicado a la comunidad LGBT y a las personas con VIH/sida; atiende a todo el mundo independientemente de si pueden pagar.

Lenox Hill Hospital (☎212-434-2000; www.northwell.edu/find-care/locations/lenox-hill-hospital; 100 E 77th St, en Lexington Ave; 🕒24 h; [S]6 hasta 77th St) Buen hospital con servicio de urgencias 24 h y traductores de varios idiomas, en Upper East Side.

Mount Sinai Hospital (☎212-241-6500; www.mountsinai.org/locations/mount-sinai; 1468 Madison Ave, en E 101st St; 🕒24 h; [S]6 hasta 103rd St) Excelente hospital en Upper East Side.

Planned Parenthood (Margaret Sanger Center;☎212-965-7000; www.plannedparenthood.org; 26 Bleecker St, entre Mott St y Elizabeth St, NoHo; 🕒8.00-18.30 lu, ma, ju y vi, hasta 20.30 mi, hasta 16.30 sa; [S]B/D/F/V hasta Broadway-Lafayette St; 6 hasta Bleecker St) Control de natalidad, detección de ETS y atención ginecológica.

Farmacias

Nueva York está abarrotada de farmacias abiertas 24 h, que en realidad son tiendas en las que se puede comprar medicinas sin receta. Sin embargo, sus mostradores de venta de fármacos con receta sí tienen un horario limitado. Las principales cadenas farmacéuticas son CVS, Duane Reade, Rite Aid y Walgreens.

Viajeros con discapacidades

Gran parte de la ciudad es accesible mediante rampas para sillas de ruedas. Las atracciones turísticas principales (MET, Guggenheim y Lincoln Center) también están adaptadas, así como algunos teatros de Broadway.

Por desgracia, solo un centenar de las 468 estaciones de metro de Nueva York son totalmente accesibles en silla de ruedas. En general, las estaciones más grandes están adaptadas, como West 4th St, 14th St-Union Sq, 34th St-Penn Station, 42nd St-Port Authority Terminal, 59th St-Columbus Circle y 66th St-Lincoln Center. La lista de estaciones de metro accesibles puede verse en http://web.mta.info/accessibility/stations.htm. También se puede consultar www.nycgo.com/accessibility.

Lo bueno es que todos los autobuses de la MTA de Nueva York están adaptados y a menudo son una opción mejor que las estaciones de metro.

La ciudad también proporciona autobuses de paratránsito para desplazarse por la ciudad por el mismo precio que un billete de metro, aunque no son muy prácticos porque hay que solicitarlos con 24 h de antelación. Para ello hay que llamar a **Access-a-Ride** (☎877-337-2017).

Es más práctico pedir un taxi adaptado a través de **Accessible Dispatch** (☎646-599-9999; http://accessibledispatch.org); también hay una aplicación móvil que permite recurrir al servicio más próximo.

Otro excelente recurso es el programa **Big Apple Greeter** (☎212-669-8198; www.bigapplegreeter.org) [GRATIS] con más de 50 voluntarios con discapacidades físicas dispuestos a mostrar su parte de la ciudad.

La guía *Accessible Travel* de Lonely Planet se puede descargar en http://lptravel.to/AccessibleTravel.

Visados

Programa de Exención de Visado

Este programa (VWP, en sus siglas en inglés) permite la entrada sin visado a ciudadanos de 38 países si cuentan con un pasaporte de lectura mecánica. Para consultar la lista actualizada de países incluidos en dicho programa y los requisitos actuales, visítese la web del Departamento de Estado de EE UU (https://travel.state.gov/visa).

Los ciudadanos de los países VWP deben registrarse en el Departamento de Seguridad Nacional de EE UU y rellenar un formulario ESTA (Electronic System for Travel Authorization; www.cbp.gov/travel/international-visitors/esta) antes del viaje. El formulario de registro cuesta 14 US$; si se aprueba, tiene una validez de dos años o hasta que el pasaporte expire, lo que suceda antes.

Visados obligatorios

Es obligatorio obtener un visado en una embajada o consulado de EE UU del país de origen si:

- No se tiene un pasaporte de un país incluido en el VWP.
- Se es ciudadano de un país incluido en el VWP, pero no se dispone de un pasaporte de lectura electrónica.
- Se pretende permanecer en el país más de 90 días.
- Se pretende estudiar o trabajar en EE UU.

Voluntariado

En Nueva York abunda el trabajo para voluntarios, que pueden echar una mano a estudiantes con dificultades, ayudar a limpiar los parques, jugar al bingo con personas mayores o servir la comida en un comedor social. Estas son algunas de las organizaciones donde pueden apuntarse:

New York Cares (www.newyorkcares.org)

NYC Service (www.nycservice.org)

Street Project (www.streetproject.org)

Entre bastidores

LA OPINIÓN DEL LECTOR

Las cosas cambian: los precios suben, los horarios varían, los sitios buenos empeoran y los malos se arruinan. Por lo tanto, si el lector encuentra los lugares mejor o peor, recién inaugurados o cerrados desde hace tiempo, le agradeceremos que escriba para ayudar a que la próxima edición sea más útil y exacta. Todas las cartas, postales y correos electrónicos se leen y se estudian, garantizando de esta manera que hasta la mínima información llegue a los redactores, editores y cartógrafos para su verificación. Se agradece cualquier información recibida por pequeña que sea. Quienes escriban verán su nombre reflejado en el capítulo de agradecimientos de la siguiente edición. Puede ocurrir que determinados fragmentos de la correspondencia de los lectores aparezcan en nuevas ediciones de las guías Lonely Planet, en la web de Lonely Planet, así como en la información personalizada. Se ruega a todo aquel que no desee ver publicadas sus cartas ni que figure su nombre que lo haga constar.

Toda la correspondencia debe enviarse, indicando en el sobre Lonely Planet/Actualizaciones, a la siguiente dirección de geoPlaneta en España: Av. Diagonal 662-664. 08034 Barcelona.

También puede remitirse un correo electrónico a la dirección siguiente: viajeros@lonelyplanet.es.

Para información, sugerencias y actualizaciones, se puede visitar la página web: www.lonelyplanet.es.

AGRADECIMIENTOS

Regis St. Louis

Muchas gracias a David Fung y a Kristie Blase por su cordial hospitalidad; a Jayson Mallie y Glen Brown por su amistad, y a Ali y los felinos, por alojarme en Williamsburg. También quiero dar las gracias especialmente al personal de Urgencias del Mount Sinai Queens Hospital por su ayuda tras el accidente con la bicicleta de madrugada. Como siempre, gracias a Cassandra y a nuestras hijas, Magdalena y Geneviève, por su apoyo.

Robert Balkovich

Gracias a mi madre, que me mostró por primera vez las guías Lonely Planet. A Jenny, por siempre mi mejor jugadora. A Lina por no creer nunca en mi inseguridad. A Adrian por tener siempre un trabajo a mano. A Celeste por las visitas a los museos. Y sobre todo, gracias a Trisha por la oportunidad que me ha dado.

Ray Bartlett

En primer lugar, y como siempre, gracias a mi familia por hacer posible todo esto y por soportarme. Gracias a Trisha Ping, editora extraordinaria, por haber dado luz verde al proyecto, y a mis coautores por la ayuda y la camaradería. Un gran abrazo y mi más profunda gratitud a todos los que me dedicaron su tiempo para enseñarme su sorprendente ciudad: Belinda, Jennifer, Mayanne, Chang, Rebecca, Alex B., Clay, Danniel y Rachelle, y Madoon, entre muchos otros. Y un gran saludo a todos los demás residentes de Nueva York que convirtieron el trabajo de documentar esta guía en un viaje increíble. Tengo muchísimas ganas de volver.

Ali Lemer

Muchas gracias a Will Coley, Nicole Marsella, Adam Michaels, Regis St. Louis y Trisha Ping, y al profesor Kenneth Jackson, que me enseñó más cosas que nadie sobre la historia de Nueva York. Dedico mi obra a la memoria de mi padre, Albert Lemer, neoyorquino de primera generación que me inspiró el entusiasmo por viajar por el mundo en la misma medida en que encendió mi amor por nuestra querida ciudad, la más grande del mundo.

RECONOCIMIENTOS

Ilustraciones pp. 394-395 de Javier Zarracina.
Fotografía de cubierta: Puente de Brooklyn, Alan Copson/AWL ©

VERSIÓN EN ESPAÑOL

Esta es la traducción al español de la 11ª edición de la guía *New York City* de Lonely Planet, escrita por Regis St. Louis, Robert Balkovich, Ray Bartlett, Michael Grosberg, Brian Kluepfel y Ali Lemer. La anterior edición también corrió a cargo de Regis, junto con Cristian Bonetto y Zora O'Neill. Regis y Cristian también trabajaron en la 9ª edición.

GeoPlaneta, que posee los derechos de traducción y distribución de las guías Lonely Planet en los países de habla hispana, ha adaptado para sus lectores los contenidos de este libro.

Índice

Puntos de interés 000
Páginas con mapas 000
Páginas con fotos 000

DE COMPRAS

Puntos de interés 000
Páginas con mapas **000**
Páginas con fotos **000**

Nueva York en imágenes

Metropolitan Museum of Art

PLAN DE ATAQUE

Desde el gran vestíbulo se cruzan las galerías egipcias hasta el ❶ templo de Dendur, situado en una galería con paredes de cristal.

Tras recorrer el patio Charles Engelhard, un atrio altísimo y soleado lleno de escultura americana, se accede a las galerías de armas y armaduras. Obsérvese el meticuloso trabajo de artesanía de la ❷ armadura de Enrique II de Francia (s. XVI). En la sala siguiente (galería 371) hay cuatro jinetes a caballo con toda su armadura.

Tras regresar al ala americana se sube a la 2ª planta para ver el gran lienzo ❸ Washington cruzando el Delaware y la colección de maestros europeos. La galería 621 contiene caravaggios, entre los que destaca ❹ La negación de san Pedro.

Por la sección de fotografía se llega a la pintura y escultura europeas del s. XIX e inicios del XX, con obras de Monet, Renoir, Van Gogh y Gauguin. En la galería 822 se halla el ❺ Campo de trigo con cipreses, de Van Gogh.

Cerca se hallan las galerías de arte islámico, que cobijan un elaborado ❻ 'mihrab' (nicho de oración) junto a un patio marroquí de estilo medieval con una fuente (galería 456).

De allí se baja una planta para ver los tesoros griegos y romanos. En la galería más grande puede verse el sarcófago de mármol titulado ❼ El triunfo de Dionisos y las Estaciones. En las salas de Oceanía contiguas se expone arte tribal de Nueva Guinea, como las tres ❽ máscaras corporales asmat; en lo alto puede verse el techo pintado de una casa ceremonial kwoma.

Más adelante, en las galerías de arte moderno y contemporáneo, hay pinturas de O'Keeffe, Dalí, Miró, Hopper, etc.; la ❾ Naturaleza muerta con botella de ron cubista de Picasso está en la galería 905. Para una pausa, se puede subir en ascensor hasta el Cantor Roof Garden Bar o ir a la elegante cafetería del patio Petrie, a la vuelta de la esquina.

© THE METROPOLITAN MUSEUM OF ART, NEW YORK

La negación de San Pedro Galería 621
En los últimos meses de su corta y tempestuosa vida, Caravaggio creó esta obra maestra del arte narrativo.

Campo de trigo con cipreses Galería 822
Van Gogh pintó el cuadro durante un período de producción febril en el verano de 1889, durante su estancia voluntaria en un sanatorio mental cerca de Arles (Francia).

'Mihrab' Galería 455
Este nicho de oración iraní del s. VIII, una de las decoraciones arquitectónicas religiosas más exquisitas del mundo, fue realizado uniendo azulejos cortados para crear un mosaico.

© THE METROPOLITAN MUSEUM OF ART, NEW YORK

Naturaleza muerta con botella de ron Galería 905
Picasso la pintó en 1911, durante el período en que, junto con Georges Braque, desarrolló el nuevo estilo del cubismo.

Máscaras corporales asmat Galería 354
Trajes de Nueva Guinea utilizados por los asmat en sus danzas rituales para representar al espíritu de una persona recién fallecida.

El triunfo de Dionisos y las Estaciones Galería 162
Sarcófago de mármol con el dios Dionisos sentado sobre una pantera al lado de cuatro figuras que representan (de izda. a dcha.) el invierno, la primavera, el verano y el otoño.

© THE METROPOLITAN MUSEUM OF ART, NEW YORK

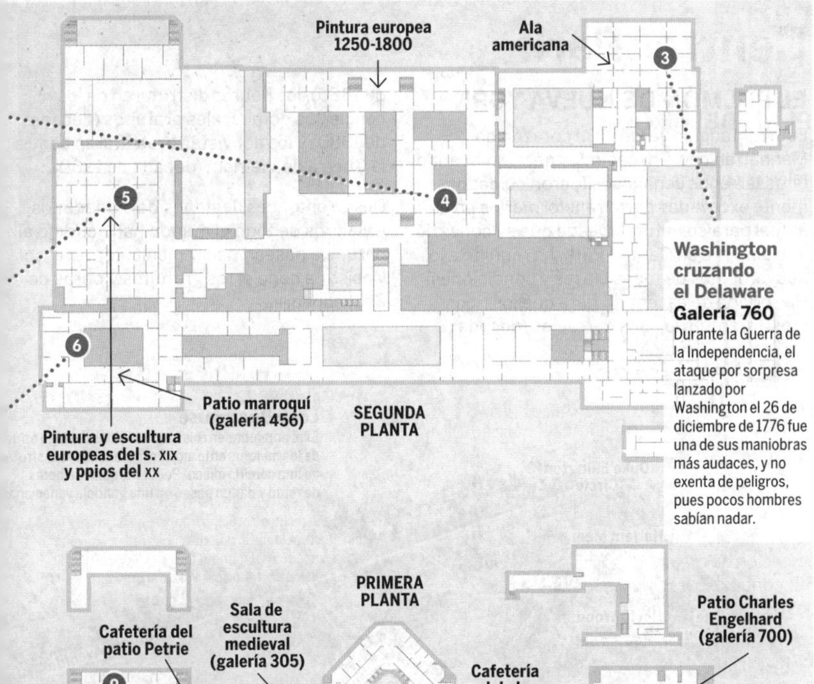

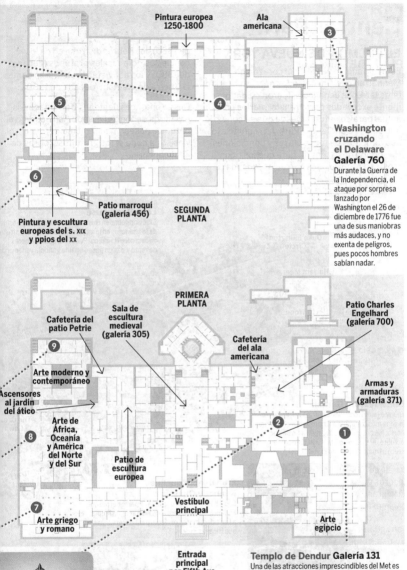

Pintura europea 1250-1800
Ala americana
3
4
5
6
Patio marroquí (galería 456)
SEGUNDA PLANTA
Pintura y escultura europeas del s. XIX y ppios del XX
PRIMERA PLANTA
Sala de escultura medieval (galería 305)
Cafetería del patio Petrie
9
Arte moderno y contemporáneo
Ascensores al jardín del ático
Arte de África, Oceanía y América del Norte y del Sur
8
Patio de escultura europea
7
Arte griego y romano
Vestíbulo principal
Cafetería del ala americana
Patio Charles Engelhard (galería 700)
Armas y armaduras (galería 371)
2
1
Arte egipcio

Entrada principal por Fifth Ave con E82nd St

Washington cruzando el Delaware
Galería 760
Durante la Guerra de la Independencia, el ataque por sorpresa lanzado por Washington el 26 de diciembre de 1776 fue una de sus maniobras más audaces, y no exenta de peligros, pues pocos hombres sabían nadar.

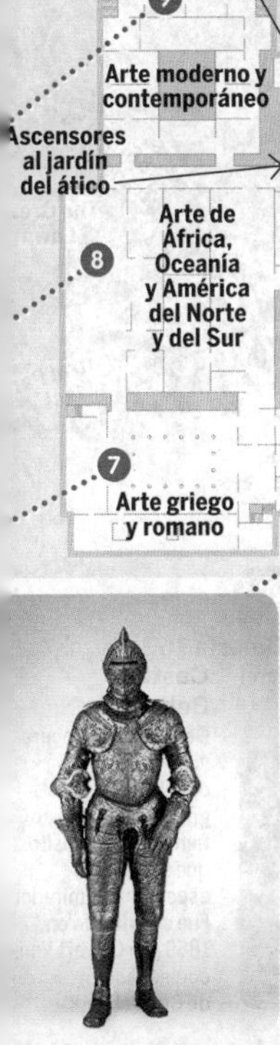

Armadura de Enrique II de Francia
Galería 374
Vista de cerca se aprecian los animales, dioses y guerreros entre densas volutas decorativas, como Apolo persiguiendo a la ninfa Dafne (zona de los hombros).

Templo de Dendur Galería 131
Una de las atracciones imprescindibles del Met es este templo de César Augusto. El emperador romano y gobernante de Egipto hizo construir muchos templos en honor de las divinidades egipcias.

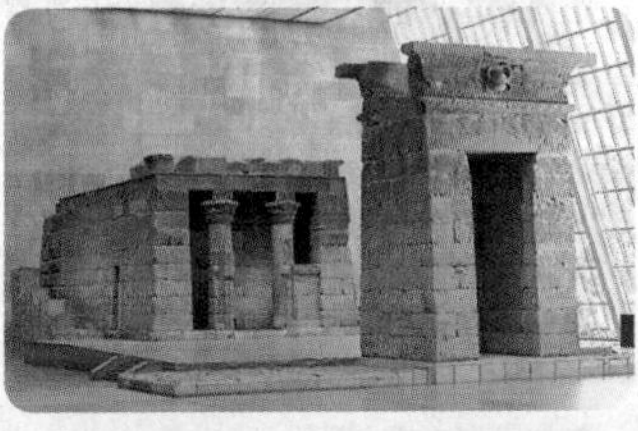

Central Park

EL PULMÓN DE NUEVA YORK

Este rectángulo verde en el corazón de Manhattan nació a mediados del s. XIX cuando unos terrenos cenagosos fueron cuidadosamente excavados para transformarlos en el actual paraíso natural. Desde que se convirtió oficialmente en Central Park, ha reunido a los neoyorquinos de todas clases y condiciones. Ha servido de escenario para que los ricos mostraran sus lujosos carruajes (década de 1860), los pobres disfrutaran de los conciertos dominicales gratuitos (década de 1880) y los activistas protestaran contra la Guerra de Vietnam (década de 1960).

Desde entonces, legiones de ciudadanos y viajeros de todo el mundo han acudido al parque a pasear, hacer pícnic, tomar el sol y asistir a conciertos gratuitos y obras de Shakespeare.

Loeb Boathouse
Este embarcadero histórico a orillas del lago es ur de los mejores entornos de la ciudad para disfruta de una comida idílica. Pueden alquilarse botes de remo y dar un paseo en una góndola veneciana

Duke Ellington Circle

Harlem Meer

The Blockhouse   North Woods

Quinta Avenida

97th St. Transverse

86th St. Transverse

The Grea Lawn

Central Par West

Conservatory Garden
El único jardín formal de Central Park es tal vez la zona más tranquila del parque. En el extremo norte, los crisantemos florecen a finales de octubre. Al sur, junto a la Burnett Fountain, crece el mayor manzano silvestre del parque.

Embalse Jacqueline Kennedy Onassis
Sus 43 Ha suponen una octava parte del parque. Su finalidad inicial era suministrar agua limpia a la ciudad; hoy es perfecto para observar aves acuáticas.

Castillo Belvedere
Denominado "locura victoriana", este castillo de estilo gótico-románico no tiene otro propósito que servir de espectacular mirador Fue construido en 1869 por Calvert Vaux codiseñador de Central Park.

STUDIOLASKA/SHUTTERSTOCK ©

LULU AND ISABELLE/SHUTTERSTOCK ©

El relieve variado del parque ofrece un sinfín de experiencias. En el norte hay colinas tranquilas y boscosas. Al sur se encuentra el embalse, frecuentado por los corredores. También hay jardines europeos, un zoo y varios lagos. Para ver el parque en su máxima expresión multicolor, hay que ir al Sheep Meadow un día soleado, cuando toda Nueva York acude a descansar.

Central Park es más que un simple espacio verde, es el jardín particular de los neoyorquinos.

DATOS BÁSICOS

→ Los arquitectos paisajistas fueron Frederick Law Olmsted y Calvert Vaux.

→ La construcción comenzó en 1858.

→ El parque cubre 340 Ha.

→ En el parque se han filmado centenares de películas, desde el exitoso filme de la época de la Depresión *Gold Diggers of 1933* (1933) hasta la película sobre un ataque de monstruos *Cloverfield* (2008).

Conservatory Water

Estanque muy visitado en los meses de calor, cuando los niños ponen a navegar sus maquetas de barcos. Está inspirado en los estanques parisinos del s. XIX para barcos de juguete y tiene un papel destacado en el clásico *Stuart Little* de E. B. White.

CHRISTOPHER PENLER/SHUTTERSTOCK ©

KRIDSADA KAMSOMBAT/SHUTTERSTOCK ©

Fuente de Bethesda

Esta fuente neoclásica es una de las más grandes de NY. Está rematada por el *Ángel de las Aguas, apoyado en cuatro* querubines. Fue creada por la escultora bohemia feminista Emma Stebbins en 1868.

Metropolitan Museum of Art

Estatua de Alicia en el País de las Maravillas

79th St Transverse

The Ramble

Quinta Avenida

Delacorte Theater

Zoo de Central Park

The Lake

65th St Transverse

Sheep Meadow

Strawberry Fields

Sencillo mosaico conmemorativo dedicado al músico John Lennon, que fue asesinado al otro lado de la calle, delante del edificio Dakota. Financiado por Yoko Ono, su nombre se inspira en la canción de los Beatles "Strawberry Fields Forever".

El Mall/ Literary Walk

La única recta que hay en el parque es esta avenida de estilo parisino flanqueada por raros olmos y estatuas de literatos en su extremo sur, como Robert Burns y William Shakespeare.

Columbus Circle

A RUIZ / SHUTTERSTOCK ©

. Registry Room, Ellis Island
(p. 66)
Se calcula que el 40% de los estadounidenses tienen al menos un antepasado que fue examinado en este recinto.

. Lower Manhattan
Financial District (p. 62)
El horizonte de Lower Manhattan está dominado por el One World Trade Center (p. 70), el edificio más alto de Nueva York.

. Estatua de la Libertad (p. 64)
Los 393 escalones hasta la corona de la statua son arduos, pero a cambio regalan unas asombrosas vistas de la ciudad y el puerto.

. Ferri de Staten Island (p. 83)
Hay que embarcarse en uno de estos ferris naranjas para un encantador crucero entre Staten Island y Lower Manhattan que, además, es gratuito.

EVEBI / SHUTTERSTOCK ©

3

PAUL DE GREGORIO / GETTY IMAGES ©

1. `Cannoli' en Little Italy (p. 96)
Darse el gusto de un dulce italiano.

2. Templo Mahayana (p. 87)
La entrada al templo está custodiada por dos orgullosos leones dorados.

3. SoHo (p. 98)
Es un mito pasear por sus calles adoquinadas observando los excepcionales bloques de apartamentos.

4. Puestos callejeros de Chinatown (p. 88)
La mejora manera de `vivir' Chinatown es disfrutar de la deliciosa comida de sus calles.

1. Katz's Delicatessen (p. 117)
Uno de los últimos locales del panorama gastronómico judío del barrio.

2. McSorley's Old Ale House (p. 121)
A Abraham Lincoln le gustaba tomar algo en este establecimiento, en activo desde 1854.

3. St Marks Place (p. 110)
Los edificios de St Marks Place tienen historias suficientes para deleitar sin fin.

1. Washington Square Park (p. 134)

Este espacio ha servido durante mucho tiempo como escenario de diversas actividades políticas.

2. High Line (p. 132)

Fue una sórdida línea ferroviaria en un feo barrio de mataderos, y ahora se ha convertido en una de las zonas verdes más apreciadas de la ciudad.

3. Gagosian (p. 137)

Esta galería de arte siempre ofrece exposiciones de grandes artistas internacionales y locales.

1

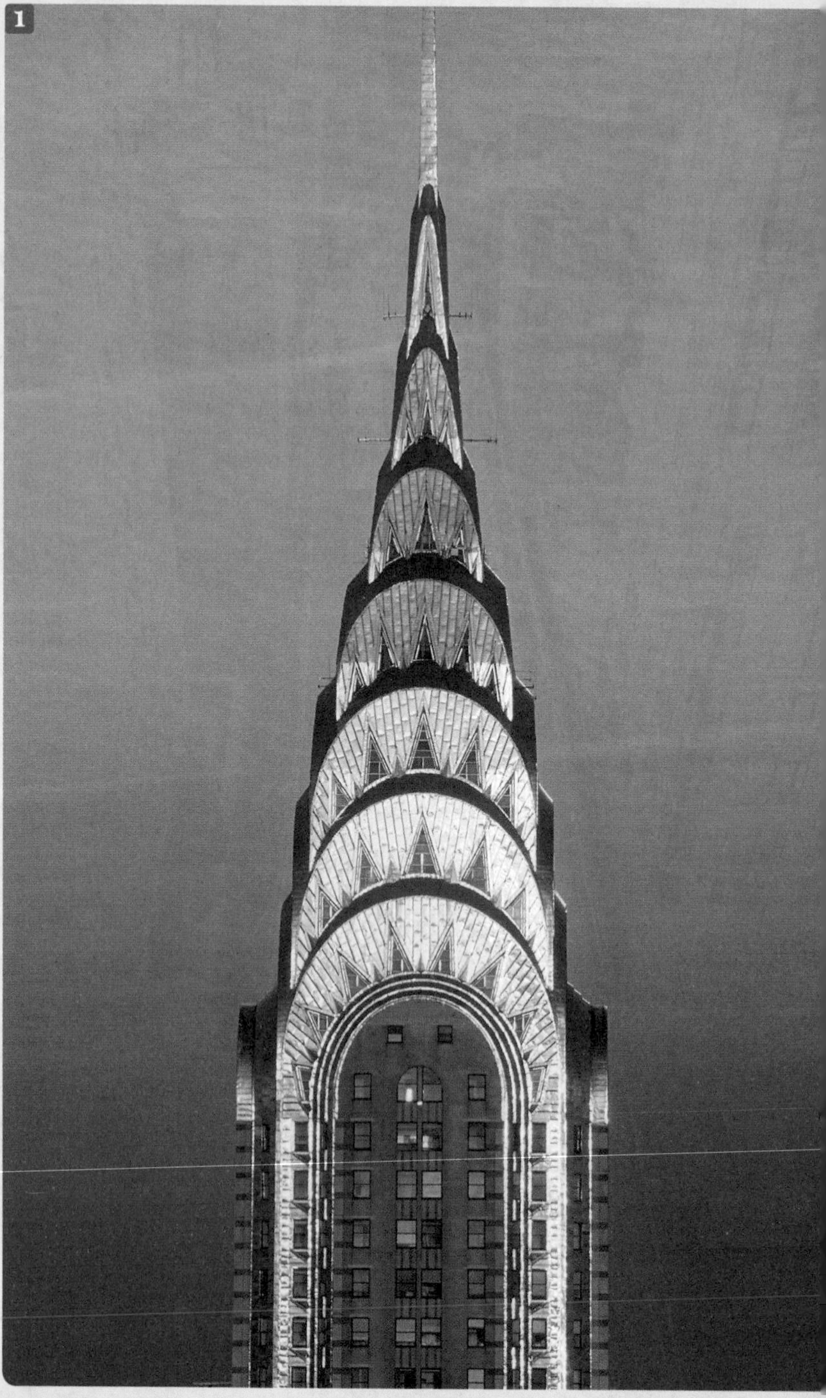

2

3

Chrysler Building (p. 183)
La silueta de este rascacielos sigue siendo uno de los símbolos más reconocibles de Nueva York.

2. Times Square (p. 173)
El cruce de Broadway con la Séptima Avenida es el corazón de Nueva York y atrae a unos 40 millones de turistas cada año.

3. Radio City Music Hall (p. 189)
A los suntuosos interiores de este espectacular cine modernista se puede acceder en visitas guiadas.

FRANCOIS-ROUX / GETTY IMAGES ©

SONGQUAN DENG / SHUTTERSTOCK ©

MIKKI BRAMMER / LONELY PLANET ©

1. Metropolitan Opera (p. 229)

La Metropolitan Opera forma parte de los edificios del Lincoln Center y está decorada con murales de Marc Chagall.

2. Central Park (p. 221)

Se necesitaron 20 años y 20 000 peones para transformar estos terrenos de granjas de cerdos y un poblado afroamericano en un parque.

3. Strawberry Fields (p. 222)

El jardín que recuerda a John Lennon está en Central Park.

4. American Museum of Natural History (p. 225)

Este museo clásico posee una maravillosa colección formada por unos 30 millones de piezas.

Coney Island (p. 265)
oney Island es sinónimo de diversión playera
olgorio.

Brooklyn Botanic Garden (p. 262)
stos jadines celebran el festival de la floración
e los cerezos.

Dumbo (p. 256)
ste barrio de Brooklyn hace honor a su fama:
tá justo debajo del puente de Manhattan.

Jane's Carousel (p. 256)
a estrella del extremo norte del Brooklyn Bridge
ark es este antiguo tiovivo (p. 253).

Brooklyn Bridge Park (p. 253)
ste parque ha revitalizado con éxito un antaño
nóspito tramo ribereño.

5

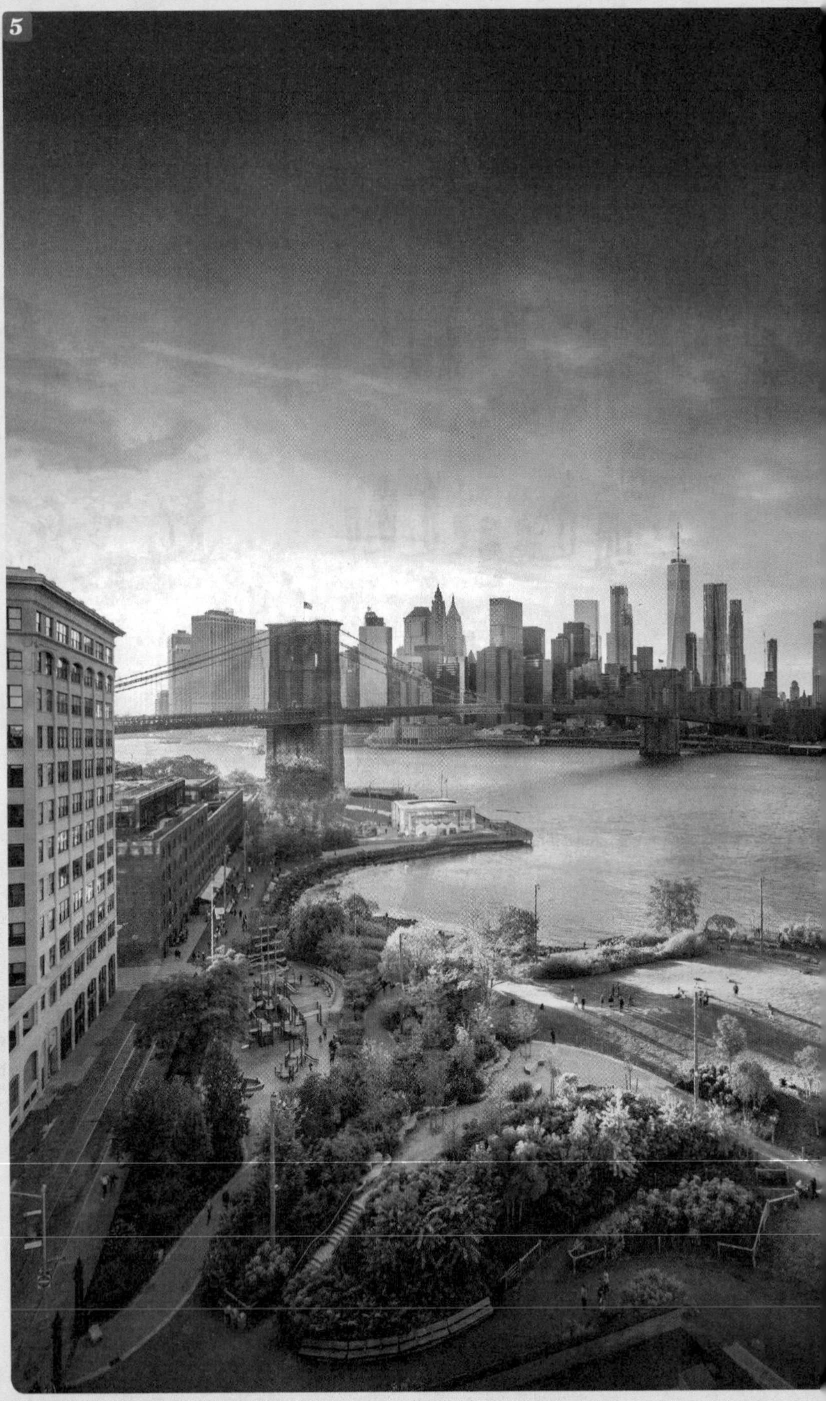

Planos de Nueva York

Puntos de interés

- Playa
- Reserva de aves
- Templo budista
- Castillo
- Templo cristiano
- Templo confuciano
- Templo hindú
- Templo islámico
- Templo jainita
- Templo judío
- Monumento
- Museo/galería de arte
- Ruinas
- Sento (baños públicos calientes)
- Templo sintoísta
- Templo sij
- Templo taoísta
- Lagar/viñedo
- Zoo/Santuario de vida silvestre
- Otros puntos de interés

Actividades, cursos y circuitos

- Bodysurf
- Diving/Snorkelling
- Canoa/kayak
- Curso/circuito
- Esquí
- Submarinismo/buceo
- Surf
- Natación/piscina
- Senderismo
- Windsurf
- Otras actividades

Alojamiento

- Alojamiento
- Camping

Dónde comer

- Lugar donde comer

Dónde beber

- Lugar donde beber
- Café

Ocio

- Ocio

De compras

- Comercio

Información

- Banco, cajero
- Embajada/consulado
- Hospital/médico
- Acceso a internet
- Comisaría de policía
- Oficina de correos
- Teléfono
- Aseos públicos
- Información turística
- Otra información

Otros

- Playa
- Cabaña/refugio
- Faro
- Puesto de observación
- Montaña/volcán
- Oasis
- Parque
- Puerto de montaña
- Zona de picnic
- Cascada

Núcleos de población

- Capital (nacional)
- Capital (provincial)
- Ciudad/gran ciudad
- Pueblo/aldea

Transporte

- Aeropuerto
- Puesto fronterizo
- Autobús
- Teleférico/funicular
- Ciclismo
- Ferri
- Metro
- Monorraíl
- Aparcamiento
- Gasolinera
- S-Bahn
- Taxi
- T-bane/Estación tunnelbana
- Estación de tren/ferrocarril
- Tranvía
- London Tube
- U-Bahn/Estación de metro
- Otros transportes

Nota: No todos los símbolos aparecen en los mapas de este libro

Red de carreteras

- Autopista
- Autovía
- Ctra. principal
- Ctra. secundaria
- Ctra. local
- Callejón
- Ctra. sin asfaltar
- Camino en construcción
- Zona peatonal
- Escaleras
- Túnel
- Puente peatonal
- Circuito a pie
- Desvío del circuito
- Camino de tierra

Límites

- Internacional
- 2º rango, provincial
- En litigio
- Regional/suburbano
- Parque marítimo
- Acantilado
- Muralla

Hidrografía

- Río/arroyo
- Agua estacional
- Canal
- Agua
- Lago seco/salado/estacio
- Glaciar

Áreas delimitadas

- Aeropuerto/pista
- Playa, desierto
- Cementerio cristiano
- Cementerio (otro tipo)
- Glaciar
- Marisma
- Parque/bosque
- Edificio de interés
- Zona deportiva
- Pantano/manglares

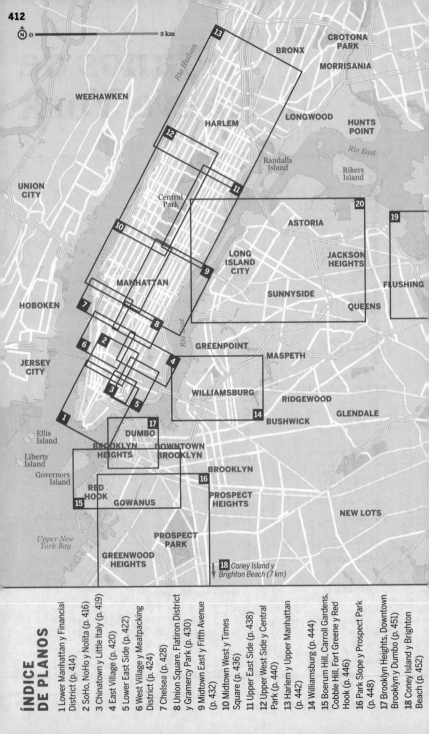

N 0 ————— 5 km

WEEHAWKEN

BRONX

CROTONA PARK

MORRISANIA

LONGWOOD

HUNTS POINT

HARLEM

Randalls Island

Rikers Island

Río East

Central Park

UNION CITY

ASTORIA

LONG ISLAND CITY

JACKSON HEIGHTS

MANHATTAN

SUNNYSIDE

FLUSHING

QUEENS

HOBOKEN

GREENPOINT

MASPETH

JERSEY CITY

WILLIAMSBURG

RIDGEWOOD

GLENDALE

BUSHWICK

Ellis Island

DUMBO

BROOKLYN HEIGHTS

DOWNTOWN BROOKLYN

BROOKLYN

Liberty Island

Governors Island

PROSPECT HEIGHTS

RED HOOK

GOWANUS

NEW LOTS

Upper New York Bay

PROSPECT PARK

GREENWOOD HEIGHTS

18 Coney Island y Brighton Beach (7 km)

Río Hudson

Río East

ÍNDICE DE PLANOS

LOWER MANHATTAN Y FINANCIAL DISTRICT *Mapa en p. 414*

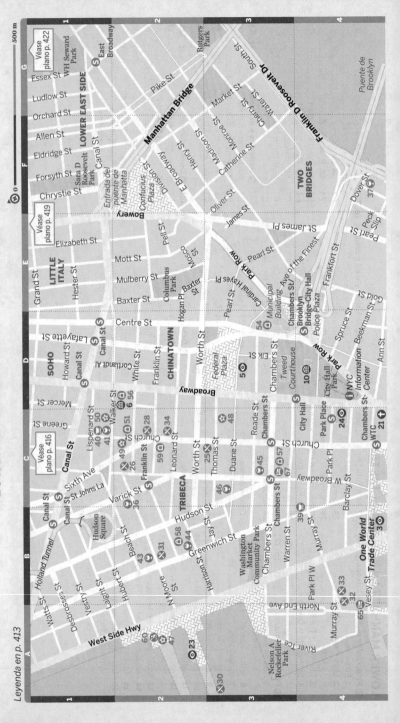

LOWER MANHATTAN Y FINANCIAL DISTRICT

Leyenda en p. 413

500 m

Véase plano p. 422

Véase plano p. 419

Véase plano p. 416

Canal St

LOWER EAST SIDE

LITTLE ITALY

SOHO

CHINATOWN

TRIBECA

TWO BRIDGES

One World Trade Center

Essex St
Ludlow St
Orchard St
Allen St
Eldridge St
Forsyth St
Chrystie St
Elizabeth St
Mott St
Mulberry St
Baxter St
Centre St
Grand St
Hester St
Howard St
Mercer St
Greene St
Lispenard St
Canal St
Sixth Ave
St Johns La
Varick St
Hubert St
Laight St
Vestry St
Desbrosses St
Watts St
Holland Tunnel
Hudson Square
Beach St
N Moore St
Harrison St
Greenwich St
Hudson St
Jay St
Franklin St
White St
Cortlandt Al
Walker St
Worth St
Leonard St
Thomas St
Duane St
Reade St
Chambers St
Warren St
Murray St
Park Pl W
North End Ave
West Side Hwy
River Terrace
Nelson A Rockefeller Park
Washington Market Community Park
Vesey St
Barclay St
W Broadway
Park Place
City Hall
Chambers St
Federal Plaza
Worth St
Broadway
Centre St
Lafayette St
Columbus Park
Hogan Pl
Baxter St
Pearl St
Park Row
Cardinal Hayes Pl
Municipal Building
Avenue of the Finest
Brooklyn Bridge-City Hall
Police Plaza
Tweed Courthouse
City Hall Park
Spruce St
Beekman St
Gold St
Frankfort St
Ann St
Park Row
St James Pl
James St
Oliver St
Madison St
Catherine St
Henry St
E Broadway
Division St
Confucius Plaza
Entrada del puente de Manhattan
Sara D Roosevelt Park
Pell St
Mosco St
Bowery
Pike St
East Broadway
WH Seward Park
Rutgers Park
South St
Cherry St
Water St
Monroe St
Market St
Manhattan Bridge
Franklin D Roosevelt Dr
Puente de Brooklyn
Dover St
Peck Slip
Pearl St
Elk St

60
47
23
30
65
32
33
39
3
21
24
57
67
45
59
28
34
26
49
51
50
40
41
6
56
9
36
46
58
44
43
31
5
54
10
37

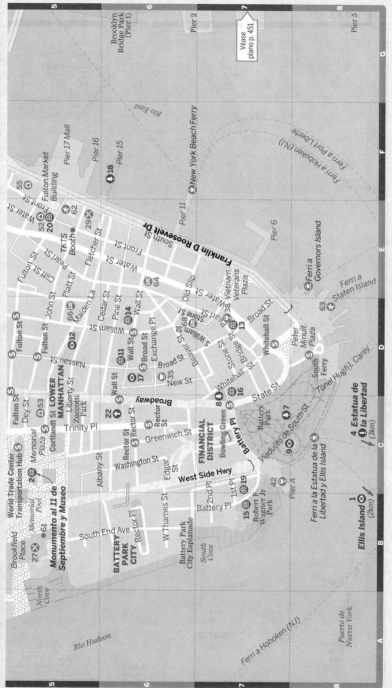

Véase plano p. 451

Brooklyn Bridge Park (Pier 1)

Pier 2

Pier 5

Rio East

Pier 17 Mall

Fulton Market Building

Pier 16

Pier 15

New York Beach Ferry

Ferri a Hoboken (NJ)

Ferri a Port Liberté

Pier 11

Pier 6

Franklin D Roosevelt Dr

Ferri a Governors Island

Ferri a Staten Island

Vietnam Veterans Plaza

Peter Minuit Plaza

South Ferry

Túnel Hugh L Carey

Whitehall Bridge

Battery Park

4 Estatua de la Libertad (3km)

Ferri a la Estatua de la Libertad y Ellis Island

Viaducto de South St

1 Ellis Island (2km)

Robert F Wagner Jr Park

Battery Pl

Battery Park City Esplanade

South Cove

BATTERY PARK CITY

South End Ave

Rector Pl

W Thames St

Washington St

Albany St

Edgar St

West Side Hwy

2nd Pl

1st Pl

Pier A

FINANCIAL DISTRICT

Bowling Green

State St

Whitehall St

Stone St

Pearl St

Water St

Broad St

Beaver St

S William St

William St

Exchange Pl

New St

Broad St

Wall St

Broadway

Trinity Pl

Rector St

Greenwich St

Rector St

Rector St

Liberty St

Zuccotti Park

Nassau St

Fulton St

Fulton St

Cortlandt St

Dey St

Maiden La

Cedar St

Pine St

John St

Platt St

Cliff St

Fulton St

Fulton St

Pearl St

Front St

Water St

South St

Fletcher St

Old Slip

Stone St

Beaver St

Whitehall St

TKTS Booth

Front St

Water St

Front St

Water St

Monumento al 11 de Septiembre y Museo

World Trade Center Transportation Hub

Brookfield Place

Memorial Plaza

Memorial Pool

North Cove

Rio Hudson

Ferri a Hoboken (NJ)

Puerto de Nueva York

LOWER MANHATTAN

1 55

18

62

52 20

29

64

56

14

12

11

17

22

53

61 2

27

6

8 16

13

38

88

35

63

7

9

15 19

42

Leyendas en p. 418

SOHO, NOHO Y NOLITA

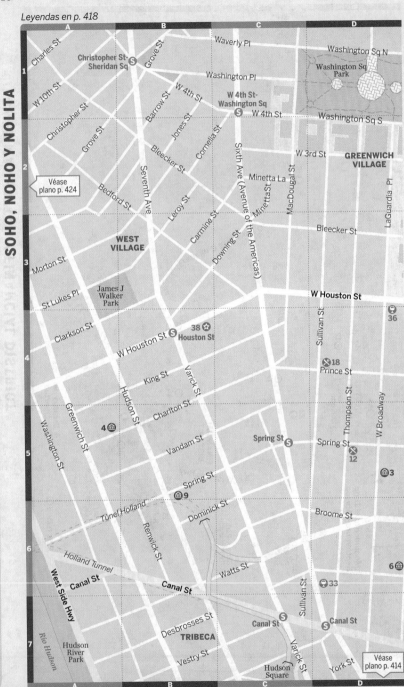

Véase
plano p. 424

Véase
plano p. 414

SOHO, NOHO Y NOLITA *Mapa en p. 416*

CHINATOWN Y LITTLE ITALY

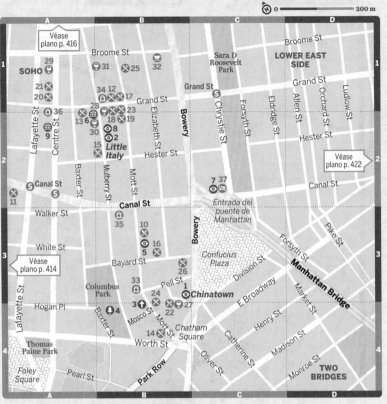

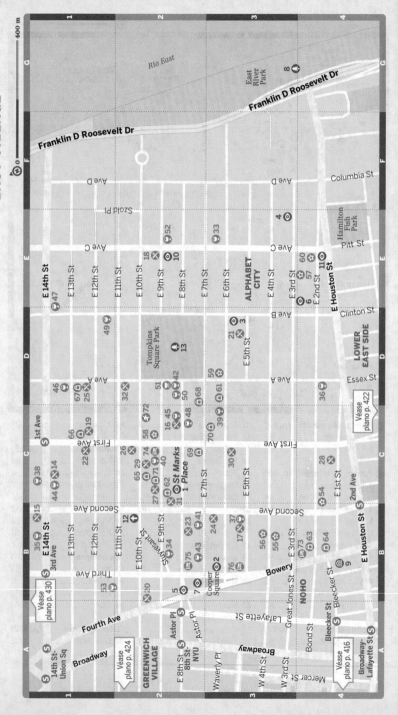

EAST VILLAGE

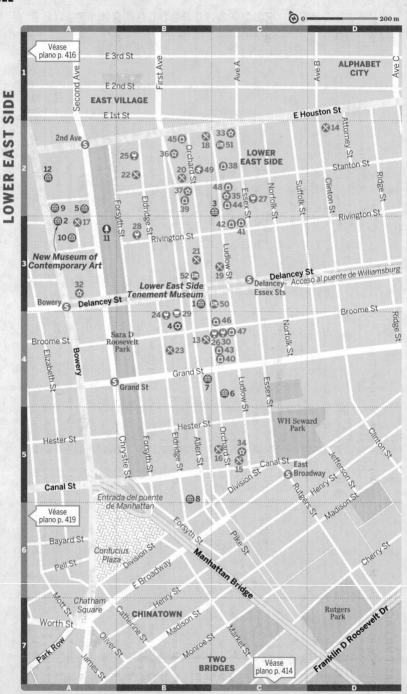

LOWER EAST SIDE

Véase plano p. 416

ALPHABET CITY

EAST VILLAGE

LOWER EAST SIDE

New Museum of Contemporary Art

Lower East Side Tenement Museum

Sara D Roosevelt Park

WH Seward Park

Véase plano p. 419

Entrada del puente de Manhattan

Confucius Plaza

Chatham Square

CHINATOWN

Rutgers Park

TWO BRIDGES

Véase plano p. 414

Acceso al puente de Williamsburg

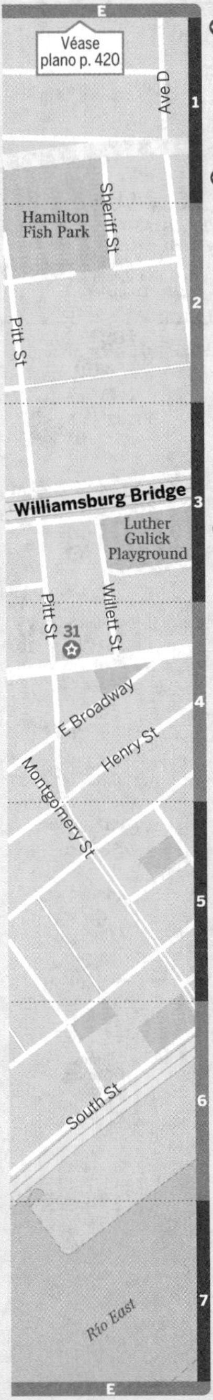

E
Véase plano p. 420
Ave D
1
Hamilton Fish Park
Sheriff St
2
Pitt St
Williamsburg Bridge
3
Luther Gulick Playground
Pitt St
31
Willett St
4
E Broadway
Henry St
Montgomery St
5
South St
6
7
Río East
E

Principales puntos (p. 107)
1 Lower East Side Tenement Museum B3
2 New Museum of Contemporary Art A3

Puntos de interés (p. 112)
3 Anastasia Photo C2
4 Sinagoga y museo Kehila Kedosha Janina B4
5 Lehmann Maupin A2
6 Lesley Heller C4
7 Mesler/Feuer B4
8 Museo de la sinagoga de Eldridge Street B5
9 Salon 94 Bowery A2
10 Salon 94 Freemans A3
11 Sara D Roosevelt Park A3
12 Sperone Westwater A2

Dónde comer (p. 116)
13 An Choi B4
14 Clinton Street Baking Company D2
15 Dimes C5
16 Fat Radish C5
17 Freemans A3
18 Katz's Delicatessen B2
19 Kuma Inn C3
20 Meatball Shop B2
21 Russ & Daughters Cafe B3
22 Spaghetti Incident B2
23 Vanessa's Dumpling House B4

Dónde beber (p. 121)
24 Attaboy B4
25 Bar Goto B2
26 Barrio Chino C4
27 Beauty & Essex C2
28 Jadis B3
29 Round K B4
30 Ten Bells C4

Ocio (p. 122)
31 Abrons Arts Center E4
32 Bowery Ballroom A3
33 Mercury Lounge C2
34 Metrograph C5
35 Pianos C2
36 Rockwood Music Hall B2
37 Slipper Room B2

De compras (p. 125)
38 Assembly C2
39 Bluestockings B2
40 By Robert James C4
41 Economy Candy C3
42 Edith Machinist C3
43 Moo Shoes C4
44 Reformation C2
45 Russ & Daughters B2
46 Tictail Market C4
47 Top Hat C4
48 Yumi Kim C2

Deportes y actividades (p. 127)
49 Jump into the Light VR B2

Dónde dormir (p. 323)
50 Blue Moon Boutique Hotel C3
51 Ludlow C2
52 Sago Hotel B3

WEST VILLAGE Y MEATPACKING DISTRICT

Leyenda en p. 426

Véase plano p. 428

CHELSEA

W 14th St

W 13th St

Ninth Ave

Tenth Ave

Washington St

High Line

MEATPACKING DISTRICT

Gansevoort St

Corporal John A Seravalli Playground

Jackson Sq

8th Ave-14th St

W 15th St

14th St

Eighth Ave

Greenwich Ave

W 12th St

St Vincent's Triangle

WEST VILLAGE

Seventh Ave

Waverly Pl

Horatio St

Jane St

Greenwich St

W 12th St

Bethune St

Bank St

Abingdon Sq

Bleecker Playground

Bank St

Bleecker St

W 11th St

Perry St

W 4th St

Charles St

Christopher St-Sheridan Sq

W 11th St

Perry St

Charles St

Hudson St

W 10th St

Christopher St

Bedford St

Barrow St

Commerce St

West Side Hwy

Barrow St

Morton St

St Lukes Pl

James J Walker Park

Washington St

Leroy St

Clarkson St

Río Hudson

W Houston St

Hudson St

Greenwich St

King St

Charlton St

2 Hudson River Park

Pier 40

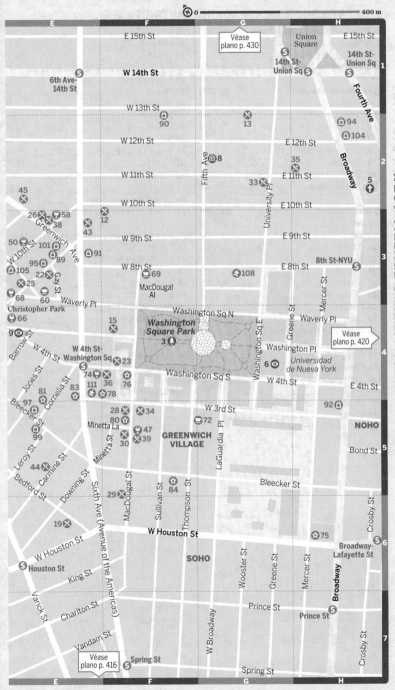

Véase plano p. 430

Véase plano p. 420

Véase plano p. 416

WEST VILLAGE Y MEATPACKING DISTRICT *Mapa en p. 424*

WEST VILLAGE Y MEATPACKING DISTRICT

CHELSEA

GARMENT DISTRICT, MEATPACKING Y CHELSEA

KOREA TOWN

CHELSEA

Véase plano p. 432

Véase plano p. 430

Véase plano p. 436

Sixth Ave (Avenue of the Americas)

Seventh Ave

Eighth Ave

Ninth Ave

Tenth Ave

Eleventh Ave

Eleventh Ave (West Side Hwy)

Twelfth Ave (West Side Hwy)

High Line

London Terrace

Chelsea Park

Chelsea Waterside Park

Hudson River Park

Chelsea Piers

Río Hudson

Pier 66
Pier 62
Pier 61
Pier 60
Pier 59

W 29th St
W 27th St
W 28th St
W 26th St
W 25th St
W 24th St
W 23rd St
W 22nd St
W 21st St
W 20th St
W 19th St
W 18th St
W 17th St
W 16th St

23rd St
18th St
28th St

400 m

0

CHELSEA

UNION SQUARE, FLATIRON DISTRICT Y GRAMERCY PARK

UNION SQUARE, FLATIRON DISTRICT Y GRAMERCY PARK

WEST VILLAGE
GREENWICH VILLAGE
EAST VILLAGE

W 14th St
W 15th St
W 13th St

6th Ave-14th St
E 15th St
E 14th St
E 13th St

3rd Ave
1st Ave
Fourth Ave
Broadway
University Pl

Véase plano p. 424
Véase plano p. 420

◎ Principales puntos de interés (p. 161)
1 Flatiron Building C2
2 Gramercy Park D3
3 Union Square D4

◎ Puntos de interés (p. 162)
4 Lord & Taylor Building C3
5 Madison Square Park C2
6 Metropolitan Life Tower C2
7 National Arts Club D3
8 Casa natal Theodore Roosevelt C3
9 Tibet House B5
10 Union Square Greenmarket C4

✖ Dónde comer (p. 164)
11 ABC Kitchen C4
12 Big Daddy's D3
13 Boqueria Flatiron B3
14 Clocktower C2
15 Cosme C3
16 Craft D3
17 Eataly C2
18 Eisenberg's Sandwich Shop C2
19 Eleven Madison Park C3
20 Gramercy Tavern D3
21 Mad Sq Eats C1
22 Maialino .... (véase 48)
23 Republic C4
24 Tacombi Café El Presidente B2
25 Trattoria Il Mulino C3

◎ Dónde beber y vida nocturna (p. 166)
26 71 Irving Place C4
Birreria .... (véase 17)
27 Boxers NYC B3
28 Flatiron Lounge B3
29 Flatiron Room B1
30 Lillie's Victorian Establishment C4
31 Old Town Bar & Restaurant D4
32 Pete's Tavern E4
33 Raines Law Room B4
34 Toby's Estate C3

✪ Ocio (p. 167)
35 Irving Plaza D4
36 Peoples Improv Theater D2

🛍 De compras (p. 169)
37 ABC Carpet & Home D3
38 Abracadabra B3
39 Bedford Cheese Shop D4
40 Books of Wonder B4
41 DSW C5
42 Fishs Eddy C3
43 Rent the Runway B5
Union Square Greenmarket .... (véase 10)

◎ Deportes y actividades (p. 170)
44 Jivamukti D5
45 New York City Audubon B2
46 Soul Cycle C4

🛏 Dónde dormir (p. 326)
47 Carlton Arms E1
48 Gramercy Park Hotel D3
49 Hotel Giraffe D1
50 Hotel Henri B2
51 Marcel at Gramercy E2

MIDTOWN EAST Y FIFTH AVENUE

Leyenda en p. 434

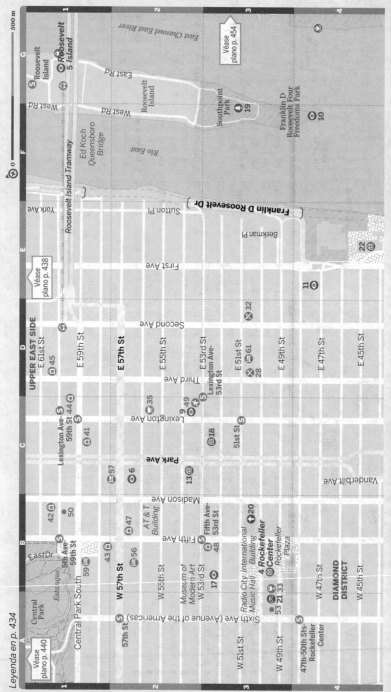

Véase plano p. 440

Véase plano p. 438

Véase plano p. 454

Central Park

Central Park South

East Dr

Estanque

Sixth Ave (Avenue of the Americas)

Fifth Ave

Madison Ave

Park Ave

Lexington Ave

Third Ave

Second Ave

First Ave

York Ave

Sutton Pl

Beekman Pl

Franklin D Roosevelt Dr

Vanderbilt Ave

UPPER EAST SIDE

DIAMOND DISTRICT

Roosevelt Island Tramway

Ed Koch Queensboro Bridge

Rio East

East Channel East River

Roosevelt Island

West Rd

East Rd

West Rd

Southpoint Park

Franklin D Roosevelt Four Freedoms Park

Radio City Music Hall

International Building

Rockefeller Center

Rockefeller Plaza

AT&T Building

Museum of Modern Art

W 57th St

W 55th St

W 53rd St

W 51st St

W 49th St

W 47th St

W 45th St

E 61st St

E 59th St

E 57th St

E 55th St

E 53rd St

E 51st St

E 49th St

E 47th St

E 45th St

Roosevelt Island 5

Roosevelt Island

57th St

5th Ave-59th St

Lexington Ave-59th St

Lexington Ave-53rd St

Fifth Ave-53rd St

51st St

47th-50th Sts-Rockefeller Center

500 m

0

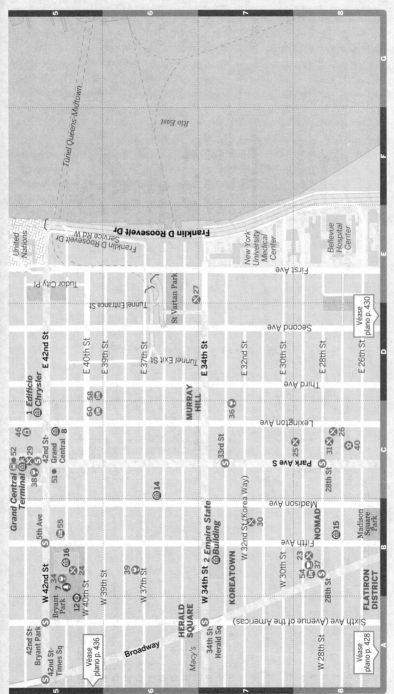

United Nations

Túnel Queens-Midtown

Franklin D Roosevelt Dr
Franklin D Roosevelt Dr Service Rd W

Rio East

New York University Medical Center

Bellevue Hospital Center

First Ave

Second Ave

Third Ave

Lexington Ave

Park Ave S

Madison Ave

Fifth Ave

Sixth Ave (Avenue of the Americas)

Broadway

Tudor City Pl

St Vartan Park

Tunnel Entrance St

Tunnel Exit St

E 42nd St
E 40th St
E 39th St
E 37th St
E 34th St
E 32nd St
E 30th St
E 28th St
E 26th St

1 Edificio Chrysler

MURRAY HILL

Grand Central Terminal

42nd St-Grand Central 8

33rd St

28th St

2 Empire State Building

W 42nd St
W 40th St
W 39th St
W 37th St
W 34th St
W 32nd St (Korea Way)
W 30th St
W 28th St

Bryant Park

W 34th St

KOREATOWN

NOMAD

Madison Square Park

FLATIRON DISTRICT

HERALD SQUARE

34th St Herald Sq

Macy's

42nd St-Bryant Park
42nd St-Times Sq

5th Ave

Véase plano p. 436

Véase plano p. 430

Véase plano p. 428

MIDTOWN EAST Y FIFTH AVENUE

MIDTOWN WEST Y TIMES SQUARE *Mapa en p. 436*

MIDTOWN WEST Y TIMES SQUARE

Leyenda en p. 435

Véase plano p. 438

Véase plano p. 440

Véase plano p. 432

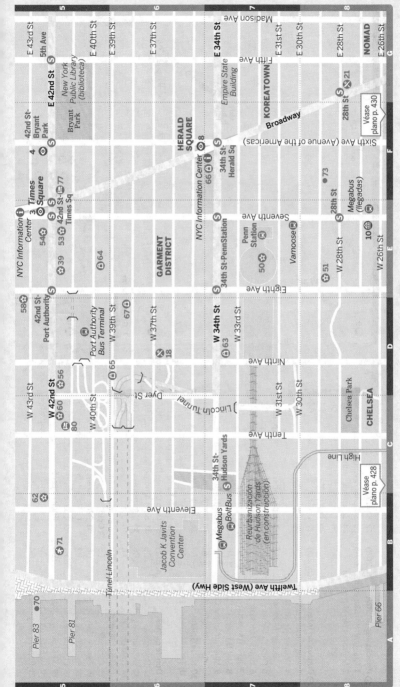

UPPER EAST SIDE

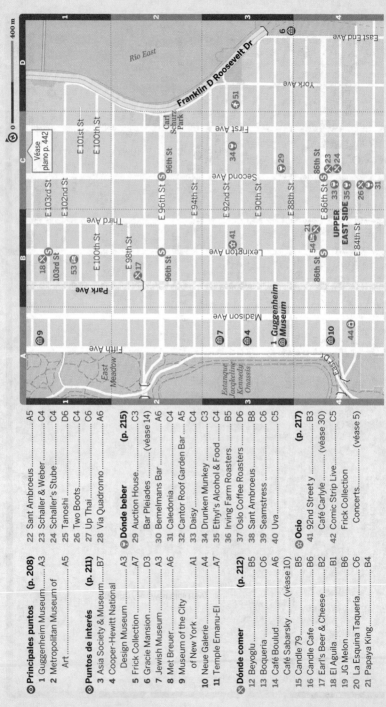

400 m
0

Rio East

Franklin D Roosevelt Dr

Véase plano p. 442

East Meadow

Estanque Jacqueline Kennedy Onassis

De compras (p. 217)

43 Diptyque A6
44 Encore A4
45 Flying Tiger Copenhagen B6
46 Jacadi B6
47 Mary Arnold Toys B5
48 Michael's A5
49 Ricky's NYC C6
50 Shakespeare & Co B7

Deportes y actividades (p. 218)

51 Art Farm in the City D3

Dónde dormir (p. 329)

52 1871 House B8
53 Bubba & Bean Lodges B1
54 Franklin B4
55 Mark A5

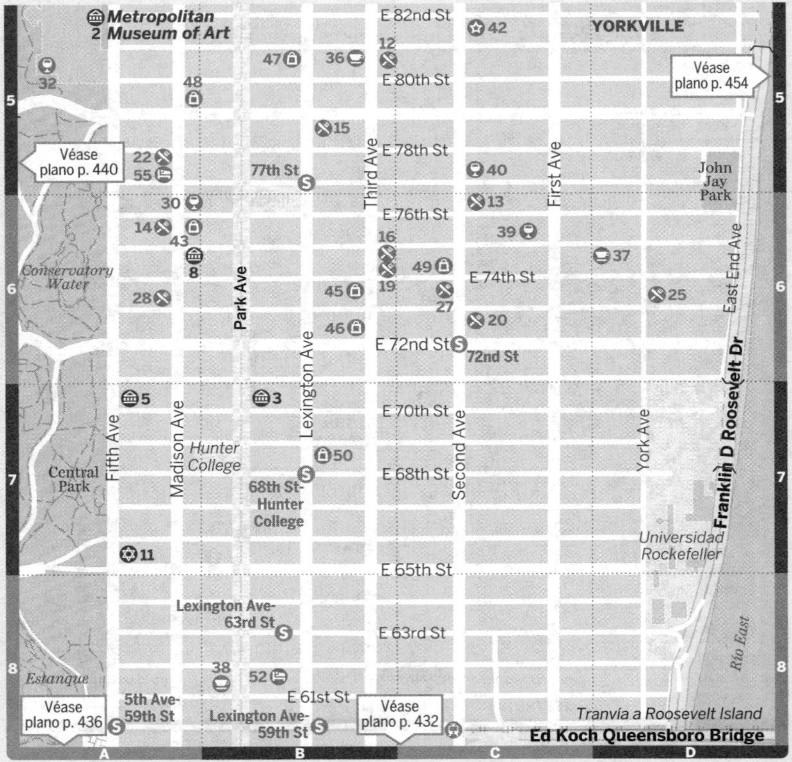

Metropolitan Museum of Art
YORKVILLE
E 82nd St
E 80th St
E 78th St
E 76th St
E 74th St
E 72nd St
72nd St
77th St
E 70th St
E 68th St
E 65th St
E 63rd St
E 61st St
Fifth Ave
Madison Ave
Park Ave
Lexington Ave
Third Ave
Second Ave
First Ave
York Ave
East End Ave
Franklin D Roosevelt Dr
John Jay Park
Conservatory Water
Central Park
Estanque
Hunter College
68th St-Hunter College
Lexington Ave-63rd St
5th Ave-59th St
Lexington Ave-59th St
Universidad Rockefeller
Río East
Tranvía a Roosevelt Island
Ed Koch Queensboro Bridge
Véase plano p. 454
Véase plano p. 440
Véase plano p. 436
Véase plano p. 432

UPPER EAST SIDE

440

UPPER WEST SIDE Y CENTRAL PARK

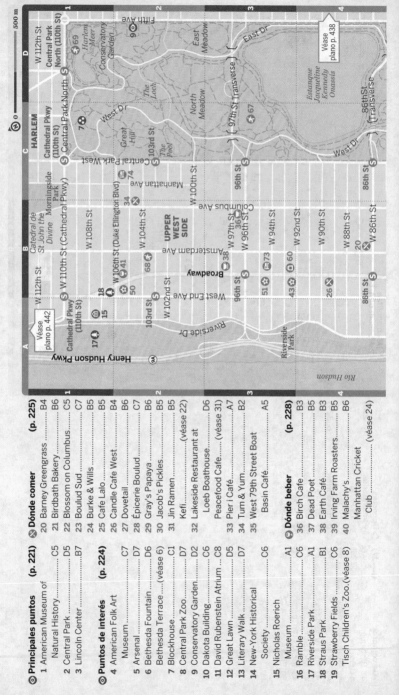

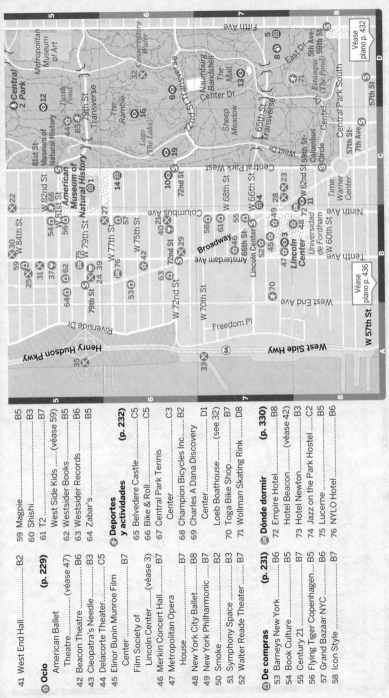

Véase plano p. 432

Véase plano p. 436

41 West End Hall B2

Ocio (p. 229)

American Ballet
Theatre .... (véase 47)
42 Beacon Theatre B6
43 Cleopatra's Needle B3
44 Delacorte Theater C5
45 Elinor Bunin Munroe Film
Center B7
46 Film Society of
Lincoln Center .... (véase 3)
46 Merkin Concert Hall B7
47 Metropolitan Opera
House B7
48 New York City Ballet B8
49 New York Philharmonic B7
50 Smoke B2
51 Symphony Space B3
52 Walter Reade Theater B7

De compras (p. 231)

53 Barneys New York B6
54 Book Culture B5
55 Century 21 .... B7
56 Flying Tiger Copenhagen B5
57 Grand Bazaar NYC B6
58 Icon Style B7

59 Magpie B5
60 Shishi B3
61 T2 .... B7
West Side Kids .... (véase 59)
62 Westsider Books B5
63 Westsider Records B6
64 Zabar's B5

**Deportes
y actividades (p. 232)**

65 Belvedere Castle C5
66 Bike & Roll C5
67 Central Park Tennis
Center C3
68 Champion Bicycles Inc. B2
69 Charles A Dana Discovery
Center D1
Loeb Boathouse .... (véase 32)
70 Toga Bike Shop B7
71 Wollman Skating Rink D8

Dónde dormir (p. 330)

72 Empire Hotel B8
Hotel Beacon .... (véase 42)
73 Hotel Newton B3
74 Jazz on the Park Hostel C2
75 Lucerne B5
76 NYLO Hotel B7

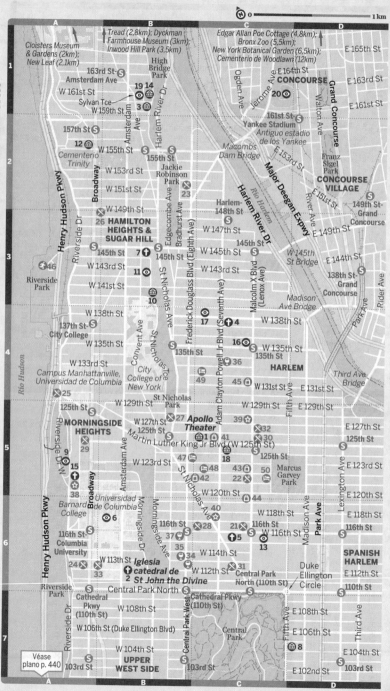

0

1 km

A B C D

Cloisters Museum
& Gardens (2km);
New Leaf (2,1km)

Tread (2,8km); Dyckman
Farmhouse Museum (3km);
Inwood Hill Park (3,5km)

Edgar Allan Poe Cottage (4,8km);
Bronx Zoo (5,5km);
New York Botanical Garden (6,5km);
Cementerio de Woodlawn (12km)

1

High
Bridge
Park

163rd St–
Amsterdam Ave

W 161st St

Sylvan Tce

W 159th St

19 14

3

E 165th St

E 164th St

CONCOURSE

20

E 163rd St

E 161st St

Grand Concourse

157th St

12

W 155th St

Cementerio
Trinity

155th St

153rd St

2

Jackie
Robinson
Park

W 151st St

161st St–
Yankee Stadium
Antiguo estadio
de los Yankee

Macombs
Dam Bridge

E 153rd St

CONCOURSE
VILLAGE

Franz
Sigel
Park

E 151st St

149th St–
Grand
Concourse

Broadway

W 153rd St

23

Harlem–
148th St

Harlem River Dr.

Major Deegan Expwy

E 149th St

W 149th St

26

HAMILTON
HEIGHTS &
SUGAR HILL

145th St 7

11

10

145th St

W 147th St

W 145th St

W 143rd St

Rio Harlem

Madison
Ave Bridge

145th St

W 145th
St Bridge

E 144th St

138th St–
Grand
Concourse

Rider Ave

Park Ave

3

46

Riverside
Park

W 143rd St

W 141st St

St Nicholas Ave

135th St

135th St

W 138th St

17 4

16

36

W 138th St

W 135th St

135th St

HARLEM

Third Ave
Bridge

4

137th St–
City College

W 135th St

Convent Ave

St Nicholas Ave

W 133rd St

Campus Manhattanville,
Universidad de Columbia

25

City
College of
New York

St Nicholas
Park

49

45

W 131st St

Adam Clayton Powell Jr Blvd (Seventh Ave)

Malcolm X Blvd (Lenox Ave)

Frederick Douglass Blvd (Eighth Ave)

E 131st St

E 129th St

Fifth Ave

125th St

MORNINGSIDE
HEIGHTS

Riverside Dr W

9

15

29

St Nicholas Ave

W 129th St

W 127th St

27

125th St

Apollo
Theater

39

32

30

E 127th St

125th St

E 125th St

5

38

Barnard
College

Broadway

Universidad
de Columbia

6

Martin Luther King Jr Blvd (W 125th St)

W 123rd St

1 41

18

47

48

42

43

22

50

44

Marcus
Garvey
Park

E 123rd St

E 120th St

Madison Ave

Park Ave

Lexington Ave

116th St–
Columbia University

24

33

Morningside Dr

Morningside Ave

W 120th St

40

28

37

35

34

W 118th St

116th St

21 116th St

5

13

31

SPANISH
HARLEM

E 118th St

116th St

6

Iglesia
catedral de
St John the Divine

2

W 113th St

W 112th St

Central Park
North (110th St)

Duke
Ellington
Circle

E 112th St

Riverside
Park

Cathedral
Pkwy
(110th St)

Cathedral Pkwy
(110th St)

Central Park North

W 108th St

110th St

E 108th St

7

Henry Hudson Pkwy

Riverside Dr

W 106th St (Duke Ellington Blvd)

W 104th St

103rd St

UPPER
WEST SIDE

Central Park West

8

Central
Park

Fifth Ave

Third Ave

E 106th St

E 104th St

E 102nd St

103rd St

Véase
plano p. 440

Rio Hudson

Henry Hudson Pkwy

HARLEM Y UPPER MANHATTAN

WILLIAMSBURG

1 km

Rio East

GREENPOINT

McGuinnessBlvd

Brooklyn–Queens Expwy

EAST WILLIAMSBURG

WILLIAMSBURG

Williamsburg Bridge

Newtown Creek

East River State Park

McCarren Park

Grand Ave
Grand St
Varick Ave
Morgan Ave
Maspeth Ave
Rewe St
Vandervoort Ave
Morgan Ave
Metropolitan Ave
Olive St
Stagg St
Waterbury St
Meserole St
Scholes St
Stagg Walk
Ten Eyck Walk
Martinez Playground
Grand St
Leonard St
Maujer St
Ten Eyck St
Union Ave
Hope St
S 1st St
S 3rd St
Rodney St
S 5th St
Broadway
Marcy Ave
Bedford Ave
Wythe Ave
Kent Ave
Driggs Ave
Roebling St
Havemeyer St
Metropolitan Ave
Berry St
Grand St
N 1st St
S 1st St
S 2nd St
S 3rd St
S 4th St
S 5th St
S 8th St
S 9th St

Varick Ave
Meeker Ave
Anthony St
Lombardy St
Beadel St
Division Pl
Richardson St
Frost St
Woodpoint Rd
Hausman St
Sutton St
Monitor St
Kingsland Ave
Monitor St
Humboldt St
Skillman Ave
Frost St
Withers St
Jackson St
Conselyea St
Devoe St
Ainslie St
Graham Ave
Lorimer St
Leonard St
Powers St
Lorimer St

Henry Norman Hotel (150m)
Box House Hotel (1.3km)
Henry St
Russell St
Diamond St
Humboldt St
Eckford St
Leonard St
Nassau Ave
Driggs Ave
Norman Ave
Guernsey St
Banker St
N 14th St
N 12th St
Kent Ave
Engert Ave
Newton
Manhattan Ave
Lorimer St
Bayard St
Frost St
Union Ave
Roebling St
Metropolitan Ave
N 11th St
N 9th St
N 8th St
N 7th St
N 6th St
N 5th St
N 4th St
Bedford Ave
Wythe Ave

Paulie Gee's (0.5km);
Brooklyn Barge (600m)

NYC Ferry (Williamsburg norte)

NYC Ferry (Williamsburg sur)

House of Yes (0.5km);
Bushwick Collective (600m);
Rookery (600m)

Graham Ave

Milk & Pull (800m);
Montana's Trail House

Knickerbocker Ave
Morgan Ave
Grattan Ave
Thames St
BUSHWICK
Flushing Ave

Bogart St
White St
McKibben St
Seigel St
Moore St
Varet St

Montrose Ave
Bushwick Ave

Humboldt St

Johnson Ave
Boerum St
Manhattan Ave

Montrose Ave
Sternberg Park

Bossa Nova Civic Club (2km)

Broadway
Heyward St
Lorimer St

Hewes St
Keap St
Harrison Ave

Division Ave
Lee Ave
Ross St
Wilson St
Taylor St
Clymer St

SOUTH WILLIAMSBURG

Wythe Ave
Kent Ave

◎ Puntos de interés (p. 263)
1	Brooklyn Art Library	D3
2	Brooklyn Brewery	C2
3	City Reliquary	C3
4	East River State Park	B2
5	McCarren Park	D2
6	Williamsburg Bridge	A3

◎ Dónde comer (p. 272)
7	Champs Diner	E4
8	Crif Dogs	C3
9	Dun-Well Doughnuts	F5
10	Fette Sau	C3
11	Five Leaves	D1
12	Marlow & Sons	A4
13	Miss Favela	A4
14	Modern Love	D4
15	Okonomi y Yuji Ramen	D4
16	Peter Pan Donut & Pastry Shop	D1
17	Rabbithole	B4
18	Roberta's	G5
19	Zenkichi	B2

☕ Dónde beber y vida nocturna (p. 278)
20	Blue Bottle Coffee	B3
21	Clem's	C3
22	Hotel Delmano	C2
	Ides	(véase 51)
23	Maison Premiere	B3
24	Northern Territory	C1
25	Pine Box Rock Shop	G5
26	Radegast Hall & Biergarten	B3
27	Rocka Rolla	D3
28	Skinny Dennis	B3
29	Spritzenhaus	C1
30	Spuyten Duyvil	C3
31	Toby's Estate	C2

★ Ocio (p. 282)
32	Brooklyn Bowl	C2
33	Knitting Factory	C3
34	Music Hall of Williamsburg	B2
35	National Sawdust	B2
36	Nitehawk Cinema	B3
37	Warsaw	D1

🛍 De compras (p. 287)
38	A&G Merch.	B2
39	Artists & Fleas	B2
40	Beacon's Closet	G5
41	Beacon's Closet	D1
42	Buffalo Exchange	C2
43	Catbird	C3
44	Desert Island Comics	D3
45	Fuego 718	C3
46	Quimby's Bookstore NYC	D3
47	Rough Trade	B2
48	Spoonbill & Sugartown	B3

⚽ Deportes y actividades (p. 288)
	Brooklyn Bowl	(véase 32)

🛏 Dónde dormir (p. 332)
49	McCarren Hotel & Pool	C2
50	Williamsburg Hotel	C2
51	Wythe Hotel	C1

BOERUM HILL, CARROLL GARDENS, COBBLE HILL, FORT GREENE Y RED HOOK

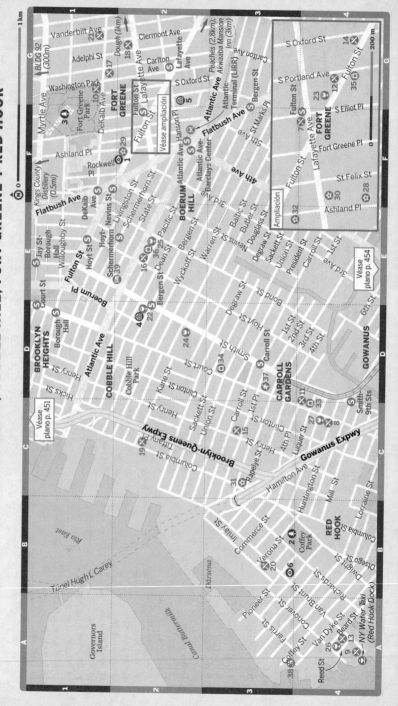

BOERUM HILL, CARROLL GARDENS, COBBLE HILL, FORT GREENE Y RED HOOK

PARK SLOPE Y PROSPECT PARK

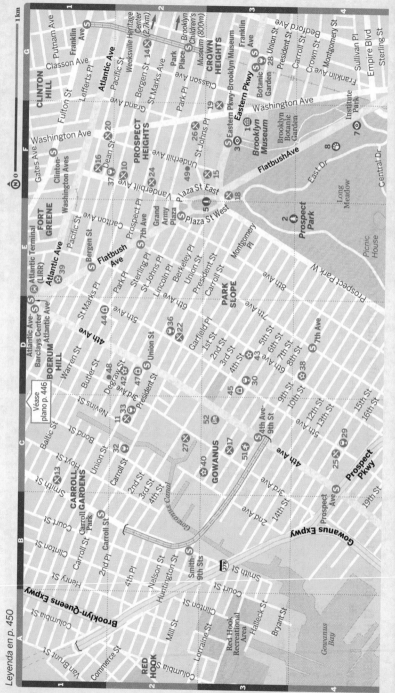

Leyenda en p. 450

Véase
plano p. 446

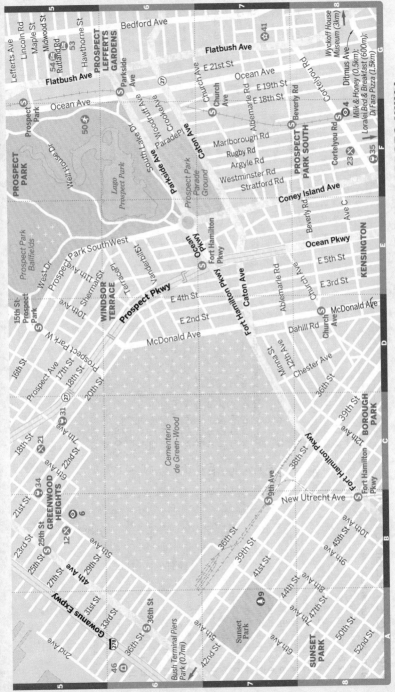

PARK SLOPE Y PROSPECT PARK

PARK SLOPE Y PROSPECT PARK Mapa en p. 448

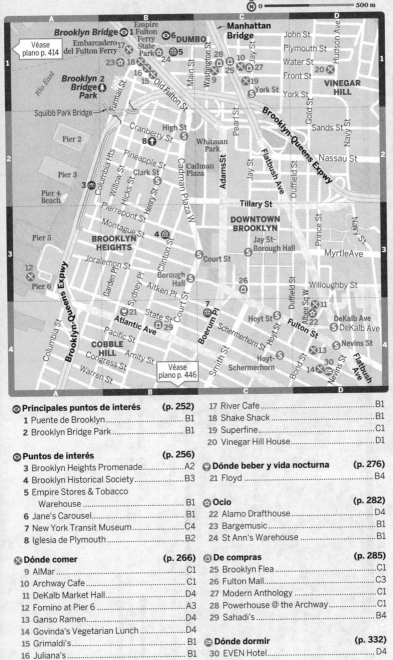

CONEY ISLAND Y BRIGHTON BEACH

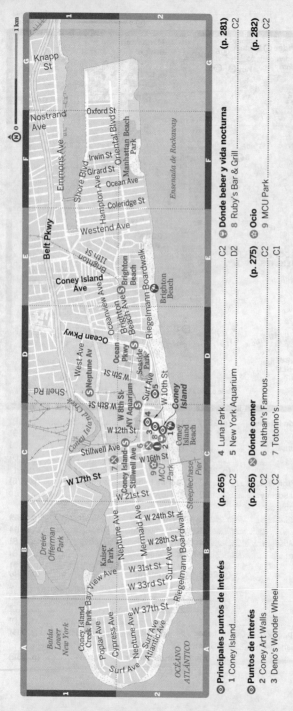

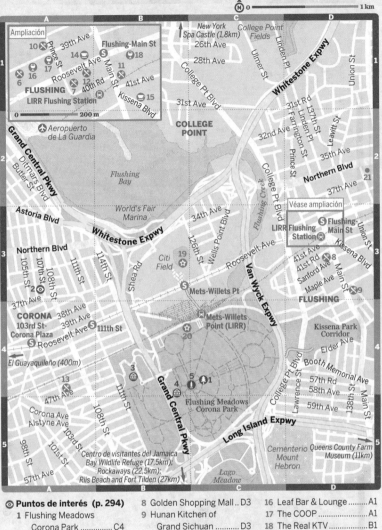

ASTORIA

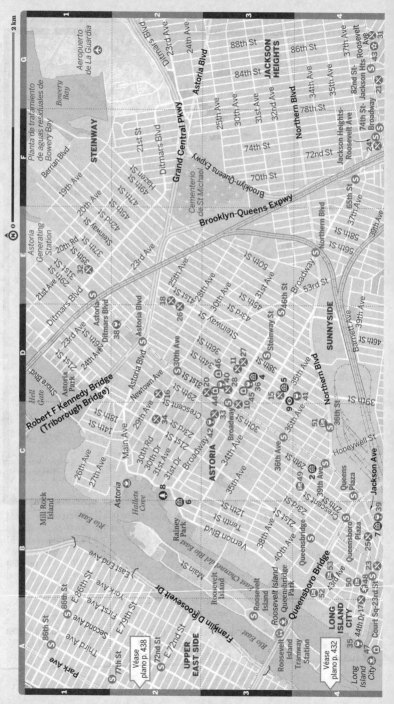

Véase plano p. 438

Véase plano p. 432

Los autores

Regis St. Louis

Regis creció en una pequeña localidad del Medio Oeste americano, el tipo de lugar que alimenta grandes deseos de viajar, y desarrolló una temprana fascinación por los dialectos extranjeros y las culturas del mundo. Pasó sus años de formación aprendiendo ruso y algunas lenguas romance, que le han servido de mucho en sus viajes por gran parte del planeta. Regis ha colaborado en más de 50 títulos de Lonely Planet y ha cubierto destinos en seis continentes. Sus viajes le han llevado desde las montañas de Kamchatka hasta remotos pueblos de las islas de Melanesia, y a paisajes urbanos espléndidos. Cuando no está en camino, vive en Nueva Orleans. Se le puede seguir en www.instagram.com/regisstlouis.

Robert Balkovich

Robert nació y se crio en Oregón, pero Nueva York ha sido su hogar durante casi una década. De niño, cuando otras familias iban a los parques temáticos y a casa de la abuela, viajó a Ciudad de México y recorrió Europa oriental en tren. Hoy es escritor y un entusiasta de los viajes en busca de experiencias que se salgan un poco de lo común para poderlas contar a su vuelta. Su cuenta de Instagram es: oh_balky.

Ray Bartlett

Ray es un escritor de viajes especializado en Japón, Corea, México y Estados Unidos. Ha trabajado en numerosas guías de Lonely Planet; la primera fue la de Japón en el 2004, y hasta hoy.

Ali Lemer

Ali es escritora y editora de Lonely Planet desde el 2007, y ha escrito guías y artículos de viaje sobre Rusia, Nueva York, Los Ángeles, Melbourne, Bali, Hawái, Japón y Escocia. Natural de Nueva York y naturalizada en Melbourne, Ali también ha vivido en Chicago, Praga y el Reino Unido, y ha viajado extensamente por Europa y Norteamérica.

Colaboradores Michael Grosberg, Brian Kluepfel

geoPlaneta
Av. Diagonal 662-664. 08034 Barcelona
viajeros@lonelyplanet.es
www.geoplaneta.com - www.lonelyplanet.es

Lonely Planet Publications
Lonely Planet Global Limited, Digital Depot,
The Digital Hub, D08 TCV4 Dublín, Irlanda
(oficinas en Reino Unido, Estados Unidos y Australia)
www.lonelyplanet.com
Contacta con Lonely Planet en: lonelyplanet.com/contact

Nueva York
9ª edición en español – enero del 2019
Traducción de *New York*, 11ª edición – agosto del 2018
©Lonely Planet Global Limited
1ª edición en español – noviembre del 2003

Editorial Planeta, S.A.
Av. Diagonal 662-664, 7.º. 08034 Barcelona (España)
Con la autorización para la edición en español de Lonely Planet Global Ltd
A.B.N. 36 005 607 983, Lonely Planet Global Limited, Digital Depot,
The Digital Hub, D08 TCV4 Dublín, Irlanda

Aunque Lonely Planet, geoPlaneta y sus autores y traductores procuran que la información sea lo más precisa posible, no garantizan la exactitud de los contenidos de este libro, ni aceptan responsabilidad por pérdida, daño físico o contratiempo que pudiera sufrir cualquier persona que lo utilice.

© Textos y mapas: Lonely Planet, 2018
© Fotografías: según se relaciona en cada imagen, 2018
© Edición en español: Editorial Planeta, S.A. 2019
© Traducción: Roser Soms, 2018

ISBN: 978-84-08-19366-1
Depósito legal: B. 12.557-2018

Impresión y encuadernación: Egedsa
Printed in Spain – Impreso en España